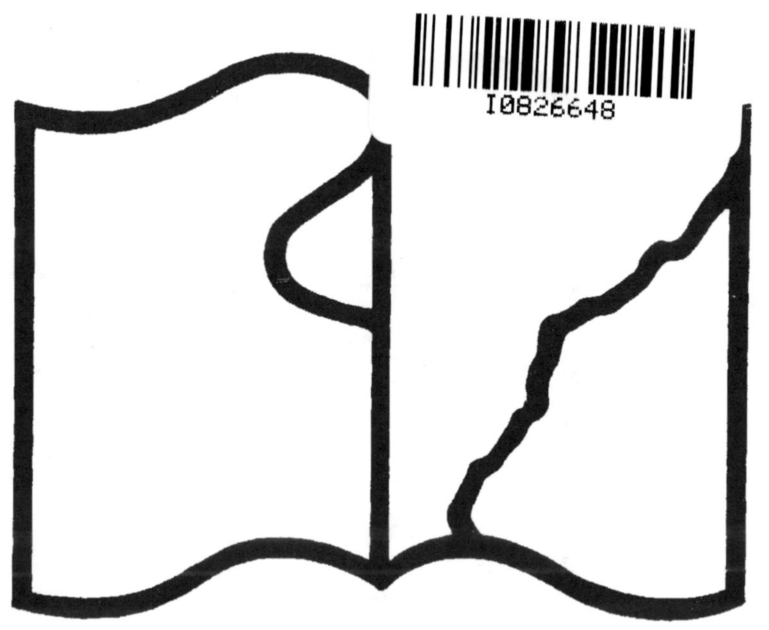
I0826648

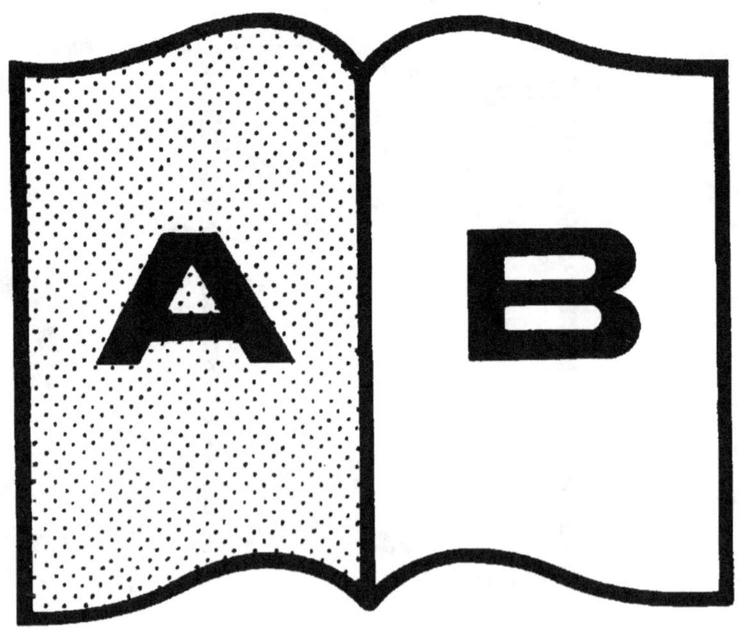


Contraste insuffisant

**NF Z 43**-120-14

LA

# PEINTURE EN EUROPE



## CATALOGUES RAISONNÉS

DES ŒUVRES PRINCIPALES

CONSERVÉES DANS LES MUSÉES, COLLECTIONS,

ÉDIFICES CIVILS ET RELIGIEUX

## POUR PARAITRE DANS LA MÊME COLLECTION

PARIS.
ENVIRONS DE PARIS (Versailles, Fontainebleau, Chantilly, Compiègne, etc.).
LA FRANCE (Région du Nord).
LA FRANCE (Région du Midi).
L'ITALIE DU NORD (Milan, Turin, etc.).
LA TOSCANE (Prato, Lucques, Pise, etc.).
L'ITALIE DU CENTRE (Ombrie et Emilie).
L'ITALIE DU MIDI (Naples et la Sicile).
L'ALLEMAGNE DU NORD (Berlin, Brunswick, Cassel, Dresde, etc.).
L'ALLEMAGNE DU SUD (Munich, Nuremberg, Augsbourg, Vienne, etc.).
L'ANGLETERRE.
L'ESPAGNE.
LA RUSSIE ET LA SUÈDE.

---

### Pour paraître prochainement :

ROME.

---

### Volumes déjà parus :

LE LOUVRE. — 2e édition.
FLORENCE.
LA BELGIQUE.
VENISE.
LA HOLLANDE.

LA PEINTURE EN EUROPE

# LA HOLLANDE

PAR

**Georges LAFENESTRE**

Membre de l'Institut

Conservateur des peintures au Musée national du Louvre.

ET

**Eugène RICHTENBERGER**





*Ouvrage orné de cent reproductions photographiques*



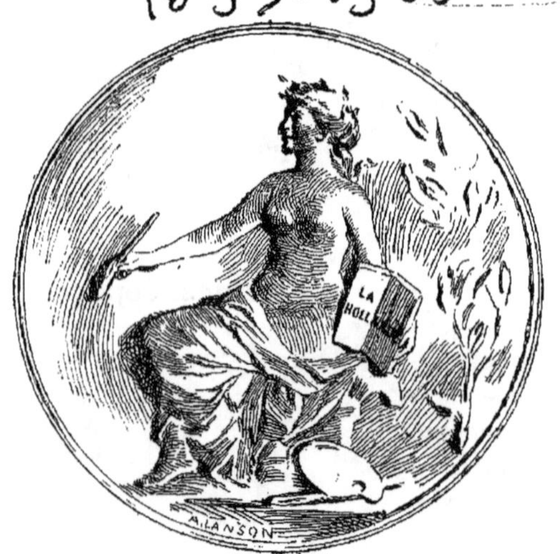


PARIS

SOCIÉTÉ FRANÇAISE D'ÉDITIONS D'ART

9 ET 11, RUE SAINT-BENOIT

L.-H. MAY

# LA PEINTURE EN HOLLANDE

Les origines de la peinture, en Hollande, au XIVe siècle, demeurent assez confuses. Dans la première moitié du XVe, ses artistes, en relations constantes avec leurs voisins des Flandres, subissent, comme tous les Septentrionaux, l'influence active du génie vigoureux des Van Eyck. Dès cette époque, néanmoins, les quelques maîtres de Haarlem dont les œuvres nous sont parvenues, *Aalbert van Ouwater*, *Geertgen van St. Jans*, *Dirk Bouts* (1420?-1475) se distinguent des maîtres de Bruges, Gand et Bruxelles par quelques tendances particulières. Le tempérament grave, un peu lourd, sincère, loyal, de la race, se marque déjà chez eux par la hardiesse naïve de l'observation réaliste, la familiarité des attitudes, la franchise des physionomies, un certain goût de marins voyageurs et de bourgeois aisés pour les habits riches et les gros bijoux, un amour heureux et profond pour le paysage, une passion décidée pour les colorations fortes et chaudes avec le sentiment naturel des beautés qui peuvent résulter de leurs accords.

La dévastation des églises, en 1566, opérée par les Huguenots hollandais, avec toute la rigueur d'un fanatisme honnête, a malheureusement anéanti presque tous les ouvrages de cette période. C'est à quelques hasards que nous devons ceux qui restent. La ville de Haarlem, si entreprenante et si héroïque, tenait alors le premier rang pour la quantité et la qualité de ses artistes ; mais toutes ses voisines ou rivales, Utrecht, l'ecclésiastique, Leyde, la savante,

Amsterdam, la commerçante, Dordrecht, Delft, Gouda, bien d'autres petites cités encore, non moins actives, ne tardèrent point à entrer en scène. C'est de Bois-le-Duc que sort *Jérome Bosch* (1450-1516), unissant à une imagination fantasque des dons singuliers d'observation satirique et de science pittoresque C'est à Leyde, dans un milieu de dilettantisme érudit, que *Cornelis Engelbrechtsz* (1468-1563) et surtout son illustre élève, *Lucas de Leyde* (1494-1533), préparent et déterminent, au souffle lointain, mais déjà puissant, de la Renaissance, la direction particulière de l'art national. Les gravures de Lucas, autant que ses peintures, encouragent ses compatriotes à étudier, avec conscience, la physionomie humaine, et à chercher leurs inspirations, pour l'art familier comme pour l'art historique, dans le spectacle, toujours varié, de la réalité locale et contemporaine.

A Utrecht, à Amsterdam, à Haarlem, on est déjà pressé de se dépayser et d'aller admirer sur place ces chefs-d'œuvre de l'Italie dont la renommée retentissante échauffe et trouble les imaginations. Durant tout le XVIe siècle, et même le siècle suivant, Utrecht restera le foyer fidèle des traditions classiques qui y sont alors apportées par le peintre de Philippe de Bourgogne, le flamand *Jan Gossaert*, dit *Mabuse*, et par *Jan van Scorel*, d'Alkmaar (1496-1562), puis maintenues ou renouvelées par *Blochland* (1532-1583) *Uiterwaal* (1566-1638), *Abraham Bloemaert* (1590-1654). Le plus grand peintre d'Urecht, artiste cosmopolite, l'un des premiers portraitistes de son temps, *Antonis Mor*, ou *Moro* (1512-1576 ?), italianise jusqu'à son nom, sans rien perdre d'ailleurs de ses qualités indigènes. On retrouve aussi ce fonds persistant d'observation rigoureuse et d'expression juste à Amsterdam chez ceux qui, comme *Jacob Cornelisz van Oostsanen* (1480 ?-1533 ?) et ses élèves, s'efforcent de transporter, plus ou moins adroitement, dans le Nord, la poésie plastique des Méridionaux. Dès qu'ils ont à placer dans leurs compositions des figures réelles, ils redeviennent excellents ; à plus forte raison, le sont-ils, lorsqu'ils se contentent de faire œuvre de portraitistes. C'est alors qu'est inaugurée la série de ces curieux tableaux de corporations qui nous donnent une si fidèle image de la vieille Hollande, par des maîtres mixtes, tels que *Dirck Jacobsz, Cornelis Theunissen, Allard Claessen, Dirck Barentz*, l'élève de *Titien, C. Ketel* (1548-1616). Quelques peintres de figures rustiques et de scènes familières reprennent déjà aussi la vraie tradition locale, par exemple ce *Pieter Aertzen* (1508-1575) qui, après avoir vu l'Italie, s'établit à Anvers, où ses exemples ne furent inutiles ni à son neveu *J. Beuckelaar* (1530 ?-1575) ni au célèbre chef de la famille des Brueghel, *Brueghel le Drôle* (1516-1569) né près de Bréda. C'est ainsi que les Hollandais continuent et continueront d'apporter à l'école flamande l'appoint de leur franchise robuste, à charge de revanche, sous d'autres rapports.

De nombreux artistes de Haarlem, moins prudents et moins réservés que leur compatriote *Jan Mostaert* (1474-1555), peintre de Marguerite d'Autriche, se précipitèrent alors dans l'italianisme avec une conviction fanatique et n'en retirèrent pas toujours des fruits bien heureux. *Martin van Heemskerk* (1498-1574), *Hendrick Goltzius* (1558-1616), *Cornelis de Haarlem* (1562-1633) et l'historien des peintres, le Vasari hollandais, *Karel Van Mander* (1548-1606), dans leurs efforts laborieux pour transplanter, en un sol rebelle, les floraisons lointaines de la beauté classique, ne réussirent le plus souvent qu'à paraître les poursuivants maladroits, froids ou grossiers, pédants ou grotesques, d'un idéal inaccessible. Néanmoins, ni pour eux, ni surtout pour leurs successeurs, ce travail pénible d'assimilation ne fut un travail perdu. Lorsque l'art hollandais se dégagea enfin de cette soumission excessive et inconsidérée à l'art italien pour reprendre sa vie propre, il se trouva en possession d'une technique supérieure et complète qui lui permit, cette fois, d'affirmer rapidement et librement, avec un éclat décisif, la valeur de son génie sain, loyal et humain.

Deux grands artistes, au commencement du XVII^e^ siècle, donnèrent enfin à ce génie, encore hésitant, son plein essor. Ce furent successivement *Frans Hals*, à Haarlem (1580 ?-1660) et *Rembrandt van Ryn* (1606-1669) à Leyde et Amsterdam. En ce moment, après une lutte de trente années contre la domination espagnole, ayant enfin conquis leur indépendance, les Pays-Bas se trouvaient dans un état de prospérité commerciale, financière, militaire, intellectuelle et morale, si brillant et si solide, qu'ils allaient pouvoir se mesurer encore, durant près d'un siècle, glorieusement, sur mer et sur terre, avec l'Angleterre et avec la France, en montrant à l'Europe l'exemple, toujours rare, d'un peuple libre, sage et heureux. Pour être originaux, ses artistes n'eurent qu'à raconter, naïvement et gravement, cette liberté, cette sagesse, ce bonheur. Pour multiplier les œuvres d'art, charmantes ou belles, toutes les maisons de ce petit pays, demeures de marins, armateurs, soldats, magistrats, marchands, artisans, savants, lettrés, qui faisaient sa force, n'eurent qu'à s'orner des images même de cette vie honnête qui suffisait à leurs désirs, portraits de famille et portraits de corporations, scènes d'intérieur et scènes rustiques, paysages de terre et de mer. Sans doute, avant l'apparition de Frans Hals, les portraitistes exacts, savants, puissants même, étaient déjà nombreux parmi les successeurs de Lucas de Leyde, Jan Scorel, Antonis Mor. *Michiel Mierevelt*, de Delft (1567-1641), *Paulus Moreelse*, d'Utrecht (1571-1638), *Jan van Ravesteyn*, de La Haye (1572-1657); les aînés de Hals, furent ses premiers modèles. Toutefois le bohème joyeux de Haarlem apporta, dans la représentation de ses compatriotes, gardes civiques empanachés et banqueteurs, gentilshommes élégants ou viveurs débraillés, bourgeois épanouis et ménagères cossues, administrateurs sévères et matrones décrépites, un tel entrain de verve chaude et hardie, que toute l'école autour de lui, en quelques années, s'en trouva fortifiée et renouvelée. La liberté de sa vision, l'éclat et la vigueur de son coloris, et par-dessus tout la franchise triomphante d'une pratique souple et virile avec laquelle la maîtrise de Velazquez pourra seule rivaliser, jointe au sentiment naturel, toujours présent, vif ou grave, de l'unité harmonique des colorations, devinrent des exemples féconds et qu'on n'oubliera plus désormais sans périls.

C'est sous l'influence de Hals, que, durant longtemps, se développe, dans tous les sens, l'école si variée de Haarlem.

Presque tous ses compatriotes portent son empreinte, les portraitistes d'abord, *Frans Hals* le Jeune (1617 ?-1670), *Johannes Hals*, ses fils, et les autres peintres de sa famille, *Johannes Verspronck* (1597-1662); *Jan* et *Salomon de Bray*, *Pieter Soutman*, puis les peintres de conversations galantes, scènes militaires, scènes rustiques: *Dirck Hals*, son frère, *Jacob Duck*, *Jan Miense Molenaer* (1600 ?-1668); *Adriaen Brouwer* (1608 ?-1641), *Adriaen van Ostade* (1610-1685), *Isaack van Ostade* (1621-1657), *C. P. Bega* (1620-1664), *Richard Brakenburgh* (1650-1702), *Cornelis Dusart* (1660-1704), *Thomas Wyck* (1616 ?-1677). Chez quelques-uns de ces maîtres, l'influence de Rembrandt s'ajoute à celle de F. Hals, qu'elle complète. Tous se distinguent par la justesse du coup d'œil, la franchise de l'observation, la verve de l'exécution, et presque tous par la souplesse chaude et libre du coloris. Les paysagistes et marinistes de Haarlem se transforment et s'enhardissent avec la même rapidité sous la même impulsion. Au vieil *Hendrick Cornelisz Vroom* (1566-1640) succèdent d'abord *Esaïas de Velde* qui peuple ses bois et ses plages de figurines charmantes et vives, *Pieter Molyn* (1600-1661), puis le trio illustre d'*Allaert van Everdingen* (1621-1675), *Salomon van Ruysdael* (1600-1670), *Jacob van Ruysdael* (1628-1682), puis *Cornelis Decker* (1643-1678), *Jan van der Meer* de Harlem (1628-1691), *Jan Wynants*. Aux paysagistes s'associent et se mêlent d'innombrables peintres de bergeries, cavaleries, architectures, natures mortes, tels que *Nicolas Berchem* (1620-1683), *Philips Wouverman* (1619-1668), *Jan Wouverman* (1629-1666), *Isaac van Nickelen* (1669-1708), *Pieter Saenredam* (1597-1665), *Job Berckeyde* (1630-1693), *Gerrit Berckheyde* (1738-1698), *Pieter Claesz*, le père de Berchem (1617-1661), *Willem Claez Heda* (1594-1668) etc.

Dans les esprits les plus terre à terre, il y a toujours des heures pour le rêve ; dans les sociétés les plus actives et les plus pratiques, il y a toujours quelque besoin d'idéal. Si Frans Hals avait donné satisfaction au goût de ses compatriotes pour la santé, la force, la sincérité, la jovialité, dans ses portraits vivement improvisés, il n'avait point répondu aux besoins plus élevés et plus intimes de leurs âmes reli gieuses et de leurs intelligences réfléchies. D'autres artistes demandaient déjà au spectacle approfondi de la réalité des impressions plus délicates et plus nobles, des émotions plus complexes et plus tendres, des séductions pour les yeux, plus variées et plus délicates. La gloire de résumer tous ses efforts, de donner à l'art hollandais sa splendeur suprême, de rivaliser avec les plus grands peintres de tous les temps et de tous les pays pour l'expression des caractères et des sentiments, celle de les dépasser peut-être par la richesse et par l'étendue des ressources pittoresques, dans l'analyse émue et passionnée de la lumière, était réservée à *Rembrandt van Ryn* (1606-1669). La personnalité extraordinaire de cet artiste incomparable, comme celle de Michel-Ange en Italie, semble avoir d'ailleurs, autour de lui, agité les artistes plus qu'elle ne les éclaira. Aucun de ses élèves ne put s'arracher à l'imitation matérielle et extérieure de ses procédés, sans retomber dans la médiocrité, et, malgré l'influence rapide et générale que son génie exerça durant quelques années, son apparition, troublante et éphémère, détermina plutôt, parmi les amateurs hollandais, une réaction dans le sens des vieilles traditions, les unes plus naïvement naturalistes, les autres plus froidement classiques ou même platement académiques.

A Amsterdam, où Rembrandt s'établit en 1630 et où il devait travailler et lutter jusqu'à sa mort, il avait trouvé des portraitistes en vogue, *Nicolas Elias* (1591-1646), et surtout *Thomas de Keyser* (1597-1667) qui ne voulurent rien lui devoir. Quelques italianisés, parmi lesquels son maître, *Pieter Lastman* (1583-1633), et *Bartholomeus Breemberg* (1599-1619), quelques peintres de genre ou paysagistes, déjà formés ou éclairés par Hals, *Pieter Codde, C. Duyster, Hercules Seghers*, *Roeland Roghman*, *Aert van der Neer*, suivaient aussi une direction bien déterminée ; quelques-uns néanmoins ne dédaignèrent pas ses exemples. Quant à ceux qui, dans son atelier ou au dehors, élèves ou admirateurs, acceptèrent ou subirent nettement l'impulsion de son génie, *Jan Lievens*, *Salomon Koninck*, *Philips Koninck*, *Jacob Koninck*, *Adriaen Backer*, *Govaert Flinck*, *Ferdinand Bol*, *J. de Wit, G. van den Eeckhout*, *Karel Fabritius*, *Samuel van Hoogstraten, Nicolas Maes, Aert de Gelder,* ils en portent si profondément l'empreinte, que leurs œuvres de jeunesse ont pu souvent être confondues avec les siennes et se confondent quelquefois entre elles. En dehors de ce groupe, on ne trouve guère qu'un grand peintre de scènes domestiques, *Pieter de Hooch* (1630-1677), se rattachant franchement à Rembrandt, par son intelligence passionnée de la lumière et la saveur profonde de ses colorations. Presque tous les autres peintres d'Amsterdam, à commencer par le rival heureux de Rembrandt, comme portraitiste, *Bartholomeus van der Helst* (1611-1671), s'en tiennent à des traditions plus prudentes et à cette loyale et scrupuleuse étude de la réalité dont s'était contentée la génération précédente. Cet amour attentif de la nature et de la vie suffit d'ailleurs à *Paul Potter* (1625-1654) et à *Meindert Hobbema* (1638-1709) pour s'élever fort au-dessus de leurs condisciples ou émules, plus préoccupés du style italien, tels que *Jan Asselyn, Lingelbach, Karel Dujardin, Adriaen van de Velde, Adam Pynacker, Fr. Moucheron.* C'est encore cette extrême sincérité qui donne leur valeur aux marinistes de la même période, *Simon de Vlieger* (1600-1660), *Reynier Zeeman, Hendrick Dubbels, Jan van de Capelle, Willem van de Velde l'aîné* (1611-1693), *Willem van de Velde le jeune* (1633-1707), *Ludolf Backuysen* (1603-1708), au peintre d'architecture *Emm. de Witte* (1607-1692), à quelques peintres de natures mortes ou de fleurs, *Willem Kalff, Walkenborgh, Rachel Ruysh*, etc.

Plusieurs de ces peintres, Rembrandt lui-même, ne sont pas nés à Amsterdam, mais tous s'y sont instruits ou s'y sont fixés, comme dans le centre le plus riche de l'activité hollandaise. La ville de La Haye, résidence du stathouder et de la cour, attire aussi, dès lors, bon nombre d'artistes qui se joignent aux producteurs indigènes, *Moses van Uytenbroeck*, les *Ravesteyn*, les *Mytens, Jan de Baen, Pieter Quast, Gaspar Netscher, Constantin Nestcher, Louis de Moni*, les *Van der Does, A. Van Croos, J. van der Hagen J. Porcellis, A. van Beyeren, Lelienberg*, etc. Il ne saurait plus être question, à cette époque, d'écoles locales, vraiment indépendantes et très originales. Dans toutes les villes de moindre importance, à Leyde, à Utrecht, à Dordrecht, à

Delft, à Gouda, à Alkmaar, à Hoorn, on voit s'exercer, successivement, les mêmes influences, celles de Hals, de Rembrandt et des autres maîtres en réputation; on y trouve toujours, néanmoins, durant le XVII^e^ et le XVIII^e^ siècles, certains artistes restés plus ou moins fidèles à des traditions de terroir ; quelques-uns sont de premier ordre et font grand honneur au pays. Leyde peut s'enorgueillir, à juste titre, de *J. Van Goyen* (1596-1656) et de *Jan Steen* (1626-1679), deux des interprètes les plus caractéristiques de la nature et de la vie hollandaises, comme aussi de *G. Metzu* (1629-1667), *Gerard Dou* (1619-1675), *Brekelenkam* (1620-1668) et des quatre *Mieris*. Delft, la patrie de Miereveit, compte avec joie, parmi ses enfants, *Adriaen van der Venne*, toute la famille des *Delff*, celle des *Van Vliet*, les *Palamedes*, l'original et mystérieux *Jan Ver Meer* (1632-1675), *Egbert van der Poel* etc... L'école de Dordrecht qui fournit à Rembrandt ses meilleurs élèves (F. Bol, Van Hoogstraten, N. Maes, Aert de Gelder), se signale avec constance par son amour de la lumière. C'est là que travaillent et vivent les trois *Cuyp*, le vieux *Jacob Gerritz* (1593-1651), son neveu, *Benjamin*, son fils, *Aelbert Cuyp* (1620-1691), maître varié et fécond, d'une chaleur profonde et rare, grave et naturelle, dont les restes s'éteignent en effets artificiels chez le médiocre *Schalken* (1643-1706). A Utrecht, voici *Van Bronchorst*, *Cuylenborgh*, *Knupfer*, *Andries* et *Jan Both*, *Willem* et *Jacob de Heusch*, *H. Verschuring*, les *Weenix*, les *Hondecoeter*, *Herman Swanevelt*, *Jan Glauber*, *J.D. de Heem*, tous, chacun dans leur genre, peintres soignés et élégants, en grande faveur près des amateurs mondains et presque tous, fidèles aux traditions classiques de leurs prédécesseurs ; parmi eux le rustique *Droochsloot* (1580?-1666) forme une amusante exception. Dans le Sud, à Rotterdam, le goût des riches amateurs et négociants fait la loi ; *Michiel van Musscher*, *Rudolf de Jongh*, *Cornelis Saftleven*, *H. M. Sorgh*, *Jacob Ochtervelt* y satisfont ce goût en bons peintres, jusqu'à ce que le chevalier *Van der Werff* affirme, avec un incroyable succès, en un style dur et glacial, l'épuisement de l'école et de sa sincérité. Dans le Nord, pour faire la gloire de Deventer, il suffit de *Gerard Ter Borch* (1614-1681), entouré de son père, de son fils et de sa fille ;

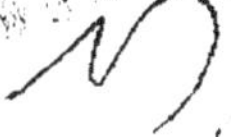

d'Alkmaar, viennent les *Everdingen* (César et Allart), de Leeuwarden, *Abraham van den Tempel* et *Murant;* de Hoorn, *Jan Lys* et *J. A. Rootius*. Sur tous les points, en somme, dans ce petit espace, durant le XVIIe siècle, les bons peintres, par centaines, ont travaillé à la gloire de leur patrie et de leur race, en répandant, autour d'eux et au loin, des images fidèles de la terre, du ciel, des eaux, des gens, des choses parmi lesquels ils vivaient. Aucune école ne fut plus féconde, aucune surtout ne fut plus sérieuse et plus sincère ; aussi, lorsque les peintres modernes se sont repris à aimer simplement et franchement la nature, c'est-il à la Hollande qu'ils ont dû le plus souvent demander et qu'ils demandent encore des exemples et des conseils pour l'interroger, la comprendre et la traduire.

---

# INTRODUCTION

Les tableaux des maîtres hollandais, presque tous des peintures de chevalet, rapidement appréciés par les amateurs contemporains, sont, en grande partie, dispersés, depuis longtemps, dans toute l'Europe, et répandus dans tous les musées et cabinets étrangers, notamment en Angleterre et en Allemagne. Ceux que les Pays-Bas ont pu conserver se trouvent aussi, pour la plupart, réunis dans des collections publiques ou privées, d'un accès facile. En effet, d'une part, les guerres de religion avaient anéanti, dès le XVIe siècle, les œuvres qui ornaient les églises; d'autre part, dans ces derniers temps, les communes et établissements de bienfaisance qui avaient su garder leurs richesses, ont eu en général la générosité de s'en dessaisir en faveur des galeries royales ou municipales.

Quant aux collections particulières, dont le nombre est resté de nos jours encore considérable dans les Pays-Bas et dont plusieurs remontant à deux siècles, sont, à juste titre, presque aussi célèbres que les collections publiques, elles méritent une visite attentive par la qualité ou la rareté des œuvres qu'elles renferment. Nous ne pouvions nous borner seulement à les signaler, et nous nous sommes efforcés, autant que possible, d'en donner des notices assez complètes pour suppléer à l'absence de catalogues. Est-il besoin d'ajouter que nous avons trouvé auprès de ces collectionneurs le plus bienveillant accueil? MM. de Stuers, Brédius, Six, Steengracht, des Tombes, nous ont fourni eux-mêmes des renseignements intéressants sur l'historique de leurs tableaux ; les autorisations qu'ils ont bien voulu nous accorder nous ont permis d'ajouter à notre volume quelques reproductions d'œuvres jusqu'à ce jour inédites.

Nous devons adresser tous nos remerciements, pour leur obligeance constante, à MM. van Riemsdijk et t'Hooft, Hofstede de Groot et Pit, directeur, sous-directeur et conservateurs du Musée d'Amsterdam ; docteur Brédius et Waller, directeur et directeur adjoint du Musée de La Haye ; Haverkorn van Rysewijk, directeur du Musée de Rotterdam, et à M. de Stuers, directeur général des Beaux-Arts de la Hollande, dont la haute recommandation ne nous a jamais fait défaut. M. Jean Guiffrey, attaché au Musée du Louvre, nous a, comme pour les précédents volumes, prêté son assidu concours.

Pour les photographies, nous nous sommes adressés à MM. Lévy et fils, de Paris ; Hanfstaengl, de Munich ; Vinkenbos et Dewald, de La Haye ; Baer, de Rotterdam, qui ont mis à notre disposition leurs excellents clichés.

Pour faciliter les recherches sur place, nous avons cru devoir diviser l'ouvrage en trois sections régionales :

1° *La Hollande méridionale* (Rotterdam, Dordrecht, Delft, Gouda.)

2° *La Hollande centrale* (La Haye, Leyde, Haarlem.)

3° *La Hollande septentrionale* (Amsterdam, Utrecht, etc.)

---

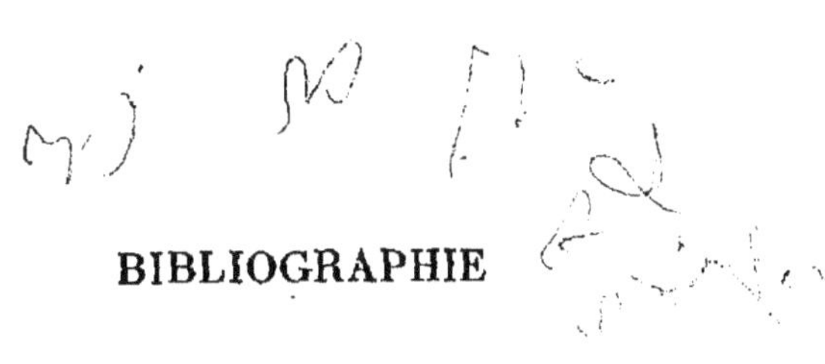

# BIBLIOGRAPHIE


Blanc (Charles). — *Histoire des Peintres de toutes les Écoles.* École hollandaise. Paris, veuve Renouard, 1868.

Bode (Wilhem). — *Studien zur Geschichte der Hollandischen Malerei.* Braunsweig. F. Wieweg und Son, 1883.

Brédius (Dr A.). — *Les Chefs-d'œuvre du Musée royal d'Amsterdam.* Traduction française de M. E. Michel, Munich, F. Hanfstaengl; Paris, Librairie de l'Art. — *Die Meisterwerke der Kôniglichen Gemalde Gallerie in Haag.* Munchen. F. Hanfstaengl.

Burger (W.). — *Les Musées de Hollande.* 2 vol.; Paris, veuve Renouard, 1858-1860.

Catalogues de Musées : *Peintures du Musée de l'État à Amsterdam*, par A. Brédius. Amsterdam, 1897. Van Holkema et Warendorf. — *Musée de Dordrecht*, 1893. Blussé et van Braam, Dordrecht. — *Stedelijk Museum te Gouda.* J. van Bentum en Zoon; Gouda, 1885. — *Tableaux du Musée de la ville de Harlem*, 15e édit., 1894. — *Tableaux et Sculptures exposés dans le Musée royal de La Haye.* La Haye, Martinus Nijhoff, 1874. — *Tableaux et Sculptures du Musée royal de la Haye.* Ouvrage illustré. La Haye, Martinus Nijhoff, 1895. — *Tableaux anciens et modernes du Musée municipal de La Haye*, par A.-J. Servaas van Roogen, archiviste de la Commune; La Haye, 1890. — *Stedelijk Museum te Leiden.* E.-J. Brib, Leiden, 1886. — *Tableaux et Sculptures du Musée de Rotterdam* dit *Musée Boijmans*, par P. Haverkorn van Rijsewijk, 1892. — *Schilderijen in het Museum Kunstliefde et Utrecht*, par M. A.-D. de Vries et A. Brédius; Utrecht, J.-L. Beijers, 1885.

Dyck (Van). — *Description des Tableaux de l'Hôtel de Ville à Amsterdam.* — *Itinéraire de la Salle d'Orange au Palais du Bois*; La Haye, J. Kips, 1838.

Fromentin (Eugène). — *Les Maîtres d'autrefois*, Belgique, Hollande, 3e édit.; Paris, E. Plon et Cie, 1877.

*Gazette des Beaux-Arts.* Publication mensuelle; Paris, 8, rue Favart (années 1859-1897).

Guiffrey (Jules). — *Antoine van Dyck, sa vie et son œuvre*; Paris, librairie Quantin, 1882.

HAVARD (Henry). — *L'Art et les Artistes hollandais.* 4. vol.; Paris, A. Quantin, 1880. — *La Peinture hollandaise.* 1 vol. Paris, A. Quantin, 1882.

KRAMM. — *De levens an Werken der Hollandsche in Vlaamsche Kuntschilders, Beeldhouwers, graveurs in Bouwmeesters.* 6 vol. Amsterdam, 1858-1864.

*Jahrbuch der Koniglich preussischen Kunstsammlungen.* Publications officielles (trimestrielle) des Musées royaux de Prusse. — Berlin, 1880-1898.

*Kunstkronyck.* Wochenschrift fur Kunst und Kunstgewerbe, Seeman und C° Leipsig.

LAFENESTRE (Georges). — *Le Musée municipal de Harlem.* Paris, Braun et Cie, 1885.

MANDER (Carel van). — *Le Livre des Peintres flamands, hollandais et allemands* (1604). Traduction, notes et commentaires par Henri Hymans, conservateur à la bibliothèque royale de Belgique. 2 vol.; Paris, librairie de l'Art, J. Rouam, 1884.

MICHEL (Emile). — *Rembrandt, sa vie, son œuvre et son temps.* Librairie Hachette; Paris, 1893. *Gerard Ter-Borch et sa famille.* — *Hobbema et les paysagistes de son temps en Hollande.* — Paris, Librairie de l'Art.

MONTÉGUT (Emile). — *Les Pays-Bas.* 2e édition; Paris, Librairie Hachette et Cie, 1884.

*Oud Holland.* Publication dirigée par MM. A. Brédius et E. W. Moes (1883-1897). Gebroeders Binger, Amsterdam.

REYNOLDS (Sir Joshua). *The Complete Works.* 3 vol.; London, 1821.

ROOSES (Max). — *L'Œuvre de P.-P. Rubens.* 5 vol., J. Maes, éditeur, Anvers.

SMITH (John). — *Catalogue raisonné of the works of the most eminent dutch, flemish, and french Painters.* 9 vol., Smith and Son; London (1839-1842).

TAUREL (Ed.). — *L'Art chrétien en Hollande et en Flandre, depuis les frères van Eyck jusqu'à Otto Venius et Pourbus,* 2 vol.; Amsterdam, Buffa et fils et C. L. van Langenhuysen, 1881.

VOSMAER (C.). — *Rembrandt, sa vie et ses œuvres.* 2e édit.; La Haye, Martinus Nijhoff, 1877.

WAAGEN. — *Manuel de l'Histoire de la peinture.* 3 vol.; Bruxelles, 1863.

WAUTERS (A.-J.). — *Hans Memling.* Bruxelles, Dietrich et Cie, 1893.

WEESTHREENE (T. van.). — *Jan Steen.* Etude sur l'Art en Hollande; La Haye, Martinus Nijhoff, 1856.

WILLIGEN (A. van der). — *Les Artistes de Harlem.* Haarlem et La Haye, 1870.

WOLTMANN (A.) et WOERMANN (K.). — *Geschichte der Malerei.* Leipzig, A. Seemann, 1888.

## Principaux recueils de gravures.

DESGUERROIS. — *Musée Royal de La Haye.* Desguerrois et Cie. Amsterdam, 1833.

FILHOL ET LAVALLÉE. — *Galerie du Musée Napoléon;* Paris, 1812.

KASTEREN. — *La Collection de Mme veuve van der Hoop.* Amsterdam, 1861.

MUSÉE FRANÇAIS, par Robillaud, Perouville et Laurent; Paris, 1805.

STEELINCK. — *Oude Kunst in Nederland.* Texte par J. F. van Someren; Amsterdam, Holkema et Warendorf.

STEENGRACHT (J.), VAN OOSKAPELLE. — *Les principaux tableaux du Musée royal à La Haye,* gravés au trait avec leur description. La Haye, imprimerie du Gouvernement, 1826.

UNGER (W.) Eaux-fortes d'après les maîtres anciens et modernes, commentées par C. Vosmaer ; Leyde, Sijthoff, 1879.

## EXPLICATION DES ABRÉVIATIONS

| | |
|---|---|
| H. . . . . . . | Hauteur. |
| L. . . . . . . | Largeur. |
| T. . . . . . . | Toile. |
| B. . . . . . . | Bois. |
| Fig. . . . . . | Figure. |
| Gr. nat. . . . | Grandeur nature. |
| Pet. nat. . . . | Plus petit que nature. |
| Bred. . . . . | Ouvrages de M. le Dr *Brédius.* |
| Burg. . . . . | Les Musées de Hollande, par *Burger.* |
| Gaz. B. Arts. | *Gazette des Beaux-Arts.* |
| Woerm. . . . | Ouvrage de MM. *Woltmann* et *Woermann.* |
| M. . . . . . . | Musée. |
| M. M. . . . . | Musée Municipal. |
| M. R. . . . . | Musée Royal. |

PREMIÈRE PARTIE

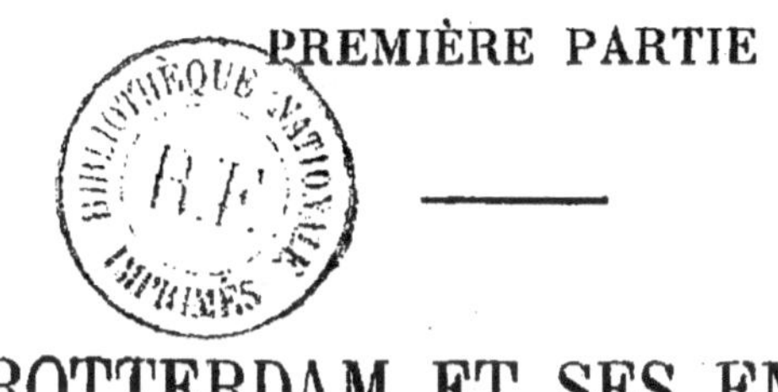


---

# ROTTERDAM ET SES ENVIRONS

## Plan du Musée Boymans à Rotterdam.

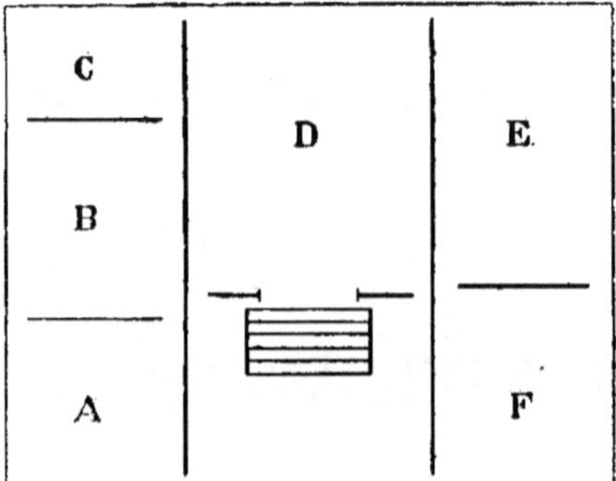

# ROTTERDAM

## MUSÉE MUNICIPAL, DIT MUSÉE BOYMANS[1]

Ce Musée doit son origine à la générosité de M. Boymans, ancien juge à Utrecht, qui, à la suite d'un accord fait de son vivant, avec la ville de Rotterdam, lui légua sa collection composée de 500 tableaux et de 4,000 dessins. Dès 1841, en prévision de son placement, la Municipalité avait acquis un édifice construit au XVIIe siècle par Pieter Post, l'architecte du Mauritshuis, à La Haye, pour la Direction des digues. M. Boymans mourut en 1847 et le Musée qui porte son nom fut ouvert le 3 juillet 1849. Plusieurs écrivains français, *Louis Viardot* (1851), *Théophile Gautier* (1857), et surtout *Burger* (*Thoré*) dans ses études, si vives et si justes sur les Musées de Hollande, avaient déjà signalé l'importance de cette collection, lorsqu'elle faillit être anéantie tout entière dans un formidable incendie, le 16 février 1864. On n'arracha aux flammes que 163 tableaux, les plus petits; 300 furent consumés, en même temps que 13 portefeuilles de dessins. Grâce aux efforts de la Municipalité et de quelques donateurs, le Musée Boymans put, néanmoins, au bout de trois ans, être reconstitué, dans le même bâtiment reconstruit et dont la façade avait pu être conservée. On y trouve aujourd'hui 431 tableaux exposés dans cinq salles bien éclairées. La plupart sont des spécimens, choisis avec goût, des petits maîtres hollandais; l'étude en est donc fort utile pour la connaissance des diverses écoles locales, et notamment de l'école de Rotterdam.

1. P. HAVERCORN VAN RYSEWYK. — *Notice descriptive des tableaux et sculptures du Musée de Rotterdam*; *Rotterdam*, 1892.

### **Arentzen** (ARENT), dit CABEL, 1586 (?)-avant 1635.

**2.** — *L'Eté* (A).

Au milieu, des bateaux sur une rivière et plusieurs baigneurs; à gauche, sur la rive, des pêcheurs ramenant leur filet et une femme assise sur un canot où se lit le monogramme.

H., 0,32; L., 0,61. B. — Fig. 0,14. — Legs Boymans. Attribué autrefois à Avercamp.

### **Asch ou As** (PIETER JANSZ VAN), 1603-1678.

**3.** — *Paysage* (A).

Signé à droite : *J. v. As.*

H. 0,47 ; L. 0,65. B. — Fig. 0,07. Legs Caster.

### **Backer** (JACOB ADRIENSZ), 1608 ou 1609-1651.

**4.** — *Portrait d'homme* (VEST.).

Signé à droite, en haut : A. B. (entrelacés).

H., 0,72; L., 0,60. B. — Fig. en buste gr. nat. Attribué autrefois à Adriaen Bac er. Acheté en 1865.

### **Backhuysen** (LUDOLF) ou **Bakhuysen**, 1631-1708.

**6.** — *Marine* (D).

A droite, sur une jetée contre laquelle est amarré un bateau, trois personnes regardent sur la gauche un vaisseau qui vient de tirer un coup de canon et vers lequel se dirige un canot. Au loin, d'autres bateaux; à l'horizon, à droite, la côte. Signé sur le pavillon du canot : L. B.

H., 0,52 ; L., 0,67. T. — SMITH N° 71. Legs Boymans.

### **Battem** (GERRIT VAN). Première moitié du XVII^e siècle-1684.

**7.** — *Cuisine.*

Signé : *Battem.*

H., 0,34; L., 0,38. B.— Don Albarda van Ginneken.

### **Beerstraten** (ANTHONIE), milieu du XVII^e siècle.

**8.** — *L'Ancien Hôtel de Ville à Amsterdam* (D).

Vue prise par un temps de neige. Au premier plan, sur la place du Dam, des promeneurs, artisans, etc. Au second plan, le monument, construit au XV$^{e}$ siècle et brûlé en 1652; à gauche, deux maisons à pignons et une rue.

H., 0,48; L., 0,63. B. — Fig. 0,06. Coll. van Nagel tot Ampsen. Acheté 525 fl. Vente Rueb, Rotterdam (1866). Les personnages sont de J. Lingelbach. Le Musée possède un dessin de ce tableau.

## Beerstraten (Jan Abrahamsz) ou Beerestraten, 1622-1666.

**9.** — *Vue de Mayence* (D).

Au premier plan, sur le Rhin, des bateaux. A droite, sur un rocher, un bastion armé de canons. la ville et ses trois ponts. Au fond, montagnes à l'horizon.

Signé à droite sur le bastion :

I. BEER-STRATEN
1654

H., 0,59; L., 0,82. T. — Legs Boymans. Intitulé autrefois : *Un port en Italie.*

## Beest (Sibrant van), 1610-1674.

**10.** — *Un Marché* (A).

Signé à droite près d'une courge :

S Beest
1652

H., 0,50; L., 0,65. B. — Fig. 0,67. B. Acheté à Rotterdam en 1879.

## Beyeren (Abraham Hendricksz van), 1620 ou 1621-après 1674.

**11.** — *Poissons de mer.*

Sur une table, des crabes, et, derrière, dans un panier, deux poissons et une tranche de saumon. Signé à gauche : A. B. F.

H., 0,63; L., 0,86. — Acheté en 1865.

**12.** — *Marine* (B).

Au premier plan, des bateaux sur la mer agitée; à droite, un moulin sur une digue. Au fond, un village. Signé à gauche : A. B. (accolés).

H., 0,73; L., 0,99. T. — Attribué autrefois à Everdingen. Coll. Beurnonville, Paris (1881). Acheté 1110 fl. à la V. Paulié, Cologne (1890).

## Bellevois (Jacob), 1621-1676.

**13.** — *Marine* (B).

A gauche, un navire de guerre ; au milieu, des pêcheurs dans un canot ramènent leurs filets ; à droite, un bateau. Voiles à l'horizon. Signé au milieu sur le pavillon d'un bateau : J. BELLEVOIS.

H., 0,33 ; L., 0,43. B. — Acheté 100 fl. à Rotterdam (1890).

## **Berchem** (CLAES-PIETERSZ) ou **Berghem**, 1620-1683.

**15.** — *Passage d'un gué* (B).

Signé à gauche : BERCHEM.

H., 0,41 ; L., 0,52. B. — Legs Boymans.

## **Berck-Heyde** (GERRIT ADRIAENSZ), 1638-1698.

**16.** — *Vue de la ville de Cologne* (D).

A gauche, sur le Rhin, un bateau ; sur la rive, au milieu, des paysans et des troupeaux. Au premier plan, un chariot, dont le cheval est dételé, et un paysan. A droite, deux femmes, l'une allaitant son enfant, l'autre tenant une quenouille, et un paysan, près d'une des portes de la ville. Au second plan, un valet fait boire deux chevaux et des hommes chargent un chariot. Au fond, les remparts derrière lesquels s'élèvent des clochers et des forts.

H., 0,43 ; L., 0,61. B. — Fig. 0,10. — Col. Faesch (1833) et Roos, d'Amsterdam (1845). Acheté à Amsterdam (1859).

## **Berck-Heyde** (JOB ADRIAENSZ), 1630-1693.

**17.** — *Intérieur de la Bourse d'Amsterdam, démolie en 1836* (C).

Une galerie à arcades cintrées soutient l'édifice à toit d'ardoise. Au premier plan, au milieu, deux hommes debout ; à gauche, deux vieillards assis et des personnages appuyés sur une rampe. Au milieu, dans la cour rectangulaire, nombreuse assistance. Au fond, l'entrée, et une statue de Mercure par BART. EGGERS.

Signé à droite sur la base d'une colonne : H. BERCK-HEYDE.

H., 0,82 ; L., 1.03. T. — Fig. 0,25. — Acheté 926 fl. à la vente de Leeumbruggen d'Amsterdam (1866). — Il existe de nombreuses répétitions de ce tableau ayant fait partie de collections célèbres, Daems d'Amsterdam, Tierens de La Haye, etc., qui appartiennent aujourd'hui, l'une au Musée de Francfort, l'autre au Musée d'Amsterdam, une troisième au prince d'Arenberg.

## **Berghen** (DIRCK VAN) ou **Bergen**, vers 1640-après 1690.

**19.** — *Paysage et Animaux* (C).

Signé en bas, à droite : D. v. BERGHEN.

H., 0,25 ; L., 0,31. B. — Acheté 505 fl. à la V. Vis Blokhuysen, Paris (1870).

## Blecker (Gerrit Claesz) ou Bleker ?-1656.

**21.** — *Saül sur le chemin de Damas* (B).

Au premier plan, Saül, aveuglé par la lumière céleste, vient d'être désarçonné ; il est assis à terre, soutenu par deux officiers ; près de lui, son bouclier et, à droite, son cheval blanc qu'un soldat retient par la bride ; au second plan, un homme épouvanté, couché sur le sol, et des cavaliers. Signé, en bas à gauche :

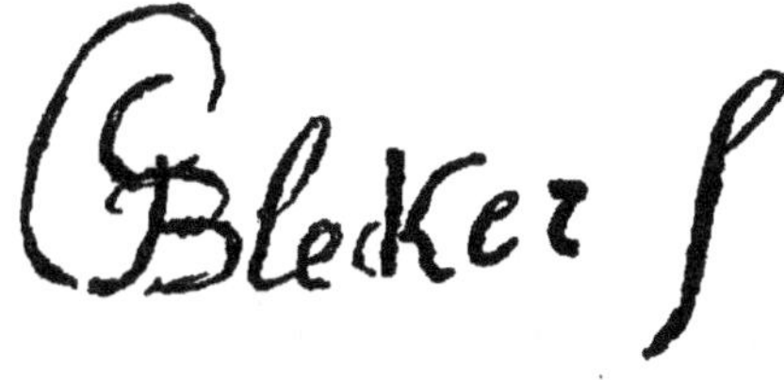


H., 1,10 ; L., 1,57. T. — Acheté 360 fl. à Rotterdam (1875). « Ce tableau faussement attribué à S. Blecker montre l'artiste sous un bon jour, déjà sous l'influence de Rembrandt ; il est d'un dessin plus soigné et d'un coloris plus chaud que ses œuvres précédentes » (Bode, 350).

**22.** — *L'âne de Balaam* (B).

H., 0,91 ; L., 1,22. T. — Vendu en 1867 sous le nom de Van den Eeckhout dont il portait la fausse signature. « Ce tableau ne le cède en rien au précédent : il est certainement de la même main. » (Bode, 350).

## Bloemaert (Adriaen) ou Blommaert, après 1609-1666.

**24.** — *Paysage italien* (A).

H., 0,25 ; L., 0,30 B. — Acheté 60 fl. en 1867. Signé : A. Blommaert.

## Bloot (Pieter de), 1601-1652.

— *Des pauvres devant la porte d'un hospice* (A).

H., 0,50 ; L., 0,83. B. — Fig. 0,24. — Acheté 1500 fl. à Cologne (1893).

## Bol (Ferdinand), 1616-1680.

**26.** — *Portrait de femme* (B).

Debout, de profil tournée vers la gauche, appuyée sur le socle d'une colonne. Robe rouge, chemisette et sous-manches blanches. Bracelets et broches en perles et pierres précieuses. Au cou, une médaille retenue par une chaîne. De la main gauche, elle porte les pans de son manteau violet doublé de fourrure, retenu sur la poitrine par un large ruban ; la main droite tient un éventail. Dans sa chevelure brune, est piqué un peigne en or ; une boucle, attachée par un ruban noir, tombe sur l'épaule. Au fond, une seconde colonne.

Une draperie verte autour de la colonne du premier plan; sur le socle, la signature : F. Bol (F. B. entrelacés) fec. 1652.

H., 1,30; L., 1,03. T. — Fig. jusqu'aux genoux gr. nat. — Acheté 630 fl. V. de Kat. Paris (1866).

**27.** — *Portrait de Dirck van der Waeyen* (D).

Agé de douze ans environ, il est debout, de face, en vêtement jaune, chausses rouges, bonnet vert foncé, bottes en cuir jaune, la main gauche sur la hanche, portant de la main droite une hache. A droite, sur le sol, un bouclier en acier bordé d'une frange rouge est appuyé contre un tambour ; en avant, un arc, des flèches, et une cuirasse. Au fond, deux mortiers et des boulets. Sur le fond à droite, l'écusson des Waeyen.

Signé sur le tambour : F. Bol (F. B. entrelacés) 1656.

H., 1,54; L., 1,18. T. — Fig. gr. nat. — Acheté à Warmond (1865).

## **Bollongier** (Hans) ou **Boulengier**, vers 1600-après 1642.

**28.** — *Le Carnaval* (C).

Dans une rue, devant une maison, où des paysans regardent par la porte et par une fenêtre, dansent une vieille femme coiffée d'un plat d'étain, une escarcelle à sa ceinture, et un vieillard déguisé en sauvage, une massue sur l'épaule; près d'eux, un musicien. A gauche, un jeune homme vu de dos, un vieillard et deux enfants. A droite, un jeune homme, un sabre à sa ceinture, portant une arbalète, et un vieillard, tenant un globe impérial et un glaive. Au premier plan un chien.

Signé au milieu :

HBollongier. 1620

H., 0,65; L., 0,29. B. — Fig. 0,12. Legs Boymans.

## **Both** (Jan), vers 1610-1652.

**30.** — *Paysage italien* (D).

Signé à droite, sur une pierre : J. Both (J. et B. entrelacés) f.

H., 0,46; L., 0,60. B. — Legs Boymans. Lithographié par van der Kaa, 1860.

## **Bout** (Pieter). Flamand, 1658-après 1702.

**31.** — *Port de mer en Italie* (D).

H., 0,45; L., 0,60. T. — Coll. van der Wallen. — Acheté en 1868.

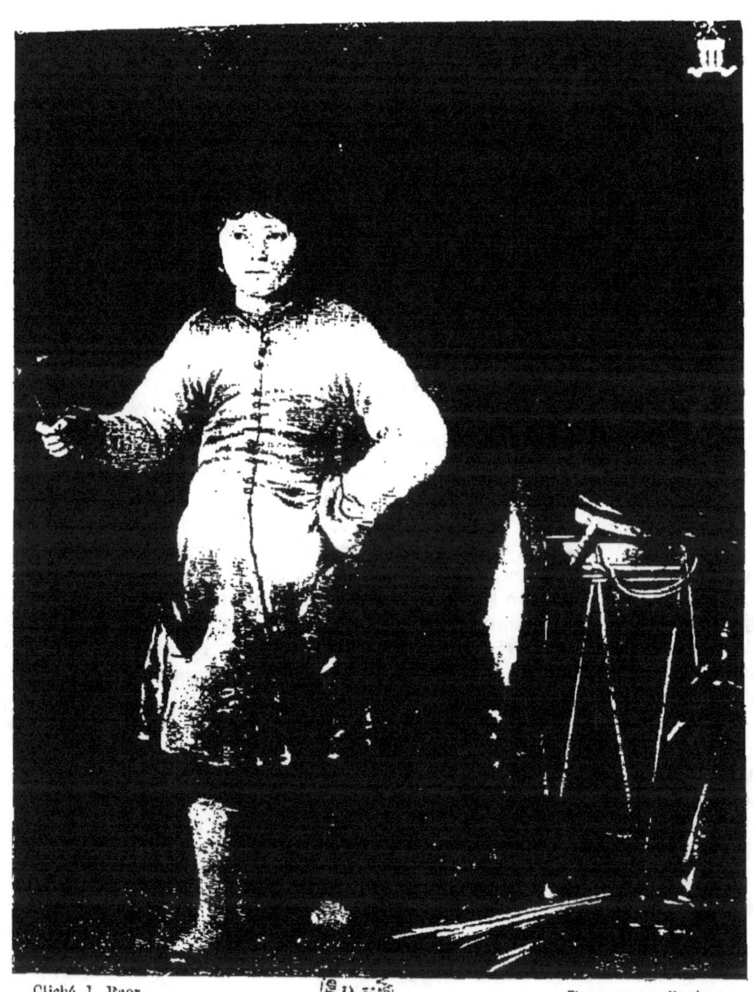

Cliché J. Baer. Typogravure Ruckert.



BOL (FERDINAND).

27. — *Portrait de Dirck van der Waeyen.*

## **Bouts** (Dierick ou Dirck) **van Haarlem**, entre 1410 et 1420-1475.

32. — *Saint Jean écrivant l'Apocalypse* (B).

Dans une prairie en fleurs, au milieu, l'Apôtre, en vêtement rouge, les pieds nus, assis, de trois quarts tourné vers la gauche, écrit sur son genou droit. Un démon, tenant un encrier renversé, vole derrière lui. Au second plan, serpente une rivière ; sur la rive opposée, un château, vers lequel se dirigent deux cavaliers, et une ville ; à droite, au milieu des rochers, un sentier. Aux pieds du saint, des coquillages et des perles jonchent le sol.

H., 0.68 ; L. 0,64. B. — Legs Boymans. Attribué successivement à Lucas de Leyde, à Memling, à Rogier van der Weyden. Ce tableau ne nous semble pas appartenir non plus à Bouts, ni mériter de porter de si grands noms.

## **Brakenburg** (Richard), 1650-1702.

33. — *Il n'y a pas de remède aux maux de l'amour* (D).

Dans une chambre à coucher, près d'une table, à gauche, est assise une jeune fille, en jupe bleue, caraco blanc, un mouchoir blanc sur la tête appuyée contre un oreiller, le pied droit sur une chaufferette. Au milieu, un médecin, debout, en vêtement noir et chapeau pointu, lui tâte le pouls de la main droite et tient, de la gauche, une fiole. Au second plan, le père de famille, la mère éplorée, une jeune fille souriante, et un jeune homme contre la chaise de la malade; à droite, une bassinoire, une chaise, un encrier, du papier et un verre sur une table. Au plafond, un perroquet dans une cage. Au fond, une servante qui écoute en riant la consultation, près d'une porte qui conduit à une chambre aux murailles de laquelle sont accrochés un tableau et une guitare.

Signé à droite, au premier plan : R. Brakenburg 1696.

H., 0,45 ; L., 0,38. T — Fig. pet. nat. Legs Boymans. « Tableau exceptionnellement traité d'une façon fine, très influencé par Steen » (Woerm, 615).

34. — *Ce n'est pas pour ton nez* (C).

Dans une salle, autour d'un tonneau recouvert d'une étoffe rose et sur lequel sont posés un pot en grès, une pipe et un verre, une nombreuse assistance regarde un hibou sur un perchoir : à gauche, une jeune femme s'appuie contre un jeune homme qui tend à l'oiseau un morceau de lard ; au milieu, un petit garçon ; à droite, une jeune femme

est assise entre deux hommes, dont l'un montre du doigt le hibou et l'autre sourit. Au fond, plusieurs groupes d'enfants et de paysans.
Signé en bas à droite : *Brakenburg. f.*

H., 0,69 ; L., 0,86. T. — 880 fl. V. van der Kuhlen van Zwyndrecht (1872).

## Bril (Paulus), Flamand, 1554-1626.

38. — *Tentation de saint Jérôme* (B).

Dans une grotte, à gauche, le Saint, en méditation, accoudé sur une pierre où sont posés un livre et un sablier; derrière lui, le démon ; en avant, un chapeau et un manteau rouges; à droite, un lion ; au fond, dans un paysage, une église sur un rocher au pied duquel coule un torrent. Signé à gauche, sur une pierre : *P. Bril.*

H., 0,36; L., 0,27. B. — Acheté 125 fl. en 1891.

## Camphuysen (Govert Govertsz), 1623 ou 1624-1672.

41. — *Halte de paysans devant une auberge* (B).

Devant l'auberge du Cygne, est arrêté un char à quatre bancs attelé de deux chevaux et dans lequel sont assis trois couples et un ménétrier. Le cocher, descendu de son siège, donne à manger à ses bêtes. Devant la porte, une servante, un pot en étain à la main. A une fenêtre, se penchent des buveurs ; près du char, un petit mendiant. A gauche, une allée bordée d'arbres.
Signé sur une planche, à gauche : C. Camphuysen.

H., 0,57 ; L., 0,65. T., Fig , 0,15. — Legs Boymans. « Cette peinture offre certaines analogies avec le style de Paul Potter, surtout dans le modelé des chevaux et dans quelques accents du paysage ; mais elle est assez lourdement empâtée et d'une couleur monotone, tirant sur la suie. On y sent toutefois un praticien savant et énergique » (Burg. II, 240.)

## Ceulen (Cornelis Janssens ou Jonson Van), vers 1594-vers 1664.

140. — *Portrait de jeune femme* (D).

Vue de face, un nœud bleu dans sa chevelure blonde. Corsage décolleté en satin rouge; chemisette blanche, manteau bleu drapé sur son épaule gauche et dont elle tient les pans de ses deux mains. Collier de perles ; un ruban noir au poignet droit. Signé à droite :

*Cornelius Jonson van Ceulen, fecit, 1656*

H., 0,80 ; L.; 0,69. T — Fig. en buste gr. nat. V. Poelman d'Utrecht (1866). Don Vis Blokhuysen (1864).

MUSÉE DE ROTTERDAM.

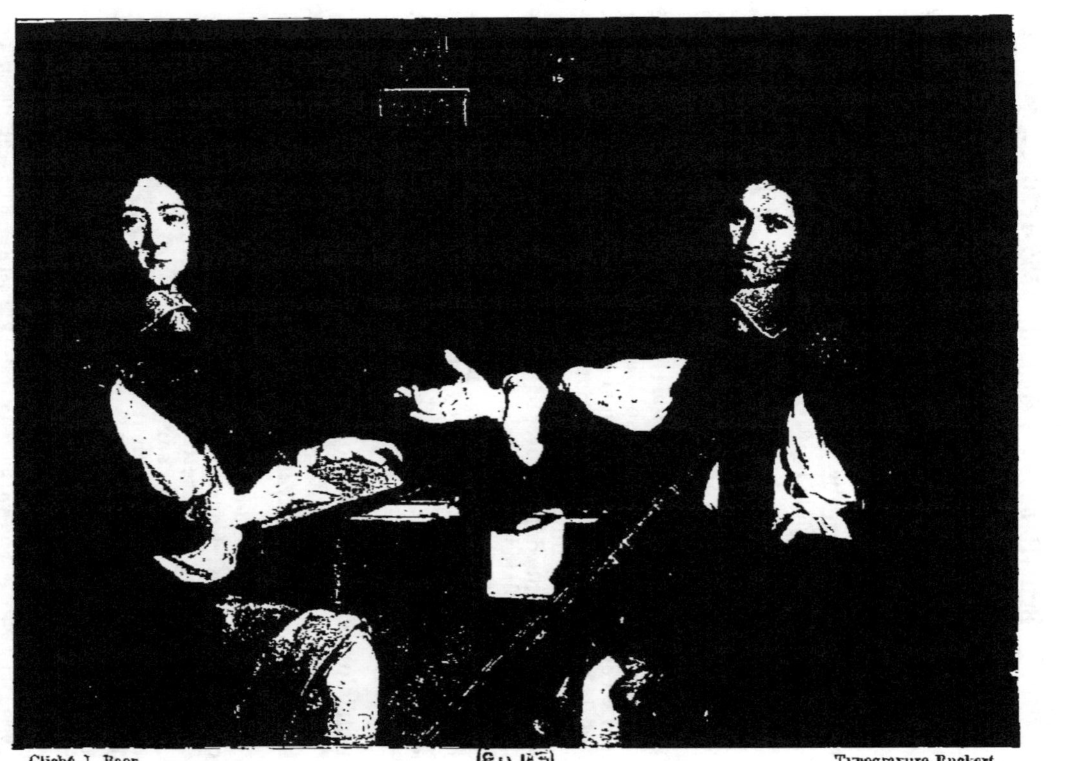

Cliché J. Baer. Typogravure Ruckert.



PHILIPPE DE CHAMPAIGNE.

43. — *Portraits de Jean-Baptiste de Champaigne et de Nicolas de Platte-Montagne.*

## Champaigne (Philippe de), Flamand, 1602-1674.

43. — *Portraits de Jean-Baptiste de Champaigne, neveu et élève de Philippe, et de Nicolas de Platte Montagne, peintre de marines* (B).

Ils sont assis de chaque côté d'une table recouverte d'un tapis vert, sur laquelle sont posés une palette, un livre, des pinceaux et un dessin portant la date 1654, et sont vêtus de costumes gris laissant voir les manches de leur chemise. A droite, Nicolas, tourné vers la gauche, le visage coloré, vu de face, un violoncelle contre son genou gauche, tient de la main gauche son chapeau et tend l'autre main vers Jean-Baptiste, au visage pâle et aux mains exsangues, qui dessine.

H., 1,28 ; L., 182. T. — Fig. jusqu'aux genoux gr. nat. Acheté 850 fl. à la V. du roi Guillaume comme étant de B. van der Helst. (1850). Don Vis Blokhuysen (1870). Le Louvre possède deux dessins de Philippe de Champaigne représentant les mêmes personnages.

## Claesz (Pieter), fin du XVI^e^ siècle-1661.

44. — *Nature morte* (B).

Signé, sur le fond à droite : P. C. (entrelacés), 1656.

H., 0,36 ; L., 0,49 B. — Acheté 325 fl. V. Gockinga (1883).

## Cocks ou Coquès (Gonzalès), Flamand, 1618-1684.

45. — *Le Buveur* (A).

Assis, en pourpoint jaune à manches rouges, toque rouge ; de la main droite, il tient un pot d'étain ; de la gauche, posée sur un tonneau, il porte sa pipe ; sur une table, un plat et une cruche.

H., 0.14 ; L., 0,23. B. — Fig. à mi-corps pet. nat. Attribué autrefois à David Ryckaert. Legs Boymans.

## Codde (Pieter), 1599 ou 1600-1678.

*Le peintre dans son atelier* (A).

Assis sur une chaise, de trois quarts tourné vers la droite, le visage de face, le pied gauche près d'une chaufferette, la main gauche sur la cuisse, tenant de la droite une pipe. Vêtement gris, col blanc. Chevelure, moustaches et royale blondes. A droite, un tableau esquissé sur un chevalet, près duquel est le monogramme : C.

H., 0,30 ; L., 0,25 B. — Acheté 30 fl. à Rotterdam (1892) comme l'œuvre d'un peintre inconnu.

## Cool (Jan Daemen), 1589-1660.

**48.** — *Quatre Régents de l'hospice du Saint-Esprit, à Rotterdam* (B).

H., 2,04; L., 2,69. T. — Fig. g. nat. Donné par l'administration de l'hospice. Catalogué primitivement sous le nom de Maître inconnu, puis par M. Lamme sous le nom de Mytens le Vieux, ce tableau peut être, avec vraisemblance, attribué à Cool. On sait en effet que ce peintre fut admis en 1652 à l'hospice, sous la condition qu'il se chargerait d'exécuter le portrait des régents de la communauté. Daté : Ano. 1653.

## Cornelissen (Cornelis Cornelisz), van Haarlem, 1562-1638.

**49.** — *Bacchus* (B).

Signé, à gauche, sur le gazon : C. H. (accolés), 1602.

H., 0,49; L., 0,53. B. — Acheté 10 fl. V. Droste, La Haye (1766). — Legs Boymans.

## Cuyp (Aelbert), 1620-1691.

**50.** — *Une écurie avec deux chevaux gris pommelés* (C).

L'un à droite, vu par la croupe, et tournant la tête vers la gauche, est attaché par la bride à un poteau ; le second, de trois quarts tourné vers la gauche, la bride sur le cou. Au second plan, une chèvre et un valet d'écurie. Contre un poteau, un balai et une pelle ; un chapeau de paille à un clou. Au premier plan, un chien. Signé à gauche : A. C.

H., 0,32; L., 0,40. B. — Legs Boymans. « La peinture très savoureuse est d'une pâte très abondante, très habilement maniée, toujours dans le sens de la forme, et le dessin général des animaux se poursuit avec une singulière justesse, malgré la multiplicité des taches de leur robe » (E. Michel, *Gaz. des B.-Arts*, 1892, p. 110.) Suivant Burg (II, 213), la marque A. C. est une indication caractéristique de la première manière du peintre. Les œuvres de la période postérieure, les chefs-d'œuvre, sont signés : *A. Cuyp.* (V. le n° 54). « C'était les chevaux d'Aelbert Cuyp qui empêchaient Géricault de dormir! ». Burg. (II. 211.)

**51.** — *Vue de rivière* (C).

Devant des collines escarpées, à droite, deux bergers et des vaches ; à gauche, la rivière qui se partage en deux bras séparés par un rocher vers lequel se dirigent une barque et un voilier. Au second plan, un château fort, une ville, et contre la rive, des bateaux à l'ancre. Montagnes à l'horizon. Ciel très lumineux.

Signé à droite, en bas : C.

H., 0,40; L., 0,54. B. — Legs Boymans. Au Musée de Berlin une réplique avec variantes provenant des Coll. Schonborn de Vienne (1866) et Suermondt (1876), que Bode considère comme ayant été exécutée vers 1660. « Sur un bout de terrain, en avant, deux pâtres et des animaux assez faiblement dessinés. La composition n'est pas heureuse, mais les fonds à gauche sont pleins de lumière. La lumière papillote trop cependant sur les feuillages du premier plan et sur les terrains. On distingue encore, au bas, à droite, un petit C qui était sans doute précédé de l'A. » (Burg. II. 21

**52.** — *Un coq et une poule* (C).

Signé à gauche : A. C.

H., 0. 56; L., 0,71. B. — V. van Slingelandt de Dordrecht (1785) V. van den Berg de Rotterdam (1816) Donné par M. Jan van der Hoop. (1859).

**53.** — *Tête de vache* (C).

H., 0,52; L., 0,26. T. — Legs Boymans.

**54.** — *Le Mangeur de Moules* (C).

Dans sa forge, au milieu, le patron, assis sur un bloc de bois, en veste jaune, haut-de-chausses noirs, bas gris, tablier en cuir, chapeau brun, de la main droite, tient un couteau et, de l'autre, porte à sa bouche une moule; entre ses jambes, un tonneau sur lequel sont posés un plat de moules, un verre de bière et une étoffe brune. A droite, trois enfants le regardent: une petite fille, en jupe violette, corsage rouge, tablier blanc, bonnet gris, tenant de la main gauche une cruche en grès et, de la droite, une pomme, un petit garçon, en vêtement brun, tablier bleu, chapeau noir, et une autre petite fille dont on ne voit que la tête aux cheveux blonds. Au premier plan, une poule, un chat, près d'une cruche renversée et d'un cruchon en grès, des écailles de moules, un chien, un panier à bois. A droite, au second plan, par une fenêtre ouverte, deux personnages regardent dans la forge : l'un riant, l'autre, un verre de vin à la main. Au-dessus de la fenêtre, des outils accrochés; au-dessous, un étau; au fond, l'enclume et près d'une meule, dans l'ombre, un ouvrier. Signé à gauche : A. cuyp: fecit.

H., 0.88; L., 1.09. T. — D'après Smith, n° 335, ce tableau aurait fait partie de la galerie Lormier. Il ne figura cependant pas dans la vente de cette Coll. Acheté 2850 fl. à la V. Viardot, Paris (1866). Une réplique ou une copie de dimensions moindres (H., 0,50; L., 0,75), notée par Smith dans la coll. Charles Hambury Tracey, fut vendue 2,700 fr. à la V. Febvre, Paris (1882) et 2,060 marks à la V. Rochille de Dresde (1889). Une autre copie de la main de M. de Lamme est au musée de Dordrecht.

## Cuyp (Jacob Gerritsz), 1594-1651 ou 1652.

**55.** — *Portraits de trois enfants* (C).

Au pied d'un bouquet d'arbres, à droite, un petit garçon, de trois quarts, tourné vers la gauche, en pourpoint blanc à fleurs, collerette et manchettes en dentelles, haut de chausses noirs, des nœuds rouges à la ceinture et aux genoux, chapeau gris, manteau noir sur l'épaule gauche, la main gauche sur la hanche, prend, de la main droite, la main gauche de sa sœur. Celle-ci, en robe grise à dessins jaunes, ornée de nœuds rouges et blancs, collerette et manchettes en dentelles, toque noire, chaîne d'or sur la poitrine, porte de la main droite un éventail en plumes. A gauche, un bébé à la chevelure blonde de trois quarts tourné vers la droite, en robe bleue à fleurs blanches, collerette et manchettes de dentelles, tablier blanc, coiffe rouge, chaîne d'or au cou et aux poignets, tient des fleurs de la main gauche. Au fond, au milieu des arbres, un village avec un clocher d'église et un moulin.

Signé au milieu, sur un arbre :

1635

C. CUYP. FECIT

H., 1,28 ; L., 1,94. T. — Fig. gr. nat. Acheté 803 fl. en 1864. « Peinture claire et honnête, sans grand ressort, qui rappelle un peu Cornelis de Vos » (E. MICHEL, *Gaz. des B.-Arts*, 1895, p. 14).

## Delen (DIRCK VAN) ou Deelen, vers 1605-1671.

**58.** — *Réunion musicale* (B).

Dans une salle dallée en marbre blanc et noir, au milieu, un gentilhomme, vu de dos, en vêtement noir, est debout devant une dame assise, en robe verte, qui chante, en s'accompagnant sur un luth. A gauche, deux dames, l'une, en jupe jaune, robe noire à crevés jaunes et cerises, un papier à musique dans les mains, chante ; l'autre, en robe grise à crevés cerises, tourne la tête à gauche vers un jeune homme, coiffé d'un chapeau de feutre, en pourpoint et haut-de-chausses bruns, bas verts. A droite, debout, une dame, en jupe violette, robe verte à crevés blancs et cerises, appuyée contre une table sur laquelle sont posées des partitions et une guitare ; derrière la table, quatre gentilshommes, trois debout, le quatrième assis. Au fond, à droite, un lit ; à gauche, deux fenêtres ; au milieu, une porte monumentale qui s'ouvre sur une autre pièce dont on aperçoit la cheminée surmontée d'un tableau. Signé, à droite : 1696. D. V. DELEN.

H., 0,47 ; L., 0,61. B. — Fig. 0.25. Acheté 1,550 fl. à Amsterdam (1854). D'après BURGER, les figures seraient de Palamedes.

## Delff (JACOB WILLEMSZ) ou Delphius, 15...-1601.

**60.** — *Portrait de Baertje van Adrichem* (A).

Signé sur le fond, à gauche : *Ætatis 18 A° 1593.* J. W. DELFT (J. W. D. entrelacés).

H., 0,69 ; L., 0,59. B. — Fig. à mi corps gr. nat. Acheté 192 fl. à la V. Verloren van Themaat, d'Utrecht (1885).

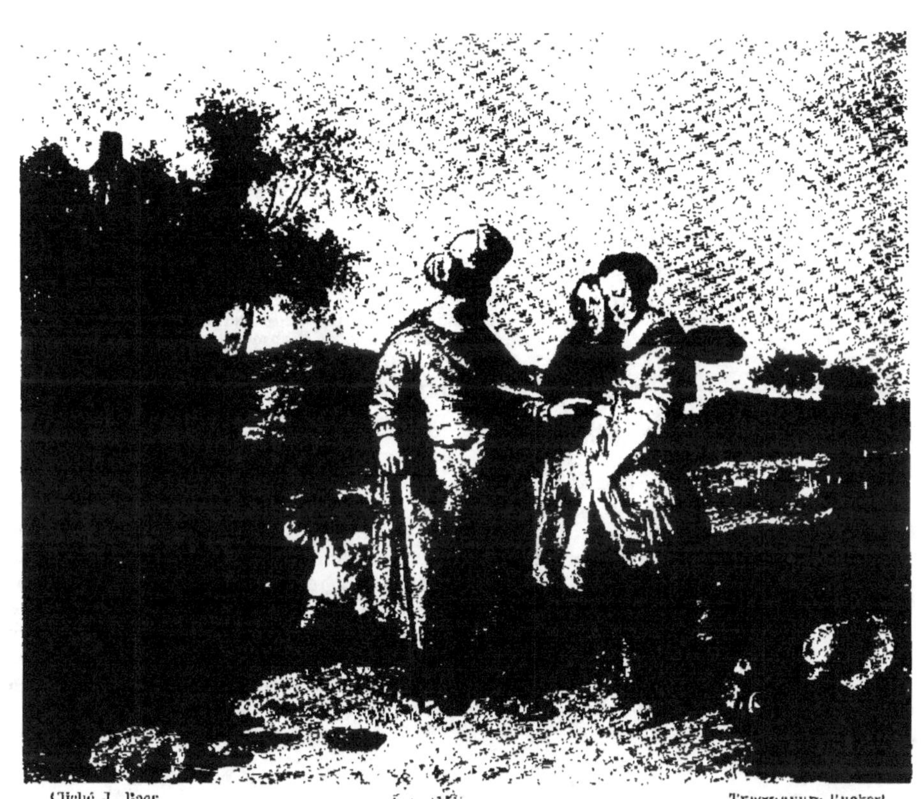

Cliché J. Baer. Typogravure Ruckert.



EECKHOUT (GERBRAND VAN DEN).

66. — *Booz et Ruth.*

## **Delf** (Jacobus Willemsz) ou **Delfius**, 1619-1661.

**61.** — *Portrait d'homme* (A).

Signé à gauche : *Ætatis 30 A° 1642*. Jacobus Delfius.

H., 0,68 ; L., 0,58. B. — Fig. en buste gr. nat. V. Guillaume II (1851). Acheté en 1865.

## **Dyck** (Anton van), Flamand, 1599-1641.

**62.** — *Exaltation de la Vierge* (B).

H., 0.55 ; L., 0,42. B. — Ebauche. Don Lamme (1863). Smith N° 40.

**63.** — *Portraits de Charles I, roi d'Angleterre, de sa femme et de leurs deux enfants* (B).

H., 0,33 ; L., 0,27. Papier collé sur B. — Legs Boymans. Ebauche d'un tableau gravé par Massard, dont l'original est à Windsor et dont une réplique, après avoir fait partie de la galerie d'Orléans, appartint au duc de Richmond.

## **Eeckhout** (Gerbrand van den), 1621-1674.

**66.** — *Ruth et Booz* (B).

Au milieu, Booz, en houppelande rouge, ceinture multicolore, manteau noir retenu sur l'épaule par une agrafe, coiffé d'un turban, s'appuyant de la main droite sur une canne, de profil, tourné à droite, tend la main gauche vers Ruth que lui présente un jeune garçon, en vêtements bruns, son bonnet à la main. La jeune fille, les pieds nus, en jupe brune, corsage gris, portant dans son tablier bleu des épis, baisse les yeux. Au second plan, devant une grange, à gauche, trois moissonneurs mangeant, et, au fond, d'autres paysans faisant la moisson. Au premier plan, à droite, une gourde, une charrue, un tonnelet, un chapeau de paille. Signé au milieu :

G. V. Eeckhout. fe. A° 1655.

H., 0,74 ; L., 0,81. B. — Fig. 0,50. — Acheté 92 fl. à la V. Jacob van der Dussen, (1752) ; 60 fl. à la V. Joh. van der Marck, Amsterdam (1773) ; 42 fl. à la V. Versyde de Leyde (1791). Coll. Vis Blockhuysen de Rotterdam. Don Joost van Vollenhoven (1870).

## **Everdingen** (Allart van), 1621-1675.

**68.** — *Paysage norvégien* (D).

H., 1,35 ; L., 1,78. T. — Don Hoffmann (1850).

## **Fabritius** (Carel), vers 1624-1654.

**74.** — *Portrait d'homme* (D).

Tourné de trois quarts sur la droite, regardant en face; tête nue, chevelure brune tombant en boucles. Chemise entr'ouverte, vêtement brun. Signé, en haut à droite, sur le fond verdâtre :

H., 0,64; L., 0,48. B. — Fig. en buste gr. nat. — Legs Boymans. Attribué autrefois à Rembrandt, jusqu'au jour où M. Lamme, en nettoyant la toile, fit apparaître la signature du véritable auteur. Burger a donné le récit de cette histoire curieuse dans sa *Galerie Suermondt* et son *Musée de Rotterdam*, p. 166 et sq., en rappelant avec quel enthousiasme Viardot, Théophile Gautier, Maxime Ducamp, s'étaient extasiés devant ce Rembrandt incomparable. « Cette peinture est saisissante et vraiment magistrale. Caractère, touche, couleur, tout en est sauvage et fait songer à Ribera, à Murillo dans sa manière ferme, presque autant qu'à Rembrandt. Le Rembrandt qui peut-être ressemble le plus à cette vaillante étude, peinte d'après nature, est la *Jeune fille à la fenêtre*, de Dulwich Gallery, datée de 1645. » (Burg., II, 171) « Ce visage de jeune homme, est plein d'une vie extraordinaire et d'une rare puissance d'expression. La manœuvre du pinceau y est singulièrement forte et animée. Cela rappelle la largeur d'exécution des têtes peintes par Rembrandt vers sa 50e année. » (Bréd. I, 171.)

## **Flinck** (Govert), 1615-1660.

**75.** — *Portrait de Dick Graswinckel, avocat du fisc en 1638, et de sa femme Geertruyt van Loon* (C).

Au pied d'un chêne, le mari est debout, de trois quarts tourné vers la droite, tête nue, chevelure brune bouclée, vêtements noirs, col blanc, son chapeau dans la main gauche ; de la main droite, il prend la main de sa femme, assise sur le gazon, de trois quarts tournée vers la gauche, en jupe rose, robe noire, col et manchettes blancs, bonnet noir. Bracelets et boucles d'oreilles en pierres précieuses. Fond de paysage avec des promeneurs, un berger et son troupeau ; à droite, un château. Signé, en bas : G. Flinck 1646.

H., 1,05; L., 0,90. T. — Fig. 0,53. — Acheté 500 fl. en 1854. « Très beau Flinck, du meilleur temps, d'une conservation parfaite et d'une proportion assez rare, avec deux petites figures entières, de la grandeur des figures habituelles du Poussin, à peu près... L'influence de Rembrandt y est dominante comme naturel et simplicité, comme pratique libre et puissante de couleur... Le disciple avait quitté le maître depuis quelques années seulement... Le vrai Flinck hollandais ne dure guère que dix ans, de 1640 à 1650 ». (Burger, II, 178.)

## **Gael** (Barend), xviie siècle.

**79.** — *Auberge de village* (A).

Signé, à gauche, sur le banc : B. Gael.

H., 0,36; L., 0,30. B. — Legs Boymans.

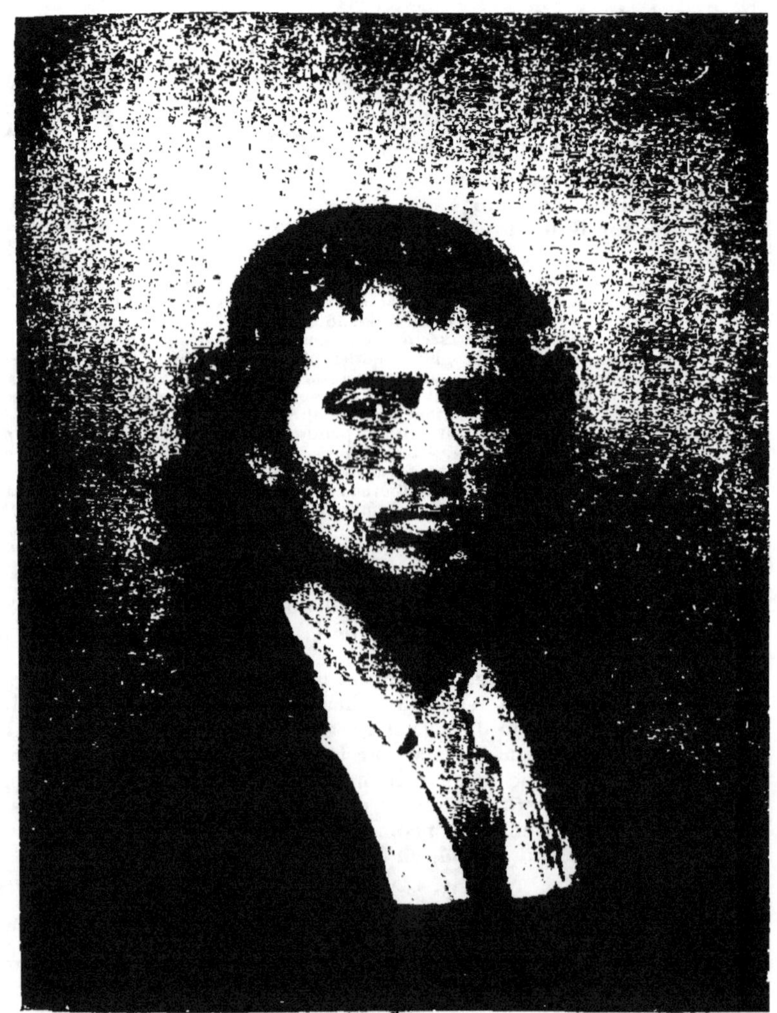

Cliché J. Baer. Typogravure Ruckert.



FABRITIUS (CAREL).

74. — *Portrait d'homme.*

**Goderis** (Hans ou Johan), milieu du XVIIe siècle.

**83.** — *Marine* (A).

Signé, à gauche, sur une branche d'arbre : H. Goderis 1625.

H., 0,26; L., 44. B. — Fig. 0,04. — Acheté 20 fl. V. van Nispen. La Haye (1768). 363 fl. V. Pein. Cologne (1888).

**Goyen** (Jan Josephsz van), 1596-1656.

**84.** — *Une Ferme* (C).

H., 1,29; L., 1,69. T. — Legs Boymans. — Attribué autrefois à Pieter Molyn. « Les teintes jaunes du feuillage et surtout les couleurs et la manière dont les figures sont peintes prouvent que van Goyen en est l'auteur : » (Catal. p. 82.)

**85.** — *Vue de Rivière* (D).

A gauche, sur la rive, un pêcheur à la ligne, un homme assis et trois marins qui embarquent des paniers ; à droite, sur un bateau, deux pêcheurs ramènent leurs filets. A l'horizon, d'autres bateaux.

Signé, au milieu, sur la quille du bateau : V. G. (accolés) 1643.

H., 0,34; L., 0,42. B. — Legs Boymans. « L'eau, les bateaux, le ciel, tout s'harmonise dans une gamme simple mais vigoureuse, qu'on remarque souvent chez Ruysdael. (Burg. II, 208).

**Goltzius** (Hendrick), 1558-1616.

**86.** — *Junon reçoit de Mercure les yeux d'Argus* (Vest.).

Signé, au milieu, sur le rocher : H. G. (entrelacés) Ao. 1615.

H., 1,45; L., 1,83. T. — Don Bos de Harlingen (1864).

**Greuze** (Jean-Baptiste), Français, 1725-1805.

**343.** — *L'Heureuse Mère* (F).

Dans une chambre, à gauche, une jeune femme est assise dans un fauteuil, de trois quarts tournée vers la gauche. Elle sourit à son enfant monté sur un tabouret. A gauche, sur une chaise, des vêtements ; à droite, un petit lit. Au fond, une porte.

H., 0,65; L., 0,47. T. — Esquisse. Legs Boymans.

**Grimmer** (Abel), seconde moitié du XVIIe siècle - avant 1619.

**89.** — *Un Bal* (B).

H., 0,52; L., 0,75. B. — Fig. 0,4. — Legs Boymans. Attribué autrefois à Steenwyck, puis à François Francken le Jeune.

### **Hackaert** (Johannes), 1629-1699 (?).

*Paysage* (C).

Au premier plan, sur le bord d'une mare qui s'étale vers la droite au milieu, un chien, un petit garçon, vu de dos, portant un panier e une femme, une cruche sur le dos, causant avec un paysan assis ayant derrière lui, sur le sol, une hotte. A gauche, un homme tenan par la bride un cheval attelé à une voiture, et un piéton. Collines à l'horizon. Signé, en bas, à gauche : Hackaert.

H., 0,80; L., 1 m. — Fig. 0,12. — Don Virules (1892). — Les figures sont de Lingelbach.

### **Hagen** (Joris van der) ou **Verhagen**, entre 1615 et 1620-1669.

92. — *Le Bon Samaritain* (B).

Au milieu, le Samaritain, soignant le voyageur blessé ; à gauche, un âne et quatre chiens ; au second plan, des brigands ; à droite le Lévite absorbé dans une lecture, et le Pharisien, un livre sous le bras. Au fond, une rivière et un pont à trois arches. Sur la rive opposée, des chaumières et des troupeaux. Fond montagneux.

Signé en bas, au milieu : J. Hage (J. H. entrelacés).

H., 1,35 ; L., 1,35. — Don Levino van Limmen (1867).

### **Hals** (Frans) **le Vieux**, 1581-1666.

93. — *Portrait d'homme* (D).

Debout, de trois quarts tourné vers la droite, regardant en face Cheveux courts grisonnants, barbe et moustaches rousses. Vêtement et manteau noirs. Fraise et manchettes blanches. La main droite sur la hanche, la main gauche sur la poitrine.

H., 1,17 ; L. 0,89 T. — Fig. jusqu'aux genoux gr. nat. — Peint vers 1640. Coll. de Beurs Stiermann et Mestern de Hambourg. Acheté en 1865.

### **Hanneman** (Adriaen), vers 1601-1671.

96. — *Portrait du grand pensionnaire Jean de Witt* (D).

Nu tête, tourné de trois quarts vers la gauche. Chevelure brune ; vêtement noir, col blanc. Le bras droit est appuyé sur un pilier. Signé à gauche :

An°: 1652.
Adr: Hanneman
Fi

H. 0,77 ; L. 8,63. T. — Fig. en buste gr. nat. Don Lamme (1854).

## Heda (Willem Claesz), 1594 - après 1678.

**97.** — *Nature morte* (B).

Sur une table recouverte d'un tapis verdâtre, au milieu, un citron sur un plat et un verre ; à gauche, un cornet de papier, des huîtres sur un plat, un verre cassé ; à droite, une coupe en argent renversée, un verre, des écorces de noix. Signé à droite, en avant : Heda, 1634.

H., 0,43 ; L., 0,75 B. — Acheté 810 fl. à la V. Gockinga (1883).

## Heem (Cornelis de), 1631-1695.

**98.** — *Fleurs et fruits* (C).

H., 0,56 ; L., 0,40. — Legs Boymans. — Attribué autrefois à Jan de Heem, père de Cornelis.

## Heem (Jan Davidsz de), 1606-1683 ou 1684.

**99.** — *Nature morte* (D).

Signé à gauche, sur la table : J. de Heem. f.

H., 0,74 ; L., 1,03 T. — Acheté 1290 fl. à la V. Eymer Az. Amsterdam (1856). Lithographié par Voorn Boers.

## Helst (Bartholomeus van der), 1613-1670.

**102.** — *Portrait d'homme* (D).

Assis sur un fauteuil en cuir, le corps de trois quarts tourné vers la droite, le visage de face. Moustaches et barbe brunes, vêtement et chapeau noirs. Fraise blanche. La main droite posée sur le bras de son siège; de la gauche, il feuillette une bible à coins et fermoir en cuivre, ouverte sur un pupitre.
Signé, en haut, à gauche : B. van der Helst f. 1638.

H., 1,13 ; L. 0,81. T. — Fig. jusqu'aux genoux gr. nat. — Acheté 4,410 fl. à la V. de Kat de Dordrecht (1866). Avant l'incendie de 1864, le Musée de Rotterdam possédait une des toiles les plus importantes de Van der Helst, chef-d'œuvre comparable au *Banquet des Arquebusiers* d'Amsterdam (V. plus loin, p. 239), représentant Ryklof van Gowes, gouverneur général des Indes Hollandaises, sa femme Jacobena Bartholomeusz et trois de ses fils, avec un serviteur javanais, sur une terrasse de leur palais de Batavia, datée de 1656 et donnée par M. Nattebohm. Voir Burg., (II, 219.)

**103.** — *Portrait d'homme* (Vest).

Signé, en haut, à droite : B. van der H., 1646.

H., 0,72 ; L., 0,62. T. — Fig. en buste gr. nat. — Legs Boymans. Attribué autrefois à Govert Flinck. En 1880, M. Obreen découvrit la signature. « Ici la peinture est plate, comme chez Abraham de Vries. » (Bode, 114.)

**104.** — *Portrait de femme* (Vest).

Signé, à droite, en haut : B. VAN DER HELST, 1646.

H., 0,72 ; L., 0,62. — Pendant du numéro précédent. Une copie par A. van Tempel au Musée d'Amsterdam, n° 1403, p. 296.

**105.** — *Portraits de Abraham del Court, syndic des drapiers à Amsterdam, et de sa femme Maria de Keersgieter* (D).

Ils sont assis tous deux sur un banc, dans un jardin : le mari, à gauche, en vêtement noir avec des crevés aux manches, tenant, de la main droite, son chapeau, tourne la tête à droite vers sa femme dont il saisit le poignet droit. Celle-ci, en robe blanche à parements d'argent, guimpe blanche retenue par une broche, le visage encadré par des boucles attachées par des rubans noirs, des perles au cou, aux bras et dans ses cheveux bruns, cueille, de la main gauche, une rose. Derrière elle, une fontaine. Fond boisé. Signé, sur le banc, à gauche :

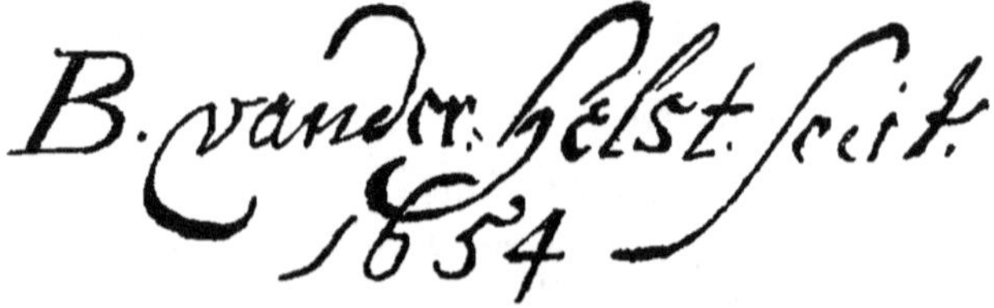


H., 1,70 ; L., 1,46. T. — Fig. gr. nat. — Acheté en 1866.

## Hobbema (MEINDERT), 1638-1709.

**108.** — *Paysage de la Gueldre* (D).

Au premier plan, un étang ; à droite, sur la rive, devant un bois, deux pêcheurs à la ligne ; à gauche, dans l'éloignement, une ferme devant laquelle est arrêté un paysan.

Signé, à droite, près de plantes aquatiques : M. HOBBEMA.

H., 0,49 ; L., 0,63. T. — Legs Boymans. — « C'est très beau de ton, quoique la peinture, frottée en plusieurs endroits et un peu éteinte, n'ait plus son grain primitif. » (BURG., II, 290.)

**109.** — *Paysage boisé* (D).

Au milieu, dans un pré, sous des saules, un berger et son troupeau, près d'une mare que traversent une femme et son enfant. A gauche, sur un sentier, un petit garçon et un homme portant sur son épaule un long bâton. A droite, une futaie. Ciel nuageux. Signé, à droite :

m. hobbema

H., 0,76; L., 1,08. B. — 8425 fl. V. de Kat, Dordrecht (1866). « Un de ces coins sauvages, tels que les aimait Hobbema, mais encombré de détails et un peu pénible de facture, avec des personnages très gauchement indiqués. » (E. MICHEL, *Hobbema*, 49.)

## Holbein (HANS), Allemand, 1497-1543.

**111.** — *Portrait d'Erasme*, 1466-1536 (B).

De trois quarts tourné vers la gauche. Vêtement gris, manteau et toque noirs. Fond verdâtre.

H., 0,26 ; L., 0,21. B. — Fig. en buste pet .nat. — Ce tableau n'est certainement pas de la main d'Holbein ; il offre cependant ceci de curieux qu'il fut offert à la ville de Rotterdam par la municipalité de Bâle, en 1532. Restauré en 1654 par Sorgh. Transporté en 1849 de l'hôtel de ville.

## Hondecoeter (GILLIS D') ?-1632.

**127** *bis*. — *Oiseaux divers dans un paysage.*

Signé : G. D. H.

H., 24 ; L., 0,38. — Acheté le 22 février à Rotterdam.

## Hondecoeter (GYSBERT D'), 1604 - vers 1653.

**128.** — *Un Coq et des Poules* (D).

Signé, à droite, au premier plan :

G DHondecoeter Ae 1652

H., 0,67 ; L., 0,82. T. — Acheté 15 fl. à la V. Cremer (1816) et 260 fl. à la V. de la veuve de M. van der Hoop (1864).

## Hondius (ABRAHAM DANIELSZ) ou de Hondt, avant 1638-1692

**130.** — *Un sanglier se défendant contre des chiens* (C).

**131**. — *Un ours attaqué par des chiens* (C).

Signés l'un et l'autre :

Abraham Hondiüs 1672

H., 0,55 ; L., 0,65. T. — Ces deux tableaux, qui se font pendant, ont été achetés 2,069 fl. à la V. Beukelaar Halungius, La Haye (1752) ; 2762 fr. à la V. Pourtalès, Paris (1865). Gravés par Rehn et Chenu. « C'est plus sauvage que les chasses de Snyders, aussi mouvementé, aussi habile de dessin, mais pas si fin de couleur, ni si éclatant de lumière » (BURG., II, 315).

## **Honthorst** (GERARD VAN), 1590-1656.

**132.** — *Soldat allumant une pipe* (B).

Un soldat, tourné de trois quarts vers la gauche, est assis à une table, sur laquelle sont posés un pot d'étain, un violon et son archet, un livre à musique, un pot à tabac et une pipe. Chevelure brune, barbe et moustaches blondes. Cotte de cuir attachée par des lacets bleus. Col blanc, baudrier en cuir, toque rouge à plume. De la main gauche, il tient un verre et allume sa pipe à une lampe en cuivre.

H., 0,96 ; L., 1,30. T. — Fig. à mi-corps gr. nat. — V Jetswaard, d'Amsterdam (1749). Legs Boymans. Les meilleurs tableaux d'Honthorst ont été détruits par l'incendie. Celui-ci, le seul sauvé « est de la période italienne et rappelle un peu le Caravage » (BURG, II, 202).

## **Hulst** (FRANS DE), commencement du XVII^e^ siècle - 1661.

**135.** — *Vue de l'ancienne porte de l'Est à Hoorn* (B).

Au premier plan, dans les fossés, des barques. Au fond, le pont-levis et la porte ; à droite, des canots amarrés contre la rive. Le Zuyderzée à l'horizon. Signé sur la barque : F. D. HULST.

**136.** — *Vue de Nimègue* (B).

Au premier plan, dans un bac, un carrosse attelé de quatre chevaux et plusieurs personnes. A droite, la ville que surmonte le Valklof ; à gauche, la rivière. Signé sur le bac : F. D. HULST.

H., 0,38 ; L., 0,51. B. — Forme ovale. — Ces deux tableaux qui se font pendant ont été achetés 400 fl. en 1881. « Tableaux bien composés, d'une facture précise qui laisse transparaître des dessous colorés, contrastant avec des ciels pâles et très finement modelés. » (E. MICHEL, *Hobbema et son temps*, p. 36.)

## **Janssens**, voir **Ceulen**.

## **Kalff** (WILLEM), 1621 ou 1622-1693.

**143.** — *Intérieur villageois* (B).

Au second plan, à droite, contre le mur, est assise une femme, de trois quarts tournée vers la gauche, un chou sur les genoux, des légumes à ses pieds ; un bidon en cuivre est appuyé contre un tonneau sur lequel sont posés un verre, un linge blanc et un pot. A gauche, une marmite, une bassine en cuivre et des ustensiles de ménage ; au fond, à droite, un homme sur une échelle ; contre un coffre une hotte de légumes. Par la porte, on aperçoit une femme qui s'éloigne dans la campagne, un pot sur la tête.

H., 0,44 ; L., 0,42 T. Legs Boymans.

## Keirincx (Alexander), 1600 - avant octobre 1652.

**144.** — *Une Forêt* (C).

Signé, en bas, à gauche : A. K. (entrelacés) 1630.

H., 1,52 ; L., 1,24 T. — Acheté en 1869. — Les figures de P. van Hillegaert.

## Kessel (Johan van), 1641 ou 1642-1680.

**69.** — *Paysage norvégien* (B).

Au premier plan, coule un torrent dans lequel, sur des rochers, se dresse un arbre ; à droite, sur la rive, des porcs, et, derrière un pigeonnier, un paysan ; au second plan, un village ; au fond, deux bûcherons, sous un arbre, au bord d'un cours d'eau qui se jette dans le torrent.

H., 0,70 ; L., 0,61. T. — 1575 fl. V. de Kat. Paris (1866). Attribué autrefois à Everdingen. M. H. van Ryswyck le considère avec raison comme étant de Kessel.

**146.** — *Paysage aux environs de Haarlem* (D).

H., 0,64 ; L., 0,78. T. — Fig. 0,05. — Les figures de J. Lingelbach. Coll. Schellink, de Rotterdam. — 748 fl. V. Rueb de Rotterdam (1866). Attribué alors à J. van Ruisdael.

**147.** — *Vue du Eenhoornhuis, au Canal des Princes, à Amsterdam* (D).

Sur le canal, au milieu, une barque et deux cygnes ; à droite, un bateau contre la rive ; à gauche, sur l'autre rive, deux poulies sous des auvents, derrière lesquels on aperçoit dans l'ombre deux promeneurs et un ouvrier traînant une brouette. Au fond, une écluse et un pont ; au loin, le clocher de la Westerkek (église de l'Ouest).
Signé, à droite, dans l'eau : J. v. Kessel (V. et K. accolés).

H., 48 ; L , 0,62 T. — Legs Boymans. « Ce qui saisit dans cette peinture, c'est son unité, un grand parti pris d'ensemble, une harmonie simple et forte dans la gamme rousse avivée par des gris d'argent » (Burg., II, 292).

## Keyser (Thomas de), 1596 ou 1597-1667.

**145.** — *Portrait de jeune homme* (D).

Imberbe, de trois quarts tourné vers la droite ; vêtement noir, fraise blanche, manteau noir enroulé autour du bras gauche, le bras droit pendant le long du corps ; de la main gauche, il tient ses gants.

H., 0,32 ; L., 0,22 B. — Fig. jusqu'aux genoux pet. nat. — Acheté 4425 fl. à V. Neveu, de Cologne, 2,000 fl. à la V. Pappelendam et Schouten (1866).

## Koninck (Jacob) ou Koningh, 1616 (?)-après 1708.

**148.** — *Une Métairie* (D).

Signé, à droite : J. Konin.

H., 0,48 ; L., 0,61. T. — Fig. 0,09. — Col. Van Brienen, Vis Blockhuyzen et Antheunis, Rotterdam (1871).

## Koninck (Philips) ou Koning, 1619-1688.

**149.** — *Paysage* (D).

Au premier plan, au milieu, trois paysans dans un champ ; derrière, au second plan, un tertre de sable ; à droite, des maisons sur le bord d'une rivière ; au loin, une vaste plaine où serpente un large fleuve. Ciel nuageux. Signé à droite, en bas : P. Koninck, 1664.

H., 0,92; L., 1,19 T. — Legs Boymans. « Personne ne s'est approprié, mieux que Philip Koninck, le style panoramique de Rembrandt dans le paysage. » (Burg., II, 183).

## Koninck (Salomon), 1609-1656.

**150.** — *Le Peseur d'or* (C).

Un vieillard, vu de face, en pourpoint vert, houppelande grise garnie de fourrure, bonnet rouge, est assis derrière une table recouverte d'un tapis rouge ; il pèse de l'or dans un trébuchet qu'il tient de la main droite ; de la main gauche, il serre une pièce d'or ; sur la table, un sac, des papiers, deux livres et des poids dans une boîte. A gauche, une fenêtre ouverte. Au fond, à droite, un coffre-fort près duquel est la signature :

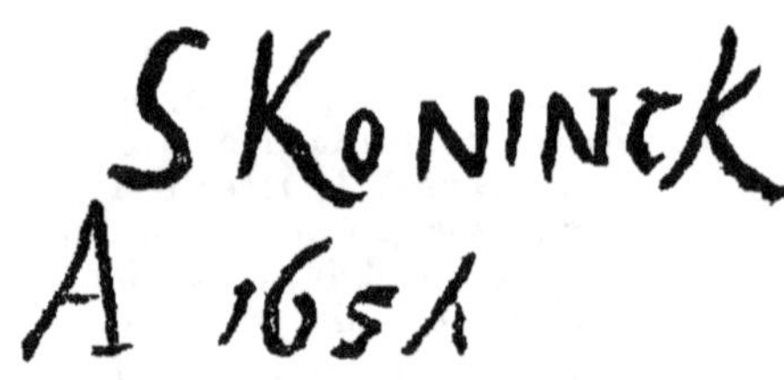


H., 0,77 ; L., 0,61. T. — Fig. à mi-corps pet. nat. — Coll. A. Jacobsz Greeven, d'Amsterdam. Acheté à la V. Pierard, Paris (1860). Les traits de ce vieillard se retrouvent dans un des rois Mages du tableau de La Haye, n° 36, p. 85.

## Lastman (Pieter Pietersz), 1583-1633.

**151.** — *La Fuite en Egypte* (A).

Au premier plan, s'avancent vers la droite, saint Joseph, en vête-

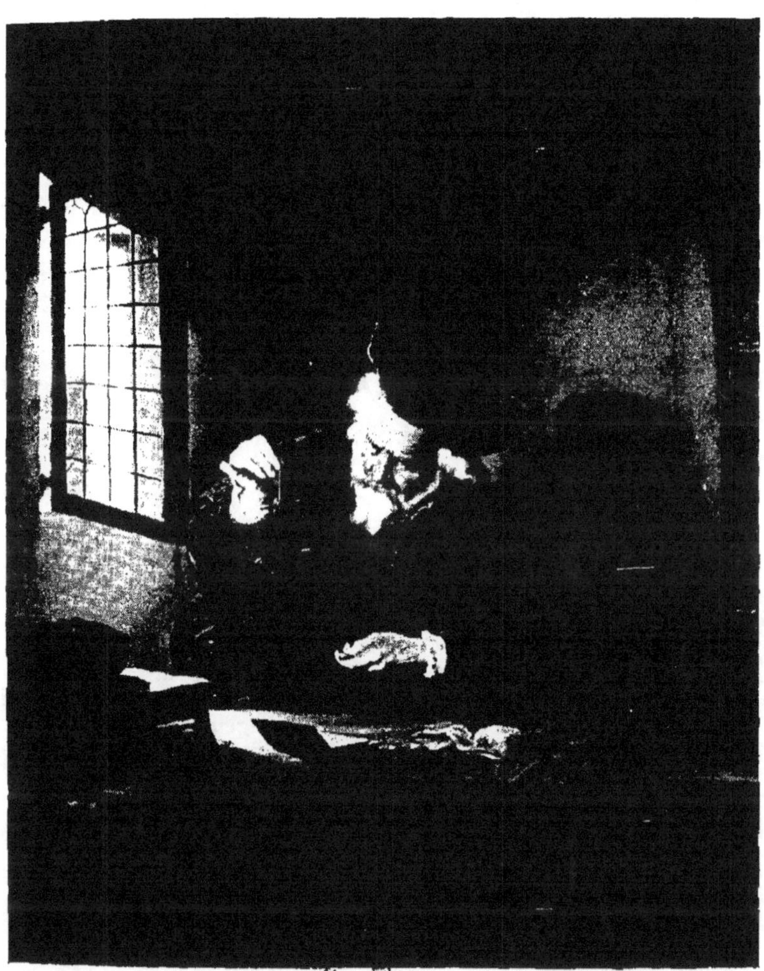

Cliché J. Baer. Typogravure Ruckert.



KONINCK (SALOMON).

150. — *Le Peseur d'or.*

ment brun, pèlerine noire, portant sur l'épaule un bâton auquel sont suspendus un chapeau de paille et un panier contenant ses outils, et la Vierge assise sur un âne. Vêtue d'une robe rouge, d'un manteau et d'un fichu blanc, elle soutient de son bras droit l'Enfant Jésus. A gauche, un arbre, à droite, des rochers et un temple circulaire. Signé : Lm ·608

H., 0,28 ; L., 0,24. B — Acheté à Kramm, d'Utrecht (1885). « Ce petit tableau est peint avec beaucoup de soin ; les lumières sont posées par touches empâtées. Le dessin un peu lourd dans les figures est fin dans le paysage qui rappelle celui gravé en 1645 par van Noordt d'après Lastman. La carnation de Marie est blanche avec les joues roses. Celle de Joseph d'un ton rouge brunâtre, familier au peintre. » (VOSMAER, p. 70.)

## **Lelienbergh** (CORNELIS) ou **Lelienburch**, seconde partie du XVIIe siècle.

**153.** — *Gibier mort (Lièvre, pigeons et faisan)* (C).

H., 0,58 ; L., 0,73. B. — Attribué autrefois à Cuyp. Don van der Dussen van Beeftinck.

## **Lievens** (JAN), 1607-1674.

**155.** — *Tête d'enfant* (B).

H., 0,44 ; L., 0,36. B — Fig. en buste gr. nat. Legs BOYMANS. Attribué autrefois à G. van Eeckhout et par BURGER à Aert de Gelder.

## **Lingelbach** (JOHANNES), 1623-1674.

**158.** — *Paysage italien* (D).

A droite, devant une fontaine, dans laquelle se désaltère un muletier, un berger assis, et un petit garçon ; au milieu, une paysanne et une jeune fille sur un âne ; à gauche, un voyageur, un paysan à cheval vu de dos, et un chien ; une rivière coule au pied d'un rocher surmonté d'habitations. Une tour à l'horizon. Signé à gauche : J. LINGELBACH.

H., 0,37 ; L., 0,46. B. — Fig. 0,15. Legs BOYMANS.

## **Looten** (JAN), vers 1618-1681.

**161.** — *Une Forêt* (avec personnages).

Sur une branche, à droite, la signature : JAN LOOTEN, 1658.

H., 1,13 ; L., 1,52 T. — Acheté 23 fl. à la V. W. Frank. La Haye (1762) ; 1050 fl à la V. J. Chapuis. Bruxelles (1865).

## **Maas** (DIRK), 1656-1717.

**162.** — *Un Camp* (C).

H., 0,54 ; L., 0,70. T. — Fig. 0,12. Legs BOYMANS.

## Maes (Nicolaes), 1632-1693.

**164.** — *Portraits d'une famille* (C).

Sur un perron, le père et la mère debout, se donnant la main. Le père, à gauche, en vêtement et chapeau noirs, col blanc, tient de la main droite son gant. La mère, en jupe grise, robe noire, collerette et manchettes blanches, bonnet noir enrichi de perles, soutient, sur un piédestal, son enfant, en robe blanche, et bonnet rouge, portant un fruit. Signé à droite : N. Maes.

H., 2,20 ; L., 1,87. T. — Fig. gr. nat. Par comparaison avec le portrait de Jacob de Witt, du Musée de Dordrecht, voir p. 55, dont la femme ici rappelle les traits, M. van Rysewyk suppose que ces personnages sont Alida van Beveren, petite fille de Jacob de Witt, son mari Pompe de Meerdervoort et leur fille Adriana.

**166.** — *Portrait de Maria Colve* (D).

Sur une galerie, de trois quarts tournée à gauche, robe rouge, jupe jaune, voile gris sur l'épaule gauche, collier et boucles d'oreilles en perles ; de la main gauche, elle porte des fruits, et, de la droite, elle soutient sur une table sa petite fille, en robe de satin et bonnet blancs qui s'accroche à son corsage. Fond de paysage, à droite. Signé, à droite, sur la rampe : N. Maes, 1672.

H., 1,35 ; L., 1,08. T. — Fig. à mi-corps gr. nat. Coll. Nedermeyer van Rosenthal. Acheté 597 fl. à la Haye (1864).

## Man (Cornelis de), 1621-1706.

**167.** — *Noce de village* (C).

H., 0,66 ; L., 0,98. T. — Fig. 0,32. Acheté 517 fl. à la V. van der Kuhlen van Zwyndrecht. Rotterdam (1872).

## Meer (Jan der) ou Vermeer le Vieux, de Haarlem, 1628-1691.

**170.** — *Le Village de Noordwyk* (D).

Au premier plan, sur les dunes, trois femmes assises, un chasseur et son chien ; au second plan, un moulin, deux bergers et leurs troupeaux dans une plaine ; à droite des chaumières devant lesquelles sèchent des toiles. Au fond, le clocher d'une église ; d'autres clochers à l'horizon. Signé à gauche, dans l'herbe : J. v. der Meer. A, 1676.

H., 0,68 ; L., 1,53. T. — Fig. 0,06. 451 fl. V. Leembruggen, Amsterdam (1866).

## Meer (Jan der) le Jeune, 1656-1705.

**171.** — *Paysage italien* (C).

H., 0,50 ; L., 0,64. T. — Signé à droite : J. v. der Meer de Jonge. F. 1688. Legs Boymans.

## **Metsu** (Gabriel), 1630-1667.

**175.** — *Portrait d'un prêtre* (D).

Assis, de trois quarts tourné vers la gauche. Vêtement et calotte noirs, col blanc ; à sa ceinture, un chapelet. La main gauche sur la poitrine ; la droite sur une tête de mort posée à gauche sur une table recouverte d'un tapis bleu. Au fond, une draperie brune ; sur des rayons, des livres, un globe terrestre et un encrier.

H., 0,37 ; L., 0,28. B. — Fig. jusqu'aux genoux pet. nat. Coll. Linckers et Fuchs, de Rotterdam. Acheté en 1863.

## **Meyer** (J. de), xvii^e^ siècle.

*Vue de Berg-op-Zoom*. Signé à gauche : Meÿer.

## **Mytens** (Johannes), vers 1614-1670.

**184.** — *Portraits de Jacob Cats, poète et grand pensionnaire* (1577-1660) *et de Cornelia Baars, veuve du Dr Havius, sa cousine et gouvernante* (C).

Dans un paysage, devant une tente, le poète est assis, en vêtement violacé et manteau brun-clair, coiffé d'une calotte noire, le bras gauche sur une table recouverte d'un tapis rouge ; il se tourne vers Cornelia, qui s'avance en robe brune et lui montre, au fond, un ange en blanc. Fond boisé. Signé à gauche, en bas :

J Mytens.
1650.

H., 0,82 ; L., 1,14. T. — Fig. pet. nat. Attribué autrefois à A. Mytens. Acheté 34 fl. à la V. van Heemskerk, La Haye (1765) ; 53 fl. à la deuxième V. Guillaume II (1851) ; 72 fl. à la V. van Hees van Tiellandt, La Haye (1864). Au revers du tableau, une inscription donne le nom des personnages.

## **Molenaer** (Jan Miense), vers 1610-1668.

**185.** — *Une gaie Réunion*. (A).

Autour d'une table servie, recouverte d'un tapis vert, sont assis trois convives ; au milieu, un jeune homme en vêtement vert, bonnet rouge, une escarcelle à la ceinture, le visage souriant, élève de la main droite un verre et se tourne de trois quarts à gauche vers une chanteuse, en jupe violette, corsage brun décolleté, tablier et chemisette blanche, qui, s'accompagne sur un luth. Au second plan, une seconde chanteuse, en jupe blanche et corsage brun, coiffée d'un chapeau d'homme, se verse à boire. Derrière elle, debout, un joueur de violon, en vêtement et bonnet gris. A droite, un paysan, assis près d'un tonneau, allume sa pipe; au fond, sur une armoire, un plat avec un jambon. Signé sur le tonneau: J. MOLENAER

H., 0,68; L., 0,75. T. — Fig. à mi-corps, pet. nat. Legs BOYMANS.

**186.** — *Le Joueur de clarinette* (C).

Signé, à droite, sur une bûche : J. MOLENAER (J. M. accolés).

H., 0,30; L., 0,23. B. — Fig. pet. nat. Legs BOYMANS.

## Molenaer (KLAAS), avant 1630-1676.

**187.** — *Blanchisserie* (A).

Au milieu, un paysan, coiffé d'un bonnet rouge, pose dans une mare un panier de linge ; au second plan, deux hommes et deux femmes étendent du linge sur une prairie. A gauche, deux hommes assis et une femme lavant du linge; au fond, des chaumières, au milieu d'arbres. Dunes à l'horizon. Signé, à droite, dans l'eau :

K. Molenaer

H., 0,35; L., 0,46. B. — Attribué autrefois à Cornelis Molenaer, d'Anvers. Legs BOYMANS.

## Moreelse (PAULUS), 1571-1638.

**191.** — *Portrait de jeune femme* (D).

H. 0,68; L., 0,52. B. — Legs de M. W. Théodore Van Griethuysen, 1886. Signé, en haut, à gauche: MOREELSE. A. 1615.

## Moucheron (FREDERIK DE) le Vieux, 1634-1686.

**195.** — *Paysage* (D).

A droite, sur un sentier conduisant à un gué que traversent un berger et son troupeau, une femme sur un cheval blanc, un piéton et un chien; sur la rive opposée, deux paysans, et un chariot attelé de deux chevaux. Montagnes à l'horizon. Signé, à droite: MOUCHERON F.

H., 0,47; L., 0,62. T. — Fig. 0,06. Les figures de A. van de Velde. Coll. Goll van Frankenstein d'Amsterdam, et van der Muelen, de Coblence. 5750 fl. V. de Kat (1866).

## Murant (EMANUEL), 1622-1700 (?).

**196.** — *Une Ferme* (D).

A gauche, sur le bord d'une mare, deux arbres abattus. Au milieu, une chèvre couchée; au second plan, une truie et ses petits devant une étable, un pigeonnier derrière une haie, un paysan et trois brebis. Au fond, une charrette devant une meule de foin, et la ferme.

Signé, à droite, près d'un grand arbre : E. M.

H., 0,41 ; L., 0,42. T. — Acheté 2915 fl. à la V. Roell-Hodschon. Amsterdam (1872).

## Nason (PIETER), 1612-avant 1691.

**200.** — *Portrait d'homme* (VEST).

De trois quarts tourné vers la droite, nu-tête. Longue chevelure brune, moustaches naissantes ; pourpoint jaune à brandebourgs d'or, manteau brun clair, cravate en dentelle retenue par un anneau. La main droite sur la hanche, la gauche sur la poitrine. Fond de paysage. Signé, à gauche, en bas :

NAson 1668

**201.** — *Portrait de femme.* (VEST).

Tournée de trois quarts vers la gauche. Robe rouge décolletée, fichu brun rayé sur les épaules, manches en mousseline blanche. Bijoux au cou, aux oreilles, dans les cheveux, au corsage. Dans les mains, des fleurs. Fond de paysage.

H., 0,86 ; L., 0,68. T. — Fig. à mi-corps gr. nat. Pendant du précédent. Legs BOYMANS. Achetés 20 fl. à Rotterdam en 1843.

## Neer (AERT OU AERNOUT VAN DER), 1603-1677.

**203.** — *Clair de lune* (D).

Au premier plan, sur une route bordée d'une palissade et d'une rangée d'arbres, s'avancent deux promeneurs ; au milieu, un fossé, un arbre abattu et des bestiaux dans un enclos ; à droite, sur la rive d'un cours d'eau, un paysan ; sur la rive opposée, des maisons ; au fond, une tour et un clocher. La lune se reflète dans l'eau.

Signé, au milieu, en bas : A. V. D. N. (entrelacés deux à deux).

H., 0,31 ; L., 0.41. T. — Legs BOYMANS. « Œuvre très remarquable. » (BRED., I, 48.) « De l'ami de Cuyp, Aart van der Neer, un petit clair de lune sur un village, très fin et très juste. » (BURG. II, 215.)

## Neer (EGLON, HENDRICK VAN DER), 1635 ou 1643-1703.

**204.** — *La Joueuse de guitare* (B).

Au milieu, sur une chaise rouge, est assise une jeune femme, de trois quarts tournée vers la droite, en robe rouge, caraco blanc à nœuds rouges, des perles au cou et aux oreilles, un ruban bleu dans les cheveux. Elle joue d'une guitare qu'elle porte sur ses genoux appuyée contre un cahier de musique. Au second plan, un jeune homme de trois quarts tourné vers la gauche, tenant, de la main droite, un verre, pose l'autre main sur un clavecin ouvert dont le couvercle porte les mots : *Omnis Spir* (itus) *Laudet Domi* (num). Signé en haut à gauche :

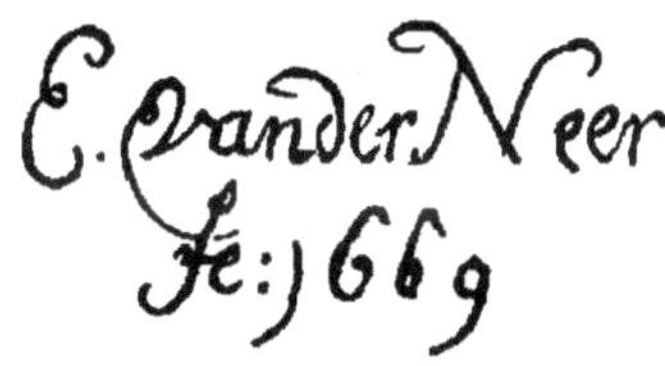


H., 0,47 ; L., 0,38. B. — Fig. pet. nat. Acheté 45 fl. à la V. d'Orvielle, Amsterdam (1705) ; 367 fl. à la V. de Kat de Dordrecht (1866).

## **Netscher** (Caspar), 1639-1684

**205.** — *Portrait d'homme* (Vest).

Signé, en haut, à droite : C. Netscher fecit 1662.

H., 0,83 ; L. 0,67. T. — Fig à mi-corps gr. nat. Legs Boymans.

**206.** — *Une famille* (D).

Dans un jardin, à gauche, le père, debout, vu de face, en vêtement noir, le bras gauche sur un socle de colonne, la main droite sur la hanche ; devant lui, sa femme, assise, en robe blanche, enveloppe dans un manteau bleu un petit enfant qui tient une rose ; et, au milieu, deux petites filles, l'une, debout, en robe rouge, un panier de fleurs dans les mains, l'autre, assise, en robe bleue, chapeau à plumes, tressant une couronne. A droite, trois petites filles enguirlandent une statue de l'Amour. Au second plan, deux statues. Au fond, une habitation. Signé, au milieu, sur une pierre : C. Netscher f. 1667 (C. N. entrelacés).

H., 0,82 ; L., 0,89. T.— Fig. 0.45, Acheté 5,575 fl. à la V. de Kat. de Dordrecht (1866). M. Habbich de Cassel possédait un dessin pour ce tableau, avec quelques variantes.

**207.** — *Portrait de femme* (D).

Signé, sur une fontaine : C. Netscher fec. 1683.

H., 0,47 ; L., 0,48. T. — Fig. à mi-corps pet. nat. Acheté 37 fl. à la V. Schonborn. Amsterdam (1738). Legs Boymans.

**Nooms**. Voir **Zeeman**.

## **Ochtervelt** (Jacob), avant 1635-avant 1710.

**214.** — *La Collation.*

Une jeune femme, vue de dos, le visage de profil tourné vers la droite, en jupe jaune, caraco rouge bordé d'hermine, tablier blanc, un nœud dans ses cheveux blonds, des perles au cou et aux oreilles, est assise sur un tabouret vert ; de la main droite, elle offre un verre à un jeune homme, en habit bleu foncé, debout, qui lui présente une huître de la main gauche et porte des huîtres sur un plat d'étain. A droite, un broc sur une table. Signé à gauche, en bas :

H., 0,43 ; L., 0,33. B. — Fig. à mi-corps pet. nat. Acheté 721 fl. à la V. Van Noordt Leyde (1845) ; 565 fl. à la V. de Kat. de Dordrecht (1866). Le Musée de Munich possède une variante par Franz Mieris le Vieux datée 1661. N° 409 du Catal.

## Ostade (ADRIAEN VAN), 1610-1685.

**216.** — *Le Paysan* (D).

Un paysan, vu de face, la main droite dans sa veste sombre, coiffé d'un bonnet, éclate de rire. Signé à droite : A. V. OSTADE (A.V. accolés), 1656.

H., 0,15 ; L., 0,14. B. — Fig. en buste. Acheté 202 fl. à la V. Zschille. Cologne (1889).

**217.** — *Un Philosophe* (C).

Dans son cabinet, il est assis, de face, à une table recouverte d'un tapis et sur laquelle sont posés des papiers, des livres et un encrier. Moustaches, barbe et chevelure grises. Pourpoint noir, houppelande violette, calotte noire. Il lit un dossier qu'il porte de la main gauche ; de la main droite, il tient ses besicles. Derrière lui, un paravent bleu, et des livres sur le parquet. Au fond, un manteau noir accroché près d'une porte entr'ouverte précédée de quatre marches.

Signé, sur le dossier : V. OSTADE, 1680.

H., 0,35 ; L., 0,29. B. — Fig. à mi-corps. Legs BOYMANS. SMITH n° 121. Il existe de nombreuses répétitions de ce tableau. La plus célèbre est celle de Bridgewater-House, à Londres, datée 1675.

## Ostade (ISAAK VAN), 1621-1649.

**218.** — *Une Auberge* (D).

Au premier plan, à gauche, s'éloignent un porcher et ses animaux. Au milieu, un paysan et une paysanne déchargent un chariot attelé d'un cheval blanc, auquel un valet donne à manger. A gauche, sous la tonnelle de l'auberge, trois convives, un chien, un coq et deux enfants. A droite, une femme et un enfant assis près d'une mare. Au fond, deux cavaliers se dirigent vers le village dont on aperçoit au loin le clocher Signé au milieu, près de deux branches d'arbre :

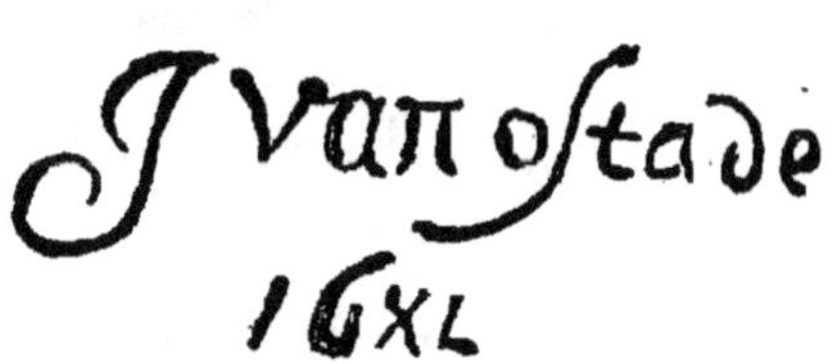

H., 1,05; L., 1,50. T. — Fig. 0,16. SMITH n° 12 (suppl.). 294 fl. à la V. Veroyden, Leyde (1791); 1,320 fl. à la V. van Ampsen, La Haye (1851); 2625 fl. à la V. de Kat (1866).

## Palamedes (ANTHONIE), 1601-1673.

**219.** — *Une famille de huit personnes dans un jardin* (C).

A gauche, est assise la mère, relevant, de la main droite, sa robe rouge décolletée à nœuds bleus; au second plan, un jeune homme, en vêtement brun à boutons d'or et nœuds rouges, son fusil sur l'épaule, lui présente un lièvre; devant lui, deux chiens et une petite fille, appuyée sur les genoux de sa mère, des fleurs et un gâteau dans les mains; à gauche du chasseur, le père, assis, en vêtement brun avec nœuds jaunes et rouges, chapeau noir à plumes, qui tire d'un sac un canard sauvage; et, derrière la mère, la fille aînée, en robe bleue décolletée, qui se lave les mains dans une fontaine sous laquelle est un chien. Au premier plan, à droite, deux petites filles : l'une, en robe jaune, assise à terre, met une guirlande de fleurs au cou d'un mouton, l'autre debout, en robe brune, présente des fleurs à sa sœur; près d'elle, est couché un agneau; au second plan, un jeune garçon, en vêtements bruns, portant deux bécasses et une perdrix. Au fond, à gauche, une habitation. Au milieu, un bois; à droite, une rivière. Dans le ciel, cinq anges, en souvenir de cinq enfants morts.
Signé à gauche :

A° 1665
APalamedes pinxit

H., 1,71; L., 2,62. T. — Fig. gr. nat. Tableau rentoilé et un peu usé; Autrefois dessus de cheminée. Acheté 700 fl. en 1889.

**220.** — *Une réunion mondaine de dix-sept personnes* (D).

Dans un salon, au premier plan, au milieu, une dame debout, en jupe rose brodée d'or, robe bleue décolletée qu'elle relève de la main gauche, est appuyée contre le dossier d'une chaise rouge, sur laquelle est posé un manteau grenat; à son côté, un joueur de luth, en pourpoint rose, haut-de-chausses gris. A gauche, un jeune homme assis, en vêtement vert foncé, les jambes croisées, se tourne à droite, vers une chanteuse assise, en jupe jaune et corsage violet, qui tient un papier de musique; au fond, plusieurs assistants. Au milieu, deux personnes autour d'une table; à droite, un homme et une femme devant une cheminée surmontée d'un tableau et un valet, près d'une table, remplissant un verre. Signé, aux pieds de la chanteuse : A. PALAMEDES (A. et P. accolés).

H., 0,34; L., 0,43. B. — Fig. 0,20. Legs CASTER (1868). « Des dernières années du

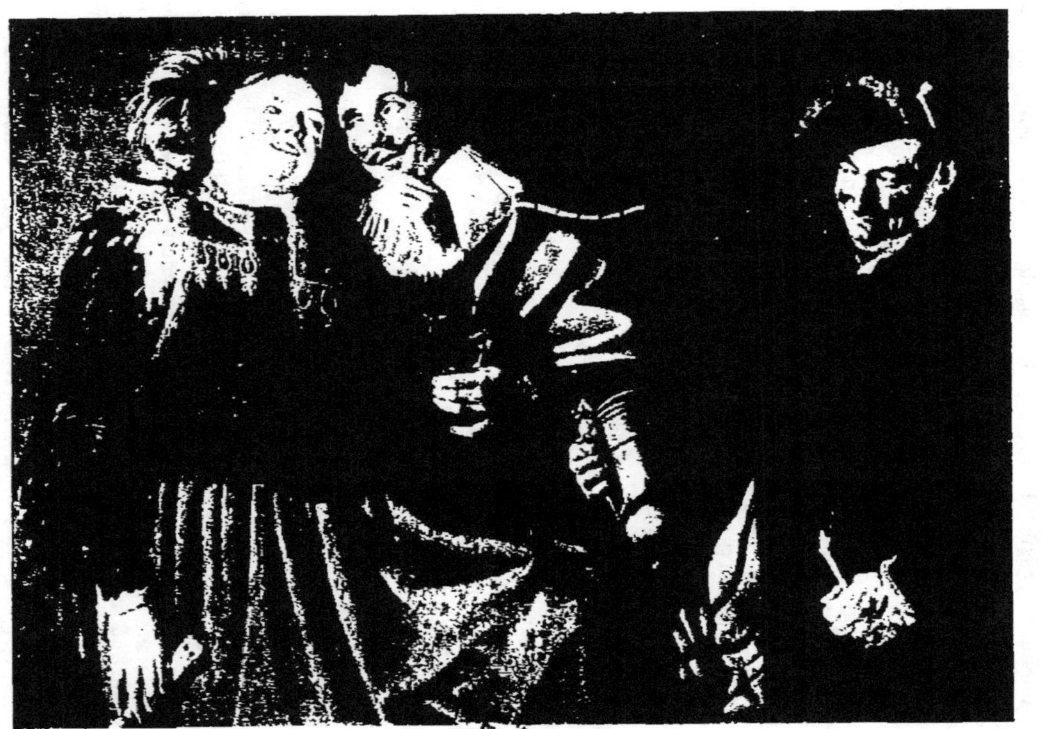

Cliché J. Baer. Typogravure Ruckert.



POT (HENDRICK GERRITSZ).

232. — *L'Amorce.*

peintre. Facture légère et molle avec un éclairage habile et un coloris riche et varié qui rappelle celui des maîtres flamands de la même époque et s'approche de celui de Ter Borch. » (BODE, p. 129.)

## Poel (EGBERT LIEVENSZ VAN DER), 1621-1664.

**226.** — *Incendie nocturne* (A).

Au premier plan, un canal dans lequel des habitants puisent de l'eau avec des seaux qu'ils passent à des pompiers montés sur des échelles contre une maison en feu; à droite, d'autres maisons et un clocher; à gauche, un bateau. Signé, en bas, à droite : E. V. DER POEL.

H., 0,38; L., 0,33. B. — Legs BOYMANS. « Ce sont probablement les peintures de van der Neer, outre celles d'Esaïas van de Velde, qui décidèrent chez van der Poel la passion des incendies; et ce qu'il a brûlé de villes, de villages et de chaumières est incalculable. Fureur singulière dans un pays où il y a tant d'eau. Heureusement que le feu prend toujours sur le bord de quelque canal qui peut servir à l'éteindre et qui, du moins, sert au peintre à refléter ses flammes. » (BURG., II, 215.)

## Pompe (GERRIT), seconde partie du XVII^e siècle.

**227.** — *Vue de Rotterdam* (B).

Sur la mer agitée, à gauche, un vaisseau vu par la poupe vers lequel se dirige un canot à quatre rameurs. A droite, une barque à l'ancre et un vaisseau vu par la proue; au second plan, une flottille. Au fond, à droite, des moulins; à gauche, Rotterdam.

Signé, à droite sur une épave : G. POMPE.

H., 0,30; L., 0,41. C. — V. Ulrich, Rotterdam (1886). Le seul tableau connu du peintre.

## Pool (JURRIAEN), 1665 ou 1666-1745.

**229.** — *Portrait de Rachel Ruysch, peintre.*

De face, en robe brune, manches et col en dentelle; de la main droite elle tient un voile. Au fond, une draperie verte et une colonne.

Signé, sur le socle : POOL.

H., 0,80; L., 0,63. T. — Fig. en buste gr. nat. 37 fl. à V. van der Hoop, Rotterdam.

## Poorter (WILLEM DE), première moitié du XVII^e siècle.

**230.** — *L'Instabilité humaine* (C).

Signé, à gauche : W. D. P. f. 1636.

H., 0,54; L., 0,88. B. — Acheté 395 fl. à la V. de Kat, de Dordrecht (1866)

## Pot (HENDRICK GERRITSZ), vers 1585-1657.

**232.** — *L'Amorce* (B).

A droite, un vieillard, au visage rasé, est assis, en chausses vertes à coutures rouges, houppelande brune à boutons rouges, bonnet noir agrémenté d'une queue de renard et d'une pipe ; il tient, de la main droite, un pot d'étain, et, de la gauche une pipe et regarde en riant, à gauche, une jeune fille assise, en jupe rouge, corsage marron, mantelet noir doublé de fourrure, col de dentelle, une plume verte dans les cheveux, s'appuyant amoureusement sur l'épaule d'un jeune homme debout dont elle prend le menton. Celui-ci, en pourpoint vert et manteau bleu, col blanc, de la main droite caresse le cou de la jeune fille et, de la gauche, tient un verre.

Signé, sur le pot : H. P. (accolés) 1633.

H., 1,05 ; L., 1,48 T. — Fig. jusqu'aux genoux gr. nat. — 1,012 fl. à Londres (1887).

## **Pourbus** (PIETER) **le Vieux**, Flamand, vers 1510-1584.

**233.** — *Portrait de femme* (B).

H., 0,37 ; L., 0,28 B. — Fig. en buste pet. nat. — Legs BOYMANS. Peut-être le portrait de Marie Stuart (?).

## **Pynacker** (ADAM), 1622-1673.

**222.** — *Paysage italien* (VEST).

**223.** — *Paysage montagneux* (VEST).

Signé, à droite, sur un rocher : A. PYNACKER (A. P. accolés).

H., 3,05 ; L., 2,67 T. — Tableaux se faisant pendant. — Achetés tous deux 4,640 fl. à la V. Nieuwenhuys, Londres (1864).

## **Rembrandt** (HARMENSZ) **van Ryn**, 1606-1669.

**237.** — *Portrait de son père* (?), 1568 ou 1569-1630 (B).

De trois quarts tourné vers la gauche, le visage ridé vu de face. Moustaches grises, vêtement rose, manteau noir, col blanc ; serre-tête jaune à rayures, toque noire, autour de laquelle s'enroule une chaîne d'or ; une autre chaîne au cou ; boucle d'oreille en perle. La main droite sur la poitrine, l'index étendu. Signé, à droite sur le fond : R...

H., 0,73 ; L., 0,56 B. — Forme ovale. — Fig. en buste gr. nat. — Acheté en 1869. « L'attribution donnée par les anciens catalogues à Joris van Vliet de ce portrait s'explique par ce fait que, dans l'œuvre gravée de cet artiste, on en rencontre précisément une reproduction (Bartsch, 24) (Voir E. MICHEL : *Rembrandt*, 45). D'après MM. BREDIUS et HOFSTEDE DE GROOT, ce portrait serait l'œuvre d'un élève de Rembrandt dont le nom commençait par un R. A rapprocher d'un portrait d'homme au Musée de Munich n° 358. (Voir Cat. de Rotterdam, p. 210.)

**238.** — *La Concorde du pays* (D).

A gauche, le Livre de la Loi sur le piédestal d'une colonne et deux trônes : sur l'un d'eux, est posée la couronne d'Espagne ; contre le second, est appuyée la Justice, debout, les yeux bandés, tenant, de la main droite, un glaive et une balance (dans l'un des plateaux est une bourse) : elle met, dans l'autre plateau, des parchemins qui font pencher la balance. Au milieu, un lion couché, la patte sur un faisceau de flèches (Symbole des Provinces unies), est retenu par deux chaînes attachées, l'une à l'un des trônes, l'autre à une colonne qui porte un écusson aux armes d'Amsterdam, avec la devise *Soli Deo gloria*, et d'où s'élève un arbre de la Liberté dépouillé de ses feuilles. A droite, un cavalier dont un écuyer arrange la selle, et un gros de cavaliers, parmi lesquels, l'un se mettant en selle, un autre tirant un coup de pistolet, un troisième brandissant une lance, un quatrième élevant un étendard. Au fond, une enceinte fortifiée d'où l'on tire le canon ; au-dessus d'un cavalier qui s'élance à gauche, vers la plaine où s'agite une foule confuse, sont représentées les armes d'Amsterdam et deux mains jointes, emblème des gueux. Signé en bas à droite :

Rembrandt. f. 1640

H., 0,74 ; L., 1 m. B. — Grisaille. — Cette peinture qui resta chez le peintre jusqu'en 1656 fut comprise dans l'inventaire de son mobilier. Payée 17 guinées 1/2 V. Reynolds (1795) ; 75 guinées V. West (1820) ; 247 guignées V. Philpsi (1827) 63 L. V. Samuel Rogers (1865) ; 8,000 fr. à Paris. (1865) SMITH N° 198. Il faut voir là une allégorie de la guerre soutenue par les Provinces où est représenté le bon droit des gueux ; et leur triomphe. « Composition encombrée, assez confuse, remplie d'intentions subtiles que lui avait peut-être suggérées quelque bel esprit de l'époque. L'allégorie n'était point le fort de Rembrandt ; il n'y apportait ni l'aisance, ni la clarté, ni le sens décoratif de Rubens ; pour lui, il avait besoin de la réalité. » (E. MICHEL ; *Rembrandt*, 234). « L'exécution est magistrale et large, les cavaliers sont massés par grands coups de brosse, de couleur brun rouge, la hampe du pinceau sculptant les formes, comme l'ébauchoir, tandis que des touches d'un brun plus foncé les achèvent. La couleur se compose de trois notes, le ciel bleu et gris foncé, le groupe du milieu qui est en lumière, ton brun jaune et clair, le reste brun rouge. Les cavaliers sont d'une grande et fière tournure, d'une justesse de mouvement et de geste admirable. L'homme qui descend de cheval, les têtes des chevaux à droite, le mouvement de l'homme qui arme son pistolet, tout cela est rendu avec une perfection admirable. » (VOSMAER. *Rembrandt*, 281). Le British Museum possède des dessins pour le Lion.

## Rombouts (SALOMON), fin du XVII^e siècle.

**239.** — *Les Bords d'un canal* (B).

H., 0,53 ; L., 0,46 B. — Legs BOYMANS. — Attribué autrefois à C. DECKER.

## Ruysch (RACHEL), 1664-1750.

**240.** — *Fleurs* (Vest).

H., 0,98 ; L., 0.81 T. Signé en bas à droite : RACHEL RUIJSCH f. 1685. — Offert par l'artiste à Ludolf Backuysen. Ancienne collection F. J. de Dufresne, d'Amsterdam, Legs BOYMANS. « D'un ton chaud et harmonieux, exécuté avec plus de soin que ses tableaux ultérieurs » (WOERMANN, 771).

## Ruysdael (JACOB SALOMONSZOON VAN), entre 1630 et 1640 - 1681.

**241.** — *Paysage* (VEST.)

Au milieu, six vaches et des canards dans une mare ; à gauche, sous bois, un berger et son troupeau ; à droite, deux pêcheurs. Signé, à gauche : J. v. R. (entrelacés) f. 1665.

H., 1,11 ; L., 1,54 T. — Acheté 407 fl. à la V. Lans, Amsterdam (1871). Attribué autrefois à ISAAK VAN RUISDAEL.

## Ruisdael (JACOB IZAAKSZOON VAN), 1628 ou 1629-1682.

**242.** — *Le Champ de blé* (VEST.)

Au second plan, sur la pente d'une colline, un champ de blé à demi fauché ; à gauche, au bas, les moissonneurs ; au loin la mer. A droite, au premier plan, un sentier bordé de buissons. Ciel nuageux.
Signé, à gauche, en bas : JRuisdael

H., 0,58 ; L., 06,9 T. — Peint vers 1660. — Legs BOYMANS. — « Cet effet de lumière capricieuse, la couleur du ciel, la solidité des terrains, le caractère tout entier de ce paysage découvert tiennent de Rembrandt. Ce petit chef-d'œuvre doit avoir été peint au moment où Jacob van Ruisdael se tourmentait du prodigieux artiste d'Amsterdam et suivait ses traces, presque dans le même sentiment que Philip Koninck » (BURG. II, 299). Le maître a composé deux autres champs de blé, pris d'un autre point de vue. L'un appartient au Earl de Northbrook à Londres, l'autre fit partie de la coll. Rothan de Paris. (Cat. 215.)

**243.** — *Le Chemin sablonneux* (D).

Au milieu, à l'arrière-plan, trois paysans sur un chemin descendant vers une mare qui s'étale, au premier plan, entre deux bouquets d'arbres.

H., 0,40 ; L., 0,43 T. — Legs BOYMANS. — Gravé par Unger. — Le Musée de Vienne possède une réplique de plus grandes dimensions. Peint vers 1667.

**244.** — *L'Ancien Marché aux poissons d'Amsterdam* (C).

Sur la place du Dam, des marchands et des clients ; à droite, le Poids public. Au fond, sur le canal du Damrak, une écluse et plusieurs bateaux ; à gauche, un quai ; par-dessus des maisons, le clocher de la vieille Eglise. Signé, en bas, à droite : RUISDAEL.

H., 0,53; L., 0,66 T. — Fig. 0,05. — Les figures sont de Gérard van Baltem. — Acheté 80 fl. à la V. Putman, d'Amsterdam (1803), 1234 fl. à la V. de Kat, de Dordrecht (1866). A figuré à l'Exposition rétrospective d'Amsterdam en 1876. Il existe deux autres vues du Dam par le même artiste, avec figures de Eglon van der Neer. L'une appartient au Musée de Vienne, l'autre à M. Maurice Kann de Paris, et fut achetée 29,000 fr. à la V. Beurnonville (1881).

## Ruysdael (Salomon van), vers 1600 (?)-1670.

**245.** — *La Meuse devant Dordrecht* (D).

A gauche, un bateau à voiles et une barque s'avancent sur la Meuse. Au milieu, une vache dans un petit canal et, à droite, d'autres vaches sur la rive ou dans l'eau. Du même côté, Dordrecht, à l'horizon.

H., 0,48; L., 0.59 T. — Legs Boymans. — « C'est aussi magistral qu'une œuvre de Jacob. Les lointains perdus, les petites voiles à l'air, extrêmement fins de couleurs, s'harmonisent sur un beau ciel argentin ». (Burg., II, 301.)

## Saenredam (Pieter Jansz), 1597-1665.

**246.** — *L'Eglise Sainte-Marie à Utrecht*, démolie vers 1816 (C).

H., 1,08; L., 1,38 B. — Acheté 1,155 fl. à la V. Roell-Hodshon, Amsterdam (1872).

## Saftleven (Cornélis), 1606-1681.

**247.** — *Un mauvais arrangement vaut mieux que le meilleur procès* (A).

Dans une salle, à droite, deux plaideurs, l'un, en vêtement rouge, ayant la tête d'un cochon, l'autre, en jupe bleue et tunique jaune, ayant la tête d'une cane, un crapaud à leurs pieds, se tiennent devant le bureau de l'avocat, à tête de hibou, vêtement noir bordé de fourrure. Au milieu, au second plan, un autre plaideur, à tête de chien, en pourpoint rose, écoute un oiseau de proie drapé dans un manteau jaune qui lui lit un papier ; derrière eux, un oiseau à figure humaine. Au fond, un paysan et sa femme consultent un autre avocat. Au premier plan, à gauche, un panier, une vache et deux moutons ; au fond, par une porte entre une vache ; en haut d'un escalier, un homme et une femme regardent dans la salle. Aux murs, sur des rayons, des dossiers et des livres. Derrière le pupitre de l'avocat, sur une pancarte entourée de saucisses, on lit un proverbe dont la traduction est : « Celui qui veut plaider au sujet d'une vache n'a qu'à rester tranquillement chez lui et envoyer une seconde vache à ses juges », et la signature :

1629. C Saftleven

H., 0,59 ; L., 0,80 B. — Fig. 0,26. — Acheté 332 fl. à la V. Zschille, de Dresde (1889).

**248.** — *Intérieur villageois* (A).

Dans une chaumière, à droite, autour d'une table, sont assis une femme tenant un pot sur ses genoux et cinq hommes. Au fond, un paysan et une paysanne assis ; au premier plan, dans un baquet, des oignons, des coquilles de moules, etc., à droite, un coq, une poule et des ustensiles de ménage, entassés contre un four en briques entouré d'une charpente en bois, sur laquelle est perchée une poule. Sur une armoire entr'ouverte, un chandelier ; du plafond, pend une cage en osier.

H., 0,62 ; L., 0,78 B. — Acheté à Rotterdam en 1879. Autrefois attribué à Sorgh dont la fausse signature a été enlevée ; voir le tableau d'Amsterdam n° 1262.

## **Saftleven III** (Herman), 1610-1685.

**249.** — *Les Bords de la Meuse* (A).

H., 0,82 ; L., 0,40 B. — Offert en 1867 par des habitants de Schiedam. D'une tonalité bleuâtre qui rappelle Brueghel. Première manière du peintre.

**249** *bis.* — *Paysage* (A).

H., 0,32 ; L., 0,56 B. Acheté en 1896.

## **Santvoort** (Dirck Dircksz van), 1610-1680.

**250.** — *Le Joueur de flûte* (D).

Un enfant debout, de trois quarts tourné vers la droite, le visage de face, en pourpoint brun à crevés blancs, toque brune à plume blanche, joue de la flûte ; à la ceinture, un couteau et une corne de chasse sur laquelle est la signature : D. V. S. (V. S. entrelacés) 1632.

H., 0,29 ; L., 0,24 B. — Fig. à mi-corps pet. nat. Acheté 315 fl. à la V. van der Kuhlen van Zwyndrecht. Dordrecht (1872).

## **Savery** (Roelant Jacobsz), 1576-1639.

**252.** — *Une Poule* (A).

Signé, à gauche, sur une pierre : ROELANT. SAVERY.

H., 0,45 ; L., 0,41 B. — Don van Vaaluderen Oldenzeel (1891). Le pendant de ce tableau, un coq, appartient à M. Moes, directeur de l'Oud-Holland, à Amsterdam.

## **Scorel** (Jan van), 1495-1562.

**253.** — *Portrait de jeune homme* (B).

Vu de face ; chevelure blonde, vêtement gris foncé, chemisette blanche, toque rouge; de la main droite, il tient une plume, de la gauche, un papier sur lequel est une inscription latine. En haut on lit : *Quis dives? Qui nil cupit Quis pauper? Avar;* daté, sur le fond vert, en haut : 1531. ÆTATIS. 12.

H., 0,44 ; L., 0,44 B. — Fig. à mi-corps pet. nat. Acheté 500 fl. à la V. van der Hoop, Rotterdam (1864) Nombreux repeints.

## Slingelandt (PIETER CORNELISZ van), 1640-1691.

**257.** — *Portrait de Johannes van Crombrugge* (C).

Signé, sur la tranche du livre : P. v. SLINGELAND, 1677.

H., 0,33; L., 0,27 B. — Fig. mi-corps pet. nat. Coll. Dansar Nyman d'Amsterdam. Acheté 520 fl. à la V. van Schaak. Amsterdam (1879).

## Sonje (JOHANNES ou JAN GABRIELSZ), vers 1625-après 1707.

**259.** — *Vue de Rotterdam* (B).

Au premier plan, un voilier et un canot sur la Rotte; sur la rive, au milieu, des pêcheurs ; à gauche, une femme lavant son linge ; un berger et une vache se dirigeant vers une ferme; à l'horizon, la ville.
Signé, à gauche ; J. SONGE (J. et S. entrelacés) F. 1692.

H., 0,31 ; L., 0,42. — Cuivre. Acheté à la V. Ulrich, Rotterdam (1880), sous le nom de G. Pompe.

## Sorgh (HENDRIK MAERTENSZ) dit Rokes, 1611-1670.

**261.** — *Vue du grand marché à Rotterdam* (D).

Devant une maison, sous le porche de laquelle se tient une femme, au premier plan, à gauche, une ménagère plonge sa main dans un panier de légumes que lui offre une marchande, assise derrière son étalage; près d'une femme, debout, une marchande discute avec un client. Au second plan, un petit garçon portant un panier et deux femmes. A droite, une femme assise sur une brouette chargée de légumes. Au fond, des maisons, en façade, et la rue de Neuwsteeg.
Signé, à gauche, sur le porche : H. SORGH, 1657.

H., 0,70 ; L., 0,40 A. — Acheté 550 fl. à la V. Grœninex van Zoelen, Rotterdam (1880). Coll. Vis Blockhuysen. Il existe de nombreuses répliques de ce tableau. Voir Amsterdam n° 1348.

## Steen (JAN HAVICKSZ), vers 1626-1679.

**263.** — *La Fête de Saint Nicolas* (D).

Dans une chambre, à droite, Grietje van Goyen, la première

femme du peintre, en robe violette, caraco bleu à bordure de fourrure, manches rouges, tablier et fichu blancs, tend les bras à gauche vers sa petite fille Eva, en jupe marron, robe verte à rayures jaunes, bonnet blanc, qui porte un pain d'épices dans ses mains, un seau et des gaufres dans son tablier blanc retroussé. Derrière elle, une servante en vert. A gauche, près d'une table recouverte en partie d'un tapis rouge, et sur laquelle sont posés une boîte d'allumettes, un navet, et une verge dans un soulier, le petit Thadéus se gratte la tête en pleurant; sa grand'mère debout, à droite, au second plan, lui offre une pièce de monnaie pour le consoler. Au milieu, un autre enfant élève de ses deux mains des jouets et Jan Steen, en houppelande violette, coiffé d'un bonnet fourré, est assis, un verre dans sa main droite. Au premier plan, un chien qui aboie, un pain d'épices, une chaufferette. Au fond, à gauche, une cheminée; au milieu, des plats d'étain et un pot sur une armoire; à droite, un escalier. Signé, à gauche: JAN STEEN.

H., 0,57; L., 0,49 B. — Fig. pet. nat. Acheté 400 fl. à la V. de la Cour, Leyde (1866). Legs BOYMANS. Le peintre a fréquemment traité ce sujet. SMITH nº 14.

**264.** — *L'Opérateur* (C).

Dans la boutique, le charlatan, en houppelande brune, manteau gris, coiffé d'un bonnet rouge bordé de fourrure, collerette blanche, fait tomber dans un bassin que tient une vieille femme des pierres qu'il fait semblant de tirer de la tête d'un patient attaché devant lui, par des liens de paille, dans un fauteuil sur lequel est posé un corbeau. Le patient, en culotte grise et veste verte, un bonnet de fou jaune à clochettes sur la tête, une serviette autour du cou, a la figure contractée; à gauche, un aide prend dans un panier et tend à l'opérateur les pierres. A gauche, plusieurs spectateurs qui regardent à gauche, par une fenêtre ouverte; sur une table, divers objets; à terre, une lanterne, un plat rempli de pierres, un flacon, un chapeau et un pot. Au fond, une armoire ouverte, au plafond, un crocodile. Signé, à gauche: J. STEEN (J. et S. entrelacés).

H., 0,44; L., 0,36 B. — Fig. pet. nat. Lithographié dans le Kunstkronijk (1857). Acheté 82 fl. à la V. Sœterwoude (1779). Legs BOYMANS. « L'expression des figures et la bouffonnerie de la scène sont frappantes; mais l'exécution laisse à désirer quant au fini et au bon goût. La touche énergique dans quelques détails révèle cependant toujours le savoir faire de l'artiste » (VAN WESTHREENE: *Jan Steen* 102).

## Tempel (ABRAHAM-LAMBERTSZ-JACOBSZ dit VAN DEN), 1622-1672.

**270.** — *Portraits d'un vice-amiral et de sa femme* (B).

Ils sont assis tous deux, dans un vestibule, regardant le spectateur. L'amiral, à gauche, coiffé d'une perruque châtain clair, de trois quarts tourné vers la droite, en vêtement noir à broderies d'argent, manches bleues, un nœud bleu sur l'épaule droite, une épée à poignée d'argent retenue par un baudrier, la main gauche sur la hanche, por-

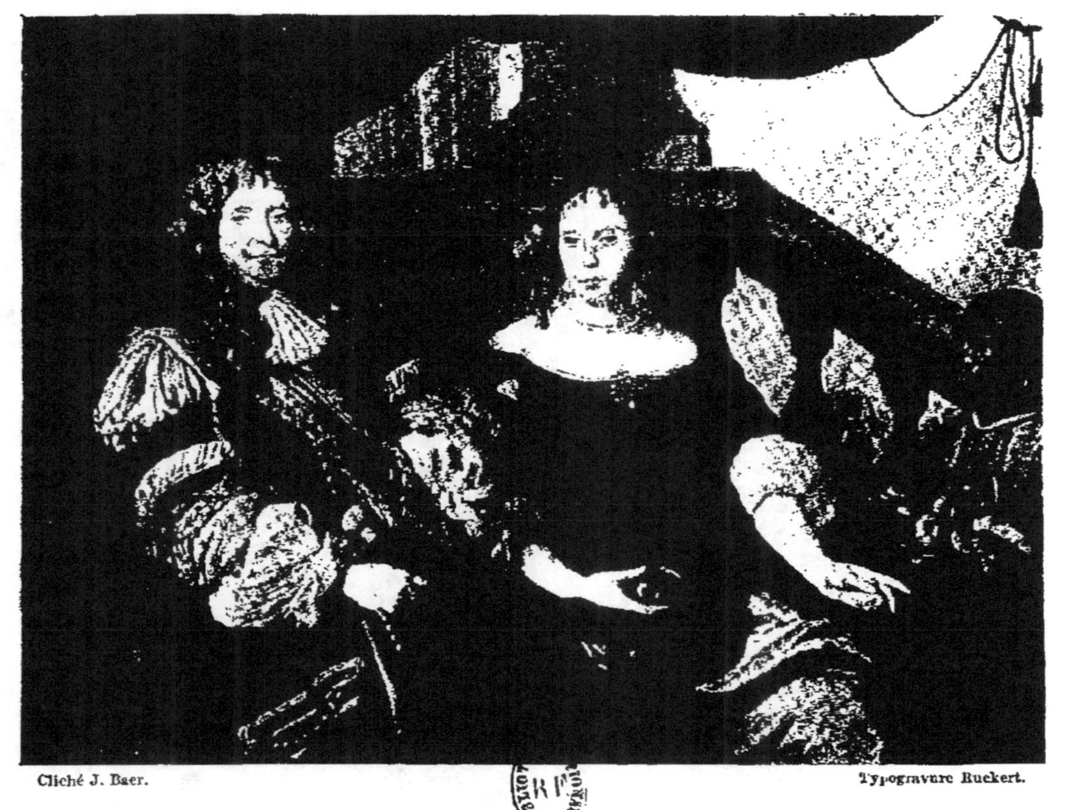

Cliché J. Baer. Typogravure Ruckert.

TEMPEL (ABRAHAM LAMBERTSZ JACOBSZ, dit VAN DEN).

270. — *Portrait d'un vice-amiral et de son épouse.*

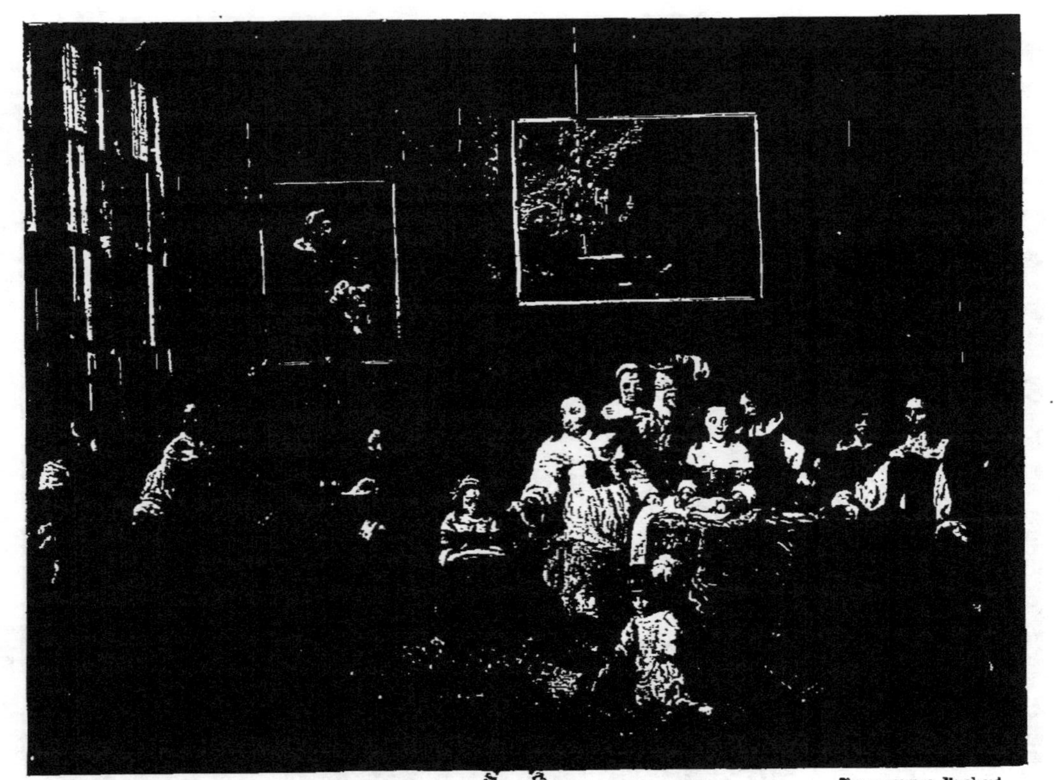

Cliché J. Baer — Typogravure Ruckert



TILBORCH (GILLIS VAN).

271. — *Intérieur.*

tant de la main droite une canne. La femme, au milieu, vue de face, sa chevelure brune bouclée, en jupe rose, corsage décolleté et mantelet noir, une broche au corsage, des bijoux au cou et aux oreilles, une orange dans la main droite. Un nègre, en tunique verte à coutures rouges, debout, à droite, lui présente une corbeille d'oranges. Au fond, la rampe d'un escalier; au loin, la mer et un vaisseau qui tire une salve. A gauche, une draperie verte relevée et une colonne, sur le piédestal de laquelle est la signature :

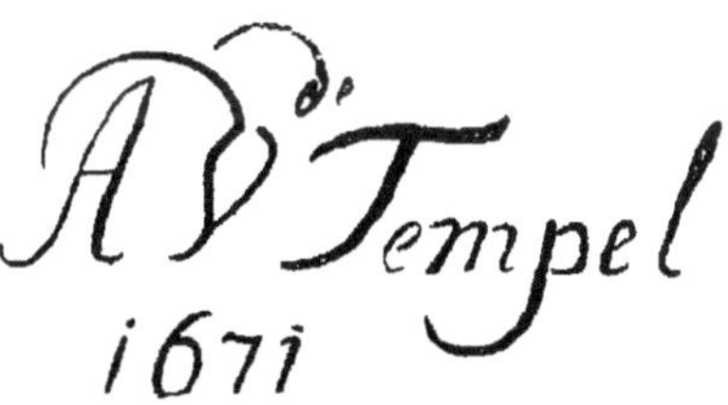


H., 1,40 ; L., 1,80 ; T. — Fig. à mi-corps gr. nat. Coll. Frans Mieris le jeune. Acheté 115 fl. à la V. Allart de la Court, Leyde (1766); 105 fl. à la V. van Mark, Amsterdam (1773); 1,920 fl. à la V. van Brienen van de Groote Lindt Paris (1865).

## Tilborch (Gillis van), vers 1025-1678).

**271.** — *Intérieur* (B).

Dans une chambre, à gauche, une dame et deux hommes s'avancent vers la droite, où est réunie une famille, autour d'une table recouverte d'un tapis oriental : la mère, en jupe rouge, robe blanche avec des nœuds rouges sur la poitrine, souhaite la bienvenue aux visiteurs ; à ses pieds, une petite fille, en robe jaune, tablier blanc, chapeau noir à plumes, jouant avec deux chiens. A droite, faisant vis-à-vis à sa femme, le père, en vêtement noir, avec des crevés aux manches, regarde en face. Devant lui, un chien; derrière lui, un valet apportant un encrier. Entre leurs parents, deux garçons, dont l'un tient une balance, une fillette écrivant et un petit enfant, dans les bras d'une servante. A gauche de sa mère, une petite fille assise, en robe bleue et tablier vert, fait de la dentelle; derrière elle, la grand'mère assise, en noir, un livre sur ses genoux. Aux murs tapissés de cuir doré, deux tableaux. A gauche, des fenêtres avec des volets en bois.

H., 0,91 ; L., 1,24 T. — Fig. 0.40. — Attribué autrefois à Emmanuel Biset. Acheté 385 fl. à la V. van den Schrieck, Louvain 1861. Don Ledeboer.

## Troost (Cornelis), 1697-1750.

**272.** — *L'accouchée* (F).

A droite, dans un lit à baldaquin et rideaux verts, la jeune femme, en chemisette blanche à nœud orange, est assise sur son séant, une tasse et une cuiller dans les mains; au milieu, une servante donne à manger au nouveau né enveloppé dans une couverture en laine; à sa droite, une petite fille debout, contre le berceau; à gauche, sur une table recouverte d'un tapis vert, une écuelle. En avant, un petit fourneau sur un guéridon, au pied duquel sont la robe et le bonnet du bébé.

6

Au fond, un paravent. A la muraille, trois tableaux et une horloge ; à gauche, une fenêtre. Signé, sur la chaufferette : C. TROOST, 1717.

H., 0,54 ; L., 0,62 B. — Coll. Neufville et Braamcamp. Acheté 125 fl. à Rotterdam en 1817. Don des héritiers Rochussen (1860).

## Velde (ADRIAEN VAN DE), 1635 ou 1636-1672.

**274.** — *Le Maréchal-ferrant* (D).

Au second plan, devant sa boutique, dans laquelle entre une femme, un maréchal ferrant frappe sur son enclume, un chien à ses pieds. En avant, au milieu, un paysan, de profil tourné vers la droite, en veste marron, chapeau gris, appuyé sur un bâton, tient par le licou un âne et un cheval gris qu'il mène ferrer. Au fond une arcade et un escalier. Signé, sur un coffret à droite : A. v. VELDE, 1658.

H., 0,27 ; L., 0,47 B. — Fig. 0,10. Legs BOYMANS. Lithographié dans le Kunstkronijk (Année 1859). « Comme souplesse de facture et comme justesse d'intonations le cheval gris pommelé est un vrai prodige. » (E. MICHEL. *Gaz. des B.-Arts* 1888, p. 271.)

**275.** — *Paysage et animaux* (B).

Dans une prairie, un bœuf brun debout ; au second plan, une brebis et une vache grise couchés. Au fond, à gauche, un bâtiment entouré d'arbres.

Signé, à gauche, sur une pierre :

A. v. velde f
1655.

H., 0,26 ; L. 0,30 B. — Legs BOYMANS. Le musée de Berlin possède une réplique de la même année. » Il n'y a point encore de bergers, ni de paysans dans cet essai de pastorale. L'artiste âgé de vingt ans , ne se risquait pas encore dans les figurines ; mais il sait déjà ses animaux, mieux que les arbres qui sont très enfantins. Il apprendra tout ce qu'il faut » (BURG. II 259).

## Velde (ESAIAS VAN DE), vers 1590 - 1630.

**276.** — *Combat de nuit* (B).

Des fantassins hollandais, à gauche, armés de piques reçoivent le choc de cavaliers espagnols bardés de fer qui arrivent de la droite. Les lueurs d'un camp en feu éclairent la lutte. Signé, à gauche, près d'un officier : E. v. VELDE, 1623.

H., 0,30 ; L., 0,45 B. — Legs BOYMANS. « Des compositions analogues qui se trouvent dans les Musées de Dresde, de Gotha et de Vienne dénotent la prédilection que l'artiste avait pour ces sanglants épisodes. » (E. MICHEL. *Gaz. des B.-Arts* 1888.) « Van der Poel, dont on ne sait point les origines, sort un peu de là sans doute ; du moins, ses incendies nocturnes, qu'il a souvent répétées, sont une imitation flagrante de ce tableau d'Esaias, qui d'ailleurs a beaucoup souffert et semble tapoté par des restaurations. » (BURG II, 205.)

**293.** — *Un Cavalier* (B).

Monté sur un cheval alezan qui s'élance vers la droite, en se cabrant,

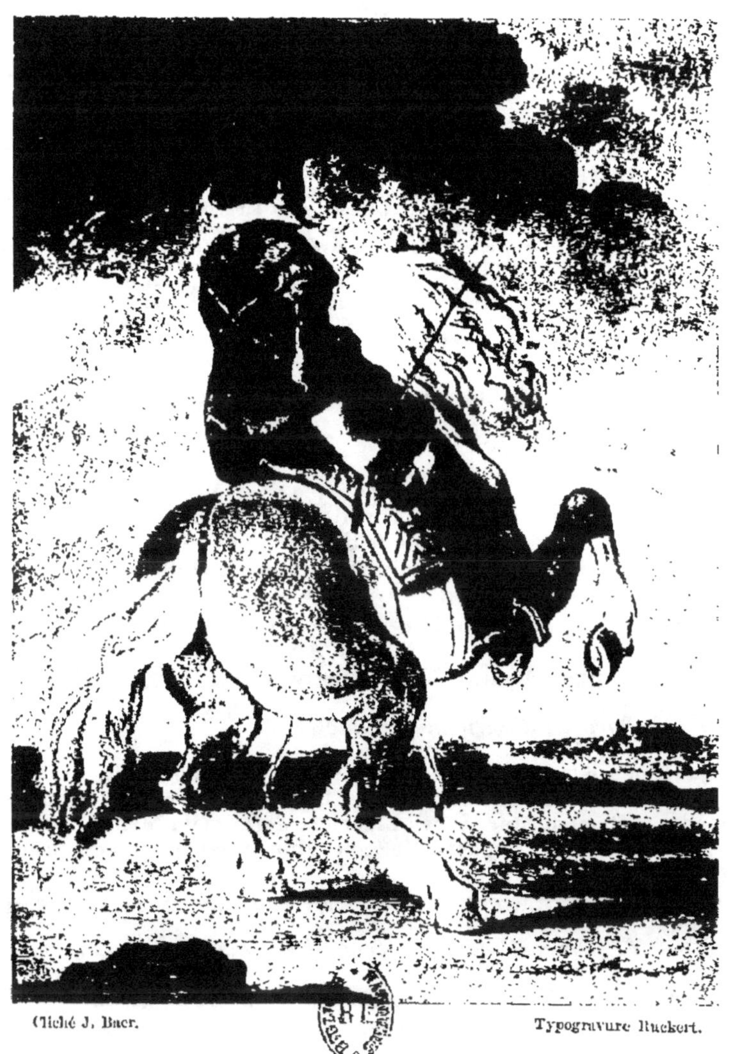

Cliché J. Baer. Typogravure Ruckert.



VELDE (ESAÏAS VAN DE)?

293. — *Un cavalier.*

il est vu de dos, portant un pourpoint brun clair, un manteau bleu et un chapeau de feutre gris. De sa main droite, il tient une cravache. Au fond, une hutte sur le bord d'une rivière.

H., 0,38 ; L., 0,26. — Legs BOYMANS. Le nouveau catalogue ne maintient pas l'ancienne attribution à E. van de Velde donnée par BURGER et E. MICHEL et classe cet intéressant tableau dans les inconnus de l'Ecole flamande. « La crânerie avec laquelle est posé le cavalier, l'harmonie qui règne entre les colorations très franches de son costume et les colorations délicates d'un ciel gris perle, l'ampleur du parti, la largeur et la liberté de la facture, tout, dans ce panneau de dimensions pourtant bien restreintes, procède d'un art si élevé et si magistral que Burger (II 200) a pu sans exagération rappeler à ce propos le souvenir d'œuvres analogues de Van Dyck et de Velasquez. » (E. MICHEL. *Gaz. des B.-Arts* 1888 p. 190). « Les terrains du premier plan, que foulent les pieds solides du beau cheval couleur chamois, sont largement et sobrement frottés, comme dans une peinture monumentale. C'est ce qui donne tant de grandeur et de relief à cette figure équestre, modelée et mouvementée sur un panneau de 38 centimètres ! Elle rappelle beaucoup par l'élégance de la désinvolture et la liberté magistrale de l'exécution une adorable étude de Van Dyck à Buckingham-Palace. Et, comme ce Van Dyck ressemble à un Velasquez, voici décidément notre ESAIAS en noble camaraderie » (BURG. II, 200). Voir VOSMAER, p. 55. L'attribution à Esaias aurait, en effet, besoin d'être bien prouvée.

## Velde (WILLEM VAN DE) le Jeune, 1633-1707.

**277.** — *Le Port de Texel* (D).

A gauche, six personnes sur une jetée contre laquelle sont amarrés des bateaux; au premier plan, à droite, deux pêcheurs dans une barque relevant leur filet, au milieu, un petit canot; au second plan, un vaisseau à haute poupe sculptée et peinte aux armes de Hollande. Nombreuses voiles à l'horizon. Signé, à gauche, sur une planche : W. v. VELDE, 1673.

H. 0,45 ; L., 0,66. T. — Acheté 5,600 fl. V. Kat (1866) SMITH, n° 7.

## Venne (ADRIAEN PIETERSZ VAN DE), 1589-1662.

**279.** — *Portrait d'un jeune homme* (A).

Dans un cadre ovale en pierre grise, il est debout, de trois quarts tourné vers la droite. Chevelure, barbe en pointe et moustaches blondes, vêtement noir, fraise blanche ; de la main droite posée sur la hanche, il tient ses gants. Sur une table, à gauche, un chapeau noir.

Sur le cadre, on lit, en haut : Aet. 22. 1615. En bas : ADR. v. V.

H., 0,18 ; L., 0,13. Cuivre. — Fig. à mi-corps petit. nat. 150 fl. à Douai (1887).

**280.** — *Le prince Frédérick-Hendrik à cheval, avec sa suite* (A).

Signé, sur un écriteau : ADRIAEN VAND VENNE fecit 16...5.

H., 1,06 ; L., 1,36. T. — Grisaille. Coll. Kramm d'Utrecht. Acheté 80 fl. en 1865. Cité par FRANKEN n° 18.

**281.** — *Le Luxe pauvre* (A).

A gauche, une jeune fille et une femme indiquant de la main gauche un groupe composé d'un infirme agitant sa béquille et entraînant une vieille mendiante; derrière eux, des malheureux; à droite, un vieillard coiffé d'un panier à anse et deux personnes dont l'une est appuyée sur une canne. Au milieu, sur un panier, on lit : ARME WEELDE (luxe pauvre). Signé, près d'un morceau de bois : 1635. A. v. VENNE.

H., 0,23; L., 0.59. B. — Fig. 0,23. Camaïeu. V. Schouten, Amsterdam (1877). Don Coster (1886). M. Dillens, de Bruxelles possède le même sujet, avec la même devise daté de 1631, ne renfermant que deux personnages.

## Verboom (ADRIAEN), 1628-après 1680

**282.** — *Paysage, le soir, avec Chasseurs* (C).

Signé et daté, à droite : 1657

H., 0,60; L., 0,80. T. — Legs BOYMANS.

## Verkolje (JOHANNES) ou Verkolye, 1650-1693.

**283.** — *Un Chasseur* (C).

Assis au pied d'un arbre, de trois quarts tourné vers la gauche, le visage de face, les jambes croisées, la main gauche dans sa poche, de la droite tenant son fusil; gilet jaune foncé, tunique grise, bas marron, chapeau noir; à sa droite, à terre, le produit de sa chasse; à gauche, deux chiens accouplés. Fond boisé. Signé, à gauche, en avant: I. VERKOLIJE, 1672.

H., 0,53; L., 0,43. T. — Fig. pet. nat. Coll. Nicolaas Verkolje (1746) et Roos (1845). Acheté en 1859.

## Verschuier (LIEVE-PIETERSZ) ou Verschuer, vers 1630-1686.

**284.** — *La Meuse devant Rotterdam* (D).

Trois navires hollandais, dont l'un, au milieu, au second plan, tire un coup de canon, à l'ancre devant la ville dont on voit à gauche le quai dit « *Les Boompjes* » planté d'arbres. Au milieu, au premier plan, deux pêcheurs dans un canot dont l'avant est recouvert d'une draperie rouge. Ciel gris. Signé, sur le canot des pêcheurs: L. VERSCHUIER.

H., 0,80; L., 1,10 T. — Acheté 845 fl. à la V. de Kat de Dordrecht (1866).

**285.** — *La Porte de l'Est, à Rotterdam*, démolie en 1836 (C).

Deux hommes, à gauche, au premier plan, causent près de la barrière d'un chemin, conduisant à deux portes : l'une en bois, que franchit un troisième personnage, l'autre, « la porte de l'Est » à droite, s'ouvrant sous un pavillon en briques surmonté d'un clocheton, Au milieu, sur un soubassement de briques, un moulin à vent; à gauche, au loin, des toits en tuiles. Ciel très lumineux.

H., 0,63; L., 0,48. B. — Fig. 0,10. Provient des Archives communales. « Ce

MUSÉE DE ROTTERDAM.

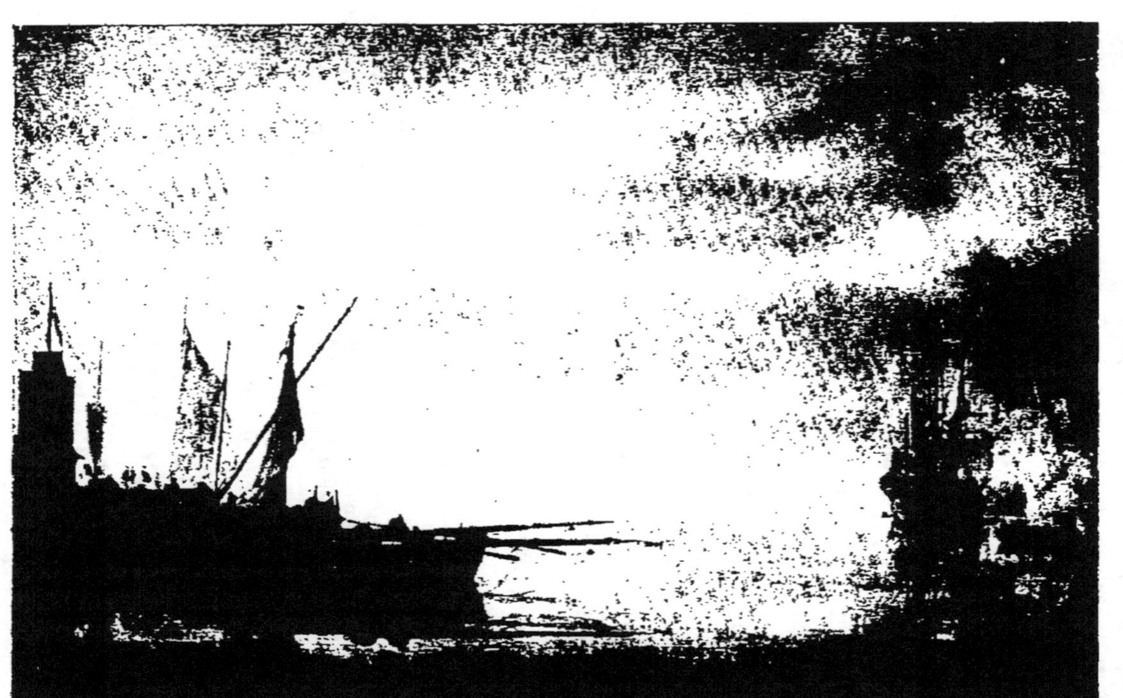

Cliché J. Baer. Typogravure Ruckert.



VLIEGER (SIMON DE).

*Les Bords de la Meuse.*

tableau, rappelant l'école d'Aelbert Cuyp par le coloris, la touche, l'harmonie du ton, est d'une période du peintre non encore connue » (Catal. p. 252.)

## Verschuringh (Hendrik), 1627-1690

**287.** — *Le Maréchal-ferrant* (B).

Au milieu, devant un escalier, en haut duquel sont assises une mendiante et deux enfants, un maréchal-ferrant ferre un cheval dont le cavalier tient le sabot; à son côté, un autre cavalier et un chien; à droite, deux mendiants et un chien. Au second plan, à gauche, un cavalier s'élançant au galop. Signé, sur la maison:

H. VERSCHVRINGH
1661

H., 0,27; L., 0.22. B. — Legs Boymans. Attribué autrefois à Schellinks.

## Vlieger (Simon de), 1601-1659.

— *Bords de la Meuse* (B).

A gauche, des bateaux à l'ancre contre une digue sur laquelle se promènent des pêcheurs; au fond, à droite, un canot s'approche d'un bateau de guerre, vu par la poupe, qui tire une salve; au loin, d'autres vaisseaux. Les coques des navires se reflètent sur la mer calme. Signé, au milieu, sur la rame d'un des canots: S. de Vlieger.

H., 0,70 L., 0,98. T. — Acheté 1.905 fl. à Vienne (1896).

— *Paysage et Animaux* (A).

Signé, à gauche sur un rocher: S. de Vlieger.

H., 0,80; 0,95. T. — Fig. 0,07. Acheté 2100 fr. à M. Sedelmeyer (1892).

## Vliet (Hendrick Cornelisz van), 1611 ou 1612-1675

**296.** — *Intérieur de la nouvelle église de Delft* (C).

A droite, la nef centrale dont les piliers sont ornés d'écussons, et une partie du transept; à gauche, le chœur; Au premier plan, à droite, un seigneur, vu de dos, près d'un pilier, un chien à son côté. Au milieu, une tombe fraîchement creusée, dans laquelle est une bêche. En chaire, le prédicateur qu'écoutent des fidèles.

Signé, à droite, au pied d'un pilier: H. van Vliet. A., 1666.

H., 0,59; L., 0,54. B. — Acheté 525 fl. V. de Kat. de Dordrecht (1866).

## Vos (Cornelis de), Flamand, vers 1585-1651.

**298.** — *L'Agriculture couronnée par la richesse* (B).

H., 1,78; L., 2,45. T. Acheté à Anvers (1864).

**Vos** (Simon de), Flamand, 1603-1676.

**299.** — *Portrait d'homme* (D).

Signé, sur le fond gris, en haut à droite : *Ætatis Suæ 62 Ano 1640.*

**300.** — *Portrait d'homme* (D).

Sur le fond vert, à gauche, on lit : *Ætatis suæ 42 A° 1645.*

H., 1 m; L., 0,70. B.— Fig. mi-corps gr. nat. Ces deux portraits, qui se font pendant, attribués autrefois à P. de Vos, furent achetés en 1864 à Anvers.

**Vranckx** (Sébastien), Flamand, 1573-1647.

**301.** — *Le Pillage* (B).

Dans un village, au milieu, sous un arbre, sont réunis quatre cavaliers bardés de fer, dont l'un s'apprête à mettre le feu à une étable d'où sortent des bestiaux. A droite, un soldat saisit une femme qui lui barre la route. A gauche, un soldat emmène un paysan dont la femme, le visage ensanglanté, se lamente. Au second plan, une escouade de cavaliers gardant une rue. Scènes d'incendie au fond.

Signé, à gauche, sur un tonneau : S. Vranckx.

H., 0,50 : L., 0,66. B. — Fig. 0,08. Legs Boymans.

**Vries** (Abraham de), première partie du xvii^e^ siècle.

**306.** — *Portrait de vieille femme* (C).

Signé, en bas, à gauche : A. de Vries, anno 1644.

H., 0,68 ; L., 0,59. B. — Fig. buste gr. nat.

**Weenix** (Johannes Baptista) ou **Weenincks**, 1621-1660.

**307.** — *Tobie endormi* (A).

A droite, sous un auvent auquel grimpe une vigne, Tobie est endormi, en vêtement gris et houppelande brunâtre, une bêche à ses pieds ; une pie vole au-dessus de sa tête. Au premier plan, des légumes et des ustensiles ; au fond, une maison. Signé, au milieu, sur le sol :

Jo: weenincks 1642

H., 0,89 ; L., 0,79. T. — Fig. pet. nat. acheté en 1869.

## Veenix (Jan), 1640-1719.

**308.** — *Le Cygne mort* (A).

A droite, un cygne suspendu par une patte à un vase orné d'un bas-relief ; sur le sol, un couteau ; au milieu, une perdrix, une pie, un paon ; à gauche, des fruits dans une corbeille, et, sur le sol, trois pêches et des noisettes. Au fond, une pièce d'eau, devant un château.

Signé, à gauche sur le socle du vase : J. Weenix f. 1716.

H., 1,74 ; L., 1,54. T. — Acheté 850 fl. V. Gevers, Rotterdam (1827), 5,250 fl. V. van Brienen van de Groote Lindt, de La Haye, Paris (1865).

## Willigen (Claes Janz van), ?-après 1665.

— *Paysage* (A).

Signé, au milieu, au pied d'un chêne : Willingen, 1665.

H., 1 m. L., 1,50. B. — Fig. 0,25. Acheté 135 fl. à la V. Philips Neven. Maestricht (1892).

## Wiltschut (Huig van Dorre), seconde moitié du XVII^e siècle.

— *Cour de ferme* (A).

Signé, en bas, à gauche : Wittschut.

H., 0,44 ; L., 0,62. B. — Fig. 0,11. Coll. du Consul Thieme à Hambourg. Acheté 240 M. à M. Dahl, de Dusseldorf.

## Witte (Emanuel de), 1617-1692.

**322.** — *Le Marché au poisson* (C).

Sous un auvent, à gauche, derrière un étal de poissons, une marchande se tourne, de trois quarts à droite, vers une jeune femme. Au second plan, un marin offrant ses services. Au fond l'Y. Sur le quai, dit *Buitenkant*, groupes de promeneurs.

Signé, en haut, à gauche : E. de Witte, fecit Ao 1672.

H., 0,64 ; L., 0,73. Acheté 960 fl. à Londres (1866). Un tableau analogue plus important, daté 1670, se trouve au Musée de Leipsick.

**322** *bis.* — *Intérieur de la Nouvelle Église à Amsterdam.*

Signé, à droite, au pied d'un faisceau de colonnes : E. de Witte, 1645.

H., 0,33 ; L., 0,32. T. — Léguée en 1896.

## Wouwerman (Jan), 1629-1666.

**323.** — *Dunes* (B).

Signé, en bas, à gauche : J. W.

H., 0,27 ; L., 0,44. B. — Acheté 325 fl. V. de Kat, de Dordrecht (1866).

## **Wouwerman** (Philips), 1619-1668.

**324.** — *Soldats pillant un village* (D).

Au milieu, devant une mare, un cavalier couche en joue un paysan qui demande grâce; à droite, un fantassin poursuit une femme qui s'enfuit, emportant son enfant; au second plan, un cavalier emmène un prisonnier; à gauche, deux cavaliers déchargent leurs armes sur des fuyards. Au fond, dans le village en feu, des soldats fusillent des paysans. Montagnes à l'horizon.
Signé à gauche : P. L. S. (L. S. entrelacés) W.

H., 0,55; L., 0,50. T. — Fig. pet. nat. Coll. Dufresne, d'Amsterdam. Acheté 480 fl V. de Bruyn (1798). Legs Boymans.

## **Wyck** (Thomas), 1616 (?)-1677.

**317.** — *Intérieur villageois* (B).

Dans une chambre à dalles rouges, au second plan, une petite fille debout, près d'une femme assise, sur les genoux de laquelle un petit garçon a posé sa tête. En avant, deux petites filles, assises à terre, cousent; à gauche, un petit garçon écrit sur une table. Au premier plan, à gauche, devant une cheminée, une chaise; à droite, un pot sur un tonneau; au milieu, un chapeau noir. Au fond, un escalier. Un panier et des vêtements pendent du plafond dans lequel s'est produite une fissure qui laisse voir le plancher de l'étage supérieur. Par deux fenêtres, à gauche, on aperçoit une maison.
Signé sur le tonneau : T. Wyck (T. et W. entrelacés).

H., 0,54; L., 0,44. B. — Legs Boymans.

## **Zeeman** (Reynier Nooms dit), vers 1623-avant 1668.

**212.** — *Marine* (D).

Sur le rivage, au milieu, un pêcheur, son filet sur l'épaule et trois matelots; à gauche, un homme se dirigeant vers une barque que monte un rameur; au second plan, deux vaisseaux hollandais; de l'un d'eux s'éloigne une chaloupe avec de nombreux passagers. A droite, des bateaux de pêche. Effet de soleil couchant se reflétant dans la mer.
Signé, au milieu, en bas : R. Zeeman.

H., 0,34: L., 0,42. T. — Legs Boymans.

## **Zwaerdecroon** (Bernard), vers 1617-1654.

*Portrait de femme* (C).

Signé, sur le fond, à gauche : B. Z.

H., 0,80; L., 0,65. T. — Fig. en buste gr. nat.

## Ecole française du XVIe siècle.

**113.** — *Portrait d'homme.*

Jeune homme, imberbe, de trois quarts tourné vers la droite. Vêtement et toque noirs, chemisette blanche. La main droite qui porte des gants est posée sur la poitrine. Des bagues à l'index.

D. 0,11. — Forme ronde. Fig. en buste pet. nat. Legs Boymans. Ce portrait, autrefois catalogué sous le nom d'Holbein, nous paraît être d'un maître français, de l'école de Corneille de Lyon, probablement.

---

# DELFT

Au nord de Rotterdam, sur la Schie.

## HOTEL DE VILLE

Sur la grande place. Edifice gothique incendié en 1618 et restauré par H. de Keyser.

**Mierevelt** (Michiel-Jansz van), 1567-1641. — *Repas de Tireurs.*

Dans une vaste salle, six tireurs sont réunis autour d'une table servie; au premier plan, sur une autre table, des brocs; une épée et un baudrier, sur un coussin, et deux chiens. Au fond, derrière une balustrade, dix-huit tireurs; de la gauche, s'avance un valet. Tous les personnages, à l'exception de trois, sont nu-tête, vêtus de pourpoints, avec fraise tuyautée et écharpe en sautoir. Signé à gauche, au pied d'un socle sur lequel est perchée une perruche : *Michael a Mierveld delineavit ac pinxit Ao 1633.*

H., 2 m. L., 2,60. T. — Fig. gr. nat.

**Delff** (Jacob Willemsz), 15..-1601. — *Tableau de Corporation.*

Trente et un personnages sont réunis dans une salle, sur trois rangées, en vêtements foncés, fraise tuyautée. Au second plan, un homme élève un verre; à droite, un autre montre du doigt une pancarte, sur laquelle sont inscrits les noms des membres de la corporation. Signé à gauche, en haut, sur un cartel : OPUS JACOBI GVILLELMI DELPHY ANNO POST CHRISTVM NATVM MDCII.

H., 2 m. L., 2,60· T. — Fig. gr. nat. « Les nombreuses figures de ce tableau sont peintes avec beaucoup de naturel et d'habileté, malgré la rudesse des contours et la lourdeur des tons bruns. » (WAAGEN. II 163).

**Delff** (ROCHUS JACOBSZ), XVII^e siècle. — *Tableau de Corporation.*

Cinq officiers sont réunis sur le perron d'un Doelen; à droite, le porte-étendard. Au milieu, entre deux hallebardiers en noir, le commandant, une canne à la main. A gauche, un autre hallebardier. Au fond, un tambour et des membres de la corporation. Daté sur la caisse : 1648.

H , 2 m. L·, 3 m T. — Fig. gr. nat.

*Au premier étage, dans la salle du conseil,* sont réunis des portraits des princes de la famille d'Orange, par Mierevelt, Honthorst, Fournier, etc.

## HOPITAL DE LA VILLE (GASTHUIS)

### Liefdadige-Inrichting.

Dans le cabinet du directeur :

**Mierevelt** (MICHIEL JANSZ), 1567-1641. — *La leçon d'anatomie du docteur Willem van der Meer.*

Dans une salle, sur une table, est couché un cadavre, la tête cachée en partie par un voile, le ventre ouvert. Au second plan, le professeur debout, vu de face, un scalpel à la main ; à gauche, deux de ses élèves lui présentent une bassine en cuivre. Autour d'une balustrade en bois, sur laquelle, à gauche, sont posés des squelettes, sont réunis sur deux rangées, les auditeurs, regardant tous le spectateur ; sept à gauche, neuf à droite, tous vêtus de noir avec collerette blanche tuyautée. Ils tiennent à la main des bâtons odoriférants allumés ou des branches ; l'un, à gauche, porte un volume. Sur la table, des instruments de chirurgie, un bougeoir et une pelote de ficelle. Sur la balustrade, des parfums dans un vase. Signé au milieu : MICHAEL A MIEREVELD DELINEAVIT FILIUS VERO EJUS PRESCRIPTO PATRIS PINXIT. DELPH. BATAV. 1617.

H., 1,50, L., 2 m. — Fig. à mi-corps gr. nat. BLEYSWYK dans son *Ouvrage sur la ville de Delft*, p. 851, donne une description de ce tableau, ainsi que les noms des personnes, composant alors le corps des chirurgiens. « tous figurés excellemment et d'une façon très ressemblante ». A droite, Pieter Miereveld, le fils du peintre qui acheva le tableau, ainsi que nous l'apprend l'inscription, en 1617, et mourut en 1623 s'est représenté lui-même. « C'est une très bonne peinture, surtout dans les têtes,

DELFT. — HOPITAL DE LA VILLE.

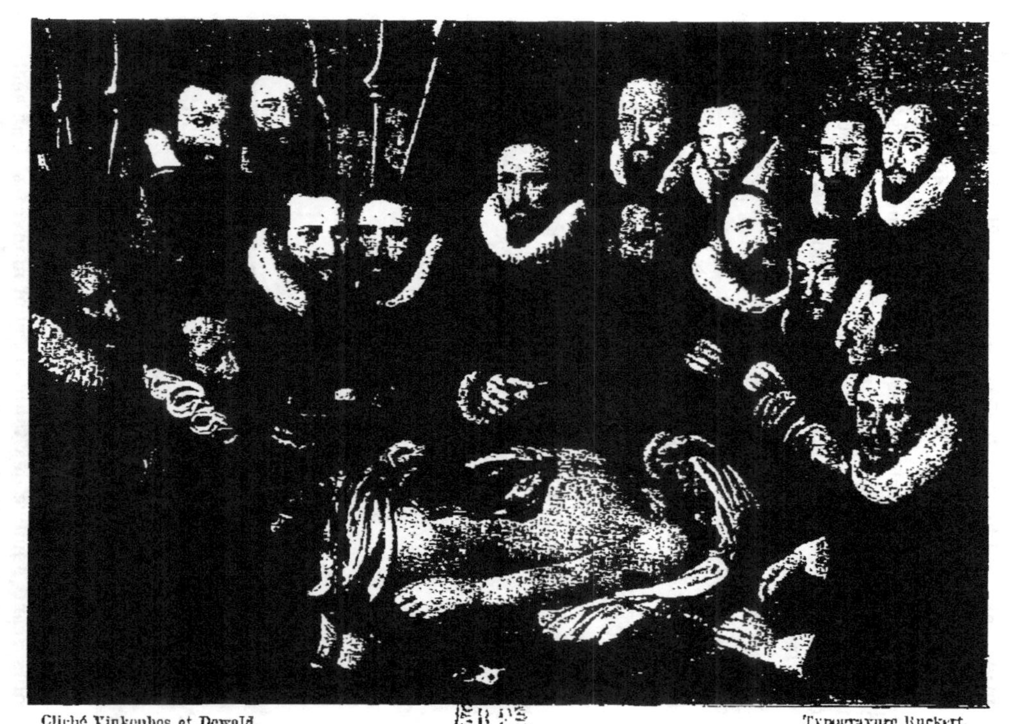

Cliché Vinkenbos et Dewald. Typogravure Ruckert.

MIEREVELT (MICHIEL JANSZ ET PIETER).

*La leçon d'anatomie du professeur W. van der Meer.*

les mains et les détails; mais la composition est sacrifiée au désir de montrer tous les portraits. L'œil ne trouve pas de point de repos, mais est confusément attiré par toutes ces têtes séparées. » (VOSMAER, p. 111.)

Dans le vestibule :

**Man** (CORNELIS DE), 1621-1706. — *Une Leçon d'anatomie.*

Le professeur, au second plan, debout, touche, avec un scalpel, le thorax d'un cadavre étendu devant lui, sur une table, le visage et le bas du corps couverts d'une draperie. A gauche, un aide présente une éponge. Autour du maître, une double balustrade circulaire: contre la première, huit assistants; contre la seconde, neuf, dont l'un prend des notes. Tous les personnages ont des vêtements noirs à rabat blanc; les uns portent perruque, les autres sont coiffés d'une calotte noire. Quelques-uns tiennent à la main des bâtons odoriférants. Signé au milieu, sur la balustrade : C. D. MAN (C. et D. entrelacés), PINXIT 1681.

H., 2,50; L., 2 m. T. — Fig. à mi-corps gr. nat. Cité par HOUBRAKEN. « D'une exécution facile, mais qui trahit toujours la préoccupation d'atteindre le clair obscur de Rembrandt. » (WOERMANN. 834.)

**Wilt** (THOMAS VAN DER), 1659-1733. — *Une Leçon d'anatomie,*

Au milieu, le professeur, auquel parle un élève, touche, avec un scalpel, le bras écorché d'un cadavre devant lequel brûle une chandelle. Autour de ce groupe central, contre une double balustrade, vingt-deux auditeurs, coiffés de longues perruques, en pourpoint et cravate blanche. Au fond, de chaque côté, une porte; dans une niche, une statue. Signé sur la balustrade : T. VAN DER WILT, 1727.

H., 2,50; L., 2 m. T. — Fig. à mi-corps gr. nat.

---

# DORDRECHT

Au Sud de Rotterdam, sur un des bras de la Meuse.

## MUSÉE MUNICIPAL

Le plus grand nombre des tableaux sont modernes. Une section est réservée aux œuvres de ARY SCHEFFER, né à Dordrecht le 10 février

1815, mort à Argenteuil, le 15 janvier 1858. Parmi les tableaux anciens, presque tous dus à des maîtres de Dordrecht (*Buschopp, Bol, Aelbert Cuyp, Aert de Gelder, Lesire, Nicolaes Maes*), nous pouvons signaler les suivants :

### Baen (JEAN DE), 1633-1702. — *Portrait de Cornelis de Witt.*

1. — Assis dans un fauteuil rouge, tourné de trois quarts vers la droite. Perruque grise, vêtements noirs, col blanc. Fond gris, rideau rouge.

H., 1,17; L., 0,95. T. — Fig. jusqu'aux genoux gr. nat. Don Smits v. Nieuwerkerk.

### Bisschop ou Busschop (ABRAHAM), 1670-1731.

2. — *Un Canal.*

Signé au milieu : A. BUSSCHOP, 1718.

H., 0,96; L., 0,99. T. — Don Roodenburg.

### Bisschop ou Busschop (CORNELIS), 1630-1674.

3. — *Portrait présumé du peintre.*

Signé à droite, sur le tableau : C. BISSCHOP, 1668.

H., 0,97; L., 1,14. T. — Fig. jusqu'aux genoux, gr. nat. Acheté à M. Triepel, de Berlin (1887).

4. — *Les Régents et Régentes du Ziekenhuis, à Dordrecht, en 1671.*

Sous un péristyle, autour d'une table recouverte d'un tapis rouge, sont assis, à gauche, cinq régents, en vêtements noirs et col blanc. Au milieu et à droite, six régentes, en robe noire avec col blanc, les quatre plus âgées coiffées de bonnets noirs. A droite, le directeur présente un mendiant. Au fond, dans une salle, des pauvres ; paysage à droite. Signé à gauche, sur le manteau d'un des assistants : CORN. BUSSCHOP FECIT. A. 1671.

H., 1,82; L., 1,08 B. — Fig. mi-corps pet. nat. Transporté en 1891 de l'hôpital.

### Blockland (ANTHONY VAN MONTFOORT, DIT), 1532-après 1585.

165. — *La Cène.*

H., 1,50; H., 2,26. D. — Fig. gr. nat. Avant la Réforme, dans la grande église.

### Bol (FERDINAND), 1616-1680.

5. — *Portrait du peintre.*

Tourné de trois quarts vers la droite. Chevelure et moustaches brunes. Chemisette à col brodé, pourpoint gris, manteau rouge, toque noire, une chaîne d'or au cou. La main droite gantée est tendue en avant. Signé sur le fond, à gauche : F. BOL FECIT, 1646.

H., 0,72; L., 0,90 T. — Fig. en buste gr. nat. — Acheté à M. Colnaghi (1887).

## Boonen (ARNOLD), 1669-1729.

**6.** — *Portrait de femme tenant un perroquet.*

Signé : A. B.

H., 0,39 ; L., 0,46 T. — Fig. mi-corps pet. nat. — Acheté à M. Mak (1885).

## Cuyp (AELBERT), 1620-1691.

**7.** — *Paysage montagneux au soleil couchant.*

A droite, devant une ferme, un cavalier en rouge et un paysan, en culotte jaune et veste grise. Au milieu, deux vaches ; à gauche, une rivière. Fond montagneux. Signé dans l'eau : A. C.

H., 0,55; L., 0,47 B. — Fig. 0,09. — Acheté à M. Sedelmeyer de Paris (1888).

**8.** — *Un Canal en Hollande.*

Sur le bord d'un canal où voguent cinq bateaux, deux hommes en gris et des moutons. Signé à gauche, sur la rive : A. C.

H., 0,65 ; L., 0,42 B. — Fig. 0,075. — Même provenance.

**9.** — *Paysage boisé.*

H., 0,61 ; L., 0,42 B. — Fig. 0,08. — Très endommagé, V. van den Schrieck, de Louvain (1861).

**161.** — *Vue d'un Port.*

Au milieu, plusieurs bateaux sur un fleuve. Sur la rive, un moulin à vent et un monument orné d'un clocheton. A droite, derrière les maisons, les mâts d'un bateau. Signé en bas, à droite : A. CUYP.

H., 0,43 ; L., 0,63 B. — Fig. pet. nat. — Acquis en 1895.

## Cuyp (JACOB GERRITZ), 1594-1652.

**162.** — *Portrait de femme.*

D'âge mûr, vue de face. Teint coloré. Coiffe blanche cachant les cheveux. Robe de velours noir. Large fraise tuyautée. Fond gris.

H., 0,70; L., 60. B. — Buste, Don de M. Lebret, 1894.

## Cuyp (BENJAMIN GERRITSZ), 1612-1652.

**10.** — *La Guérison de Tobie.*

A gauche, le jeune Tobie rend la vue à son père assis. Au milieu, l'ange et la femme de Tobie tournée de profil à gauche et un chien ; à droite, sur une table, du pain et un pot ; au fond, un buffet. Signé à droite, sur un morceau de bois : B. C.

H., 0,63 ; L., 0,48 B. — Fig. pet. nat. — Acheté à M. Keil de Ceulen (1886).

## Gelder (Aert ou Arent de), 1645-1727.

**11.** — *Portrait de Hendrik Noteman, sculpteur,* 1657-1734.

Tourné de trois quarts à gauche, la tête à droite. Perruque noire, houppelande grise à doublure rose. Il tient un maillet et un ciseau. A gauche, une ébauche. Signé sur la table : A. de Gelder, 1690.

H., 0,68 ; L., 0.84 T. — Fig. en buste gr. nat. — Acheté à MM. Muller et Pappelendam (1886). Gravé par J. Jobe.

**12.** — *Portrait de femme, en costume de théâtre* (?).

H., 0,84 ; L., 0,68 T. — Fig. buste gr. nat.

## Hoogstraten (Samuel van), 1626-1678.

**14.** — *Portrait de Mattheus van den Brouck.*

Signé sur la base d'une colonne : S. v. Hoogstraten pinxit, 1657.

H., 0,70 ; L., 0,87 T. — Fig. mi-corps gr. nat. — Acheté à M. Preyer (1890).

## Lesire (Paulus), 1611 - après 1650.

**19.** — *Portrait d'homme.*

Signé sur le fond, à droite : P. Lesire fecit, 1643.

H., 0,58 ; L., 0,71 B. — Fig. mi-corps gr. nat. — Acheté à MM. Pappelendam et Schouten (1888).

## Maes (Nicolaes), 1632-1693.

**20.** — *Portrait de Jacob de Witt (père de Johan et Cornelis).*

Vu de face, cheveux gris, barbe et moustaches blanches ; vêtement noir, col blanc. Signé sur le fond à droite : Ae. 67. N. Maes Ao 1657.

H., 0,61 ; L., 0,75. B. — Fig. en buste gr. nat. Don Lotsy.

## Schalcken (Godfried), 1643-1706.

**23.** — *Portrait de femme.*

Signé à droite sur le rideau : G. Schalcken 1700,

H., 0,39 ; L., 0,48. B.— Fig. à mi-corps gr. nat. Acheté à Mme Hooft van Benthuizen.

### **Schouman** (Aert), 1710-1792.

25. — *Portrait du peintre.*

Tourné de trois quarts vers la droite, visage rasé, perruque blanche, habit bleu, manteau jaune, jabot blanc. Il tient de la main gauche une planche à dessin ; à droite, sur une table, une petite statuette et la signature : A. Schouman.

H., 0,63 ; L., 0,80. T. — Fig. en buste gr. nat. Don Smits van Nieuwerkerk (1874).

### **Victors** (Jan), 1620-1682.

26. — *La Prophétesse Anne.*

Dans un temple, elle est vue de face, les mains croisées ; à gauche, un prêtre. Signé, à droite, sur la base d'une colonne : Jan Victor fec. 1645.

H., 0,79 ; L., 092. B. — Fig. mi-corps gr. nat. V. van den Schrieck de Louvain (1861).

### **Ecole hollandaise du XVIe siècle.**

32. — *Portrait de Johan Hallincz Pauwelsz.*

H., 0,57 ; L., 0,67. B. — Fig. buste gr. nat. Daté 1587. Acheté en 1872.

---

# GOUDA

Au nord-ouest de Rotterdam, sur la Gouwe.

## MUSÉE MUNICIPAL

(sur la grande place)

### **Barents** (Dirck), 1534-1592.

260. — *Triptyque en l'honneur de la Vierge.*

Panneau Central. — *L'Adoration des Bergers.* Dans une ruine, la Vierge et Saint Joseph agenouillés auprès de la crèche du petit Jésus ; à gauche, des bergers et des bergères ; au fond, une femme portant un enfant, un petit garçon se penchant sur l'épaule de saint Joseph, le bœuf et l'âne; Au ciel, des anges répandant des fleurs.

VOLET DE GAUCHE. — *La Mort de la Vierge.* Etendue sur un lit à baldaquin marron, vêtue d'une robe verte; dans ses mains jointes, un cierge allumé; à gauche, une femme portant le costume des sœurs hospitalières lui soutient les reins. Autour du lit, les Apôtres et une sainte femme, en robe rouge, un livre sur ses genoux; à droite, sur un escabeau, un chandelier et un plat.

VOLET DE DROITE. — *L'Assomption.* En haut, la Vierge, les mains jointes, en robe verte et manteau rouge; à la partie inférieure, les assistants, les uns penchés sur le tombeau vide, les autres levant les bras vers la Mère du Sauveur. Au premier plan, un cierge allumé.

A L'EXTÉRIEUR. — *L'Annonciation.* La Vierge, en robe rouge, manteau vert, agenouillée devant un prie-Dieu, se tourne vers l'ange, en manteau blanc à doublure rouge; à ses pieds, des fleurs dans un vase. Au fond, un lit à baldaquin vert. Au ciel, le Saint Esprit.

Panneau Central. H., 2,45; L., 2,20. Volets H., 2,45; L., 0,90 B. — Fig. gr. nat. Gravé dans Taurel, *L'Art Chrétien.* « Il y a de plus, à Gouda, chez les Frères, une Nativité, extraordinairement bien peinte, dans la manière italienne, et qui est une de ses principales œuvres. » (C. v. MANDER 11. 43.) Transporté plus tard à l'hôpital Ste-Catherine. « Cette page, une des plus importantes de l'artiste, paraît avoir échappé aux yeux des historiens des derniers temps. Quoique retouchée çà et là, surtout dans l'*Annonciation*, elle mérite à tous égards de fixer l'attention des connaisseurs. Le Panneau Central est une page saisissante dont la composition est superbe, l'expression des visages parfaite et le dessin partout correct et agréable. » (TAUREL, *Art Chr.*, II, 186.) Barentz a peint sans doute ce tableau peu de temps après son retour d'Italie.

## **Blockland** (ANTHONIE VAN MONFOORT, DIT), 1532-1583.

**259.** — *La Décollation de saint Jacques le Majeur.*

Au premier plan, le bourreau, en surcot jaune, manteau rose, s'apprête à décapiter l'apôtre agenouillé, les bras liés, en chemise blanche et manteau gris. En avant, un chien, près du corps d'un martyr décapité; à gauche, un licteur; à droite, deux soldats et la foule des assistants. Au fond, sur une place, une statue équestre.

H., 3,14; L., 2,64. B. — Fig. gr. nat. Gravé dans Taurel. Peint pour l'église Saint-Jean, à Gouda; transporté avant 1713 dans la salle de l'hôtel de ville. Très repeint. « Cette page historique est une œuvre d'art dont la rareté des ouvrages d'Antoine vient encore augmenter l'importance. Le dessin des figures, certaine draperie flottante et la composition entière prouvent visiblement que le maître a beaucoup étudié d'après les artistes italiens. » (TAUREL, *Art Chrétien*, II, 118).

## **Bol** (FERDINAND), 1616-1680.

**222.** — *Officiers de Tireurs.*

Dans une chambre, cinq officiers sont réunis autour d'une table recouverte d'un tapis rouge à fleurs : à gauche, le capitaine Jan van Immerserl, en pourpoint vert, chausses bleues, chapeau noir, vu de face; au milieu, le colonel Govert Suys, de profil tourné vers la droite, en pourpoint jaune à manches roses, tunique verte, chausses rouges, écharpe rouge en sautoir, chapeau en feutre à plumes, tient, de la main gauche, le fourreau de son épée. A droite, un troisième officier, de profil tourné vers la gauche, en vêtement noir, écharpe blanche en sautoir, chapeau noir à plumes, un chien à ses pieds, tenant de la main droite un verre. Un autre officier assis, à droite, en vêtement noir, écharpe rouge, lui saisit d'une main le poignet, et prend, avec un compas, une mesure sur un plan; en arrière, deux officiers. En avant, à droite, un chien et une draperie rouge; à gauche, un homme franchissant une porte.

H., 2,14; L., 2,52. T. — Fig. gr. nat. Peint en 1652.

## Crabeth (Wouter Pietersz), ?-1644.

**221.** — *La Compagnie du Colonel Harmanus Herberts.*

Quatorze personnages sont réunis, vêtus de pourpoints de couleurs différentes, haut-de-chausses noirs, col blanc en dentelles, ceinture et écharpe de couleur, chapeau noir à plumes. Au milieu, le colonel entre deux capitaines, appuyés sur des cannes. Aux extrémités, les porte-étendard. Au second plan, à gauche, un officier sur la marche d'un escalier, écrit; à droite, des arbres. Au premier plan, sur une pierre on lit : Krabeth syn laeste kunst hier toont — Wiens naem de Faem met eer bekroont » — Morir pour vivre. Ao. 1644.

H., 2,52; L., 4,53. T. — Fig. gr. nat. Commandé au peintre le 2 avril pour 400 fl

## Ketel (Cornelis), 1548-1616.

**217.** — *Compagnie de tireurs.*

Onze tireurs, vêtus de pourpoint noirs ou blancs, chapeau noir, écharpe en sautoir, sont réunis sur deux rangées : six, au premier plan ; cinq, au second. Au milieu, un officier, appuyé sur une hallebarde. Au second plan, les deux porte-étendard ; à droite, un jeune homme, nu-tête, élève un verre.

H., 1,55; L., 2,14. B. « Ce tableau est daté de 1599, alors que le peintre avait déjà renoncé à se servir du pinceau ou, tout au moins, avait inauguré le système de recourir à l'étrange collaboration de ses pieds. Il serait difficile de dire si l'œuvre a été produite par les procédés ordinaires; elle est vigoureuse, expressive et prépare dignement les voies aux Frans Hals, aux Rembrandt, et aux van der Helst » (Hymans. *C. v. Mander*, II. 165).

## Veth (Jan Daemsz de), ?-1625.

**218** — *Compagnie du Colonel Gysbert Hendrickz t'Hart.*

Les miliciens sont réunis sur deux rangées superposées, en costumes noirs avec écharpe en sautoir, coiffés de chapeaux noirs à plumes. Au second plan, un vieillard, nu-tête, élève un verre et un pot.

H., 1,44; L., 3,77. T. — Fig. mi-corps gr. nat.

## DEUXIÈME PARTIE

# LA HAYE ET SES ENVIRONS

# LA HAYE

## Plan du Musée royal (Mauritshuis).

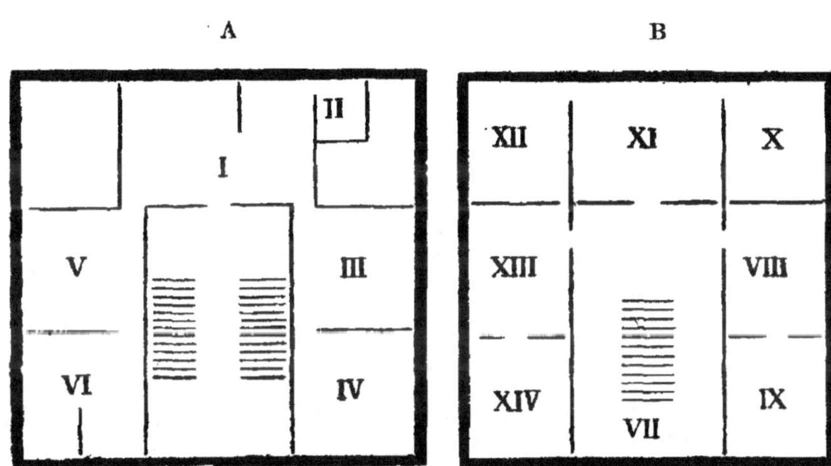


A. Rez-de-Chaussée

Salle I. Écoles flamandes.
— II. Maîtres primitifs.
— III. École hollandaise.
— IV. Écoles étrangères.
— V. Écoles flamandes.
— VI. École hollandaise.

B. Premier étage

Salle VII. École hollandaise.
— VIII. Écoles étrangères.
— IX. id.
— X. École hollandaise.
— XI. *Le Taureau*, par Paul Potter.
— XII. Pastels, par C. Troost.
— XIII. Rembrandt.
— XIV. Van der Meer de Delft.

*NOTA.* — Les numéros de ce Catalogue sont ceux indiqués *en rouge* sur les cadres.

# LA HAYE

## MUSÉE ROYAL DIT MAURITSHUIS (1)

Les origines de la collection remontent aux princes de la Maison d'Orange qui, dès le commencement du XVIIe siècle, aimèrent les arts et achetèrent des tableaux dont la plupart, par malheur, furent alors dispersés, à la suite de partages de famille. Au XVIIIe siècle, les stadhouders Guillaume IV (1711-1751) et surtout son fils, Guillaume V (1748-1806), constituèrent, avec plus de méthode, un cabinet de peintures, sur le Buitenhof, qui devint promptement célèbre. A la suite de l'occupation française, le 7 juin 1795, la collection entière fut transportée à Paris. C'est en 1815 seulement, alors que la plupart des tableaux, repris par les alliés, furent rapportés à La Haye, que le Cabinet royal put de nouveau être ouvert dans son ancien local. En 1820, l'Etat ayant acheté le Mauritshuis, on y installa immédiatement la collection que la générosité du roi Guillaume Ier accrut notablement jusqu'en 1831. De 1831 à 1874, l'insuffisance des crédits accordés (814 florins par an, pour l'entretien du Musée, les restaurations et acquisitions) suspendit tout espoir d'accroissement. Depuis 1874, grâce au concours patriotique du gouvernement et au zèle éclairé de ses directeurs, le Musée de La Haye, mieux installé et mieux classé, s'est accru presque chaque année de pièces rares ou complémentaires et, grâce à d'excellents catalogues, est devenu l'un des musées d'Europe les plus instructifs.

(1) IHR J. STEENGRACHT. — *De voornaamste schilderyen van het koninklijk Kabinet te's Gravenhage*, in omtrek gegraveerd unt derzelver beschryving. — S'Gravenhage, ter Algemeene Landsdrukkery, 1826-1830. In-8° (avec gravures au trait). Traduit en français. — *Musée royal de La Haye*. Lithographié. Chez Des-

guerrois et Cie, à Amsterdam, 1828-1833. Gr. in-folio (60 lithographies). — BURGER. Musées de La Haye et Rotterdam. Paris. 1860. — Ihr Mr. V. E. L. DE STUERS. *Notice historique et descriptive des tableaux et sculptures exposés dans le Musée royal de La Haye.* 1874, La Haye, Martinus Nyhoff. — Dr A. BREDIUS. *Catalogue sommaire* des tableaux et sculptures du Musée royal de tableaux, à La Haye. 1891. — Dr A. BREDIUS. *Die Meisterwerke der kœniglichen Gemalde Galerie im Haag.* München. Frantz Hanfstaengl. Gr. in-4°, 50 héliogravures. — Dr A. BREDIUS ET Dr HOFSTEDE DE GROOT. — *Musée royal de La Haye. Catalogue raisonné des tableaux et des sculptures. 1895.* La Haye. Martinus Nyhoff. — Les tableaux du Musée ont été photographiés par MM. Braun et Lévy, de Paris; Hanfstaengl, de Munich, Vinkenbos et Dewald, de La Haye, etc.

**Aelst** (WILLEM VAN), 1626-après 1683.

3. — *Nature morte (gibier et ustensiles de chasse)* (Salle VII).

Signé à gauche, sous la table :

Guill.mo van Aelst. 1671

H., 0,58; L., 0,47. T. — Coll. Guillaume V. Au revers, la marque du château de Compiègne, où ce tableau était placé, sous le premier Empire.

**Aved** (JACQUES, ANDRÉ, JOSEPH), Français, 1702-1766.

461. — *Portrait du Stathouder Guillaume IV,* 1711-1751 (Salle III).

Tourné de trois quarts vers la gauche, perruque poudrée, cuirasse, cordon bleu en sautoir, ceinture orange, la main gauche sur la hanche; de la droite, il tient un aviron. A gauche, au fond, des vaisseaux sur la mer. — Signé sur l'aviron : J. AVED, f. 1751.

H., 1,13; L., 0,87. T. — Fig. jusqu'aux genoux gr. nat.

**Backer** (JACOB ADRIAENSZ), 1608-1651.

543. — *Portrait d'homme* (Salle X).

H., 0,71; L., 0,61. B. — Fig. en buste gr. nat. Acheté 95 fl. V Hollender, Bruxelles

(1888). Attribué autrefois à Bol. « Œuvre caractéristique de la seconde manière du peintre. A rapprocher de tableaux similaires aux musées de Dresde et Brunswick catalogués à tort sous le nom de Adriaen Backer ». (CAT. 6).

## Backhuysen (LUDOLF), 1631-1708.

6. — *Débarquement de Guillaume III, roi d'Angleterre, dans l'Oranje Polder* (Salle XI).

Au milieu, le roi, sur un cheval blanc, se dirige vers la droite; près de lui, un seigneur sur un cheval bai. A droite, deux magistrats; au second plan, des hallebardiers. A gauche, des matelots déchargeant un navire. Signé à gauche sur un tonneau : 1692 L. BAK...HUIS.

H. 0,55; L. 0,69 T. — Gravé dans le Rec. Steengracht. Coll. Guillaume V. Estimé 250 L. par SMITH n° 128.

7. — *Entrée d'un port hollandais* (Salle XI).

Signé, sur un canot à gauche : BAK...HUIS et daté, sur une planche, à droite : 1693.

H., 0,55; L., 0,69. T. — Gravé dans les Rec. Steengracht, Desguerrois et Kunstkronijk (1873). Estimé 200 L. par SMITH n° 130; pendant du N° précédent. Coll. van der Pot. Echangé en 1825 avec le Musée d'Amsterdam.

## Balen (HENDRICK VAN) le Vieux, Flamand, 1575-1632.

233. — *L'Offrande à Cybèle* (Salle V).

H., 1,05; L., 0,68. B. — Les fruits et les fleurs sont de Brueghel de Velours. Acheté 1290 fl. à la V. Kinschot, Delft (1767). Coll. Guillaume V. Une répétition dans la galerie Schonborn à Vienne.

## Bassen (BARTHOLOMEUS VAN), vers 1590-1652.

9. — *Intérieur d'une église, de style Renaissance* (Salle I).

Signé à droite sur la base d'un pilastre : B. VAN BASSEN 1626.

H., 0,61; L., 0,83. T. — Fig. 0,12. Coll. du château d'Oranienstein et Guillaume V. (1776). Les figures sont d'Esaïas van de Velde.

## Beest (SYBRANT VAN), 1610-1674.

541. — *Marché aux cochons* (Salle X).

Sur la place d'un village, au pied de deux arbres, des paysans examinent les cochons. A droite, trois gentilshommes. — Signé au milieu, sur une pierre : S. v. BEEST (V. B. accolés) 1638.

H. 0,44; L., 0,68. B. — Fig. 0,20. 465 fl. V. Bos de Harlingen. Amsterdam (1888).

## Bega (CORNELIS), 1620-1664.

400. — *Intérieur d'auberge* (Salle XIII).

Au milieu, une femme, en jupe violette, tablier gris, corsage rouge, cause avec deux hommes dont l'un lui offre un verre de vin rouge et l'autre lui tend la main. A droite, sur un tonneau, un réchaud, une pipe et du tabac. A gauche, près d'une fenêtre, un homme et une femme. En avant, un chat endormi.

H., 0,47; L. 0,58. T. — Fig. 0,21. Le groupe central fut gravé par Bega. 200 fl. V. Usellino d'Amsterdam (1866). 720 fr. V. Néville D. Golsdmid, Paris (1876).

## Begeyn (Abraham Jansz), 1637 ou 1638-1697.

**391.** — *Une carrière* (Salle VII).

A droite, la carrière ouverte sous un bois de chênes; au centre, en bas, un chariot attelé et des ouvriers au travail; à gauche, sur une route, une charrette et deux chevaux. — Signé à gauche, au premier plan, sur le sol :

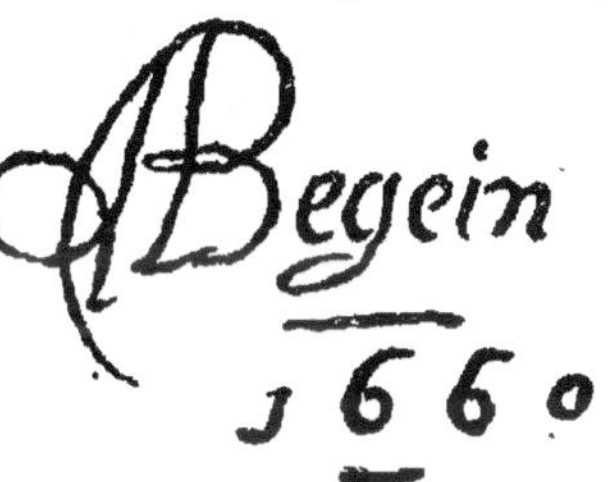


H., 0,67; L., 0,80. T. — Fig. 0,07. Gravé par Koster. 330 fr. V. Lissingen, Paris (1876). « Son chef-d'œuvre fait dans la première période de sa vie, d'un coloris chaud et d'une exécution puissante. » (Woermann, 780.)

## Berchem (Claes ou Nicolaes Pietersz) ou Berghem. 1620-1683.

**11.** — *Pastorale* (Salle VII).

A droite, devant une vache couchée au pied d'un arbre, une femme nue, assise, les jambes couvertes d'un manteau bleu, son enfant endormi près d'elle, écarte une chèvre qui s'approche. Au milieu, s'avance un satyre, couronné de pampre, portant un baquet ; à gauche, un âne et une brebis. Signé à droite près du manteau : Berrighem, 1648.

H., 2,25; L., 2,62 T. — Fig. gr. nat. — Gravé dans le Rec. Steengracht, et le Kunstkronijk (1847). Smith, N. 243. 600 fl. V. Gevers, Rotterdam (1827). « ... Sous l'influence de je ne sais quels maîtres italiens, Berchem n'avait alors que vingt-quatre ans, car la peinture est datée de 1648, un an après le *Taureau* de Paul Potter (c'était peut-être ce *Taureau* qui l'empêchait de dormir !) et il était tout frais débarqué dans la « ville éternelle »... On pense bien qu'il n'y a point à chercher là-dedans le style des grands maîtres italiens. On y trouverait tout au plus le froid Sassoferrato. » (Burger, 262.)

**12.** — *La Chasse au sanglier* (Salle XI).

Au milieu, un chasseur, en rouge, une pique à la main et une amazone, en jupe jaune et corsage gris. Au second plan, un cavalier, en pourpoint gris, montre un sanglier qui s'enfuit, poursuivi par les chiens et sur lequel un chasseur tire un coup de fusil ; un autre chasseur charge son arme. Au second plan, d'autres chasseurs. A gauche, des valets de chiens et deux mulets portant un sanglier mort. Montagnes à l'horizon. Signé, au milieu : BERCHEM, 1659.

H., 0,49 ; L., 0,78. T. — Fig. 0,10. — Gravé dans le Musée Napoléon et les Rec. Steengracht et Desguerrois. 405 fl. V. van Hoeken, La Haye (1742). Coll. Lormier, van Slingelandt et Guillaume V. SMITH N. 279. « Modèle de précision et d'élégance, quoique le connaisseur y distingue déjà ce ton bleu sombre qui déprécie tant les œuvres ultérieures du peintre. » (WAAGEN, III, 123.)

**14.** — *Attaque d'un convoi* (Salle XIV).

H., 0.95 ; L., 1,05. T. — Gravé dans le Rec. Steengracht. 7100 fl. V. van Leyden (1816). De la décadence du maître, « véritable type de crudité, de dissonance et de vulgarité » (WAAGEN III, 123).

**25.** — *Un Gué en Italie* (Salle XI).

Signé en bas, à droite : BERCHEM, 1661.

H., 0,63 ; L. 0,77. T. — Fig. 0,16. — Gravé dans le Musée Napoléon, les Rec. Steengracht et Desguerrois. SMITH N. 280. 825 fl. V. Wierman, Amsterdam (1762) ; 2105 fl. V. Neufville, Amsterdam (1765). Coll. Guillaume V.

## Beyeren (ABRAHAM HENDRICKSZ VAN), 1620 ou 1621-après 1675.

**401.** — *Poissons* (Salle XIII).

H., 0,75 ; L., 0,68. T. Signé au milieu : A. B. F. — 79 fl. V. Schenkel, La Haye (1864) ; 2000 fr. V. Néville. D. Goldsmid, Paris (1876).

**548.** — *Fleurs* (Salle XIII).

Signé, au milieu sur la table : A. B. F.

H., 0,75 ; L., 0,68. T. — 300 fl. V. Snouck van Loosen (1886) ; 2128 fl. V. Pappelendam et Schouten, Amsterdam (1889).

## Bloemaert (ABRAHAM), 1564-1651.

**17.** — *Le Festin des Dieux aux noces de Pélée* (Salle VII).

Sous une draperie rouge, que soulève un Amour, les dieux sont assis autour d'une table. A gauche, du haut d'un nuage, la Discorde jette la pomme fatale. A gauche, sur un rocher, une coupe, un vase et la signature :

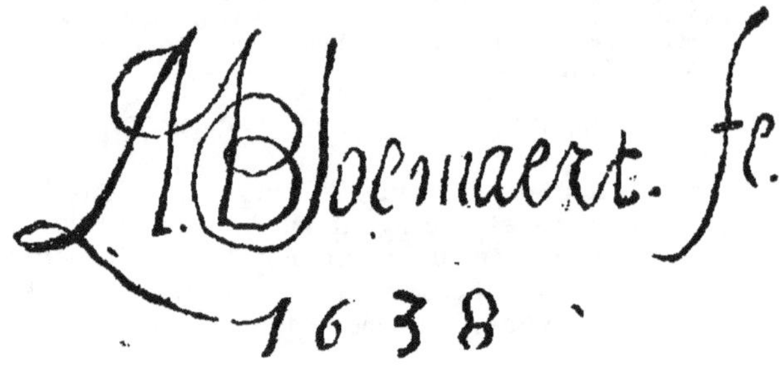


9

H., 1,95; L., 1,64 T. — Fig. trois quarts nat. — Gravé dans le Rec. Steengracht et le Musée Napoléon. Coll. Guillaume V. Le peintre en a fait deux répétitions. « Ce tableau se range, par sa crudité et son aspect vitreux, parmi les œuvres déplaisantes du peintre » (WAAGEN II, 149.). « Ailleurs qu'au Musée de La Haye, cette peinture mythologique ne serait peut-être pas remarquée plus qu'une autre; mais là, au milieu d'une école familière, bourgeoise et protestante, qui évite le nu, qui ignore les conventions académiques et le style, un morceau de ce genre ne peut manquer d'attirer fortement l'attention... Ces contours nobles et cherchés, ces lignes savantes, ce modelé de la Discorde et des Amours, tout cela trahit l'influence du style étranger, qui régna en Hollande au seizième siècle. » (CH. BLANC, *Hist. des Peintres*)

## Bois (GUILLIAM DU), 16..-1680.

**554.** — *Paysage avec personnages* (Salle XIII).

Signé à gauche, sur la barque : GU. BOIS, 1652 ou 1657.

H., 0,60; L., 0,80. B. — 1700 fl. Sedelmeyer (1890). Une réplique avec légères variantes dans la Coll. Werner-Dahl, à Dusseldorf.

## Bol (FERDINAND), 1616-1680.

**19.** — *Portrait d'Engel de Ruyter, fils du célèbre amiral* (Salle III).

Debout, devant une balustrade, le visage de face, moustaches naissantes, chevelure brune, pourpoint jaune, manteau noir, cravate en dentelle, baudrier d'argent. La main gauche sur la hanche; de la droite, il s'appuie sur une canne; à gauche, une mappemonde; au fond, à droite, sur la mer, une escadre. — Signé, au milieu sur la balustrade : F. BOL, 1669 (F. et B. entrelacés).

H., 1,31; L., 1,12. T. — Fig. à mi-corps gr. nat. — Le fond est peint par Willem van de Velde. Les armoiries qui figurent sur le cadre sont celles qui furent données au grand amiral Ruyter en 1660 par le roi de Danemark et confirmées à son fils par le roi d'Espagne. A la vente Coclers (1817), un portrait de Engel Ruyter fut adjugé 6,000 fl. Mais on ne sait si c'est le tableau que possède le Musée ou une réplique. — « Le riche costume est exécuté avec amour et virtuosité, la tête intelligente qui ne rappelle en rien le type martial de l'amiral se détache bien sur la draperie rouge; la pose est élégante, bien qu'un peu maniérée. » (BREDIUS, 86.)

**530.** — *Portrait de Maerten van Juchen* (Salle VII).

H., 0,73; L., 0,39. — Forme ovale. T. — Fig. en buste gr. nat. — 1600 fl. V. Monchen la Haye (1885).

## Bordone (PARIS), Vénitien, 1500-vers 1550.

**310.** — *Le Christ bénissant* (Salle IX).

Le Christ, de face, en robe rouge et manteau bleu, tient de la main gauche un livre, et bénit de la droite. Fond architectural. — Signé à droite : PARIS BO.....O...

H., 0,72; L., 0,64. T. — Fig. buste gr. nat. Coll. Reghellini et Guillaume I (1831).

## Both (Jan), vers 1610-1652.

**20.** — *Paysage italien* (Salle XIII).

A gauche, sur une route tournant au flanc d'une montagne, un voyageur, en manteau rouge, arrêté, un paysan tirant un cheval par la bride, une femme, derrière, montée sur un mulet. Au milieu, au premier plan, deux arbres, et, sur la droite, quelques rochers; au loin, un large fleuve, dans une vallée, éclairé par le soleil couchant. A l'extrémité droite, au premier plan, deux autres grands arbres. Au fond, des ruines. — Signé à gauche : J. Both (J. et B. entrelacés).

H., 1,07; L., 1,25. T. — Fig. 0,14. — 5610 fl V. Leyden van Westbarendrecht (1816). Gravé dans les Rec. Steengracht et Desguerrois et le Kunstkronyk (1847). Smith, N. 98. « On voit dans ce tableau la nature italienne avec un cachet plus simple et plus juste que dans la plupart des œuvres de Both, la brillante lumière du soleil y a une puissance et une clarté extraordinaires, principalement dans le clair obscur du premier plan, tandis que la touche se distingue par une largeur et une délicatesse extrêmes. » (Waagen, III, 184.)

**21.** — *Paysage italien* (Salle VII).

Signé sur une pierre, au milieu : J. Both.

H., 0,51 ; L., 0,70. — Cuivre. Fig. 0,07. — Gravé dans le Rec. Steengracht et le Kunstkronijk (1873). 4010 fl. V. van der Pot Rotterdam (1808) ; 4200 fl. V. Muilman Amsterdam (1813) ; 11050 fr. V. La Périère, Paris (1817) ; 6000 fl. V. M. Coclers (1817). Il existe un dessin à la sanguine des personnages, attribué à Andries Both qui fit partie de la Coll. van der Willigen, vendu en 1874 à La Haye.

## Bourdon (Sébastien), Français, 1616-1671.

**289.** — *Des Marchands* (Salle IX).

Au premier plan, un tambour, des pièces d'armure, des caisses, des vases, un plateau d'argent ; au milieu, au pied d'un arbre, un marchand oriental et un hallebardier. A gauche, un autre oriental, un enfant et un chien; à droite, deux hommes demi-nus, dont l'un assis sur un coffret. Fond de paysage : à gauche, un pont.

H., 0,99 ; L., 1,34. T. — Fig. 0,40. — Coll. Reghellini et Guillaume I.

## Brekelenkam (Quiringh Gerritsz), vers 1620-1668.

**562.** — *La Saignée* (Salle XI).

Une vieille femme, en robe noire, tablier bleu, fichu et bonnet blancs, assise, de profil tournée vers la gauche, pose une ventouse sur le bras droit d'une jeune femme, assise en face d'elle, en jupe verdâtre, corsage rouge à bordure d'hermine, guimpe blanche, tenant sur ses genoux une cuvette. Au plafond, un perroquet dans une cage. Signé, sur une chaufferette, du monogramme : Q. B.

H., 0,48; L., 0,37. B. Fig. pet. nat. — Prêté par M. Brédius. Une répétition au Musée de Bamberg. Gravé par Steelink.

### **Brouwer** (Adriaen), ou **Brauwer**, Flamand, 1605-1638.

**607.** — *Portrait présumé du peintre* (Salle XI).

De face, la tête tournée de trois quarts vers la gauche ; chevelure, barbe et moustaches noires. La main droite passée dans l'ouverture de sa veste brune. Fond de paysage.

H., 0,24; L., 0,16. B. — Fig. mi-corps pet. nat. Acheté à Londres en 1897.

### **Cappelle** (Jan van de), 1624 ou 1625-1679.

**567.** — *Paysage d'hiver* (Salle XI).

Sur un canal gelé, un homme pousse un traîneau chargé d'une barrique, un autre ajuste ses patins. Au milieu, un cavalier se dirige vers un pont. Signé, au milieu, sur la glace : J. V. Cappelle. Fe. 1653.

H., 0,51 ; L., 0,61. T. — 1240 fl. à M. Colnaghi de Londres (1893) ; une inscription au revers porte que ce tableau, attribué à Isaack van Ostade, appartint à sir Joshua Reynolds et à William Hardman.

### **Cereso** ou **Zereço** (Matheo) **le Jeune**, Espagnol, 1635-1675.

**300.** — *La Madeleine pénitente* (Salle XI).

Tournée de trois quarts vers la droite, en prière, devant un crucifix. Longue chevelure blonde ; de la main gauche, elle retient sa tunique blanche ; un manteau bleu est drapé autour de sa taille. Devant elle, un livre ouvert, un crâne et des racines. Au fond, des rochers. Signé au-dessus du crâne : J. Matheo Zereço. An. Do. 1661.

H., 1 m.; L., 0,82. T. — Fig. à mi-corps gr. nat. — Gravé dans le Rec. Steengracht et le Kunstkronijk (1872). Coll. Dubourg, de Paris (1823) et Guillaume I. « Très belle œuvre de ce maître, un peu hétérogène, composé de Murillo et de Van Dyck, un des derniers représentants de la grande école espagnole. Il a de la morbidesse, du charme, une couleur harmonieuse, une certaine mélancolie » (Burger I. 310).

### **Champaigne** (Philippe de), Flamand, 1602-1674.

**237.** — *Portrait de Jacobus Govaerts, maître des cérémonies du Chapitre d'Anvers* (Salle V).

De trois quarts, tourné vers la gauche, le visage de face ; vêtu d'un surplis blanc ; de la main droite, il s'appuie sur son bâton pastoral surmonté d'une statuette de la Vierge, de la gauche il tient un gant et une toque ; sur son bras gauche, un manteau d'hermine. A gauche, sur une table, un livre dont la tranche porte les mots : M. Episcop.

Au fond, sur la base d'une colonne, on lit : et. svæ : 29. Ao. 1665.

H., 1,35 ; L., 0,60. T. — Fig. jusqu'aux genoux gr. nat. — Acheté 1500 fl. au général Rottiers par Guillaume I (1823).

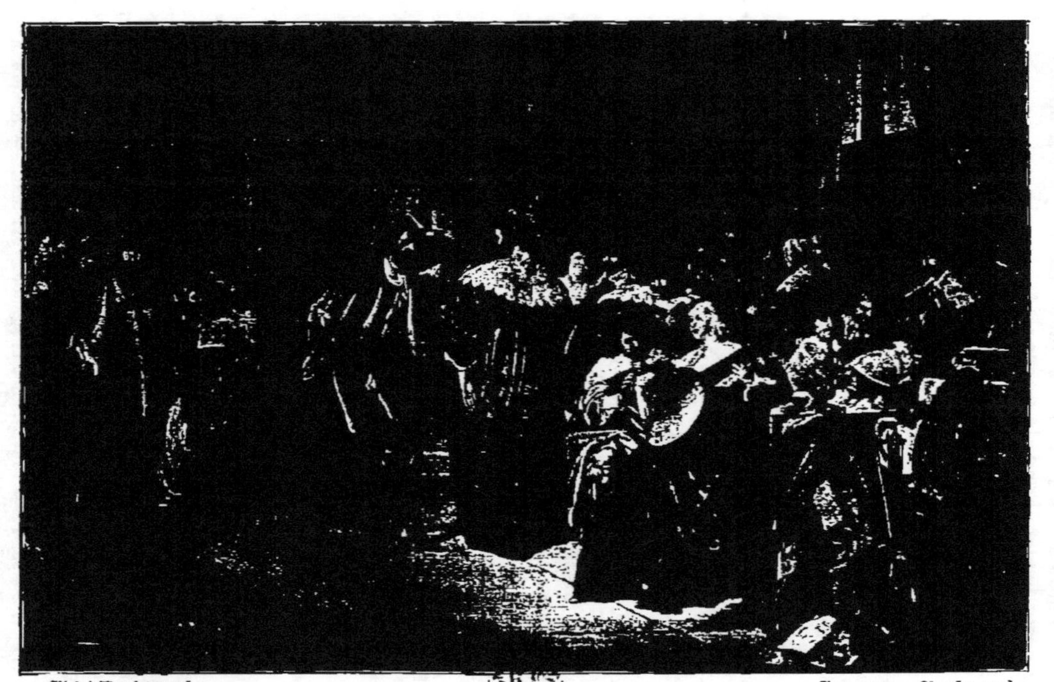

Cliché Hanfstaengl. Typogravure Hanfstaengl.

CODDE.

392. — *Le Bal.*

## Codde (Pieter), 1599 ou 1600-1678.

**392.** — *Le Bal* (Salle X).

Dans une salle, à droite, des cavaliers et des dames, les uns assis, les autres debout : au premier plan, assise, une femme en noir pinçant de la guitare et un homme en gris jouant de la flûte. Contre une table servie, près d'une chaise, divers instruments de musique. Au milieu, au second plan, devant un lit fermé par des rideaux gris, une femme, en robe brune, vue de dos et un homme masqué, en costume gris bleu, coiffé d'une toque, dansent le menuet. A gauche, quatre personnes et, en avant, sur le parquet, divers pots en cuivre. La muraille est tapissée d'une tenture dorée. Signé à droite, sur une des feuilles de musique : P. Codde Ao 1636.

H., 0,48 ; L. 0,75. B. — Fig. 0,25. — 2000 fl. V. Scharff, Paris (1876). « C'est là un tableau significatif de la seconde manière du peintre, tandis que les Joueurs de trictrac sont une œuvre authentique de ses premières années. » (Woermann, 605 )

**445.** — *Les Joueurs de trictrac* (Salle XI).

A une table, sont assis les deux partenaires, coiffés de larges chapeaux de feutre, se faisant vis-à-vis. Celui de droite, drapé dans un manteau gris, joue. Celui de gauche, en pourpoint jaune à manches blanches et cerises, cuirassé, la main droite sur la hanche, la gauche sur la table, réfléchit. Au fond, à la muraille, une carte de géographie et une épée. Signé, à droite, sur le siège du joueur : P. Codde (P. et C. entrelacés) fecit 1628.

H., 0,20 ; L., 0,27. B. — Fig. pet. nat. Forme octogonale. Tableau primitivement sur un panneau ovale. Agrandi par le peintre lui-même, Coll. van Heemskerck van Beest. Transporté du musée Néerlandais en 1878.

## Coquès (Gonzalès), Flamand, 1618-1684.

**238.** — *Intérieur d'une galerie de tableaux* (Salle V).

Dans une vaste salle, au milieu, derrière une table, recouverte d'un tapis rouge et portant des statues et des gravures, une femme est assise, en corsage brun et manteau bleu. Elle se tourne de trois quarts à gauche vers un jeune homme debout, la main droite sur un buste, en vêtement jaune et manteau bleu, dont deux pages soutiennent le pan. Au premier plan, un globe terrestre. Sur le sol et contre la muraille soutenue par quatre colonnes en marbre rouge, des tableaux dont la liste est donnée par le Catalogue, pages 65-75, et qui, pour la plupart, sont signés de leur auteur. Au milieu, une porte cintrée s'ouvre sur un corridor qui mène à une salle à cheminée monumentale et ornée de tableaux.

H., 1,76 ; L., 2,10. T. — Fig. 0,44. L'architecture est de Wilhelm Schubert von Ehrenberg. Smith l'estimait 400 L. (*Suppl.* I.) 300 fl. V. Jacomo de Witt, Anvers (1741). Tableau peint pour l'avocat van Bavegom qui avait plaidé dans un procès soutenu par la compagnie de Saint-Luc contre la gilde des Arbalétriers.

## Cornelissen (Cornelisz) van Haarlem, 1562-1638.

**22.** — *Le Massacre des Innocents* (Salle VI).

Au premier plan, au milieu, un bourreau coupe le cou d'un enfant étendu à terre ; à gauche, un autre bourreau jette en l'air un enfant dont il foule aux pieds la mère, un troisième poignarde un enfant dans les bras de sa mère et une troupe de soldats poursuivent des femmes qui s'enfuient vers la gauche ; à droite, un bourreau, son couteau dans les dents, le pied sur la poitrine d'une femme, brise, sur ses genoux, les reins d'un nouveau né et deux mères poursuivent un vieillard qui emporte un enfant. Au milieu, une femme, étendue sur le sol, retient le bras d'un ravisseur ; au second plan, un bourreau poignarde une femme, un autre enlève par les pieds un enfant. Au fond, une escouade de cavaliers, devant une porte cintrée qui s'ouvre sur la cour d'un palais. Signé à droite et daté à gauche sur une pierre :

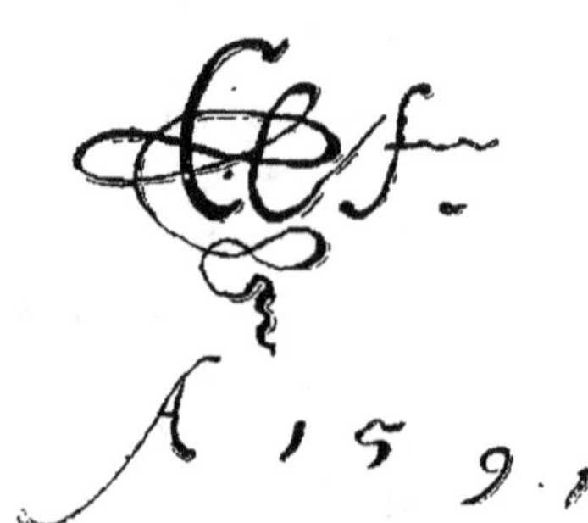

H., 2,70 ; L., 2,55. T. — Fig. gr. nat. Gravé dans le Rec. Steengracht. Ce tableau qui formait le panneau central d'un triptyque dont les deux volets se composaient des n. 51 et 52 (voir p. 80) par Heemskerck, fut payé 600 livres par les magistrats de Haarlem en même temps que *le Miracle*, du même peintre, qui figure au musée de cette ville. Autrefois au Prinsenhof de Haarlem, puis au musée d'Amsterdam d'où il fut transporté en 1825. Estimé alors 800 fl. « Ce tableau fort désagréable montre combien le talent de l'artiste se prêtait mal à l'expression des fortes émotions. » (Waagen, 148.) « On remarque, dans cette œuvre excellente, beaucoup de mouvement parmi les bourreaux nus, l'énergie des mères à défendre leurs enfants, la différence de carnation des hommes de différents âges, la délicatesse des chairs enfantines, enfin la pâleur des cadavres. » (Carel van Mander, II, 254.) « Ce qui domine dans ce tableau, c'est la volonté de paraître dessinateur savant par des contours ressortis et par un modelé qui exagère le relief des muscles. Les figures qui sont presque toutes entièrement nues, surtout celles des bourreaux et des enfants, ont une désinvolture qui veut être noble et qui sent l'affectation ; elles présentent ces raccourcis recherchés, raffinés, dont se jouait le génie de Michel-Ange et qui paraissent aussi prétentieux chez l'artiste batave qu'ils sont élégants, faciles et fins dans les œuvres du Florentin. » (C. Blanc, *Hist. des Peintres.*)

**23.** — *Le Mariage de Pélée et de Thétis* (Salle V).

H., 2m 47 ; L., 4,20. T. — Fig. gr. nat. Peint pour l'appartement du prince d'Orange à Haarlem, vers 1593.

## Cornelisz (Jacob), van Oostsanen ou Jacob d'Amsterdam, vers 1480-après 1533.

**1.** — *Salomé portant la tête de saint Jean* (Salle II).

Derrière une rampe, sous une arcade, la jeune fille debout, vue de

MUSÉE DE LA HAYE.

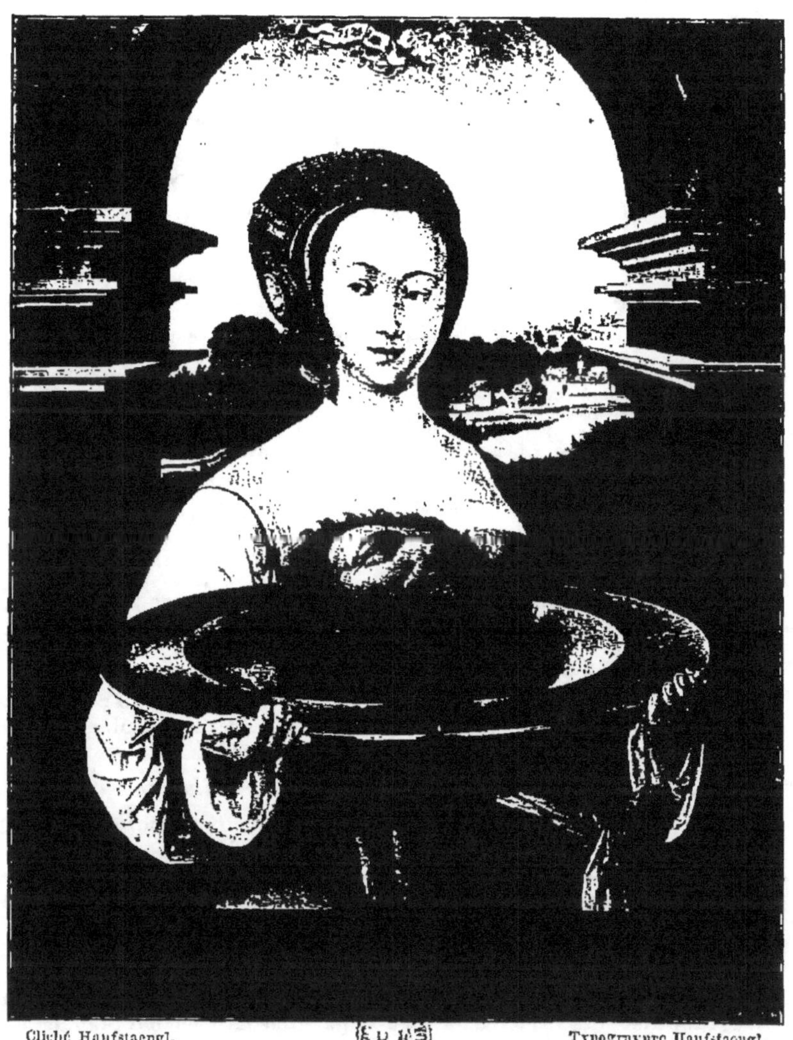

Cliché Hanfstaengl. Typogravure Hanfstaengl.



CORNELISZ (JACOB) VAN OOSTSANEN.

1. — *Salomé.*

face, présente sur un plat d'argent la tête du supplicié. Robe rouge à manches de couleurs différentes, la droite bleuâtre, la gauche noire, et ceinture verte, coiffe rouge à galons d'or, enrichie de pierres précieuses et d'un camée, chevelure rousse. Au fond, un village et une forêt, sur le bord d'un cours d'eau. Sur une banderolle, on lit :

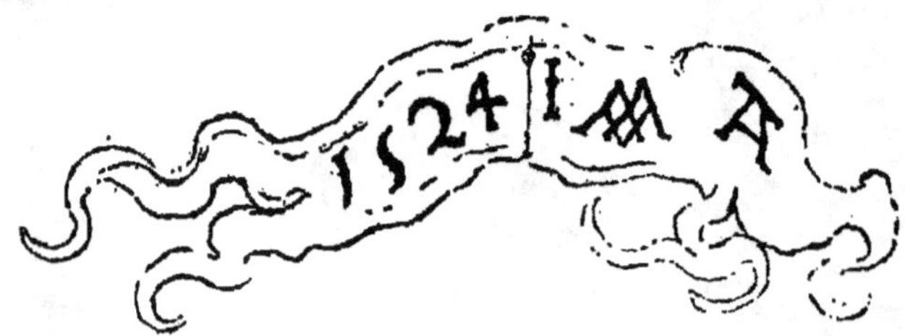


H., 0,71 ; L., 0,52. B. — Fig. à mi-corps pet. nat. Gravé dans le Rec. Steengracht et le Musée Landon (sous le nom de Lucas de Leyde). La partie supérieure a été probablement coupée. Col. Guillaume V. Attribuée successivement à Timoteo delle Vite, à A. Durer, à Quentin Matsys et à Lucas de Leyde. « La tête du supplicié est d'un profond réalisme ; et le visage de la jeune fille, bien que le modelé des yeux soit défectueux, est d'un grand charme. » (BREDIUS, 16.), NAGLER cite le même tableau avec le même monogramme et la même date, en 1835, dans une Collection particulière à Weilburg.

433. — *Triptyque dit du roi Salomon* (Salle (II).

Panneau central. — *Le roi Salomon adorant les idoles.*

Dans une chapelle circulaire, de style Renaissance ; au milieu, une femme debout, en robe grise et manteau jaune, montre du doigt au roi Salomon agenouillé, en vêtement de brocart à manches bleues, manteau rouge et camail de fourrure, une idole, sur un piédestal, qui porte un brasier. Sur le socle, le sceptre et le bonnet du roi. A droite, trois personnages causant avec animation ; au second plan, deux soldats contiennent la foule ; au fond, les prêtres.

Volet de droite. — *Dieu apparaissant à Salomon.*

A gauche, le roi agenouillé, ayant à ses pieds un chien, son sceptre et sa couronne, se tourne de profil à droite, où lui apparaît le Seigneur, au-dessus d'un rocher. Au second plan, deux soldats : l'un vu de dos, nu-tête, l'autre casqué et vu de face. Au fond, des cavaliers dans un défilé, une ville à l'horizon.

Volet de gauche. — *Salomon et la reine de Saba.*

Assis, à droite, sur un trône, le roi reçoit l'hommage de la reine agenouillée, qui lui offre un vase de parfums. Au second plan, trois femmes apportent des présents. Près du trône, un jeune homme, un vieillard et un chien endormi. Sur les revers, les écussons de Willem Simon Maertensz (1498-1557) et de sa femme Adriana Cornelis Eeuwoutsz, portés par des anges.

Pan. Cent, H., 1,07 ; L., 0,77. — Volets H., 0,32 ; L., 0,44. B. — Legs de Witte van

Citters (1876). Attribution contestable. Donné par M. Scheibler (*Jahrbuch III*, p. 28) à un élève d'Henri de Blès. « Les qualités et les défauts du peintre apparaissent nettement dans ce tableau : ses compositions surchargées, ses attitudes un peu guindées, son dessin scrupuleux, surtout dans les étoffes traitées magistralement, ses architectures grandioses, la beauté de ses paysages et la justesse d'expression de quelques-unes de ses têtes, tandis que, dans quelques autres, les yeux ne sont pas toujours placés correctement. » (Brédius, 4).

## Cuyp (Aelbert), 1620-1691.

**25.** — *Un membre de la famille de Roovere surveillant une pêche aux saumons dans les environs de Dordrecht* (Salle VII).

Au premier plan, à gauche, un seigneur, en houppelande grenat à brandebourgs, col de fourrure, toque noire à plumes, un sabre courbé à poignée dorée à la ceinture, est monté sur un cheval bai dont le frontal porte les armes des Roovere. Il montre, de sa cravache, un saumon que lui présente un pêcheur debout, à sa droite, coiffé d'un bonnet rouge ; à terre, deux autres saumons et, au milieu, un chien ; au second plan, sur le bord d'une rivière, un gentilhomme appuyé sur sa canne. A droite, un valet accourant avec un cheval qu'il tient par la bride et trois pêcheurs qui relèvent leur filet ; sur la rive opposée, plusieurs maisons ; sur l'eau, deux bateaux dont l'un tire le canon et un canot. Signé à gauche :

A. cuÿp.

H., 1,24 ; L., 1,74. T. — Fig. 0,48. — Gravé dans les Rec. Steengracht et Desguerrois. Acheté 1,100 fl. à M. Papelaer van Driel (1820). « L'ordonnance est d'une gaucherie extrême. Tout y est disposé suivant une perspective tellement enfantine et présente un aspect si déplaisant qu'on ne songe pas tout d'abord à admirer la qualité du ton, l'intensité des colorations sur le ciel et la beauté d'exécution de certains détails, surtout des poissons que viennent de capturer des pêcheurs ». (E. Michel, *Gaz. des B.-Arts, 1892*, p. 115.) « Le tableau est naïf et bien assis, ingénieusement coupé, original, personnel, convaincu ; mais à force de vérité, l'abus de la lumière ferait croire à des erreurs de savoir et de goût. » (Fromentin, 266).

## Deelen (Dirck van) ou Delen, 1605-1671.

**26.** — *La salle du Binnenhof pendant l'assemblée des Etats généraux, en 1651* (Salle XI).

Dans la grande salle, au plafond de laquelle sont déployés les étendards pris sur les Espagnols, au fond, les membres des Etats généraux, en manteau et chapeau noirs, sont assis sur des bancs recouverts d'une draperie verte. Au milieu, devant une haute cheminée, autour d'une table, sont assis des magistrats ; au premier plan, sur une table recouverte d'un tapis vert aux armes de Hollande avec la devise *Concordiâ res parvae crescunt*, une bible, un sablier, un encrier et trois volumes.

A la partie inférieure est fixée une plaque qui peut s'abaisser, et sur laquelle est peinte l'*Antichambre de la salle des Etats*. Au milieu, un

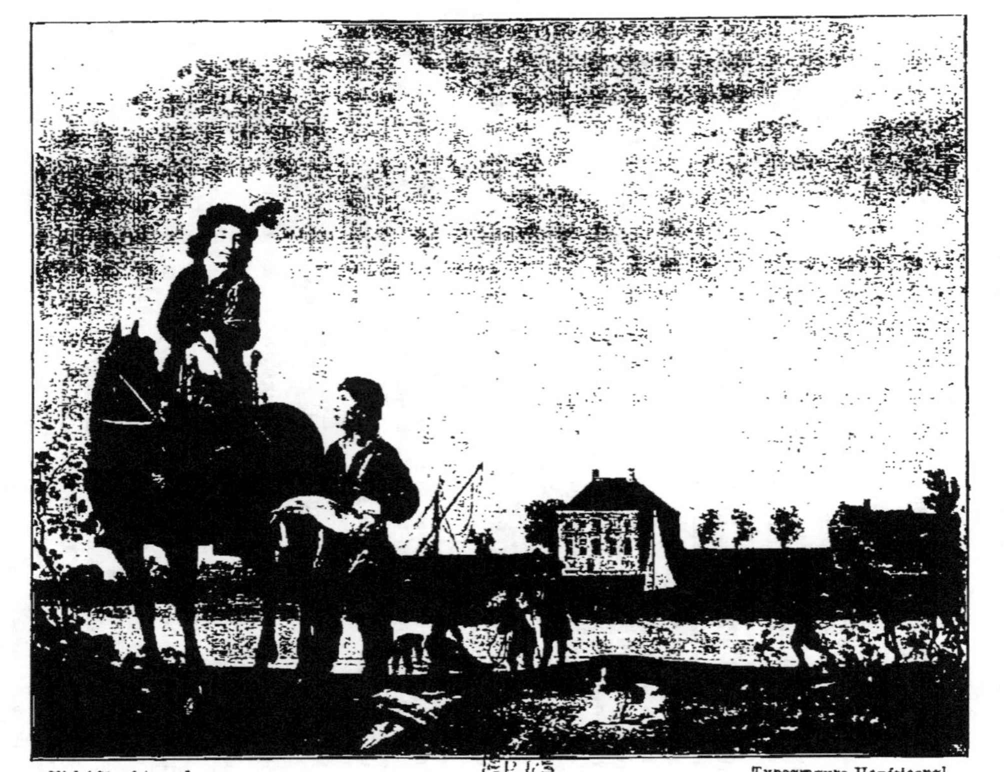

Cliché Hanfstaengl. Typogravure Hanfstaengl.



CUYP (AELBERT).

25. — *Un seigneur de Roevere surveillant la pêche du saumon.*

solliciteur remet un placet à deux magistrats qu'accompagnent deux valets ; à droite, deux mendiants et deux visiteurs ; à gauche, deux autres personnes.

H., 0,52 ; L. 0,66. B. — La plaque H. 0,09 ; L., 0,042. — Cuivre. Dans la vente G. Bruyn, Amsterdam (1724) figurait un tableau représentant le même sujet. Celui-ci provient de la vente Diedrick van Leyden, Amsterdam (1811). « C'est une œuvre d'un grand mérite, quoique l'effet en soit troublé par le trop grand éclat des bannières. » (WAAGEN, III 220).

## Does (SIMON VAN DER), 1653-1717.

### 31. — *La Bergère* (Salle VIII).

Au second plan, s'avance vers la gauche, avec son troupeau, une bergère, en robe rouge, portant un panier. Derrière elle, un berger, jouant du chalumeau, est assis au pied d'un arbre ; à gauche, un bouc se désaltère dans un cours d'eau. Signé :

S: van der Does.
MDCCXI.

H., 0,60 ; L., 0,70. T. — Fig. pet. nat. Gravé dans les Rec. Steengracht et Desguerrois. Echangé en 1825 avec le Musée d'Amsterdam.

## Dou (GERRIT OU GÉRARD), 1613-1675.

### 32. — *La Jeune Mère* (Salle XI).

Dans une vaste salle, à gauche, près d'une fenêtre, est assise la jeune mère, en robe verte, qui découd une étoffe posée sur ses genoux; à ses pieds, une petite fille, en robe brune, agenouillée, sourit à un enfant couché dans un berceau en osier, et soulève sa couverture. Au fond, dans une arrière-cuisine, une servante suspendant une marmite sur le feu. Les premiers plans sont encombrés de meubles, paniers, ustensiles de cuisine, comestibles, jetés pêle-mêle. Signé, à gauche, au vitrail supérieur, sous l'écusson : G. Dou, 1658.

H., 0,72; L., 0,56. B. — Fig. pet. nat. Cintré par le haut. Gravé dans le Musée Napoléon, les Rec. Steengracht et Desguerrois. Acheté 1,310 fl. à la V van Beuningen (1716). Col. Charles II, Guillaume III d'Angleterre, Guillaume V. Sur un des vitraux de la fenêtre, sont les armes de la famille Adrichem. SMITH N. 90 classe ce tableau immédiatement après la *Femme hydropique* du Louvre. « Œuvre de tout à fait premier ordre. L'expression de la paix domestique s'y joint à une étonnante perfection de lumière, d'éclat, de clarté et de finesse. » (WAAGEN, III, 64.)

### 33. — *Jeune femme tenant une lampe à la main* (Salle XIV).

H., 0,19 ; L , 0,14. B. — Gravé dans le Rec. Steengracht et le Kunstkronyk (1847 et 873). Acheté 195 fl. à la V. Droste, La Haye (1734), de Fraula, Bruxelles (1738). Château du Loo. Coll. Guillaume V.

## Droochsloot (JOOST CORNELISZ), 1586-1666.

### 34. — *La Kermesse* (Salle X).

Dans un village, des paysans attablés devant leurs portes, d'autres se promenant; au premier plan, à gauche, un petit enfant, un homme et une femme soignant son mari couché à terre; au milieu, des paysans assis à terre; à droite, un chien et deux mendiants. Au clocher de l'église flotte un drapeau rouge. Signé, à gauche : J. C. D. S., entrelacés deux à deux, 1652.

H., 0,45; L., 0,80. B. — Fig. 0,11. Coll. van der Kellen.

**35.** — *Un Village* (Salle X).

Signé et daté à gauche: J. C. D. S., 1652.

H., 0,45; L., 0,80. P. — Fig. 0,11. Pendant du précédent.

## Ducq (Johan le), 1629 ou 1630-1676.

**74.** — *La Fileuse* (Salle XIII).

Au milieu, au second plan, une bergère debout, de trois quarts tournée vers la droite, en robe bleue à manches grises, tient de la main droite son fuseau; à ses pieds, un chien et un âne; à gauche, un taureau, et, en avant, deux moutons près d'une clôture; au fond, dans la plaine, un berger et son troupeau; montagnes à l'horizon.

H., 0,32; L., 0,40. B. — Fig. 0,10. Gravé dans le Musée Français, le Musée Napoléon, le Rec. Steengracht, le Kunstkronyk (1847 et 1873). Acheté 41 fl. V. Droste, La Haye (1734), sous le nom de Karel du Jardin et 325 fl. V. Wierman, Amsterdam (1762). M. Brédius par comparaison avec un tableau appartenant à M. Lampe, de Leipsick, considère ce tableau comme étant de Le Ducq. M. Hofstede de Groot maintient l'ancienne attribution à Karel du Jardin. (Catal., p. 100).

## Dusart (Cornelis), 1660-1704.

**440.** — *Intérieur de cabaret* (Salle XIII).

A gauche, un paysan, étendu sur un banc, le verre en main et battant la mesure, regarde, en riant, une paysanne assise, qui chante, accompagnée par un violoneux debout. Au milieu, une petite fille joue de la guitare et un petit garçon se coiffe d'un grand chapeau. Au fond de la salle qu'éclaire une fenêtre à petits carreaux, sur la gauche, divers groupes de buveurs, fumeurs et joueurs. Signé à gauche près de la chaise : Corn. Dusart.

H., 0,50; L., 0,40. B. — Acheté 3,000 fl. à M. Gauchez, Paris (1877).

## Duyster (Willem Cornelisz), 1599 ou 1600-1635.

**408.** — *Un Officier* (Salle XIV).

Debout, dans une grange, de profil tourné vers la gauche; haut de chausses, bas et souliers gris, surcot jaune à crevés, écharpe verte, feutre gris. Au fond, à gauche, trois soldats jouant aux dés sur un tambour.

H., 0,40; L., 0,30. B. — Fig. 0,32. 185 fl. V. Roeloefs d'Amsterdam. 510 fr. V. Neville D. Goldsmid, Paris (1876). Attribué autrefois à Palamades, et par M. Bode (*Studien* 139) à Jacob Duck. La comparaison avec d'autres tableaux signés a permis à M. Dowdeswell de Londres de le restituer à Duyster.

## Dyck (Anton van), Flamand, 1599-1641.

**239.** — *Portrait de sir... Sheffield* (Salle I).

Debout, de face, tête nue, le visage tourné à gauche. Chevelure, moustaches et royale brunes. Vêtement et manteau noir, collerette blanche. La main gauche dans un long gant brodé d'or, à la hauteur de la ceinture. A gauche, sur une colonne, le blason des Sheffield retenu par une gueule de lion; sur la base, on lit :

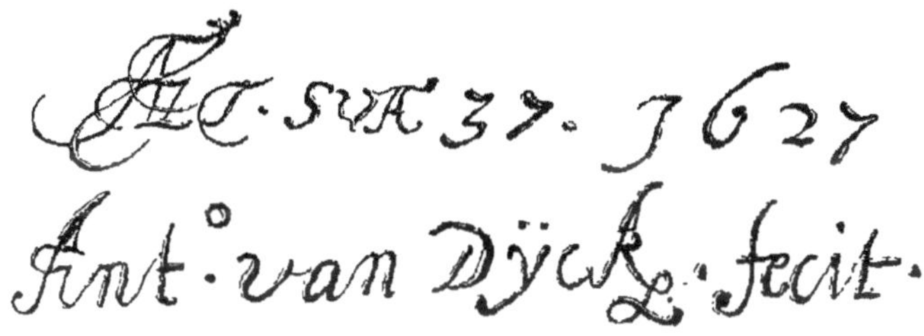


H., 1,13; L., 0,98. T. — Fig. à mi-corps gr. nat. Gravé dans le Musée Français et le Rec. Steengracht. Coll. Slingelandt et Guillaume V. Le personnage représenté est sans doute un des fils de Edmund, troisième baron Sheffield, qui fut gouverneur de Brielle et devint Comte de Mulgrave en 1626. La signature, certainement authentique, que porte ce portrait et celui d'Anna Wake, leur donne un intérêt particulier; car, sur six ou huit cents toiles de Van Dyck, à peine en peut-on citer quinze ou vingt qui soient signées. Voir Guiffrey (*Van Dyck*, p. 92.)

**240.** — *Portrait de Anna Wake* (Salle I).

Debout, de trois quarts tournée vers la droite, regardant le spectateur. Robe noire à crevés blancs avec des nœuds bleus aux manches. Col et manchettes bordées de guipures, ceinture d'orfèvrerie. Collier, bracelets et boucles d'oreille en perles. Dans sa chevelure brune, un bijou. La main droite pendante; dans la main gauche, un éventail en plumes; à gauche, sur une colonne, l'écusson des Wake suspendu à une gueule de lion; sur le piédestal, on lit: *Ætat. suæ 22 an. 1628. Anton van Dyck fecit.*

H., 1,13; L., 0,98. T. — Fig. jusqu'aux genoux gr. nat. Voir le numéro précédent. Gravé dans le Rec. Steengracht et par Clouet. D'après M. Hymans, Anna Wake serait la femme ou la sœur de Lionel Wake, négociant anglais établi à Anvers avec lequel Rubens fut en correspondance suivie. Ce portrait a passé autrefois pour être celui de la femme de sir Sheffield. « La femme n'est pas jolie, mais comme elle est noble et imposante! De quelle façon sérieuse nous regardent ses yeux intelligents! Avec quelle virtuosité est peint le costume magnifique! » (Bredius, 71.)

**242.** — *Portrait de Quintyn Simons, peintre* (Salle V).

Debout, de face, la tête tournée à gauche. Chevelure, moustaches et barbe châtains. Vêtement noir, manteau noir qu'il retient des deux mains. Collerette et manchettes blanches. Au fond, à droite, une muraille ; à gauche, un paysage.

H., 0,98 ; L., 0,84. T. — Fig. jusqu'aux genoux gr. nat. Gravé par P. de Jode, dans le Musée Napoléon, et dans le Rec. Steengracht. Coll. van Slingelandt et Guillaume V. « Magnifique portrait dans la manière flamande du maître, plus profonde et plus intime, plus solide d'exécution que l'élégante et délicieuse manière, parfois un peu superficielle, qu'il adopta dans ses dernières années, à Londres. » (BURGER, I, 294.)

## Everdingen (CAESAR VAN), vers 1606-1679.

**39.** — *Diogène cherche un homme dans les rues de Haarlem* (Salle XI).

Sur la grande place, Diogène, en tunique et culotte brunes, entouré de curieux, porte une lanterne allumée. A droite, un jeune homme, en manteau rouge, se découvre. A droite, un seigneur, une dame, et deux enfants. A gauche, un jeune homme, en habits bruns, une jeune femme et une petite fille ; en avant, deux chiens et un petit garçon ; à gauche, des ouvriers. Au fond, Alexandre devant Diogène. Signé sur une porte près de l'église : ANNO 1652. C. V. E. (entrelacés).

H., 0,77, L., 0,35. — Toile marouflée. Fig. 0,40. Gravé dans le Rec. Steengracht. Legs de Mme Steyn née Schellinger (1773). La plupart des personnages appartiennent à la famille Steyn. (Voir Cat. de Stuers, p. 36.)

## Fabritius (CAREL), vers 1620-1654.

**605.** — *Le Chardonneret* (Salle XIV).

Enchaîné par une patte, sur un perchoir scellé à un mur blanc, de profil tourné vers la droite. Signé, en bas : C. FABRITIUS, 1654.

H., 0,33 ; L., 0,22. B. — Coll. Burger, 6,000 francs. V. Martinet, de Paris (1896).

## Fogolino (MARCELLO) dit Marcellus Vincentinus, Vénitien, milieu du XVIe siècle.

**347.** — *Vierge et Saints* (Salle IX).

Sous une voûte cintrée, sur un trône de marbre, est assise, de face, la Vierge, les pieds sur une draperie dorée, tenant de la main gauche un livre ouvert et de la droite l'Enfant Jésus bénissant. Près du trône, à gauche, sainte Catherine, saint François d'Assise et saint Jean-Baptiste ; à droite, Marie Madeleine, saint Antoine de Padoue et saint Jean l'Evangéliste. Sur le dossier du trône, deux bouquets de fruits et un oiseau ; un autre oiseau, sur la corniche d'un des pilastres, à gauche. Au plafond, une lampe suspendue par une corde à laquelle est fixée une branche de citronnier. Sur la marche du trône, des fleurs dans un verre. Signé, sur le piédestal : MARCELLUS VINCENTINUS. F.

H., 2,06 ; L., 1,95. Fig. 1.35. — Attribué autrefois à Giovanni Bellini. Eglise Saint-Antoine, à Campo San Pietro, près Padoue. Coll. Reghellini et Guillaume I (1831).

## **Francken** (Frans) II, **le Jeune**, 1581-1642.

**244.** — *Un Bal à la cour de l'archiduc Albert et de l'archiduchesse Isabelle, en 1611* (Salle I).

Dans une salle dallée, au second plan, à gauche, sur une estrade, sous un dais rouge, sont assis, de profil tournés vers la droite et se donnant la main, l'archiduc et sa femme ; derrière eux, un gentilhomme. Au milieu, le prince d'Orange, Philippe-Guillaume de Nassau et sa femme Éléonore de Bourbon, princesse de Condé, dansent le menuet ; à droite, dans une tribune, des musiciens, un seigneur assis vu de dos et une dame. A gauche, au premier plan, un chien. Au second plan, un seigneur et une dame entrant dans la salle. Au fond, à droite, des groupes d'invités devant deux arcades cintrées.

Signé, à gauche, contre le cadre : Den F. F. Franck.

H., 0,68 ; L., 1,13. B. — Fig. 0,23. Attribué par Vosmaer à Sébastien Vrancx. Frans Pourbus le jeune a peint sept personnages. (Voir Cat., p. 117.) Coll. Albemarle, et Guillaume V.

## **Gelder** (Arent ou Aert de), 1645-1727.

**40.** — *Juda et Tamar* (Salle XIII).

A gauche, Juda, en vêtement violet brodé d'or, large baudrier, turban verdâtre, se penche vers Tamar, à demi couchée à droite, sur un talus, le visage couvert d'un voile, en robe rose, corsage brun à manches grises, la main droite levée. Signé, au premier plan, à droite, sur un rouleau de papier :

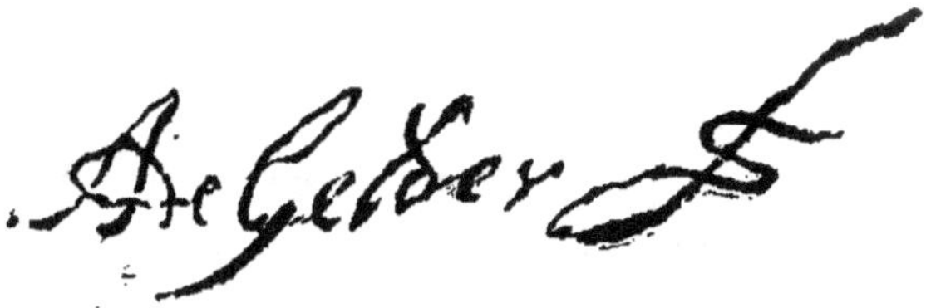

H., 0,80 ; L., 0,97. T. — Fig. à mi-corps gr. nat. Coll. van Leyden van Westbarendrecht. Don Limburg-Stirum (1874). Une répétition au Musée de Vienne.

## **Goltzius** (Hendrick), 1558-1616.

**44.** — *Mercure* (Salle VI).

Signé, à droite, en avant sur une pierre : H. G. (entrelacés) A. 1611.

H., 2,14 ; L., 1,20. T. — Coll. Colderman de Putten. Wibo de Horn (1670) château de Oosthuizen. Acheté 2200 fl. à M. Gauchez (1875) avec deux autres tableaux du peintre.

## **Gossaert** Voir **Mabuse**.

## **Govaerts** (Abraham) ou **Goyvaerts**, 1589-1626.

**45.** — *Une Forêt de chênes* (Salle VI).

Au premier plan, à gauche, un arbre brisé. A droite, trois bohémiennes arrêtées, dont l'une examine la main d'un jeune seigneur appuyé sur son fusil. Une autre, coiffée d'un turban, assise à terre, allaite un enfant. Signé, au milieu, sur une pierre :

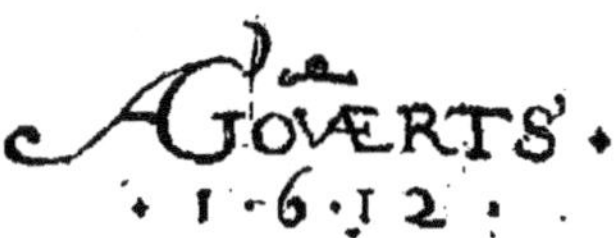


H., 0,62; L., 1m. B. — Fig. 0,08. Coll. Guillaume V.

## Goyen (Jan Josephsz van), 1596-1656.

**551.** — *Vue de Dordrecht* (Salle VII).

A droite, sur le fleuve agité, des pêcheurs, dans un canot, relèvent leurs filets ; au fond, la ville de Dordrecht. A gauche, des groupes de paysans réunis devant des auberges, Contre le quai, plusieurs canots.
Signé à droite, sur le canot des pêcheurs : V. Goyen.

R., 0,45. L., 0,71. B. — Gravé par Laguillermie (Catal. Sedelmeyer), Green, Unger. 4000 fl. V. Sedelmeyer. Vienne (1872) ; 7020 fr. V. Lippmann, Paris (1876). Coll. Secretan. Vendu 7,000 fr. au Musée par M. Sedelmeyer (1889).

## Hagen (Joris van der) ou Verhagen, entre 1615 et 1620-1669.

**46.** — *Les Environs d'Arnhem* (avec personnages) (Salle VII).

Daté sur la maison: 1648.

H., 0,61; L., 0,88 0,05. T. — Coll. du château de Honsholredyk et de Guillaume V.

## Hals (Frans) le Vieux, 1581-1666.

**459.** — *Portrait de Jacob Pietersz Olycan*, 1596-1638 (Salle VII).

Debout, de trois quarts, tourné vers la droite, regardant le spectateur. Chevelure, moustaches et barbe châtain foncé, vêtement noir en velours frappé à fleurs, manches violettes à rayures noires et manteau noir. Fraise et manchettes blanches. La main droite qui pend le long du corps tient un chapeau en feutre noir. La main gauche est appuyée sur la hanche; sur le fond, à gauche, un écusson suspendu à un clou; à droite, on lit : Ætat. suæ. 29. Ao. 1625.

H., 1,22 ; L., 0,97. T. — Fig. jusqu'aux genoux gr. nat. Vente anonyme à Amsterdam (1877.) Acheté 10,000 fl. avec le numéro suivant à la famille van Sypestein (1880).
Jacob Olycan figure dans le Repas des Arquebusiers de Saint-Georges, au Musée d'Haarlem.

**460.** — *Portrait de Aletta Hanemans, femme de Olycan* (Salle VII).

Debout, de trois quarts, tournée vers la gauche. Robe noire, jupe rose à rayures jaunes, corsage noir avec broderies d'or. Fraise godronnée. Coiffe blanche à dents de guipure. La main gauche qui

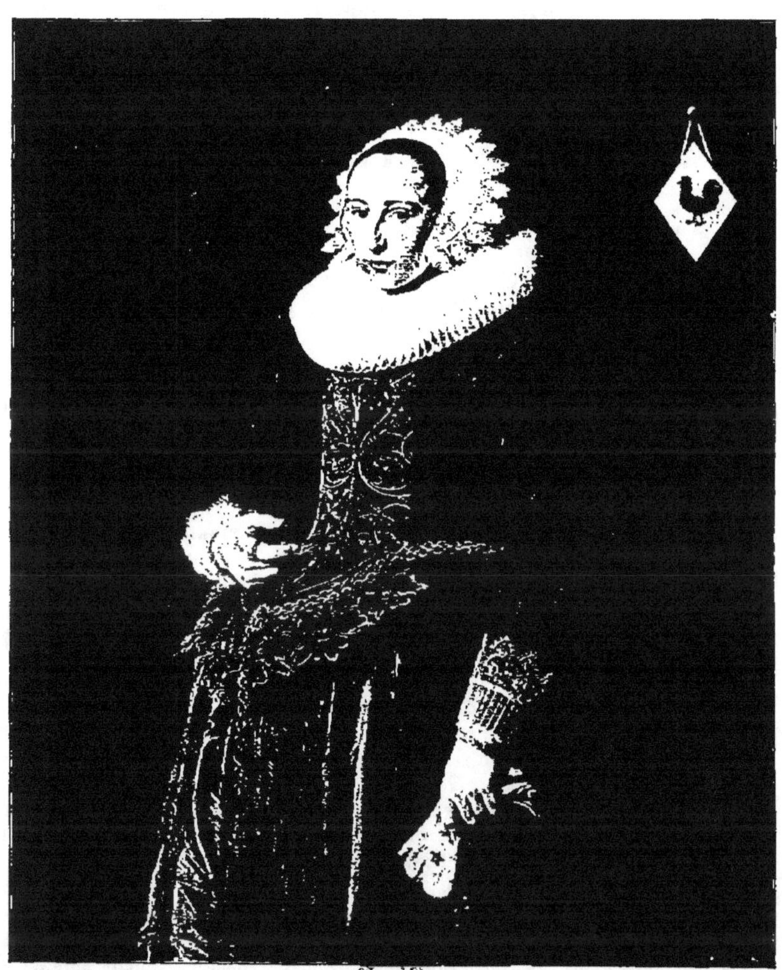

Cliché Hanfstaengl. Typogravure Hanfstaengl.



HALS (FRANS).

460. — *Portrait d'Aletta Hanemans.*

pend le long du corps tient un gant blanc brodé. La main droite est posée sur une chaîne d'or qui entoure la taille. Au fond, à droite, un écusson; à gauche, on lit : ÆTAT. SUÆ 19, AN. 1625.

H., 1,22; L., 0,97. T. — Fig. jusqu'aux genoux gr. nat.

**618.** — *Portrait d'homme* (Salle XIV).

H., 0,24; L., 0,19. T. Acheté 5,000 fl. à Amsterdam (1898).

## Hanneman (Adriaen), vers 1601-1671.

**241.** — *Portraits de Constantin Huygens, Seigneur de Zuylichem, secrétaire de Frédéric-Henri, prince d'Orange, et de ses cinq enfants* (Salle I).

Ces portraits sont peints dans six médaillons ovales, séparés les uns des autres par des motifs ornementaux représentant des amours portant des guirlandes de fruits. Au milieu, *Constantin Huygens*, vu de face, chevelure, moustaches et royale brunes, pourpoint et manteau noirs, col blanc garni de dentelle, la main gantée passée dans un ruban retenant un médaillon. A la partie supérieure, *Susanna Huygens*, de trois quarts tournée vers la gauche, au visage souriant; robe blanche avec des nœuds rouges aux manches, bonnet blanc dans lequel est piquée une fleur; de ses deux mains croisées sur la ceinture, elle tient une pomme. A gauche: en haut, *Christiaen Huygens*, de trois quarts tourné vers la droite, vêtement violet, col blanc rabattu, chevelure brune; en bas, *Lodewyk Huygens*, de trois quarts tourné vers la droite, costume violet, col blanc, chevelure châtain tombant en boucles. A droite : en haut, *Constantin Huygens*, de profil tourné vers la gauche, le visage de trois quarts, chevelure châtain bouclée; vêtement grenat, manteau violet qu'il retient de la main droite sur l'épaule gauche; en bas, *Philips Huygens*, de trois quarts tournée vers la gauche, regardant en face, vêtement vert, col blanc; sur sa chevelure bouclée, toque noire à plume blanche. Au-dessous du père de famille, dans un cartouche, on lit : ECCE HEREDITAS DOMINI. ANNO 1640.

H., 2,06; L., 1,75. T. — Fig. en buste gr. nat. Gravé par Courtry (GUIFFREY, *van Dyck*), par P. H. L. van der Meulen, par Tamisier. Acheté 600 fl. à Mlle Pauw (1822). Attribué autrefois à Anton Van Dyck jusqu'au jour où M. Victor de Stuers en reconnut l'auteur. « Malgré une certaine analogie avec Van Dyck, ce n'est point là sa main. » (BREDIUS, p. 69.) Le Stædel Institut à Francfort conserve, sous le nom de Van Dyck, l'esquisse originale de ce tableau. Constantin Huygens y est représenté avec sa femme Susanna Van Baerle et trois seulement de ses enfants. Cette esquisse est certainement antérieure à l'année 1633 où naquit leur quatrième enfant. Une autre étude, où figuraient la tête du mari et celle de la femme dessinées en bistre, appartint au Cabinet de Lempereur et à celui de sir Thomas Lawrence.

## Heemskerck (Maerten Jacobsz van), 1498-1574.

**51.** — *L'Adoration des Bergers.* — Volet de triptyque (Salle VI).

**52.** — *L'Adoration des Rois.* — Volet de triptyque (Salle VI).

A l'extérieur de ces deux volets : *L'Annonciation.*

H., 2,60 ; L., 2.m. B — Autrefois sur l'autel des drapiers, dans l'église Saint-Bavon, à Haarlem. Peints en 1546 et payés 150 fl., ces deux panneaux encadraient *le Massacre des Innocents* par *Cornelissen de Haarlem* (voir p. 70); transportés dans la suite au château du Loo, et, depuis 1875, au Musée. « Le vêtement de dessous de l'ange est peint par Jacques Rauwaert qui, à cette époque habitait chez Heemskerck, comme je le tiens de lui-même. » (CAREL V. MANDER, p. 67.) « Revenu dans son pays natal, Heemskerck avait renoncé à sa précédente manière et au style de Scorel, non toutefois à son avantage, d'après l'avis des meilleurs peintres, sinon peut-être en ce qui concerne les lumières qui étaient moins nettement tranchées. Cette différence ressort par la comparaison des tableaux du Musée de Haarlem (*Saint Luc*, p. 189) avec les volets du retable de l'autel des drapiers, deux compositions importantes très achevées, très bien peintes et où se voient les portraits de beaucoup de personnages inconnus et le sien propre ». (Id. 1,366).

## Helst (BARTHOLOMEUS VAN DER), 1613-1670.

**54.** — *Portrait de Paulus Potter, peintre, 1625-1654* (Salle XI).

Assis sur une chaise en bois, de trois quarts tourné vers la droite, regardant le spectateur, Moustaches naissantes. Chevelure rousse, longue et bouclée. Vêtement noir et col blanc. La main droite repliée et appuyée sur la hanche ; de la gauche, il tient sa palette, ses pinceaux et un appui-main ; à droite, une toile sur un chevalet. Signé, sur le haut, à gauche : B. VAN DER HELST. 1654.

H., 0,98 ; L., 0,79. T. — Fig. gr. nat. Gravé dans Houbraken (la tête seulement), dans le Rec. Steengracht, et le Kunstkronyk (1847). 400 fl. V. van Reenen (1820). Exécuté l'année même de la mort de Potter. « Ce portrait a été peint de premier coup sans doute, d'un jet tout magistral; on y admire la certitude et la simplicité du dessin, la franchise calme de la touche, la justesse du ton ; et, dans l'expression générale, une sorte de sincérité éloquente qui communique au spectateur l'émotion extrême que le portraitiste a ressentie devant la nature. Il faut que van der Helst, peu chaleureux d'habitude, ait été vivement remué, ce jour-là, en contemplant le jeune et glorieux artiste qui allait mourir. » (BURGER, I, 221.)

## Heyden (JAN VAN DER), 1637-1712.

**53.** — *Une vue de Dusseldorf* (Salle XI).

Au premier plan, tout entier dans l'ombre, à gauche, un canal bordé de maisons en briques sur l'une desquelles on lit le mot « Schole » (Ecole). Au milieu, à l'entrée d'un pont, un petit édicule avec les lettres I. H. S. A droite, sur une place publique plantée d'arbres, un couvent, et, dans l'éloignement, au delà du pont, l'abside d'une église en style classique, avec deux clochers quadrangulaires. Sur le pignon du couvent, la date en partie effacée 16.... Signé, à gauche, en bas, sous une porte : V Heyde A 1667

H., 0,51 ; L., 0,63. B. Fig. 0,07. Gravé dans le Musée Napoléon, le Rec. Steengracht SMITH N. 5. Coll. du château Oranjestein et Guillaume V (1775). M. WERNER DAHL a donné le vrai titre de ce tableau qui, dans les anciens catalogues, était désigné comme représentant une vue de l'église des Jésuites à Anvers. (*Jahrbuch*).

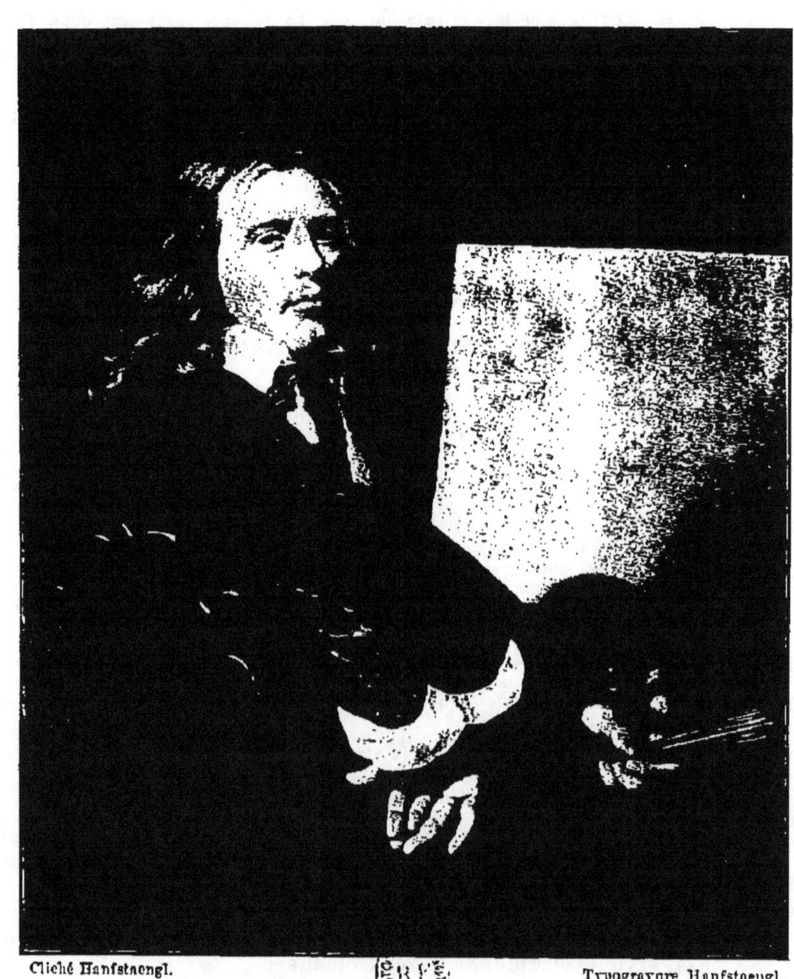

Cliché Hanfstaengl. Typogravure Hanfstaengl.



HELST (VAN DER).

54. — *Portrait de Paulus Potter, peintre.*

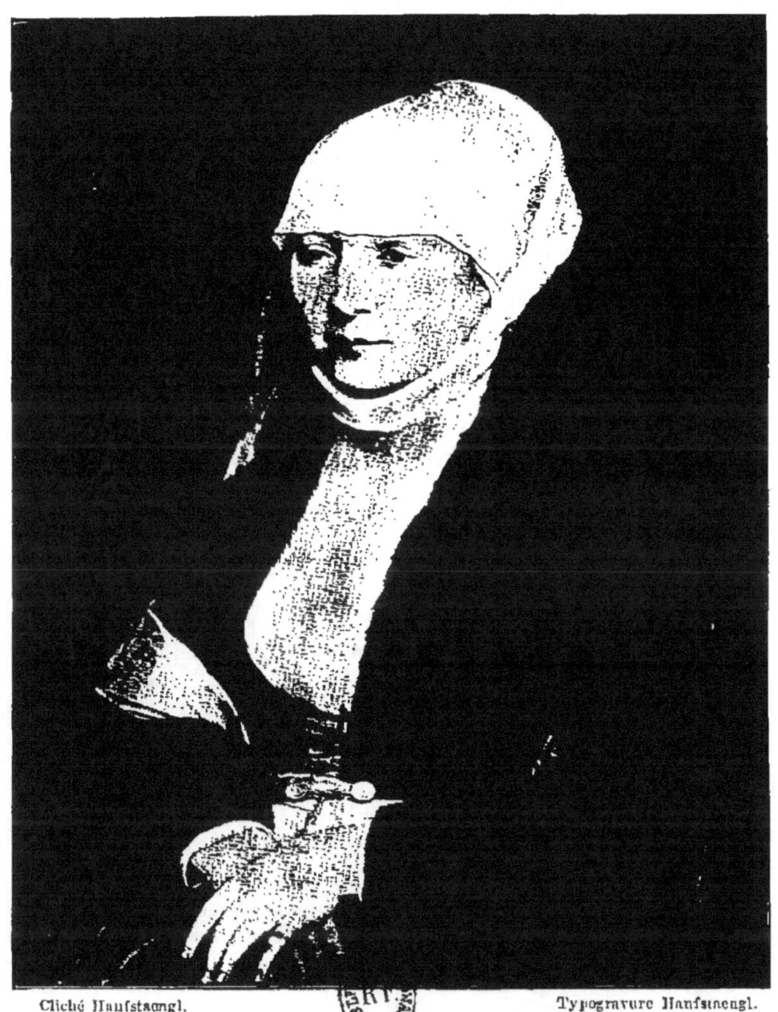

Cliché Hanfstaengl. Typogravure Hanfstaengl.



HOLBEIN (HANS) LE JEUNE.

275. — *Portrait de femme.*

**531.** — *Nature morte* (Salle XIII).

Signé, en haut, à droite: J. v. HEYDE, 1664.

H., 0,27, L., 0,20. B.— 600 fl. V. Slagregen (1856); 214 fl. V. Kleinenbergh, Leyde (1841). 345 fl. V. Pappelendam et Muller (1875). On ne connait que quatre tableaux de nature morte de ce peintre, au musées de Pesth, Hambourg, Inspruck et Vienne.

## Hillegaert (PAULUS VAN) le Vieux, 1595 ou 1596-1640.

**546** — *Les Princes d'Orange et leur suite* (Salle IV).

Au premier plan, un cortège de seigneurs, parmi lesquels les princes Guillaume, Maurice et Frédéric-Henri, le roi de Bohême et deux dames, dont l'une est masquée, s'avance vers la gauche; en avant marche un page; à droite, un autre page arrange l'étrier d'un cavalier; au second plan, le Vivier et le Binnenhof; au fond, à gauche, des promeneurs, sous les arbres.

H., 1,44; L., 2,15. T. — Fig. pet. nat. Don du Cte van der Straten-Ponthoz (1888).

## Holbein (HANS), Allemand, 1497-1543.

**275.** — *Portrait d'une jeune femme* (Salle I).

Assise, de trois quarts tournée vers la gauche ; corsage noir bordé de fourrure échancré sur la poitrine et lacé de rouge. Chemisette et tablier blancs. Ceinture noire avec agrafes d'argent. Coiffe blanche, sous un voile jaunâtre, s'enroulant autour du cou et du bras droit. Les mains posées l'une sur l'autre, au-dessous de la ceinture.

H., 0,45 ; L., 0,34. — B. Fig. à mi-corps pet. nat. Sur le revers du panneau, une couronne fermée et les lettres C. R. marque de la coll. de Charles I. 65 fl. V. J. de Vries (1738). Coll. Slingelandt et Guillaume V. Gravé dans le Rec. Steengracht. Attribué autrefois à Léonard de Vinci, puis par WOLTMANN (101) et d'autres critiques à Holbein, ce tableau est considéré comme la copie d'un original perdu de ce maître, « copie exécutée par un peintre dont la technique se rapprochait beaucoup de celle d'Holbein et qui vivait certainement à la même époque que lui. » (BREDIUS, 27.)

**276.** — *Portrait de Robert Cheseman* (Salle I).

Vu de face, le visage rasé, de trois quarts tourné vers la gauche. Vêtement rouge, chemisette blanche, manteau noir doublé de fourrure. Chevelure grisonnante et bouclée, toque noire. Bague à l'index de la main droite; il caresse un faucon encapuchonné portant un grelot à la serre gauche qu'il tient sur son poing gauche ganté. Fond bleu foncé sur lequel on lit :

ROBERTVS CHESEMAN ETATIS SVÆ XLVIII. ANNO DM. MDXXXIII.

H., 0,59 ; L., 0,62. — Fig. en buste pet. nat. Sur le revers du panneau, les lettres W. E. H. P. L. C. et le cachet de Johan Willem Friso, prince d'Orange-Nassau. Coll. royales d'Angleterre (N° 8 des objets d'art revendiqués par la reine Anne à la mort de Guillaume III), et Guillaume V. « Portrait admirable pour sa vérité et sa précision, et d'un superbe coloris. » (REYNOLDS). Voir P. MANTZ (*Holbein*, p. 139.) et WOLTMANN (*Holbein*, II, p. 127.)

**277.** — *Portrait d'homme* (Salle I).

De trois quarts tourné vers la gauche, le visage de face. Cheveux châtains et courts, moustaches et barbe rousses en pointe. Pourpoint noir; crevé rouge à l'épaule. Sur sa main gauche gantée, un faucon portant un grelot à la serre et dont il tient le capuchon de sa main droite nue. Sur le fond, on lit: 1542. *Anno ætatis suæ XXVIII.*

H., 0,25 ; L., 0,19. B. — Fig. en buste pet. nat. Gravé dans le Rec. Steengracht et dans le Kunstkronyk (1873). Coll. d'Angleterre et de Guillaume III. (N° 24 des objets réclamés par la reine Anne). Sur le revers du panneau, on lit : « The manner of Holbein ». Les anciens catalogues désignaient à tort ce portrait comme celui de Thomas Morus, mort depuis sept ans en 1542. « Ce tableau, admirablement conservé, est un des plus fins, un des plus caractéristiques qu'ait produits l'artiste dans la dernière période de sa vie. Nous ne savons si cet Anglais à l'air distingué était aussi fauconnier, comme Robert Cheseman que l'on représente avec le même faucon, mais, malgré la petite dimension de la toile, on ne saurait mieux se pénétrer du personnage, on ne saurait reproduire une image plus vivante. » (BREDIUS, 26). Voir WOLTMANN, n° 160, et P. MANTZ, p. 170.

## Hondecœter (MELCHIOR), 1636-1695.

**59.** — *Le Corbeau dépouillé de ses plumes* (Salle XI).

Signé, sur le piédestal : *M. d'Hondecœter* Ao. 1671.

H., 1,74 ; L., 1,88. T. — Château du Loo. Coll. Guillaume V. Il existe de nombreuses répétitions de ce tableau.

**60.**— *La Ménagerie de Guillaume III au château du Loo* (Salle VII).

Au premier plan, des canards sur une mare ; à gauche, un bélier à quatre cornes ; à droite, un éléphant et un mouflon; au second plan, sur la pente d'une colline, deux zébus, un buffle, une antilope, un bélier blanc à hautes cornes, etc. ; au fond, à droite, un bois ; à gauche, une plaine ; clocher d'église à l'horizon. Signé, à droite : *M. d'Hondecœter.*

H., 1,69 ; L., 1,54. T. — Gravé dans le Rec. Steengracht. Dessus de cheminée dans le cabinet de Guillaume III, au château du Loo.

**62.** — *Poules et Canards* (Salle XI.)

Signé : *M. d'Hondecœter.*

H., 1,13 ; L., 1,35. T. — Coll. Guillaume V.

## Honthorst (GERARD VAN), 1590-1656.

**63.** — *Portrait du Stathouder Guillaume II* (Salle IV).

H., 119 ; L,, 0,96. T. — Fig. à mi-corps gr. nat. Ancienne collect. Il existe de nombreuses répétitions de ce portrait.

## Hoogstraten (SAMUEL VAN), 1626-1678.

**66.** — *Jeune femme se promenant sous un vestibule* (Salle VII).

Elle s'avance, lisant une lettre, en corsage violet décolleté, jupon gris et jupe jaune dont elle tient le pan de sa main gauche. A gauche, un escalier de six marches mène à un portique orné de statues sur

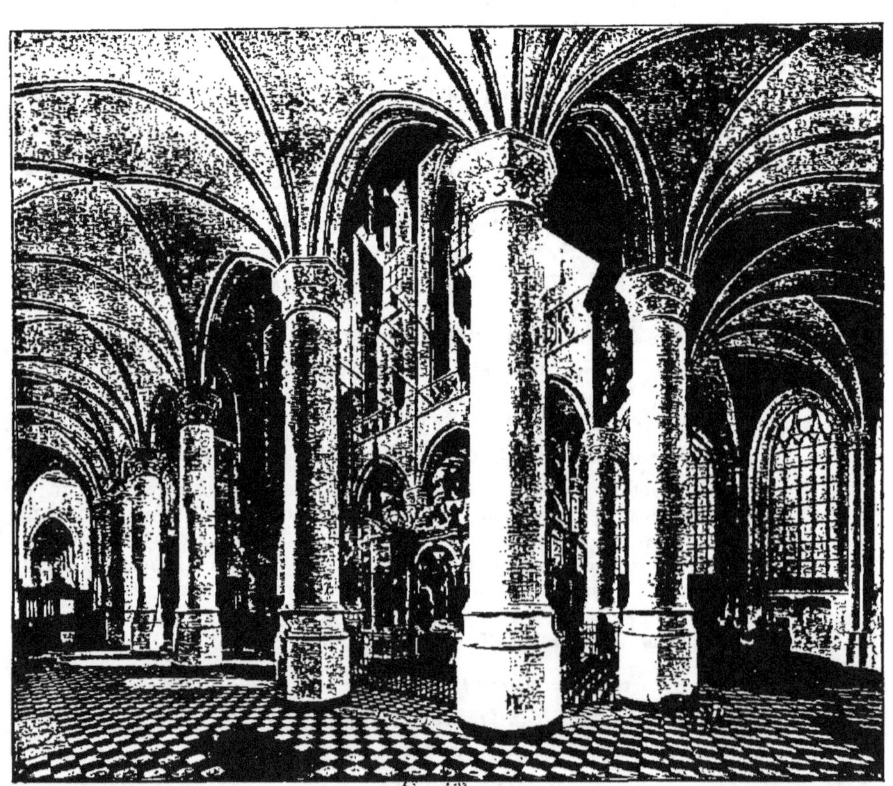

Cliché Hanfstaengl. Typogravure Hanfstaengl.



HOUCKGEEST.

57. — *L'Église Neuve à Delft.*

des socles, soutenu par des colonnes, et dont le plafond est formé de caissons peints et qui ouvre sur une habitation dans un jardin. A droite, un escalier, contre la grille duquel est un chat, conduit à l'antichambre d'une maison en briques qui s'ouvre sur la rue, et dans laquelle un homme est assis. En avant, un épagneul, sous un arc cintré, orné de chérubins aux tympans. Signé, à gauche : S. v. H.

H., 2,40 ; L., 1,80. T. — Fig. 0,62. — Gravé dans le Rec. Steengracht. On suppose que la jeune femme est une parente du peintre dont les armes sont sculptées au-dessus de la porte. Attribué autrefois à van der Hoog. Vente van Oostrum (1765). Cabinet de Guillaume V. Le pendant de ce tableau, une jeune femme assise sur des marches accompagnée d'un chien et lisant, fut acheté à Londres par M. Sedelmeyer. « Ce peintre enferme des personnages dans une perspective intéressante, d'un clair obscur bien entendu. Il se montre ici le prédécesseur immédiat de Nicolas Maes, son compatriote, de Pieter de Hooch auquel ses tableaux ont été quelquefois attribués et même de Jan van der Meer. L'architecture fait penser à Lairesse » (VOERMANN, 722, WAAGEN, III, 34).

## **Houckgeest** (GERARD), vers 1610-après 1653.

**57.** — *Intérieur de l'Eglise neuve à Delft* (Salle VII).

Au milieu du cœur, le mausolée de Guillaume I, entouré d'une grille. Au premier plan, dans la nef de droite, des groupes de visiteurs et deux chiens. Au fond, la chaire et le transept fermé par des clôtures en bois. Aux voûtes, des étendards suspendus. Signé, au milieu, sur la base noire d'une colonne : G. H. (accolés), 1651.

H., 0,63; L., 0,75, B. — Gravé sous le nom d'Emmanuel de Witte, dans Landon et le Musée Napoléon. Au revers, les lettres B. V. W. et une couronne de comte. Retiré au prix de 352 fl. à la vente Kinschot (1767) ; acheté 700 fl. par Guillaume V.

## **Huchtenburgh** (JAN VAN), 1646-1733.

**67.** — *Le Stathouder Hendrik-Casimir II à cheval* (Salle VII).

Monté sur un cheval blanc, cuirassé, son bâton de commandement à la main, il s'avance vers la droite, suivi d'un nègre, en rouge, qui porte son casque, et d'un officier à cheval indiquant de son épée à droite les deux armées aux prises. En avant, un blessé et un porte-étendard mort. Signé, au milieu, près d'un sabre :

J Hughtenburgh. f. 1692.

H., 1,21 ; L., 1,65. T. — Fig. 0,45. — Château du Loo. Considéré autrefois à tort comme le portrait du prince Eugène de Savoie.

**68.** — *Choc de cavalerie* (Salle VII).

Signé, à droite : J. H. B. (entrelacés).

H., 0,52; L., 0,61. T. — Gravé dans le Rec. Desguerrois. Acheté 460 fl. par Guillaume V à la V. de la Court (1766). Ce tableau a probablement été diminué.

## Jardin (Karel du), 1622-1672.

**73.** — *Une Cascade en Italie* (Salle XI).

Signé, contre la rive, à droite : K. du Jardin fe. 1673.

H., 0,65; L., 0,70. T. — Fig. 0,10. Gravé dans le Musée Landon, les Rec. Steengracht et Desguerrois, 805 fl. V. Neufville. Amsterdam (1765).

**581.** — *Saint Pierre guérissant des malades* (Salle VIII).

L'apôtre, debout, en tunique jaune et manteau rouge, est tourné vers un paralytique, agenouillé de face, à gauche, devant trois femmes. A droite, une femme agenouillée saisit le manteau de l'apôtre ; derrière elle, un infirme. Signé à gauche : K. du Jardin. fec. 1663.

H., 1,75; L., 1,38. T. — Fig. gr. nat. V. Gockinga (1883). Prêté par M. van Hattum van Ellewoutsdyk.

## Key (Adriaen Thomasz) ou Keyen, xvie siècle.

**225.** — *Portrait de Guillaume I, dit le Taciturne,* 1533-1584 (Salle IV).

De trois quarts, tourné vers la droite. Barbe, moustaches et chevelure grisonnantes. Manteau noir à col de fourrure et brandebourgs dorés. Fraise blanche. Calotte noire.

H., 0,47; L., 0,32. B. — Fig. en buste gr. nat. Attribué autrefois à un maître inconnu.

## Keyser (Thomas de), 1596 ou 1597-1667.

**77.** — *Portrait d'un savant* (Salle VII).

Assis, de trois quarts tourné vers la droite, regardant le spectateur. Chevelure et moustaches grisonnantes. Pourpoint, manteau, bas et chapeau noirs. Fraise blanche. La main droite sur le genou; de la gauche, il feuillette un livre sur un pupitre posé sur une table recouverte d'un tapis oriental. Fond de muraille grise. Signé et daté, au fond, sur un buffet :

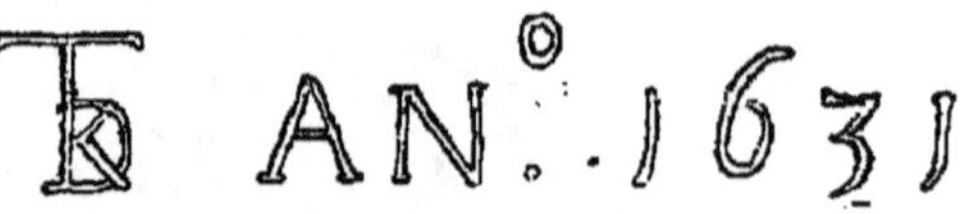


H., 0,82; L., 0,61. B. — Fig. pet. nat. Gravé dans les Rec. Steengracht et Desguerois, dans le Kunstkronijk et par Ladmiral, dans van Mander. Considéré autrefois comme étant le portrait de Jacques de Musscher par J. van Ravesteyn. 405 fl. V. Neufville (1765). « Chef-d'œuvre comparable aux portraits des maîtres les plus éminents. » (Burg, I, 238.)

**78.** — *Les Bourgmestres d'Amsterdam assemblés au moment de l'arrivée de Marie de Médicis, en 1638* (Salle VII).

Dans une salle de l'hôtel de ville, à droite, l'avocat Cornelius van Davelaer, le chapeau à la main, s'avance, annonçant l'arrivée de la reine

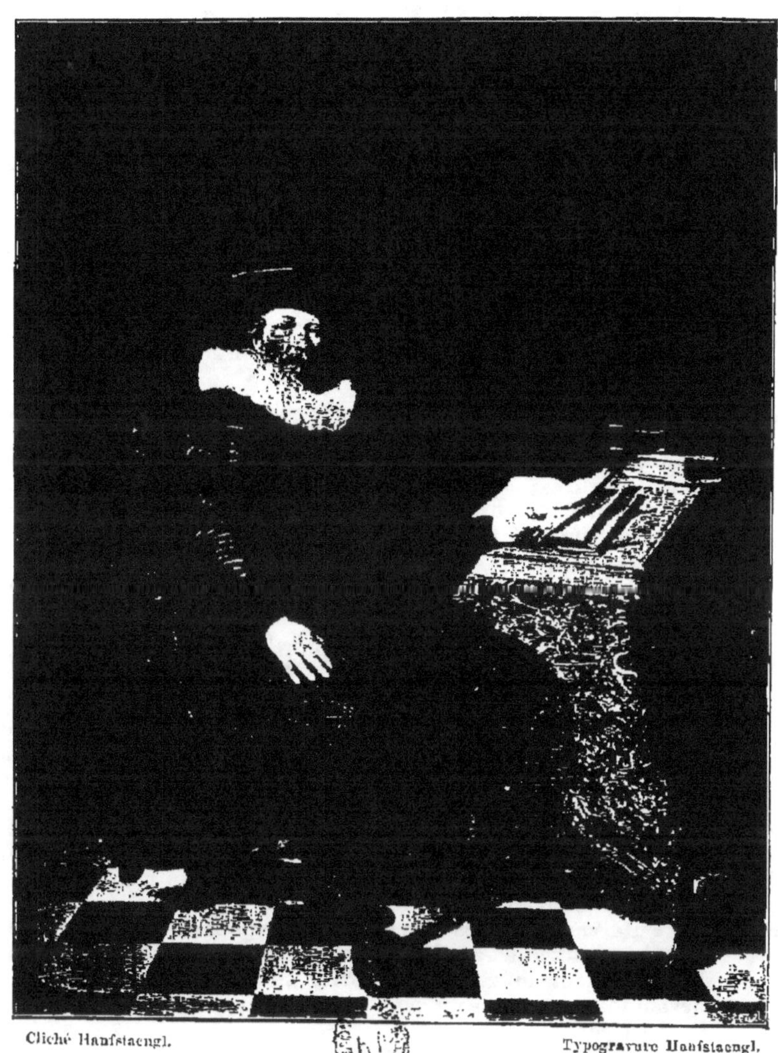

Cliché Hanfstaengl. Typogravure Hanfstaengl.

KEYSER.

77. — *Portrait d'un savant.*

à quatre bourgmestres assis autour d'une table à tapis vert. Ces magistrats, vêtus de noir, sont, de gauche à droite, Abraham Boom, Petrus Hasselaer, Albert Coenraed Burg, Oetgens van Waveren. Au fond, deux statues dans des niches. Fond gris.

H., 0,28; L., 0,38. B. Fig. 0,21. — 510 fl. V. Braamcamp. Amsterdam (1771). Gravé dans les Rec. Steengracht, Musée Napoléon, Hist. des Peintres, par Suyderhœf, avec une inscription latine. Commandé par les bourgmestres. Une étude au crayon fut vendue, avec trois autres dessins 6 sous à M. Fouquet en 1783. « Quelle expression l'artiste a su donner à ces têtes! On retrouve dans ces physionomies l'énergie de ces magistrats qui ont mené Amsterdam à la grandeur et à la gloire. Quelle dignité dans le maintien! Quelle conscience de leur personnalité dans leur fier regard! » (BREDIUS.) « L'ensemble des figures dessinées avec une rare solidité a du naturel et de la grandeur. La touche est ample, ferme, juste où il faut, et rien que ce qu'il faut. Simplicité, force, harmonie, tout y est. » (BURGER, I, 236.)

## Koninck (PHILIPS), 1619-1688.

**80.** — *Paysage* (Salle XIII).

Au premier plan, sur une route sablonneuse, au milieu, un carrosse, à gauche, un valet, avec quatre chiens, suivi d'un seigneur et d'une dame, à cheval. A droite, sur le bord d'une rivière, un pêcheur et des blanchisseuses; au loin, une vaste plaine coupée par des canaux et des massifs de verdure, avec une ville au milieu, et s'étendant à l'horizon, jusqu'à la mer.

H., 0,65; L., 0,77. T. Fig. 0,08. — Les figures seraient de Lingelbach. 900 fl. V. Héris, Bruxelles (1830). Une répétition provenant de la Coll. Peel à la National Gallery.

## Koninck (SALOMON), 1609-1656.

**36.** — *L'Adoration des Rois* (Salle XIII).

Dans une cour à gauche, Saint Joseph debout et la Sainte Vierge assise, rayonnante de lumière, tenant sur ses genoux l'Enfant Jésus coiffé d'un petit bonnet blanc. Au second plan, le bœuf et l'âne, dans l'étable. A droite, un des rois mages agenouillé, présentant un vase d'encens, est vêtu d'un large manteau grenat dont un page porte la queue; trois autres pages se tiennent à son côté. Sur la droite, debout, le second roi, coiffé d'un turban blanc, vêtu d'un manteau d'or dont un page en bleu porte la traîne, prend des mains d'un serviteur un vase d'or. Derrière lui, des curieux et des hallebardiers. Au fond, franchissant la porte cintrée d'un palais en ruines, le roi nègre, en vêtement blanc et manteau rouge, qu'abrite sous un parasol un serviteur et devant lequel marche un page qui tient ouvert un coffret. Au ciel, l'étoile indicatrice.

H., 0,80; L., 0,64. T. — Cintré. Fig. 0,25. Gravé dans le Musée Napoléon et les Rec. Steengracht et Desguerrois. 141 fl. V. J. Kendt (1762). Coll. Guillaume V. Attribué autrefois à van den Eeckhout. Mais il est facile de se rendre compte que ce tableau n'est pas dû à ce peintre en le comparant avec le *Joseph expliquant les songes du Pharaon*. D'ailleurs, les traits du roi mage agenouillé au premier plan sont ceux du *Peseur d'Or* à Rotterdam. (Voir p. 24). « Bel exemple du talent de Koninck. Le clair obscur est exceptionnellement finement rendu; la composition est heureuse, le dessin excellent, la tonalité dorée. Alors que la plupart de ses œuvres ont noirci, le tableau est resté clair et transparent. » (BRÉDIUS, 58.) « Les costumes, la couleur, le paysage montagneux à ruines italiennes, tout cela montre les prédilections artistiques de ce peintre. » (VOSMAER, p. 63).

## Lastman (PIETER PIETERSZ), 1583-1633.

**393.** — *La Résurrection de Lazare* (Salle XIII).

Au premier plan, à gauche, dans une grotte, deux hommes soutiennent, sur le bord du tombeau, Lazare qui revient à la vie et lève les yeux au ciel; au second plan, deux femmes et Saint Jean. A droite debout, un vieillard ouvrant les bras et une femme agenouillée; derrière elle, un homme appuyé sur l'épaule d'une vieille femme qui joint les mains; et, au second plan, au milieu de ses disciples, le Christ, en vêtement gris et manteau violet, tourné vers Lazare. Au fond, dans le paysage, deux femmes.

Signé sur la pierre tombale : P. LASTMAN *fecit* 1622. *Fecit* A. 1622.

H., 0,63 ; L., 0,92. B. — Fig. 0,40. De 1632, d'après VOSMAER (476); 300 fl. V. Kramm, Utrecht (1875). « Tableau caractéristique, de dessin accentué, de couleur brune, qui offense nos regards par une violente crudité de ton dans une scène qui se passant à l'entrée d'une grotte, aurait nécessité l'emploi du clair obscur. » (WOERMANN, 668 ; E. MICHEL, *Remb.* 20.)

## Leyster (JUDITH), entre 1600 et 1605-1660.

**564.** — *L'offre refusée* (Salle VII).

Une jeune femme en jupe bleue, en train de coudre, assise, près d'une table sur laquelle brûle une lampe. Un homme, au second plan, en tunique brune et bonnet de fourrure, lui presse le bras droit et lui offre des pièces d'argent. Signé sous la table: J. S. et une étoile, 1631 (*Leister* en hollandais signifiant *étoile*).

H., 0,30 ; L., 0,24. B. — Fig. pet. nat. Coll. Münzenberger à Francfort. 1500 fl. Dahl de Dusseldorf (1892). M. Porgès, de Paris, possédait une ancienne copie avec quelques variantes.

## Lievens (JAN) le Vieux, 1607-1674.

**85.** — *Tête de Vieillard* (Salle XI).

H., 0,66 ; L., 0,52 B. — Fig. buste gr. nat. — Coll. Guillaume V. Attribué autrefois à Rembrandt. Le même personnage se retrouve dans un tableau de Lievens, au Musée de Mayence.

## Lingelbach (JOHANNÈS), 1623-1674.

**86.** — *Un port de mer en Italie* (Salle XI).

Signé, à gauche : J. LINGELBACH, 1670.

H., 1,54; L., 1,94 T. — Fig. 0,42. — Gravé dans les Rec. Steengracht et Desguerrois. 600 fl. V. du roi de Pologne (1765). Coll. Guillaume V.

**87.** — *La Fenaison* (Salle XI).

Signé, à gauche, près d'une poutre : J. LINGELBACH.

H., 0,41 ; L., 0,52 B. — Fig. 0,11. — Gravé dans les Rec. Steengracht et Desguerrois. 780 fl. V. van der Pot. Rotterdam (1808). Echangé avec le Musée d'Amsterdam (1825).

**88.** — *Le Stathouder Guillaume II marche sur Amsterdam, le 1er août 1650* (Salle VII).

Sur une route, au bord de l'Amstel, dont on aperçoit, à gauche, les eaux couvertes d'embarcations, s'avance, de face, la cavalerie. A gauche, en avant, un officier, quatre trompettes, un timbalier et le stathouder ; à droite, devant un pavillon à pilastres, sur lequel on lit : WELNA, se pressent des curieux ; les uns assis, d'autres debout, ou dans des carrosses. Signé, à droite, sous un cheval blanc : J. LINGELBACH.

H., 0,58 ; L., 1 m. T. — Fig. 0,10. — 275 fl. avec le numéro 89. V. Jonas Witsen. Amsterdam (1717) ; 380 fl. V. van Zwieeten. La Haye (1741). Coll. Guillaume V.

**89.** — *Le roi Charles II d'Angleterre quitte Scheveningue, le 2 juin 1660* (Salle VII).

A gauche, sur la plage et les dunes, une foule nombreuse de piétons, cavaliers, carrosses, etc. Au premier plan, des curieux dans deux voitures, un cavalier, une amazone, etc. Au milieu, dans l'éloignement, entouré des membres des Etats de Hollande, le roi s'apprête à monter dans une barque ; à droite, sur la mer, la flotte anglaise.

Signé, à gauche, en bas, au pied d'un fauconnier : J. LINGELBACH.

H., 0,60 ; L., 1 m. T. — Fig. 0,09. — Gravé dans le Rec. Desguerrois. Voir le numéro précédent. Œuvre capitale du maître.

## LOO (JACOB VAN), 1614-1670.

**599.** — *Portrait d'une dame* (Salle VII).

Signé, sur le fond, à gauche :

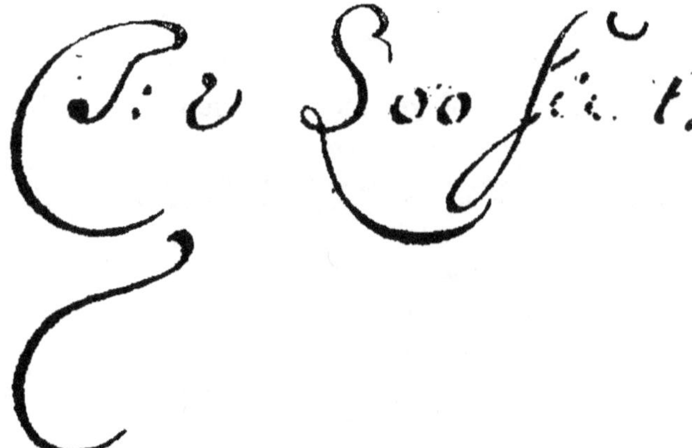

H., 0,88 ; L., 0,75 T. — Fig. jusqu'aux genoux gr. nat. Attribué autrefois à Jacob Backer. Don Mesdag (1895).

**Mabuse** (Jan Gossaert, dit Jan de), Flamand, vers 1470-1541.

**348.** — *L'Enfant Jésus et saint Jean-Baptiste* (Salle II).

Assis tous deux sur le sol, le petit Saint Jean, à droite, embrassant le divin Enfant. Au second plan, une arcade sur deux colonnes ; sur les chapiteaux, des enfants tenant des médaillons. Fond de paysage.

H., 0,40 ; L., 0,58 B. — Fig. pet. nat. — Attribution douteuse. Coll. Rainer et Guillaume I (1831). Il existe de nombreuses répliques, avec variantes, de ce tableau qui a dû être exécuté d'après un maître italien. L'une, au Musée de Naples, attribuée à Cesare da Sesto, dans laquelle les deux enfants sont couchés dans un lit ; l'autre, à Hampton Court, où la scène se passe dans un paysage ; un troisième, au Musée de Weimar. La Coll. Lormier renfermait un tableau identique, mais de dimensions plus grandes. (Cat., p. 129.)

**Maes** (Nicolaes), 1632-1693.

**90.** — *Portrait d'homme* (Salle XIV).

Assis dans un fauteuil en drap rouge, sur le bras duquel est posée sa main droite, il est tourné de trois quarts vers la droite. Chevelure, moustaches et barbe blanches. Houppelande noire doublée de fourrure. Col blanc, calotte noire. La main gauche à la hauteur de la ceinture ; à droite, une table recouverte d'un tapis rouge. A gauche, en bas, on lit : Aet. 84. N. Maes, 16...

H., 1,16 ; L., 1 m. T. — Fig. jusqu'aux genoux gr. nat. — Considéré autrefois comme le portrait du pensionnaire Cats. Provient du Ministère de la Marine (1821). Une répétition au Musée de Buda-Pesth.

**Magnasco** (Alessandro), dit **Lissandrino,** Génois, 1681-1747.

**329.** — *Paysage* (Salle IX).

Sur le bord d'une mare, à droite, un pèlerin. Au milieu, une femme ; près d'elle, une cruche. Sur la rive opposée, deux religieux, près d'une croix. Au fond, un couvent, sur une éminence.

H., 1,38 ; L., 1,10. — Forme ovale T. Fig. 0,17. — Coll. Reghellini et Guillaume I. (1831). Attribué autrefois à Salvator Rosa.

**Man** (Cornelis de), 1621-1706.

**91.** — *La Main chaude* (Salle XIII).

A droite, une femme assise, un enfant à son côté, tient caché sur ses genoux la tête d'un joueur ; deux autres joueurs s'apprêtent à lui taper dans la main : l'un, assis sur une chaufferette, avec une savate, l'autre, avec sa main levée. Derrière, des paysans, les uns debout près de l'âtre, les autres assis autour d'une table. Au milieu, un bourgeois assis, entre un garçonnet et une dame qui lui montre un groupe de musi-

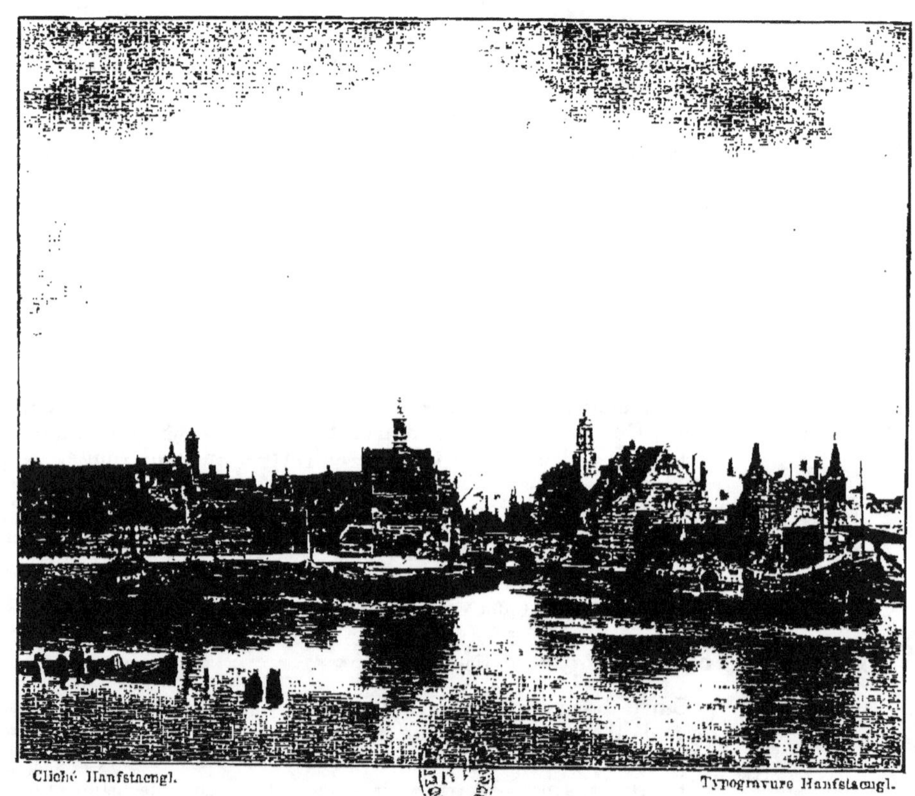

Cliché Hanfstaengl. Typogravure Hanfstaengl.

MEER (VAN DER) DE DELFT.

92. — *Vue de Delft.*

ciens dans la rue, devant la porte. En avant, à gauche, un broc et, sur un tonneau, une planche, avec la signature : DEMAN.

H., 0,69 ; L., 0,84 T. — Fig. — Acheté 1,220 fr. en 1875 à Paris. L'attribution à Cornelis de Man est douteuse. Sur les autres tableaux qu'on connait de ce maître la signature est en effet tout autre. Or, comme les deux premières lettres entrelacées peuvent être ou un C. ou un J., M. BRÉDIUS émet l'opinion que l'auteur de cette toile est peut être un certain Joost de Man qui fut, en 1613, élève de Paulus Moreelse.

## **Mazzolino** (LODOVICO), Ferrarais, 1481 (?)-1530.

**323.** — *Massacre des Innocents.*

Au premier plan, à gauche, une vieille femme, assise à terre, tient sur ses genoux sa fille évanouie, qui porte dans ses bras, un enfant, et une femme menace un soldat qui s'apprête à poignarder son enfant ; au milieu et au second plan, plusieurs groupes de mères défendant leurs enfants contre les soldats. Au fond, sous un baldaquin vert, Hérode, sur un trône, entouré de sept courtisans, un chien à ses pieds, touche de son sceptre une femme agenouillée ; devant ce groupe, deux hommes, l'un, à droite, ordonnant le massacre, l'autre, à gauche, brandissant un étendard. Sous deux arcs cintrés, à droite, la Fuite en Egypte ; à gauche, l'Adoration des Mages. A droite, une date fausse : 1548 Fec.

H., 0,31 ; L., 0,37 B. — Fig. 0,12. — Coll. Rainer et Guillaume I. La galerie Doria-Pamphili à Rome possède un tableau de Mazzolino presque identique. Ainsi que le fait remarquer M. DE STUERS (Catal. de 1874), la disposition générale du tableau, malgré l'action fort mouvementée, présente des groupes absolument symétriques.

## **Meer** (JOHANNES VAN DER) ou **Vermeer de Delft**, 1632-1675.

92. — *Vue de Delft* (Salle XIV).

Au premier plan, à droite, un canal ; à gauche, sur la rive, contre laquelle est amarré un bateau, six personnes. Au second plan, la ville de Delft ; à droite, la porte de Rotterdam et, dans les arbres, le clocher de l'Eglise Neuve ; au milieu, un pont à une arche et la porte de Schiedam ; à gauche, des maisons aux toits couverts de tuiles rouges. Contre les quais, des bateaux amarrés. Signé, à gauche, sur le bateau, près d'une femme son enfant dans les bras : I. V. M. (entrelacés).

H., 0,98 ; L., 1,17 T. — Fig. 0,06. — Gravé dans les Rec. Steengracht et Desguerrois et par Zilcken. Acheté 200 fl. avec 20 autres tableaux de van der Meer en 1696 à une vente à Amsterdam et 2,900 fl. à la vente Stinstra (1822). « Vermeer a peint peu de paysages ; on lui en attribue beaucoup qui ne sont pas de sa main, et qui n'ont qu'une vague ressemblance avec son admirable Vue de Delft. Il a jeté là, il y a concentré la clarté qu'il voyait planer au-dessus de sa ville. La peinture en est large, magistrale, sûre ; la couleur lumineuse, le ciel clair qui se voûte au-dessus de la ville, tout attire notre plus vive admiration. » (BRÉDIUS, 37.) SMITH (*Hobbema*, 59) donne sur la provenance de ce tableau un renseignement erroné. Une esquisse achetée 92 fl. à la vente de Vos en 1833 et gravé par Lalanne dans la *Gaz. des Beaux-Arts* (année 1866) se trouve au Staedel Inst. à Francfort.

**Meer** (Johannes van der) ou **Vermeer**, d'Utrecht, vers 1630-1688.

**406.** — *La Toilette de Diane* (Salle XIV).

A droite, une nymphe agenouillée, en robe violette et corsage brun, lave le pied de la déesse assise, au milieu, sur un rocher, en robe jaune, un croissant sur sa chevelure blonde, de profil tournée à droite vers deux nymphes, l'une, en robe bleue et corsage rouge, se lavant le pied droit, et une autre, en robe noire, debout, au second plan; à gauche, une nymphe est assise, vue de dos, une draperie orange sur l'épaule gauche. En avant, un chien, une bassine en cuivre et une serviette blanche. Signé, sur le rocher, près d'une tige de chardon : J. v. Meer (v. et M. accolés) 165... (La signature a, en partie, disparu.)

H., 0,98; L., 1,05 T. — Fig. pet. nat. 175 fl. à La Haye, 4725 fl. V. Goldsmidt à Paris. Attribué alors à Nicolas Maes, puis par M. de Stuers à van der Meer de Delft. Ce tableau est considéré maintenant comme l'œuvre de van der Meer d'Utrecht. « La facture du peintre se rapproche peu de celle de Vermeer de Delft. Le coloris seul le rappelle; mais nous cherchons en vain un tableau analogue dans son œuvre. Quel qu'en soit l'auteur, l'œuvre est bonne ; mais l'auteur a dû aller en Italie, ou tout au moins avoir vu des tableaux italiens. » (Bredius, 37.) Van der Meer d'Utrecht visita en effet l'Italie fort jeune et en revint vers 1663. M. t'Hooft, directeur du Musée Fodor à Amsterdam, et M. Waller maintiennent cependant l'attribution à van der Meer, de Delft, qui aurait peint ce tableau dans sa jeunesse.

**Memling** (Hans), Flamand, avant 1430-1494.

**595.** — *Portrait d'homme* (Salle II).

De trois quarts tourné vers la gauche. Visage rasé. Longs cheveux bouclés châtains. Collet grenat, tunique grise doublée de fourrure, chemisette blanche. Au cou, un joyau retenu par une chaîne d'or. Les deux mains jointes ; deux bagues à l'annulaire gauche. Fond de paysage.

Au revers des armoiries et une fausse signature d'Antonello de Messine.

H., 0,30; L., 0,22. B. — Fig. en buste gr. nat. — 405 guinées V. A. Fontaine, Londres (1894). Acheté 6,300 fl. par la Société Rembrandt; vraisemblablement volet d'un diptyque. A rapprocher du portrait de la galerie Corsini, à Florence.

**Metsu** (Gabriel), vers 1630-1667.

**93.** — *Le Chasseur* (Salle XIV).

Dans l'embrasure d'une fenêtre cintrée, contre laquelle grimpe une vigne, un chasseur, assis, de trois quarts tourné vers la gauche, et souriant au spectateur, son fusil appuyé contre sa chaise, tête nue, cheveux châtains, vêtement rouge, col et manchettes blanches, tient un verre de la main gauche; au fond, à gauche, une fenêtre ouverte sur la campagne ; au premier plan, une corne de chasse, une perdrix, un pot d'étain. Signé, sous la fenêtre : G. Metsu 1661.

H., 0,28; L., 0,23. T. — Fig. à mi-corps pet. nat. — Gravé dans le Musée Napoléon,

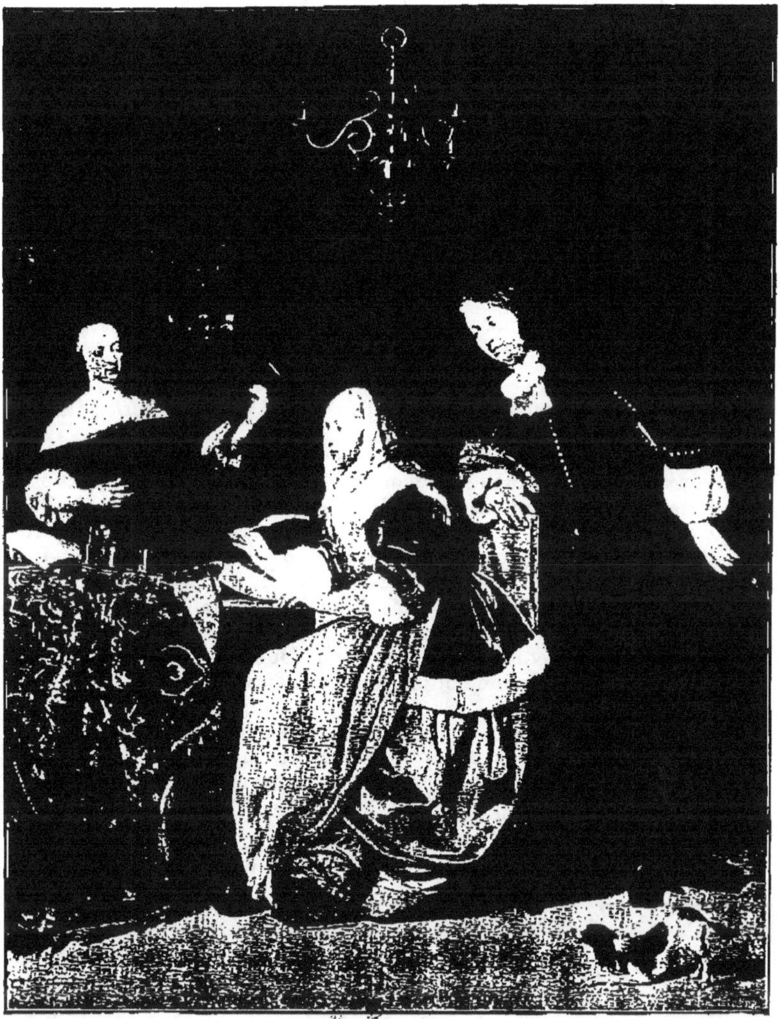

Cliché Hanfstaengl. Typogravure Hanfstaengl.



METSU.

94. — *Les Amateurs de musique.*

la galerie Lebrun, les Rec. Steengracht et Desguerrois, le Kunstkronyk (1873), l'Hist. des Peintres, Coll. Slingelandt et Guillaume V.

**94.** — *Les Amateurs de musique* (Salle VII).

Dans un salon, à droite, un jeune homme blond, vêtu de noir, son chapeau à la main, s'appuie au dossier d'une chaise sur laquelle est assise, près d'une table, une jeune femme. Celle-ci, de profil, tournée vers la gauche, les pieds sur une chaufferette, en jupon jaune, casaquin cerise bordé d'hermine, tablier gris, coiffe blanche et voile noir, note, sur un papier, l'air que joue, sur une cithare, une musicienne blonde, au second plan, debout, de trois quarts tournée vers la droite, en robe noire décolletée ; au plafond, un lustre ; à droite, un petit chien qui jappe. Signé, sur la porte : G. Metsu.

H., 0,58 ; L., 0,44. B. — Fig. 0,38. — Gravé par Watson, dans le Musée Napoléon, le Musée Français, les Rec. Steengracht et Desguerrois. Coll. van Slingelandt et Guillaume V.

**95.** — *La Justice protégeant la veuve et l'orphelin* (Salle XIV).

Au milieu, la Justice, couronnée par un génie, un bandeau sur les yeux, en robe blanche et manteau jaune, de la main gauche élève des balances et appuie de la droite la pointe d'une épée sur la poitrine d'un homme qu'elle foule aux pieds, personnifiant l'iniquité, drapé dans un manteau rouge, une aune dans la main gauche. Devant lui, des faux poids et des pièces rognées ; au second plan, un enfant lui présentant un compte falsifié. A droite, un orphelin, en rouge, et une veuve en noir, allaitant un enfant, sont agenouillés en prière ; à gauche, un glaive contre un trône ; au fond, une draperie verte relevée, autour d'une colonne. Signé, sur la marche du trône : G. Metsu (G. et M. entrelacés).

H., 1,54 ; L., 1,22 T. — Fig. 0,84. — Gravé dans le Rec. Desguerrois. Coll. Peenen de Leyde. Acheté après 1817. « Production exceptionnelle dans l'œuvre de Metsu. Quelle idée a ce peintre familier de s'égarer en pareille allégorie avec la veuve et l'orphelin, avec trône et colonne grecque. C'est vide, faible, lâche, sans caractère, et même sans les qualités habituelles de coloris et de clair obscur. » (Burger, I, 251.)

## Mierevelt (Michiel Jansz van), 1567-1641.

**96.** — *Portrait de Guillaume le Taciturne* (Salle IV).

H., 0,28 ; L., 0,29. — Cuivre. Forme ovale. Fig. en buste pet. nat. V. Goldberg (1828). La tête peinte d'après la gravure de C. de Visscher.

## Mieris (Frans) le Vieux, 1635-1681.

**106.** — *Un enfant faisant des bulles de savon* (Salle XIV).

Dans l'embrasure d'une fenêtre, surmontée d'une vigne, un petit garçon, de face, en costume jaune, souffle des bulles de savon dans un coquillage. Derrière, dans l'ombre, à gauche, une femme, en casaque rouge et coiffe blanche, tenant un petit chien. Sur le bord de la fenêtre, une toque rouge à plume, et des fleurs de tournesol dans une bouteille; au-dessous, la date MDCLXIII et la signature : F. VAN MIERIS FECT, LUGD-BAT.

H., 0,25; L., 0,18 B. — Cintré par le haut. — Gravé dans le Musée Français, le Musée Napoléon, les Rec. Steengracht et Desguerrois. 730 fl. V. Fraula, Bruxelles (1738); 1560 fl. V. Lormier, La Haye (1763). Coll. Slingelandt et Guillaume V. Willem van Mieris a imité cette composition de son père dans le tableau du Louvre N° 2473. De nombreuses répétitions : l'une à Buckingham-Palace, une autre, ayant appartenu à M. Morant, citée par SMITH, une troisième à Lord Mulgrave, une quatrième autrefois, dans la galerie d'Orléans, citée par DECAMPS.

**107.** — *Portrait de Florentius Schuyl, professeur à l'Université de Leyde* (Salle XIV).

Signé, sur la balustrade : F. VAN MIERIS FE. A. 1666.

H., 0,21; L., 0,16. — Cuivre. Fig. jusqu'aux genoux pet. nat. — Gravé dans le Rec. Steengracht et le Kunstkronyk (1874). Coll. Slingelandt et Guillaume V. Ce portrait que Smith déclare peint d'une façon exquise semble, avec raison, à BURGER (1,229) « trop délicatement et trop minutieusement exécuté genre porcelaine ».

**108.** — *Portraits présumés du peintre et de sa femme, Curina van der Cock* (Salle XIV).

Dans une chambre, sur une chaise en drap gris, est assise la femme, de profil tournée vers la gauche, en jupe bleue, caraco rouge bordé d'hermine, tablier blanc, coiffée d'un fichu blanc noué sous le menton. Elle tient sur ses genoux un petit chien et repousse doucement son mari, vu de face, en manteau gris, large chapeau à plume, qui fait mine de le caresser. Tous deux regardent un autre petit chien qui se dresse, en jappant, contre les genoux de la dame. A gauche, sur une table recouverte d'un tapis oriental, une mandoline; au fond, une tapisserie, et à droite, une porte, au fronton de laquelle devait être la signature, aujourd'hui illisible.

H., 0,27; L., 0,20. B. Cintré. — Fig. à mi-corps pet. nat. Gravé par Greenwood, dans le Musée Napoléon, dans le Rec. Steengracht, dans l'Hist. des Peint, 725 fl. V. Droste (1734), 910 fl. V. Swieten (1741). Coll. Slingelandt et Guillaume V. Une reproduction de ce tableau à Buckingham-Palace. « Composition naïve et animée, traitée délicatement dans un ton sobre et clair. » (WAAGEN, 111.60.) SMITH, N° 4. « Frans van Mieris le Vieux, pourrait bien compter comme un chef d'école; car, s'il a imité quelquefois Gérard Dov, il s'est fait aussi une manière propre, où, avec l'influence de Gérard Dov, se combine celle de Metsu. Nous le trouvons ici dans ses deux manières. Son portrait d'abord avec celui de sa femme, arrangés en une petite scène familière tout à fait charmante... Petit bijou, aussi délicieux qu'un Metsu. » (BURGER, 226-227.)

## Mieris (WILLEM VAN), 1662-1747.

**109.** — *La Boutique de l'épicier* (Salle XIII).

Par une fenêtre cintrée, on aperçoit la marchande qui verse des graines dans un sac de papier. Près du comptoir, un jeune homme mange un gâteau. Au fond, des sacs et des tonneaux; sur des tablettes

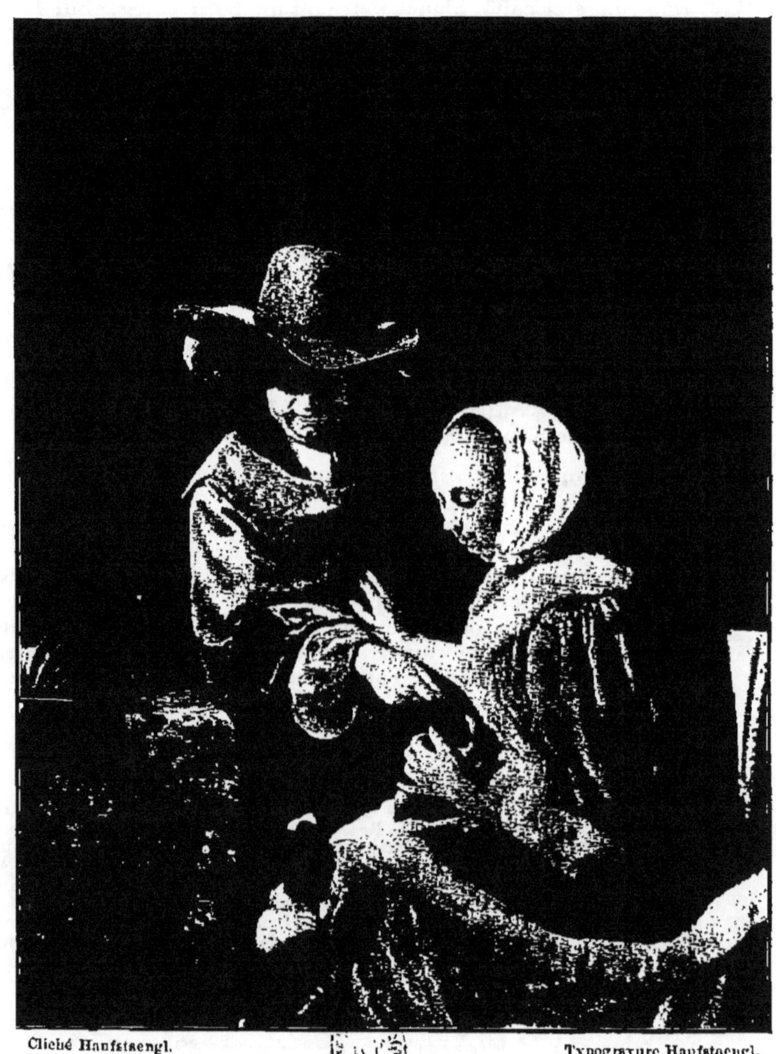

Cliché Hanfstaengl. Typogravure Hanfstaengl.

MIERIS (FRANS VAN) LE VIEUX.

108. — *Portrait du peintre et de sa femme.*

des boîtes, des pots, etc. Signé, en haut à gauche : W. VAN MIERIS FE. 1717.

H., 0,49. L., 0,41. B. — Fig. pet. nat. Gravé dans le Rec. Steengracht. 546 fl. V. Wassenaer-Obdam. La Haye (1750). Coll. Guillaume V. Le Louvre possède le pendant *La Marchande de gibier*, N° 2474. « Du fils Willem, nous avons un de ses tableaux importants, une *Boutique d'épicier*. Triste peinture ! Ne nous arrêtons pas devant cette boutique » (BURGER, 229).

**Moeyaert** (NICOLAES-CORNELISZ), vers 1600-entre 1659 et 1669.

**115.** — *Le roi Antiochus chez l'augure* (Salle X).

Signé, à droite, en bas : C. L. (accolés) M. F. 1636.

H., 0,80; L., 0,85. — Fig. 0,35. 225 fl. à Scheveningue (1875).

**Molenaer** (JAN MIENSE), entre 1600 et 1610-1668.

**572.** — *Le Toucher* (Salle VII).

Une femme assise frappe avec sa pantoufle un homme qui lui soulève les jupes ; au second plan, un paysan éclate de rire, accoudé sur une table, sur laquelle se lit la signature : I. M. R. (accolés), 1637.

**573.** — *La Vue* (Salle VII).

Un paysan, assis à droite contre une table sur laquelle brûlent une lampe et un réchaud, sa pipe dans la main gauche, regarde le fond d'une cruche que lui montre une servante. Au fond, dans l'ombre, un autre buveur. Signé près de la lampe : I. M. R. accolés.

**574.** — *L'Ouïe* (Salle VII).

A droite, au second plan, un paysan, assis devant un tonneau et une vieille femme debout écoutent un chanteur assis, au premier plan, qui tient de la main gauche un cruchon et bat la mesure de la droite.

**575.** — *L'Odorat* (Salle VII).

Au premier plan, à droite, une mère, en bleu, essuie les fesses de son enfant sur ses genoux. A gauche, un homme, assis derrière une table, tenant un cruchon, se jette en arrière et se bouche le nez ; un autre, au fond, éclate de rire.

Signé, à gauche, sur la table, où sont posés une pipe, une tabatière et un réchaud : I. M. R. accolés.

**576.** — *Le Goût* (Salle VII).

Au premier plan, un homme assis, vu de dos, en costume rouge à manches jaunes, bonnet gris, un poignard à la ceinture, vide un pot d'étain ; un autre, à droite, de face, allume sa pipe ; au fond, une vieille femme debout. Signé, à droite : I. M. R. accolés.

Chaque panneau : H., 0,19 ; L., 0,25. T. — Fig. pet. nat. 1500 fl. à M. Dittlinger de Helvoirt (1893).

**407.** — *Intérieur de Cabaret* (Salle VII).

Autour d'une table, sont assis six convives : à gauche, une musicienne; au milieu, un fumeur, un buveur se retournant vers un homme debout, une bouteille dans la main gauche, et un paysan regardant un vieillard qui lutine une femme. En avant, un petit garçon caressant un chien et une cruche; à droite, un broc sur un escabeau et des ustensiles de ménage sur le plancher ; à gauche, un couple s'embrassant. Au fond, devant l'âtre, quatre buveurs; à gauche, un homme franchissant une porte. Signé, sur l'escabeau : J. MOLEANER 1653.

H., 1,13 ; L., 1,48. T. — Fig. 0,50. Coll. Muller-Massis. 1780 fr. V. Neville D. Goldsmidt. Paris (1876).

## **Moni** (LOUIS DE), 1698-1771.

**116.** — *La Dentellière* (Salle XIII).

Par une fenêtre cintrée, dans une chambre, à droite, un petit garçon, en vêtement brun, qui lance en l'air des bulles de savon, et, à gauche, une vieille femme, en robe grise et corsage rose, qui fait de la dentelle; elle tient ses besicles d'une main et de l'autre soutient sur ses genoux un coussin. A la muraille, une bobine et un fuseau. En dehors de la fenêtre, un balai, et une toque sur une chaise; à gauche, sur l'appui, une cruche et, au-dessous, la signature : L. DE MONI. f. 1742.

H., 0, 40; L., 0,32. B. — 300 fl. V. Eyck (1829). 105 fl. V. Neufville, Amsterdam (1765).

## **Mor** (ANTHONIE) ou **Moro van Dasthorst,** 1512 (?)-entre 1576 et 1578.

**117.** — *Portrait d'un orfèvre* (Salle V).

Assis, de trois quarts tourné vers la droite, regardant le spectateur. Cheveux châtains et moustaches rousses. Pourpoint noir, à manches rouges. La main droite posée sur la cuisse ; de la gauche, il montre des bijoux placés sur une table recouverte d'un tapis vert. A droite, sur la muraille, on lit : A. TATIS XXXV. 1564.

H., 1,18; L., 0,90. B. — Fig. à mi-corps gr. nat. Gravé dans le Rec. Steengracht et par Lambert (Hist. des Peint.) 36 fl. V. Flinck (1754). 150 fl. V. van Kretschmar (1757). Coll. Slingelandt et Guillaume V. Attribué autrefois à Pourbus. Chef-d'œuvre du maître.

**559.** — *Portrait d'homme* (Salle IV).

De trois quarts tourné vers la droite : chevelure, barbe peu fournie

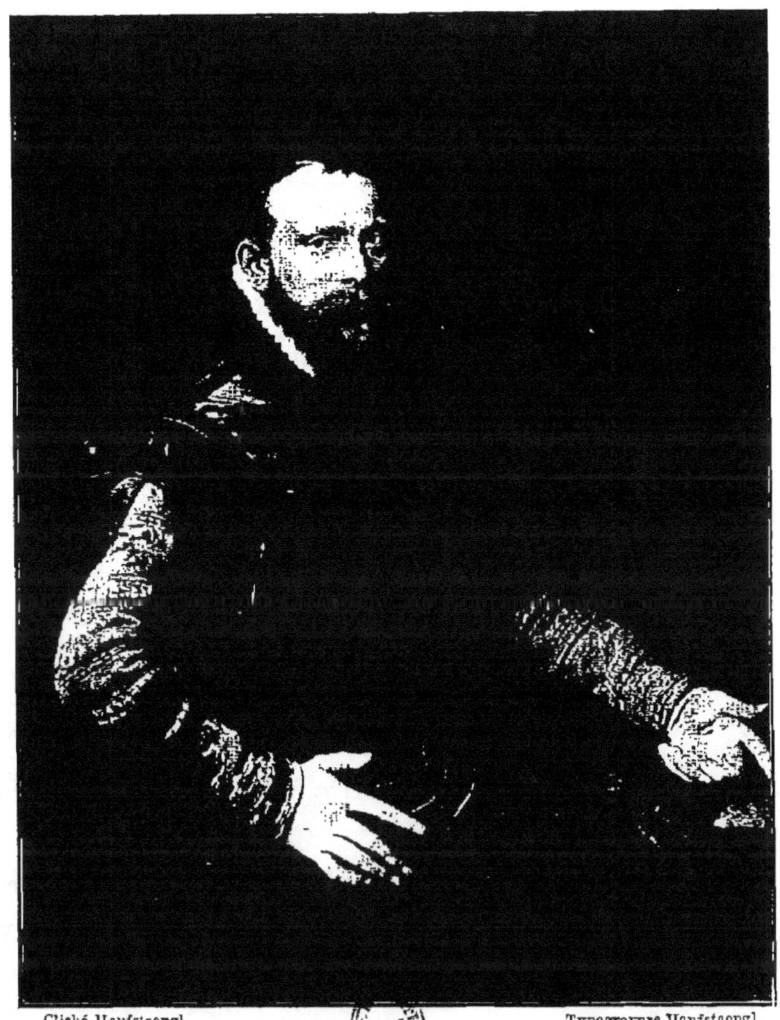

Cliché Hanfstaengl. Typogravure Hanfstaengl.



MOR (ANTHONIE).

117. — *Portrait d'un orfèvre.*

et moustaches brunes; vêtement jaune, tunique grise, tailladée sur la poitrine et au collet relevé. Col blanc; dans un des crevés est passé le pouce droit; au cou, une chaîne d'or à cinq rangs. Signé, en haut, à droite : Jon: Iunius . morus pingebat a° 1561.

H., 0,67 ; L., 0,53. T. — Fig. en buste gr. nat. 1700 fr. V. Secretan. Paris (1889) Voir OUD-HOLLAND (T. VII, p. 281.).

## Moreelse (PAULUS), 1571-1638.

**118.** — *Portrait du peintre* (Salle VII).

Assis, de trois quarts tourné vers la droite, le visage de face. Chevelure, barbe et moustaches blanches. Vêtement noir, manchettes et collerette blanches. De ses deux mains, il tient un papier. Signé en bas à droite : P. M. accolés.

H., 0,72; L., 0,62. B. — Fig. en buste gr. nat. Gravé par L'Admiral. Signature douteuse. 4078 fl. V. van Heeckeren van Brandsenburg (1895). Des répliques à Amsterdam et à Hanovre.

## Moucheron (FRÉDÉRICK DE), 1634-1686.

**121.** — *Paysage italien* (Salle XIV).

A droite, sur un chemin, près d'un monticule, un cavalier, une amazone, le faucon sur le poing, cinq chiens et deux valets. A gauche trois cavaliers s'apprêtent à traverser une rivière. Fond boisé et montagneux. Signé à droite : MOUCHERON F.

H., 0,92; L., 1,22. T. — Fig. pet. nat. Les figures sont de Lingelbach. 2,620 fl. V. Muller. Amsterdam (1827).

## Mulier (PIETER) le Vieux, vers 1615-1670.

**549.** — *Marine* (VII).

Ciel orageux. A droite, un bateau portant pavillon hollandais, penché sous le vent, et un canot de pêcheurs, non loin d'une pointe de côte, où se dresse une perche portant une lanterne. Marqué sur un bois flottant : P. M.

H., 0,40; G., 0,61. B. Coll. Humphry-Ward, de Londres. Don Bredius.

## Murillo (BARTOLOMÉ ESTÉBAN), Espagnol, 1618-1682.

**296.** — *La Vierge et l'Enfant Jésus* (Salle IX).

H., 1,90; L., 1,37. T. — Fig. pet. nat. Gravé dans le Rec. Steengracht et le Kunstkronyk (1847) et dans JUSTI (*Murillo*, 43). D'après les anciens catalogues, ce tableau appartenait autrefois à un couvent d'Ypres. Mais, comme le fait remarquer M. BREDIUS, Decamps, *dans son Voyage pittoresque*, ne fait mention d'aucune œuvre de Murillo dans cette ville.

## Musscher (Michiel van), 1643 ou 1645-1705.

**123.** — *Portrait de famille* (Salle XIV).

Autour d'une table, à gauche, le père, assis, en houppelande jaune, tenant un papier ; à droite, sa femme, en robe rouge et coiffe noire, tenant un mouchoir. Entre ses parents, un petit garçon debout, de face, derrière, une table. A droite, au fond, derrière une colonnade, une fontaine dans un parc. Signé, sur le papier que tient le père :

Aº 1681 in Amsterdam
M:L: v: Musscher.
Pinxit.

H., 0,90 ; L., 1,06. T. — Fig. pet. nat. Coll. van Dyck (1829). Cette famille a passé autrefois à tort pour être celle du peintre. Marié en 1678, il ne pouvait, trois ans plus tard, avoir un fils adulte. (Voir H. de Groot, p. 149.) « Ce tableau trahit les leçons de van den Tempel et van Ostade, sauf que le ton est plus frais et le contour plus dur que chez ce dernier. » (Waagen, III, 54).

## Mytens (Johannes), vers 1614-1670.

**114.** — *Portrait d'une dame (princesse de la Maison d'Orange ?) avec un page, un cheval et un nègre* (Salle IV).

Signé, à droite sur un arbre : J. Mytens F. (J. M. accolés).

H., 1,50 ; L., 1,85. T. — Fig. jusqu'aux genoux gr. nat. Anciens dépôts. La chabraque portant une couronne à cinq fleurons et les initiales des princes d'Orange. P. V. O., on peut supposer que ce portrait est celui d'une des filles du prince Frédéric Henri.

## Neefs (Pieter) le Jeune, Flamand, 1620-après 1675.

**248.** — *Intérieur d'une cathédrale* (Salle I).

Au milieu, dans la nef centrale d'une église gothique à cinq nefs, un prêtre, une dame et un enfant ; à gauche, près d'une pierre tombale, un mendiant ; à droite, un homme et un chien ; au second plan, des fidèles agenouillés devant la grille d'une chapelle dans laquelle un prêtre dit la messe. Les colonnes qui soutiennent les arcs de la nef centrale sont ornées de statues de saints. Au fond, un jubé. Signé, à droite, sur un pilier : Peeter Neefs et F. Franck ; daté, sous la statue de la Vierge : 1654.

H., 0,34 ; L., 0,48. B. — Fig. 0,04. Les figures sont de Frans Francken III. Cour des Stathouders (1763). Coll. Guillaume V.

## Netscher (CASPAR), 1639-1684.

**125.** — *La Leçon de chant* (Salle XIII).

Dans une chambre, à droite, une jeune femme, debout, en robe blanche décolletée, un papier de musique à la main, chante, tournée vers la gauche, où, les yeux fixés sur elle, l'accompagne, en jouant de la guitare, un homme d'âge mûr, assis, en habit rouge. Au second plan, de face, une jeune femme les écoute, accoudée sur une table. Au fond, entre des draperies vertes relevées, une peinture représentant l'enlèvement d'Hélène. Signé, à gauche, sur le dos de la chaise : C. NETSCHER A. 1665.

H., 0,44, L., 0,36. B. — Gravé par David, dans le Musée Français, le Musée Napoléon, les Rec. Steengracht et Desguerrois, le Kunstkronyk (1874) l'Hist. des Peintres, 720 fl. V. Schonborn, Amsterdam (1738). Coll. Slingelandt et Guillaume. V. SMITH, n° 48. Une répétition au Musée de Dresde. A passé à tort autrefois pour être le portrait du peintre, de sa femme et d'une de ses filles.

**126.** — *Portrait d'homme* (Salle XIII).

Signé, à droite : C. NETSCHER, 1677 : (C. et N. entrelacés).

H., 0,48 ; L., 0,39. T. — Fig. jusqu'aux genoux. pet. nat.

**127.** — *Portrait de femme* (XIII).

Signé, sur une fontaine : C. NETSCHER: *fec.* 1683.

H., 0,48 ; L., 0,30. T. — Fig. jusqu'aux genoux pet. nat. Ces deux tableaux, qui se font pendant, ont été légués en 1855 par Mme Forestier van Waalwyk. Au revers de la toile, une inscription à demi effacée où les mots van Waalwyk sont seuls lisibles.

## Ochtervelt (JACOB), avant 1635-avant 1710.

**195.** — *Le Marchand de poissons* (Salle VII).

Au second plan, un pêcheur, de face, venant du dehors, un panier de poissons sous le bras, entre dans un vestibule et salue une dame qui se tient, au premier plan, de profil tournée vers la gauche, en jupon jaune, caraco rouge à bord d'hermine, tablier blanc et qui donne la main droite à sa petite fille, en bleu, jouant avec un épagneul. Sur le pas de la porte, deux enfants assis. Au fond, un canal ; sur la rive opposée, une maison avec fronton orné d'un bas-relief. A droite, au-dessus d'une porte, la signature :

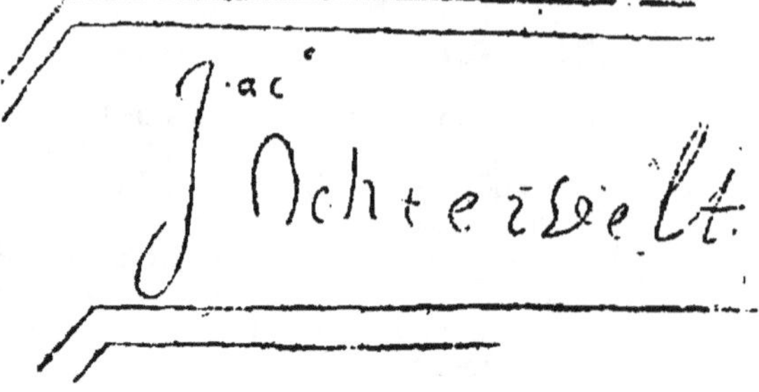

H., 0,55 ; L., 0,44. T. — Fig. 0,34. — Gravé dans les Rec. Steengracht et Desguer-

rois. 865 fl. V. van der Pals, Rotterdam (1824). V. Roothaan, Amsterdam (1826); une copie au musée de Gotha. « Ce tableau, qui approche de Metsu par la conception, le style et le fini de l'exécution, rappelle Piéter de Hoogh par la combinaison des couleurs et la distribution de la lumière. Le ton général est plus chaud que dans la plupart des tableaux de l'artiste, où domine une gamme froide avec un ton de chair rougeâtre. » (WAAGEN III, 52.)

## Olis (JAN), vers 1610-après 1655.

**537.** — *Portrait d'un savant* (Salle XI).

Assis, de trois quarts tourné vers la gauche, le visage presque de face, il écrit. Barbe et moustaches blondes, vêtement gris, manteau noir boutonné sur les épaules, fraise blanche plissée. Chapeau noir. Devant lui, sur la table recouverte d'un tapis vert à bandes et effilés clairs, un encrier, un cachet, un globe terrestre et des livres. Au fond, à gauche, d'autres livres sur un rayon. Signé, à gauche, sur le bois de la table : J. OLIS.

H., 0,25; L., 0,20. B. — Fig. pet. nat. Coll. Cremer. 721 fl. V. Roos (1887). « Tandis que la plupart des tableaux d'Olis sont minces et fluides, peints très superficiellement, ce portrait est au contraire solide, d'une facture ferme et en opposition absolue avec son tableau d'Amsterdam n° 1050. » (BRÉDIUS, p. 30.)

## Ostade (ADRIAEN VAN), 1610-1685.

**129.** — *Le Ménétrier* (Salle XIII).

A gauche, devant un cabaret rustique, dont la façade se développe en oblique sur la droite, le ménétrier, de profil tourné à droite, joue du violon. Il porte une veste rouge, des culottes vertes, un chapeau à plume; près de lui, un petit garçon, vu de dos. Au milieu, à gauche de la porte du cabaret par laquelle regardent une vieille femme et deux garçons qui rient, un buveur, assis sur un banc. Sur la droite, au premier plan, une fillette, assise à terre, agaçant un chien, et derrière, une autre fillette, tenant la main d'un enfant assis sur un escabeau. Signé à droite sur une planche : A. OSTADE 1673

H. 0,45; L., 0,42. B. — Fig. 0.20. — Gravé dans le Musée Napoléon, Landon, les Rec. Steengracht et Desguerrois, le Kunstkronyk. Coll. Slingelandt et Guillaume V. SMITH, n° 209. « Composition très réussie et remarquable par le contraste de tons clairs et frais avec l'éclat de la lumière du soleil. » (WAAGEN, III, 83.)

**557.** — *La Demande en mariage* (Salle XI).

Dans une chambre, au milieu, est assise, de trois quarts tournée vers la gauche, une dame, en jupe verte, corsage rose à doublure d'hermine, tablier blanc, coiffe noire; un chien jappe après elle; au second plan, une femme, en robe verte, tablier blanc, qui lui présente une lettre; un jeune homme debout, en vêtement et chapeau noirs, semble attendre avec anxiété la réponse à cette missive; à gauche, près d'une fenêtre,

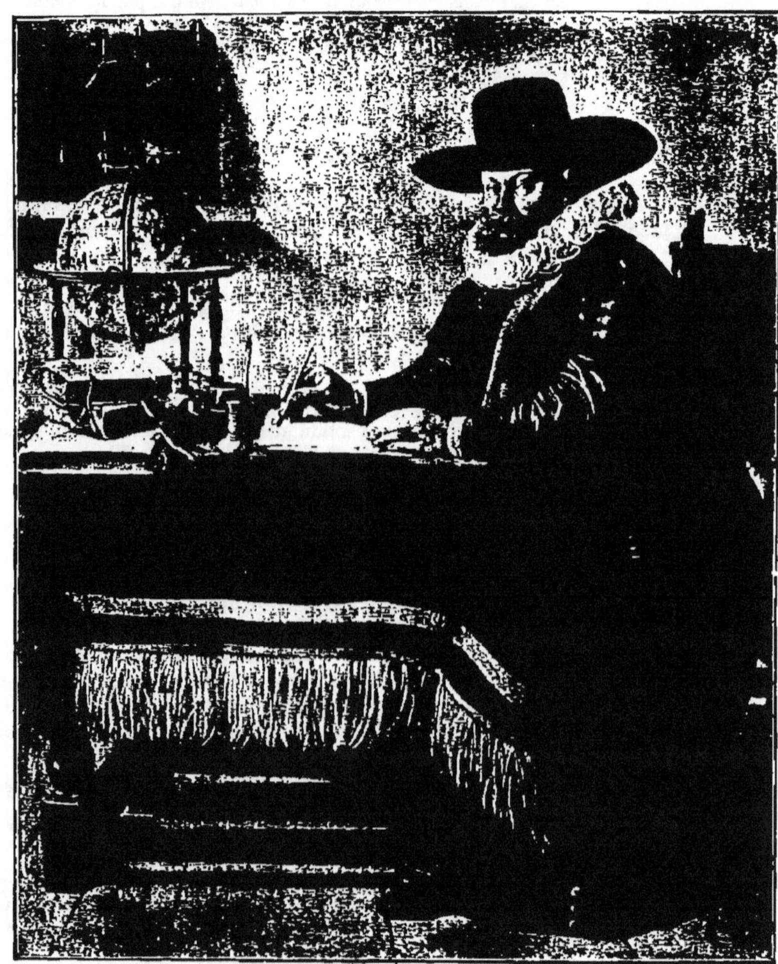

Cliché Hanfstaengl. Typogravure Hanfstaengl.



OLIS.

537. — *Portrait d'un savant.*

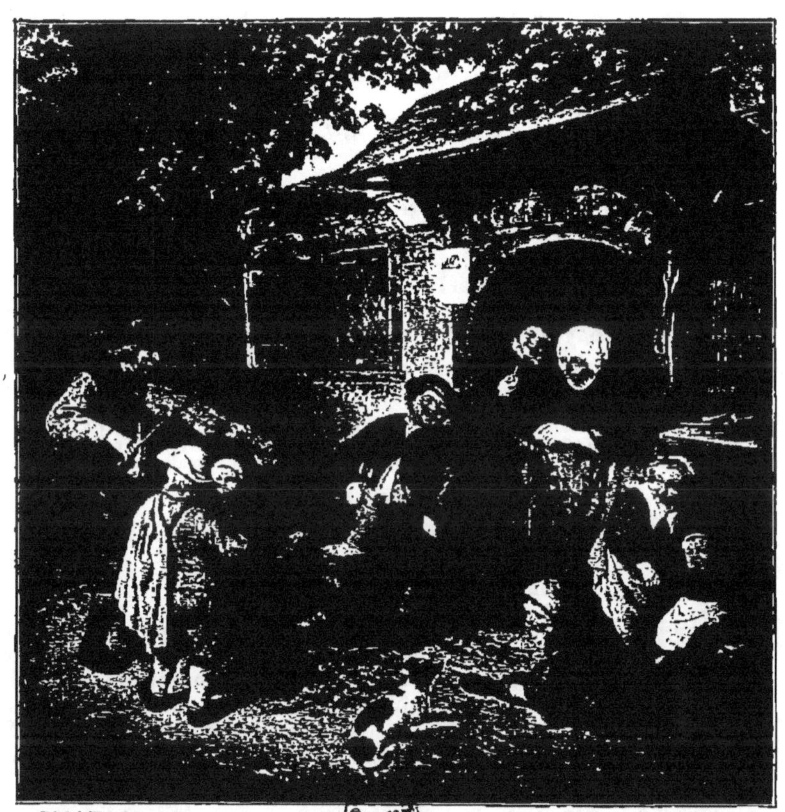

Cliché Hanfstaengl. Typogravure Hanfstaengl.

OSTADE (ADRIAEN VAN).

129. — *Le Ménétrier.*

est assis un homme, en veste brune, haut-de-chausses violet, chemisette blanche, chapeau noir, le coude droit appuyé sur une table recouverte d'un tapis vert, sur laquelle sont posés un verre, un couteau et des tranches de melon dans un saladier en faïence. Aux murs, des tableaux.

H., 0,63; L., 0,51. B. — Fig. 0,25. Gravé par Steelink. 215 fl. V. Muilman, Amsterdam (1813) sous le nom de Kœdyk. Attribué ensuite à Isaack van Ostade. Prêté par M. Brédius. « De la seconde manière d'Adriaen van Ostade. A rapprocher du tableau de famille au Louvre, n° 2495. L'homme debout serait le peintre lui-même. » (Catal., p. 279.)

**128.** — *Des paysans dans une auberge* (Salle XIII).

Au premier plan, trois paysans assis autour d'une table basse; l'un à gauche, allumant sa pipe, le second, à droite, tient un pot à bière et un verre, le troisième, au milieu, au second plan, accordant son violon. Derrière, les regardant, une femme appuyée sur une chaise; à gauche, une petite fille, assise, jouant avec un chien, près d'une porte cintrée qui mène à un jardin; au fond, près d'une fenêtre ouverte, devant l'âtre, trois paysans. Signé, à droite, sur le sol: A. v. OSTADE, 1662.

H., 0,47; L., 0,39. B. — Fig. pet. nat. Gravé dans le Musée Français, le Musée Napoléon, les Rec. Steengracht et Desguerrois. Coll. van Dyck, La Haye (1713), Bleyswik de Delft, Slingelandt, Guillaume V. « Œuvre admirable », SMITH, n° 208. « Composition heureuse, d'une magie de clair obscur toute particulière. » (WAAGEN, III, 81.) « En laissant pénétrer la lumière, à gauche, par la porte et, au fond, par une haute fenêtre, le peintre en effet obtient le clair obscur aussi parfait qu'il peut le désirer. » (BREDIUS, 16.)

## Pape (ABRAHAM DE), entre 1620 et 1625-1666.

**130.** — *La Ménagère* (Salle XI).

Dans une cuisine, une vieille femme, assise, en jupe violette, corsage noir à manches rouges, bonnet, rabat et collerette blancs, plume une volaille, dont un petit garçon, un genou en terre, montre le bec. A droite, contre une table, un chaudron sur lequel sont posés des oignons; à gauche, un baquet et un balai, contre une porte ouverte, au pied d'un escalier; au fond, une cheminée. Signé, à gauche, sur la seconde marche; A. DE PAPE.

H., 0,49; L., 0,42. B. — Fig. pet. nat. Gravé dans le Rec. Desguerrois. 490 fl. V. Muller, Amsterdam (1827).

## Piero di Cosimo (PIERO DI LORENZO, DIT), Italien, 1462-1521.

**287.** — *Portrait de Francesco Giamberti, père du sculpteur San Gallo* (Salle IX).

Vieillard édenté, au visage rasé, de profil, tourné vers la gauche. Vêtement brun. Manteau noir. Toque rouge à bords relevés. Au fond, à gauche, sur une route qui mène à une ville, un piéton et un cavalier, une femme en croupe. Au loin, une église; à droite, des fidèles et un prêtre devant une chapelle. Au premier plan, sur une tablette recouverte d'un tapis rouge, une portée de musique.

H., 0,47; L., 0,34. B. — Fig. en buste gr. nat.

**288.** — *Portrait de Giuliano da San Gallo, sculpteur et architecte florentin*, 1443-1517 (Salle IX).

De trois quarts tourné vers la droite, visage rasé, chevelure grisonnante à longues boucles. Vêtement noir à fleurs, chemisette blanche. Au fond, un village ; collines à l'horizon. Au premier plan, une plume et des compas, sur une table.

H., 0,47; L., 0,33. B. — Fig. gr. nat. Pendant du précédent. Sur le revers, deux cachets, dont l'un aux armes du Stathouder Johan Willem Friso. Attribués autrefois à Albert Durer, à Lucas de Leyde, puis à un inconnu florentin. Restitués à leur véritable auteur par M. Gustave Frizzoni (*Archivio Storico*, 1879, p. 215). Coll. royales d'Angleterre et Guillaume III. « Francesco da San Gallo a encore en sa possession, de la main de Piero, une superbe tête de Cléopâtre (actuellement au château de Chantilly) et deux portraits, l'un de Giulano, son père, l'autre de Francesco Giamberti, son grand-père, tous deux vivants » (Vas. IV, 144.)

## Pierson (Christoffel), 1631-1714.

**474.** — *Portrait de Joris Goethals, prédicateur* (Salle VII).

Signé, sur la table : Chr. Pierson, 1667.

H., 0,37; L., 0,28. B. — Fig. jusqu'aux genoux pet. nat. Gravé par Persyn. Coll. Bosscha et Angely. Don Lantsheer (1883).

## Pot (Hendrick Gerritsz), vers 1585-1657.

**475.** — *La Société galante* (Salle XI).

Dans une chambre, autour d'une table servie, sont assis cinq convives ; un jeune homme, au second plan, en pourpoint vert, chapeau gris aux bords relevés, les bras étendus, prend les mains de ses deux voisines : l'une à droite, en robe jaune, corsage bleu, fraise blanche, des plumes dans les cheveux, tient, dans la main droite, un verre ; l'autre à gauche, en corsage violet et fraise blanche, appuie sa main gauche sur le bras du jeune homme ; à gauche, deux autres femmes : l'une, jeune, de profil, tournée vers la droite, au premier plan, en robe et corsage rouges, ceinture orange, tenant derrière son dos un verre ; l'autre, au second plan, vieille, en coiffe blanche, élève un verre. Au fond, à droite, une porte et un lit à rideaux verts ; au milieu, des verres sur un buffet, un chien et un pot de chambre, près d'une porte ouverte que franchit un homme ; au premier plan, à gauche, contre une chaise, un manteau et une épée. Signé, sur le lit : H. P. (accolés).

H., 0,41; L., 0,56. B. — Fig. pet. nat. Attribué autrefois à Dirck Hals. 1305 fl. V. Nahuys, Hodgson, Royer-Keerst (1883). La National Gallery a acquis, il y a quelques années, un tableau semblable à celui-ci. Un autre se trouve à Aix-la-Chapelle, sous le nom de Dirck Hals.

MUSÉE DE LA HAYE.

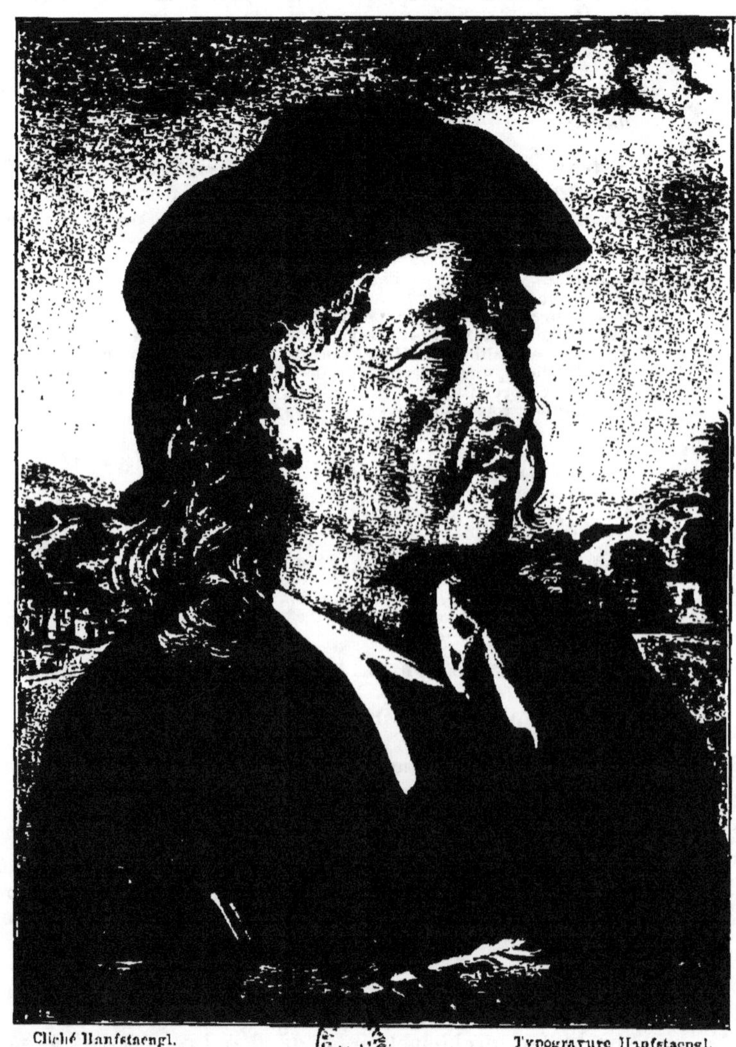

Cliché Hanfstaengl. Typogravure Hanfstaengl.



PIERO DE COSIMO.

288. — *Portrait de Giuliano da San Gallo.*

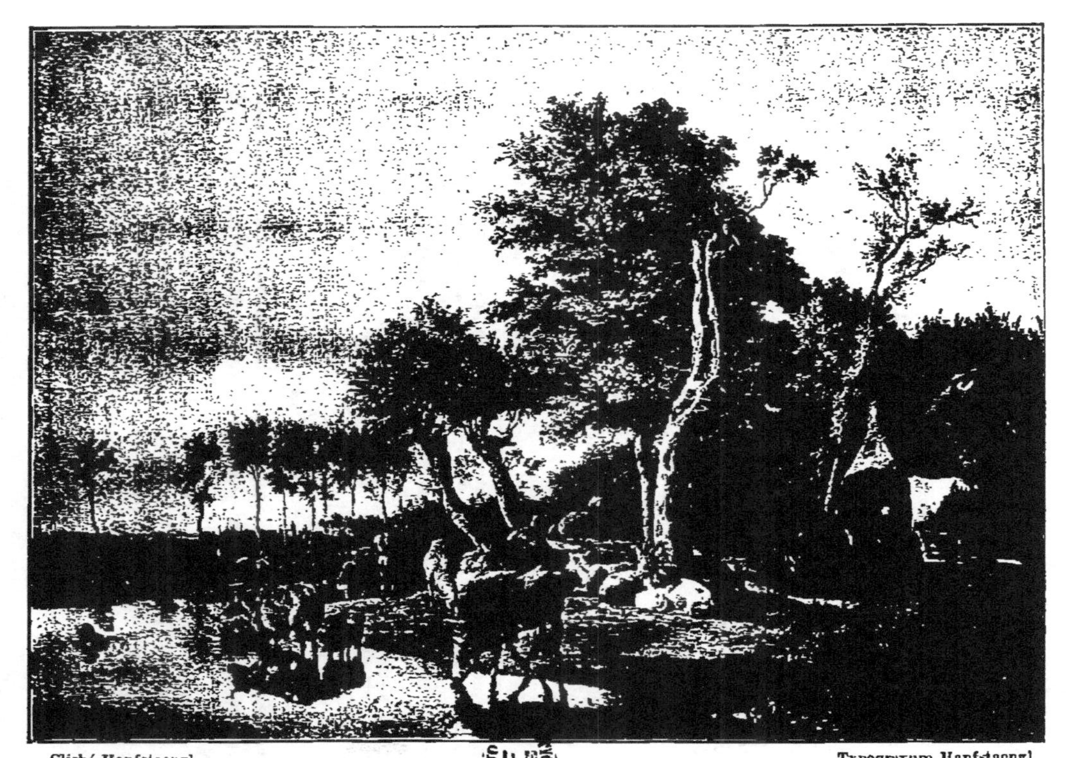

Cliché Hanfstaengl. Typogravure Hanfstaengl.



POTTER (PAULUS).

137. — *La Vache qui se mire.*

## Potter (Paulus), 1625-1654.

**136.** — *Le Jeune Taureau* (Salle XI).

Dans une prairie, au milieu, un jeune taureau, brun, tacheté de blanc sur les reins et au front, debout, est tourné de profil vers la gauche, où sont groupés, au pied de deux grands arbres, une vache, une brebis, un agneau et un bélier couchés ; au second plan, derrière une barrière, de face, regarde un paysan, en veste grise, de sa main gauche s'appuyant contre le tronc d'un arbre ; au fond, à droite, dans la plaine, des bestiaux ; un village à l'horizon. Signé, à gauche sur la palissade :

*Paulus. Potter. f. 1647*

H., 2,38 ; L., 3,45 T. — Fig. gr. nat. — Gravé par Couché, Masquelier, Denon, dans la galerie Lebrun (dont il ne fit jamais partie), dans Landon, le Rec. Steengracht, l'Histoire des Peintres, l'ouvrage de Woermann, etc. 630 fl. V. Fabricius, Haarlem (1749). Coll. de Guillaume IV ; estimé par Smith 5,000 guinées, N° 48. « En dépit de sa perfection, ce chef-d'œuvre prouve combien était juste le sentiment qui porta les peintres hollandais en général à traiter leurs sujets dans de petites dimensions. A part le portrait qui exige avant tout la reproduction fidèle de la nature, un objet ne doit être représenté dans ces grandes proportions que lorsqu'il intéresse l'esprit. » (Waagen, III. 103.) Cette opinion est aussi celle de Théophile Gautier (*Moniteur Universel*, juin 1858), Burger (I, 211-215), Fromentin. « Le malheur est que l'effet, adopté trop naïvement par le peintre, ne comporte point d'ombres. La lumière est égale partout, monotone et sans demi-teintes. Car le temps est un peu sombre, le ciel n'a pas un nuage, mais une sorte de voile opaque, tendu entre la terre et le soleil, et qui intercepte tout rayonnement. La Hollande offre souvent cet effet-là. » (Burger, 212.) « L'unité manque à ce tableau, qui commence on ne sait où, ne finit pas, reçoit la lumière sans être éclairé, la distribue à tort et à travers, échappe de partout et sort du cadre. Il est trop plein, sans être occupé... C'est une grande *étude*, trop grande au point de vue du bon sens, pas trop pour les recherches dont elle fut l'objet et pour l'enseignement que le peintre en tira. » (Fromentin, 210.)

**137.** — *La Vache qui se mire* (Salle XIII).

A droite, au second plan, au pied d'un bouquet d'arbres, des moutons et des béliers ; devant une chaumière, deux vaches, un paysan et une femme qui trait une vache. Dans une mare, sur la gauche, une vache et un bélier, et, au milieu, sur le bord, se désaltérant, une vache rousse, qui se reflète nettement dans l'eau transparente. A gauche, au second plan, des baigneurs, les uns sur la rive, les autres dans l'eau. Au fond, sur une route bordée d'arbres, un carrosse attelé de six chevaux, précédé de deux piqueurs. A l'horizon, le village de Ryswyk et la ville de Delft. Signé et daté, sur le mur de la chaumière : Paulus Potter f. 1648.

H., 0,44 ; L., 0,61 T. — Gravé dans le Musée Français, dans les Rec. Steengracht et Desguerrois. Coll. de Wolf, Slingelandt, Guillaume V. Intitulé par Smith, numéro 92,

*Les Baigneurs*. Le groupe, à droite, se retrouve dans le tableau de la Coll. d'Arenberg à Bruxelles. « C'est un vrai chef-d'œuvre, à mon avis, et non pas seulement un *hors-d'œuvre*, comme le *Taureau*. Paul Potter y a peint cependant ce qu'il n'a jamais peint ailleurs, des figures nues !... Ces figures nues sont étonnantes de dessin, de modelé, de mouvement, surtout une debout et vue de dos... Ici le ciel a laissé tomber son voile d'hiver, et tout est gaiement radieux. La Hollande est charmante en été. » (BURGER, 217.) L'opinion de FROMENTIN (page 218) est moins favorable. « C'est un tableau fort célèbre, et, vous pouvez m'en croire, extrêmement faible, décousu, compliqué d'une lumière jaunâtre qui, pour être étudiée avec une patience inouïe, n'en a ni plus d'intérêt, ni plus de vérité, plein d'incertitude en son effet, d'une application qui trahit la peine. » M. BRÉDIUS (page 22), au contraire, considère ce petit tableau comme occupant une place très importante dans l'œuvre du peintre. « Comme ce paysage est clair et comme le soleil répand ses rayons brûlants sur cette belle campagne, avec quelle puissance de modelé sont rendus les animaux et quelle grâce dans le choix du sujet ! »

**138.** — *Prairie, avec bestiaux et porcs* (Salle XIII).

A droite, près d'une cabane, un porc se frottant contre un saule et une truie couchée avec ses trois petits ; au milieu, un bœuf gris ; à gauche, un bœuf blanc qui s'avance, et, entre les deux, derrière, couchée, une vache brune. Au second plan, des chaumières et, dans une prairie, une vache. Paysage d'automne, ciel traversé par de petits nuages. Signé et daté, sur la ferme, à droite : PAULUS POTTER F. 1652.

H., 0,35 ; L., 0,46. B. — Gravé dans le Musée Français, le Musée Napoléon, par Couché, Garreau, dans le Rec. Steengracht, etc. Coll. van Uchelen, Slingelandt, Guillaume V. SMITH, n° 93. Une répétition dans la Coll. Moltke à Copenhague. « Assez faible sous le rapport de la composition, cette œuvre est d'une touche à la fois légère et large. L'effet de soleil est d'une grande clarté, surtout dans les ombres. » (WAAGEN, III, 107). « Dans cette chaude peinture, Paul Potter, quelquefois un peu sec et froid, est vaporeux comme Claude Lorrain, large et ferme comme Cuyp, harmonieux comme Adriaen van de Velde. » (BURGER, I, 219). « L'enveloppe est excellente, le métier seul persiste dans son enfantine égalité. » (FROMENTIN p. 218.)

## Potter (PIETER SYMONSZ), 1597-1652.

**409.** — *Bergers et Bestiaux* (Salle X).

A droite, un berger, en tunique rouge, sa houlette contre son épaule gauche, une gourde à sa ceinture, étend la main droite vers deux femmes accompagnées de deux enfants : l'une, debout, appuyée contre un arbre, en robe verte, tenant dans ses bras un nourrisson, l'autre, assise, au premier plan, de profil tournée vers la gauche, en robe jaune à manches bleues ; derrière elle, une vache et une chèvre près d'un bois ; au milieu, un mouton et deux béliers. A gauche, au second plan, deux bergers et leurs troupeaux. Au fond, une vallée, des collines à gauche, un bois à droite. Signé, à droite, en bas :

P Potter: f. 1638.

H., 0,54 ; L., 0,81. T. — Fig. 0,27. 150 fr. V. Néville D. Goldsmid, Paris (1876).

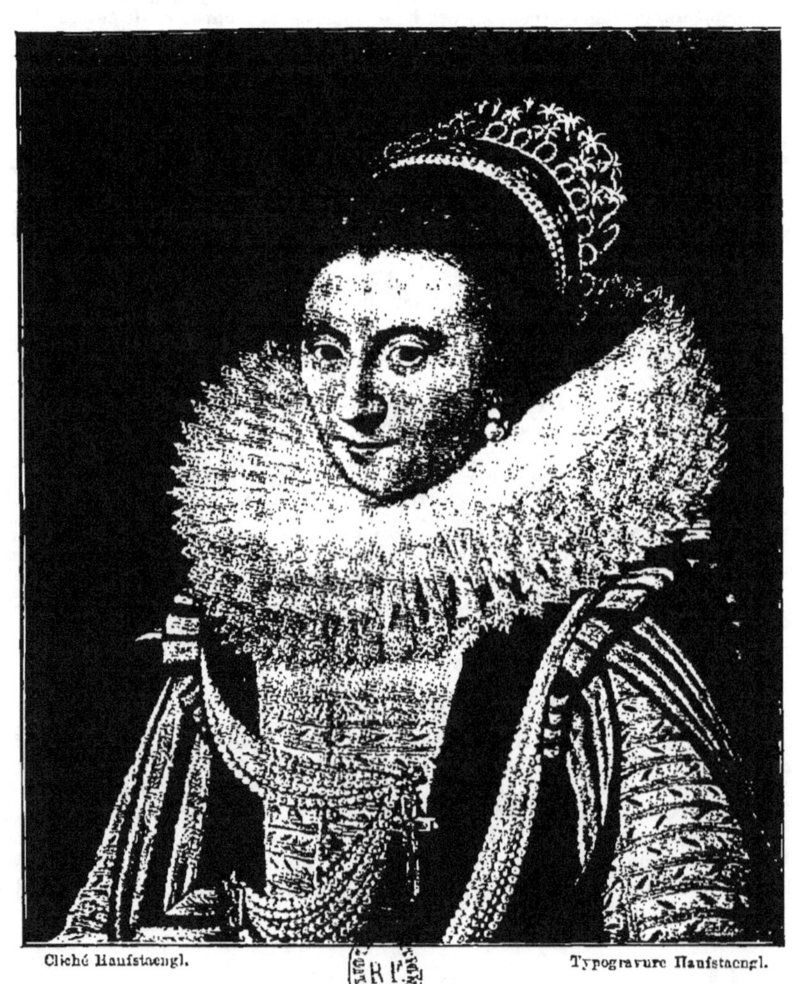

Cliché Hanfstaengl. Typogravure Hanfstaengl.



RAVESTEYN.

120. — *Portrait de la comtesse Jean de Nassau.*

## Pynacker (Adam), 1622-1673.

**132.** — *Le Torrent* (Salle VIII).

Signé, à droite : A. Pynacker (A. et P. entrelacés).

H., 1 m; L., 0,88. T. Gravé dans les Rec. Steengracht et Desguerrois. 1,800 fl. V. van der Pot, Amsterdam, 1808. Echangé avec le Musée d'Amsterdam en 1825.

## Ravesteyn (Jan Anthonisz van), vers 1572-1657.

**119.** — *Portrait d'Amélie-Elisabeth, comtesse de Hanau, femme de Guillaume V, landgrave de Hesse-Cassel* (Salle IV).

De trois quarts tournée vers la droite. Corsage à fleurs dorées brun, décolleté en pointe; fraise en dentelle. Chevelure blonde sur laquelle est posée, en arrière, une coiffe dorée et une plume blanche. Collier de perles. Sur le corsage, une chaîne en pierres précieuses retenue par une broche. Boucles d'oreilles en orfèvrerie. En haut, on lit : Anno 1617, fil' de hannau.

H., 0,64; L., 0,56. B. — Fig. en buste gr. nat. Gravé par Guichard. Ancienne galerie du château de Honselaerdyk. Vendu sans doute en 1795 et acheté à La Haye en 1820. Attribué autrefois à Moreelse, dont le nom se trouve sur le revers du panneau ainsi que les lettres H. W. entrelacées. « Des comparaisons avec des portraits de femme authentiques peints par Ravesteyn ont prouvé que ce portrait ainsi que le numéro 120, ci-dessous, ont été exécutés par ce Maître. » (Cat., p. 321.)

**120.** — *Portrait de la comtesse Ernestine-Yolande de Ligne Arenberg, épouse du comte Jean de Nassau-Siegen* (Salle IV).

De trois quarts tournée vers la gauche. Corsage blanc brodé, mantelet noir. Sur la poitrine, un collier de plusieurs rangs de perles retenu par une croix et un médaillon. Collerette godronnée. Sur l'arrière de sa chevelure blonde, un diadème de perles et de marguerites.

En haut, on lit: Ernestina, femme de comte ian de nass.

H., 0,63 ; L., 0,54. B. — Fig. en buste gr. nat. Gravé par Baude. Voir la note du numéro précédent.

**142.** — *Portrait d'un Capitaine.*

H., 1,17 ; L., 0,98. T. — Fig. à mi-corps gr. nat. Daté: Ao. 1616. Ce portrait de capitaine ainsi que les autres du même peintre, marqués au coin en bas des chiffres 23, proviennent du château de Honselaersdyk.

**417.** — *Portrait d'un Capitaine* (Salle III).

Signé, à gauche : Ao 1615. I. R. (entrelacés).

H., 1,15; L., 0.96. T. — Fig. jusqu'aux genoux. gr. nat.

**419.** — *Portrait du Colonel Nicolaes Smelsinc* (Salle III).

Signé, à droite, en bas : Ano. 1611. Raves.

H., 1,15; L., 0,97. T. — Fig. à mi-corps. gr. nat.

**423.** — *Portrait d'un Capitaine* (Salle IV).

Debout, de trois quarts tourné vers la droite, regardant en face. Chevelure, barbe et moustaches noires. Cuirasse et cuissards. Haut-de-chausses gris à bandes d'or. Col blanc rabattu. Echarpe orange en sautoir retenue sur l'épaule droite. La main droite gantée de cuir appuyée sur la hanche ; de la gauche, portant un gantelet de fer, il tient la garde de son épée. Sur une table, à droite, son autre gantelet et son casque à plumes et aigrette. Signé, à gauche :

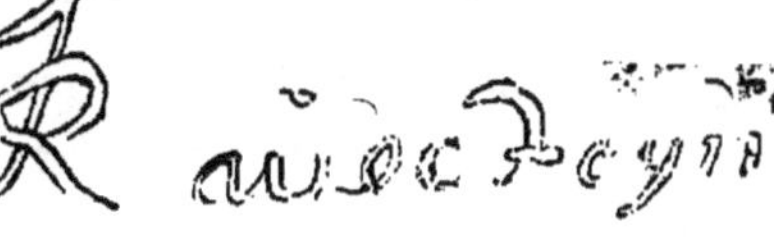

H., 1,14 ; L., 0,93. T. — Fig. à mi-corps gr. nat. Ancien dépôt (1876).

**438.** — *Portrait d'un Capitaine* (Salle IV).

H., 1,10 ; L., 0,91. T. — Fig. à mi-corps gr. nat. Musée d'Amsterdam (1877).

## Rembrandt (Harmensz) van Ryn, 1606-1669.

**145.** — *La Présentation au temple* (Salle XIV).

Au milieu du temple d'architecture fantastique, au second plan, un groupe, en pleine lumière, de trois personnes agenouillées : Siméon, vieillard à barbe blanche, de trois quarts tourné vers la gauche, couvert d'un manteau doré, l'Enfant Jésus, dans ses bras, la Vierge en robe bleue, les deux mains croisées sur sa ceinture et saint Joseph, en vêtement verdâtre, portant deux colombes. Derrière eux, trois assistants debout, dont l'un est coiffé d'un haut bonnet, contemplent le divin enfant, que bénit le grand-prêtre, debout, à gauche, de profil tourné vers la droite, en manteau violet, et turban multicolore ; à droite, au premier plan, sur un banc, deux vieillards assis ; au fond, nombreux fidèles sur un large escalier, au sommet duquel, sous un dais, un prêtre consacre un mariage ; dans la nef du temple soutenue par d'énormes piliers, la foule des assistants.

Signé sur le banc : R. H. (entrelacés), 1631.

H., 0,60 ; L., 0,48. B. — Cintré par le haut. Fig. 0,18. Gravé dans le Musée Napoléon, dans les Rec. Steengracht et Desguerrois, dans Woltmann, etc. 830 fl. V. Boul (1733). Coll. Guillaume V. Le Musée de Dresde possède une copie par de Poorter ; et plusieurs répliques de la main de Rembrandt ont paru dans des ventes célèbres. Le vieillard assis, en barbe blanche, serait le portrait du père de Rembrandt, et la Vierge le portrait de sa sœur. « Ce tableau n'avait pas autrefois la forme cintrée ; il a été augmenté de 0,13 dans le haut pour pouvoir servir de pendant à la jeune mère de Gérard Dov. L'œuvre la plus finie et la mieux conservée de cette époque. « Elle occupe dans la vie de Rembrandt une place très significative. On connait des peintures antérieures ; mais le *Siméon* est la première composition à plusieurs figures que nous possédions de lui. Cette composition, plus importante que les œuvres antérieures, est déjà une œuvre très originale ; le tableau n'a rien de commun (si ce n'est l'intimité et la personnalité) avec la peinture religieuse des anciens. Italiens, Flamands, Hollandais. Nous sentons que nous sommes en présence d'une individualité puissante. La beauté réside

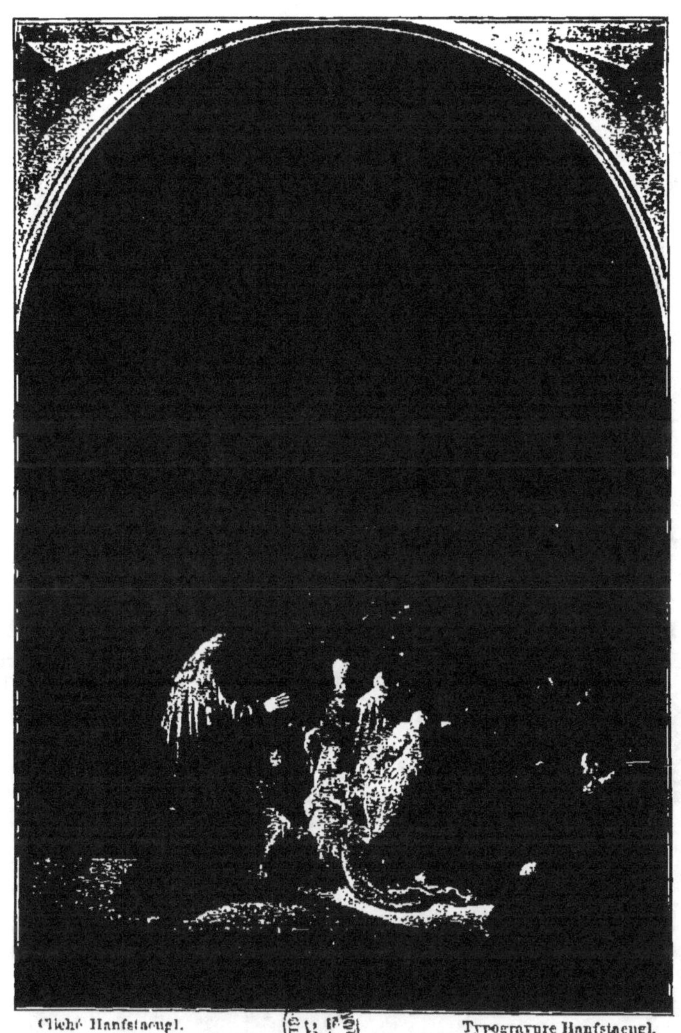

Cliché Hanfstaengl. Typogravure Hanfstaengl.



REMBRANDT VAN RYN.

145. — *La Présentation au temple.*

MUSÉE DE LA HAYE.

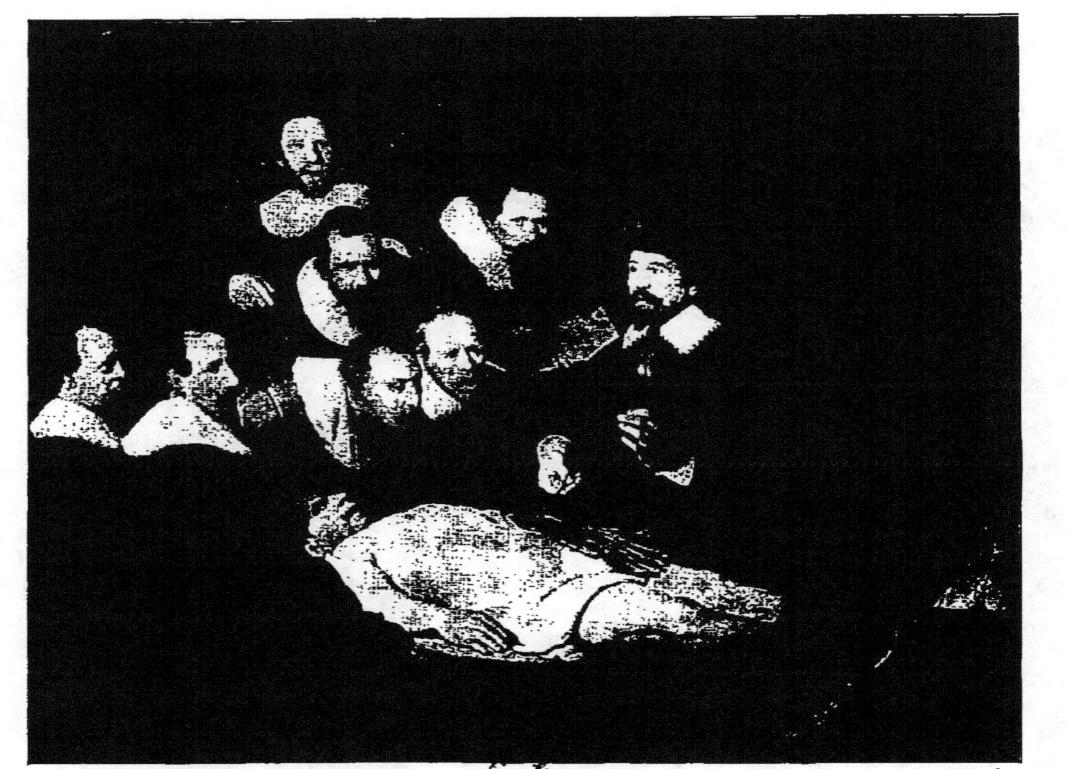

Cliché Hanfstaengl. Typogravure Hanfstaengl.

REMBRANDT VAN RYN.

146. — *La Leçon d'anatomie.*



Voir page 50

dans la grandeur et la vérité profonde et intime de la conception, dans la puissance créatrice avec laquelle le tableau est conçu comme scène et comme couleur. » (VOSMAER, p. 104.) « Plus tard, Rembrandt montrera plus de force, plus d'ampleur, des allures plus libres, des inventions plus imprévues ; il n'imaginera pas de figure plus touchante que celle de la Vierge, et n'en possédera peu de plus vénérables que celle de Siméon avec sa couronne de cheveux blancs, ses traits augustes, son visage illuminé d'une foi joyeuse et enthousiaste. » (E. MICHEL, 685.) Estimé 1,800 guinées par SMITH, qui lui donne à tort la date de 1630. C'est à tort aussi que SCHELTEMA dit que ce tableau fut peint pour Jan Six, âgé alors seulement de treize ans.

**146.** — *La Leçon d'anatomie du professeur Nicolaes Pieterszoon Tulp,* 1593-1674 (Salle XIII).

Dans une salle, à droite, derrière une table, sur laquelle est étendu le cadavre du malfaiteur Het Kint, placé en pleine lumière, la tête à gauche, les pieds dans l'ombre ; debout, le professeur Tulp, en vêtement et chapeau noirs, col et manchettes blanches, de trois quarts tourné vers la gauche. De la main droite, avec une pince, il saisit les muscles du bras droit du mort ; l'autre main appelle l'attention de ses sept auditeurs réunis à gauche, dans des attitudes diverses. Ceux-ci, maîtres jurés de la corporation des chirurgiens à Amsterdam, à l'exception de F. Loenen, sont vêtus de noir, avec une collerette plissée (Hartmantz porte une fraise tuyautée à l'ancienne mode). Au milieu, MATHYS KALKOEN assis, la main gauche sur la poitrine, fixe le professeur, tandis que son voisin, JACOB DE WITT, en pourpoint violet, se penche en avant ; derrière eux, JACOB BLOCK ; plus au fond, debout, FRANS VAN LOENEN, le sourcil plissé, ramenant les plis de son manteau, et, à droite, HARTMAN HARTMANTSZ, tenant de la main gauche un papier sur lequel sont inscrits les noms des huit personnages représentés. A gauche, au premier plan, JACOB KOOLVELT écoutant la démonstration et ADRIAEN SLABRAN regardant le spectateur. A droite, sur un pupitre, un in-folio ouvert. Signé, au milieu, sur une pancarte fixée au mur. Signature évidemment refaite, sous laquelle apparaissent encore les lettres de la véritable signature : REMBRANT FE 1632.

H., 1,62 ; L., 2,16. T. — Fig. gr. nat. Gravé par de Frey, Unger, Flameng, etc. dans les Rec. Steengracht et Desguerrois. Tableau commandé en 1632 pour être offert à la corporation des chirurgiens par le professeur Tulp, dont le vrai nom était Claes Pietersz et qui avait emprunté son pseudonyme à une tulipe sculptée sur la façade de la maison paternelle. Transporté en 1639 de la maison de la Gilde, où il avait pour pendant *Le docteur Deyman disséquant un cadavre* (Voir Amsterdam, p. 280) au Poids Saint-Antoine et acheté en 1828 par le roi Guillaume, au prix de 32,000 florins, à la corporation qui, pressée par des besoins d'argent, fut obligée de le mettre en vente au profit du fonds des veuves des chirurgiens. Nettoyé en 1732 et en 1781, restauré partiellement en 1781 par Quinckardt, rentoilé en 1817, 1860 et en 1877. FROMENTIN a traité très sévèrement ce tableau. « Le faire y est mince et n'a que peu d'ardeur. L'effet est saillant sans être fort, et en aucune partie des étoffes, du fond, de l'atmosphère où la scène est placée, le travail ni le ton ne sont très riches... Quant au cadavre, j'ajouterai qu'à part la blancheur molle et pour ainsi dire macérée des tissus, ce n'est pas un mort ; il n'en a ni la beauté, ni la laideur, ni les accidents caractéristiques, ni les accents terribles, il a été vu d'un œil indifférent, regardé par une âme distraite. Rembrandt avait à peindre un homme ; il ne s'est pas assez soucié de la forme humaine ; il avait à peindre la mort, il l'a oubliée, pour chercher sur sa palette un ton blanchâtre qui fût de la lumière. » Ces critiques ne peuvent empêcher d'admirer, comme le fait d'ailleurs l'auteur des *Maîtres d'autrefois*, la physionomie si intéressante du professeur et les expressions supérieurement rendues de ses élèves. Si l'on compare cette composition avec celles que ses prédécesseurs ou même ses contemporains nous ont laissées de pareils sujets, on ne peut pas ne pas reconnaître qu'elle contient en germe tout le génie du grand maître. Elle constitue une date, non seulement dans la carrière du peintre, mais même, comme le fait remarquer M. EMILE MICHEL (page 136) dans l'histoire de l'école hollandaise : « Avec la consécration de tous les efforts, celle-ci, en effet, trouvait, dans ce tableau, la conscience de sa force, et comme un encouragement à persévérer dans les voies où elle s'était engagée; cet art répondait pleinement à ses goûts, à son amour de la vérité, à ses qualités d'exactitude et de conscience, à ses recherches de perfection dans la technique. » « Ce qu'il y a d'ailleurs de très neuf et de très original dans ce tableau, c'est l'idée même de la composition. *Qu'est-ce que la Leçon d'anatomie?* C'est la représentation de la science, et non pas seulement un épisode d'amphithéâtre. Il n'y a pas de figure mystique, fût-elle couronnée de scalpels comme d'une couronne d'épines, qui puisse aussi bien exprimer la science médicale et ses leçons et ses dévouements que l'honnête Tulp, une main à l'ouvrage, l'autre main délicatement arquée par un geste de démonstration, le pouce et l'index rapprochés comme s'il tenait une petite fleur au bout de ses doigts. » (BURGER, I, 202-205.)

## 147. — *Suzanne au bain* (Salle XIV).

La jeune femme, toute nue, se préparant à entrer dans un bassin qui s'étend à gauche, se soulève du banc sur lequel elle était assise. De trois quarts tournée vers la gauche, le visage de face, elle prête l'oreille au bruit qu'elle vient d'entendre et ramène, effrayée, sur ses cuisses, une draperie, blanche, tandis qu'elle replie son bras gauche contre sa poitrine. Sa chevelure blonde tombe en longues boucles, son pied gauche est chaussé d'une sandale ; son pied droit est posé en avant sur l'autre sandale. Sur le front, une ferronnière en or ; au cou et aux poignets, des perles. Son manteau grenat et sa chemise blanche sont posés sur le banc. Au second plan, au milieu, sur un socle, une aiguière et un plateau. A droite, la tête d'un des vieillards, derrière un bouquet d'arbres. Au fond, un palais avec des terrasses. Montagnes à l'horizon.

Signé, à droite, en bas : REMBRANT F. 1637.

H., 0,47 : L., 0,39. B. — Fig pet. nat. Sur une bande de 0,04 ajoutée à droite se trouvent les dernières lettres de la signature *ant f* et le chiffre 7. Gravé dans le Rec. Steengracht. 157 fl. V. Snyers (1758). Coll. Slingelandt et Guillaume V. SMITH (nº 42) qui appelait cette Suzanne une « production très finie » l'estimait 300 guinées. La chaste Suzanne a été souvent représentée par Rembrandt. Voir le tableau de la coll. Lacaze au Louvre, le tableau du Musée de Berlin, celui de M. Léon Bonnat à Paris, etc. D'après SIR J. REYNOLDS, ce tableau serait une étude pour une Suzanne, de grandeur nature, qu'il avait en sa possession. « Il semble fort singulier, ajoute-t-il, que Rembrandt se soit donné tant de peine pour produire à la fin une figure si laide et si désagréable; mais son attention était principalement fixée sur le coloris et sur l'effet dans lesquels il est parvenu, sans contredit, au plus haut degré d'excellence. » D'après M. BODE, sous les traits de Suzanne, le peintre aurait représenté sa femme Saskia.

## 148. — *Portrait du peintre* (Salle XIV).

Tourné de profil vers la droite, le visage imberbe vu de face ; Chevelure tombant en boucles sur le front et les épaules. Vêtement gris, collerette blanche, hausse-col en fer forgé.

H , 37 ; L., 0,29. — B. — Fig. en buste. Peint vers 1629. Gravé par Rembrandt en 1629, par Valentin Green, dans le Musée Napoléon, comme étant de van Vliet, dans le musée Français. Coll. Slingelandt et Guillaume V. « Les carnations sont pleines d'éclat, modelées avec une habileté extrême, dans une pâte abondante. Les ombres très

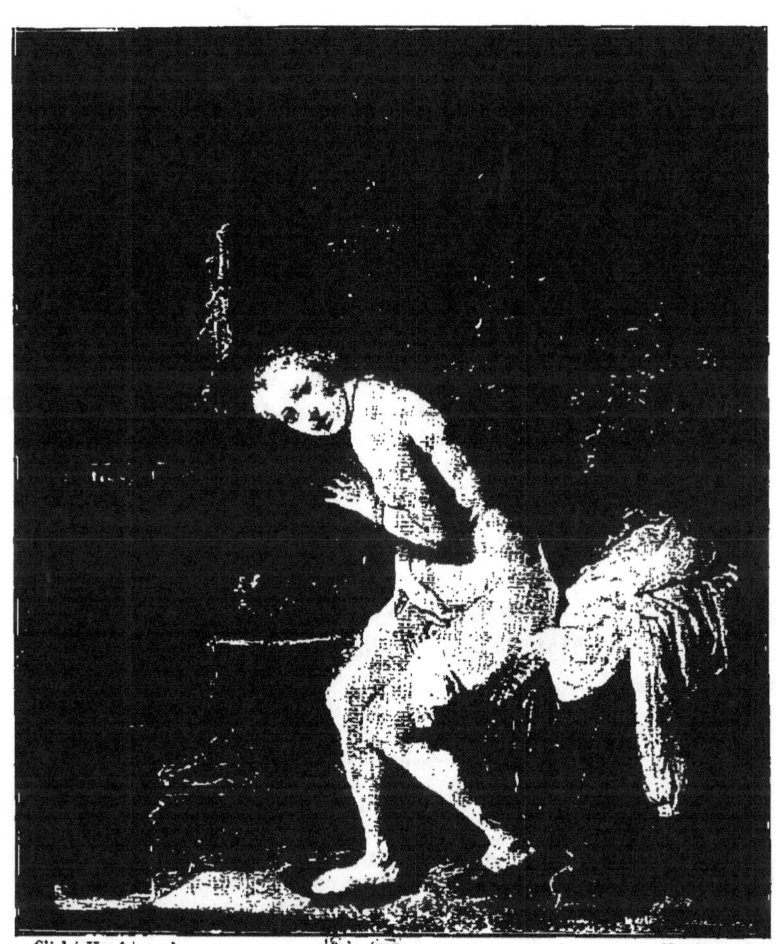

Cliché Hanfstaengl. Typogravure Hanfstaengl.

REMBRANDT VAN RYN.

147. — *Suzanne au bain.*

intenses ont cependant conservé leur transparence. On sent que Rembrandt s'est appliqué dans ce portrait visant à la fois une complète ressemblance et désireux aussi de montrer l'expérience acquise par ses études. » (EMILE MICHEL, p. 32). A rapprocher des portraits que possèdent les Musées de Cassel et de Gotha. Une copie se trouve au Musée de Nuremberg, une autre dans la coll. de M. Brédius. En 1775, une réplique ou une copie de ce portrait, d'après laquelle Green exécuta sa gravure, figurait dans la coll. Orme, à Londres.

**149.** — *Portrait du peintre en officier* (Salle XIV).

De profil tourné vers la droite, le visage de trois quarts, regardant le spectateur. La bouche est entr'ouverte, les moustaches retroussées. Manteau noir à galons d'or, hausse-col en fer, béret de velours noir à crans découpés et orné d'une plume noire. Boucle d'oreille en or. Signé, à droite, sur le fond : REMBRANDT. F.

H., 0.62 ; L., 0,47. B. — Fig. en buste gr. nat. Peint vraisemblablement vers 1634. Gravé par Frey, dans le Musée Napoléon, le Musée Français, le Rec. Steengracht etc. : Coll. van Slingelandt et Guillaume V. Une copie se trouve au Musée de Stockholm. A comparer avec le portrait du maître, de la même année, au Musée de Cassel. Voir E. MICHEL, p. 215. Estimé 120 guinées par SMITH, n° 245.

**552.** — *Une dame à sa toilette* (Salle XIV).

Le corps légèrement tourné vers la gauche, le visage vu de face. Robe vert foncé avec rayures d'or aux manches. Guimpe blanche entr'ouverte. Collier de perles. Sur sa chevelure brune qui tombe en boucles, une chaîne en pierres précieuses. Devant une table recouverte d'un tapis rouge et sur laquelle se dresse, à gauche, un miroir, près d'un coffret, d'une bague et d'une lettre, elle lace son corsage. Signé, à droite : REM.

H., 0,73 ; L., 0,63. B. — Fig. en buste gr. nat. Peint vers 1637 ou 1638. Gravé par Kœpping. Coll. Duclos, de Paris. Prêté par M. Bredius.

**556.** — *Portrait de la mère de Rembrandt* (Salle XIV).

Tournée de trois quarts à gauche. cheveux gris, Manteau noir bordé de fourrure brune, col blanc, bonnet de velours noir. Fond gris.

H., 0,18 ; L., 0,13. B. — Fig. buste pet. nat. Acheté 41 fl. à Rotterdam. Prêté par M. Bredius. Exp. des maîtres anciens. La Haye (1890). Voir E. MICHEL, p. 42.

**560.** — *Portrait présumé de Adrien Harmensz van Ryn, frère du peintre* (Salle XIV).

De trois quarts tourné vers la droite. Chevelure, barbe et moustaches grisonnantes. Visage haut en couleur; gilet marron clair, vêtement brun foncé. Signé, sur le fond, à gauche :

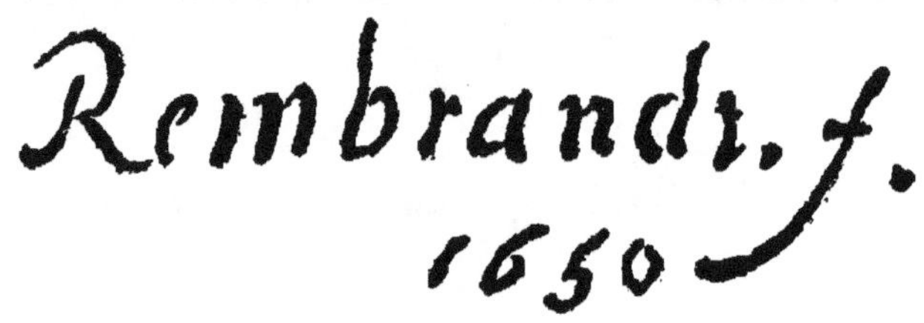

H., 0,78 ; L., 0,66. T. — Fig. en buste gr. nat. Gravé par Kruger dans le Rec. Lebrun. Coll. Lebrun. Knigton et Robinson, de Londres. 1,400 fr. V. Erard (1832). Acheté 30,000 francs à M. Sedelmeyer (1891). Ce portrait, exécuté vers 1650, a passé à tort pour être celui du père de Rembrandt; mais, à cette époque, il était mort depuis vingt ans. Le peintre a souvent reproduit les traits de son frère. Voir la *Parabole des hommes dans la vigne du Seigneur* Coll. Wallace, le tableau de l'Ermitage et celui de M. Jules Porgès de Paris, et l'article dans l'*Oud-Holland* (1891). SMITH, 281.

**565.** — *Tête de vieillard* (Salle XIV).

De face ; moustaches, barbe et favoris gris. Pourpoint et calotte noirs, houppelande brune doublée de fourrure. Col blanc. Fond gris.

H., 0,47 ; L., 0,39. B. — Fig. en buste pet. nat. Peint vers 1628. Gravé par Rembrandt en 1630. Ce portrait passe généralement pour être celui du père de Rembrandt. Coll. Harrisson. en Angleterre. Prêté par M. Brédius. A rapprocher d'une étude provenant de la coll. Habich, au Musée de Cassel, et d'un portrait du Musée de Nantes, attribué à tort à van Vliet. La calotte a été ajoutée après coup et les empâtements du dessous sont très apparents. « Le modelé très franc, très habile, est indiqué dans une pâte très abondante, maniée avec beaucoup de délicatesse dans le sens de la forme : la fourrure fauve, la barbe et les moustaches grises sont traitées avec esprit, et le ton gris neutre des ombres fait merveilleusement ressortir l'éclat des lumières. » (E. MICHEL, p. 45.)

**577.** — *Portrait de jeune fille* (Salle XIV).

De trois quarts tourné vers la gauche. Visage rond, yeux bruns, pas de sourcils. Robe noire, fraise godronnée et bonnet blancs, fond gris. Signé, en haut, à droite : R.

H., 0,55; L., 0,45. B. — Fig. en buste gr. nat. Attribué autrefois à A. Cuyp. Peint vers 1630. Acheté à M. Colnaghi de Londres (1893). Prêté par M. Brédius.

**579.** — *Le Repos en Egypte* (Salle XIV).

Dans la cour d'une maison en ruines, devant un auvent, est assise la Vierge, l'Enfant Jésus sur les genoux ; près d'elle, est couché saint Joseph, un cheval derrière lui. Au premier plan, assis sur un tas de pierres, un homme, vu de dos. Signé en avant : REMBRANDT, F.

H., 0,38 ; L., 0,35. Papier collé sur B. — Esquisse en grisaille, peinte vers 1635 ou 1636. V. Morton de Londres (1850). 620 fl. V. Howgate de Leeds (1894) ; à rapprocher de l'esquisse de la *Mise au tombeau* que possède l'Hunterian Museum, à Glascow.

**584.** — *Homère* (Salle XIV).

Assis dans un fauteuil, de trois quarts tourné vers la droite ; vêtement rouge, manteau jaune, calotte noire ; autour du front, un diadème d'or. La main gauche est posée sur la ceinture, la droite est tendue en avant vers un personnage dont on aperçoit à droite les doigts qui tiennent un stylet. Dans l'ombre, on distingue une feuille de papier et un encrier. A gauche, sur le fond on lit : ANDT, F. 1663.

H., 1,08 ; L., 0,82. T. Coupé à droite et à gauche. — Fig. à mi-corps gr. nat. Restauré récemment. Coll. Humphry Ward de Londres. Prêté par M Brédius. A rapprocher d'un portrait du peintre riant devant son chevalet, dans la Coll. von Carstanjen, à Berlin (Cat. p. 338).

**598.** — *Un homme riant* (Salle XIV).

Vu de face, moustaches et chevelure brunes ; il ouvre la bouche en riant ; cuirasse et pourpoint brun. Fond gris.

H., 0,15 ; L. 0,12. B. — Fig. en buste pet. nat. Peint vers 1629 ou 1630. Gravé par J. C. van Vliet (Bartsch, n° 21). Coll. Langlois et Boissière, de Paris, où il fut vendu 370 fr. (1883). Acheté 1750 fr. à M. Kleinberger de Paris (1895). « Les traits de ce personnage ayant quelque ressemblance avec ceux du peintre lui-même, il se pourrait que ce portrait fût celui de son frère aîné dont le Musée possède un autre portrait dans un âge plus avancé, N° 560 » (Cat. p. 506).

## Rubens (Petrus Paulus), Flamand, 1577-1640.

**234.** — *Des Naïades remplissant la corne d'abondance* (Salle I).

Au milieu, une naïade nue, assise sur une draperie rouge, remplit de fruits une corne que lui présente une autre nymphe ; à leurs côtés, deux amours ramassent des fruits épars sur le sol. A droite, s'avance un amour tenant, sur ses épaules, un panier dans lequel une nymphe vue de dos et un amour, monté dans un arbre, jettent des pommes ; au second plan, deux nymphes portant des corbeilles ; au milieu, un satyre monté dans un arbre et trois nymphes qui tendent les mains.

H., 0,67 ; L., 1,07. B. — Fig. 0,44. Derrière le panneau, sur un papier, une inscription à demi effacée. Peint vers 1615. Le paysage est de Brueghel de Velours. 750 fl. V. Beuningen (1716). Coll. Guillaume V. « Les figures sont de la main de Rubens, mais elles ont souffert par le nettoyage et ont perdu leur glacis d'un blanc tendre; les chaudes nuances de la carnation rosée, aux modelés gris bleuâtre ont été conservées. Par la disparition du glacis, le travail de Rubens a gagné un aspect de porcelaine qui le fait ressembler à une œuvre de Henri van Balen, sous le nom duquel le tableau est mentionné dans le catalogue » (M. Rooses, N° 650). M. Brédius l'a depuis restitué à son véritable auteur.

**250.** — *Portrait d'Isabelle Brant, première femme du peintre* 1591-1626 (Salle V).

De face, les mains croisées sur la ceinture. Robe noire décolletée en carré. Crevés blancs brochés d'or aux manches. Autour des épaules, une chaîne d'or, fixée au corsage par une broche d'orfèvrerie. Perles aux oreilles et dans sa chevelure brune. Au fond, un rideau vert relevé.

H., 0,96 ; L., 0,73. B. — Fig. à mi-corps gr. nat. Gravé dans le Rec. Steengracht et dans le Musée Français. Coll. Slingelandt et Guillaume V. Peint vers 1620. « La chair est peinte d'un ton clair mais un peu rougeâtre ; tout le reste est fait de peu et manque de transparence et de velouté ». (M. Rooses, N° 897). « Les mains rappellent si absolument van Dyck que je me demande si ce dernier n'a point participé (vers 1618) à ce portrait » (Brédius, p. 90). Il existe de nombreux portraits d'Isabelle Brant par Rubens. Les plus célèbres sont ceux de Munich, de Windsor, de Saint-Pétersbourg et de la Coll. Richard Wallace, provenant de la vente Laneuville.

**251.** — *Portrait d'Hélène Fourment, seconde femme du peintre* 1614-1673. (Salle V).

Debout, de face ; robe bleue décolletée avec crevés blancs aux manches. Manteau noir à collet de fourrure. Toque noire à plume blanche. Perles au cou, aux oreilles et dans la chevelure blonde. Sur son corsage, une chaîne en orfèvrerie et pierres précieuses et une broche. De la main droite posée sur la ceinture, elle tient deux roses. En haut, une draperie rouge relevée.

H., 0,98; L., 0,76. (Allongé de 0,12 en bas et élargi de 0,13). B. — Fig. à mi-corps gr. nat. Pendant du précédent. Mêmes provenances. Mêmes gravures. Le Musée de Saint-Pétersbourg possède le dessin d'une étude pour ce portrait, peint de la main de Rubens, vers 1634. « La peinture est faite d'une main hardie mais sûre, la lumière est répandue avec profusion sur cette figure charmante, pleine de vie et de jeunesse. Travail exécuté avec amour et avec soin, entièrement réussi. ». (M. Rooses, N° 936). Il existe de nombreux portraits d'Hélène Fourment par Rubens. Les plus célèbres sont ceux de Munich, de Saint-Pétersbourg, de Vienne, de Londres, du Louvre et de la Coll. du baron Alphonse de Rothschild.

**252.** — *Portrait de Michel Ophovius, évêque de Bois-le-Duc, confesseur de Rubens* (Salle I).

Vu de face, en costume des Dominicains. Chevelure, barbe courte et moustaches grisonnantes. La main gauche retient les plis de son manteau noir, la main droite est ouverte, en avant.

H., 1,04; L., 0,82. T. — Fig. à mi-corps gr. nat. Gravé dans le Rec. Steengracht par Waanders et Mesker dans le Kunstkronyck (an. 1847 et 1873) et par van den Bergh. Exécuté vers 1630 pour le couvent des Dominicains d'Anvers. 3,800 fl. à la V. Vinck de Wesel, Anvers (1713); 4455 fl. V. Stiers d'Aertselaer (1822). « La peinture pleine de franchise et d'harmonie, avec un amour illimité de la vérité, est vivante, parlante, admirable. » (M. Rooses, n° 1013.) Une étude au Musée de Weimar.

**253.** — *Le paradis terrestre* (Salle I).

A gauche, assis au pied d'un arbre, Adam, de profil tourné vers la droite, prend une pomme que lui tend Eve. Celle-ci, debout, attire, de la main gauche, une branche chargée de pommes que le serpent, enroulé dans l'arbre, tient dans sa gueule. Derrière Adam, un cheval; au premier plan, des singes, deux lapins, un chien, un paon, etc; au milieu, des canards et des poissons dans une mare; à droite, deux tigres, une vache, une girafe; au second plan, dans une clairière, divers animaux; sur les branches des arbres, des oiseaux de toute espèce. Signé, à gauche : Petri Pauli Rubens. A droite : J. Brueghel fec.

H., 0,75; L., 1,55. B. — Fig. 0,38. Gravé dans le Rec. Steengracht. Coll. van der Voort. 7350 fl. V. Allart de la Court. Le paysage est de Brueghel. Les personnages sont de Rubens « qui n'a jamais caressé d'un pinceau plus moelleux des formes féminines; jamais il ne les a enveloppées d'ombres plus blanches et plus transparentes que dans ce tableau où l'on croirait qu'il a voulu, à force de souplesse et de minutieuse application, harmoniser sa touche avec celle de son ami » (E. Michels, *L'Art*, 1888). « Le tableau le mieux conservé de Brueghel, où se montrent avec le plus de fraîcheur les qualités maîtresses de cet artiste ». (Brédius, p. 7).

**254.** — *Vénus et Adonis* (Salle I).

A gauche, la déesse, nue, de profil tournée vers la droite, le pied droit sur son char traîné par deux cygnes, se suspend au cou d'Adonis qui est appuyé sur une lance et la regarde amoureusement. Au milieu, Cupidon cherchant à retenir le jeune homme ; à droite, trois chiens. Fond de paysage ; à gauche, un bouquet d'arbres.

H., 0,59 ; L., 0,81. B. — Fig. 0,49. Gravé dans le Musée Napoléon, les Annales du Musée, les Rec. Steengracht et Desguerrois, le Kunstkronyk (1876). Le paysage est vraisemblablement de Wildens. Coll. van Slingelandt et Guillaume V. Le Musée de Dresde en possède une copie. Rubens a souvent traité ce sujet. Voir les Musées de Saint-Pétersbourg, Florence, la collection Marlborough, etc. Décrit comme un original par M. Rooses, N° 690. « Les chairs sont d'une nuance douce et claire, les formes des corps sont fort belles. Le tableau est peint avec beaucoup de soins, les contours mollement dessinés, les figures adorables. Celles-ci sont de la main de Rubens ». Considéré comme une copie par le Cat. (p. 351), qui indique le tableau de Saint-Pétersbourg comme l'original.

## Ruisdael (Jacob Isaacksz van), 1628 ou 1629-1682

### 153. — *Une Cascade* (Salle VII).

Dans un lit resserré, un torrent se brise, au premier plan, sur des rochers ; au second plan, à droite, sur un tertre élevé, une chapelle ; à gauche, dans le fond, un bois, un berger et quatre moutons. Signé, à gauche : J. V. Ruisdael (J. V. R. entrelacés).

H., 0,69, L., 0.54. T. — Gravé dans le Kunstkronyk (1873) et le Rec. Desguerrois. Smith, N. 162. Echangé en 1825 avec le Musée d'Amsterdam et estimé 1,200 fl.

### 154. — *Une Plage* (Salle VII).

A droite des promeneurs sur les dunes et sur la plage où déferlent les vagues ; au milieu, dans l'eau, des groupes d'hommes et de dames se dirigent vers des bateaux de pêcheurs, à l'ancre, à gauche.

H., 0,54 ; L., 0,65. T. — Fig. 0,04. Gravé dans le Kunstkronyk (1873). 1165 fl. V. van der Pot (1808). Autrefois au Musée d'Amsterdam ; des répliques de ce tableau à la National Gallery, chez le duc d'Aumale, etc. Exécuté sans doute entre 1660 et 1670. Smith, N. 287. « Cette œuvre, d'un effet puissant, est remarquable par les nuages, fortement chargés de pluie, qui s'amoncellent dans le ciel, et par la lumière blafarde et brisée qui descend sur l'eau et sur les navires » (Waagen, 111, 161).

### 155. — *Vue de Haarlem prise des dunes d'Overveen* (Salle VII).

Au premier plan, devant une blanchisserie, des paysans étendent, dans un enclos, de la toile. Au fond, sous un ciel nuageux, la ville de Haarlem, entourée de bois, avec ses clochers et ses moulins. Signé, à droite, en bas : J. Ruisdael (J. V. R. entrelacés).

H., 0,56 ; L., 0,62. T. — Gravé dans le Rec. Steengracht. 6700 fl. V. Muller (1827). Il en existe de nombreuses répliques : l'une à Amsterdam, une autre chez M. de Stuers, n° 1231, p. 147, une autre à Berlin, une troisième à l'Ermitage, etc. « Rien de plus parfait ne peut sortir du pinceau d'un maître. » (Smith, n° 220.) « Il faut voir cette toile haute de 1 pied 8 pouces pour apprendre d'un maître qui ne craignit jamais de déroger parce qu'il n'était pas homme à descendre, comment on relève un sujet quand on est soi-même un esprit élevé, comment il n'y a pas de laideur, pour un œil qui voit beau, pas de petitesse pour une sensation grande, en un mot ce que devient l'art de peindre quand il est pratiqué par un noble esprit. » (Fromentin, 954.)

### 534. — *Le Vyverberg à La Haye* (Salle X).

Au milieu, une avenue plantée de quatre rangées d'arbres et bordée à gauche de maisons. A droite, le Vivier et, contre le cadre, la maison du Prince Johan Maurits de Nassau, aujourd'hui le Musée. Au premier plan, nombreux personnages à pied, à cheval, en carrosse. Signé, à droite : J. V. R. entrelacés.

H., 0,62; L., 0,80. T. — Fig. 0,05. Les personnages sont attribués à Ph. Wouwerman. 4800 fl. V. Bloudoff, Bruxelles (1886).

## Ruysdael (Salomon van), commencement du XVII$^{e}$ siècle-1670.

### 566. — *Paysage hollandais* dit *Le petit pont.* (Salle VII).

A gauche, un bateau amarré contre la rive d'un canal que traverse, au milieu, un petit pont en bois; au second plan, une chaumière; à droite, un arbre devant lequel sont cinq paysans. Signé, à droite : S Ruysdael

H., 0,36; L., 0,40. — 425 fl. V. M. Goedhart, Amsterdam (1892).

## Savery (Jaques) le Jeune, vers 1592-après 1627.

### 156. — *La Kermesse de Saint-Sébastien* (Salle IV).

Sur la place d'un village, des paysans dansent; d'autres, à gauche, sont assis et boivent. A droite, des tentes et l'église. Au milieu, au second plan, des paysans se livrent au jeu du canard. Au fond, un château et un tir à l'arbalète, devant une auberge où flotte une grande bannière rouge, à l'image de saint Sébastien. Signé, à gauche, en bas : Jaq...s Savery.

H., 0,41; 0,62; T. — Fig. 0,06. Don des Tombes (1874).

## Schalcken (Godfried), 1643-1706.

### 159. — *Une jeune femme à sa toilette.* (VII).

Une jeune femme, le corsage bleu entr'ouvert, est assise, de profil tournée vers la gauche, devant une table sur laquelle brûle une chandelle ; elle se regarde dans une glace que lui présente un jeune homme, debout au second plan, et met à son oreille une perle ; tandis qu'une servante, tenant de la main gauche l'autre boucle d'oreilles, fixe une plume dans sa chevelure. Au fond, un lit et un tableau au mur. Signé, à gauche : G. S... l... cken.

H., 0,75; L., 0,63. T. — Fig. à mi-corps pet nat. Gravé par Verkolie et dans Desguerrois. Coll. Guillaume V. Peut-être est-ce le tableau vendu 265 fl. en 1726 dans la Coll. d'un ambassadeur d'Espagne, et 810 fl. à la V. Dacosta, La Haye (1764)? Smith, N. 589.

## **Seisenegger** (Jacob), Allemand, 1505-1567.

**269.** — *Portrait d'Elisabeth d'Autriche, reine de Pologne* 1525-1545 (Salle II).

De trois quarts tournée vers la droite, robe jaune à fleurs rouges, manches bouffantes. Collerette blanche. Résille d'or semée de perles, Au cou, un médaillon retenu par un ruban noir.

Sur le fond, on lit, en haut : Elisabet. Ferdinandi. Hvngarie. et. Bohemie. Regis. Filia. Anno. 1530. Etatis. Sve. 4.

**270.** — *Portrait d'Anne d'Autriche, sœur d'Elisabeth, duchesse de Bavière,* 1528-1580 (Salle II).

De trois quarts tournée vers la gauche Robe jaune à fleurs rouges, chemisette blanche. Résille d'or semée de perles. Au cou un médaillon retenu par un ruban noir. De ses deux mains, elle tient un chardonneret.

Sur le fond, on lit, en haut : Anna. Ferdinandi. Hvngarie. et. Bohemie. Regis. Filia. Anno. 1530. Etatis. Sve. 2.

Tableaux se faisant pendant. H., 0,43 ; L., 0,34. B. — Fig. en buste pet. nat.

**271.** — *Portrait de l'empereur Maximilien II,* 1527-1576 (Salle II).

De trois quarts tourné vers la droite. Nu-tête. Chevelure blanche. Robe jaune à fleurs rouges, chemisette blanche. Au cou, un médaillon retenu par un ruban noir. Il tient une épée de la main droite, et de la gauche, une orange.

Sur le fond, en haut, on lit : Maximilianus. Fernandis. Hvngarie. et. Bohemie. Regis. Filivs, Primo. Genitvs. Anno. 1530. Etatis. Sve. 8.

H., 0,42 ; L., 0,34. B. — Fig. jusqu'aux genoux. — Sur le revers de ces trois portraits des armoiries. Coll. Rainer et Guillaume V. Attribués successivement à Léonard de Vinci, à Durer et à Beham. Une signature récemment découverte a permis de désigner le véritable auteur. Des répétitions des N. 270 et 271 se trouvent au Musée de Bruxelles (N. 145 et 146 du Cat. Fétis. Classés parmi les œuvres de Maîtres inconnus). Voir *Repertorium fur Kunstwissenchaft* (An. 1895, p. 272).

## **Snyders** (Frans), Flamand, 1579-1657.

**258** — *Nature morte. — Gibiers et un chasseur* (Salle I).

H., 1,15 ; L., 2,06. T. — Fig. à mi-corps gr. nat. Gravé dans le Rec. Steengracht. Coll. Slingelandt et Guillaume V. La figure est attribuée par certains critiques à un élève inconnu de Rubens, par d'autres à van Dyck.

## **Soolmaker** (Jan Franciscus), Flamand, 1635-après 1665.

**164.** — *Paysage italien* (Salle VII).

Signé sur le piédestal de la fontaine : J. SOOLMAKER FE.

H., 1.15; L., 1,33. T., Fig. 0,20. Gravé dans Desguerrois — 600 fl. en 1821.

## Steen (JAN HAVICKSZ), vers 1626-1679.

### 165. — *Le Dentiste* (Salle XIII).

Sur une place, à droite, l'opérateur, en manteau noir et chapeau à plume, arrache une dent à un paysan, lié par les bras sur une chaise. A gauche, une vieille femme, un panier au bras, s'avance, en joignant les mains et quelques gamins regardent le patient en riant. A droite, en avant, un tonneau, marqué des armes de Leyde, une planche, avec des fioles, une boîte, et un diplôme portant un sceau en cire et la signature : « CAROLUS COMES 1651 ». Au fond, quelques paysans, des arbres et des maisons.

H., 0,33; L., 0,26. T. — Fig. 0,19. Gravé dans le Rec. Steengracht. SMITH N. 8. 160 fl. V. Lormier (1760). Coll. Guillaume V. « Tableau pétillant de vérité et d'une touche habile. » (WESTHREENE, p. 100.)

### 166. — *Une Ménagerie* (Salle XI).

Dans une cour, au milieu, est assise, sur les degrés d'un escalier, une petite fille, en robe jaune, fichu et tablier blancs, donnant du lait à un agneau, un chien à ses pieds. Vers elle, s'avance, à droite, un vieillard, portant des œufs dans un panier, et un pot. Au second plan, à gauche, un nain tenant de la main droite des poussins et, sous son bras gauche, une poule ; en avant, des canards dans un ruisseau, des poules qui picorent et, sur un arbre dépouillé de ses feuilles, un paon. Au second plan, par une porte cintrée surmontée d'un colombier, on aperçoit les bâtiments du Binnenhof et le Vivier. Signé à gauche, sur une planche : J. STEEN (J. S. entrelacés) 1660.

H., 1,07; L., 0,82. T. — Fig. 0,38. Gravé dans les Rec. Steengracht et Desguerrois. Coll. Guillaume V. SMITH, N. 183, qui considérait à tort ce tableau comme une production des premières années du peintre et l'estimait 300 guinées. Suivant certains auteurs, le château serait celui de Honsholvedyk, dans les environs de La Haye, aujourd'hui démoli. « Ce tableau montre que, pour la transparence de la lumière, Pieter de Hoogh lui-même ne surpasse pas Steen. Le tronc d'arbre sur lequel est perché un paon, montre en outre avec quelle exactitude il rendait les sujets de cette nature. » (WAAGEN, III, 58.) « La tête du bonhomme au panier d'œufs est d'une réalité merveilleuse, et je ne crois pas que Jan Steen ni aucun des petits maîtres hollandais aient jamais fait une tête plus correctement modelée et plus vivante. » (BURGER, I, 255.)

### 167. — *Un médecin tâtant le pouls à une jeune fille* (Salle VII).

A gauche, devant un lit, la jeune malade assise, en jupe verte et casaquin bleu à bordure d'hermine, tend son poignet droit au médecin, en pourpoint violet, manteau et chapeau noirs, fraise blanche. Derrière, entre eux, une servante, en jupe jaune et tablier blanc, sourit. Au fond, à droite, une grande cheminée surmontée d'une peinture, avec une statuette de l'amour, sous laquelle une femme se penche, un genou à terre ; à gauche, au premier plan, une carafe sur une table

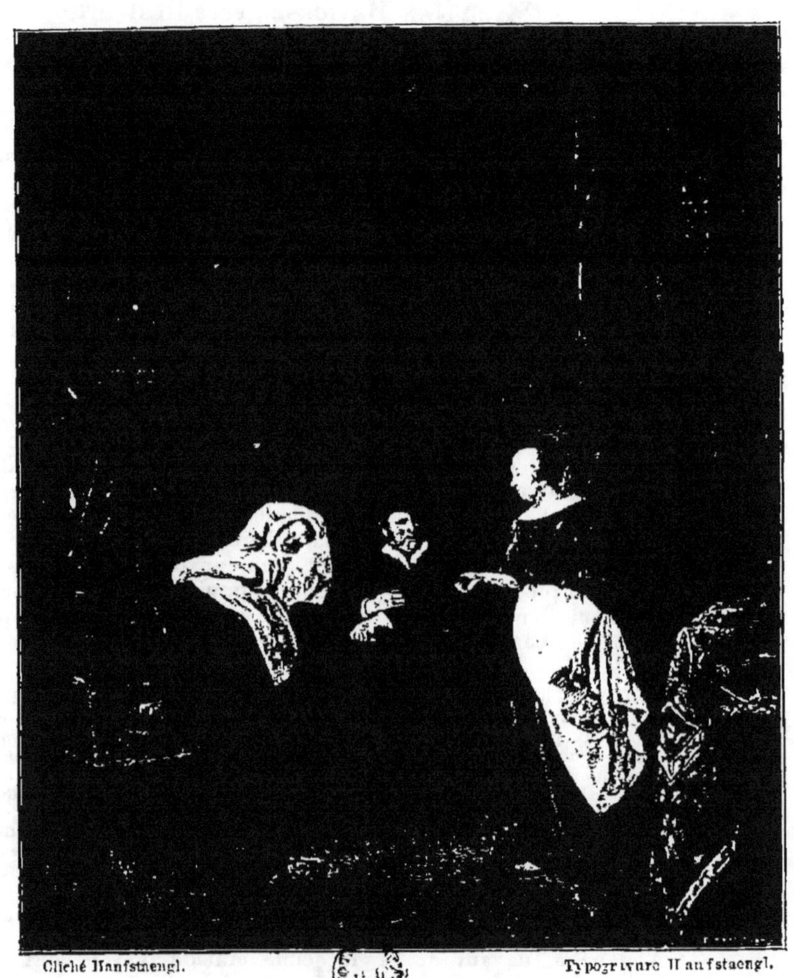

Cliché Hanfstaengl. Typogravure Hanfstaengl.



STEEN (JAN).

168. — *Un Médecin visitant une jeune fille malade.*

recouverte d'un tapis rouge; sur le plancher, une corbeille à ouvrage, une chaufferette et une mule rouge ; un chien, sur un coussin. Signé à droite, au coin : J. STEEN (J. et S. entrelacés).

H., 0,58 ; L , 0,46. B. — Fig. 0.28. Gravé dans le Musée Napoléon, le Musée Français, le Rec. Steengracht. Estimé 250 guinées par SMITH, n° 115. Cité à tort par Westhreene comme ayant fait partie de la vente Lormier. Coll. Slingelandt et Guillaume V. « L'expression dans ce tableau est de beaucoup supérieure au faire qui n'excelle que dans quelques détails. » (WESTHREENE, p. 100). Le peintre a traité souvent ce sujet, dans les Musées d'Amsterdam, n° 1377 p. 295 ; de Munich, n° 892 ; de l'Ermitage, etc.

**168.** — *Un médecin rendant visite à une malade* (Salle VII).

A gauche, dans un lit à baldaquin et rideaux verts est couchée une jeune fille, en chemisette jaune, le bras droit relevé au-dessus de la tête, qu'elle tourne, à droite, vers le médecin assis dans un fauteuil. Celui-ci, vêtu de noir, en chapeau noir, semble interroger une femme âgée, en jupe verte et casaque brune, qui s'avance, de l'autre côté, lui offrant à boire. Au premier plan, à gauche, un vase de nuit sur une chaise ; à droite une table, recouverte d'un tapis oriental. Au fond, deux chiens jouant en haut d'un escalier, sous une porte cintrée ; et, sur le mur, un tableau (Centaures enlevant des nymphes). Signé à droite, sous la table : J. STEEN (J. et S. entrelacés).

H., 0,60 ; L., 0,46. B. — Fig. 27. Gravé dans le Musée Français, dans les Rec. Steengracht et Desguerrois. 175 fl. V. Schuylenburg (1735) ; 466 fl. V. Lormier (1763). Coll. Guillaume V. SMITH N. 118. A la vente Braamcamp figurait une réplique, vendue 310 fl. citée par Smith, de dimensions différentes et dans laquelle le tableau suspendu à la muraille représentait l'Enlèvement des Sabines.

**169.** — *Le Peintre et sa famille* (Salle XI).

Dans une chambre, au second plan, derrière une table servie est assis le peintre, en vêtement et chapeau noirs, fumant sa pipe ; à sa gauche, une jeune femme, en corsage rouge, chapeau noir, tournée vers lui ; à sa droite, sa femme, en robe bleue, caraco bleu bordé de fourrure, un fichu sur la tête, bourre une pipe et regarde, à droite, un petit joueur de flûte debout, en costume gris ; derrière lui, à terre, une fillette, jouant avec un chat. A gauche, en avant, la grand'mère assise, de profil tournée vers la droite, en robe rouge, caraco bleu à manches vertes, fait danser sur ses genoux un enfant, en robe citron, tablier blanc, coiffé d'un bourrelet ; au second plan, le grand père, debout devant l'âtre, en vêtement et bonnet bruns, tenant un bâton et un livre de musique, chante. Au fond, devant un lit fermé par des rideaux à rayures multicolores, un joueur de cornemuse ; à gauche, près d'une fenêtre, un jeune homme auquel une jeune femme offre un verre ; à droite, une porte. Sur la cheminée est collée une pancarte sur laquelle on lit : « *Soo de ouden songen, so pypen de jonghen* » (Comme les vieux chantent, les petits piaulent). Au plafond, une cage en osier ; au premier plan, un chien, deux plats en étain, une chaufferette et un mortier, sur lequel est la signature : STEEN, et la date illisible 1655 (?)

H., 0,85 ; L., 0,93. T. — Fig. 0,45. Gravé dans le Musée Français, dans le Musée

Napoléon sous le titre « Les plaisirs de chaque âge », dans le Rec. Steengracht, le Kunstkronyk (1847), SMITH, N. 116. « De la belle qualité du peintre, dans sa manière large et abondante, assez analogue, malgré la différence de proportion, à la manière de Jordaens, quand il peint sa joyeuse femme et ses enfants. » (BURGER, I, 253.)

## 170. — *L'Estaminet* (Salle XI).

Dans une vaste salle, à gauche, près de l'âtre, où un grand père fait sauter sur ses genoux une petite fille qui joue avec un perroquet perché sur un anneau, une servante, en jupe rouge, corsage bleu à manches jaunes, tablier vert, agenouillée, arrose d'une liqueur des huîtres et un valet ouvre d'autres huîtres. Au milieu, un vieillard offre une huître à une femme, vêtue d'une robe jaune, d'un caraco bleu, coiffée d'un fichu blanc, qui se tourne vers une petite fille, un chien dans les plis de son tablier, debout, près d'une chaise contre laquelle est posée une pince à gauffres. Sur le sol, des coquilles d'œufs ; à droite, deux garçons, l'un, debout, vu de dos, en costume bleu et bonnet rouge, portant un broc et des pains dans un panier ; l'autre, assis à terre, en gris, et jouant avec un chat ; en avant, un chapeau contre un pot en fer ; au second plan, derrière une table chargée de mets, un gros buveur riant, et un joueur de guitare auquel une femme en noir tend une huître. Au fond, à gauche, près d'une fenêtre, une vieille offre un verre à un convive qui se renverse sur sa chaise en riant ; au milieu, deux joueurs de trictrac et un fumeur ; à droite, devant une porte cintrée, deux buveurs ; au plafond, une draperie violette drapée sur une balustrade en bois. Par une ouverture, on aperçoit au premier étage, près d'une tête de mort, un enfant qui fait des bulles de savon. Signé à droite, sur une colonne : J. STEEN (J. et S. entrelacés).

H., 0,69 ; L., 0,81. T. — Fig. pet. nat. Gravé dans le Musée Français, le Musée Napoléon, le Rec. Steengracht. 515 fl. V. Bout (1733) ; 1745 fl. V. Da Costa (1764) ; Coll. Guillaume V. Intitulé par SMITH N. 117 « *Le Repas d'huîtres* » et estimé 600 guinées. WESTHREENE, p. 100, appelle cette peinture « *Tableau de la vie humaine* », l'artiste en représentant le petit garçon qui fait des bulles de savon ayant voulu faire sentir la vanité et la fragilité des plaisirs de la vie. « Par la variété, la justesse et la vérité de l'expression des figures, ainsi que par l'exécution large, facile et énergique, ce tableau doit être rangé parmi les chefs-d'œuvre du peintre. On y admire toute la puissance de son génie observateur, toute l'étendue de son savoir faire ».

## 553. — *Une fête de village* (Salle XIII).

Devant une auberge, des paysans regardent une ronde de quatre danseurs ; à gauche, le ménétrier monté sur un tonneau. A droite, un paysan cherche à retenir une femme, assise sur un banc, qu'un autre prend par la taille. A gauche, un buveur endormi contre un arbre. Au fond, à gauche, un chemin qui mène au village. En avant, deux chiens.

H., 0,38 ; L., 0,56. B. — Fig. 0,07. — 920 fl. V. Wirz comme étant de P. de Bloot, et 415 fl. V. Gruyter (1882). Prêté au Musée par M. Brédius qui considère ce tableau comme une œuvre de jeunesse de Steen. Une réplique signée est au Musée Fitzwilliam, à Cambridge.

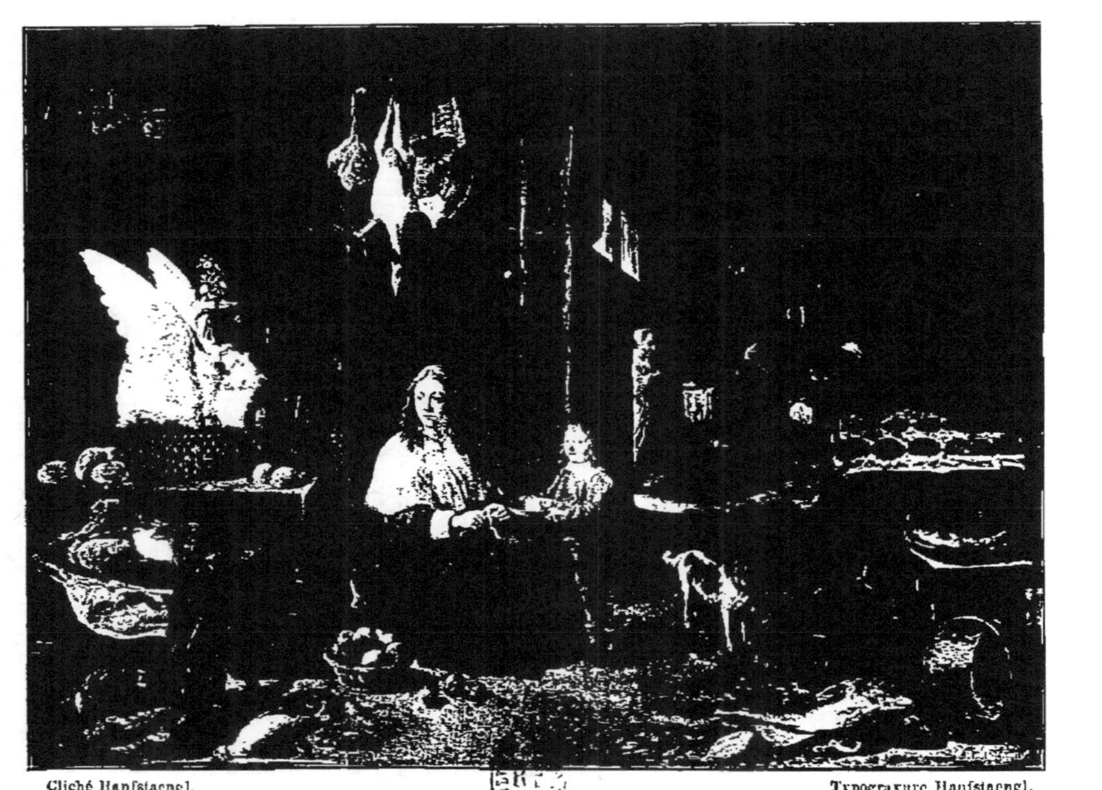

Cliché Hanfstaengl. Typogravure Hanfstaengl.

TENIERS (DAVID) LE JEUNE.

260. — *La cuisine bien fournie.*

## Steenwyck (Hendrick van) le Jeune, vers 1580-vers 1648.

**171.** — *Vue d'une place avec un portique* (Salle I).

H., 0,47; L., 0,70. — Cuivre. Fig. 0,08. Signé à gauche, H. v. S. 1614. — 140 fl. V. Ewout van Dishoek, La Haye (1745). Coll. Guillaume V.

## Swanevelt (Herman van), vers 1600-1655.

**175.** — *Paysage italien, avec chasseurs* (Salle VIII).

H: Swanevelt f 1650

H., 1,14; L., 1,61. T. — Fig. 0,10. Coll. Guillaume. V. Attribué autrefois à Claude Lorrain.

## Teniers (David) le Jeune, Flamand, 1610-1690.

**260.** — *La cuisine bien fournie* (Salle I).

Au milieu, est assise une ménagère, épluchant des légumes qu'elle met dans un plat que lui présente un enfant, debout à sa droite; à gauche, sur une table, deux verres, des pains, et, dans une terrine, un pâté surmonté d'un cygne ; sur un banc, un lièvre; sur le plancher, du gibier, un quartier de viande, une brochette de petits oiseaux, une corbeille de fruits. Au plafond, des volailles ; sur un rayon, des tasses et un flacon; à droite, des poissons, un chaudron, deux cruches dans une bassine et un chien. Au fond, devant la cheminée, un valet arrose des broches de volailles, un autre est debout près d'une table, vers laquelle s'avance une servante portant un plat. Daté au-dessus de l'âtre : Ao 1644. Signé, en avant, à droite : David. Teniers f.

H., 0,57 ; L., 0,78. — Cuivre. Gravé dans le musée Napoléon, les Rec. Steengracht et Desguerrois. 455 fl. V. Schuylenburg, La Haye (1735). Coll. Slingelandt et Guillaume, V. Smith, n. 35. « Ce tableau est surtout intéressant par les détails. Le poisson, les volailles, les pots, les bassins sont traités avec une minutie tout à fait remarquable, eu égard à la petite dimension de la toile. L'ombre et les lumières sont heureusement distribués ; le fond seul est peut-être trop clair; les figures sont, comme cela arrive souvent chez Teniers, un peu renfrognées ; seul le petit garçon qui tend le plat à sa mère, est certainement un portrait à la fois vivant et aimable. » (Bredius, 12.)

**261.** — *L'Alchimiste* (Salle VI).

H., 0,28 ; L., 0,37. B. — Fig. 0,18. Gravé par Couché fils, dans le Musée Français, dans le Rec. Steengracht, dans le Kunstkronyk, 1847. Coll. Guillaume V.

## **Ter Borch** (Gérard) ou **Terburgh**, 1617-1681.

**176.** — *La Dépêche* (Salle XIV).

Dans une chambre, au milieu, assis sur une chaise basse, un officier, portant cuirasse, pourpoint jaune, bottes à revers rouges, et chapeau de feutre, tient son bras gauche sur l'épaule d'une jeune femme accroupie à son côté, en robe violacée, corsage jaune décolleté, qui s'accoude sur son genou. Il tient une lettre et semble interroger un trompette qui attend debout, à gauche, tenant à la main son grand chapeau à plumes. Au second plan, à droite, sur une table, un gobelet, une bouteille et une arquebuse ; au fond, à droite, un lit fermé par des rideaux ; à gauche, une porte ouverte. Signé, sur une marche : G. T. B. entrelacés. 1653.

H., 0,67 ; L., 0,60. B. — Fig. 0,40. — Gravé dans le Musée Napoléon, le Musée Français, les Rec. Steengracht et Desguerrois, l'Hist. des peint. Coll. Petronella de la Court, Slingelandt, Guillaume V. « Admirable par l'entente du clair obscur et l'harmonie du ton. » (Waagen, n. 46).

**177.** — *Portrait du peintre* (Salle XI).

Debout, de trois quarts tourné vers la droite ; manteau noir, rabat blanc. Culottes noires, bas gris.

H., 0,61 ; L., 0,42. — Toile marouflée. Fig. pet. nat. Gravé par Deville, et dans le Kunstkronyk (1847 et 1875). V. v. d. Marck. Coll. Guillaume I. Smith, n. 37. « Le meilleur portrait que Gérard nous ait laissé de lui-même. Le voilà bien tel que nous pouvions nous l'imaginer, un peu après 1660, dans sa pleine maturité. Son regard pénétrant, ses traits calmes mais fins et avisés, répondent tout à fait à l'idée que nous devions nous faire du personnage, de sa tenue correcte, et de cette physionomie sévère qui lui avait fait attribuer un peu gratuitement le titre de bourgmestre de Deventer. (E. Michel, *Ter Borch et sa famille*, 58.)

**604.** — *Portrait de Hartogh van Moerkerken, de sa femme et de son enfant* (Salle VII).

A droite, le père de famille, debout, en vêtements noirs, tourné de trois quarts vers la gauche, présente, de la main droite une montre ouverte à sa femme. Assise en jupe grise, robe et bonnet noirs, guimpe et manches blanches, de profil tournée vers la droite, celle-ci tient sur ses genoux son enfant, vue de face, en robe grise à rayures jaunes, tablier et serre-tête blancs, toque noire à plumes. Sur le fond, à gauche, les armes des Moerkerken.

H., 0,42 ; L., 0,36. B. — Fig. à mi-corps pet. nat. Prêté par M. James de Fremery.

## **Tilborgh** (Gillis van), Flamand, vers 1625-1678.

**262.** — *Une famille* (Salle I).

Dans une salle, autour d'une table servie, cinq personnes assises. A gauche, une dame âgée, en robe noire, large col blanc, coiffée d'un bonnet blanc, les pieds sur un tabouret, ayant quelques fleurs jetées

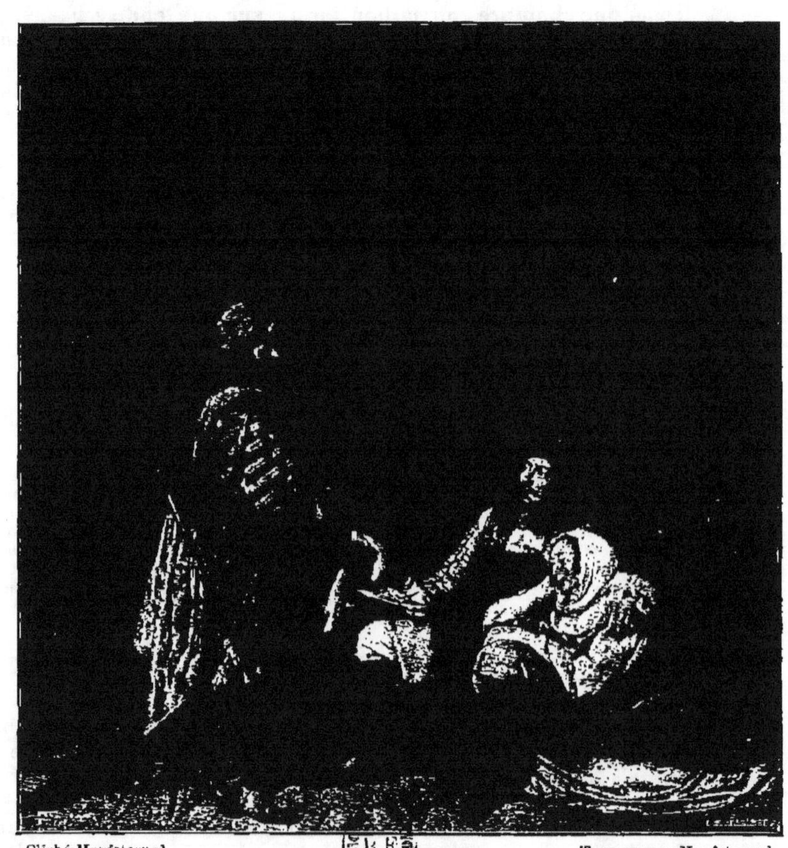

Cliché Hanfstaengl. Typogravure Hanfstaengl.



TER BORCH.

176. — *La Dépêche.*

sur ses genoux, près d'un homme, en vêtement noir, un verre dans la main droite, qui se tourne vers elle. Au milieu, une dame, en noir, avec un col blanc, s'apprête à prendre un verre que lui tend un valet, en vêtement gris; à droite, un homme, en noir, une fourchette à la main, est tourné vers un jeune homme, en pourpoint et manteau jaunes, bas rouges, chapeau noir, le poing sur la hanche. En avant, debout, au milieu, une petite fille, en blanc, tenant un bouquet. A droite, s'avance une jeune femme, en corsage gris orné de rubans noirs, robe bleue, col et coiffe blancs qui donne la main gauche à une petite fille, en robe rouge et tablier blanc, devant laquelle marche un chien : un homme, en jaune, debout devant la cheminée, lui adresse la parole ; à gauche, deux hommes, debout, coiffés de hauts chapeaux noirs, vêtus, l'un, en gris vert, l'autre, en noir, tenant de la main droite sa tabatière et de la gauche ses gants. Au fond, à gauche, une fenêtre; à droite, une cheminée. Aux murs tapissés de cuir de Cordoue, sont suspendus cinq tableaux ; plafond à poutres apparentes. Signé, à droite, près du chien : TILBORGH.

H., 0,80 ; L., 1,05. T. — Gravé dans le Rec. Steengracht. Attribué autrefois à Ter-Borch dont on avait tenté d'imiter la signature et considéré comme les portraits des peintres Paulus Potter et Adriaen van Ostade avec leurs familles. Coll. Tiberghien de Bruxelles et Guillaume I. Voir BURG (I. 243.)

## **Tischbein** (JOHANN-FREDRICH-AUGUST), Allemand, 1750-1812.

**464.** — *Portrait de la princesse Frederika-Sophia-Wilhelmina de Prusse, épouse du Stathouder Guillaume V* (Salle III).

Assise, de trois quarts, sur un canapé vert. Robe blanche décolletée. A droite, une table sur laquelle est un gant et une croix de Sainte-Catherine. Signé, à droite : TISCHBEIN, p. 1789.

H., 1,72; L., 1,35. Fig. gr. nat. jusqu'aux genoux.

## **Tiziano Vecellio**, Vénitien, 1477-1576.

**343.** — *Portraits présumés d'Ottavio Farnèse et de sa maîtresse* (Salle IX).

Sur un lit couvert d'une draperie brune, la jeune femme est couchée, nue, la tête à droite, et caresse un petit chien. A gauche, assis, Ottavio, en haut-de-chausses bruns, et pourpoint noir, joue de l'orgue, en tournant la tête vers sa maîtresse. Fond de paysage. A droite, un rideau rouge relevé.

H , 1,57 ; L., 2,13. T. — Fig. gr. nat. Copie ancienne d'après le tableau du musée du Prado à Madrid (n. 449 du Catal.). Coll. Nieuwenhuys et Frédéric-Henri. Donné par la grande-duchesse de Saxe (1883). On connaît un certain nombre de répétitions du même sujet, dues à des élèves ou imitateurs de Titien, notamment à Madrid même, à Cambridge (provenant de l'ancienne galerie d'Orléans), à Dresde (CAVALCASELLE et CROWE, *Tiziano*, II, p. 106-107).

## Troost (Cornelis), 1697-1750.

**179 à 193.** — *Dessins à la gouache et au pastel* (Salle XII).

**194.** — *Portrait de l'artiste* (Salle XII). Pastel et gouache.

**411.** — *La Chanteuse* (Salle XII). Pastel et gouache.

## Ulft (Jacob van der), 1627- après 1688.

**196.** — *Troupes en marche* (Salle VII).

Signé, à gauche : Jacob van der ulft f. 1761.

H., 0,82 ; L., 0,35. T. — Gravé dans le Rec. Steengracht. 140 fl. V. de Klok. Amsterdam (1744) ; 275 fl. V. Loeff (1825).

## Velasquez (Diego Rodriguez de Silva y), Espagnol, 1599-1660.

**298.**—*Portrait de l'infant Charles Balthazar*, 1629-1649 (Salle VIII).

Debout, de trois quarts, tourné vers la gauche, nu-tête. Sur sa cuirasse, une écharpe rouge en sautoir et un col blanc rabattu ; chausses brunes, bottes grises ; aux mains, des gantelets ; au cou, la Toison d'Or. De la main droite, il tient le bâton de commandement. A droite, sur une table recouverte d'un tapis rouge, son casque. A gauche, un fauteuil en velours rouge. Fond gris.

H., 1 m. 48 ; L., 1 m. 11. T. — Fig. gr. nat. Gravé dans le Rec. Steengracht et le Kunstkronyk (1863). Coll. Rainer et Guillaume I (1821). Une réplique à Buckingham Palace. Cité par Justi (II, 139).

## Velde (Adriaen van de), 1635 ou 1636-1672.

**197.** — *Bestiaux* (Salle XIV.

Dans une clairière, à droite, contre un arbre, une vache et deux moutons couchés, un mouton debout et un cheval qui hennit ; au milieu, un chevreau ; à gauche, une vache et trois moutons qui paissent ; au second plan, assis sur une éminence, un pâtre et une paysanne qui allaite son enfant ; derrière eux, d'autres bestiaux. Fond boisé. Signé, à droite, au milieu d'herbes : A. v. Velde 1663.

H., 0,29 ; L , 0,35. B. — Gravé dans le Rec. Steengracht. 250 fl. V. Drabbe, Leyde (1743) ; 400 fl. V. Lormier (1752). 655 fl. V. Neufville (1765). Coll. Guillaume V. Une réplique se trouve au Buckingham Palace, une autre, autrefois dans la Coll. Morny de Paris, « De la plus précieuse qualité » Smith N° 144. « L'un des bons spécimens du peintre. Le paysage est poétique avec sa claire lumière du soleil. Les couleurs n'ont pas bruni comme dans beaucoup de ses œuvres, mais le vert des arbres a perdu un peu de son premier coloris » (Brédius, p. 96.)

**198.** — *Une Plage en Hollande* (Salle XIII).

A gauche, devant une cabane, une famille de pêcheurs : deux hommes, une mère et son enfant, un chien à leurs pieds, une femme assise à terre, un homme qui dort, un autre qui joue avec un chien et un petit garçon qui porte un camarade sur ses épaules; à droite, une voiture attelée de deux chevaux, près de laquelle courent un petit garçon et deux chiens. Dans l'éloignement, sur la grève, des pêcheurs, et un cavalier, près d'une voiture attelée de quatre chevaux. Signé, au pied de la cabane : A. v. VELDE f. date illisible.

H., 0,42; L., 0,54. B. — Fig. 0,07. Gravé dans le Musée Français, le Musée Napoléon, les Rec. Steengracht et Desguerrois. Coll. Tonneman d'Amsterdam et Guillaume V. « Petite perle d'art extrêmement intéressante par l'admirable vérité de la perspective aérienne et les teintes locales de la couleur. » (SMITH, n° 149.)

## Velde (ESAIAS VAN DE), vers 1590-1630.

**199.** — *Le Banquet* (Salle X).

Autour d'une table dressée dans un jardin et richement servie, sont réunis les convives. A gauche, une dame en noir, vue de dos, tenant de la main droite un verre, que salue un homme, en vêtement blanc, et un autre convive, en pourpoint jaune et haut-de-chausses rouge, s'entretient avec une dame âgée debout. Au milieu, une dame, en jupe noire, corsage jaune, tenant un éventail; au second plan, un homme et une femme causant ensemble. A droite, un page, en pourpoint blanc plonge un verre dans une fontaine. Sur le sol, des cartes, une citrouille et une grenouille. Au fond, une allée conduit au château ; à droite un bouquet d'arbres; au milieu, un autre bâtiment. Signé, à droite, en bas : E VANDEN • VELDE . 1614

H., 0,28; L , 0,40. B. — Fig. 0,12. Coll. van der Kellen. Amsterdam. Acheté 1550 fl. avec d'autres tableaux en 1873. Peint alors que le peintre était encore à Haarlem. « C'est un des premiers spécimens de ces *Sociétés* qui prendront plus tard une place si considérable dans l'école et y formeront un genre spécial. Les tons bruns colorés, qui forment l'harmonie dominante, contrastent avec les bleus verdâtres du fond ; et les lumières des arbres se détachant sur un ciel neutre sont indiqués, suivant l'usage d'alors, par des empâtements très francs». (E. MICHEL, *Gaz. des Beaux-Arts*, 1888, p. 185.)

## Velde (JAN JANSZ VAN DE), 1619 ou 1620 - après 1660.

**533.** — *Nature morte* (Salle VII).

Signé, sur le rebord de la table : AE · An°. j660 / fecit

H., 0,53; L., 0,46. T. — Coll. Verloren van Themaat. 337 fl. V. Pappendam et Muller, Amsterdam (1885).

16

## Velde (Willem van de) le Jeune, 1633-1707.

**200.** — *Marine, par un temps calme* (Salle XIII).

A droite, un yacht, vue par la poupe, portant les armes de Hollande et d'Amsterdam, et auquel est attaché un canot, s'avance vers deux vaisseaux de guerre; sur l'un d'eux, l'équipage cargue les voiles. A gauche, deux canots et des bateaux pêcheurs. A l'horizon, une ville sur la rive. Signé, à droite sur la poupe du bateau : W. van de Velde f.

H., 0,66; L., 0,76. T. — Gravé dans le Musée Napoléon et le Rec. Desguerrois. Cité par Smith. 930 fl. en 1765. Coll. Slingelandt ou Neufville et Guillaume V.

**201.** — *Mer calme, avec bateaux* (Salle XIII).

Signé, au milieu sur une bouée : W. V. V.

Pendant du précédent. Voir Catal., p. 440.

**471.** — *Prise d'un vaisseau dans la bataille navale de quatre jours*, 13 juin 1666 (Salle XIII).

Au premier plan, le bateau anglais, la poupe magnifiquement sculptée et dorée, ayant hissé le drapeau blanc, amène ses voiles trouées par les boulets ; deux barques chargées de marins s'approchent de lui ; à gauche, deux bateaux hollandais ; au second plan, la bataille continue.

H., 0,42; L., 0,52. T. — Coll. Wellesley et de Wasspick. 6600 fr. V. du Bus de Gisignies, Bruxelles (1882).

## Vernet (Claude-Joseph), Français, 1712-1789.

**293.** — *Les Cascatelles de Tivoli* (Salle IX).

Au premier plan, au milieu, deux hommes et deux femmes; à droite, un homme pêchant dans un torrent alimenté de deux cascades, l'une tombant d'un rocher boisé, l'autre sortant de deux arches, au-dessus desquelles s'élèvent plusieurs habitations ; à gauche, une terrasse ornée de statues conduit à un pavillon. En avant, des arbres brisés jonchent le sol.

H., 1 m. L., 1 m. 37. T. — Fig. 0,17. Gravé dans le Musée Napoléon, dans les Rec. Landon, Steengracht, Desguerrois. 1520 fl. V. Valenti, Amsterdam (1763). Coll. Guillaume V. « On ne peut assez admirer, dans ce magnifique morceau, la rare intelligence du clair obscur, la touche ferme et facile, le coloris suave et harmonieux. Les figures du premier plan joignent à un dessin correct un pinceau brillant et moelleux » (Desguerrois).

## Vinckboons (David), 1578-1629.

**542.** — *Kermesse* (Salle VI).

Sur la place d'un village, à droite, des paysans sont assis autour d'une table; à gauche, groupes de danseurs et une femme assise soutenant la tête d'un homme malade. Près d'un gros arbre, au milieu, est assis un joueur de cornemuse. Au fond, dans une rue, à gauche, conduisant à une église, devant une auberge, des paysans se livrant au jeu du canard; des cavaliers sont arrêtés devant des tentes. Signé et daté, à droite, sur la porte :

H., 0,45; L., 0,67. B. — Fig. 0,10. Une des dernières œuvres du peintre. 635 fl. V. Bos de Harlingen, Amsterdam (1888).

## Vlieger (Simon Jacobsz de), 1601-1653.

**558.** — *Une Plage* (Salle XII).

Sur un talus, à droite, près d'une balise, un gentilhomme et une dame avec un petit garçon et un chien, regardent de loin la mer. A gauche, sur la grève, au loin, un carrosse attelé de quatre chevaux qui sort de la mer, plusieurs groupes de pêcheurs près d'une barque qui aborde et de deux autres déjà échouées. Des voiles à l'horizon. Signé, à droite : S. de Vlieger. A., 1643.

H., 0,60; L., 0,82. T. — Fig. 0,06. — Gravé par Greux, 9100 fl. V. Roxard de la Salle (1881); 5820 fl. V. Rothan Paris (1890). Tableau d'une conservation parfaite, considéré comme le chef-d'œuvre du peintre.

## Vliet (Hendrik Cornelisz van), 1611 ou 1612-1675.

**203.** — *Intérieur de la vieille église à Delft* (Salle XIV).

La signature, effacée, se trouve, au centre, sur la base d'un pilier.

H., 0,77: L., 0.70. T. — Fig. 0,10. — Gravé dans le Kunstkronyk (1847). Acheté 300 fl. en 1819. Une répétition au Musée d'Amsterdam, nº 1573.

## Vois (Arie ou Adriaen de), entre 1631 et 1634-1680.

**204.** — *Le Chasseur* (Salle XI).

Au pied d'un bouquet d'arbres, est assis, accoudé sur une pierre, un chasseur, nu-tête, de trois quarts tourné vers la droite; perruque blonde, moustaches naissantes, tunique brune ouverte, chaussures en peau laissant nus les doigts de pied. De la main droite, il tient par la patte une perdrix; de la gauche, le canon de son fusil. Un chien est endormi sous ses jambes croisées. Fond de paysage. Signé, à droite : A. D. Vois. (A. D. V. entrelacés) F.

H., 0,29 ; L., 0.22. B. — Fig. pet. nat. — Gravé dans le Musée Napoléon, par Dujardin, dans les Rec. Steengracht et Desguerrois. 300 fl. V. van Huls, La Haye (1737); 2250 fl. V. Lormier, La Haye (1763); 1,210 fl. V. Braamcamp, Amsterdam (1771). Coll. Guillaume V. « Tableau très fin et très harmonieux, un des chefs-d'œuvre du peintre. » (Burg., I, 229.)

## Vos (Martin de), Flamand, 1532-1603.

**249.** — *Portraits des membres de la famille Panhuys et Moïse portant les tables de la Loi* (Salle VI).

Au milieu, Moïse, tenant les tables de la Loi. A droite, agenouillée, *Anna Panhuys*, æ. 10, tenant une aiguière et une lampe en verre; derrière elle, une femme, un genou en terre, portant des pièces d'or dans un vase; au milieu, *Margarita Panhuys*, Aetatis suæ 30. 1575, les bras nus : sur ses genoux, un enfant nu, *Cnelis Panhuys*, Ae... an 157..; autour d'elle, *Bartholomeus Panhuys*, Ae 4. an 1575, un autre enfant tout nu, une petite-fille *Margarita Panhuys*, Ae. 10, une jeune femme assise, la tête appuyée sur sa main, portant la coiffure des femmes d'Hinlopen et une femme, des livres à la main ; à droite, debout, *Peeter Panhuys*, Aetatis suæ 46, les mains sur l'épaule de son fils, *Peeter Panhuys*, Aetatis suæ 8. 1574, et d'autres personnages ; à gauche, une mère avec ses trois enfants et une femme portant une cassette et tenant de la main droite sa petite fille ; au second plan, de nombreux assistants. Au fond, les Hébreux et le Mont Sinaï.

H., 1,52 ; L., 2, 38 T. — Fig. pet. nat. — Tableau votif légué par M. van Panhuys (1835). Attribué successivement à Pieter, puis à Frans Pourbus le Jeune et enfin à Martin de Vos par M. de Stuers. Pieter Panhuys fut échevin et trésorier de la ville d'Anvers.

## Vos (Paul de), Flamand, vers 1590-1678.

**259.** — *Chasse au Cerf* (Salle I).

H., 2,12 : L., 3,49. T. Gravé dans les Rec. Steengracht et Desguerrois. Attribué autrefois à Frans Snyders et à Jan Wildens pour le paysage. 435 fl. V. Allart de La Court, Leyde (1766) ; 410 fl. V. Braamcamp, Amsterdam (1771). Coll. Schucking et Guillaume V.

## Weenix (Jan), 1640-1719.

**206.** — *Le Cygne mort* (Salle XI).

Un cygne blanc et une biche sont suspendus par les pattes à un tombeau en marbre rouge surmonté d'un buste et de génies ; au premier plan, sur le sol, des oiseaux morts, un fusil, une carnassière et deux capuchons de faucon. Au fond, à droite, une plaine ; la mer à l'horizon bordée de falaises derrière lesquelles se couche le soleil.
Signé, à droite : J. Weenix fc.

H., 2,44 ; L., 2,92. T. — Gravé dans les Rec. Steengracht et Desguerrois. Ancienne maison des gardes civiques à Amsterdam. 2,000 fl. V. van Eyck (1821).

## Werff (Adriaen van der), 1659-1722.

**209.** — *La Fuite en Egypte* (Salle VIII).

H., 0,47 ; L., 0,36. B. — Fig. 0,28. — Gravé dans le Musée Napoléon, les Rec. Landon, Steengracht, Desguerrois. Vendu 4,000 fl. par la fille du peintre au bourgmestre Schuylenburg, acheté 2,500 fl. par Dierquens (1735). Coll. Hoet et Guillaume IV. SMITH, n° 92. « Louis XIV payait bien 33,000 fr. cinq van der Werff qui sont au Louvre... L'Empire français ne manqua pas de s'approprier la *Fuite en Egypte*. Le chevalier Adriaen passait alors pour un des plus grands artistes qui aient jamais existé. » (BURGER, 230.) Tableau signé, et daté 1710.

## **Westerbaen** (JAN JANSZ) **le Vieux**, 1600-1686.

**210.** — *Portrait du pasteur Arnoldus Geesteranus* (Salle X).

De trois quarts tourné à droite. Moustaches et barbiche blondes. Vêtement noir, fraise blanche, culotte noire.

**211.** — *Portrait de Suzanne Pietersdr Oostdyk*, femme du précédent (Salle X).

De trois quarts, tournée à gauche. Robe noire, fraise et bonnet blancs.

H., 0,68; L., 0,58. T. — Buste gr. nat. Ce portrait et le précédent, qui se font pendant, gravés par H. Barij sont les deux seules œuvres connues du peintre. Dons de M. H. P. Van Ede Van de Pals, après l'exposition de Delft en 1863.

## **Weyden** (ROGIER VAN DER), Flamand, vers 1400-1464.

**264.** — *Descente de croix* (Salle II).

Au milieu, Joseph d'Arimathie, de profil tourné vers la droite, en pourpoint à fleurs rouges, chausses rouges, manteau brun doublé de fourrure, bonnet violet, soutient le haut du corps du Christ étendu sur son linceul, dont Nicodème, à droite, en robe rouge, manteau violet, relève un des pans, de la main gauche, tandis qu'il porte l'autre main à son chaperon noir. A droite, un évêque agenouillé, les mains jointes, sa crosse contre son épaule droite; debout, saint Pierre, en robe et manteau verts, portant les clés, et saint Paul, en robe verte et manteau rouge, appuyé sur son épée. Derrière le Christ, la Vierge, agenouillée, les mains jointes, en robe bleue et voile blanc, soutenue par saint Jean, debout, en robe et manteau rouges. A gauche, une sainte femme, agenouillée, en jupe rouge, robe blanche à doublure verte, manteau violet, une tête de mort à ses pieds, soutient, de la main gauche, le bras droit du Sauveur. Au second plan, debout, de profil, tournée vers la droite, une sainte femme, en robe jaune et manteau brun, se lamentant et la Madeleine, en robe noire et manteau rouge, tenant, de la main droite, un vase de parfum et s'essuyant les yeux de la gauche. Au fond, la croix, contre laquelle est posée une échelle. Au loin, un château près d'un étang que longe un cavalier ; à droite, une colline avec un pigeonnier ; à gauche, un cavalier sur une route qui mène à une ville fortifiée.

H., 0,78; L., 2,95. B. — Fig. pet. nat. — Acheté 2,000 fl. par Guillaume I à la V. Keverberg (1827). Attribution contestée par MM. CROWE et CAVALCASSELLE et HYMANS.

M. A. J. Wauters (*Hans Memling*, p. 33, 36, 38, 101) attribue résolument à Memling cette peinture « qui doit être des débuts de la carrière de l'artiste, car elle dénote l'influence de son maître Rogier van der Weyden ». Il y retrouve l'étang avec les deux cygnes que Memling a souvent répété et le cavalier au cheval blanc qui serait, selon lui, la marque du peintre. Il croit que c'est le tableau mentionné dans un inventaire de l'église de Middelbourg en 1653. Il nous semble imprudent d'attribuer résolument à Van der Weyden ou Memling cette remarquable et intéressante peinture dont l'auteur, en tout cas, tient une place honorable entre les deux grands maîtres.

## Witte (Emanuel de) ou de Wit, vers 1617-1692.

**473.** — *Intérieur d'église* (Salle VII).

Dans la nef centrale, au milieu de laquelle s'élève le tombeau d'un évêque, à gauche, un mendiant et une dame, et des personnages suivis d'un page et d'un chien ; à droite, deux moines et un fidèle ; au second plan, les orgues et la chaire. Au fond, un prêtre au maître-autel et des fidèles agenouillés. Signé à droite : E. de Witte fecit Ao. 1668.

H., 1,10 ; L., 0,85. T. — Fig. 0,12. V. Vegelin van Claerbergen-Leeuwarden (1846). 620 fl. V. Rasponi, Amsterdam (1883).

## Wouwerman (Philips), 1619-1668.

**214.** — *L'Arrivée à l'hôtellerie* (Salle XI).

Dans l'écurie, à gauche, deux chevaux devant une auge dans laquelle un palefrenier coupe du pain, et un enfant jouant avec une chèvre ; au second plan, franchissant une porte, une amazone, en robe bleue, et un cavalier, en rouge, sa cravache à la main. Au milieu, un valet tenant par la bride un cheval dont le cavalier met pied à terre, un autre cavalier sur un cheval alezan, la cravache levée, et un palefrenier dessellant un cheval. En avant, un lévrier et des coqs ; à droite, un homme tenant par la bride un cheval qui se cabre et dont le cavalier remonte ses bottes, un page à son côté. Au fond, par une porte, s'avance un carrosse à deux chevaux. Signé deux fois, à droite : P. L. S. W.

H., 0,43 ; L., 0,59. B. — Fig. 0,10. — Pendant du n. 215. Gravé dans les Rec. Steengracht et Desguerrois. Coll. Slingelandt et Guillaume V. Smith, n. 443.

**215.** — *Le Départ de l'hôtellerie* (Salle XI).

Dans une écurie, à gauche, trois chevaux ; au second plan, un petit garçon qui ouvre une porte et un valet qui monte sur une échelle ; au milieu, une amazone, un cavalier et un petit palefrenier, tenant par la bride un cheval que selle un valet et dont le cavalier, un genou en terre, met ses éperons ; au second plan, un autre cavalier arrange sa selle ; à droite, s'avance un cavalier à cheval précédé d'un second cavalier à pied, tenant son cheval par la bride. Au fond, dans une cour, deux chevaux qui mangent, et un paysan sur une charrette qui met du foin dans un grenier. En avant, des poules, un chien, un petit

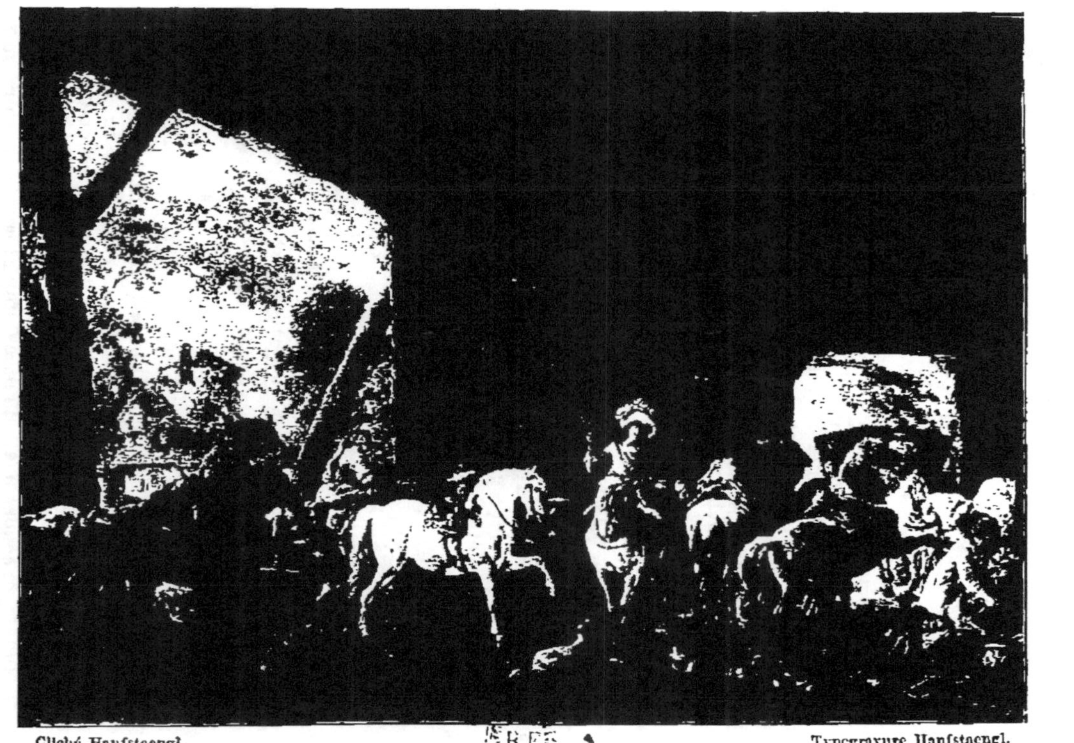

Cliché Hanfstaengl. Typogravure Hanfstaengl.



WOUWERMAN (PHILIPS).

214. — *L'Arrivée à l'hôtellerie.*

garçon étendu à terre et un autre qui saisit une chèvre par les cornes. Signé, à droite : P. L. S. (entrelacés) W.

H., 0,43 ; L., 0,59. B. — Pendant du numéro précédent. Gravé dans le Kunstkronyk (1847). « Épisode vivement et spirituellement traité, aussi bien que le numéro 214. Wouverman est là chez lui et incomparable. » (BURGER, I. 260.)

**217.** — *Le Manège à la campagne* (Salle VII).

H., 0,67 ; L., 0,77. T. — Fig. 0,12. — Gravé dans le Musée Français, le Rec. Steengracht, le Kunstkronyk (1847) et par de Visscher. SMITH, n. 422. Coll. Slingelandt et Guillaume V.

**218.** — *Le Chariot de foin* (Salle XIII).

Au premier plan, s'apprêtant à traverser un gué, un homme à cheval, avec une femme en croupe, qui fait signe à un petit garçon que tient, sur le bord, une autre femme. Derrière, une charrette portant une haute pile de foin sur laquelle est couché un paysan. Sur la droite, un cheval attelé à une charrette dont on ne voit que le cocher et l'avant-train. Dans l'éloignement, à gauche, sur la rivière, une barque qu'on charge de foin. Signé, à gauche : P. L. S. W.

H., 0,40 ; L., 0,48. B. Fig. 0,10. Gravé dans le Musée Français, le Musée Napoléon, les Rec. Steengracht et Desguerrois. 680 fl. V. Huls, La Haye (1763). V. Lormier. Coll. Slingelandt et Guillaume V. Une réplique de meilleure qualité à Buckingham Palace.

**219.** — *Bataille* (Salle XIV).

Au milieu, des fantassins, protégeant le drapeau, reçoivent le choc de cavaliers qui s'élancent de la droite. Au premier plan, un officier, en rouge, décharge son pistolet ; près de lui, un cavalier blessé se renverse ; à droite, un trompette sonne la charge. Au fond, un gros de cavalerie ; à gauche, d'autres cavaliers sur un pont et des fantassins traînant un canon. Signé, à droite : P. L. S. (entrelacés) W.

H., 0,27 : L., 2,43. T. — Gravé dans les Rec. Steengracht et Desguerrois. 4,575 fl. à la V. Da Costa, La Haye (1764). Coll. Guillaume V. Cité par SMITH. « Tableau d'une dimension exceptionnelle et d'une étonnante vigueur ; peint vraisemblablement vers 1657, alors que le maître avait atteint son plus haut degré de perfection. (WAAGEN, III, 96.) BURGER (I, 215) au contraire trouve cette peinture flasque et d'une tonalité lourde. « Sans doute il y a du mouvement, de la variété, beaucoup d'adresse ; mais une incontestable débilité dans le dessin et la charpente de ces hommes et de ces chevaux d'une proportion inaccoutumée ».

**220.** — *Un Camp* (Salle XI).

Au premier plan, à droite, devant la tente du cantinier, un trompette, dont le cheval se cabre, sonnant le boute-selle et un porte-fanion tourné vers un autre cavalier qui lève son verre. Au milieu, un cavalier descendu de son cheval lutine une servante ; au second plan trois chiens. A gauche, un mendiant, tenant un chien en laisse demande l'aumône à un cavalier qui porte une dame en croupe ; au fond, des soldats se reposant et d'autres jouant aux dés sur un tambour, devant le camp dont les tentes se profilent à l'horizon. Signature, à droite, faite avec des brins de paille : P. L. S. W.

H., 0,70 ; L. 1 m. T. — Fig. 0,13. Gravé dans le Rec. Desguerrois, 850 fl. V. Bout, La Haye (1733). Château du Loo. Coll. Guillaume V. SMITH, n° 447.

## Wttewael (JOACHIM ANTONISZ.), 1566-1638.

**223.** — *Mars et Vénus surpris par Vulcain* (Dépôt).

Signé : JOACHIM WTTEWAEL FECIT.

H., 0,21 ; L, 0,16. — Cuivre. — 57 fl. V. Pot (1808). D'après M. HYMANS, ce tableau est celui que l'artiste exécuta pour Jan van Weely, joaillier et peintre amateur d'Amsterdam, « tout semé de détails minuscules et aussi achevés que l'œil le plus exigeant peut le vouloir, la table, le lit, et dans le ciel l'assemblage des Dieux avec nombre de petits amours » (C. VAN MANDER, 316). Une réplique se trouvait autrefois chez Melchior Wyntgis à Middelbourg.

## Wyck (THOMAS), 1616 (?)-1677.

**469.** — *L'Alchimiste* (Salle VII).

Dans son laboratoire, l'alchimiste lit, debout, en costume gris et manteau rouge, le pied gauche posé sur un mortier. Au milieu, devant une fenêtre ouverte sur un jardin, un bureau encombré d'objets divers ; d'autres ustensiles sur le plancher, et aux murs. Un crocodile empaillé au plafond. Signé, au milieu : T. WYCK (T. W. entrelacés).

H., 0,48 ; L., 0,41. B. — Fig. pet. nat. Coll. Charlé de Waspick. 1108 fl. du Bus de Gisignies, Bruxelles (1882.)

## Wynants (JAN), vers 1625-après 1682.

**212.** — *Lisière de forêt* (Salle XIV).

A gauche, des plantes sauvages et deux chênes, l'un brisé, l'autre presque entièrement dépouillé de ses feuilles. Au milieu, une mare où poussent des roseaux et des joncs ; à droite, sur un sentier bordé d'arbres, un chasseur et des paysans. Fonds montagneux. Signé, à droite : J. WYNANTS 1659.

H., 0,67. ; L., 0,87. — T. — 800 fl. V. van Eyck (1829). « Les arbres sont d'une grande vérité de détail, le jeu de la lumière est d'un heureux effet, le lointain est rendu dans un ton délicat, mais la facture des troncs d'arbres de l'avant-plan et des feuilles devenues bleues est trop lâchée. » (WAAGEN, III, 148.)

**213.** — *Un chemin dans les dunes* (Salle VII).

H., 0,76 ; L., 1 m. T. — Fig. 0,08. Signé, à droite : J. WYNANTS, F. A. 1675. Les personnages sont attribués à Lingelbach qui, comme le fait remarquer M. BRÉDIUS, mourut en novembre 1674. Acheté à M. Noé (1830). SMITH, n° 116.

## Ecole espagnole du XVII^e siècle.

**297.** — *Portrait de jeune homme* (Salle VIII).

De profil tourné vers la droite; visage imberbe encadré par des boucles brunes. Vêtement brun, chemisette blanche, fond gris.

H., 0,43; L., 0,38. T. — Fig. en buste gr. nat. Acheté 500 fl. au général Rottiers par Guillaume I (1823); attribué autrefois à Murillo.

**299.** — *Paysage* (Salle IX).

Au premier plan, à droite, des chasseurs, au pied de trois chênes; sur le sol, leur gibier; au milieu, près d'un étang, un enfant et une femme portant des poissons dans un panier; sur la rive opposée, un piéton et un cavalier; à gauche, une femme sur un rocher; montagnes à l'horizon; à droite, une ville, dans la plaine.

H., 1,04; L., 0,82. T. — Fig. 0,15. Attribué autrefois à Velasquez, sous le nom duquel il fut acheté à Paris, en 1823, par Guillaume I.

## Ecole flamande du XVII^e siècle.

**227.** — *Portrait d'un mort* (Salle VI).

De trois quarts tourné vers la droite. Barbe, chevelure et moustaches grisonnantes. Vêtement noir, fraise tuyautée. Daté, à gauche, sur le fond gris : 1617.

H., 0,69; M., 0,32. B. — Fig. en buste gr. nat. Offert par M. Van Eersel d'Anvers à Guillaume I (1817) qui en fit don au Musée.

**266.** — *L'Atelier d'Apelles* (Salle IV).

Dans une vaste salle, à gauche, Alexandre le Grand, appuyé sur son sceptre, suivi de nombreux courtisans, donne des conseils au peintre, assis devant son chevalet, faisant le portrait de la favorite du souverain, Campaspe de Larisse, assise au premier plan, en robe bleue et manteau jaune. Derrière la chaise, quatre de ses femmes, dont l'une tient une gravure; au fond, à gauche, quatre savants autour d'un globe terrestre; à droite, deux femmes devant un buffet ouvert; et, au milieu, trois amateurs regardant *le Reniement de Saint Pierre* par Raphaël. Par une arcade cintrée, on aperçoit, dans une galerie, cinq personnages devant un tableau porté par deux pages, et quatre autres examinant des statues; devant la porte de cette seconde salle, des hommes d'armes.

Le catalogue du musée (p. 454) donne la liste des 47 tableaux qui ornent la première pièce et dont un grand nombre ont pris place, de nos jours, dans des musées ou collections particulières connues.

H., 1,05; L., 1,50. B. — Fig. 0,25. 1000 fl. V. du roi de Pologne, Amsterdam (1765). Coll. Guillaume V. Attribué autrefois à Sebastiaen Vranckx et maintenant, par M. Bredius, à Frans Pourbus le Jeune.

## Ecole française du XVIe siècle.

**432.** — *Les Trois Frères de Châtillon-Coligny* (Salle III).

A gauche, Odet de Coligny, cardinal de Châtillon (1527-157 ?), tourné de trois quarts à droite, en soutane noire et barette rouge, la main droite sur la hanche, de la gauche, tient un rouleau de papier. Au milieu, l'amiral Gaspar de Coligny (1526-1572), en pourpoint et chausses blancs, manteau et bonnet noirs, la main droite posée sur une chaîne d'or pendue à son cou. A droite, le colonel général François de Coligny (1521-1599) vêtu comme le précédent, la main gauche sur la garde de son épée, tenant ses gants dans la main droite. Fond noir : sur le sol, un tapis multicolore.

H., 1,91 : L., 1,63. T. — Fig. gr. nat. Autrefois dans le quartier du conseiller secret Van Cameke. Gravé par Marc. Duval, Visscher, Bordier et Charton.

## Ecole française du XVIIe siècle.

**294.** — *Portrait d'homme* (dans l'escalier).

Tourné de trois quarts vers la gauche, la tête vue de face. Perruque grise bouclée, cuirasse sur laquelle est passé en sautoir un grand cordon orange, auquel pendent une croix et un cor de chasse ; sur l'épaule droite, un manteau bleu doublé d'hermine. De la main gauche. il prend son casque à plumet rouge, posé près de lui sur un tertre. Paysage à gauche. Effet de soleil couchant.

H., 1,30 ; L., 1,06. T. — Fig. à mi-corps gr. nat. Ce portrait est peut-être celui mentionné dans l'inventaire de la cour des Stathouders sous le numéro 54, en 1763, et représentant un prince de la famille de Nassau. En tous cas, il est certainement l'œuvre de Rigaud.

## Ecole vénitienne du XVIIe siècle.

**321.** — *Les Musiciennes* (Salle IX).

A droite, une femme vue de dos, la tête tournée de trois quarts à gauche, joue de la mandoline ; au milieu, une négresse, en chemisette blanche et manteau rouge, collier de perles, tient une flûte. A gauche, deux femmes, chantent.

H., 0,56 ; L., 1 m. T. — Fig. en buste gr. nat. Coll. Rainer sous le nom de « Les Servantes du peintre faisant de la musique », par LUCA GIORDANO, et Coll. Guillaume I. Ce tableau nous semble être d'un élève de Paolo Veronese.

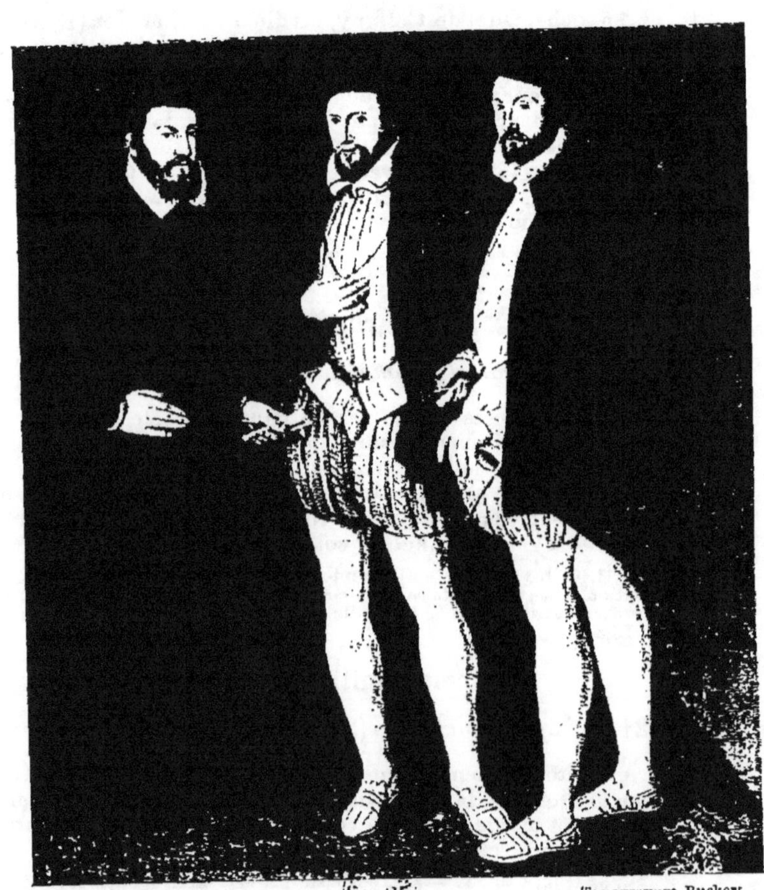

Cliché d'un amateur. Typogravure Ruckert.



ÉCOLE FRANÇAISE DU XVIe SIÈCLE.

432. — *Les Trois frères de Châtillon-Coligny.*

# MUSÉE MUNICIPAL

Dans l'ancien Doelen des arquebusiers de Saint-Sébastien. Ouvert au public le 7 juillet 1884. Les collections qu'il renferme, précédemment à l'hôtel de ville, proviennent en grande partie de legs et de dons faits par les membres d'une Société fondée en 1851 « dans le but d'étudier et de mieux faire connaître l'histoire de La Haye et d'éveiller ainsi chez ses habitants, un intérêt plus vif pour cette ville ».

Les tableaux, tant anciens que modernes, sont rassemblés au rez-de-chaussée et au premier étage.

## Baen (JOHAN DE), 1633-1702.

3. — *Les Magistrats de La Haye en 1682.*

Cinq, à gauche, autour d'une table recouverte d'un tapis oriental; sept à droite, autour d'une table recouverte d'un tapis vert; au second plan, trois secrétaires. Au fond, deux statues, la Justice et la Sagesse. En avant, sur le plancher, des volumes et un papier avec le nom des magistrats. Signé à droite : JOHAN DE BAEN FECIT.

H., 3,25 ; L., 5.20. T. — Fig. gr. nat. Payé au peintre 3150 fl. Le cadre sculpté, qui porte la date de 1685, les armoiries de la ville et celles des magistrats, est l'œuvre de Johannes Hannaert qui reçut 220 fl. pour son travail.

## Beest (SYBRANT VAN), vers 1610-1674.

10. — *Henriette de France, reine d'Angleterre, s'embarque, à Scheveningue,* pour secourir son époux, avec les troupes qu'elle a enrôlées en vendant ses bijoux. Signé : S. VAN BEEST F. OCTOBER, 1644.

H., 1,10; L., 1,06. T.

## Berck-Heyde (GERRIT ADRIAENSZ), 1638-1698.

18. — *Vue du Vyverberg et de la place dite Groene Zoodje,* où se dressait autrefois l'échafaud. Au fond, la prison, près de l'ancienne porte du château. Signé : G. BERCK-HEYDE.

H., 0,29 ; L., 0,38. B. — Acheté 575 fl. V. Roos.

## Ceulen (CORNELIS JANSSENS VAN), 1590-1664.

132. — *Les Magistrats de La Haye en 1647.*

Onze magistrats autour d'une table, en vêtements, chapeau et bas noirs ; deux, au premier plan, regardent le spectateur, les autres écrivent ou parcourent des dossiers. A gauche, une draperie verte relevée; à droite, sur un cartel, le nom des magistrats. Signé, à droite, sur le barreau d'une chaise : CORNELIS JONSON LONDINI FECIT ANNO 1647.

H., 2,45.; L., 3.75. T.

## Goyen (JAN VAN), 1596-1656.

**60.** — *Vue de La Haye.*

Au premier plan, dans une prairie, un moulin, des meules de foin, des moissonneurs, deux paysannes occupées à traire des vaches, et des bestiaux. A gauche, sur le bord d'un canal, des pêcheurs qui ramènent leurs filets; sur le bord opposé, un coche d'eau, des cavaliers, des carrosses et un moulin; au fond, à droite, la ville; à gauche, des moulins. Signé, sur le coche, du monogramme du peintre.

H., 1,70; L., 4,38. T. — Payé au peintre 650 fl. en 1651 par le Magistrat.

## Gracht (JACOB VAN DER), 1593-1674.

**61.** — *Portrait de Elisabeth Donker, épouse de l'amiral van den Kerckhoven.*

De trois quarts tournée vers la gauche. Robe et coiffe noires. Collerette godronnée. Signé: J. v. D. GRACHT.

H, 0,73: L., 0,59. T. — Fig. en buste gr. nat. Legs van den Kerckhoven.

## Houckgeest (JOACHIM OTTENSZ), ?-avant 1644.

**125.** — *Un porte-drapeau de la Compagnie du drapeau vert.*

De trois quarts tourné vers la gauche. Pourpoint et chausses noirs, chapeau noir à plumes multicolores, bas gris, fraise et manchettes brodées, écharpe bleue à broderie d'or en sautoir; la main gauche sur la hanche; de la droite, il tient, sur son épaule, le drapeau vert de la compagnie. Signé, à droite, en bas : J. HOUCKGEEST F. ANNO 1621.

H., 1,97; L., 1,03, T. Fig. gr. nat. Provient du Saint-Sébastiaen-Doelen, où il figurait, dans la pièce du coin.

## Maes (EVERARD CRYNSZ VAN DER), 1577-après 1646.

**145.** — *Un porte-drapeau de la Compagnie Oranje-vendel.*

De profil tourné vers la droite, regardant le spectateur. Vêtement rouge avec des nœuds blancs aux chausses, écharpe jaune en sautoir. La main droite sur la hanche; de la gauche, il tient son étendard jaune. Signé, en haut, à droite, du monogramme et daté : ANNO 1617.

H., 2 m. L., 1,05; T. — Fig. gr. nat. Autrefois dans la salle attenante à la chambre des Bourgmestres, au Saint Sébastiaen Doelen. Attribution donnée par M. van der Kellen.

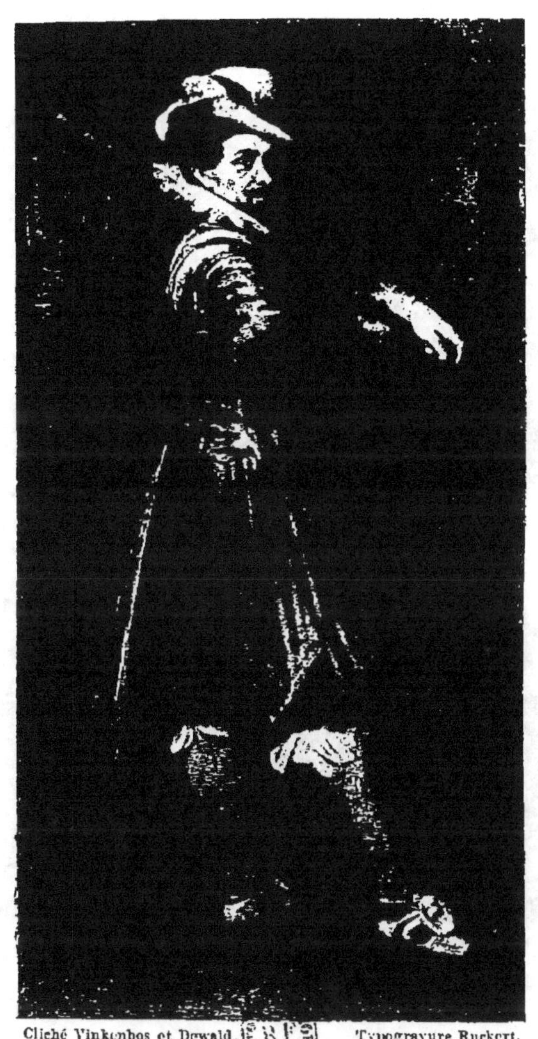

Cliché Vinkenbos et Dewald. Typogravure Ruckert.



MAES (EVERARD CRYNSZ VAN DER).

145. — *Un porte-drapeau.*

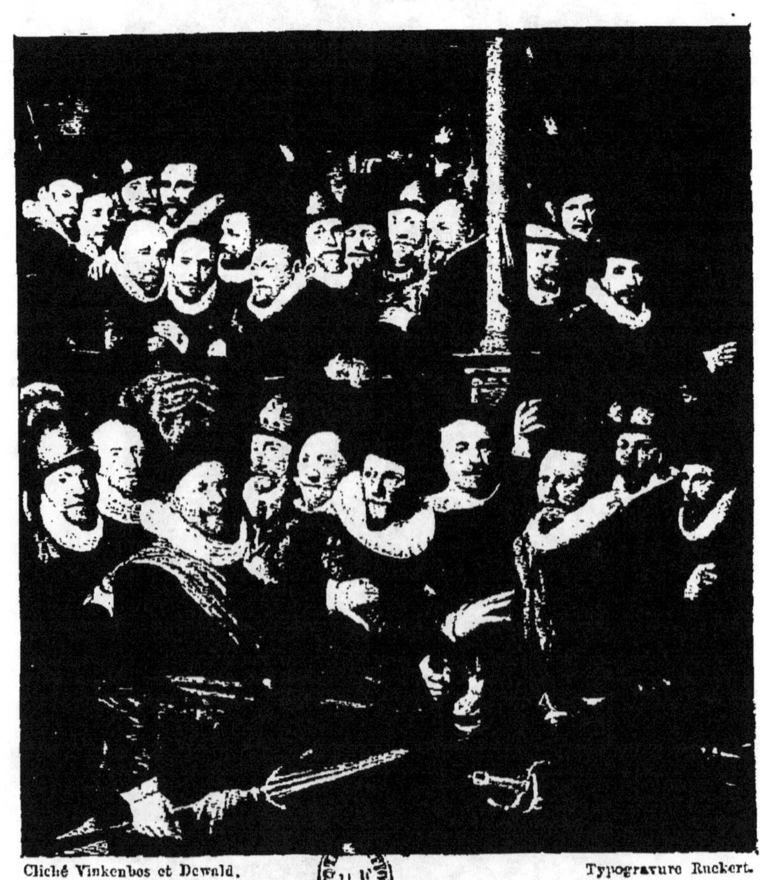

Cliché Vinkenbos et Dewald. Typogravure Ruckert.



RAVESTEYN (J. ANTHONISZ VAN).

177. — *Officiers de la garde civique quittant l'Hôtel de Ville.*

## **Moor** (CAREL DE), 1656-1738 (?).

**164.** — *Les Membres du Magistrat de la Haye en 1717.*

Signé, au premier plan : CAR. DE MOOR PINX.

H., 1,81 ; L., 3,75. Fig. gr. nat.

## **Mytens** (JOHANNES), vers 1614-1670.

**165.** — *Portraits de Willem van den Kerckhoven, conseiller de la princesse d'Orange, de sa femme et de ses onze enfants.*

Au ciel, trois anges, en souvenir de trois enfants morts en bas âge. Signé : JOAN MYTENS PINX. 1652.

H., 1,30 ; L., 1,80. T. — Fig. gr. nat. Legs van den Kerckhoven. « La composition et l'exécution facile font déjà songer à A. van Tempel » (WOERMANN, 808.)

## **Ravesteyn** (JAN ANTHONISZ VAN), 1572-1657.

**177.** — *Les officiers de la garde civique quittant l'hôtel de ville.*

Au premier plan, un groupe de dix officiers en pourpoints de couleurs sombres, écharpe jaune en sautoir, fraise blanche, les uns nu-tête, les autres coiffés de casques ou de chapeaux noirs à plumes jaunes. En avant, l'un tient une hallebarde baissée, de la main droite, et appuie l'autre main sur le bras d'un de ses camarades qui se retourne vers lui ; au second plan, à droite, trois officiers descendent un escalier ; à gauche, et au milieu, sur un perron, douze officiers appuyés contre une rampe. Parmi eux, le peintre s'est représenté, de profil tourné vers la gauche, derrière un officier qui tient dans ses mains son casque et un mousquet dont le canon est dirigé vers le spectateur. Signé, sur la base d'une colonne : 1616. J. RAVESTEYN. F. (J. V. R. entrelacés).

H., 2 m. L., 1,80. B. — Fig. jusqu'aux genoux gr. nat. Autrefois dans la salle à manger du Saint Sebastiaen Doelen. « Il suffit de comparer ce chef-d'œuvre de vérité grave et de dignité simple avec les chefs-d'œuvre de franchise joyeuse et de familiarité communicative par F. Hals, au Musée d'Haarlem, pour saisir la portée de l'évolution qui s'accomplissait à ce moment, et pour bien comprendre ce qu'apportait de nouveau dans l'art de peindre l'étonnant bohême de Haarlem » (G. LAFENESTRE, *Gaz. B.-Arts, IIe Période. Vol. 31, p. 35.*) « Ce n'est qu'à La Haye qu'on peut connaître ce peintre. Ce tableau, de la même année que le *Premier Repas de Hals* (à Haarlem), ne lui est pas inférieur, en ce qui concerne la manière de rendre les chairs avec des dessous bruns et des glacis clairs, l'exécution des vêtements, la sûreté de main, bien qu'un peu dure, et l'éclairage chaud. Les figures sont cependant un peu trop pressées les unes contre les autres et on sent trop la préoccupation du peintre de mettre les silhouettes dans des rapports réciproques » (WOERMANN, 805).

**178.** — *Le Magistrat recevant les officiers de la garde civique* (26 personnes).

Autour d'une table recouverte d'un tapis brun et rouge, sont assis, en vêtements noirs, fraise tuyautée, chapeau noir à petits bords, le bourgmestre et les échevins. Au milieu, au premier plan, le bailli Willem van Outshoorn, un verre de vin à la main, porte la santé des officiers qui entrent dans la salle. Le commandant, Johan Smout, en costume noir, écharpe orange en sautoir, appuyé de la main droite sur une hallebarde, s'incline; derrière lui, le porte-étendard et trois officiers. A droite, devant la cheminée, un valet tenant un verre et un broc; à gauche, devant un buffet, un officier auquel un valet tend un verre, un autre officier et le peintre, entre deux personnages en noir. Les murailles sont tapissées de draperies ornées d'écussons.

La signature qui devait figurer, à droite, sur un cartel, a disparu.

H., 1,73; L., 4,67; T. Fig. jusqu'aux genoux gr. nat. Payé au peintre 500 fl. Autrefois dans la salle à manger du Doelen. Ce tableau représente la réception faite chaque année par le Magistrat, au moment de la kermesse. Il offrait un bocal de vin aux gardes civiques qui venaient de défiler devant le Prince. « La disposition est ici plus libre, les expressions des visages mieux rendues, la facture plus large, les couleurs plus délicatement harmonisées dans une tonalité générale plus chaude » (WOERMANN, 805.)

**179.** — *Les Magistrats de La Haye délibérant sur la reconstruction du Saint Sebastiaen Doelen, en 1636.*

Dans une salle, onze personnages, en vêtements noirs, chapeau noir à larges bords, col et manchettes blancs, sont assis autour d'une table recouverte d'un tapis vert. A gauche, un huissier, nu-tête, tend un papier au bourgmestre. A droite, debout, trois personnages en gris, l'un, l'architecte, un compas à la main, l'autre, un huissier, tenant une verge, le troisième, l'administrateur du Doelen, se découvrant. Sur la muraille, est peinte une cigogne qui figure dans l'écusson de la ville; à la partie supérieure, un revêtement en marbre. En bas, à droite, sur un cartel, le nom des personnages et la signature : PINXIT JOANNES A RAVESTEYN PRIVATO UNIUS CUIUSQ, SUMPTU ANNO CIↃIↃCXXXVI.

H., 2,30; L., 3,42. T. — Fig. gr. nat. « Grande vérité d'expression. Jour égal sans grands effets de lumière; l'harmonie générale, dans les tons gris noirs et verts, un peu froide » (VOSMAER, p. 464.) « Ce tableau nous montre que le maître, si proche de Hals en 1626, a pris maintenant un développement plus adouci. La conception est plus libre et plus légère; sa facture plus noble, mais son coloris, moins froid est plus fin » (WOERMANN, 805.) La première pierre de cet édifice fut posée par le jeune prince Maurice, fils du prince Frédéric-Henri, le 2 décembre 1636.

**180.** — *Six officiers de la compagnie dite du Drapeau Blanc* (Witte-Vendel).

Devant un édifice, ils sont debout, portant en sautoir une écharpe blanche à bordure d'or. Au milieu, le capitaine, en pourpoint jaune à manches blanches, chapeau gris, col blanc, tenant de la main droite une hallebarde. A droite, le porte-étendard, en pourpoint brodé à fleurs porte sur l'épaule gauche l'étendard blanc à broderies d'or; à leurs côtés, quatre officiers, trois en noir, le quatrième en violet, coiffés de chapeaux noirs à plumes. Au fond, à droite, un paysage. Signé à gauche, sur la base d'une colonne : JOANN VAN. RAVESTEYN 1538.

H., 1,39; L., 2,19. T. — Fig. jusqu'aux genoux gr. nat. Ce tableau, peint aux frais des six officiers, ornait autrefois la salle à manger du Doelen.

**Steen** (Jan), vers 1626-1679. — *Intérieur.*

Dans une chambre, devant une fenêtre dont une vieille femme, appuyée sur une canne, ouvre un volet, une jeune femme, à demi étendue sur un banc, en robe rose, corsage gris ouvert, mantelet jaune, tenant une cuiller et un bol, se tourne en riant à gauche vers un ecclésiastique, debout, dans la rue, coiffé d'un bonnet noir, qui la menace du doigt. Sur le banc, deux pipes, un petit fourneau, et un linge. Au fond, un escalier mène à une autre chambre, où un homme embrasse une femme. Sur le sol, des cartes, un pot de chambre, une bouteille, un verre et une pipe brisée. Près de la bouteille, à gauche, la signature : J. Steen.

H., 0,37 ; L., 0,31. T. — Acheté 1,200 florins en 1896, en Angleterre.

**Tempel** (Abraham Lamberts Jacobsz van den), 1622 ou 1623-1672.

**205.** — *Portrait de Cornelis van Groenendyck.*

Assis à terre, de face ; chevelure blonde bouclée, habit gris, gilet jaune ; sur sa main gauche gantée, il porte un faucon chaperonné. Un petit chien saute sur ses genoux ; à gauche, à terre, trois alouettes et des filets. Au fond, à droite, des arbres et une mare. Signé à gauche sous les filets : A. v. d. Tempel 1668.

H., 1,22 ; L., 0.99. T. — Fig. pet. nat. Legs van den Kerckhoven.

## PAVILLON DU BOIS

### (t'huis ten Bosch)

Au milieu de la forêt, résidence construite en 1647 par la princesse Amélie de Solms en souvenir de son époux le prince Frédéric-Henri d'Orange.

La grande salle, dite Salle d'Orange, haute de quinze mètres, contient des peintures murales intéressantes. — « Tous les artistes, les connaisseurs, et les amateurs ne se borneront pas à admirer cette salle, vraiment royale élevée à la mémoire d'un époux, afin d'en immortaliser les exploits ; mais ils devront avouer avec moi n'en avoir jamais vu une semblable ; car, où trouverait-on une seconde galerie peinte par neuf maîtres du siècle dernier, tous Néerlandais, et tant d'homogénéité dans un travail composé d'un si grand nombre de sujets différents, liés cependant entre eux comme si un seul pinceau les eût tracés » (1).

(1) Dyck (Jan van), — *Itinéraire de la Salle d'Orange, au Palais du Bois.* Traduction de Henri Jean Caon. — La Haye, J. Kips, imprimeur, 1838.

Au-dessus de l'entrée principale où se trouvait autrefois une cheminée monumentale :

**Everdingen** (CAESAR VAN). — *La Naissance du prince Frédéric Henri.*

En avant, la mère du prince, Louise de Coligny, assise, et Pallas qui pose sur le lion néerlandais le nouveau né couché dans un bouclier, auquel un amour offre un carquois et Mars une lance ; au second plan, Guillaume I^er, vers lequel la Mort dirige un javelot. Au ciel, des amours portant des fleurs.

« Œuvre plastiquement imitée des Italiens, mais maladroitement composée. » (WOERM., 587.)

En se dirigeant vers la gauche : au plafond.

**Grebber.** — *Le Char d'Apollon.*

**Thulden** (T. VAN). — *L'Education du prince.*

Un livre sous le bras, il écoute les leçons de Minerve; à ses pieds, un coq et une tortue figurant la Vigilance et la Persévérance. Au second plan, Mercure et Chiron portant en croupe Achille.

*Les États confèrent au prince le stathoudérat.*

Une femme, un diadème sur la tête, escortée de sept lions, offre le bâton de commandement au prince monté sur un cheval blanc ; à son côté, des pages portant l'un, son casque, l'autre, un faucon, un troisième tenant en laisse des chiens ; derrière lui, trois de ses officiers ; dans les airs, sept enfants présentent les écussons des provinces. Au plafond, l'Architecture, la Peinture, la Sculpture.

*Le prince Frédéric-Henri et son fils Guillaume, auquel une figure allégorique, tenant une lance surmontée du chapeau de la liberté, remet un parchemin à sceau rouge.*

Ce tableau fait allusion à la survivance des dignités du prince Frédéric-Henri qui fut en effet conférée à son fils lorsqu'il n'avait que cinq ans.

*Le prince Frédéric-Henri, un glaive à la main, écrase les vices.*

**Honthorst** (GERARD VAN). — *Mariage du prince avec Amélie de Solms.*

Le prince, en costume antique, donne la main à sa fiancée, en robe blanche brodée de perles ; à leurs côtés, l'Hymen portant un flambeau allumé et Cupidon une couronne de lauriers dans chaque main. Sur les côtés, des Naïades entourant Neptune et des faunes. Au fond, une ronde de sept enfants représentant les sept provinces soumises à l'autorité du prince.

« Comme peintre attitré de la cour, il participa naturellement à la décoration de ce Pavillon pour lequel il exécuta, dans une note exceptionnellement froide, l'allégorie sur « les noces du prince Henri » et « la Princesse accompagnée de ses enfants sur la tombe de son époux. » (Woermann, 561.)

Au plafond : *Vénus dans un char traîné par des cygnes et des colombes. Junon dans un char, traîné par quatre paons ; dans les airs, Ganymède.*

**Jordaens** (Jacob). — *Triomphe du prince Frédéric Henri.*

Pallas et Mercure conduisent le char attelé de quatre chevaux blancs sur lequel est assis le triomphateur, une Victoire en or derrière lui. Sur un des timoniers, un jeune homme couronné de fleurs et portant de la main droite une corne d'abondance. Aux côtés des chevaux, marchent deux lions, symbolisant la Magnanimité et la Force et deux chiens, la Vigilance et la Fidélité. Derrière le char, Guillaume II, entouré d'une suite nombreuse et de soldats portant des étendards et l'écusson des sept provinces. En avant, un petit garçon agite un tambour de basque, une petite fille joue du tambourin, d'autres sèment des fleurs. Sous les chevaux, des serpents, et l'Envie dévorant son cœur. Dans les airs, à droite, la Renommée, la trompette à la main, ordonne à la Mort d'épargner le prince, au-dessus duquel vole la Paix présentant des branches d'olivier. Au fond, une foule entoure un arc de triomphe. — Peint en 1652.

Au-dessus de ce tableau, *La Mort du prince*, soutenu par la Foi, l'Espérance et la Charité.

A la coupole : *Portrait d'Amélie de Solms*, en vêtements de deuil et une inscription latine disant que, « veuve inconsolable, elle a élevé à son époux, l'incomparable Frédéric-Henri, prince d'Orange, ce monument de son deuil éternel, d'un amour qui ne mourra qu'avec elle, monument qu'elle croit seul digne d'honorer la mémoire du héros qu'elle pleure aujourd'hui et à jamais ».

## COLLECTION VICTOR DE STUERS

### (PARK STRAAT, 24)

L'honorable directeur des Beaux-Arts a réuni, dans son hôtel, une importante collection, dans laquelle ont pris place, à côté de tableaux de maîtres célèbres, des œuvres de peintres peu connus, mais intéressants pour l'histoire de l'art en Hollande. Les renseignements que

18

nous publions sur cette galerie nous ont été obligeamment fournis par M. de Stuers lui-même.

**Aelst** (Villem van). — 1626 - vers 1683. — *Chardonnerets.*

Ils reposent sur une tablette en marbre. A droite, une draperie rouge et des ustensiles de chasse.

H., 0,45 ; L., 0,275. T. — V. Viruly, (1881).

**Avercamp** (Hendrik). — 1585 - après 1663. — *Patineurs.*

Au premier plan, une femme, en jupon rouge, avec un enfant dans un traîneau. Au fond, à droite, la ville de Kampen. Signé : H.

H., 0,35 ; L., 0,58. B. — V. Broers à Utrecht.

**Bakhuizen** (Ludolf). — 1631-1708. — *Marché de volaille à Amsterdam.*

Une marchande cause avec une cliente, en chemisette blanche, corsage rouge, tablier bleu, portant un seau. A droite, un petit garçon. Au fond, l'Hôtel de Ville. Signé : L. B.

H., 0.48 ; L., 0,40. — T.

**Balen** (Hendrik van), Flamand. — 1575-1632. *Apollon et les Muses.*

H., 0,44 ; L., 0,68. B.— Acheté à Amsterdam en 1885. Le paysage est de Brueghel de Velours.

**Bega** (Cornelis). — 1620-1664. — *Intérieur de paysans.*

Au centre, une paysanne et trois paysans chantant. A gauche, deux buveurs, un fumeur, et des enfants jouant avec un chat.

H., 0,45 ; L., 0,55. B. — Acheté à la Haye en 1884.

**Beyeren** (Abraham van). — 1620 ou 1621-1675. — *Poissons.*

Sur une table, un turbot, un crabe et des plies ; dans un panier des aiglefins et du saumon ; en arrière, un seau et un plateau avec de la morue. Par une fenêtre, à gauche, on voit une plage animée de figures.

H., 1,14 ; L., 1,03. — Signé : A. V. B. f.

*Poissons.*

A., 0,59 : L., 0,72. — Signé : A. V. B. f. V. Roos. Amsterdam 1882.

**Brandon** (JAN, HENDRIK). — ?-1716. — *Portrait de jeune femme.*

Signé : BRANDON PINX, 1702.

H., 0.78 ; L., 0,62. T.

**Bray** (JAN DE). — ?-1697. — *La Communion de la Sainte Vierge.*

Agenouillée devant saint Jean qui lui donne l'hostie consacrée.

H., 0,55 ; L., 0,34. B. — Autrefois dans l'église du Hoek à Haarlem qui vendit ses tableaux en 1852. Coll. Van der Willigen (1874) et Cremers.

**Brueghel d'Enfer**, Flamand. — 1564 (?)-1618. — *L'Enfer.*

Une foule de damnés subissant des supplices variés. Au fond, un rideau de feu sur lequel se détachent des constructions.

H., 0,30 ; L., 0,40. B. — V. Gockinga à Groningue (1883).

**Bylert** (JAN VAN), 1603-1671. — *Portrait de Johan Strick van Linschoten.* — *Portrait de la femme de Strick.*

Signé : J. v. BYLERT FECIT. 1663.

H., 0,73 ; L., 0,57.

**Claesz** (PIETER), vers 1590-1660. — *Nature morte.*

Sur une table recouverte d'une nappe blanche, se trouvent un quartier de viande, une assiette en étain avec un citron à demi pelé, une assiette de fraises, un plat d'olives sur une salière en argent, des verres remplis de vin blanc ; à gauche, un panier de fruits et d'artichauts.

H., 0,72 ; L., 1,39. B. — La marque P. C. enlacés sur un couteau a été transformée en F. H. (enlacés) ; la date 1650 est restée intacte.

**Clouet** dit **Janet** (FRANÇOIS). — Français, vers 1500 - vers 1572. — *Portrait de Marie Stuart.*

En buste, de trois quarts tournée à gauche. Fond bleu.

Diamètre 0,03. Vélin.

**Codde** (PIETER), 1599 ou 1600-1678. — *Le Printemps.*

Jeune femme couronnée de fleurs.
Signé : P. C.

H., 0,12 ; L., 0,09.

**Cornelisz** (CORNELIS) **van Haarlem**, 1562-1638. — *Mars et Vénus.*

La déesse, assise sur une draperie bleue, repose le bras droit sur les genoux de Mars qui la caresse. A droite, des amours jouant avec les armes du dieu. Signé : C. v. H. 1625.

H., 0,21; L., 0,275. — Cuivre. — V. Baron Michiels, Maëstricht (1869).

**Cornelisz** (Jacob) **van Oostsanen**, vers 1480 - après 1533. — *Le Christ et la Sainte Vierge.*

H., 0,205; L., 0,15. B. — Fig. en buste. Volets cintrés d'un diptyque. Fond doré.

**Cuvenes** (J.), travaillait au XVIIe siècle. — *Nature morte.*

Signé : Cuvenes.

H., 0,315; L., 0,45. B.

**Cuyp** (Benjamin), 1612-1652. — *La Délivrance de saint Pierre.*

L'apôtre, en robe bleue et manteau rouge, est endormi dans sa prison. Un ange le réveille. Au premier plan, de chaque côté, un soldat dormant; au fond, une colonne et une fenêtre grillée.

H., 0,69; L., 0,58. B.

**Cuyp** (Jacob Gerritsz), 1594-1651. — *Portrait d'un officier.*

A mi-corps, tourné de trois quarts à droite; tête chauve, chevelure et moustaches grises; large col rabattu; hausse-col en fer, sur un corselet de buffle avec rubans. Manches blanches. Signé : I. C. (enlacés) 1638.

H., 0,78; L., 0,55. B.

*Portrait d'un moine récollet.*

Sur le fond : *Ætatis suæ 21. Anno 1613. G. C. f.*

H., 0,56; L., 0,43. B.

**Doncher** (H...). Travaillait vers 1650. — *Le Porte-Drapeau d'Enkhuysen.*

Debout, presque de face. Il tient, de la main droite, sur l'épaule, le drapeau aux armes d'Enkhuysen, et, de la gauche, un chapeau noir à plumes blanches. Large col rabattu, pourpoint et culotte noirs, bas blancs. Au fond, à droite, la mer avec des vaisseaux; à gauche, des ruines. Signé : H. D. 1641.

H., 0,86; L., 0,72. B.

**Everdingen** (Allart van), 1621-1675. — *Paysage.*

Vue étendue sur un site en Gueldre. Au premier plan, une étable à moutons sur une colline; au second plan, une rivière; le troisième plan est très boisé et semé de villages et de clochers. Signé : A. v. Everdingen.

H., 0,82 ; L., 1,085. T. — V. van Wyngaerdt, Amsterdam, 1893.

**Flinck** (Govert), 1615-1660. — *Portrait de Bayken van Bracht, épouse de Philippe de Graef.*

La dame, déjà âgée, est assise, tournée de trois quarts à gauche ; les mains croisées, tenant un mouchoir ; capuchon noir, bonnet blanc, large fraise, robe noire bordée de fourrures.

H., 0,82 ; L., 0,67 T. — Vendu à Rotterdam en 1828 et 1846. V. W. Gruyter 1882. Gravé à l'eau-forte par V. Steelinck. Attribué autrefois à G. van den Eeckhout.

**Gassel van Helmont** (Lucas). ? - vers 1570. — *L'Apparition du Christ à saint Pierre.*

A droite, le Christ, en manteau rouge, tenant le labarum, tend la main vers saint Pierre, s'avançant à travers les eaux du lac de Tibériade ; à gauche, un navire. Au fond, une ville fortifiée et une église sur une colline.

H., 071 ; L., 083. B. — Acheté à Amsterdam (1889).

**Geerards** (Jasper). XVIIe siècle. — *Nature morte.*

H,. 0,69 ; L., 0,81. B. — Signé : Jasper Geerards fecit, 1647.

**Gelder** (Aert de), 1645-1727. — *La Continence de Joseph.*

A gauche, Joseph, en toque à plumes, robe bleue, et manteau violet auquel s'accroche la femme de Putiphar renversée à demi nue, sur un lit à rideaux bruns. Au centre, un chien jappant.

H., 0.68; L., 0,80. T.

**Hals** (Dirk) ? - 1656. — *Un Repas.*

A droite, trois jeunes femmes et deux jeunes gens groupés autour d'un musicien. A gauche, deux valets arrangeant des plats sur une table. Au mur, des tableaux. Signé : D. Hals, 1624.

H., 0,30 ; L., 0,525. B. — V. Huydecoper, Amsterdam, 1880. Gravé par W. Steelinck.

**Heem** (Cornelis de), 1631-1695. — *Fruits.*

Signé : C. de Heem.

H., 0,305 ; L., 0.295. B.

**Hooremans** (Jan Joseph) **le Vieux**, Flamand, 1682-1759. — *Le Dessinateur.*

Intérieur d'un salon. Autour d'une table ronde, sont assis une dame versant du café, un personnage montrant un dessin à un artiste (peut-être Hooremans) occupé à dessiner. A droite, un lévrier.

H., 0.84 ; L., 1,10. T.

**Hodges** (CHARLES HOWARD), 1764-1837. — *Portrait du roi de Hollande, Louis-Napoléon.*

En buste, de trois quarts à gauche. En petit uniforme blanc des grenadiers de la garde royale hollandaise.

H., 0,65 ; L., 0,56. T. — Vente van Gœthem, Amsterdam 1890. Etude pour le portrait en pied conservé au musée National à Amsterdam.

**Hoogstraten** (SAMUEL VAN), 1626-1678. — *Portrait d'homme.*

Tourné de trois quarts à droite, la main gauche sur la poitrine, la droite sur la hanche. Large col rabattu, vêtements noirs.
Signé : S. v. H. 1660.

H., 0,80 ; L., 0,64. T. — Fig. à mi-corps.

**Kalff** (WILLEM), 1621 ou 1622-1693. — *Un citron à demi-pelé, une orange et un verre.*

H., 0,36 ; L., 0,31. T.

**Ketel** (CORNELIS), 1548-1616. — *Portrait d'homme.*

Debout, tourné de trois quarts à droite, la main gauche en avant, la droite sur la hanche. Petite fraise, costume noir. Daté : *Anno 1599*, Armoiries : de sable à trois poissons d'argent en pal.

H., 1,03 ; L., 0,79. B. — Fig à mi-corps.

**Keyser** (THOMAS DE), 1596 ou 1597-1667. — *Portrait d'un prêtre.*

Vêtu de noir, vu de face, assis, légèrement bossu. La main gauche tient un bréviaire. La droite est posée sur une table recouverte d'un tapis turc, sur laquelle est un crucifix. Au fond, un rideau verdâtre, et, à droite, une statue de la Vierge.

H., 0,36 ; L., 0,285. B. — Fig. à mi-corps. Acheté à Amterdam, 1892.

*Portrait d'un savant.*

Vêtu de noir, chevelure longue. La main gauche tient une canne ; la droite repose sur une table recouverte d'un tapis rouge et tient un papier. Au fond, une bibliothèque et des herbes dans une bouteille.

Pendant du précédent.

*Saint Simon, apôtre.*

Vu de face, chevelure et barbe blanches ; la main gauche tient une scie. Vêtement brun sombre

H., 0,27. L., 0,21. B. — Fig. en buste. Signé : T. D. K. (entrelacés), 1658.

**Leemans** (Antonius), 1630 ou 1631 - après 1665. — *Instruments de musique.*

H., 0,83 ; L., 1,16. T. — Signé : Anto. Leemans F. 1665.

*Nature morte* (Vanitas).

H., 0,65 ; L., 0,51. T. — Avec la fausse signature : Metsu.

**Lengele** (Martinus). — Milieu du xvii$^{e}$ siècle. — *Une Famille.*

Dans un paysage, à gauche, le père et la mère debout en noir ; au centre, deux petites filles ; à droite, un garçon sur un poney isabelle tenu par un nègre. Au fond, à gauche, une maison ; à droite, un bouquet d'arbres.

H., 0,405 ; L., 0,745. T. — Signé M. v. L. (entrelacés).

**Luyex** (Franciscus). — Flamand, 1604-1652. — *Portrait de jeune homme.*

De trois quarts tourné à gauche. Longue chevelure, col en dentelle, manteau gris ; fond bleu. Signé : Roma anno 1635. Francisco Luyex fecit.

H., 0, 12 ; L., 0.09. — Forme ovale. Cuivre.

**Maas** (Dirk), 1656-1717. — *Armée en marche.*

Au premier plan, un général et son aide de camp à cheval. Signé : D. Maas.

H., 0,40 ; L., 0,49. T.

**Maes** (Nicolaes), 1632-1693. — *Portrait d'homme.*

Debout, presque de face. Longue chevelure ; la main droite sur une colonne, la gauche sur la hanche. Vêtement brun, manteau pourpre. Fond de paysage. Signé : N. Maes.

*Portrait de la femme du précédent.*

Légèrement tournée vers la gauche. Le bras gauche appuyé sur la vasque en marbre d'une fontaine. Robe décolletée blanche, écharpe violette.

Portraits se faisant pendant. H., 1,22 ; L., 0,98. T. — Fig. à mi-corps.

**Meer** (Jan van der), de **Haarlem**, 1628-1691. — *Paysage aux environs de Haarlem.*

Panorama sur les dunes, pris d'un point élevé; quelques personnages sur un chemin dans les sables. Signé : J. v. MEER, 1669.

H., 0,28; L., 0,36. T. — V. van Wyngaerdt, Amsterdam, 1893. — Tableau d'une extrême délicatesse.

**Metsu** (GABRIEL), vers 1630-1667. — *Un Buveur.*

Tourné de trois quarts vers la gauche, assis près d'un tonneau et tenant de la main droite une cruche en grès; chapeau mou, vêtement brun, gilet rouge. — Signé : G. METSU.

H., 0,178; L., 0,127. Toile marouflée. — Fig. à mi-corps

**Mierevelt** (MICHIEL VAN), 1567-1641. — *Portrait de dame.*

Tournée de trois quarts à gauche, bonnet et manchettes de dentelles, grande fraise, robe noire. — Signé : M. MIEREVELD. AETATIS 48, A°. 1633.

H., 0,705; L., 0,59. B. — V. Beresteyn Maurik, 1884.

**Molanus** (MATTHEUS), ?-1645. — *Paysage d'hiver.*

Perspective d'un canal, avec de nombreux patineurs ; à droite, des maisons; au fond, une ville.

H., 0,105; L., 0,15. — C. Signé : M. MOLANUS. F. — V. Roos, Amsterdam, 1881.

**Molenaer** (JAN MIENSE), ?-1668. — *Buveurs dans une auberge.*

Un gai compagnon, en veste pourpre, se renverse, en chantant, sur un siège taillé dans un tonneau; d'une main, il tient un verre ; de l'autre, il agite son bonnet; à droite, un fumeur attablé, bourre une pipe. Au fond, à droite, un autre fumeur debout.

H., 0,325; L., 0,27. B. — Attribué à Adriaen Brouwer. Signé : A. B.

**Mor** (ANTONIS), 1512 (?)-vers 1577. — *Portrait de Jacob de Moor.*

Tourné de trois quarts vers la droite ; longue barbe brune. Collerette blanche, pourpoint noir.

H., 0,455; L., 0;355. B. — Fig. en buste. V. Huydecoper, Amsterdam, 1880.

*Portrait de Jacob de Moor, fils du précédent.*

Tourné de trois quarts à gauche; collerette blanche, pourpoint noir.

H., 0,255 ; L., 0,23. B. — Fig. en buste. Daté 1560. Même provenance.

**Moreelse** (Paul), 1571-1638. — *Portrait de Jan van der Aa.*

L'enfant est debout, tourné de trois quarts à gauche. De la main droite, il soulève, par l'oreille, un carlin auquel il présente une branche d'abricots. Bonnet et robe blancs.

H., 1,14; L., 0,83. B. — Coll. van Isendoon à Blois au Cannenburg.

**Musscher** (Michiel van), 1645 (?)-1705. — *Intérieur.*

A gauche, une chaise; à droite, sur une table recouverte d'un tapis persan, un in-folio marqué du mot « handtvestes » (Chartes); au fond, à droite, une bibliothèque et quelques tableaux. A gauche, une porte ouverte permet de voir le vestibule et, au loin, l'Hôtel de Ville et l'Eglise Neuve d'Amsterdam. Entre la chaise et la table, une figure debout, effacée par le peintre. Signé : Musscher fecit 1666.

H., 0,465; L., 0,36. — Cuivre.

**Neter** (Laurence), Allemand, milieu du XVII^e siècle. — *Un Bal.*

A droite, un groupe de messieurs et de dames ; l'un d'eux, assis, au centre, pinçant de la guitare, fait danser un couple placé à gauche. Tous ces personnages portent de larges cols à dentelles et de grandes rosettes sur les chaussures. Au fond, une tapisserie verdâtre. Signé : Laurence Neter 1635.

H., 0,32; L., 0,41. B.

**Olis** (Jan), vers 1610-après 1665. — *Portrait de jeune homme.*

Tourné de trois quarts à gauche. Toque de velours rouge à plumes blanches, longue chevelure bouclée, chemise et manteau gris. Signé : I. O. (enlacés).

H., 0,53; L., 0,39. B. — Forme ovale. Fig. en buste. Hospice de Goes (Zélande).

**Palamedesz Stevaers** (Palamedes), 1607-1636. — *Choc de cavalerie.*

Signé: Palamedes Palamedessen.

H., 0,42· L., 0,62. B.

*Deux Chocs de cavalerie.*

L'un est signé : Palamedes Stevaer f. 1631. L'autre : Palamedes 1631.

H., 0,20; L., 0,25. B.

**Pangaert** (S.), XVII^e siècle. — *Portrait d'un vieillard.*

Sur le fond : *Ætat. 77. Natus 1582. Nuptus 1609. Pietate, Amore et Concordia. G. A. F. G.* — S. Pangaert pinxit. 1659.

H., 0,084; L., 0,07. Ovale. Cuivre.

**Perez** (Barthélémy), 1634-1693. — *Portraits de Louis XIV et du duc d'Anjou enfant, plus tard Philippe V d'Espagne.*

H., 0,78; L., 0,58. T. Deux pendants. V. Sirtima de Grovertius, ministre des Pays-Bas à Madrid.

**Poel** (Egbert van der), 1621-1664. — *Plage.*

Plusieurs groupes d'hommes et de femmes ayant auprès d'eux des paniers de poissons; à droite, un cavalier, des dunes et un clocher. Au fond, la mer et des bateaux. Signé : E. van der Poel.

H., 0,37; L., 0495. B. — Coll. Viruly, 1881.

**Pool** (Jurriann), 1666-1745. — *Portrait de Rachel Ruysch.*

Tournée de trois quarts à gauche, la tête à droite. Chevelure poudrée, robe décolletée rouge, draperie bleue. Signé : J. P.

H., 0,135; L., 0,11. Forme ovale. C. — Fig. en buste.

**Pot** (Hendrik Gerritsz), 1600-1656. — *Portrait de Andries Hooftman.*

Tourné de trois quarts à gauche, la main gauche sur la hanche, la droite sur la poitrine; pourpoint et manteau noirs.

H., 0,185; L., 0,16. B. — V. Huydecoper, Amsterdam, 1880. Il existe trois répétitions de ce portrait; l'une est dans la galerie de Chantilly et est reproduite en héliogravure dans le Catalogue de M. Gruyer; sur le soubassement, est écrit le nom du personnage : Andries Hooftman. Sur le revers du portrait du Cabinet de Stuers on a inscrit, plus tard, par erreur, le nom de Zacharias Hooftman. L'erreur provient de ce que ce portrait a passé dans la succession de la veuve de Zacharias Hooftman, frère d'Andries. Les deux autres répétitions sont au Musée de Dresde; l'une d'elles, du reste exactement semblable aux trois autres, est en pied.

**Ravesteyn** (Jan van), 1572-1657. — *Portrait de jeune dame.*

Tournée de trois quarts vers la gauche. La main droite tient un éventail fermé. Chevelure blonde, col rabattu blanc, bordé de dentelles, robe verdâtre, semée de fleurs rouges, nœuds rouges.

H., 0,615; L., 0,54. B. — Fig. à mi-corps. Marqué à droite : R. « C'est une fille bien étrange que cette enfant aux cheveux blonds cendrés, aux yeux bleus si foncés qu'ils paraissent presque noirs. On l'a aperçue quelque part avant de la voir dans son cadre. On sent qu'elle existe; sous sa peau transparente, on voit couler le sang et circuler la vie. Les fleurs de ses cheveux, son grand col transparent, sa robe à grands ramages, ses boucles qui voltigent follement sur son front, ajoutent encore à l'étrangeté de sa physionomie. Son teint est d'une délicatesse extrême; rien n'est plus transparent que les ombres de son visage. Les yeux sont magnifiques et sa bouche est vermeille; et cependant elle n'est pas jolie; mais il s'échappe de cet ensemble une poésie bizarre, un charme étrange et incompréhensible, qui attache et qui fait qu'on ne peut la quitter du regard ». (Henry Havard, *Gazette des Beaux-Arts*, 1872. T. II, p. 310).

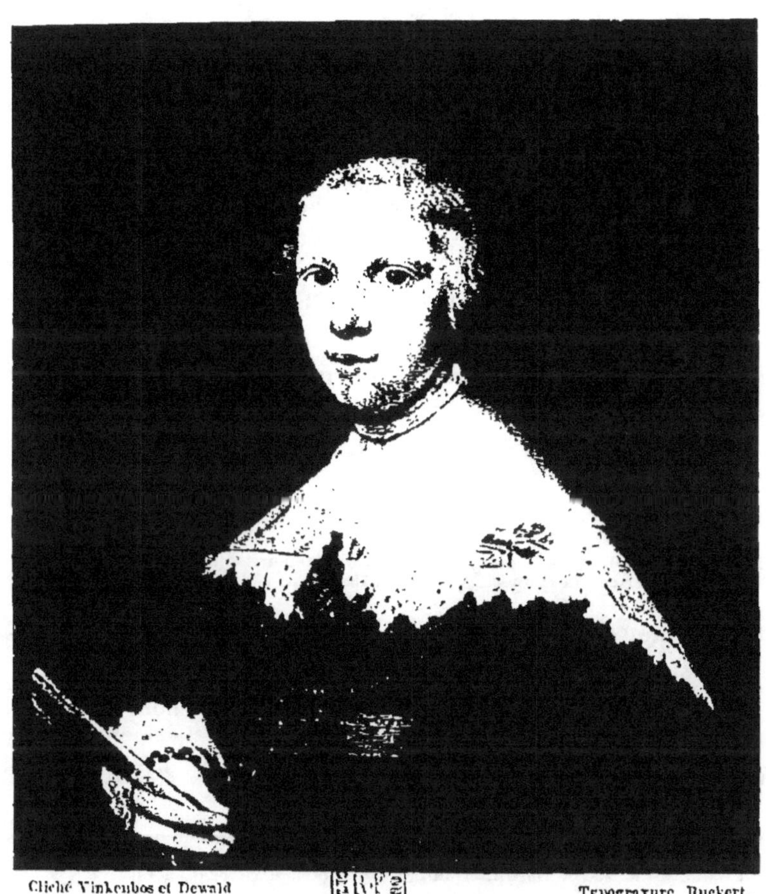

Cliché Vinkenbos et Dewald — Typogravure Ruckert.



RAVESTEYN (J. ANTHONISZ VAN).

*Portrait de jeune fille.*

*Portrait d'homme.*

Tourné de trois quarts vers la droite. Moustaches et barbiche. Large fraise rabattue, vêtement noir.

H., 0,61; L., 0,50. T. Fig. en buste.

*Portrait de la femme du précédent.*

Tournée de trois quarts vers la gauche. Chevelure disposée en deux touffes; large col rabattu; collier en or, robe noire.

Pendant du précédent. Sur le revers de ces portraits, se trouvent collés des papiers avec des inscriptions disant que ce sont les portraits du conseiller-pensionnaire et poète Jacob Cats et de sa femme Elisabeth Valkenburg.

**Rembrandt** (Ecole de). — *Tête de gueux.*

Légèrement tourné vers la droite. Chevelure bouclée, moustaches et barbe grisonnantes; habit brun.

H., 0,23; L., 0,19. T. — Fig. en buste. V. Janssen, Amsterdam, 1891. Une répétition se trouve dans la galerie Harrach à Vienne. Cet excellent petit tableau, attribué à Rembrandt, est peut-être de Carel Fabritius.

**Ruisdael** (Jacob van), 1628 ou 1629-1682. — *Vue panoramique de Haarlem, prise des dunes.*

Signé : J. v. Ruisdael.

H., 0,535; L., 0,675. — Répétition du tableau du Mauritshuis à la Haye, n° 155, p. 111, et plutôt supérieure à celui-ci. V. Viruly, 1881.

**Sant Acker** (F). Seconde moitié du XVIIe siècle. — *La Chocolatière.*

Sur une tablette en marbre, une belle canette à chocolat en argent repoussé, une coupe renversée, deux verres, une assiette avec des huîtres, un citron, une grappe de raisins; à gauche, un épais tapis turc. Signé : F. Sant Acker 1668.

H. 0,65; L., 0,59. T. — Très bonne peinture entièrement dans le genre de W. Kalff sous le nom duquel il est probable qu'on a fait passer un grand nombre d'œuvres de ce maître. Les seuls tableaux signés qu'on connaisse de lui sont : celui-ci, le N. 909 du Catal. du musée de Berlin, et un tableau exposé à Utrecht en 1894.

**Santvoort** (Dirk), 1610-1680. — *Portrait du poète-libraire Dirck Pietersz Pers.*

De trois quarts tourné à droite. Chapeau noir à larges bords; pourpoint noir; fraise.

P., 0,65; L., 0,56. T. — Fig. en buste; gravé par T. Mattham, avec un quatrain de G. Brandt.

**Savery** (Roeland), 1576-1639. — *Bouquet de fleurs dans un flacon.*

Signé : R. Savery. fe. 1609.

H., 0,35 ; L., 0,26. P. — V. van Wyngaerdt, Amsterdam, 1893.

**Simons** (Michiel). Seconde moitié du xvii^e siècle. — *Nature morte.*

Signé : M. Simons.

H., 0,56 ; L. 0,79. T

**Steen** (Jan), vers 1626-1679. — *La Foire aux chevaux de Ryswyk.*

Une vaste plaine ondulée, bordée, au fond, par des maisons et par l'église; à droite, une maison, des échoppes et un bouquet d'arbres ; à gauche, des tentes. Sur la place, la foule des maquignons, des amateurs, des curieux, et la voiture du Prince d'Orange attelée de six chevaux. Au premier plan, à gauche, une famille déjeunant sur l'herbe ; au centre, des cavaliers, des enfants jouant avec un chariot tiré par un bouc ; à droite, un ivrogne emmené par sa femme. Signé : Steen.

H., 1.10 ; L., 1,55. T. — Le ciel est probablement peint par J. van Goyen.

**Storck** (Johannes). — Travaillait vers 1660. — *L'Amstel entre Utrecht et Amsterdam.*

Signé : J. Storck.

H., 1.06 ; L., 0,76. T.

**Ter Borch** (Gérard). — 1617-1681. — *Portrait de dame âgée.*

Tournée de trois quarts à droite, assise, la main droite sur le bras du fauteuil, l'autre sur les genoux. Petit chaperon noir, grand col rabattu sur une robe noire, manchettes blanches.

H., 0,41 ; L., 0,35. T. — Fig. jusqu'aux genoux. Coll. Baron Sloet.

*Portrait de jeune homme à longue chevelure rousse.*

H., 0,106 ; L., 0,075, ovale, sur argent Coll. Zebinde à Zwolle.

*Portrait de l'archiduc Léopold-Guillaume, Gouverneur des Pays-Bas espagnols.*

H., 0,095 ; L., 0,8. — Ovale sur argent. Même provenance.

**Troost** (Cornelis), 1697-1750. — *La Répétition du vaudeville « Verliefd Bregje. »*

La scène se passe dans le parc d'un château. Au centre, les acteurs se donnent la réplique; à gauche, le souffleur; à droite, au pied d'un groupe en marbre, sont assis des personnages âgés; derrière eux, une table couverte de rafraîchissements. Au premier plan, un personnage assis, en bras de chemise et fumant. Au fond, un pavillon et à gauche, des prairies. Signé : C. Troost 1748.

H., 0,80 ; L., 1.20. T.

**Urselinx** (Johannes), ?-1664. — *Cuisine.*

Au premier plan, un épagneul assis près d'un groupe d'ustensiles et de branches d'artichaut; au-dessus pend un foie de veau. Au fond, une cuisinière debout, devant l'âtre. Signé : J. Vrselinx.

H., 1,14 ; L., 0,84. B.

**Valckert** (Werner van), Florissait au xvii^e siècle. — *Portrait d'homme.*

De trois quarts tourné vers la droite, moustaches et barbe grises, cheveux courts, fraise, habit noir. Dans un ovale de teinte grise.

H., 0,81 ; L., 0,67. — Fig. en buste.

**Velde** (Esaias van de), vers 1590-1630. — *Paysage.*

Quelques maisons, le long d'un chemin bordé, à gauche, par un canal, dans lequel flotte un bateau. A l'avant-plan, trois figures.

Diamètre 0,15. B.

**Venne** (Adriaen van de), 1589-1662. — *Vieillard et femme debout, se chauffant.*

H., 0.32; L., 0,24. B.

**Vliet** (Willem van der), 1585 ou 1586-1644. — *Portrait d'un jeune garçon.*

Debout, tourné de trois quarts à droite; la main droite tenant un chapeau; large col rabattu, manchettes, pourpoint et culotte noirs; bas écarlates. Marqué : Aeta. 9. An. 1633. w. van der Vliet fecit.

H., 1,47; L., 0,78. B.

**Vrel** (Jan). Travaillait au xvii^e siècle. — *Paysanne conduisant un aveugle.*

Au fond, une maison en briques. Signé : J. Vrel.

H., 0,21; L., 0,16. B. — Plusieurs tableaux de ce peintre peu connu ont été attribués à J. van der Meer de Delft.

**Weenix** (Jean-Baptiste), 1621-1660. — *Portraits de famille.*

A droite, est assise la mère, en robe blanche décolletée, manteau bleu. Devant elle, ses deux enfants, l'un lui présentant des roses, l'autre tenant un arc et une flèche. Sur la tête de celle-ci, le père, placé au centre, pose la main droite ; longue chevelure bouclée noire, cravate en dentelle et manteau noir. Au fond, un parc.

H., 1,20 ; L., 1,66. T. — Fig. à mi-corps. Acheté à Middelbourg en 1870.

**Wieringa** (N). Milieu du XVII^e siècle. — *Incident de chasse.*

Trois chasseurs, accompagnés d'un nègre, viennent de tuer une hase, dont on retire un levraut ayant quatre pattes postérieures.
Signé : V. Wieringa fecit MDCLXVIII.

H., 0,605 ; L., 0,035. B.

**Withoos** (Mathias), 1627-1703. — *Fleurs.*

Avec grenouille et hérisson. Au fond, l'Escurial. Signé : M. Withoos.

H., 0.075 ; L., 1,02. T.

**Wyck** (Thomas), 1616 (?)-1677. — *Savant dans son laboratoire.*

Tourné vers la gauche, assis devant un pupitre chargé de livres, et taillant une plume.

H., 0,24 ; L., 021. B. — Fig. à mi-corps. V. Cornet, Leyde, 1883.

*Savant dans son étude.*

Signé : T. Wyck.

H., 0,21 ; L., 0,20. B. — V. Collection Viruly, 1881.

**Wynants** (Jan), vers 1625-1682. — *Paysage.*

Un chemin de sable grimpant le long d'une colline boisée. Au centre, des vaches et des moutons. A droite, au fond, un vaste panorama coupé par une rivière. Les figures sont d'Adriaen van de Velde.

H., 0,34 ; L., 0,435. B. — Coll. Verbrugge. Vente Viruly, 1881.

**Zeeman** (Reynier Nooms dit), 1623-avant 1668. — *Port hollandais.*

A gauche, deux navires dont l'un est à l'ancre et l'autre entre au port. A droite, un navire sur le flanc, qu'on est occupé à radouber. Un autre sèche ses voiles. En arrière, au centre, encore un navire couché sur le flanc. Ciel nuageux. Signé : R. Zeeman.

H., 0,40 ; L., 0,54. — V. Houck Amsterdam, 1895.

## COLLECTION DU Dr A. BRÉDIUS

6, *Prinze Gracht.*

M. le Dr A. Brédius, directeur du Musée Royal à La Haye, a donné ou prêté à la collection qu'il administre, comme on peut le voir dans la notice du Mauritshuis, le plus grand nombre et les plus importantes des peintures acquises par lui. Néanmoins, sa galerie contient encore des tableaux fort intéressants dont nous devons noter les principaux :

**Neer** (Aert van der). — *Un Canal en hiver.*

Sur le canal gelé, au premier plan, un groupe de patineurs, et un petit garçon, qui vient de tomber, vu de dos. A droite, quelques arbres. A gauche, dans l'éloignement, une ville et un pont.

**Bellevois** (Jacob A.). — *Marine.*

Sur le premier plan, à gauche, une embarcation chargée de passagers. A droite, un vaisseau de guerre à haute poupe sculptée ; sur le pont, des seigneurs et des dames. Au fond, la ville de Dordrecht.
Signé, sur le pavillon du vaisseau : J. Bellevois, 1668.

**Hackaert** (Jan). — *Paysage au soleil couchant.*

Tout le premier plan dans l'ombre ; au milieu, un groupe de grands arbres, et, sur la gauche, un paysan et une paysanne arrêtés et causant; dans l'éloignement, une maison sur une route. A droite, un cours d'eau vivement éclairé.

**Coster** (Hendrick). — *Portrait de femme.*

Signé : H. Coster fecit in Harlem, 1642.

Les œuvres d'H. Coster, maître de Netscher, sont très rares. On en trouve une autre, fort curieuse, dans la collection de M. le Dr van de Burg, à la Haye. (Voir page 168.)

**Beelt** (Cornelis). — *Intérieur de tisserand.*

Signé : K. Beelt.

**Steen** (Jan). — *Fête de village.*

A gauche, une baraque, avec des masques italiens faisant la parade, devant laquelle sont arrêtés un gentilhomme et une dame, entourés de paysans. Au fond, à droite, une chaumière et un clocher ; à gauche, la plaine.

*Scène galante.*

Un vieillard, couché dans un lit à rideaux rougeâtres, tire, par le bout de son jupon, une femme, à demi déshabillée, qui a déjà posé un pied sur le lit ; l'autre est encore sur une chaise où sont jetés ses vêtements. A droite, jappe, la regardant, un petit chien.

*La Femme ivre.*

A gauche, sur le deuxième plan, deux paysannes et un paysan, soutenant une femme ivre, qui arrive, de face, en chancelant, tenant un plat d'étain. Devant elle, marche un ménétrier qui, tout en jouant, se retourne et rit. En bas, à droite, un gamin lui montre un pichet vide. Groupes de paysans.

**Schrieck** (VAN). — *Paysage d'hiver.*

Signé et daté : 1634.

**Sant-Acker** (F.). — *Un Concert.*

Dans un salon, une jeune dame, en robe de satin jaune brodée d'argent, assise, de face, joue du luth. Derrière elle, un jeune homme accorde son violon. Sur la droite, au premier plan, une autre jeune dame, en noir, assise sur une chaise contre le dos de laquelle est posé un violoncelle. Près d'elle, un jeune homme, assis, coiffé d'un chapeau mou. Signé, en bas, sur un livre de musique.

M. Brédius possède, en outre, quelques tableaux curieux de C. DROOCHSLOOT, VAN CROS, PIETER JANSSENS, WILLEM VAN DYS, DYONISIUS DE VER BURG, P. HOENDERMAN et autres petits maîtres.

## COLLECTION STEENGRACHT

### 3. *Vyverberg.*

Cette importante collection est réunie dans trois salles au rez-de-chaussée. La première salle est consacrée aux peintres modernes. Les deux autres renferment des tableaux anciens dont les principaux sont :

COLLECTION STEENGRACHT.

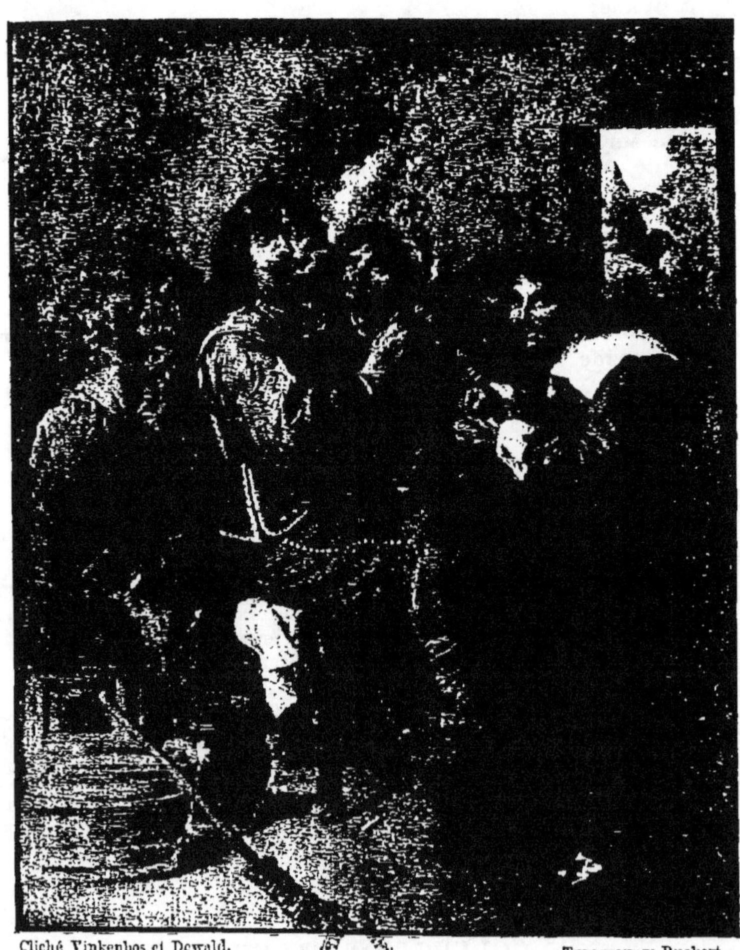

Cliché Vinkenbos et Dewald. Typogravure Ruckert.



BROUWER (ADRIAEN).

*La Tabagie.*

**Backer** (Adriaen), 1635 ou 1636-1684. — *Portrait de jeune homme.*

Debout, vu de face. Cheveux blonds, manteau gris, collerette blanche; de sa main droite, il tient ses gants : Fond gris sur lequel est la signature.

H., 1 m.; L., 0,45. T. — Forme ovale. Fig. à mi-corps gr. nat.

**Backhuysen** (Ludolf), 1631-1708. — *Marine.*

Sur la mer agitée, à droite, un canot; à gauche, un vaisseau de guerre ; au milieu, des barques de pêcheurs fuyant sous le vent. Au fond, à gauche, la côte. Ciel gris. Signé sur une épave : L. Back.

H., 0,75; L., 1,05. T. — Smith, N. 131.

**Berck-Heyde** (Gerrit Adriaensz), 1638-1698. — *Un Canal à Delft.*

Signé : Berckheyd, 1666.

H., 0,36; L., 0,38. B.

**Bol** (Ferdinand), 1616-1680. — *Portrait d'homme.*

H., 1 m.; L., 0,80. T. — Fig. en buste gr. nat.

**Brauwer** (Adriaen) ou **Brouwer**, Flamand, 1605-1638. — *Une Tabagie.*

Dans une salle, cinq fumeurs sont réunis autour d'une table. Au premier plan, le peintre lui-même, de profil, tourné vers la droite, vêtu d'une culotte violette à glands rouges, d'un pourpoint jaune, tient dans ses mains une pipe et un broc de bière ; de sa bouche ouverte, sortent des spirales de fumée ; à droite, Frans Hals, en noir et col blanc, regarde, en riant, le spectateur et bourre sa pipe. Au fond, Adriaen van Ostade, dont on ne voit que la tête, coiffée d'un béret jaune, laisse sortir une bouffée de fumée de ses lèvres presque fermées ; à son côté, Ary de Vois regarde en l'air. Au fond, à gauche, un cinquième personnage, en chapeau gris, faisant la nique. Au premier plan, une cruche et un balai contre un baquet. Signé, à gauche, en bas : Brouwer.

H., 0,46; L., 0,36. B. — Le fumeur de la galerie Lacaze au Louvre, n° 1916, est une étude pour ce tableau.

**Champaigne** (Philippe de), Flamand, 1602-1674. — *Portrait de Marie Mancini.*

De trois quarts, tournée vers la droite, corsage gris, bordé d'or, décolleté ; de sa main droite, elle tient deux roses ; la main gauche sur la poitrine. Bracelets de velours noir.

H., 1 m.; L., 0,70. T. — Forme ovale. Fig. en buste gr. nat. — Sur le cadre, les armes des Bourbons.

**Cuyp** (Aelbert), 1620-1691. — *Paysage et animaux.*

A gauche, près d'une hutte en planches, un cheval bai-clair, sellé, dont le cavalier, au second plan, debout, s'efface dans l'ombre, et que tient par la bride, sur la droite, un jeune valet, entre un chien et une petite fille. A droite, une rivière, sur le bord de laquelle s'élève une église. Signé : A. C.

H., 0,27 ; L., 0,37. B. — Fig. 0,14. Smith, N. 257.

**Cuyp** (Jacob Gerritsz), 1594-1651 ou 1652. — *Portrait d'homme.*

Au fond, on lit : Ætatis 64. J. G. (entrelacés) Cuyp fecit. A. 1646.

H., 0,74 ; L., 0,60. B.

**Deelen** (Dirck van) ou **Delen**, 1605-1671. — *Le Cabinet d'un homme de loi.*

A droite, un clerc, assis devant un pupitre, écrit ; un autre feuillette un livre et un client, devant eux, tire un lièvre d'un panier. Au milieu, l'avocat, assis sur une estrade, reçoit un dossier des mains d'une dame ; deux paysans, leur chapeau à la main, attendent leur tour. Par une porte ouverte, au fond, entre une cliente. Au premier plan, un garçonnet, tenant un masque, poursuit une petite fille. Le mur du fond est garni de rayons, chargés de livres. Signé, au-dessus de la porte : Ano 16... D. v. Delen f. 1643.

H., 0,42 ; L., 0,53. T. — Les figures sont de Palamedes. Voir Bode, p. 217.

**Dou** (Gerrit ou Gérard), 1613-1675. — *Portrait d'homme.*

Assis, de trois quarts tourné vers la droite. Cheveux et moustaches châtains. Vêtement noir, col et manchettes blancs. Le bras droit appuyé sur une table recouverte d'un tapis violet. De la main gauche, il tient son chapeau posé sur sa cuisse. Au fond, une colonne.

Diam. 0,12. B. Forme ronde. — Fig. jusqu'aux genoux, pet. nat.

*Portrait de femme.*

Assise dans un fauteuil à dossier rouge, de trois quarts tournée vers la gauche. Robe noire, fraise godronnée, manchettes et bonnet blancs. De la main droite, elle tient ses gants, la main gauche est appuyée sur le bras du fauteuil, où se lit la signature : G. Dov. (G. D. accolés.)

Pendant du précédent. Considérés par Smith, n° 132, comme les portraits du peintre et de sa femme.

**Dusart** (Cornelis), 1660-1704. — *Les Joueurs de boules.*

Au premier plan, à gauche, une femme assise sur un banc, un enfant et un chien ; à droite, un fumeur et, au milieu, un paysan qui s'apprête à lancer une boule ; d'autres boules sur le sol. Au fond, des buveurs, dans une cabane, regardant par la fenêtre. Signé au-dessous de la fenêtre : C. DUSART 1682.

H., 0,25; L., 0,31. B. — Fig. 0,08. Gravé par Steelinck.

**Dyck** (ANTON VAN), Flamand, 1599-1641. — *Portrait de Charles Ier, roi d'Angleterre.*

Monté sur un cheval blanc qui se cabre, tourné de profil à gauche. De la main droite, il tient le bâton de commandement. Couvert d'une cuirasse avec écharpe rouge. A droite, une draperie verte.

H., 0,65; L., 0,50. B. — Fig. 0,40, esquisse.

**Everdingen** (ALLART VAN), 1621-1675. — *Une Cascade.*

H., 0,80; L., 0,65. T.

**Flinck** (GOVERT), 1615-1660. — *Portrait de jeune femme.*

Debout, de trois quarts tournée vers la gauche. Jupe brune, corsage noir, bonnet, manchettes et col blancs. De la main gauche, elle tient son gant. La main droite pend le long d'une table recouverte d'un tapis sombre. Fond gris. Signé, en bas, à droite : G. FLINCK. F. 1648.

H., 1.50; L. 0,95. T. — Fig. jusqu'aux genoux gr. nat.

*Portrait d'homme.*

Brun, nu-tête, visage de face, un peu tourné à droite. Vêtu de noir. Col et manchettes blancs. Il retient, de la main droite, son manteau et pose la gauche sur une table.

H., 1. 50; L., 0,95. T. Fig. jusqu'aux genoux.

**Gelder** (ARENT OU AERT DE), 1645-1727. — *Le Roi David.*

H., 1 m.; L., 1 m. T. Fig. jusqu'aux genoux gr. nat.

**Gyzels** (PIETER), ou **Gyssels**. — Flamand, 1623-1690 ou 1691. — *Nature morte.*

Signé : PIETER GYSELS. 1668.

H., 0,32; L., 0,48. Cuivre.

**Hackaert** (JAN), 1629-1699 (?). — *La Chasse au cerf.*

Dans un bois, près d'une mare, l'animal poursuivi par des chiens et des cavaliers. Sur un sentier, trois valets, deux portant des piques, le troisième tenant en laisse un gros chien. Effet de soleil couchant.

H., 0,70; L., 0,51. T. — Fig. 0,08. Figures de Nicolas Berchem. SMITH 310.

**Heyden** (Jan van der), 1637-1712. — *Une ville.*

A droite, plusieurs embarcations sur une rivière, au pied d'un village fortifié que domine une église à deux clochers. En avant, un berger et son troupeau.

H., 0,50; L., 0,65. B. — Fig. pet. nat.

**Hobbema** (Meindert), 1638-1709. — *Paysage boisé.*

Au milieu, un peu vers la droite, un grand arbre, derrière lequel s'ouvre une clairière, entre des maisons à toits de briques rouges. A gauche, un terrain en pente montant vers une clôture de parc.

H., 1 m.; L., 1,23. T. — Gravé par Steelinck.

**Hooch** (Pieter de), ou **Hoogh**. 1630-après 1677. — *Scène d'intérieur.*

Dans une chambre, au milieu, dans l'ombre, près d'une table, est assise une femme, en jupe rouge, corsage jaune, tablier blanc, des rubans rouges dans sa chevelure, tenant un verre et un couteau; elle se tourne à gauche, vers un homme, également assis, en vêtement noir qui lui offre une friandise. Au second plan, une musicienne debout en robe grise, joue du violoncelle. A droite, un homme, en costume bleu, son chapeau noir sous le bras, s'éloigne par une porte cintrée qui s'ouvre sur un canal. Sur la rive opposée, deux personnes devant des maisons en briques. Le fond est très éclairé. Signé : 1667. P.D'Hoogh.

H., 0,86; L., 0,83. T. — Fig. pet. nat. Estimé 150 L. par Smith n° 35. « De la seconde période du maître, celle où les contrastes entre l'ombre et la lumière s'accentuent de plus en plus; ils sont ici poussés à l'extrême. Les figures qui se distinguent à peine sont peintes noires sur noir » (Brédius, *Amst.*, 80).

**Jardin** (Karel du), 1622-1678. — *Une Halte.*

Dans un paysage, au milieu, un enfant, couché à terre, sur le dos, de la main gauche levée, tend un morceau de viande à un chien; à gauche, un panier et un petit tonnelet, près d'une haie ; à droite, un cheval blanc et deux moutons. Collines à l'horizon. Signé, en bas, à gauche : K. du Jardin. f.

H., 0,30; L., 0,38. B. — Gravé dans la Galerie Choiseul. Vendu 987 fr. en 1772. Coll. du Prince de Conti (1777), Tonnelier, Solirène, Lapeyrière, Edward Gray, Nieuwenhuys. « Peinture splendide. » (Smith n° 9.)

**Jongh** (Ludolf de), 1616-1697. — *La lecture d'une lettre.*

Dans une chambre, à gauche, un trompette lit une lettre à un vieillard, en houppelande violette, assis devant lui, qui tient une pipe et un verre. Une femme, en jupe bleue et corsage rouge, appuyée sur le dossier de sa chaise, écoute ; au second plan, à gauche, un homme,

COLLECTION STEENGRACHT.

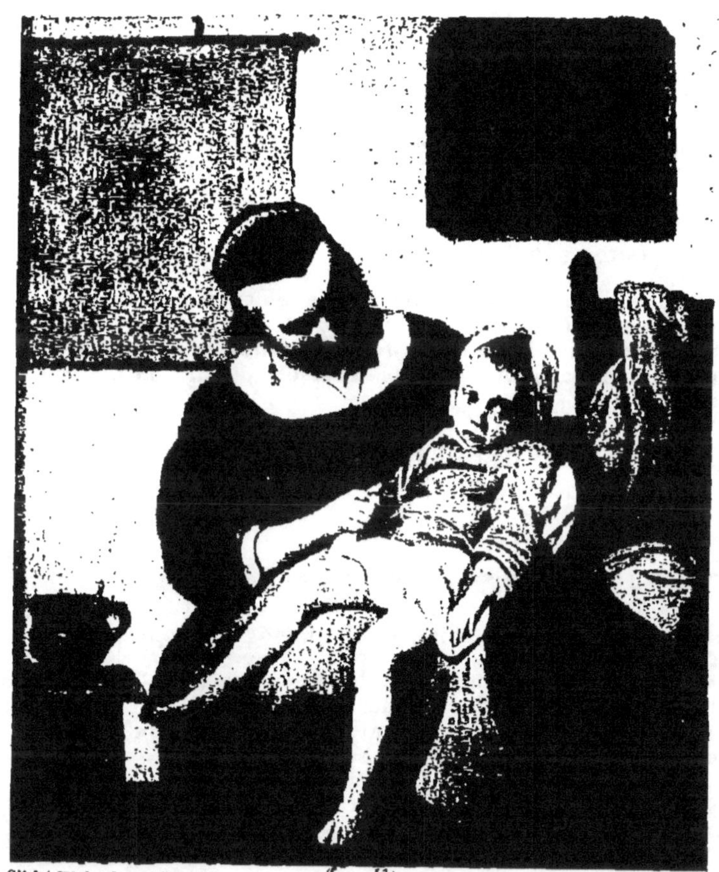

Cliché Vinkenbos et Dewald. Typogravure Ruckert.



METSU.

*L'Enfant malade.*

assis devant une fenêtre, derrière le trompette. En avant, une chaufferette.

H., 0,76; L., 0,53. T. — Fig. pet. nat. Peint vers 1650. BODE, p. 169.

**Jordaens** (JACOB), Flamand, 1593-1678. — *La Cruche cassée.*

A droite, une jeune fille, en jupe bleue, robe rouge, chemisette et tablier blancs, une cruche à la main, près d'un puits contre la margelle duquel est appuyé un homme en manteau jaune. Au second plan, une vieille femme; à gauche un berger et une bergère. Au premier plan, deux chiens. Signé, au milieu, sur une pierre : J. JORDAENS FECIT 1640.

H., 0,76; L., 0,90. T. — Fig. 0,45.

**Keyser** (THOMAS DE), 1596 ou 1597-1667. — *La Dentellière.*

Dans une chambre, une vieille femme, en corsage noir, jupe grise, col et bonnet blancs, assise, de trois quarts tournée vers la gauche, les pieds sur une chaufferette, fait de la dentelle; sur le plancher, une mule et des ciseaux. Au fond, une chaise; au mur, un portrait.

H., 0.35; L., 0,25. B. — Fig. pet. nat.

**Lingelbach** (JOHANNÈS), 1623-1674. — *Les Joueurs de boules.*

H., 0,35; L., 0,45. T. — Fig. 0,14. Signé : J. LINGELBACH.

*Le Cabaret.*

Pendant du précédent, mais sur panneau. Signé : LINGELBACH.

**Maes** (NICOLAES), 1632-1693. — *Un Ménage de paysans.*

Dans une chambre, la mère fait chauffer une poêle à frire. En avant, un chien cherche à prendre un gâteau à un petit garçon assis sur une chaufferette. A droite, un pot de grès, du beurre et un linge sur un tonneau. Au fond, le père fumant sa pipe.

H., 0,42; L., 0,34. B. — Fig. pet. nat.

**Metsu** (GABRIEL), 1630-1667. — *L'Enfant malade.*

Dans une chambre, une mère, en robe rouge, tablier bleu, corsage gris, coiffe noire, assise, se penche vers son enfant malade, en robe jaune, les jambes nues, qu'elle tient sur ses genoux. A droite, un bonnet blanc sur une chaise. A gauche, un pot en terre, sur un escabeau. Au mur, un tableau; et, à gauche, une carte géographique, sur laquelle est la signature : G. METSU.

H., 0,34; L., 0,27. T. — Fig. jusqu'aux genoux pet. nat. « Ce tableau montre qu'en 1656 l'artiste était en pleine possession de son talent et qu'il surpassait tous ses contemporains par la façon dont il savait représenter les scènes de la vie de famille. » (BODE, 192.)

**Mieris** (Frans van) **le Vieux**, 1635-1681. — *La Moderne Lucrèce.*

Dans une chambre, une jeune femme, en jupe bleue, corsage gris ouvert sur la poitrine, gît à terre, le bras gauche posé sur une chaise. A terre, le couteau dont elle vient de se frapper; près d'elle, un petit chien aboyant. A gauche, au premier plan, un tapis oriental et un manteau doublé d'hermine. Au mur, une mandoline. Au second plan, une vieille femme, les mains jointes. Signé, à gauche, sur une planchette : F. van Mieris 1672. Lug. Bata.

H., 0,35 ; L., 0,25. B. — Cintré par le haut. Fig. pet. nat.

**Moreelse** (Paulus), 1571-1638. — *Portrait d'une jeune bergère.*

H., 0,80 ; L., 0.55. — T. — Fig. en buste gr. nat.

**Neer** (Aert van der), 1603-1677. — *Clair de lune.*

Au premier plan, trois vaches près d'une mare dans laquelle se reflète la lune. A gauche, des habitations ; au fond, le clocher de l'église, au milieu d'un bois. Signé : A. V. D. N.

H,, 0,53 ; L., 0.70. T. — Gravé par Steelinck.

**Ostade** (Adriaen van), 1610-1685. — *Les Joyeux Paysans.*

Sous un auvent, près d'un tonneau, sont assis deux paysans, l'un, en culotte bleue et chemisette blanche, élevant, d'une main, son verre plein et de l'autre son chapeau ; l'autre, en culotte violette et veste noire, tenant, de la main gauche, sa pipe, bat la mesure de la droite ; ils chantent tous deux, aux accords d'un violon dont joue un troisième debout, au second plan, en vêtement brun. Au fond, un jardin ; à droite, une clôture en planches, sur laquelle est en bas la signature : A. V (entrelacés) Ostade 1659.

H., 0 30 ; L., 0,25. B. — Fig. jusqu'aux genoux pet. nat. Smith, n. 119,

*Un Cabaret.*

Dans une salle, près de l'âtre, à droite, sont assis trois hommes et une femme. A gauche, devant une fenêtre, deux joueurs de tric-trac. Au fond, une servante et d'autres buveurs ; en avant, à gauche, un enfant, jouant avec un chien. Signé : A. Ostade 167...

H., 0,30 ; L., 0,17. B. — Fig. pet. nat.

**Ostade** (Isack van), 1621-1649. — *Le Porcher.*

Un paysan, en chausses bleues, veste grise à manches roses, bonnet noir conduit, vers la droite, un porc ; dans l'ombre, un paysan poussant une brouette et deux enfants ; à droite, au loin, en contrebas, le village. Signé : I. v. Ostade 1644.

H., 0,17 ; L., 0,24. B- — Fig. 0.11.

COLLECTION STEENGRACHT.

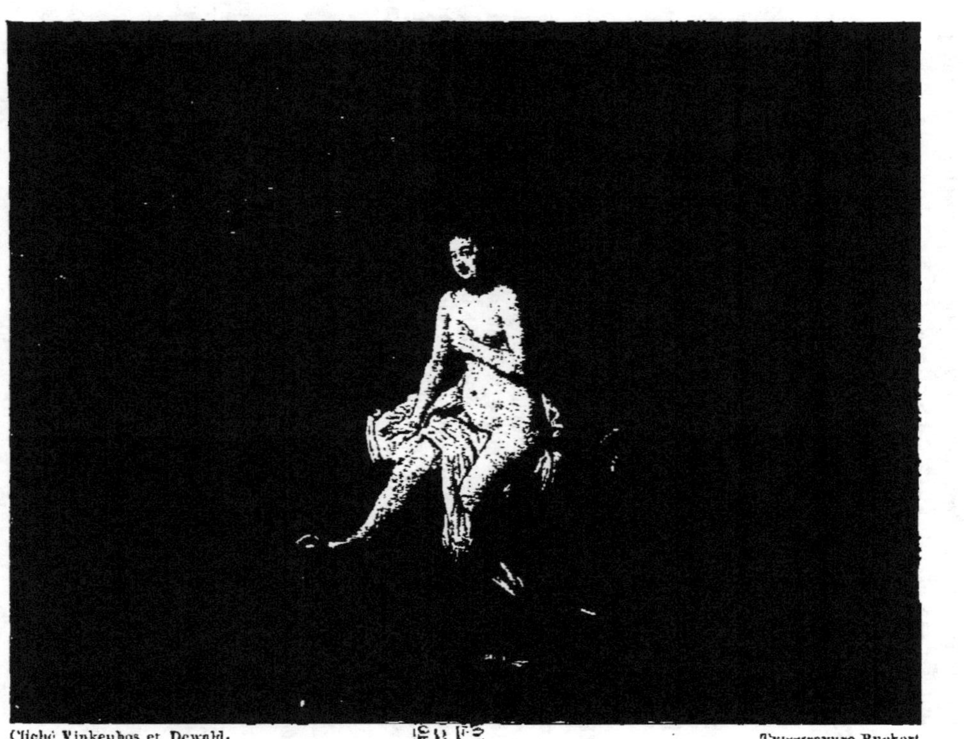

Cliché Vinkenbos et Dewald. Typogravure Ruckert.



Rembrandt van Ryn.

*La Toilette de Bethsabée.*

**Potter** (Paulus), 1625-1654. — *Vaches au pâturage.*

A gauche, près d'un arbre, deux vaches, l'une blanche et rousse, debout, l'autre, noire, couchée. Au milieu, une troisième, paissant. A droite, au fond, un village. Signé, à gauche, sur le sol : Paulus. Potter 1652.

H., 0,28 ; L., 0,35. B.

**Pynacker** (Adam), 1622-1673. — *Embarquement de bestiaux.*

Un bras de rivière entre une colline boisée et les maisons d'un petit port. Au fond, le soleil se couche. Sur le premier plan, dans l'ombre, à gauche, des pêcheurs assis sur une barque. A droite, une vache qu'on tire pour la faire monter sur une embarcation.

H., 0,60 ; L., 0.75. T.

**Rembrandt** (Harmentsz) **van Ryn**, 1606-1669. — *La Toilette de Bethsabée.*

Au premier plan, à droite, presque de face, tournée à gauche, la jeune femme, en pleine lumière, assise nue sur un riche tapis oriental, une draperie blanche sur les cuisses, porte la main gauche à sa poitrine, et s'appuie sur la droite. Près d'elle, une aiguière et un plateau. Une vieille femme accroupie, en robe violette, capuchon noir, fichu jaune, des besicles sur le nez, lui soigne les ongles du pied droit ; une autre servante, dans l'ombre, derrière elle, lui peigne sa chevelure blonde. A droite, un paon sur les marches d'un escalier, qui mène à un bassin. Fond de paysage, avec un édifice à coupole ronde. Signé, à gauche, sur une marche : Rembrandt f. 1643.

H., 0,52 ; L., 0,76. B. — Coll. Le Brun, sir Lawrence, de la Hante, de Biré. Dans la galerie Suermondt se trouvait un croquis à la plume de Bethsabée et de l'une des servantes. « La figure de Bethsabée, avec son visage aux traits fins et son corps gracieux, rappelle un peu Saskia, mais avec des formes plus sveltes, plus choisies, et dont la pose fait ressortir toute l'élégance. » (E. Michel, 302.) « Ce tableau est comme la conclusion de tout ce que Rembrandt a voulu représenter dans ses diverses Suzannes... L'harmonie des teintes et du ton général doré est d'une grande beauté ; une couleur de bronze et d'or mariée à des nuances de violet, de brun, de vert, de jaune ocre enveloppe le tout dans une gamme chaude, poétique, mystérieuse. Le coloris général est d'un marron reluisant ; les autres couleurs ne sont posées que par glacis. » (Wosmaer, p. 252. Bode, p. 450.)

*La Leçon de lecture.*

Une femme, de profil tournée vers la droite, en robe violette, un voile de tule sur les épaules, fait lire une petite fille assise sur ses genoux.

H., 0,75 ; L., 0,60. T. — Fig. en buste gr. nat. Attribution douteuse.

**Rubens** (Paulus, Petrus), Flamand, 1577-1640. — *L'Enfant Jésus.*

Au milieu de nuages, assis sur un coussin rouge, il bénit.

H., 0,59 ; L., 0,45. B. — Forme ovale. Gravé par Boelswert. Peint en 1620. Coll. Randon de Boisset et Poullain, de Paris. Acheté 1,780 fr. par Donjeu à la V. Nogaret, Paris (1780).

*Saint Pierre. — Saint Paul.*

H., 0,60 ; L., 0,45. B. — Fig. en buste gr. nat. Ces deux tableaux, qui se font pendant, sont d'un élève de Rubens.

**Ruisdael** (JACOB VAN), 1628 ou 1629-1682. — *Une Cascade.*

Un torrent tombe en cascade, au milieu des rochers. Au fond, des sapins ; à droite, sur le haut d'un rocher, une cabane, sur le seuil de laquelle se tient une femme. Signé, à droite : J. RUYSDAEL.

H., 0,70 ; L., 0,55. T. — SMITH, 288.

**Sorgh** (HENDRICK MAERTENSZ), 1611-1669 ou 1670. — *La Parabole du maître payant ses ouvriers.*

A droite, un ouvrier, vu de dos, s'éloigne. Un autre tend la main à un vieillard assis, en houppelande rouge, au milieu, de face, entouré d'autres ouvriers. Au mur, des outils, une épée, etc.; à gauche, près d'une fenêtre, un comptable, vu de dos, assis, écrivant sur un registre. Signé, au premier plan, sur un ballot : H.M. (entrelacés) SORGH 1666.

H., 0,44 ; L., 0,62. B. Fig. 0,18.

**Steen** (JAN), vers 1626-1679. — *La Jeune Malade.*

Une vieille femme, en jupe bleue et corsage rouge, passe une seringue au docteur, en costume gris, qui s'apprête à donner ses soins à une jeune malade, couchée à droite, dans un lit à baldaquins et rideaux verts. Au fond, à gauche, trois spectateurs riant. Sur une table, recouverte d'un tapis oriental, un plat, une bouteille, une serviette ; à droite, un chien, un pot de chambre et des mules rouges.

H., 0,44 ; L., 0,38. B. — Fig. 0,25. Gravé par R. de Bois. Estimé 100 guinées par SMITH, n° 119. Une répétition se trouvait en 1712 dans la vente Grenier. La jeune malade se retrouve dans le tableau n° 1779 du musée d'Amsterdam.

*La Joyeuse Compagnie.* — (La famille de Steen.)

Devant une table servie, à gauche, une jeune femme en corsage vert, jupe rose, tenant, de la main gauche, un verre que lui remplit un jeune homme; au milieu, une vieille femme lisant une lettre ; à droite, le peintre, faisant fumer un petit garçon ; près de lui, une femme, son enfant sur ses genoux. Au fond, un joueur de cornemuse et un vieillard. Signé, à gauche, sur le mur : J. STEEN.

H., 1,70 ; L., 1,58. T. — Fig. demi gr. nat. Gravé par Steelinck. Payé 1,200 fl. V. de la baronne Thomas (1810). Estimé 250 L. par SMITH, 106. « L'expression est pleine de vie, la touche large et facile ; toutefois, l'exécution n'est pas tout à fait exempte de nonchalance. » (WESTHREENE, 197.)

**Teniers** (David) **le Jeune**, Flamand, 1610-1690. — *Les Œuvres de Miséricorde.*

Devant la porte d'une maison, un vieillard distribue à des malheureux des pains entassés sur une table. En avant, une femme assise, un enfant sur ses genoux, tend une écuelle à un petit page qui la remplit. A droite, un jeune homme passe une chemise à un homme, nu jusqu'à la ceinture. Dans l'éloignement, à gauche, un homme reçoit deux pèlerins ; dans le paysage, passe un enterrement et un soldat remet une épée au fourreau. A droite, un homme délivre un prisonnier. Signé, à gauche, sur une pierre : David Teniers f. 1644. Daté, sur la porte : 1644.

H., 0,68 ; L., 0,87. — Fig. 0,25. — Cuivre.

**Ter Borch** (Gérard), 1617-1681. — *Soins maternels.*

Dans une chambre, une mère, en jupe rouge, corsage noir fourré de blanc et bonnet noir, assise dans un fauteuil en bois, nettoie la chevelure de sa petite fille qui se renverse sur ses genoux, tenant une pomme à la main, en robe brune et tablier bleu.

H., 0.33 ; L., 0,29. B. — Fig. jusqu'aux genoux pet. nat.

**Ulft** (Jacob van der), 1627-après 1688. — *Paysage italien.*

Signé, à gauche, sur la base d'une colonne : v. d. Ulft.

H., 0,40 ; L., 0,50. B.

**Velde** (Adriaen van de), 1635 ou 1636-1672. — *Cour de ferme.*

Une bergère, assise, filant, et un berger, derrière elle, couché sur le sol. Au second plan, à droite, trois vaches et des moutons. A gauche, à l'arrière-plan, dans l'ombre, un cheval devant une ferme ; à droite, fond de paysage. Signé sur la maison : A. v. Velde f.

H., 0,43 ; L., 0,40. B. — 1661.

*Paysage et Bestiaux.*

Sur le bord d'une mare, dans laquelle boit un chien, un berger assis, une bergère debout, et leurs troupeaux ; au fond, à droite, des ruines. Signé, au milieu, sur un arbre : A. v. Velde 1671.

H., 0,32 ; L., 0,38. T. — Fig. 0,08. — « Cette peinture exquise a un peu noirci avec le temps ». (Smith, N° 150, qui l'estime 130 g.) Un tableau semblable fut adjugé à la V. Geldermeester (1800).

**Velde.** (Willem van de) **le Jeune**, 1611 ou 1612-1663. — *Mer calme.*

A gauche, deux bateaux ; à droite, trois matelots mettent une barque à la mer. Au second plan, un vaisseau de guerre tirant un coup de canon et deux petites embarcations. Signé W. v. V.

H., 0,31 ; L., 0.78. T. marouflée. Gravé par Steelinck.

**Vois** (Arie ou Ariaen de), vers 1630-1680. — *Le Fumeur*.

Signé, en haut, à gauche : A. D. (entrelacés). Vois. f.

H., 0,20 ; L., 0,22. B. — Fig. à mi-corps pet. nat.

**Wils ou Wilts** (Jan), xviie siècle. — *Paysage*.

Signé, à droite : J. Wils.

H., 0,32 ; L., 0,39. B. « Bien qu'il ne soit pas avéré que ce peintre ait appartenu à l'école de Both, ce tableau est tellement imité de ce maître, que déjà Smith comptait Wils parmi les élèves de Both, et avec raison à notre avis » (Woermann, 571).

**Wouwerman** (Philips), 1619-1668. — *Embarquement de paysans*.

Signé, à droite : P. L. S. (entrelacés) W.

H., 0,50 ; L., 0,66. T. Fig. 0,08. — Gravé par Steelinck.

**Wynants** (Jan), vers 1625 - après 1682. — *Paysage*.

H., 0,90 ; L.. 0,82. T.

*Paysage*.

A gauche, un cavalier, un homme et une femme assis sur le bord d'un chemin; à droite, un pêcheur, sur le bord d'un étang. Au fond, une chaumière. Signé, au premier plan : Wynants.

H., 0,50 ; L., 0,40. B. Smith 131.

## COLLECTION DU PRINCE FRÉDÉRIC-HENRI

*Sur le Korte-Voorhout.*

Appartenant à sa fille, la princesse de Wied.

**Bartolommeo** (Fra), Florentin, 1475-1517. — *La Vierge, l'Enfant Jésus et saint Jean*.

Au milieu, la Vierge agenouillée de face, le visage de profil, tournée vers la gauche, soulève, de la main droite, un voile qui recouvre l'Enfant Jésus endormi, la tête sur des draperies vertes. A droite le petit saint Jean agenouillé. Dans le paysage, une ville et un couvent.

Diamètre 1,19. B. Acheté 16500 fl.

**Bol** (Ferdinand), 1616-1680. — *Sept membres de la Gilde des Dégustateurs en vins.*

Ils sont réunis autour d'une table recouverte d'un tapis oriental, en vêtements noirs et col blanc. L'un, au milieu, tenant, de la main droite, son chapeau ; le second, à gauche, un papier à la main ; au second plan, le troisième, debout, verse, avec une pipette, du vin dans une coupe ; le quatrième, assis, écrit ; le cinquième, debout, ouvre un livre qu'il a pris dans une armoire ; le sixième montre au septième un papier. Au fond, une colonne.

H., 2 m. ; L., 3 m. ; T. — Fig. gr. nat.

**Canaletto** (Antonio Canal, dit Il), Vénitien, 1697-1768. — *Vues du grand canal.*

H., 0,62 ; L., 0,90. T. — Deux tableaux se faisant pendant ; achetés 3860 fl.

**Coquès** (Gonzalès), Flamand, 1618-1684. — *Réunion de famille.*

Dans une salle, au milieu, sont assis, se tenant par la main, le père et la mère, à laquelle un valet offre un verre ; à droite, trois enfants ; à gauche, une bouteille dans une bassine. Au fond, par une ouverture, on aperçoit un paysage.

H., 0,36 ; L., 0,45. B. — Exposition d'Utrecht (1894).

**Cornelisz** (Jacob) **van Oostsanen**, 1480 (?) - après 1533. — *L'Adoration des Mages.*

Au milieu, assise, la Vierge tenant l'Enfant Jésus, auquel un des rois Mages, son chapeau pendant dans le dos, sur son manteau broché d'or, offre un bol en or ; à droite, le second roi, en manteau vert et chapeau pointu rouge, porte un vase de parfum ; à gauche, le roi nègre, en manteau blanc, toque noire, présente une coupe. Au second plan, trois hommes d'armes, devant une église, dans laquelle est réunie une nombreuse assistance. Au fond, des cavaliers franchissant une poterne. Au ciel, trois anges.

H., 1,10 ; L., 0,75 ; B. — Fig. 0,50. — Coll. Guillaume II. Acheté 23 000 fl. « Ce tableau, attribué à Lucas de Leyde, dont il porte le faux monogramme, inspire des doutes à plusieurs auteurs. » (Hymans, *Carel v. Mander*, I, III.)

**Cuyp** (Aelbert), 1620-1691. — *Une Écurie.*

Un homme, tenant par la bride deux chevaux, cause avec une fille ; près de lui, un chien. Au fond, deux portes ouvertes sur la rue.

H., 0,30 ; L., 0,48. B. — Fig. 0,15. — Exposition d'Utrecht (1894).

**Maes** (Nicolas), 1632-1693. — *Portrait d'homme.*

De trois quarts, tourné vers la droite. Perruque brune ; chemisette blanche, manteau noir ; de la main droite, il tient un gant.

H., 1 m. ; L., 0,72. T. — Fig. en buste gr. nat.

*Portrait de femme.*

De trois quarts tournée vers la gauche. Robe noire, large col blanc. De la main gauche, elle tient un éventail ; de la droite, une montre d'or posée sur une table.

Pendant du précédent.

**Marmion** (Attribué a Simon), Flamand, vers 1425-1489. — *Légende de saint Bertin.* Deux panneaux.

Premier Panneau. I. Deux évêques et un prêtre sont agenouillés devant un prie-Dieu. Au ciel, un ange portant un écusson, celui sans doute du donateur. — II. La naissance de saint Bertin près de Constance. — III. Son entrée au monastère de Luxeuil. — IV. Saint Bertin, accompagné des saints Momelin et Bertram, arrive à Thérouenne. — V. Saint Bertin, ses deux compagnons et Albroald qu'il convertit au christianisme.

Deuxième Panneau. — I. Saint Bertin change de l'eau en vin. — II. Le sire de Hérémar reçoit des mains de saint Bertin l'habit monastique. — III. Saint Bertin prêche devant les fidèles. — IV. Saint Bertin tenté par le démon qui a pris la figure d'une femme. — V. Mort de saint Bertin (709).

H., 0,50 ; L., 1,55. B. — Coll. du roi Guillaume II. Exp. d'Utrecht (1894). Primitivement, ces deux panneaux formaient les vantaux d'une pièce principale ornée de pierres précieuses. Deux fragments qui en ont été distraits, représentant, l'un *des anges chantant*, l'autre *des anges emportant au ciel le corps du saint*, ont fait partie de la Coll. Beauconsin à Paris. (Crowe et Cavalcasselle, *Peintres flamands*, II, 44). « Un dessin correct et élégant, de la noblesse dans le caractère, un grand fini, une ténuité de couleur remarquable et une harmonie parfaite sont les qualités qui ont fait attribuer autrefois ces deux superbes panneaux à Memling » (Taurel, *Art chrétien*, I, 139). Cette peinture est aujourd'hui considérée comme l'œuvre de Simon Marmion auquel, d'après des documents publiés par Monseigneur Dehaines (*Recherches sur le retable de Saint Bertin et sur Simon Marmion*, Lille, L. Quarré, 1892), Guillaume Fillâtre, abbé de Saint-Bertin, avait en effet commandé en 1459 un retable qu'il donna à son abbaye. M. Hymans (*Gaz. des B.-Arts*, 1895, p. 51) rapproche cette œuvre du diptyque d'Anvers, N° 531, où un abbé des Prémontrés est à genoux devant la Madone, attribué à Memling. « Certainement les panneaux de Saint-Omer joignent à la délicatesse la grâce et la dignité des meilleures compositions de l'illustre bourgeois de Bruges. Leur coloris les range plus près de Thierry Bouts, dont ils ont aussi la touche onctueuse. Ce qu'il y a de certain, c'est qu'en dehors de Jan van Eyck, peu de maîtres du XVe siècle ont poussé si loin l'entente de la composition et celle des convenances pittoresques. »

**Orley** (Bernard van), Flamand, vers 1490-1542. — *Sainte Famille.*

H., 0,25 ; L., 0,17. B. — Acheté 2000 fl. Coll. Guillaume II.

**Ecole de Jan Scorel.** — *Portrait d'homme.*

Dans une chambre, en pourpoint rouge, manteau et toque noirs, il est debout, écrivant dans un registre posé sur une table, près d'un bâton de cire et d'un cachet. Au dessus de sa tête, un écusson. Sur le cadre, on lit : *Commandeur de l'ordre des Templiers.*

H., 1 m. 20 ; L., 0,80. B. Cintré par le haut. Fig. à mi-corps gr. nat.

**Ecole du Titien.** — *Le Concile de Trente.*

Dans l'église, au fond, au milieu, sont réunis les cardinaux, les moines et un évêque. Sur les bas côtés, des ecclésiastiques. En avant, des évêques sur trois rangs, vus de dos. Au centre, un religieux fait la lecture. Au premier plan, des hommes d'armes.

H., 2 m. ; L. 2 m. T. — Fig. 0,60. — Collection Guillaume II. Acheté 1300 fl.

## COLLECTION DE M. DES TOMBES

26, Park Straat.

**Coorte** (A. S.), Fin du XVII^e siècle. — *Une Botte d'asperges.*

Signé, sur la table : A. COORTE 1697.

**Bramer** (LÉONARD), 1595-6741. — *Le Reniement de Saint Pierre.*

Au premier plan, au milieu, des soldats, l'un assis, des cartes à la main, l'autre debout, tenant une chandelle ; au second plan, à droite, saint Pierre, une femme et un soldat. Au fond, groupes de soldats.
Signé, à droite, sur un banc en pierre : L. BRAMER 1642.

H., 1,50 ; L., 1,60. T. — Fig. pet. nat. « Une des meilleures œuvres du peintre, rappelant d'une manière saisissante les ouvrages de Honthorst. » (BRÉDIUS, I, 172).

**Flinck** (GOVERT), 1615-1660. — *Portrait d'enfant.*

Debout, de trois quarts tourné vers la droite, le visage de face. Robe blanche, une couronne de fleurs sur son bonnet blanc ; chaîne d'or au cou et au poignet droit. A son bras droit, est passée l'anse d'un panier; à sa ceinture, pend un hochet; sa main gauche est appuyée sur une petite chaise, dite KUISDERSTOEL, où se lit la signature :

G·flinck f1640

H., 0,10 ; L., 0,85. B. — Fig. gr. nat. Gravé par Mangin (HAVARD, *Les Artistes Hollandais*). Exposé à Amsterdam (1872).

**Francken** (FRANS) **le Vieux**, Flamand, 1542-1616. — *Le Christ portant sa croix.*

A gauche, la Vierge, saint Jean et une sainte femme ; au milieu, sainte Véronique ; à droite, trois soldats.

H., 0,60 ; L., 0,42. B. — Fig. 0,18. — Peut-être de Frans Francken le Jeune. Une réplique au musée de Dresde, N. 801, avec quelques variantes.

**Meer** (VAN DER) de Delft ou **Vermeer**, 1632-1675. — *Portrait de jeune fille.*

De profil tournée vers la gauche, le visage de trois quarts. La bouche entr'ouverte. Sa chevelure est cachée par un turban bleu et blanc dont un pan tombe sur l'épaule. Corsage jaune. Signé, en haut, à gauche :

Meer

H., 0,45 ; L., 0,68. B. — Fig. en buste gr. nat. Acheté 2 fl. 30 en vente publique à la Haye. Il existe deux autres répliques de ce portrait cités par KRAMM, vendues autrefois 36 et 17 fl. ; l'une est chez le duc d'Arenberg (voir *la Belgique* par les mêmes auteurs, p. 143) l'autre a disparu.

**Mesdach**, XVII$^{e}$ siècle. — *Portrait de Maria Courten, femme de Mathias Bourdaen, et de Jean de Moncey, née en 1564.*

Debout, en robe noire à fleurs, corsage à basques serré à la taille. Collerette, manches et bonnet blancs en dentelles. Chapeau noir à larges bords. Collier et bracelets de perles ; la main gauche appuyée sur une table recouverte d'un tapis oriental.

H., 2,10 ; L., 0,75. B. — Fig. trois quarts nature. Au dos, un écusson et une inscription donnant le nom de la personne.

*Portrait de Pieter Boudaen, né à Rotterdam en 1594, commandeur de la compagnie des Indes.*

Debout, vu de face ; chevelure brune, moustaches et barbe blondes ; pourpoint noir, gilet noir à manches. Collerette et manchettes blanches ; la main gauche dans la poche ; la droite, sur le bras d'un fauteuil rouge. Au fond, on lit : *Aetatis suae* 25 Ao. 1619.

H., 1,10 ; L., 0,75. B. — Fig. trois quarts nature.

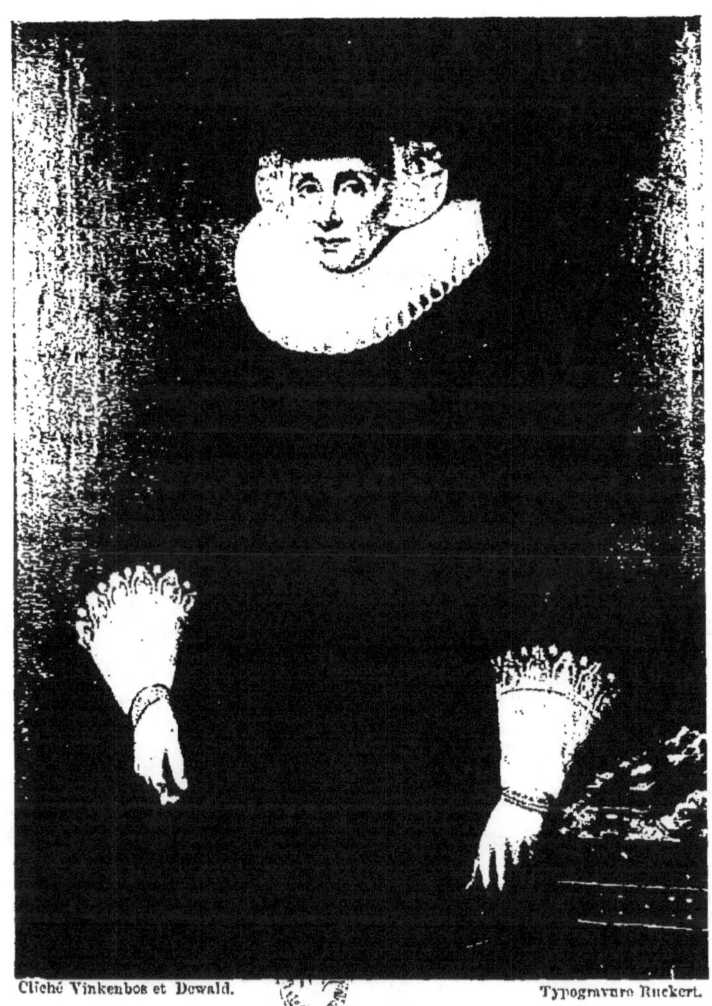

Cliché Vinkenbos et Dewald. Typogravure Ruckert.

MESDACH (S.).

*Portrait de Maria Courten.*

*Portrait de Catharina Fourmenois, femme de Pieter Boudaen, née en 1598.*

De trois quarts, tournée vers la gauche. Robe en brocart noir, gilet brodé. Collerette et manchettes en dentelle. Bonnet enrichi de pierreries. Ceinture d'orfèvrerie. Collier et bracelets en perles; la main gauche sur le dossier d'un fauteuil rouge; au fond, à droite, on lit : *Ætatis suæ 21. Ao 1619.*

H., 1,10; L., 0,75. B. — Fig. trois quarts nat. Ces trois portraits, par comparaison avec un autre portrait signé que possède M. Heyligers à La Haye, ont été attribués par M. Brédius à Mesdach.

**Meyer** (Hendrick de), seconde moitié du XVIIe siècle. — *La plage de Scheveningue.*

H., 1 m.; L., 1 m. 50. T. — Le chef-d'œuvre du peintre.

**Mierevelt** (Michiel Jansz), 1567-1641. — *Portrait de femme.*

Signé, à droite : *Ætatis 51. Ao 1640. M. Miereveltd.*

H., 0,75; L., 0,62. B. — Fig. à mi-corps gr. nat.

**Ravesteyn** (Jan Anthonisz van), 1572 (?)-1657. — *Portrait de Gustave-Adolphe, roi de Suède.*

H., 0,75; L., 0,60. B. — Fig. en buste gr. nat.

**Tischbein** (Johann Friedrich August), Allemand, 1750-1812. — *Portrait du peintre.*

De trois quarts tourné vers la droite. Vêtement violet, jabot blanc, perruque poudrée.

H., 0,43; L., 0,36. T. — Fig. en buste gr. nat.

**Velde** (Esaias van de), 1590-1630. — *Paysage d'hiver.*

Au premier plan, à gauche, deux personnages jouant au golf sur la glace; au milieu, un petit garçon et un paysan poussant un traîneau; à droite, un homme arrangeant son patin et une femme. Au second plan, une étable, une ferme et un jardin fermé par une clôture. Signé à droite : E. v. Velde.

H., 0,25; L., 0,21. B. Voir Musée d'Amsterdam, N° 1492.

**Vlieger** (Simon de), 1601-1659. — *Marine.*

H., 1 m.; L., 1,50. B. — Fig. 0,10. Attribution douteuse.

**Zwaerdecroon** (Bernard) ou **Swaerdecroon**, vers 1617-1654. — *Portraits d'enfants.*

Dans un paysage, à droite, une petite fille, en jaune, des fleurs à la main ; à gauche, un petit garçon, en toque noire, appuyée sur une houlette, et tenant de la main gauche une écaille d'huître ; au premier plan, une chèvre et un agneau. Au fond, à gauche, un cours d'eau, sur lequel est la signature : B. Z.

H., 1,50 ; L., 1,67. T. — Fig. gr. nat. Voir l'art. de M. Haverkorn van Rysewyk. (*Oud. Holland*, 1895.) Attribué autrefois à F. Bol.

## COLLECTION DE M. LE DOCTEUR VAN DER BURG

*Park Straat, 73.*

Parmi les meilleurs tableaux de cette collection, choisie avec goût, nous signalerons : Un beau portrait de *Vieille femme tenant la Bible*, par Maes ou Backer ; un tableau curieux d'Hendrick Coster (*Enfants chantant à la lueur d'une chandelle*, 1659) ; des études de J. Ruysdael, van der Poel, van Vliet ; des natures mortes de C. van Heel, Rootius, Justus Brouwer, etc.

---

# LEYDE

## MUSÉE MUNICIPAL (Stedelyk Museum)[1]

32, Oude Singel.

Le Musée de Leyde, fondé en 1869, est installé dans l'ancienne Halle aux Draps (Lakenhal), bâtie en 1640 par l'architecte A. van S'Gravesande. Parmi les nombreux et curieux objets d'art ou d'archéologie, de toute espèce, intéressant l'histoire locale, qu'on

1. Catalogus van het Stedelyk Museum de Leyden. — Leyden, E.-J. Brill, 1886.

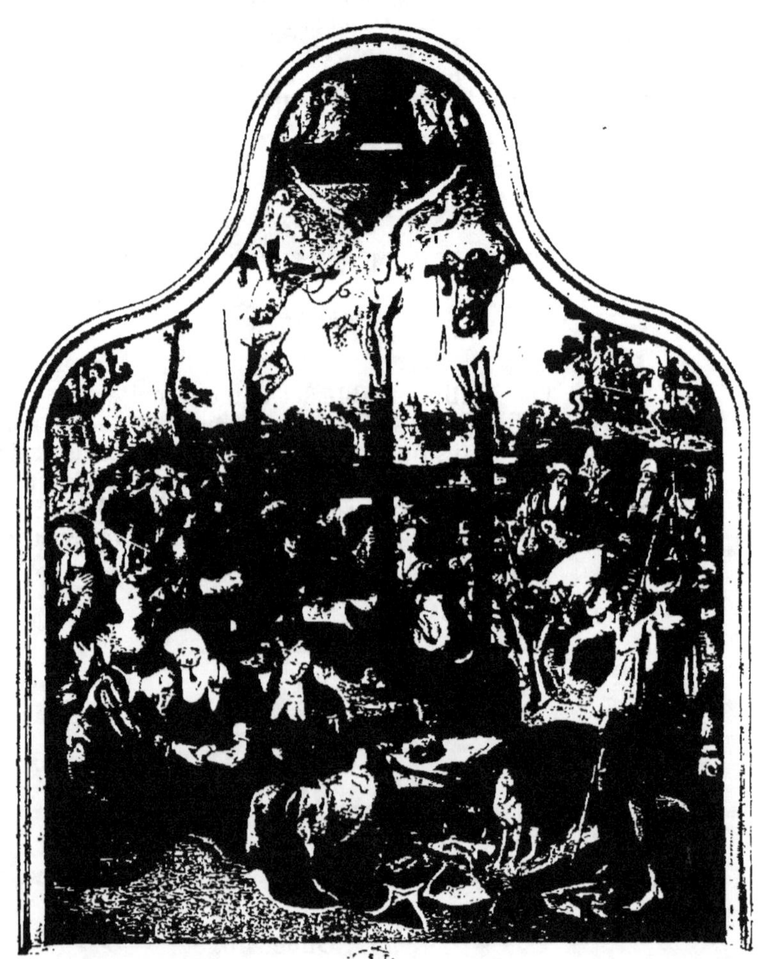

Cliché Vinkenbos et Dewald. Typogravure Ruckert.



ENGELBRECHTSZ (CORNELIS).

1030. — *Triptyque du Christ en croix* (Panneau central).

y a réunis, se trouvent aussi beaucoup de peintures, provenant la plupart de l'Hôtel de Ville. Les tableaux les plus importants, au point de vue de l'art (presque tous de l'Ecole de Leyde), sont exposés dans une grande et belle salle au rez-de-chaussée; les autres sont dispersés dans les différentes salles du premier et du second étage. L'ensemble des collections, d'après le catalogue dressé en 1886 par MM. le Dr W. Pleyte et P. du Rieu Jr, comprenait déjà 2864 numéros et n'a cessé de s'accroître.

### **Baen** (JAN DE), 1633-1702.

**2145.** — *Portrait du médecin et chirurgien Cornelis Solingen.*

De face, en robe de chambre brune, accoudé sur une table recouverte d'un tapis oriental. Il tient, de la main droite, un dessin d'instrument de chirurgie. Derrière lui, des livres et un buste. Signé, sur le dos d'un livre : J. DE BAEN FECIT.

H., 1,22; L., 0,96. T. — Fig. gr. nat. jusqu'aux genoux. Gilde des Chirurgiens.

### **Beeldemaker** (ADRIAEN CORNELISZ), vers 1630 - après 1710.

**1195.** — *Les Régents de l'hôpital des pestiférés à Leyde* (1667).

Signé, à droite : A. BEELDEMAKER AN. 1667 (A. B. accolés).

H., 1,78; L., 2,72. — Fig. gr. nat. « Tableau peu digne du peintre et d'une attribution douteuse » (WOERMANN, 770).

### **Bol** (FERDINAND), 1616-1680.

**2313** *a.* — *Portrait de Pierre Burgersdyk,* pensionnaire de Leyde, secrétaire de la Bibliothèque, en 1672.

H., 1,20; L., 0,90. B. — Fig. à mi-corps gr. nat. Don P. J. Burgersdyk.

### **Engelbrechtsz** (CORNELIS) ou **Engelbertsz**, 1468-1533.

**1030.** — *Triptyque.*

Panneau central : *Le Christ en croix.*

Sur le Calvaire, s'élèvent les trois croix avec les suppliciés. Deux anges rouges recueillent le sang qui coule des mains du Christ. A ses pieds, la Madeleine, en robe de brocart, et coiffe enrichie de pierres précieuses, entoure de ses bras le bois de la croix ; à gauche, la Vierge entre saint Jean et quatre saintes femmes ; à droite, deux bourreaux, l'un portant un vase, l'autre une éponge au bout d'un bâton. Au second plan, des cavaliers et des fantassins emmenant un homme enchaîné ; Jérusalem à l'horizon. Deux chiens et des ossements au premier plan.

Volet de droite : *Le Sacrifice d'Abraham.*

Au premier plan, s'avancent vers la droite le patriarche, en vêtement vert et manteau rouge, tenant une épée et Isaac, en tunique verte, portant le bois du bûcher; au fond, un ange arrête le bras d'Abraham et deux bergers conduisent un âne. A la partie supérieure, un ange saisissant dans un fourré le bélier.

Volet de gauche : *Le Serpent d'airain.*

Au premier plan, à gauche, Moïse, une verge à la main ; au milieu, des Hébreux; à droite, groupe d'agonisants et de morts. Au second plan, le serpent d'airain que contemple la foule; au fond, le camp.

Extérieurement, à gauche : *Le Christ dépouillé de ses vêtements par deux bourreaux et deux soldats.*

A droite : *La Mise en croix.* Le Christ, couronné d'épines, les pieds sur la croix dans laquelle un bourreau perce des trous. Près de lui deux soldats et deux bourreaux, l'un lui présentant à boire, l'autre lui mettant le roseau dans ses mains liées.

Sur la prédella, est étendu un cadavre d'où sort le tronc d'un arbre, autour duquel sont réunis, à gauche, un évêque abritant un mendiant sous sa dalmatique, le donateur et la donatrice ; à droite, cinq religieux et un évêque portant un cœur percé de cinq flèches — attribut de saint Augustin dont les religieuses de Marienpol observaient la règle.

H., 1,86; L., 1,46. B.

**1031.** — *Triptyque.*

Panneau central : *Déposition de croix.*

A gauche, trois saintes femmes, l'une soutenant la tête du Sauveur, étendu au premier plan, dont Marie Madeleine, en robe de damas à fleurs, agenouillée, à droite, s'apprête à oindre les pieds de parfums. Au second plan, au milieu, la Vierge, en manteau noir, s'affaisse, soutenue par saint Jean, en manteau rouge, qui essuie ses larmes; à droite, trois disciples et deux femmes joignant les mains. Au fond, le Calvaire et la foule au pied des trois croix. Jérusalem, à gauche, à l'horizon.

Volet de droite : *Le Donateur.*

Dans une chapelle, un prêtre, en robe blanche et capuchon noir, est agenouillé de trois quarts tourné sur la gauche, les mains jointes. Derrière lui, saint Jacques de Compostelle, appuyé sur un bourdon lui met la main sur l'épaule et un évêque fait l'aumône à un mendiant. Fond de paysage.

Volet de gauche : *La Donatrice.*

Dans une chapelle, une religieuse, en robe brune, coiffe noire, est

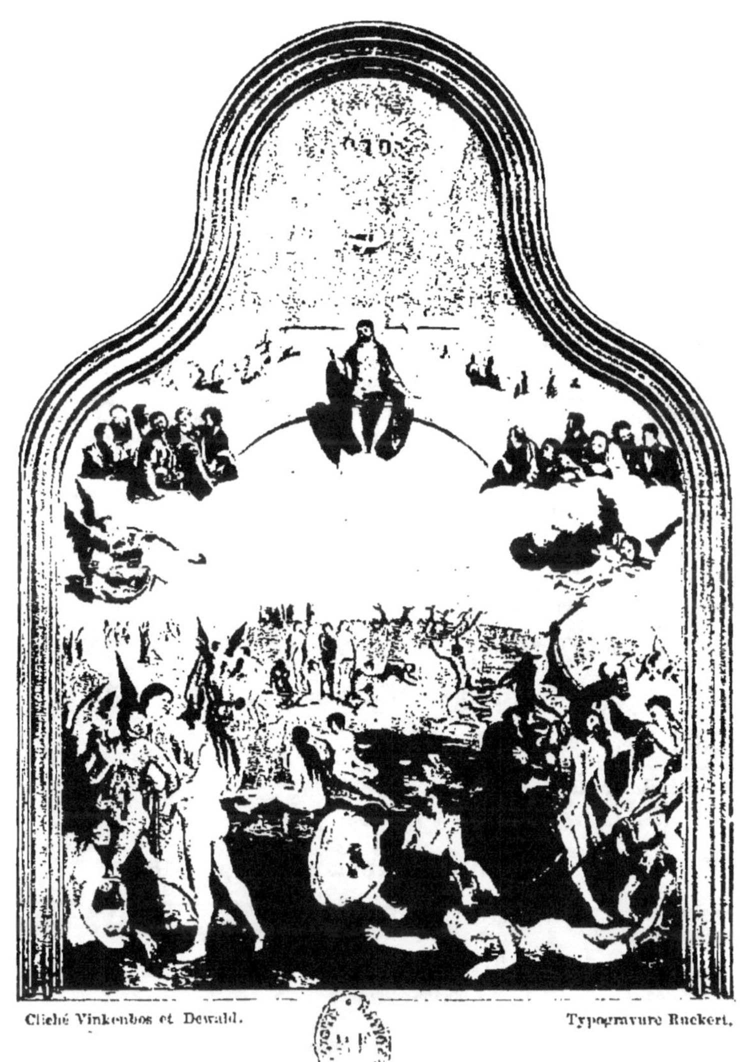

Cliché Vinkenbos et Dewald. Typogravure Ruckert.



LUCAS DE LEYDE.

1000. — *Triptyque du Jugement dernier* (Panneau central).

agenouillée, les mains jointes, de trois quarts tournée vers la droite. Derrière elle, Marie Madeleine, en robe de brocart à fleurs, tenant un vase de parfums, sainte Cécile, un faucon sur son poing gauche, s'appuyant de la main droite sur une épée, un orgue à ses pieds. Fond de paysage.

Extérieurement : à droite, *sainte Agnès* et *sainte Lucie;* à gauche, *sainte Apolline* et *sainte Gertrude de Nivelle*, contre la crosse de laquelle grimpent des souris.

Autour du panneau central, intérieurement, dans des petits médaillons, les sept douleurs de la Vierge et deux anges portant des écussons.

H., 1,24; L., 1,22. B. — Gravé dans Taurel. Ces deux triptyques, qui proviennent de l'hôtel de ville, étaient primitivement au couvent de Marienpol à Leyde, détruit au XVIe siècle. Ils avaient été commandés au peintre vers 1500 par Jacob Martini, huitième régent de Marienpol et par une de ses parentes. Ils furent conservés lors de la destruction du couvent, dit un document du temps « *En raison de leur valeur et du souvenir d'un maître et citoyen si éminent* ». L'œuvre en effet était remarquable et justifiait le prix qu'on y attachait. « Si l'exécution offre avec celle des successeurs de van Eyck des analogies évidentes, on y peut cependant relever déjà quelques-uns des traits particuliers qui caractériseront l'école hollandaise, la sincérité avec laquelle sont peints les portraits des donateurs, et surtout les paysages servant de fond aux épisodes et dans lesquels les fonds bleuâtres des lointains s'opposent harmonieusement aux colorations brunes et jaunâtres des rochers ». (EMILE MICHEL, *Rembr.*, 10). « Les formes sont dures et sèches, les mouvements violents et anguleux ; seul le groupe des femmes à côté de la Vierge défaillante, présente une impression de douceur et de calme qui, rapprochée de toutes ces rudesses, paraît peut-être plus touchante encore... C'est là un sens impitoyable qui, en regard de la manière plus aimable de l'école de van Eyck, témoigne cependant d'une sérieuse et très judicieuse tendance de l'art à isoler chaque détail dans l'espace pour le rendre avec autant de perfection que d'exactitude. » (SCHNAASE, cité par BRÉD, I, 134 )

## **Everdingen** (CAESAR VAN), 1606-1679.

**2327**. — *Portrait d'homme.*

Sur le fond : *Ætatis 31 Anno 1635.*

H., 1,06; L., 0,80. B. — Fig. à mi-corps gr.

## **Gaesbeeck** (ADRIAEN VAN), ?-1650.

**2337** *c*. — *Le repos en Egypte.*

Signé, à droite : A. VAN GAESBECK F

H., 0,40; L., 0,48. B. — Fig. pet. nat.

## **Lucas de Leyde**, 1494-1533.

**1000**. — *Triptyque.*

Panneau Central : *Le Jugement dernier.*

A la partie supérieure, dans une auréole, le nom de Dieu en lettres hébraïques et le Saint Esprit : Au milieu, le Christ assis sur l'arc-en-ciel, une épée et une branche d'olivier à hauteur de son visage, entouré des apôtres et de saints et présidant au jugement dernier : à ses pieds, deux anges sonnent de la trompette. A la partie inférieure, à gauche, des anges conduisent les élus au Paradis ; à droite, des démons entraînent les réprouvés.

Volet de droite : *L'Enfer.*

La gueule d'un monstre en marque l'entrée. Au premier plan, un démon vert traîne une femme par les cheveux. Au fond, une prison aux fenêtres garnies de barreaux.

Volet de gauche : *Le Paradis.*

D'après une tradition, le vieillard qui se tient au milieu des élus serait le père du peintre qui se serait représenté dans le panneau central, au premier plan.

Extérieurement : à droite, *saint Paul*, en vêtement gris, manteau rouge, tenant un livre, une épée à ses pieds ; à gauche, *saint Pierre*, en vêtement vert et manteau bleu, portant les clés. Fond de paysage, avec des rochers et la mer, se continuant sur les deux volets.

Pan. Cent. H., 2,70 ; L., 1,76. Volets H., 2,70 ; L., 0,75. B.— Gravé au siècle dernier par Delphus. Peint en 1533 pour le maître autel de l'église des SS. Pierre et Paul, et transporté en 1566 à l'hôpital Sainte Catherine, il fut définitivement placé en 1577 dans la salle du bourgmestre à l'hôtel de ville. D'après TAUREL (*Art Chr.*, II, 175), la partie supérieure du panneau central renfermait autrefois le Père Eternel couronné d'une tiare. Dans la suite, cette figure, qui rappelait trop la papauté, fut recouverte par un badigeon et trois lettres hébraïques entourées de rayons. Lors de la restauration du tableau, exécutée à la fin du siècle dernier par de Groot, on exigea que cette modification à l'œuvre primitive fût maintenue. « On y voit un grand nombre de figures d'hommes et de femmes qui prouvent que le peintre a beaucoup étudié la nature, surtout les corps des femmes qui sont de la carnation la plus délicate ; comme c'était alors l'usage, les contours sont un peu durement accusés et tranchés. En somme, l'œuvre est de telle valeur que de puissants monarques avaient fait des démarches pour obtenir ce tableau ; mais les offres avaient été poliment déclinées par le magistrat qui ne voulait pas se séparer d'une production aussi glorieuse de son concitoyen. » (CAREL V. MANDER, II, 144.) « Le type des femmes est plein de douceur ; les chairs sont traitées d'un pinceau tendre et délicat, mais avec un naturalisme naïf qui accuse toute la roture des formes, des jambes cambrées, des pieds plats, des corps à la fois potelés et pauvres. Quant au coloris, c'est celui que Lucas de Leyde tenait de son maître Corneille qui se rattachait à l'école de Bruges. Cependant les tons exaltés des Van Eyck sont rompus en fines nuances dans le tableau du peintre hollandais. Lucas s'élève, comme eux, aux notes les plus aiguës de la gamme, mais dans un mode mineur, si l'on peut ainsi parler, de façon que les couleurs éclatent sans violence et que l'œil en est caressé autant qu'ébloui. » (CH. BLANC, *Hist. des Peintres.*)

## **Luchtmans** (SAMUEL), 1685-1757.

**2822.** —*Portrait d'Anna Le Maire, fille de Maximiliaen.*

H., 0,63 ; L., 0,48. T.

**2823.** — *Portrait de Maximiliaen Le Maire.*

H., 0,74 ; L., 0,63. T. — Prop. de l'hôpital des Enfants Pauvres à Leyde.

**Merck** (Jacob van der), seconde moitié du XVII$^{e}$ siècle.

**970.** — *Portrait de Gerrit Leonardsz van Grootveld, capitaine de la garde civique en 1657.*

A gauche, vers lui se dirige, en le saluant, un homme; à droite, au second plan, un porte-drapeau et des tireurs.

H., 2,01; L., 1,11. T. — Fig. gr. nat. Portrait exécuté aux frais du capitaine et donné par lui au Doelen de Saint Georges.

**1219.** — *Les Cinq Régents de l'hospice de Loridan.*

Autour d'une table, l'un, au premier plan, tourné à droite, se lève; les autres, assis, regardent, à gauche, un petit mendiant qu'amène le portier, son bonnet rouge à la main. En haut du cadre, le portrait, en grisaille, de Pierre Loridan, fondateur, dans un cadre ovale et une inscription se continuant en bas et donnant le nom des Régents.

H., 1,68; L., 2,63. T. — Fig. jusqu'aux genoux. gr. nat. Provient de l'hospice.

**Moor** (Carel de), 1656-1738.

**1592.** — *Les Cinq Régents du Lakenhal.*

Autour d'une table, trois assis, deux debout; en avant, un enfant tenant une fleur.

H., 1,75 : L., 2,25. B. — Fig. jusqu'aux genoux gr. nat. Autrefois, au-dessus de la cheminée, dans ladite halle aux draps ; sur le cadre, le nom et le blason des personnages et des vers de Putman.

**Rudolf d'Anvers** (Attribué à), Flamand, XVI$^{e}$ siècle.

**2801.** — *Portrait de Jan van der Does et de sa famille.*

Assis, à gauche, entouré de ses six fils; sa femme, assise, à droite, entre ses deux filles. Au-dessus de chaque figure, sur le fond, son nom.

H., 0,98; L., 1,83. B. — Fig. à mi-corps gr. nat. Don du comte de Limburg-Stirum Noordwyk (1837). Sur le cadre, douze maximes en latin, écrites sur trois colonnes. Jan van der Does connu, comme poète latin, sous le nom de Janus Dousa, prit une part active à la défense de Leyde contre les Espagnols, en 1574.

**Schooten** (Joris van), 1587-1651.

**962.** — *Cinq officiers entourent le Capitaine Johan van Banchem auquel on offre un verre.*

H., 1,74; L., 1.91. B. Daté : 1626.

**963.** — *Sept officiers réunis devant le doelen.*

A gauche, accoudé à une fenêtre, un huitième officier, le verre à la main.

H., 1,56; L., 2,57. B.

**964.** — *Sept officiers devant la porte de la ville.*

Au fond, on aperçoit les piques de hallebardiers. Daté 1628.
H., 1,74; L., 1,91. B.

**966.** — *Sept officiers.*

Au second plan, sur un escalier, un homme levant son verre. Daté 1626.
H., 1,74; L., 1,91. B.

**968.** — *Sept officiers devant le doelen.*

Au second plan, un homme et une servante. Daté 1626.
H., 1,74; L., 1,91. B.

**969.** — *Six officiers devant le doelen d'où sortent deux serviteurs.*
H. 1,74; L., 1,91. B. Signé, à droite :

J Schooten fecit,
1650

Pour paiement de ces tableaux le peintre reçut 12 fl. par personnage, plus le prix des panneaux. « Les tableaux de 1626 et 1628 attestent l'influence de ses contemporains les plus fameux, de Ravesteyn, de Mierevelt et d'autres. Ce sont de bons portraits, un peu froids, justement empâtés et d'une couleur agréable... Suivant certains auteurs, J. van Schooten aurait été pendant quelque temps le maître de Rembrandt ; mais Orlers, qui, en 1641, a donné la plus ancienne biographie de Rembrandt, n'en dit rien, et il cite, au contraire, Lievens comme son élève » (Brédius, 133). « Dans ces tableaux qui prouvent sa fécondité, on reconnaît Schooten plus dessinateur que peintre. Il adoptait pour tous ses personnages un même type : aussi, ses portraits se ressemblent-ils tous. Dans la composition, il paraît ignorer le mouvement plus libre créé par Hals et Rembrandt; mais sa tonalité simple et vive ne manque pas d'harmonie » (Woermann, 775).

## **Steen** (Jan), 1626-1679.

*Scène biblique.*

Au milieu, abritée sous un parasol, une femme, en robe verte, un manteau rouge à ses pieds, un enfant dans ses bras ; à droite, un homme appuyé sur une canne, près d'un serviteur qui vide un coffret. Au second plan, des chameaux, des troupeaux avec leurs bergers, une charrette. Au milieu, trois petits enfants; au premier plan, un chien.

H., 1,10; L., 1,45. T. — Fig. 0,43.Don du Baron Leembruggen.

*Un Artiste.*

Un jeune homme, assis, de profil, copie une tête d'enfant en plâtre, posée, à droite, sur une table et éclairée par une chandelle. Signé, à droite : J. STEEN.

H., 0,25; L., 0,20 T. — Fig. pet. nat. Ces deux tableaux ne figurent pas dans les catalogues des œuvres de Steen.

## **Swanenburg** (ISAAC CLAESZ), trav. entre 1582 et 1614.

**1576.** — *Le Pelage des peaux de moutons à Leyde.*

**1577.** — *Le Séchage des peaux.*

**1578.** — *Le Filage, le dévidage et le tissage de la laine.*

**1579.** — *Le Lavage, la teinture et la taille des étoffes.*

**1580.** — *Représentation allégorique de l'arrivée des marchands flamands à Leyde.*

**1581.** — *Représentation allégorique de l'ancien et du nouveau commerce de draps.*

Chaque panneau. H., 1,33; L., 1,93. Commandés en 1594 par les magistrats. Voir H. de GROOT, 146, WOERMANN, 477.

## **Tol** (DOMINICUS VAN), 1631-1678.

*La Grand'mère.*

Dans une chambre, un petit garçon regarde sa grand'mère qui fait la cuisine; au fond, une petite fille donne des gâteaux à des enfants. Au premier plan, un panier renversé, un pot en terre, une bûche et un plat, une botte d'oignons contre le montant de la cheminée, où se lit la signature.

H., 0,49; L., 0,39. B. — Fig. pet. nat.

## HOTEL DE VILLE

Monument du XVI^e siècle, dans la Breedestraat, agrandi au XVIII^e siècle, avec un beau portail de 1597.

Dans le cabinet du bourgmestre :

**Bol** (FERDINAND). — *Allégorie de la Paix.*

Au premier plan, la Paix, laurée, en robe blanche, accompagnée de deux génies portant une corne d'abondance et une branche d'olivier, embrasse la Justice, en jupe rouge et corsage jaune, suivie d'un génie portant un glaive et une balance ; sur le sol, se tord un serpent. Au second plan, assise, la Sagesse, cuirassée et casquée, tenant un sceptre et un aviron, est couronnée par un génie. A gauche, s'enfuit la Fourberie, un masque à la main ; à droite, un enfant porte un chapeau de paille au bout d'un bâton, Signé, à gauche : F. BOL. 1664.

H., 3 ; L., 2. T. — Cintré par le haut.

Dans la salle du Conseil communal :

**Lievens** (JAN), ou **Livens**. — *La Continence de Scipion.*

Daté : 1640.

H., 2 ; L., 2,65. T. Fig. gr. nat. Payé 1,500 fl. au peintre. Cité par ORLERS.

Dans la salle de la Justice de Paix :

**Moor** (CAREL DE). — *Brutus faisant mettre à mort ses deux fils.*

Signé, sur une pierre, aux pieds d'un des fils : D. MOOR. F. 1687.

H.. 1,50 ; L., 2,30 T. — Fig. 0,50.

Au plafond :

**Terwesten** (AUGUSTYN), 1649-1711. — *Apothéose de la Justice.*

Signé : AUGUSTINUS TERWESTEN FEC. ANNO, 1687.

## MAISON DE RETRAITE S^TE-ANNE (S^te-ANNE HOFJEN).

Hooigracht, 9.

Cette petite maison de retraite pour les vieilles dames, fondée, comme l'indique une inscription sculptée sur la porte d'entrée, en 1492, par Wilhems Claesz Doormick et sa femme Hillegant Wilhems de Bruyn, a conservé, dans son oratoire, un triptyque intéressant.

**Ecole hollandaise** (probablement école de Leyde), commencement du XVI^e siècle. — *L'adoration des mages.*

*Panneau central.* — La Vierge, assise à droite, tenant l'enfant Jésus, reçoit l'hommage du vieux Melchior, agenouillé, en robe rouge, son chapeau noir, chargé d'orfèvrerie, pendant sur le dos. Derrière, debout, Balthasar, en robe rouge et collet d'hermine, avec un chapeau rouge, tenant un collier d'or. Dans le fond, une fenêtre ouverte, sur le bord de laquelle se tiennent accoudés deux Orientaux.

*Volet gauche.* — Gaspar, le roi nègre, en manteau gris-bleu, chaussé de bottes jaunes, coiffé d'une toque rouge, s'avance, portant un hanap d'or. Fond de paysage.

*Volet droit.* — Un pèlerin, vêtu de noir, avec un manteau rouge, coiffé d'un chapeau noir, s'approche, en s'appuyant sur une béquille. Il est suivi d'un moine, la tête encapuchonnée, un pied sur la marche.

---

# HAARLEM

## MUSÉE MUNICIPAL (1)

### (A L'HOTEL DE VILLE)

Ce petit Musée, très important pour l'histoire de l'art hollandais, occupe quatre salles bâties, au premier étage, sur les voûtes d'un ancien cloître des Dominicains. La Municipalité, réunissant les tableaux possédés par la ville à quelques peintures provenant de corporations et hospices, l'ouvrit le 30 juin 1862. Depuis cette époque, les collections se sont enrichies au moyen d'acquisitions, de dons ou de legs, parmi lesquels les plus importants furent celui de M. le chevalier Fabricius van Leyenburg, Seigneur de Laenm et Walferm, qui nécessita l'aménagement d'une nouvelle salle (1883-1886), ceux de Mlle van der Burch (1888) et de M. Th. Gerlings (1889). Une Société a été formée à Haarlem pour l'enrichissement du Musée et la collection lui doit déjà quelques bonnes pièces.

(1) VILLE DE HAARLEM.— Notice du tableau du Musée, 16e édition, 1897. — GEORGES LAFENESTRE. — Le Musée de Haarlem, Paris, Braun et Cie, *Gazette des Beaux-Arts*, 2e Sér., XXXI.

## **Aertsen** (Pieter Pietersz), 1540-1603.

1. — *Les Trois Enfants dans la fournaise* (2).

Au premier plan, les trois enfants, enchaînés, entourés de soldats, marchent derrière un char ; au fond, à gauche, ils sortent de la ville ; à droite, dans un édifice circulaire, ils sont debout, au milieu des flammes, et chantent. Signé, sur une pierre, au premier plan, à droite :

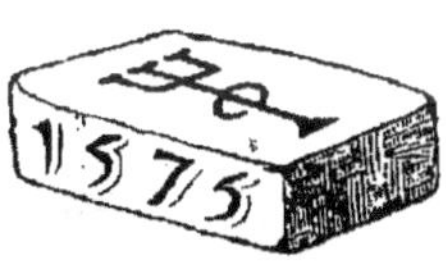

H., 2,28 ; L., 1,80 B. — Exécuté pour la corporation des boulangers, « œuvre d'une ordonnance extrêmement heureuse (C. V. Mander, I, 358) « Très gauchement composé et dénotant une grande préoccupation de son père » (Bréd., I, 104).

## **Anraadt** (Pieter van), ?-1681.

2. — *Les Quatre Régentes de la maison du Saint-Esprit* (cor.)

Assises autour d'une table, recouverte d'un tapis rouge et sur laquelle sont des pièces d'argent et un encrier ; robes noires, guimpes blanches ; l'une, à gauche, a donné un soulier à une petite fille ; une autre, au milieu, au second plan, prend un papier que lui tend une servante : à droite, la troisième et la quatrième feuillettent un registre. Au fond, au mur, une glace et, devant une porte, une tenture. Signé : Pieter van Anraadt f. Ao 1674.

H., 1,90 ; L., 2,50 T. — « Par amour des pâtes rousses et des brossées hasardeuses, l'artiste donne à ces administratrices prospères et triomphantes, Hollandaises rebondies et luisantes, l'aspect de souillons mal lavées. » (Lafenestre, *Gaz. de B.-Arts*, *1885*, 213).

## **Berckheyde** (Gerrit), 1638-1698.

6. — *Le Marché de l'Hôtel de Ville à Haarlem* (3).

Signé, à gauche : Gerrit Berck 1671.

H., 0,32 ; L., 0,40 B. — Fig. 0,05. Donné en 1878 par la Société.

7. — *Le Marché au poisson à Haarlem* (3).

Signé, à gauche, sur la fontaine : Gerrit Berrkheyde 1692.

H., 0,55 ; L., 0,46. T. — Fig. 0.08. — Coll. Mol van Otterloo ; donné en 1885 par la Société.

## **Berckheyde** (Job). 1630-1693.

11. — *L'Atelier d'un peintre* (2).

Dans une salle basse, au milieu, le modèle, nu, est debout sur une table, autour de laquelle travaillent les élèves assis sur des chaises et sur des tabourets, leurs cartons sur les genoux ; au premier

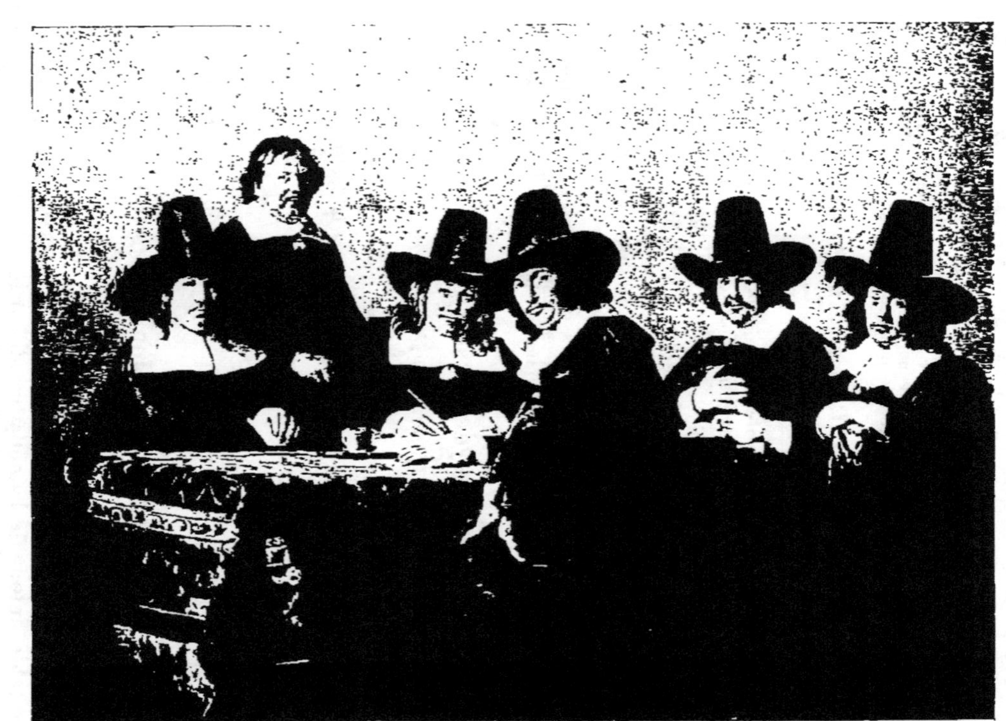

Cliché Lévy et fils. Typogravure Ruckert.



BRAY (JAN DE).

23. — *Cinq régents de l'hospice des Enfants pauvres.*

plan, à droite, le maître, vu de dos, en manteau grenat, coiffé d'un bonnet blanc, se porte à la rencontre d'un jeune cavalier, en noir.

H., 0,75 ; L., 1,08. T. — Coll. Quarles van Uflord. Donné par la Société. Derrière le tableau, sur une feuille de papier est inscrit le nom des personnes représentées : 1. Ph. Wouwerman, 2. Frans Hals, 3. D. Hals, 4. F. Hals Fz., 5. H. Hals Fz., 6. J. Hals Fz., 7. K. Hals Fz., 8. J. Hals Fz., 9. D. Van Deelen, 10. Molyn, 11. G. Berckheyde et 12. Job Berckheyde. Rien ne prouve d'ailleurs l'exactitude de ces renseignements. « La peinture est soignée, précise, un peu lisse avec des gris tendres et de beaux noirs qui font penser à Lenain » (LAFENESTRE, id., 215).

## Bray (JAN DE), 1607-1664.

**22.** — *Soins donnés aux orphelins à leur entrée dans la maison du Saint-Esprit* (2).

Signé, au milieu, sur la contre-marche : J. BRAY 1663.

H., 1,82 ; L., 1,53. T.

**23.** — *Cinq Régents de l'hospice des Enfants pauvres* (2).

Assis autour d'une table recouverte d'un tapis oriental à franges, vêtus de vêtements noirs avec cols blancs rabattus, coiffés de chapeaux à larges bords. Au second plan, debout, un homme nu-tête, un trousseau de clés à la main. Signé, au milieu, sur le dossier de la chaise :

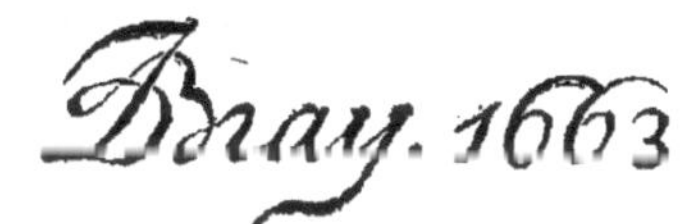


H., 1,85 ; L., 2,46. T. — Fig. à mi-corps gr. nat. Après F. Hals et Verspronck, de Bray trouve moyen de faire, dans une gamme plus claire et d'un pinceau moins sûr, mais avec un accent admirable de vérité, une œuvre inattendue et originale. Le fond gris de cette composition, sourd, plat, glacial, semble, par malheur, avoir été repeint ; mais les têtes fortes et loyales de ces bourgeois sans apprêts avec leurs longs cheveux traînant sur leurs longs rabats, sont d'un caractère étonnant » (LAFENESTRE, 211).

**24.** — *Les Quatre Régentes de l'hospice des Enfants pauvres* (2).

Assises autour d'une table, recouverte d'un tapis grenat à franges d'or, vêtues de robes noires, de larges cols rabattus et de manchettes blanches. Coiffées de serre-tête. À gauche, une régente mesurant une pièce de toile ; l'autre écrivant sur une ardoise ; au milieu, la troisième empilant des écus ; derrière elle, la directrice, debout apportant son livre de comptes ; la quatrième régente, à droite, écrit dans un registre ; au fond, à droite, une draperie jaune relevée. Signé, sur l'encrier : A. 1664. D. BRAY F.

H., 1,87 ; L., 2,36. T. Fig. jusqu'aux genoux gr. nat. Le chef-d'œuvre de l'artiste. « Ce tableau, dans une gamme argentine, grise, liliacée, d'une distinction un peu froide, mais charmante, est intact » (G. LAFENESTRE).

**25.** — *Les Trois Régents de l'hospice des Lépreux* (1).

Signé : J. D. BRAY 1667.

H., 1,40 ; L., 1,96. T. — Fig. jusqu'aux genoux. « Ce tableau et le suivant, redites affaiblies des compositions précédentes, marquent de l'appesantissement » (LAFENESTRE).

**26.** — *Trois Régentes de l'hospice des Lépreux* (4).

Signé, au milieu : J. BRAY, 1667.

H., 1,40 ; L., 1.96. T.

**28.** — *Séleucus se faisant crever un œil, pour délivrer son fils, tout en maintenant la loi* (1).

Signé, au premier plan : D. BRAY 1676.

H., 2,12 ; L., 2,55. Peint pour la salle des Echevins.

## **Brouwer** (ADRIAEN), Flamand, 1605-1638.

**34.** — *Intérieur d'auberge* (2).

Dans une salle, à gauche, est assis, de face, un fumeur, en pourpoint gris, sa pipe à la bouche, de la main gauche prenant un livre posé sur une table, à côté d'une pipe, d'un couteau, de noix, etc. ; au milieu, debout, un autre fumeur, de trois quarts tourné vers la gauche, le visage de face, en veste jaune, haut de chausses gris qui bourre sa pipe ; au second plan, un valet apporte du tabac ; à droite, sur un banc, un homme, en béret et manteau noirs, et une femme. Au mur, différents ustensiles ; au premier plan, sur le sol, un broc, une boule, et un fourneau sur un banc. Au fond, à droite, une femme à une fenêtre ; à gauche, par une porte à laquelle est accroché un chapeau, on aperçoit des promeneurs dans un jardin.

H., 0,60 ; L., 0,47. B. — Fig. pet. nat. Don Teding v. Berkhout (1871).

## **Cornelisz (Cornelis)** VAN HAARLEM, 1562-1638.

**38.** — *Repas d'archers* (1).

Vingt-deux convives sont réunis dans une salle, autour d'une table servie, en pourpoints, les uns blancs, les autres noirs, chapeaux noirs ; au premier plan, le porte-étendard ; au fond, un serviteur auquel on tend un broc ; par une fenêtre, à gauche, on aperçoit le paysage. Daté, au fond, sur la muraille : *Ao 1583*.

H., 1,34 ; L., 2.32. B. — Peint pour le jardin des Arquebusiers au Vieux Doelen. « Le tableau est d'une excellente ordonnance et chaque personne accuse sa condition et même son tempérament. Ainsi les plus liants se serrent la main, les plus enclins à boire tiennent le verre ou le pot, etc. Envisagée sous le rapport de l'ensemble, l'œuvre n'est pas moins remarquable. Les visages très ressemblants sont largement exécutés et pleins d'effets. Les ajustements, les mains et tous les détails ne le cèdent pas en valeur, de sorte que cette œuvre tiendra dignement sa place parmi celles qui orneront le même local » (CAREL VAN MANDER).

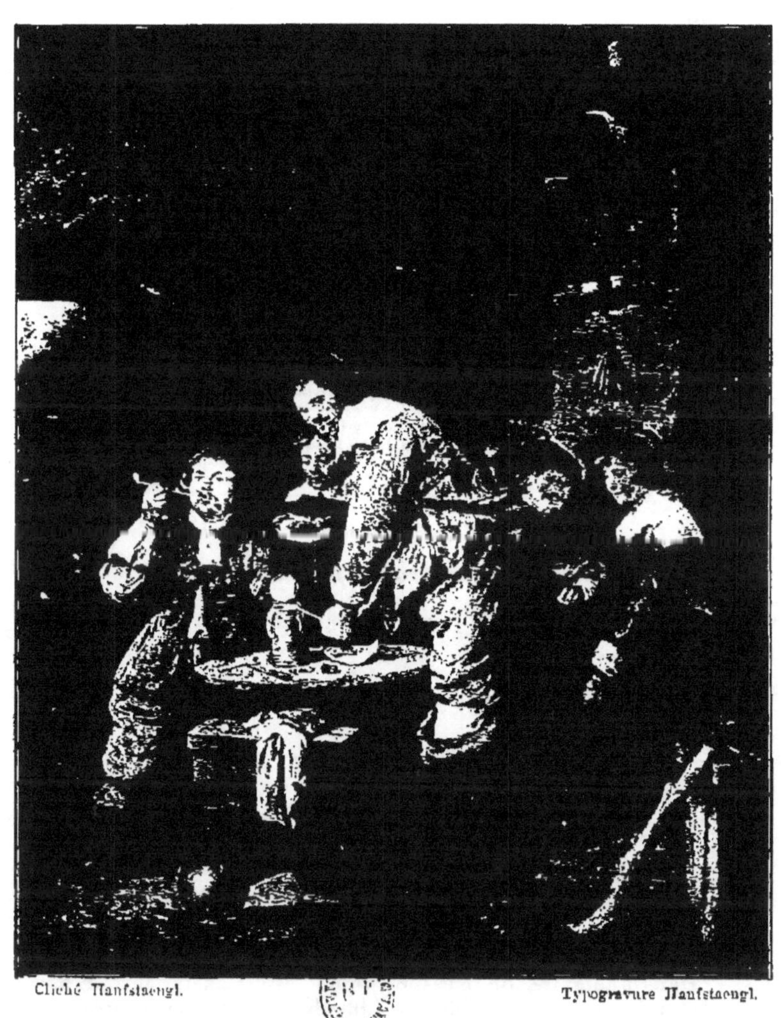

Cliché Hanfstaengl. Typogravure Hanfstaengl.



BROUWER.

34. — *Intérieur d'auberge.*

**41.** — *Repas de douze officiers d'un corps d'archers* (Cor.)

Signé : C. H. (accolés) Ao 1599.

H., 1,64; L., 2,20. B. — « Ce repas ne vaut pas celui de 1583, N° 38. C'est plus dégagé peut-être, mais plus négligé et plus lâché. En vieillissant, Cornelis s'amollit et s'affaiblit de plus en plus. Quelques têtes sont graves et belles, parfois même d'une coloration assez vive, ainsi que les accessoires, mais l'éparpillement de toutes ces notes brillantes les prive de tout effet » (G. LAFENESTRE, id., 349).

**43.** — *Adam et Eve* (2).

Signé, aux pieds d'Adam : C. H. 1620.

H., 0,82 ; L., 0.57. — Fig. 0,50.

### Decker (FRANS), 1684-1751.

**49.** — *Les Cinq Régents de l'hospice des vieillards* (Cor.)

Signé, au fond, sur le battant d'une porte : F. DECKER 1737.

H., 1,63 ; L.,2,20. T. — Fig. gr. nat. « Ce sont de jolis vieillards, en habits clairs, à la fois satisfaits et solennels sous leurs perruques bien poudrées. Mais le peintre n'a pas la souplesse qu'il faudrait pour animer cette réunion élégante » (LAFENESTRE, id., 213).

### Dusart (CORNELIS), 1660-1704.

**59.** — *Scène d'ivrognerie dans un cabaret.*

Signé, à gauche, sur le sol : CORN. DV, SART. FEC.

H., 0,45; L., 0,54. T. — Fig. 0,20.— Donné par la Société (1894).

### Everdingen (ALLART VAN), 1621-1675.

**62.** — *Vue de Haarlem* (3).

Signé : A. v. E.

H., 0,38 ; L., 0,64. — Toile collée sur panneau. Fig. 0,05. Coll. Messchaert van Vollenhoven. Donné en 1893 par la Société.

### Grebber (FRANS PIETERZ), 1570-1649.

**75.** — *Repas de douze officiers du corps de Saint-Georges* (1).

Dans une salle, quatre sont debout, huit assis, autour d'une table; vêtements noirs avec écharpe blanche et rouge en sautoir ; à gauche, le colonel, portant une écharpe orange, et un officier, appuyé contre sa chaise; au fond, un valet, un plat à la main. Au plafond, une draperie relevée.

Signé : FRANS P. GREBBER 1619.

H., 1,66 ; L., 2 m. T. — Fig. gr. nat. Le meilleur des trois tableaux. « Le groupement est plus habile, les physionomies sont plus vives, l'exécution est plus brillante ». (G. LAFENESTRE, id., 349.)

**76.** — *Repas des officiers et sous-officiers d'un corps d'archers* (1).

Signé, au milieu, sur le bras du fauteuil du colonel : Ao 1619. G. P. GREBBER.

H., 2 m. L., 4,90. T. — Fig. jusqu'aux genoux gr. nat.

**79.** — *L'Empereur Barberousse et le Patriarche de Jérusalem, ajoutent aux armoiries de la ville de Haarlem l'épée et la croix, après la prise de Damiette.* (Cor.)

L'empereur, couronné, assis sous une tente verte, remet l'épée à un jeune homme cuirassé, tourné de profil à gauche, un genou en terre un bouclier près de lui ; à gauche, le patriarche de Jérusalem, tenant, de la main gauche, une croix ; près de l'empereur, un page porte sur un coussin, le globe impérial. A gauche, deux prisonniers. Signé, sur le bouclier : P. D. G. (entrelacés) 1630.

H.. 1,68 ; L., 1,96. T. — Fig. pet. nat.

**80.** — *Le Prophète Elisée refuse les présents de Naaman, chef de l'armée du roi de Syrie* (Cor.).

Signé, sur le manteau grenat : P. D. G. (entrelacés) 1627.

H., 1,15 ; L., 1,80. T. — Fig. pet. nat. Hospice des Lépreux. « Ce tableau offre ce mélange de physionomies bourgeoises et de prétentions poétiques, de costumes tapageurs et d'attitudes gauches qu'on trouve d'ailleurs si fréquemment, à la même époque, chez certains imitateurs maladroits de Rembrandt (LAFENESTRE, id., 213).

## Hals (FRANS), 1581-1666.

**84.** — *Portrait du peintre* (2).

Tourné de trois quarts vers la droite, chevelure et moustaches blondes. Pourpoint noir, col blanc, chapeau à larges bords.

H., Dia. 0,16. B. — Coll. Van der Uillegen. Don Enschedé (1883). Copie dont l'original appartient à M. Varneck de Paris.

**85.** — *Repas de douze officiers des archers de Saint-Georges* (1).

Dans une salle, huit officiers assis autour d'une table servie, trois porte-étendard et un valet debout ; au premier plan, au milieu, un officier, de trois quarts tourné vers la droite, appuie sa main droite sur la hanche et regarde le spectateur. A gauche, trois officiers, dont deux causent ensemble ; au second plan, au milieu, un porte-étendard, en pourpoint vert, sa bannière blanche et jaune sur l'épaule, et un officier, assis, qui se tourne vers lui. Entre eux, un convive découpant

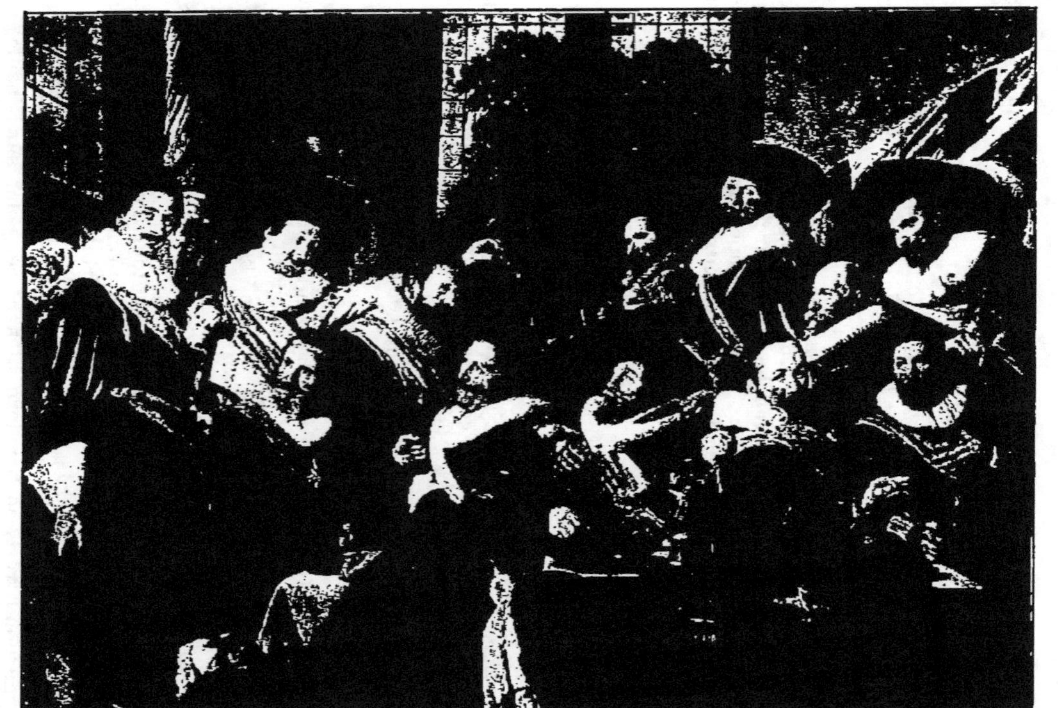

Cliché Hanfstaengl. Typogravure Hanfstaengl.

HALS (FRANS).

87. — *Repas des officiers du corps des archers de Saint-Adriaen.*

une victuaille.' A droite, deux officiers et un valet; en avant, deux porte-étendard, l'un, en pourpoint marron, saluant l'assistance, l'autre, en pourpoint noir à manches blanches, coiffé d'un feutre orné d'une chaîne en or et d'une plume. Au fond, par une fenêtre, on aperçoitl e paysage ; à gauche, une draperie brune relevée ; à droite, des hallebardes aux murailles. Les officiers sont vêtus de noir, avec écharpe en sautoir. Daté, sur le bras d'un fauteuil : 1616.

H., 1,73 ; L., 3,25. T. — Fig. gr. nat. Gravé par Unger; au musée Teylers, deux études pour ce tableau, au crayon noir sur papier bleu. « L'ordonnance est encore naïve. Comme chez Cornelis et chez Grebber, c'est toujours l'ordre dispersé : l'idée de concentration d'effet, et d'unité harmonique, qui se marquera bientôt, n'apparait, au moins dans l'ordonnance, qu'à l'état crépusculaire... Mais si Hals trahit encore çà et là quelque timidité, d'ailleurs très relative, dans l'exécution des figures dans lesquelles on sent un dessin aussi ferme et aussi précis que celui de ses plus illustres contemporains, il est déjà passé maître dans l'art d'animer, en les subordonnant, tous les accessoires. C'est la vie, la joie, le naturel, la santé, toutes les qualités foncières de la race qui rentrent tout de bon cette fois dans l'art de la Hollande et qui n'en sortiront plus » (G. LAFENESTRE, id., 356).

**86.** — *Repas des officiers des archers de Saint-Georges* (1).

Dans une salle du doelen, six officiers sont assis autour d'une table abondamment servie. L'un, au milieu, au premier plan, vu de face, en pourpoint jaune à manches grenat, renverse son verre vide ; son voisin, à droite, en pourpoint noir, tend le bras gauche en avant ; au second plan, un troisième, vu de face, en vêtement noir exprime sur des huîtres le jus d'un citron, et un quatrième, en vêtement jaune, un couteau à la main, se tourne vers un porte-étendard debout. A droite, un valet et un porte-étendard, devant une porte ouverte. A gauche, le colonel, un verre à la main, et deux officiers, l'un assis, l'autre debout. Ces trois personnages ont des pourpoints noirs ; un porte-étendard les salue. Au fond, une draperie relevée.

H., 1,70 ; L., 2,25. T. — Fig. à mi-corps gr. nat. Point en 1627. « Peinture grise, fraîche, naturelle, harmonie noire. Il a trouvé son registre et fixé ses éléments de coloris. Il emploie le vrai blanc ; colore en clair avec quelques glacis, y ajoute un peu de patine » (FROMENTIN, *Les Maîtres d'autrefois*, 303).

**87.** — *Repas des officiers du corps des archers de Saint-Adrien à l'occasion de leur départ de Haarlem, sous le colonel et Bourgmestre Willem Vooght, le 18 octobre 1627* (1).

Dans une salle éclairée par deux fenêtres, sont réunis huit officiers, trois porte-étendard et un valet. Ils portent tous des pourpoints de couleur différente, avec écharpes en sautoir et collerettes blanches ; les uns sont nu-tête, les autres coiffés de chapeaux noirs ; au milieu, au premier plan, un officier et le colonel élevant un verre, sont tournés vers un porte-étendard, debout au premier plan, qui tient, de la main droite, son chapeau, un chien à ses pieds ; au second plan, un second porte-étendard renverse son verre vide et deux officiers dont l'un découpe un morceau de viande. A droite, en avant, un officier assis, de profil tourné vers la droite, le visage de face ; son voisin lui tend un verre; au second plan, deux convives tenant, l'un debout, appuyé sur son épée, un verre, l'autre assis, un plat; un porte-étendard et un valet, au milieu, devant la fenêtre ornée de vitraux, par laquelle on aperçoit un jardin. Signé, sur le fauteuil du colonel : F. H. (accolés).

H., 1,80; L., 2,65. T. — Fig. jusqu'aux genoux gr. nat. « Nul emploi de clair obscur; c'est le plein air d'une chambre très éclairée et également. De là, des trous entre les tons que rien ne relie, des souplesses quand les valeurs et les couleurs naturelles s'appuient l'une sur l'autre au plus près; des duretés, quand l'accord est plus distant » (FROMENTIN, id., 304).

## 88. — *Réunion des officiers du corps des archers de Saint-Adrien* (1).

Quatorze officiers sont réunis dans le jardin du doelen des Cluveniers; à droite, un lieutenant, de profil tourné vers la gauche, le poing sur la hanche, debout devant une table, entre deux sergents assis, l'un feuilletant un volume, l'autre tenant un plume. Au second plan, deux hallebardiers et un officier assis; au milieu, un capitaine debout, de profil tourné vers la gauche, en pourpoint verdâtre, écharpe bleue, chapeau à plumes, appuyé sur une hallebarde et le colonel Johan Claasz Loo, assis appuyé sur une canne, le poing gauche sur la hanche, en pourpoint noir, hausse-col en fer, écharpe rouge; autour de lui, deux porte-étendard, l'un en avant, sa bannière déployée, l'autre tenant sa bannière repliée, et trois sergents portant des hallebardes. Au fond, des palissades en planches; à gauche, des arbres; à droite, une porte en bois.

H., 2,03; L., 3,33. T. — Fig. jusqu'aux genoux. Peint en 1663. « Voici dans le genre éclatant, à clavier riche, son œuvre maîtresse et tout à fait belle, non pas la plus puissante, mais la plus relevée, la plus abondante, la plus substantielle, la plus savante. Ici pas de parti pris, nulle affectation de placer ses figures hors de l'air plutôt que dans l'air, et de faire le vide autour d'elles. Rien n'est éludé des difficultés d'un art qui, s'il est bien entendu, les accepte et les résout toutes ». (FROMENTIN, id., 304-305) « L'exécution est d'une liberté incomparable. Aucun effort, aucun système, ni hésitations, ni surcharges, ni repentir; c'est vu, compris, réalisé du premier coup. De près, on voit les touches vivement juxtaposées, sans liaison apparente, toutes tombées à point, toutes nécessaires, toutes décisives, toutes expressives; de loin, c'est la nature même. » (G. LAFENESTRE, id.)

## 89. — *La Réunion des officiers et sous-officiers du corps des archers de Saint Georges* (1).

Dix-neuf personnes sont réunies dans un jardin, vêtues de pourpoints noir ou chamois, portant les unes des ceintures, les autres des écharpes en sautoir; le colonel ayant une écharpe et une ceinture; ils sont nu-tête ou coiffés de chapeaux à larges bords. Au premier plan, à gauche, le colonel, de face, s'appuyant sur une canne; autour de lui, trois hallebardiers. Au milieu, le capitaine, de trois quarts tourné vers la gauche, le visage de face, en pourpoint chamois, tenant, de la main gauche, un bâton; à sa droite, deux hallebardiers, l'un le regardant, l'autre vu de face; la droite du tableau est occupé par deux officiers et un porte-étendard. Au second plan, à gauche, sur les marches d'une estrade, un porte-étendard, et six hallebardiers ; parmi eux, le peintre lui-même, vu en buste, à gauche du porte-étendard. Au fond, des maisons ; au milieu, des arbres.

H., 2 m. ; L., 4,10. T. — Fig. jusqu'aux genoux gr. nat. Peint en 1639, après son retour d'Amsterdam. La plus lâchée de ses compositions : « Les figures s'y présentent au hasard, de face, côte à côte, sur deux rangées de quatre mètres... Il est clair que le peintre ne sait plus comme autrefois, ni dans les gestes, ni dans les couleurs, trouver un lien pour réunir tant de personnages ». (G. LAFENESTRE, id.)

**90.** — *Les Cinq Régents de l'hôpital Sainte-Elisabeth* (1).

Dans une salle, ils sont réunis autour d'une table recouverte d'un tapis vert, vêtus de costumes noirs, de cols blancs rabattus et coiffés de chapeaux noirs à larges bords. Au premier plan, au milieu, le président, de profil, tourné vers la gauche, pose la main droite sur la table. Les regards des quatre autres régents sont tournés vers lui. Celui de droite compte des pièces de monnaie, celui de gauche a la main droite repliée sur la poitrine : les deux autres, placés au milieu, sont, l'un assis, la main droite sur un livre, l'autre, debout, des gants dans la main gauche ; à la muraille, une carte de géographie.

H., 1,50 ; L., 2,50. T. — Fig. à mi-corps. Peint en 1641. « Le dessin est net, précis, incisif ; on sent que le portraitiste veut pénétrer au dedans de ses modèles plus qu'il ne l'a fait encore ; comme expression intellectuelle des physionomies humaines, c'est sa plus haute perfection » (G. LAFENESTRE, id., 205). « Les têtes aussi belles que possible ont d'autant plus de prix que rien autour ne lutte avec l'intérêt capital des morceaux vivants » (FROMENTIN, 308). « Ce tableau démontre d'une façon péremptoire que F. Hals lui-même n'a pas su se défendre, même passagèrement, de l'influence toute puissante de Rembrandt et de son magique clair obscur » (WOERMANN, 595).

**91.** — *Les Cinq Régents de l'hospice des vieillards* (1).

Assis autour d'une table recouverte d'un tapis grenat, en vêtements noirs, cols blancs rabattus, chapeaux de feutre noir à larges bords. Trois au premier plan : l'un à droite, vu de face, le pourpoint entr'ouvert ; le second, au milieu, de profil tourné vers la droite, le poing sur la hanche : le troisième, à gauche, de trois quarts tourné vers la droite, les mains sur un livre ; au second plan, deux autres régents, l'un à gauche, de trois quarts tourné vers la gauche, l'autre à droite, vu de face, le chapeau incliné sur l'oreille, la main gauche sur la table ; vers ce dernier, s'avance un serviteur, un billet à la main ; à gauche, une draperie relevée.

H., 1,68 ; L., 2,52. T. — Fig. à mi-corps gr. nat. Peint en 1664. Le sujet de ce tableau et du suivant coïncidait avec l'âge de l'artiste. « Rien de plus touchant, rien de plus douloureux que de voir cet octogénaire, dont la main vacille visiblement, dont l'œil baisse et se trouble, lutter avec un entêtement superbe contre la décrépitude qui le gagne, pour immortaliser d'autres vieillards » (LAFENESTRE, id., 206). « La main n'y est plus ; il étale, au lieu de peindre, il n'exécute pas, il enduit ; les perceptions de l'œil sont toujours vives et justes, les couleurs tout à fait sommaires. On ne saurait imaginer ni de plus beau noir, ni de plus beau blanc grisâtre. Peut-être en leur composition première ont-elles une qualité simple et mâle qui trahit le dernier effort d'un œil admirable et dit le dernier mot d'une éducation consommée ». (FROMENTIN, id., p. 310). « Avec quelle sûreté les formes sont exprimées dans leurs traits non seulement les plus généraux, mais les plus caractéristiques ! Avec quel esprit, les colorations sont obtenues, dans leurs masses essentielles, par de rapides indications. En vérité, tout cela dénote encore chez cet octogénaire une prodigieuse fraîcheur d'intelligence, une merveilleuse sûreté de main » (Bode).

**92.** — *Les Quatre Régentes de l'hospice des vieillards* (1).

Réunies autour d'une table recouverte d'un tapis foncé et vêtues de robes noires, avec manchettes et cols blancs, bonnets blancs ou noirs. Deux, au premier plan, sont assises ; l'une à droite, de trois quarts tournée vers la gauche, la main droite sur un livre posé sur la table, appuie sa main gauche sur son genou ; l'autre, à gauche, de trois quarts tournée vers la droite, tient un trousseau de clefs ; les deux autres sont derrière la table ; l'une, le visage tourné vers la gauche, l'autre un éventail à la main ; vers elle, s'avance une servante qui porte un billet. Au fond, à gauche, une draperie relevée ; au milieu, au mur, un tableau ; à droite, une porte.

H., 1,66 ; L., 2,46. T. — Fig. à mi-corps gr. nat. Voir le N° précédent. « Les têtes loyalement vulgaires ou modestement nobles, s'enlevant en clairs par modelés coulants et gras sur des fonds pleins d'obscurités vibrantes, prennent une expression vive et intense d'une profondeur inattendue » (Lafenestre, id., 207).

**93.** — *Portrait de M. Nicolaes van der der Meer, bourgmestre de Haarlem* (3).

Debout, de trois quarts tourné vers la droite, pourpoint noir à fleurs, collerette blanche ; sa main droite sur le dossier d'un fauteuil ; de sa gauche, il tient ses gants. Au fond, à droite, un écusson et l'inscription : *Ætat suæ 56 A. 1631.*

H., 1,28 ; L., 1 m. B. — Fig. aux genoux gr. nat. Legs F. van Leyenburg (1883).

**94.** — *Portrait de Cornelia van der Meer* (3).

Assise dans un fauteuil vert, tournée de trois quarts vers la gauche ; robe noire, fraise, manchettes et bonnet blancs. Sa main gauche sur le bras du fauteuil. Au fond, à gauche, un écusson et l'inscription : *Ætat suæ 53 A. 1631.*

H., 1,28 ; L., 1 m. B. — Fig. aux genoux gr. nat. Même provenance.

## Hals (Frans) le Jeune, entre 1617 et 1625 - après 1669.

**96.** — *Intérieur de ferme* (3).

Dans une grange, à gauche, près d'une table, des légumes ; près d'un puits, à droite, un seau, un baquet et un chou. Au fond, au milieu, un homme ouvrant une porte. Signé, sur la margelle du puits : FHs 1640

H., 0,38 ; L., 0,54. B. — Acheté à Paris en 1894 et donné par la Société.

## Heemskerck (Marten van Veen dit Martin), 1498-1574.

**104.** — *Saint Luc peignant la Vierge*, diptyque (2).

*Panneau de gauche.* — La Vierge, en robe rouge et manteau à rayures multicolores, est assise sur un trône, vue de face, portant dans la main droite une épée et un globe terrestre en verre et soutenant de la gauche, sur ses genoux, l'Enfant Jésus; à droite, un ange élève au bout d'une perche un vase d'encens.

*Panneau de droite.* — Assis sur un siège orné d'un bas-relief, saint Luc, peint d'après nature, et pour lequel avait posé un boulanger, « *fort belle figure attentive à l'ouvrage et s'appliquant avec une extrême conscience à rendre son modèle* », est tourné de profil vers la droite; vêtu d'une tunique rouge à rayures et d'un manteau bleuâtre, coiffé d'un bonnet rouge phrygien, un lorgnon sur le nez, il est devant un chevalet et achève son tableau. Derrière l'apôtre, un personnage, au front ceint de lierre, peut-être le portrait du peintre; à la partie inférieure, sur un écriteau on lit : « Ce tableau est un souvenir de Martin d'Heemskerck, qui le peignit en l'honneur de saint Luc et en fit hommage à ses confrères. Remercions-le, soir et matin, de sa générosité et prions de tout notre cœur que la grâce de Dieu l'accompagne; il fut parachevé le 13 mai 1532 ». Signé : H. M. (entrelacés).

H., 1,65; L., 2,40. B. — Gravé dans Taurel, Art chrétien. Peint au moment du départ d'Heemskerck pour Rome; longtemps conservé dans la cour du Prince, chambre du Sud. Le Musée de Rennes en possède une réplique, postérieure au voyage du peintre à Rome. « Œuvre excellente peinte d'une manière supérieure et d'un très grand effet, à laquelle on ne pourrait reprocher qu'une certaine dureté dans les clairs comme chez Scorel » (C. v. Mander, I, 363).

**108.** — *Le Serpent d'airain* (Corridor).

Signé : Martinus Heemskerck inventor : 1551.

H., 2,37; L., 1,87. T. Grisaille ; reste d'un panneau représentant l'*Adoration des Mages* autrefois à Sainte-Agathe à Delft. « Œuvre excellente qui valut à son auteur cent florins de revenu » (C. v. Mander, I, 367). Don de M. Six Hillegom qui l'avait acheté 15 fl. à la vente que fit la ville de Delft en 1860.

**109.** — *Triptyque* (2).

Panneau central : *Le Christ au prétoire.*

Volet de gauche : *Portraits de deux donateurs.*

L'un, le père, d'âge mûr, le visage rasé, encadré par une chevelure blanche, l'autre, plus jeune, à barbe blonde. Vêtus tous deux de houppelandes noires à doublure de fourrure; tournés de trois quarts, les mains jointes. Au second plan, le patron de l'un d'eux, Saint Christophe, appuyé sur un palmier, tenant sur son épaule le petit Jésus. A l'extérieur, le prophète Ezéchiel, vu de face, en manteau marron.

Volet de droite : *Portrait des donatrices.*

La mère de famille et, derrière elle, ses six filles en vêtement noirs à doublure de fourrure, coiffe noire, sont agenouillées de trois quarts tournées à gauche, les mains jointes. Au second plan, une sainte, debout, vue de face, en robe noire, manteau vert, voile jaune. A l'extérieur, le prophète Daniel, en vêtement rouge et manteau gris; à ses pieds, un lion. Signé, sur le panneau central : Martinus van Heemskerck Inventor 1559. Sur le panneau intérieur de droite : M. 1519; sur l'autre :

1560
M
Martinus Van
Heemskerck, fecit

Panneau central H., 2,18; L., 1,49. Volets H., 2,18; L., 0,67. B. — Autrefois au maître-autel d'une église de Delft, puis transporté à l'hôtel de ville. Acheté 610 fl. par le chevalier Six van Hillegom à la vente faite par ordre des magistrats de la ville en 1860. Donné en 1871 au Musée de Haarlem par des amateurs. La jeune sainte du volet fait involontairement penser à la *Femme au chapeau* de la National Gallery. « C'est comme une apparition prématurée d'Hélène Fourment. Mais ce n'est point seulement par ce trait de ressemblance, trait de hasard, que le viel italianisant annonce le superbe décorateur d'Anvers; il fait mieux; il le prépare puissamment par sa manière libre de peindre, par l'assouplissement de ses modelés élargis, par la vivacité généreuse de ses fortes harmonies à base rouge et brune, par la qualité ferme de sa pâte grasse et coulante. (G. Lafenestre, id., p. 347).

## **Holsteyn** (Cornelis), 1625-1697.

**120.** — *La Paye des vignerons* (1).

Signé, à gauche, sur une marche : Holsteyn f. 1677.

H., 1,98; L., 2,66. T. Fig. — Provient de l'hospice des vieillards.

## **Jong** (Ludolf de), 1616-1697.

**129.** — *Portrait de femme* (3).

Signé : L. D. Jong.

H., 0,73; L., 0,59. B. — Fig. en buste gr. nat. Château de Heemstede. Don Dyserinck.

## **Kool** (Willem-Gillisz), ? - 1666.

**132.** — *Vente de poisson* (3).

Signé, à gauche : W. Kool (W. et K. entrelacés).

H., 0,30; L., 0,45. B. — Donné par la Société (1881).

## **Lastman** (Pieter), 1583-1633.

**136.** — *La Nuit de Noël* (2).

Sur un perron élevé, à gauche, devant une table sur laquelle sont posés une cuvette, une serviette et un tapis rouge, saint Joseph, debout, en vêtements verdâtres, et la Vierge assise, en robe rouge, contemplent l'Enfant Jésus, couché dans une crèche, près de laquelle se tient un enfant ; à droite, deux bergers, deux femmes et un vieillard ; au ciel, des anges et des chérubins. Au premier plan, un bœuf et une chèvre, à gauche, au fond, deux ânes. Signé, sur la contre-marche du milieu. :

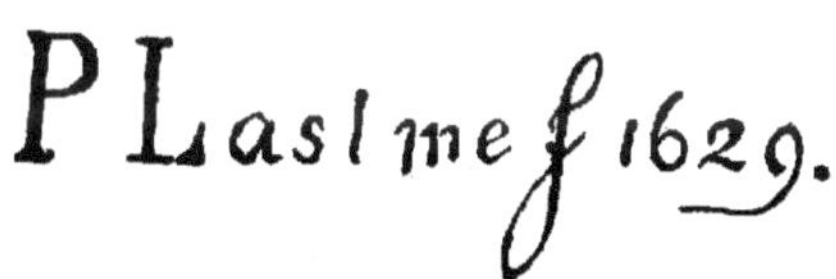

H., 0,60 ; L., 0,45. T. — Fig. 0,20. Provient de l'hospice des vieillards. VOSMAER avait cru lire sur le panneau 1619 ; mais en réalité la date est apocryphe. Tableau précieux comme document. « C'est bien en effet une de ces pièces instructives où l'on saisit sur le vif cette transmission mystérieuse de la pensée qui a besoin de passer souvent par tant d'esprits ordinaires, comme dans une série de creusets préparatoires avant de trouver sa forme éclatante et définitive dans le cerveau d'un homme de génie ». (LAFENESTRE, id., 214.)

## Loo (JACOB VAN), 1614-1670.

**138.** — *Cinq Régents du dépôt de mendicité* (1).

H., 1,53 ; L., 2,31. T. — Fig. à mi-corps. Peint en 1658.

**139.** — *Quatre Régentes du dépôt de mendicité* (1).

A gauche, deux sont assises autour d'une table sur laquelle une troisième debout dépose des écheveaux de laine ; à droite, la présidente, des brandebourgs d'or à sa robe, tient à la main un morceau de guipure ; vers elle, s'avance une servante portant de la laine. Signé, sur le dossier de la chaise, à droite : J. v. Loo 1659.

H., 1,54 ; L., 2,31. T. — Fig. à mi-corps gr. nat. « Ces deux tableaux montrent combien, dans ses portraits, le peintre s'inspirait de van der Helst et à quel point il était un adepte du clair obscur de Rembrandt ». (WOERMANN, 731.)

## Maes (NICOLAES), 1632-1693.

**144.** — *Portrait de Léonard Versyl* (3).

Signé, sur le rocher : N. MAES.

H., 1,15 ; L., 0,93. — Fig. mi-corps gr. nat. Legs F. van Leyenburg (1883).

**145.** — *Portrait de Catharina de Sadelaar* (3).

Signé, à gauche : N. MAES 1653.

Mêmes dimensions et provenance que le précédent.

## Mierevelt (MICHEL JANZ), 1567-1631.

**153.** — *Portrait de Maria Camerling* (3).

Signé, à droite : A. 1634. M. MIEREVELD.

H., 0,68 ; L., 0,58. B. — Fig. buste gr. nat.

### Molenaer (Jan Miense), vers 1610-1668.

**156.** — *Noce flamande* (3).

La mariée, en robe mauve, accompagnée de sa mère, suivie de sa famille et d'un prêtre, précédée d'un joueur de cornemuse, se dirige vers la gauche, où l'attendent son fiancé et une nombreuse assistance. Au premier plan, une femme, des enfants et un homme, sur un banc, dans la bourse duquel fouille un petit garçon. A droite, au loin, l'église, à gauche des chaumières. Signé, sur le banc : J. Molenaer 1652.

H., 1,05; L., 0,72. T. — Fig. 0,26. Donné par le Conseil communal et la Société.

### Molyn (Pieter de), avant 1600-1661.

**157.** — *Le Pillage et l'Incendie d'un village* (3).

Signé, à droite : Molyn 1630.

H., 0,31 ; L., 0,54. — Fig. 0,10. Donné par la Société (1880).

### Patinier (Joachim) ou Patenier, Flamand, 1490-1524.

**172.** — *Histoire de Tobie* (2).

Sur le bord d'un fleuve, à gauche, le jeune Tobie, accompagné de l'ange. Au milieu, il lui montre le foie du poisson qu'il vient de pêcher : à droite, ils se dirigent tous deux vers la maison de Tobie. Au fond, le fleuve s'enfonce dans l'horizon. Paysage rocailleux.

H., 0,69; L., 1,14. B.— Fig. 0,18. Gravé dans Taurel, Art chrétien ; attribution très douteuse. Prop. de l'hôpital Sainte-Elisabeth.

### Pot (Hendrik Gerritsz), vers 1585-1657.

**174.** — *Apothéose de Guillaume le Taciturne* (Corridor).

Des jeunes filles portant des bannières et conduisant vers la droite des éléphants, sur lesquels d'autres jeunes filles et des génies agitent des palmes, précèdent le Triomphateur, entouré de génies, des branches de laurier à la main, et tenant un lion enchaîné. Derrière lui, sur le char d'or, la Vérité et la Renommée. En avant, des jeunes filles, en tuniques blanches, portent des palmes et des vases d'or.

H., 1,42; L., 3,48. T. — Payé au peintre 450 fl. Le cadre est du sculpteur Dominicus Janss. « Imitation, en petites dimensions, des Triomphes de Mantegna et d'Holbein, avec force allégories féminines, drapées à l'antique, classiques d'intention, mais bourgeoises d'exécution, d'une allure pesante, d'un galbe indécis, d'une couleur piteuse » (Lafenestre, id., 214).

**165.** — *Les Officiers des archers de Saint-Adrien se rendant au tir* (1).

Devant le doelen de leur corporation, bâtiment en briques et en

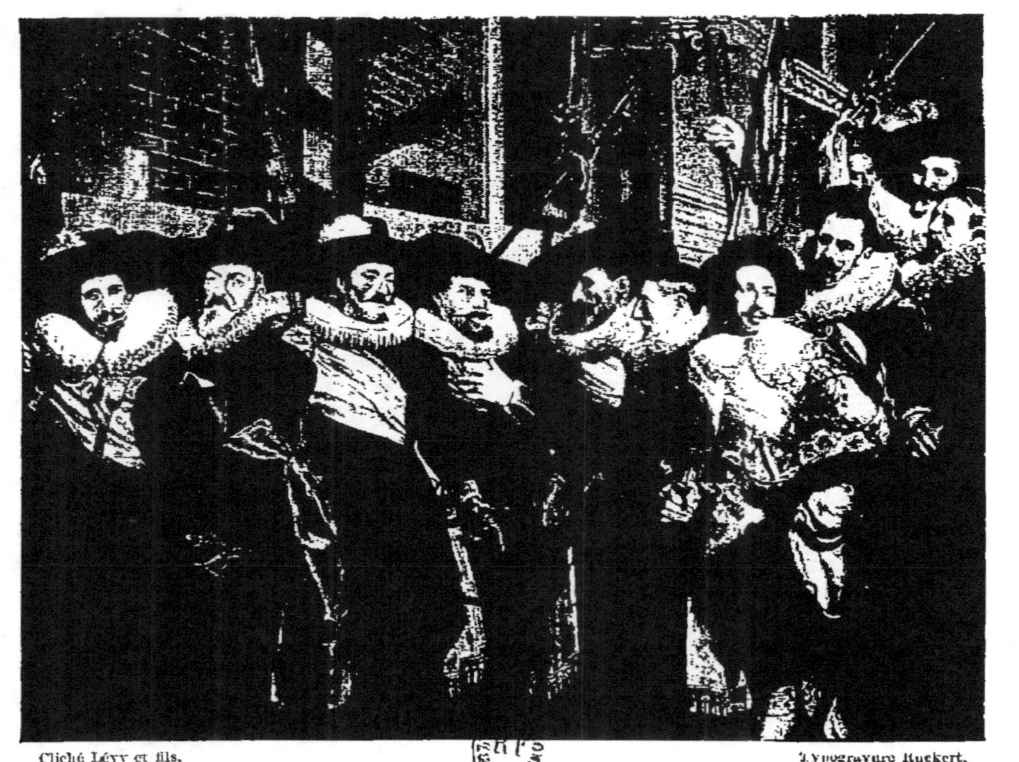

Cliché Lévy et fils. Typogravure Ruckert.

POT (HENDRIK GERRITSZ).

175. — *Les Officiers des archers de Saint-Adrien se rendant au tir.*

pierre, onze officiers sont réunis en vêtements et chapeaux noirs, une écharpe en sautoir, l'épée au côté, la hallebarde à la main : à gauche, le capitaine est appuyé sur sa canne; à ses côtés, deux officiers portant des hallebardes; l'un, le visage fixé vers lui, l'autre tourné à la droite, vers ses camarades qui descendent un escalier; au premier plan, un porte-étendard, en haut-de-chausses noir, pourpoint bleu à fleurs, la chevelure ébouriffée.

H., 4,94; L., 3,34 T. — Fig. jusqu'aux genoux gr. nat. Gravé dans la Gazette des Beaux-Arts. L'attribution de cette peinture à Soutman, disciple de Rubens, a été donnée par M. BODE. Attribuée autrefois à Barth, van der Helst, puis à Ravesteyn. Mais la comparaison avec le tableau de H. Pot récemment acquis par le Musée de Rotterdam, page 34, a permis à M. BRÉDIUS de rétablir le véritable nom de l'auteur. Voir H. de GROOT, 185. SCHEVELS avait d'ailleurs parlé d'un tableau de tireurs commandé à Pot vers 1630. « Le groupement est expressif et pittoresque, les allures ont de la liberté et de l'ampleur, les gestes du naturel. Les physionomies étudiées avec un soin extrême, dessinées avec une précision pénétrante, crient la ressemblance, une ressemblance exacte, complète, presque minutieuse » (LAFENESTRE, id., 203).

*La Courtisane* (3).

Dans une chambre, une jeune femme, en robe blanche et corsage jaune, est assise, enlacée par un homme ivre, en chausses et pourpoint rouges, qu'une vieille femme cherche à emmener. Au second plan, un autre jeune homme passe le bras autour de la taille de la jeune femme. A droite, un lit, à couverture et rideaux verts. Au premier plan, une bouteille et des fleurs dans une bassine, où se lit la signature : H. POT.

H., 0,30; L., 0,35. B. Fig. pet. nat. Récente acquisition.

## **Rombout** (SALOMON), ?-1702.

**181.** — *Atelier de tisserand* (3).

Dans une chambre, un tisserand travaille à son métier. A gauche, une femme, en corsage rouge, assise sur un tabouret, file; près d'elle, un petit enfant dans un berceau et un autre enfant assis à terre, jouant avec un chien. Signé, à gauche :

Rombout
1656

H., 0,32; L., 0,37. B. — Fig. pet. nat. Coll. Ch. V. Hufford. Donné par la Société.

## **Saftleven.** (CORNELIS), 1606-1681.

**185.** — *J. van Oldenbarnevelt et ses juges représentés sous formes d'animaux* (3).

H., 0,49; L., 0,74. B. — Legs F. van Leyenburg (1883).

## **Scorel** (JAN), 1495-1662.

**187.** — *La confrérie chevaleresque de la Terre Sainte* (1).

Douze membres de la confrérie s'avancent, deux par deux, vers la gauche, une palme à la main; au fond, à gauche, le peintre, portant un tableau représentant une église, avec l'inscription : « Jan van Scorel, un peintre je suis, chanoine à Utrecht de Sainte-Marie. Ainsi je fis cadeau à mes frères, par bienveillance, etc. » Au fond, au-dessus de chaque pèlerin, ses armoiries; au bas du tableau, une inscription relate le nom des personnages et la date de leur voyage en Terre Sainte.

H., 1,13; L., 2,74. B. Fig. en buste gr. nat. « A son retour de Jérusalem, Scorel se représenta avec plusieurs chevaliers ou pèlerins de Jérusalem, dans un tableau à l'huile, de forme oblongue, qui est encore à Haarlem, au couvent des Jacobins dit Cour des Princes » (C. v. MANDER, I, 311). M. HYMANS (n. 4), qui donne le nom des personnages représentés, relève une erreur de Van Mander. Le tableau provenant de la commanderie de Saint-Jean, il s'agit donc des Johannites et non des Jacobins.

## 188. — *Adam et Eve* (Corridor).

H., 1,51; L., 1,20. B. — Fig. gr. nat. Même provenance que le N° 187. Ce tableau, ainsi que le suivant, figurent dans un inventaire des biens de la confrérie fait en 1606. « Pour échapper aux troubles d'Utrecht, Schoorel alla à Haarlem où on lui fit bon accueil, où il conquit la faveur du commandeur de l'ordre de Saint-Jean, Simon Saen, qui aimait beaucoup les artistes. Le peintre fit pour lui plusieurs œuvres qui sont encore actuellement conservées dans la ville » (C. v. MANDER, I, 313). Par exemple, le baptême du Christ, l'Adam et Eve, le Christ en croix et la Marie-Madeleine, du Musée d'Amsterdam, la Sainte-Cécile, etc.

## 189. — *Le Baptême du Christ* (2).

H., 1,18; L., 1,54 B. — Exécuté pour Simon Saen, commandeur de l'ordre de Saint-Jean. Tableau ayant subi de profondes restaurations. « Le peintre fit pour le commandeur, entre autres, un baptême du Christ, fort bon morceau, où l'on voit quelques jolies figures de femmes, dans le goût de Raphaël (C. v. MANDER, I, 713) « Le paysage montagneux et lumineux, composé, dit la tradition, d'après ses études faites en Terre Sainte est d'une solennité éclatante qui annonce Claude Lorrain et Nicolas Poussin. Il est difficile de ne pas penser à notre Nicolas devant ce tableau du vieil Hollandais; ce sont les mêmes dimensions, les mêmes proportions, les mêmes recherches classiques et sculpturales dans les attitudes des hommes et dans la grâce des femmes, le même enthousiasme pour les grandes lumières diffuses... Ce n'est pas la première fois qu'à travers les siècles, se révèlent des parentés d'intelligence si singulières » (G. LAFENESTRE, id., p. 344).

# Soutman (PIETER CLAASZ), 1580-1657.

## 191. — *Réunion des officiers des archers de Saint-Adrien.*

Dix officiers et trois porte-étendard, deux à droite, un à gauche, sont réunis dans la salle du doelen, autour d'une table; à droite, le colonel Backer, une canne dans la main droite ; au milieu, deux capitaines, dont l'un écrit; à gauche, le troisième capitaine, le poing sur a hanche; contre la porte, le tambour; au plafond, une draperie.

H., 1,94; L., 3,34. T. — Fig. jusqu'aux genoux gr. nat.

## 192. — *Réunion d'officiers d'archers* (1).

Treize officiers dans un jardin; sept assis, au premier plan, autour d'une table, sur laquelle l'un d'eux écrit; les autres debout, au second plan; à droite et à gauche, un porte-étendard : un troisième, au fond, auquel un serviteur apporte sa bannière. Fond de paysage.

H., 1,77 ; L., 3,89. T. Fig. jusqu'aux genoux gr. nat. « Ces deux tableaux, conçus dans la gamme sombre, avec de vifs rehauts de notes claires, sont d'un bon praticien, mais sans accent ni virilité : la pâte est épaisse et lourde, lâchée et coulante. Ce qui reste à l'acquit de l'artiste, ce sont quelques têtes bravement composées, hardiment brossées. » (G. LAFENESTRE, id., 210.)

### Steen (JAN), vers 1626-1679.

*Réunion de paysans* (2).

Au milieu, une femme, en rouge, et trois jeunes gens, assis autour d'un tonneau sur lequel sont posés un hareng et une miche de pain; en avant, un chien et deux enfants montrant un ivrogne endormi, vers lequel se dirige un porc; à gauche, deux femmes entraînent un vieillard ivre dont un enfant emporte le chapeau et le manteau; à droite, une femme, assise sur un banc, se verse à boire, et, contre la porte de la ferme, un couple amoureux. Au fond, sous la tonnelle, deux musiciens et deux danseurs que regardent des enfants et un buveur. Au fond, le village et de nombreux paysans. Signé au premier plan : J. STEEN. (J. S. entrelacés.)

H., 1,04; L., 1,54. B. — Fig. 0,30. Récente acquisition.

### Ter Borch (GÉRARD), 1508-1381.

**194.** — *Portraits de M. et Mme Colenbergh et de leur fils* (3).

A gauche, la mère, assise sur un fauteuil rouge, de trois quarts tournée à droite, en robe et bonnet noirs, col et manchettes blancs, tend une montre en or à son fils, debout à droite, en habit gris, cheveux blonds, son chapeau noir à larges rebords dans sa main gauche; sur le fond, trois écusoons.

H., 0,44; L., 0,39. B. — Fig. mi-corps pet. nat. Legs Leyenburg (1883).

### Velde (ADRIAEN VAN DE), 1635 ou 1636-1672.

**197.** — *Paysage aux environs de Haarlem* (3).

H., 0.28; L., 0,35. T. — Fig. 0,25. Donné par la Société (1883).

### Velde (ESAIAS VAN DE), 1590-1648.

**198.** — *Une ferme* (3).

H., 0,20; L., 0,23. T. — Donné par la Société (1884).

### Verspronck (JOANNES), 1597-1662.

**208.** — *Portrait de M. Colenbergh* (3).

**209.** — *Portrait de Madame Colenbergh.*

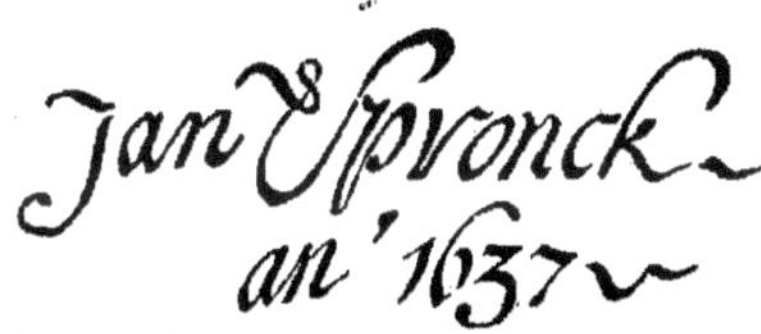

Tableaux se faisant pendant.

H., 0,82; L., 0,65. T. — Fig. en buste gr. nat. Legs F. van Leyenburg (1884).

**212.** — *Les quatre régentes de la maison du Saint-Esprit* (1).

Assises autour d'une table recouverte d'un tapis vert, en robes noires à boutons d'or, fraise godronnée, bonnets et serre-tête blancs; à gauche, la présidente, entre deux régentes, feuillette un registre; devant elle, un encrier et un sac d'argent; à droite, la troisième régente se tourne vers une servante qui lui amène deux orphelins, une petite fille sur l'épaule de laquelle elle appuie sa main gauche et un petit garçon qui montre sa manche déchirée. Au mur, une carte: à gauche, une fenêtre. Signé, à droite, sur le bord de la chaise: J. Verspronck an. 1642.

H., 1,73; L., 2,38. T — Fig. gr. nat. « Cette scène naïve empreinte d'une bonhomie très locale est traitée avec finesse et simplicité » (Lafenestre, p. 211).

## Victors (Jan), 1620-1682.

**218.** — *Portrait de Jan Appelman, bourgmestre d'Amsterdam* (3).

Signé : Jan Victors fe. Amsterdam 1661.

H., 1 m.; L., 0,81 T. — Fig. jusqu'aux genoux gr. nat. Legs Leyenburg.

## Vroom (Henrick Cornelisz), 1566-1640.

**223.** — *Arrivée de Leycester à Flessingue en* 1586 (2).

Au premier plan, des navires de guerre Anglais et Hollandais tirent des salves, entourés de nombreuses barques; au fond, la ville fortifiée et l'entrée d'un canal, précédé de deux estacades en bois. Signé : Vroom 1623.

H., 2,95; L., 4,55 T.

## Weenix (Jan), 1640-1719.

**228.** — *Portrait de Anthony de Sadelaer* (3).

**229.** — *Portrait de la femme de Sadelaer* (3).

H., 1,10; L., 0,91. T. — Ces deux tableaux, qui se font pendant, portent la même signature : J. Weenix 1686. Legs Leyenburg.

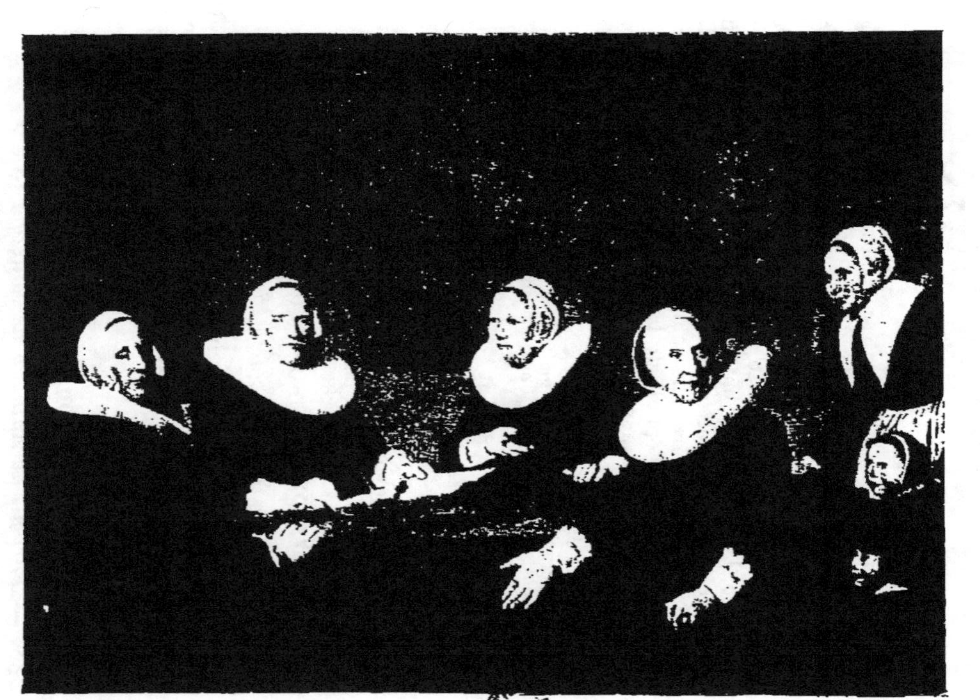

Cliché Lévy et fils. Typogravure Ruckert.



VERSPRONCK (JOANNES).

212. — *Les Quatre régentes de la maison du Saint-Esprit.*

## TROISIÈME PARTIE

---

# AMSTERDAM ET SES ENVIRONS

# PLAN DU MUSÉE DE L'ÉTAT

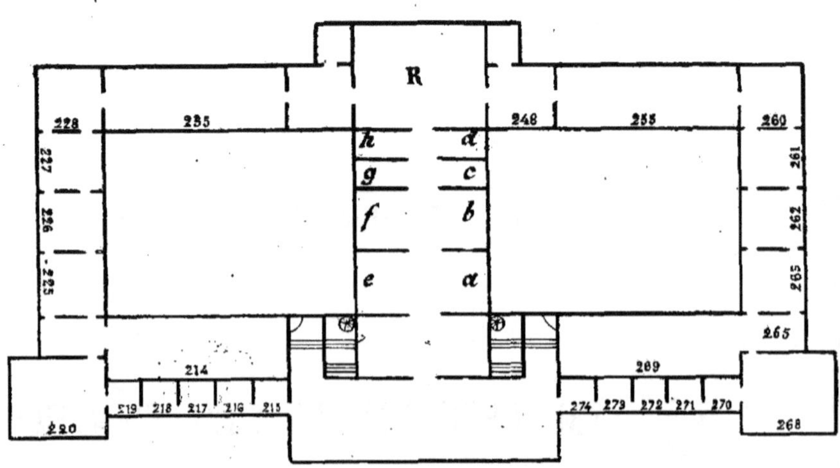


R. Salle de la *Ronde de nuit.*
214. Salle des Portraits.
220. Salle des Leçons d'anatomie.
225. Legs van de Poll.
226. Legs Dupper.
227. Ecoles primitives hollandaises.
228. Écoles primitives hollandaises.
235. Écoles étrangères.
265. Collection Van der Hoop.
268. Don Van de Poll.
269. Collection Van der Hoop.

*NOTA.* — Les tableaux entrés au Musée dans les dernières années ne portent pas de numéro d'ordre.

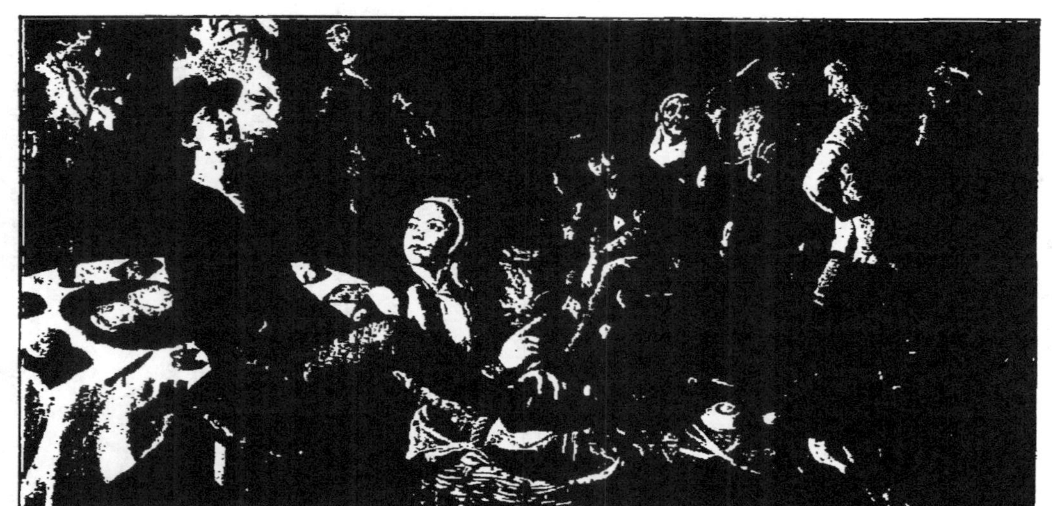

Cliché Hanfstaengl. Typogravure Hanfstaengl.

AERTSEN (PIETER) dit LANGE PIER.

2. — *La Danse des œufs.*

# AMSTERDAM

## MUSÉE DE L'ÉTAT (RYCKS-MUSEUM) (1)

**Stathouderskade.**

Le Musée Royal d'Amsterdam, fondé le 21 avril 1808, par Louis-Bonaparte, roi de Hollande, fut d'abord installé dans le Palais du Dam. Il comprenait alors 300 tableaux environ, de provenances diverses. En 1814, cette collection fut transportée au Trippenhuis, où, par suite d'un accroissement constant, elle se trouva assez vite à l'étroit. Néanmoins, c'est en 1885 seulement qu'elle fut installée dans l'édifice actuel, récemment construit par M. Cuypers. Aux anciennes séries comprenant déjà les legs de *Mme Balguerie van Ryswyck* (1823), *L. Dupper Wz.* (1870), *Mlle et Mme Liotard* (1870), *Mme J. de Witte van Citers* (1875), *Mme J. J. van Winter-Bicker, M. J. S. H. van de Poll* et *M. J. S. R. van de Poll* (1885), on put ajouter alors la magnifique *Collection van der Hoop*, léguée depuis 1854 à la ville d'Amsterdam, mais exposée longtemps dans un local spécial, la collection de la *Société pour la formation d'un Musée d'art contemporain*, et enfin un grand nombre de tableaux, principalement des tableaux de corporations, provenant de l'Hôtel de Ville d'Amsterdam et de divers établissements hospitaliers. Aujourd'hui, ce Musée, l'un des plus riches et des mieux installés de l'Europe, comprend près de 2,000 peintures dont la plupart appartiennent à l'école hollandaise et permettent d'en suivre l'histoire presque complète sur des spécimens authentiques de ses grands et petits maîtres.

### Aertsen (Pieter) dit Lange Pier, 1508-1575.

**2.** — *La danse des œufs* (227).

Intérieur d'une auberge. A droite, un jeune homme, en souque-

1. A. Bredius, Catalogue des peintures du Musée de l'Etat à Amsterdam (avec vingt-quatre gravures). Amsterdam, van Holkema et Warendorf. — Le Musée d'Amsterdam, 2 vol. in-4°, planches.

nille jaunâtre et chausses grises, danse, autour d'un cercle tracé à la craie sur les dalles où sont jetés pêle-mêle une écuelle, des sabots, des légumes, un chapeau, etc. A gauche, adossé à une table servie, un paysan assis, une jambe levée au-dessus d'un panier, une cruche dans la main droite, la main gauche sur l'épaule d'une femme, assise à ses pieds, qui montre le danseur. Au fond, près de l'âtre, un jeune homme, une vieille femme assise et un musicien debout. Par une porte, à droite, entre une paysanne, avec son enfant, suivie de son mari. Peint en 1557.

H., 0,82 ; L., 1,63 ; B. — Fig. 0,69. — V. von Schepeler, Aix-la-Chapelle, 1839.

**4.** — *La présentation au Temple* (228).

Au revers : *l'Adoration des Mages.*

H., 1.,88 ; L., 0,71. B. — Fig. 1 m. Volet d'un tableau d'autel peint pour la nouvelle église de Delft. Prêté par M. Six.

**5.** — *Adoration des Bergers* (227).

En avant, une tête de bœuf, derrière laquelle s'avancent une tête de berger grisonnant, en vêtement rougeâtre, et, plus haut, celle d'un jeune homme coupée par le cadre.

H., 0,89 ; L., 0,59. B. — Fig. gr. nat. Fragment d'un tableau autrefois à l'Hôtel de Ville et brûlé en 1652. Peint pour la nouvelle église d'Amsterdam. Prop. de la ville.

## Anraadt (Pieter van), (?)-1681. (D).

**10.** — *Six Régents et un bedeau de l'Ouedzyds-Huiszittenhuis* (D).

Vêtus en noir, avec col blanc, assis autour d'une table. A droite le peintre Bol, reconnaissable à son nez proéminent, régent en 1673. De la droite, s'avance le bedeau, un registre sur le bras ; à gauche, une femme, un nouveau né dans les bras, sur le seuil d'une salle dans laquelle on distribue des vivres. Signé : Pieter van Anraadt Ao. 1675.

H., 2,37 ; L., 4,21. T. — Fig. gr. nat. « La facture de la tête de Bol diffère entièrement de la manière de Anraadt, et rappelle au contraire fortement celle de Bol .» (Bréd., *Oud-Holland.* T. VI, p. 101.)

## Antolines (José), Espagnol 1639-1676.

**11.** — *Couronnement de la Vierge* (235).

La Vierge, entre deux Anges, tient, assis sur son bras gauche, l'Enfant Jésus qui lui pose, sur la tête, une couronne de roses.

H., 1,50 ; L., 1 m. T. — Acheté par Guillaume I à Anvers (1822.)

## Asch (Pieter Jansz), 1603-1678.

**16.** — *Paysage boisé* (269).

Signé, à droite, sur un rocher : P. v. A. (accolés).

H., 0,99 ; L., 0,73. T. — 14 fl. V. Sigault (1833). Coll. v. d. Hoop.

### Asselyn (Jan), dit Krabbetje, 1610-1652.

**19.** — *Allégorie sur la vigilance du grand pensionnaire Jean de Witt* (F).

Sur le bord d'un ruisseau, un cygne blanc, les ailes étendues, défend ses œufs contre un chien qui s'avance de la gauche. On lit : sous le cygne, *Le Pensionnaire* ; sous les œufs, *La Hollande* ; près du chien, *l'ennemi de l'Etat.* Signé, à droite : J. A.

H., 1,39 ; L., 1,69. T. — 100 Fl. V. Gildemeester (1800). Musée de La Haye (1808).

**20.** — *Combat de cavalerie* (227).

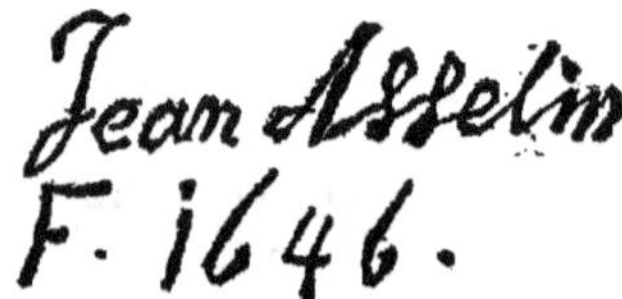


H., 0,48 ; L., 0,72. B. — Fig. 0,17. — 300 Fl. V. de Jongh (1810). Legs Dupper.

**21.** — *Paysage italien* (265).

H., 0,66 ; L., 0,82. T. — Fig. 0,11. — 1142 Fl. V. Bagot (1836). Coll. v. d. Hoop.

### Aved (Jacques-André-Joseph), Français, 1702-1766.

**24.** — *Portrait de Guillaume IV d'Orange* (214).

Debout, sur la grève, une ceinture orange et un cordon bleu en sautoir, sur sa cuirasse ; la main droite tendue vers un amas de trophées. Vaisseau à l'horizon. Signé : J. Aved 1751.

H., 1,06 ; L., 1,70. T. — Musée de La Haye (1808).

### Backer (Adriaen), 1635 ou 1636-1684.

**27.** — *Portrait de Daniel Niellius*, recteur de l'église des Remonstrants à Alkmaar (E).

Sur le fond, à droite, on lit : *Aet. suæ 67.* Signé :

ABacker fe
1671.

H., 1,08 ; L., 0,86. T. — Fig. à mi-corps gr. nat. Acheté 500 fl. (1874).

**28.** — *Leçon d'anatomie du professeur Frederik Ruysch, père de Rachel Ruysch* (220).

A gauche, le professeur, un scalpel dans la main droite, arrache, avec l'autre main, la peau de la jambe d'un cadavre étendu au milieu, sur une table; autour du maître, six auditeurs. Signé : A. Backer f. 1670.

H., 1,64 ; L., 2,40. T. — Fig. gr. nat. Corpor. des chirurgiens. Propr. de la ville.

## Backer (Jacob Adriaensz), 1608 ou 1609-1651.

**31.** — *Six Régents du Werkhuis* (A).

Autour d'une table recouverte d'un tapis vert. Vêtements et chapeaux noirs, col rabattu : deux à gauche, deux au milieu, dont l'un se tourne vers le directeur de l'hospice ; deux à droite ; au second plan, une servante. Signé, à droite : J. A. Backer.

H., 2,70 ; L., 3,90. T. — Fig. gr. nat. provient du Werkhius. Propr. de la ville.

## Backhuysen (Ludolf) ou Bakhuysen, 1631-1708.

**41.** — *Vue de l'Y prise du Mosselsteiger* (271).

Signé, sur une malle, au milieu : 1673. L. Backuy.

H., 0,79 ; L., 1.37. T. — Fig. 0,23. — 1005 Fl. V. v. d. Pot. Rotterdam (1808).

**42.** — *Après l'orage* (271).

Au premier plan, sur le rivage, une femme, deux pêcheurs, dont l'un porte un baril et un chien ; à gauche, sur la mer encore agitée, un voilier et un bateau de guerre ; d'autres bateaux à l'horizon ; au fond, une ville en pleine lumière. Ciel sombre. Signé, sur le baril : L. Back 1692.

H., 0,58 ; L., 0,67 T. — Fig. 0,10. — 1525 Fl. V. v. d. Pot. « Cette toile montre avec quel art le peintre savait rendre le jeu des vagues pendant une tempête ; la lumière est chaude, le coloris clair et la facture soignée, sans tomber dans le léché, comme c'est quelquefois le défaut des œuvres de ce maître » (Waagen, III, 207.)

**43.** — *Le Zuiderzée* (227).

A droite, un yacht hollandais à la poupe dorée ; à gauche, un vaisseau de guerre et d'autres bateaux ; en avant, une barque de pêcheurs. Ciel sombre ; mer agitée. Signé, sur le drapeau du yacht :

LBakhuizen 1694

H., 0,36 ; L., 0,45. T. — Coll. Schouman van Werland (1812) et Rombouts (1850). Legs Dupper.

**44.** — *L'Y devant Amsterdam* (227).

Signé, sur un baril qui flotte à droite : L. B.

H., 0,60 ; L., 0,73. T. — Coll. van Esser (1828) et Rombouts (1850). Legs Dupper.

**45.** — *Portrait du peintre* (268).

H., 1,86 ; L., 1,47. T. Fig. nat. Signé : L. H. BACKH- ÆT. LXVIII. Prop. de la ville.

**46.** — *L'Y devant Amsterdam* (269).

Signé, au milieu : L. BACKH.

H., 0,66 ; L., 0,80. T. — Fig. 0,16. — 3000 Fl. V. Broondgest. Coll. v. d. Hoop.

**47.** — *Le lac dit Haarlemmermeer par le mauvais temps* (269).

H., 0,42 ; L., 0,60. T. Signé : L. BACKH.— 3500 Fl. V. de Boer (1840). Coll. v. d. Hoop. « Toile éclairée d'une façon splendide ; les flots et le ciel sont d'une admirable vérité, les arbres et les plantes de la côte sont d'un ton plus vif que dans les tableaux ordinaires du peintre » (WAAGEN, III, 106.)

## **Badens** (FRANS OU FRANCESCO), 1571-1620.

**32.** — *Banquet de dix-sept gardes civiques* (227).

H., 1,50 ; L., 2,60. T. — Fig. gr. nat. Prop. de la ville. Attribution contestable donnée par M. J. Six qui croit voir dans ce tableau celui peint en 1618 pour le Vœtboogsdoelen et dont parle le manuscrit de Schaep.

## **Baen** (JAN DE), 1633-1702.

**33.** — *Portrait du grand pensionnaire Johan de Witt* (E).

H., 1,20 ; L., 0,94. T. — Fig. à mi-corps gr. nat. Gravé par L. Visscher. Acheté 66 Fl. en 1806. Musée de La Haye (1808).

**35.** — *Les cadavres des frères de Witt au gibet* (220).

Ils sont pendus par les pieds, le corps mutilé. Au second plan, à gauche, le peintre prenant une esquisse, à la lueur d'un flambeau que tient un valet.

H., 0,67 ; L., 0,45. T. — Fig. 0,23. — Musée de La Haye (1808). Vraisemblablement le tableau dont parle KRAMME, attribué à F. van Mieris et vendu 10 fl. à Yver.

## **Bailly** (DAVID), 1584-vers 1657.

**39.** — *Portrait de Maria van Reigersbergh, femme de Hugo Grotius* (214).

Signé, à gauche :

D. Baillij. fecit A° 1626.

H., 0,18 ; L., 0,14. — Cuivre. Fig. pet. nat. Musée de La Haye (1808).

## Balen (Hendrick van), Flamand, 1575-1632.

**53.** — *Hommage de Bacchus à Diane* (235).

H., 0,38 ; L., 0,51. B. — Fig. 0,25. — Coll. v. Heteren (1809).

## Balten (Peeter), Flamand, fin du XVI<sup>e</sup> siècle.

**53 a.** — *La Foire de Saint Martin* (235).

H., 1,07 ; L., 1,45. B. Signé sur une pierre : Peeter Balten. — Acheté 125 fl. en 1875.

## Barentsz (Dirck), 1534-1592.

**57.** — *Réunion de quatorze gardes civiques* (228).

En vêtements et toques noirs, collerettes plissées blanches, ils sont disposés sur deux rangs. Sept, au premier plan, debout autour d'une table servie, devant laquelle est assis, à droite, le capitaine. Au-dessus, sept autres, dont le premier à gauche tient un cartel, sur lequel est écrit : *In vino veritas.* Daté, en haut, à gauche : Anno a Christo nato 1562. A droite, en haut, un papier fixé au mur par des cachets rouges avec la lettre G.

H., 0,48 ; L., 0,37. B. — Fig. à mi-corps gr. nat. Autrefois dans le corridor de la chambre du petit conseil de guerre à l'Hôtel de Ville. « Bien que dans quelques-unes de ses teintes, le peintre se montre titianesque et que sa couleur semble d'un brun plus chaud que ses devanciers, ici il est resté surtout Hollandais » (Bred). Il faut rappeler que Barentz avait vécu pendant sept années à Venise dans la maison même du Titien, où il était connu sous le nom de Teodoro Bernardi.

**58.** — *Les mangeurs de chabot* (pos-eters) (228).

Vingt-quatre gardes civiques sont réunis autour d'une table servie. A droite, une servante apportant un plat de chabots. Daté, en haut, à gauche : Anno 1566.

H., 1,16 ; L., 2,93. B. — Fig. à mi-corps gr. nat. Tableau très endommagé. Même provenance que le N° 57. Cité par C. v. Mander.

## Bassen (Bartholomeus van), (?)-1652.

**59.** — *Intérieur Hollandais* (227).

Dans une salle dallée, d'une riche architecture, avec plafond sculpté à caissons, au milieu, assis, deux seigneurs et deux dames, dont l'une semble lire à haute voix ; à gauche, un chien près d'un bassin à rafraîchir, dans lequel un valet prend de l'eau ; au second plan, à gauche, deux dames et trois seigneurs attablés contre une fenêtre. Au fond, une cheminée monumentale ; à droite, des bustes sur un buffet, au-dessus duquel est un tableau : le Sacrifice d'Abraham, et une porte ouverte. Signé : v. Bassen.

H., 0,72 ; L., 1 m. B. — Acheté en 1876. Les figures sont d'Esaïas v. de Velde.

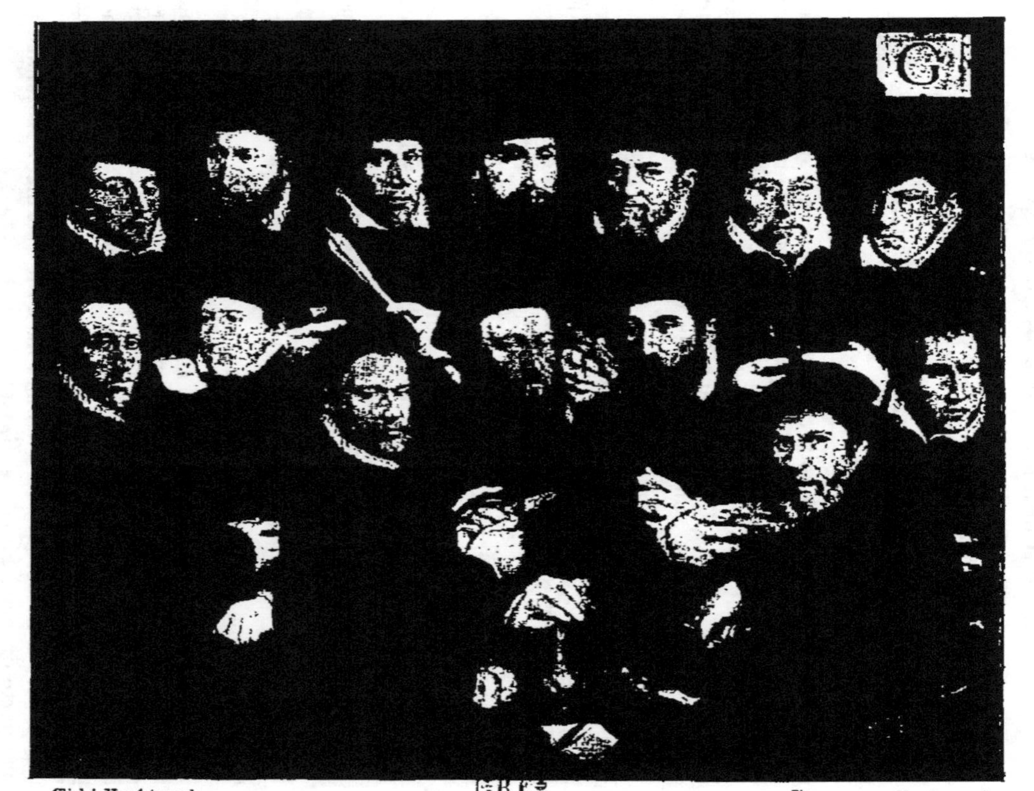


Cliché Hanfstaengl. Typogravure Hanfstaengl.



BARENTSZ (DIRCK).

57. — *Réunion de quatorze gardes civiques.*

« Les hommes portent des pourpoints courts et collants, les femmes avec leurs fraises raides et montantes semblent emprisonnées, comme dans des gaines, dans leurs corsages à vertugadin. Scrupuleux observateur de la réalité, le peintre nous fournit une image si fidèle des costumes de son temps, que l'on pourrait, à travers ses œuvres, étudier les fluctuations successives de la mode .» (E. MICHEL, *Gaz. des B.-Arts*, 1888, p. 186.)

## **Beeldemaecker** (ADRIAEN CORNELISZ), vers 1630 - après 1701.

**70.** — *Chasseurs avec leurs chiens* (E).

Un chasseur, vêtu de rouge, s'éloigne vers la gauche portant sur l'épaule son fusil, auquel est suspendu un lièvre. Il tient en laisse deux épagneuls et trois lévriers ; à gauche, un chien flairant une piste. Au fond, dans le paysage, des chasseurs et un cavalier. Ciel nuageux. Signé, à droite : A. C. BEELDEMAECKER ANNO 1653.

H., 1,80 ; L., 2,20. T. — Fig. pet nat. 1035 fl. V. Gruyter (1882) « D'un coloris superbe et puissant qui rappelle Cuyp » (WOERMANN, 779).

## **Beelt** (KORNELIS), florissait au milieu du XVII<sup>e</sup> siècle.

**72.** — *Le grand marché à Haarlem* (269).

Signé : K. BEELT.

H., 1,03 ; L., 1,47. T. Fig. 0,27. — Coll. v. d. Hoop.

## **Beerstraaten** (JAN ABRAHAMSZ) ou **Beerestraaten**, 1622-1666.

**75.** — *Les ruines de l'ancien Hôtel de Ville d'Amsterdam, après l'incendie du 7 juin 1652.*

A droite, les ruines de l'édifice. Au pied de la tour, des hommes se passent des seaux d'eau. A gauche, sur la place du Dam, des curieux et des soldats. Au premier plan, le peintre faisant un croquis. Au fond, des maisons. Signé, sur la pierre où est assis le peintre : I. BEERSTRAATEN

H., 1,06 ; L., 1,41. T. — Fig. 0,10. — 200 fl. V. à Amsterdam, 27 oct. 1818. Le chef-d'œuvre du peintre.

## **Bega** (CORNELIS PIETERSZ), 1620-1664.

**81.** — *Un concert de paysans* (218).

A gauche, devant l'âtre, un vieillard et une petite fille écoutent deux musiciens jouant, l'un du violon, l'autre du violoncelle. Au milieu, un paysan assis, vu de dos ; à droite, un homme et une femme regardent danser un couple ; au fond, une petite fille devant une porte ouverte. Signé, à droite : C. BEGA.

H., 0,45 ; L., 0,40 T. — Fig. 0,19. — Coll. v. Heteren. « Le chef-d'œuvre de Bega, qui renferme toutes ses qualités et dont le clair obscur est extraordinairement bien traité ». (WOERMANN, 614).

**82.** — *La prière avant le repas* (269).

Signé, à droite : C. BEGA 1663.

H., 0,34 ; L., 0,28. T. — 600 fl. V. Smith et Sons (1834). Coll. v. d. Hoop.

## Berchem (CLAES PIETERSZ) ou Berghem, 1620-1683.

**87.** — *Paysage en hiver* (273.)

Signé et daté, à gauche : BERCHEM 1647.

H., 0,39 ; L., 0,49 B. — Fig. 0,08. — Coll. v. Heteren.

**88.** — *Paysage en hiver* (273).

Signé, à droite : C. BERCHEM.

H., 0.38 ; L., 0,47. B. Fig. 0,09. Coll. Gevers. 3040 fl. V. Bicker. SMITH 272.

**89.** — *Les trois troupeaux* (267)

Signé, à droite, sur une pierre : BERÇHEM 1656.

H., 0,43 ; L., 0,65. B. — 3025 fl. V. G. v. d. Pot. SMITH, 274. « Nous retrouvons ces bergers et ces vaches avec toutes les positions et tous les arrangements auxquels ils peuvent se prêter, dans presque tous les tableaux de Berchem ; ils sont encore ici pleins de vie et de mouvement ; plus tard, ils paraissent trop souvent maniérés ». (BRÉD., I., 57).

**90.** — *Troupeau passant un gué* (217).

Signé, à droite, dans l'eau : BERGHEM F. 1656.

H., 0,36 ; L., 0,61. B. — Fig. 0,10. 1265 fl. V. v. Heemskerk (1770). Coll. v. Heteren. Estimé 250 fl. par SMITH, 273.

**91.** — *Le passage du bac* (B).

Signé : N. BERCHEM (N. B. entrelacés).

H., 0,81 ; L., 1 m. T. Coll. Boland. 1530 fl. V. Sydervelt (1766) ; 3040 fl. V. Bicker (1809). Excellente peinture estimée 700 L. par SMITH, 276.

**92.** — *Ruth et Booz* (F).

Au premier plan, Booz, en manteau rouge, s'approche de Ruth, en tunique jaune, agenouillée. Au second plan, trois chèvres, deux chiens, un paysan labourant ; à gauche, quatre moissonneurs. Montagnes à l'horizon. Signé : N. BERGHEM.

H., 1,04 ; L., 1,31. T. — Fig. 0,48. 245 fl. V. v. Swieten (1731). Coll. v. Heteren.

**93.** — *Ruines italiennes* (225).

H., 0,50 ; L., 0,40. B. — Fig. 0,09. Signé : BERCHEM. 1110 fl. V. Muilman (1813). Legs van de Poll.

**94.** — *Allégorie de l'agrandissement d'Amsterdam* (269).

Au milieu, une femme, tenant un rameau d'olivier et une autre, la couronne impériale sur la tête, montrent un plan à Jupiter et à Junon ; à droite, Minerve et Cérès. Au fond, devant un arc-en-ciel, Iris et un génie. Au premier plan, Vénus sortant de l'onde, entourée de nymphes et d'un faune ; derrière elle, Neptune et Amphitrite dans un char traîné par des chevaux marins. Signé, à gauche : N. BERCHEM.

H., 1,70 ; L., 1,46. T. — Fig. 0,60. 2000 fl. V. Saportas (1843). Coll. v. d. Hoop.

**95.** — *Paysage italien* (265).

Signé, à droite, au milieu du torrent : BERCHEM 1656.

H., 0,84 ; L., 0,67. T. — Fig. 0,12. 3750 fl. V. Broondgest (1836). Coll. v. d. Hoop.

**97.** — *Paysage* (227).

H., 0,68 ; H., 0,83. T. — Fig., 0,09. Le paysage est de Joris Verhagen. 700 fl. V. Goll. v. Frankenstein. Coll. Rombouts. Legs Dupper.

## Berck-Heyde (JOB ADRIAENSZ), 1630-1693.

**98.** — *Le Spaarne à Haarlem* (227).

Sur la rive d'un canal, sur lequel est jeté un pont de bois, sont amarrés, à droite, des bateaux ; à gauche, le poids public et des maisons en briques ; sur le ciel, se détache le clocher d'une église. Signé, sur le quai, à gauche :

J Berck Heyde.

H., 0,31 ; L., 0,44. B. Legs Dupper.

**99.** — *L'Ancienne Bourse d'Amsterdam* (273).

Sous une galerie soutenue par des colonnes, à gauche, trois personnes sur un banc ; au milieu, dans la cour, nombreuse assistance ; à droite, des Turcs et la signature : JOB BERCKHEYDE.

H., 0,86 : L., 1,12. T. — Fig, 0,12. Coll. v. d. Hoop. Attribué autrefois à Gerrit Berck-Heyde. Une réplique, signée et datée 1678, dans la galerie d'Arenberg, à Bruxelles.

## Berck-Heyde (GERRIT ADRIAENSZ), 1638-1698.

**101.** — *Vue du Dam à Amsterdam* (273).

Sur la place, des promeneurs et des ouvriers ; au fond, l'Hôtel de Ville, la nouvelle église et une partie du poids public. Signé, à droite, sur un ballot : GERRIT BERCK-HEYDE.

H., 0,32 : L., 0,39. T. — Fig. 0,05. 340 fl. Amsterdam (1828).

**103.** — *Vue sur le Heerengracht à Amsterdam* (269).

Signé, à gauche : GERRIT BERCK-HEYDE 1685.

H., 0,53; L., 0,62. T. — Fig. 0,25. Legs v. de Poll.

**105.** — *Vue du Dam* (269).

H., 0,44; L., 0,60. T. — Fig. 0,20. Gravé par Kasteren. Pendant du N. 106. Coll. v. d. Hoop.

**106.** — *Le Marché aux fleurs, à Amsterdam* (269).

Au premier plan, au milieu, un canal ; à gauche, deux ouvriers déchargent une barque où se trouvent un homme et une femme. Sur le sol, des pots de fleurs ; au second plan, devant une maison, un patron surveillant ses ouvriers. Au fond, un pont, sur lequel s'engage un cheval blanc et l''Hôtel de Ville ; à droite, deux chevaux et des personnes sur le quai planté d'arbres et bordé de maisons. Signé, sur le bateau : GERRIT BERCK-HEYDE.

H., 0,44 ; L., 0,60. T. — Fig. 0,05. Coll. v. d. Hoop.

**107.** — *Les ruines du château d'Egmont près d'Alkmaar* (265).

Signé, à gauche, près de deux arbres : G. BERCK-HEYDE.

H., 0,34 ; L., 0,45. T. — Fig. 0,08. Coll. v. d. Hoop. Attribué autrefois à Job Berck-Heyde.

## **Berckmann** (HENDRICK), 1629-1679.

*Portrait de Thomas Pots* (214).

Légèrement tourné à droite. Chevelure et moustaches brunes. Pourpoint et calotte noirs, col blanc. Sur le fond gris, à droite : Ae. 43. 1661. A gauche : H. BERCKMANN FECIT (H. B. accolés) 1661.

H., 0,83 ; L., 0,70. B. — Fig. à mi-corps gr. nat. Coll. Ruyter de Wildt (1895).

## **Bergen** (DIRCK VAN), seconde partie du XVIIe siècle.

**111.** — *Paysage avec bestiaux* (227).

Devant un bouquet d'arbres, au milieu, des bestiaux et une paysanne se lavant les pieds dans un ruisseau. A gauche, un couple sous un pont, et deux vaches. Horizon montagneux. Signé, au milieu, sur une pierre : D. VAN DE BERGEN.

H., 0,39 ; L., 0,50. T. — Fig. 0,10. 440 fl. V. Muller, Amsterdam, 1827. Coll. Rombouts. Legs Dupper.

**112.** — *Un berger et son troupeau* (216).

Signé, au milieu : D. V. D. BERGEN.

H., 0,33 ; L., 0,47. T. — Fig. 0,12. 350 fl. en 1815.

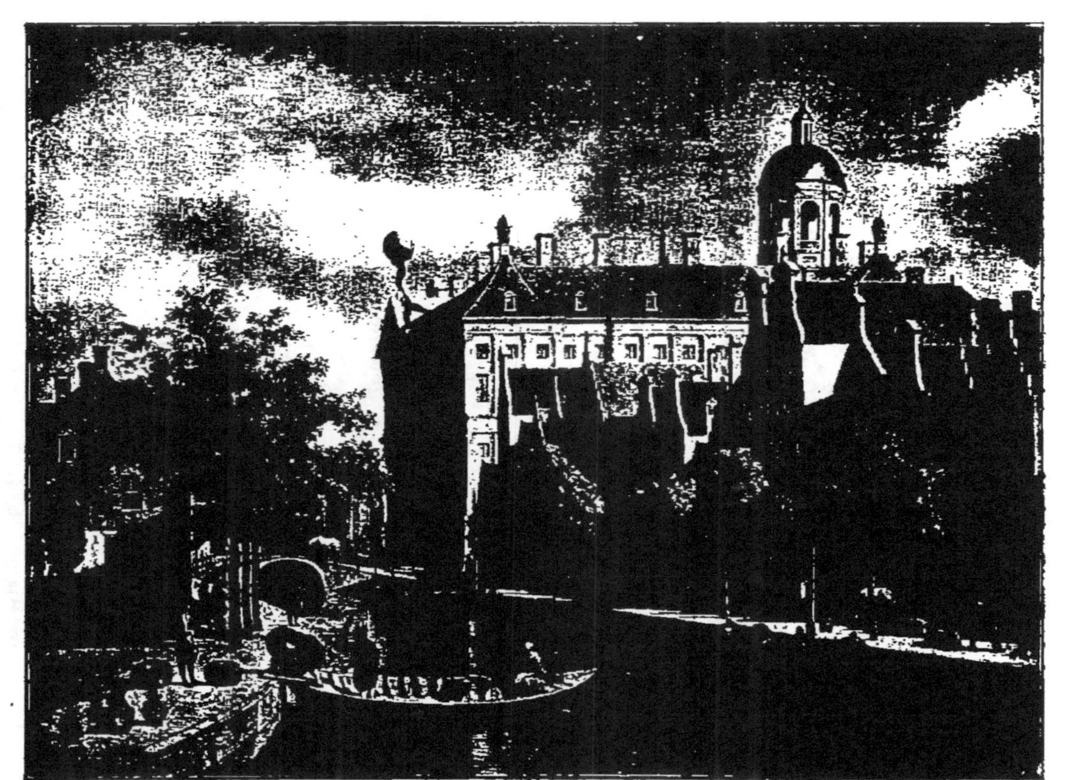

Cliché Hanfstaengl. Typogravure Hanfstaengl.

BERCK-HEYDE (GERRIT ADRIAENSZ).

106. — *Le Marché aux fleurs à Amsterdam.*

**113.** — *Combat de bœufs* (273).

Signé : D. V. D. BERGEN.

H., 0,35 ; L., 0,47. T. — 350. fl. en 1815.

**114.** — *Paysage* (269).

Au milieu de leur troupeau, un petit garçon agenouillé, une petite fille debout et une autre qui trait une vache. Au second plan, un mausolée sculpté, avec la signature : V. D. BERGHEN.

H., 0,63 ; L., 0,78. T. — Fig. 0,18. Coll. v. d. Hoop.

## Bertin (NICOLAS), Français, 1667-1736.

**115.** — *Joseph fuyant la femme de Putiphar* (235).

Signé, à gauche : BERTIN IN.

H., 0,58 ; L., 0,32. — Fig. 0,25. Coll. v. Heteren.

**116.** — *Suzanne au bain* (235).

Signé, à gauche, sur la pierre : BERTIN IN.

H., 0,38 ; L., 0,32. B. — Fig. 0,25. Coll. v. Heteren.

## Bloemaert (HENDRICK), vers 1601-1672.

**124.** — *L'hiver* (D).

Un vieillard, à barbe grise, en vêtement vert, manteau violet, col et bonnet de fourrure, de trois quarts tourné vers la gauche, assis, se chauffe les mains à un réchaud posé sur une table près d'un verre et d'un plat de galettes. Signé : H. B. (accolés) FE. 1631.

H., 0,76 ; L., 0,94. T. — Fig. en buste gr. nat. 134 fl. V. Beyers, Utrecht (1879).

## Bloot (PIETER), vers 1600-1652.

**130** — *Le cabinet de l'avocat* (219).

A droite, deux hommes et une femme debout, devant le bureau de l'avocat ; et, en avant, un homme, en rouge, serrant les cordons de sa bourse. Au milieu, des plaideurs attendant leur tour ; d'autres auxquels un clerc lit une lettre. Au fond, deux secrétaires conversant avec des plaideurs. Par une porte, à gauche, un paysan amène une vache. Le sol est jonché de paperasses. Aux murs, des dossiers. Deux fenêtres, au fond, éclairent le cabinet. Signé, à droite, sur une contremarche : P. DE BLOOT. 1628.

H., 0,57 ; L., 0,88. B. — Fig. 0,16. 142 fl. en 1877

## Bol (Ferdinand), 1611-1680.

**133.** — *Portrait du peintre* (268).

Vu de face, perruque blonde, chemisette retenue par deux pierres précieuses, houppelande à dessins jaunes, manteau rouge ; de la main droite, il s'appuie sur une canne ; le bras gauche est posé sur une statue de l'amour. Fond architectural.

H., 1,25 ; L., 0,99. T. — Fig. à mi-corps gr. nat. Legs Brondgest (1849).

**134.** — *Portrait du sculpteur Artus Quellinus* (268).

Assis sur une galerie, penché vers la gauche, le visage de face. Perruque blonde, vêtement jaune, manteau rouge, ceinture grenat, calotte noire. La main gauche sur le bras du fauteuil, la droite en avant. Au fond, à droite, un édifice ; à gauche, une statue et la signature, sur la rampe :

F. Bol. 1663.

H., 1,19 ; L., 0,97. T. — Fig. jusqu'aux genoux gr. nat. 139 fl. V. Warn Wreessman (1816). Acheté en 1821.

**135.** — *Portrait du Lieutenant amiral Adriaensz de Ruyter* (214).

Sur la rampe, la signature : F. Bol 1667. (F. B. entrelacés).

H., 1,154 ; B., 1,35. B. — Fig. à mi corps gr. nat. Don du Conseil de Zélande (1808).

**136.** — *Une mère et ses deux enfants* (A).

Sur une terrasse, une femme, debout, en robe rouge, vue de face, tient sur un coussin un petit enfant nu ; à gauche, une petite fille, en vêtement brun, des perles au cou et dans sa chevelure blonde, et un chien qui jappe. Au fond, un motif architectural et une draperie sombre. Signé, au premier plan : F. Bol (F. B. entrelacés) fecit.

H., 1,64 ; L., 1,50. T. — Fig. gr. nat. Probablement une dame de la famille Trip. Dessus de cheminée dans l'ancien musée.

**137.** — *L'Education* (A).

Signé, sur la contre-marche : F. Bol (F. B. entrelacés) 1663.

H., 2,02 ; L. 1,76. T. — Fig. gr. nat. Dessus de cheminée dans l'ancien musée. Donné à l'Académie des Sciences (1865).

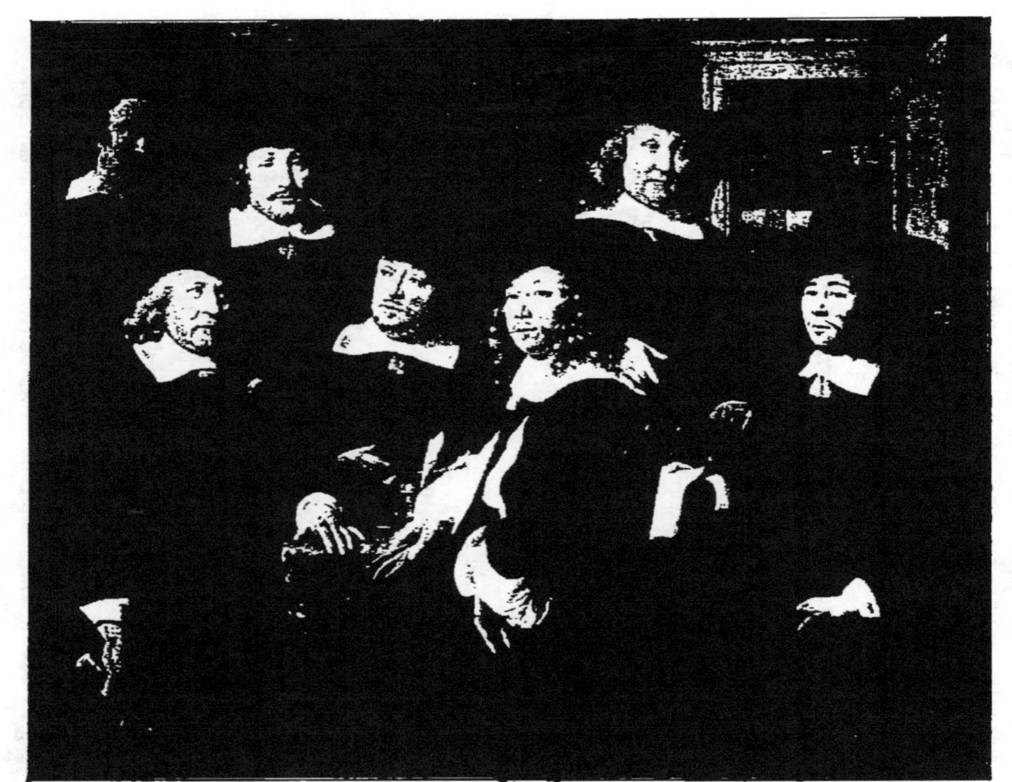

Cliché Hanfstaengl. Typogravure Hanfstaengl.



141. — *Les Régents du Huiszittenhuis.*

**138.** — *Portrait de Roeloef Meulenaer* (225).

Signé, à gauche, sur la rampe : F. Bol (F. B. entrelacés) fc. 1656.

H., 1,17 ; L., 0,92. T. Cintré par le haut. — Fig. à mi-corps gr. nat. Legs v. de Poll.

**139.** — *Portrait de Maria Ray, épouse de R. Meulenaer* (225).

Pendant du numéro précédent.

**141.** — *Six Régents de l'hospice dit Huiszittenhuis* (265).

Au premier plan, trois sont assis autour d'une table recouverte d'un tapis oriental, Au second plan, à gauche un quatrième, debout, s'appuie sur l'épaule du cinquième, assis, feuilletant un livre; le sixième est debout, à droite, devant un coffre ouvert où s'aperçoivent des registres. Au fond, à gauche, le directeur, apportant un registre. Signé : F. Bol. f. 1657 7/24.

H., 1,90 ; L., 1,90. T. — Fig. gr. nat. Provient du Werkhuis (1885). Prop. de la ville. « Avec quel art chacun des six personnages est caractérisé dans son individualité ! Avec quelle évidence nous reconnaissons, ici, la gravité des conseillers, là, l'obligeance du viveur, et jusqu'à l'air méditatif de ce modeste membre du Comité » (Bréd., I, 33). Attribué autrefois comme beaucoup de tableaux de Bol à Karel de Moor.

**142.** — *Trois Régentes de l'hospice des Lépreux* (D).

Assises de face, autour d'une table à tapis rouge, toutes trois en robes noires, avec guimpes ou cols blancs. Au milieu, la plus âgée, a, devant elle, des piles d'écus; la seconde, à gauche, la main gauche sur un registre, tient une plume de l'autre main ; la troisième, à droite, plus jeune, avec des cheveux blonds et bouclés et une jupe de soie blanche brochée d'or, tend sa main ouverte, le pied sur un tabouret, où se lit la signature : F. Bol.

H., 1,70 ; L., 2,10. B. — Fig. gr. nat. Salle des Régentes de l'hospice. Prop. de la Ville.

**143.** — *Quatre Régents de l'hospice des Lépreux* (D).

En costume noir, coiffés de chapeaux noirs, rabats blancs. A gauche, Hoofdt, le plus âgé, en longs cheveux gris, semble donner quelque explication, en tendant la main gauche. Deux autres, plus près, au fond, derrière lui, l'écoutent, en longues chevelures noires. A droite, le quatrième, assis, presque de face, les deux mains sur les genoux. Ils sont assis autour d'une table recouverte d'un tapis oriental. Signé et daté : F. Bol fecit. 1649.

H., 1,72 ; L., 2,07. T. — Fig. gr. nat. Deux des régents sont le bourgmestre Hoofdt et le receveur Pieter Uitenbogaard, l'ami de Rembrandt. Autrefois dans la salle des Régents à l'hospice. Prop. de la Ville. « Le chef-d'œuvre du maître. Par la force du coloris, le velouté de l'exécution, la majesté calme des visages et des attitudes, ce tableau peut être mis en parallèle avec les meilleures créations de Rembrandt ». (Woermann, 714).

## Boonen (Arnold), 1669-1729.

**150.** — *Cinq Syndics de la corporation des chirurgiens* (220).

Signé : A. Boonen 1716.

H., 1,50; L., 2,36. T. — Fig. à mi-corps gr. nat. Provient de la corporation. Prop. de la Ville.

## Bor (Paulus), 1600 (?)-1659.

*Moïse sauvé des eaux* (E).

Sur la rive du Nil, trois esclaves présentent l'enfant à la fille du Pharaon, debout à gauche, en robe bleue et manteau jaune, une quatrième esclave, à son côté. A gauche, un bouquet d'arbres.

H., 1,30; L., 1,12. T.

## Bosch (Hieronymus van Acken dit), vers 1462-1516.

*L'opération du caillou* (228).

Un chirurgien, en vêtements roses, fait croire à un fou, assis sur une cheise, en costume blanc, qu'il lui a enlevé, du crâne un caillou qu'il montre à des assistants ; au premier plan, sur le sol, une toque et un poignard. Autour de ce motif, dans un ovale, des monstres peints en grisaille. Signé, au milieu : B.

H., 0,40; L., 0,30. B. — Fig. 0,18. Acheté 530 fl. à M. Hopman (1893).

## Both (Johannes), vers 1610-1652.

**159.** — *Paysage italien* (227).

Signé : J. Both.

H., 0,79; L., 1,02. B. — Fig. 0,14. 7000 fl. V. Bleuland (1839). Coll. Rombouts. Legs Dupper.

**160.** — *Cour de ferme* (272).

Signé, à gauche : J. Both.

H., 0,59; L., 0,48. B. — Fig. 0,14. 610 fl. V. Borcel.

**161.** — *Halte de voyageurs* (273).

H., 0,45; L., 0,57. — Cuivre. Fig. 0,07. 2575 fl. V. Slingelandt. Coll. v. Heteren. Smith, II.

**162.** — *Le Bac* (273).

Sur le bord d'une rivière, au milieu, un cavalier et une amazone. Sur le bac qui accoste, des paysans et des bestiaux ; à droite, un muletier et un âne près d'une ruine; à gauche, sur la rive opposée, un berger et son troupeau; une ville à l'horizon. Signé à droite : J. BOTH.

H., 0,73; L., 0,87. T. — Gravé par Both. 3600 fl. V. v. d. Pot. « Un brillant coucher de soleil ajoute au charme de cette scène » SMITH, 42.

**163.** — *Peintres étudiant d'après nature* (265).

A gauche, devant un talus où paissent des chèvres, deux grands arbres jetant leur ombre sur le premier plan. Au milieu, les deux frères, Jean et Andries, assis, vis-à-vis, sur des rochers, chacun d'eux causant avec un paysan; Jean, vu de dos, tient, sur ses genoux, son carton à dessin. A droite, un ruisseau avec un petit pont que traverse un muletier et qui conduit vers une large vallée, où se dressent des pics illuminés par le soleil couchant. Signé : J. BOTH.

H., 1,86; L., 2,38. T. — Fig. 0,30. Gravé par Kasteren. 1260 fl. V. Hamlet (1833); 1448 fl. V. Smith. Coll. v. d. Hoop. « En contemplant ce chef-d'œuvre, il est impossible de ne pas ressentir la plus douce émotion. La beauté riante de cette matinée, la grandeur de ce paysage, la richesse de la végétation, la fraîcheur de la cascade, la perpective enchanteresse du lac et des collines qui l'entourent, tout cet ensemble est d'une vérité attachante et d'un art excellent » (SMITH, I, WAAGEN, III, 182).

**164.** — *Paysage italien* (269).

H., 0,37; L., 0,50. B. 552 fr. V. Destouches (1794); 4000 fr. V. Talleyrand (1717). 205 g. V. Pourtalès (1826); 160 g. V. Smith (1833). Coll. v. d. Hoop. SMITH, 19.

## Bourdon (SÉBASTIEN), Français, 1616-1671.

**166.** — *Mariage de sainte Catherine* (235).

H., 0,89; L., 1,06. T. — Coll. v. Heteren.

## Boursse (ESAIAS), vers 1631-après 1672.

**167.** — *Intérieur* (272).

A gauche, devant l'âtre, sont assis un vieillard, vu de dos et une femme, travaillant à son rouet; aux murs, des plats; au fond, une table, un banc devant des fenêtres, et une porte ouverte. Daté: 1661.

H., 0,55; L., 0,47. T. — Ce tableau sur lequel se distingue la signature presque effacée de Boursse fut acheté 2478 fl. en 1882; il portait alors la fausse signature de Pieter de Hooch.

## Brakenburgh (RICHARD), 1650-1702.

**170.** — *La Fête de saint Nicolas* (227).

Dans une chambre, à droite, le père de famille et la mère. Celle-ci tend les bras à une petite fille, un gâteau dans son tablier, qui montre du doigt son frère, en larmes, auquel une servante offre une verge dans un soulier; à gauche, une petite fille, tenant une poupée sur ses genoux. Au second plan, les grands parents et deux enfants. Au fond, un lit. En avant, un panier de joujoux et un chapeau. Signé, à gauche : R. BRAKENBURGH 1685.

H., 0,46; L., 0,32. B. — Fig. 0,24. 225 fl. V. Brentano (1821). Coll. Rombouts. Legs Dupper. « Bien que dans ce tableau, imité de Bega, le peintre ait une conception spirituelle et vive de la composition, il est certain qu'il manque du sentiment du coloris » (WOERMANN, 614).

## Bramer (LÉONARD), 1595-1674.

**174.** — *Le roi Salomon sacrifiant aux idoles.* (G)

Devant l'autel, surmonté d'une idole, deux prêtres et le roi, agenouillé, en manteau grenat, dont trois pages portent le pan; à son côté, une femme; au milieu, deux jeunes filles dansant, et un valet de chiens. Signé : L. BRAMER.

H., 1,23; L., 1,92. T. — Fig. 0,50. Acheté 490 fl. en 1883. « Ce qui distingue les œuvres de ce peintre, c'est, en dépit de son goût pour les éclats de lumière entourés d'ombres noires, son entente savante des ressources du clair obscur, l'harmonie de ses tons simples, généralement doux et bleuâtres, l'énergie souvent un peu âpre, mais toujours intense, de ses expressions, ainsi que la franchise et l'ampleur quelquefois exagérée de son exécution » (BODE).

## Brassauw (MELCHIOR), Flamand, 1709-après 1757.

**178.** — *L'Enfant prodigue* (227).

Signé, à droite: MELCHIOR · BRASSAUW : FECIT

H., 0,58; L., 0,66. T. — Legs Dupper.

## Bray (JAN DE), ?-1697.

**179.** — *Les Syndics de la Gilde de Saint-Luc à Haarlem en 1674* (268).

Vêtus de noir avec des rabats blancs, ils sont réunis, au nombre de six, dans une salle aux murs tapissés de tableaux; cinq, autour d'une table, l'un d'eux, à gauche, tenant une médaille de Saint-Luc. Un sixième, à droite, porte un tableau. Contre le cadre, un serviteur, des clés à la main.

H., 1,27; L., 1,80. T. — Fig. jusqu'aux genoux, gr. nat. Acheté à M. de Vries (1821). Différents artistes ont travaillé à ce tableau. Jan Goling et J. de Jong ont exécuté eux-mêmes leur portrait; celui de Jan de Bray est de son frère Dirck.

## Breenberg (BARTHOLOMEUS), 1599 - avant 1659.

**184.** — *Une famille* (269).

H., 0,68; L., 0,57. T. — Fig. 0,37. Peint vers 1640. Coll. v. d. Hoop.

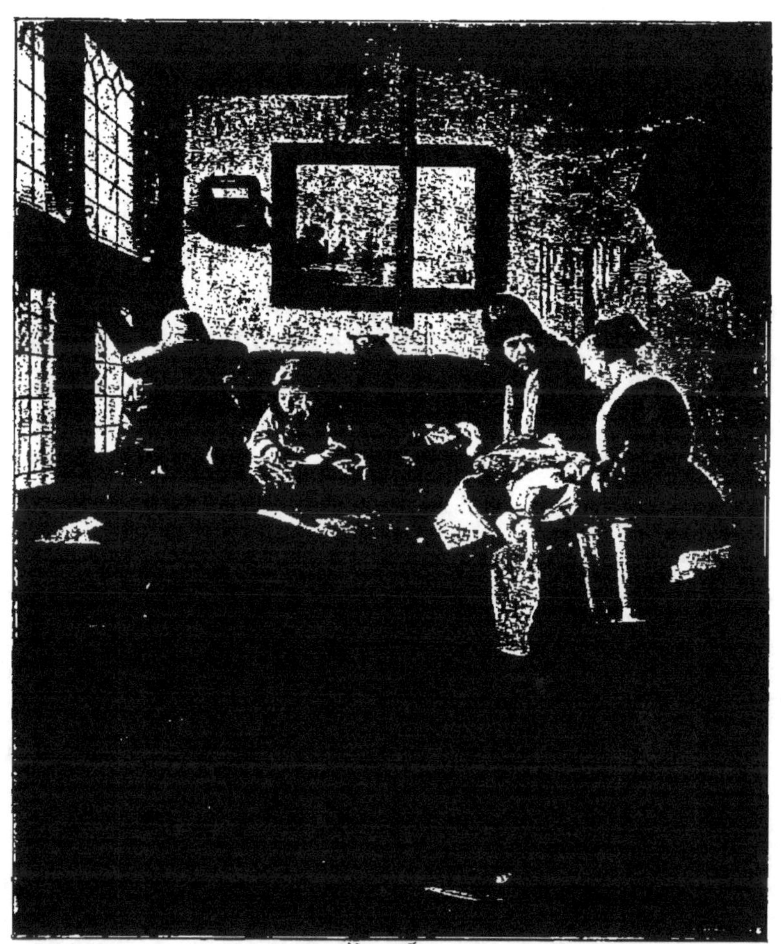

Cliché Hanfstaengl. Typogravure Hanfstaengl.



BREKELENKAM.

191. — *La Boutique du tailleur.*

**Brekelenkam** (Quiringh Gerritsz van), vers 1620-1668.

**186.** — *Intérieur* (216).

Un vieillard, en vêtements bruns, tenant un pot de grès, est assis devant un rouet. Un pêcheur portant une ligne et un panier, franchit la porte.

H., 0,50 ; L., 0,44. B. — Fig. 0,32. 425 fl. V. v. d. Pot.

**187** — *Au coin du feu* (216).

Deux vieillards sont assis à droite ; l'un allume sa pipe à un réchaud ; l'autre tient sur ses genoux un pot de bière. A gauche, une cheminée. Signé, à droite :

Q: Brekelenkam 1664.

H., 0,59 ; L., 0,46. B. — Fig. 0,32. Pendant du précédent.

**188.** — *La souricière* (227).

H., 0,18 ; L., 0,15. B. — Signé sur la table : Q. B. 1660. 76 fl. V. van Holy. Rotterdam (1824). Coll. Rombouts. Legs Dupper.

**189.** — *Confidences* (225).

Dans une chambre, une dame, en robe grise, caraco grenat à bordure de fourrure, col et tablier blancs, assise, de profil tournée vers la droite, écoute une marchande assise, vêtue d'une robe noire à manches rouges et vertes, coiffée d'un chapeau en forme de cloche, tenant de la main gauche un verre, un panier de cerises devant elle. Une servante, en robe jaune, cornette blanche, tablier noir, un balai à la main, assiste à l'entretien. Au fond, une porte ; à la muraille, une carte. Signé sur la chaise : Q. B. 1661.

H., 0,47 ; L., 0,37. B. — 265 fl. V. Muilman. Legs v. de Poll.

**190.** — *La lecture* (272).

A droite, un homme, appuyé contre une table, de profil tourné vers la gauche, fait la lecture à une dame assise, vue de face, devant un métier à dentelle ; à gauche, sur une chaise, un manteau près d'une fenêtre ; à droite, une porte ; au plafond, un perroquet dans une cage.

H., 0,48 ; L., 0,38. B. — Fig. 0,30. Musée néerlandais (1880).

**191.** — *La boutique du tailleur* (269).

A droite, assis sur son établi, le tailleur, en houppelande brune, bonnet fourré, travaillant à un pourpoint jaune, se tourne vers une femme, en jupon rouge, caraco noir, tenant un seau. A gauche, deux apprentis. Au fond, sur une planche, des vêtements ; aux murs, des outils. Au premier plan, une chaise, avec la signature : Q. B. 1661

H., 0,64 ; L., 0,51. T. — Fig. 0,44. Gravé par Kasteren. Coll. v. d. Hoop.

**192.** — *Une mère donnant à manger à son enfant* (269).

H., 0,29 ; L., 0,25. B. — Coll. v. d. Hoop.

**1350.** — *La marchande de poissons* (269).

H., 0,29 ; L., 0,25. B. — Coll. v. d. Hoop. Malgré la signature fausse de Sorgh. M. Brédius avec raison a restitué ce tableau à son auteur.

### **Bril** (Paulus), Flamand, 1554-1626.

**195.** — *Ruines antiques* (235).

Signé, à droite, sur une barrière : P. Bril.

H., 0,40 ; L., 0,56. Cuivre — Fig. 0,08. Coll. v. Heteren.

### **Brouwer** (Adriaen), Flamand, 1605-1638.

**203** — *Intérieur de cabaret* (219).

Des villageois sont réunis autour d'une table ; au premier plan, un enfant s'accroche, en pleurant, au corsage de sa mère, étendue à terre, ivre ; à droite, un homme est endormi près de l'âtre. A gauche, un fumeur, assis dans un tonneau défoncé, bourre sa pipe en riant, et un buveur porte à sa bouche un pot de grès. Au milieu, une vieille femme chante, un fumeur allume sa pipe et un vieillard danse. Au fond, plusieurs personnes entrent dans le cabaret. Sur le sol, des débris de toutes sortes.

H., 0,24 ; L., 0,31. B. — Fig. pet. nat. Coll. v. Heteren. Ce tableau signalé à tort par Burger comme une copie de Brueghel le Vieux, est considéré par Brédius et Bode comme une œuvre de la jeunesse de Brouwer ; « déjà les visages dénotent des facultés d'observation remarquables ; et nous retrouverons plus tard ces mêmes types dans ses autres compositions ».

### **Bueckelaer** (Joachim), Flamand, 1530-1573.

*Le Christ chez Marthe et Marie* (235).

Dans une cuisine, sont amoncelés, au premier plan, des légumes, des fruits, du gibier ; devant l'âtre, à gauche, deux servantes ; au fond, dans une seconde pièce, le Christ, entre les deux sœurs, et plusieurs assistants.

H., 2 m. ; L., 2,50. B. — Fig. gr. nat. 1950 fl. V. S. Bosch (1888).

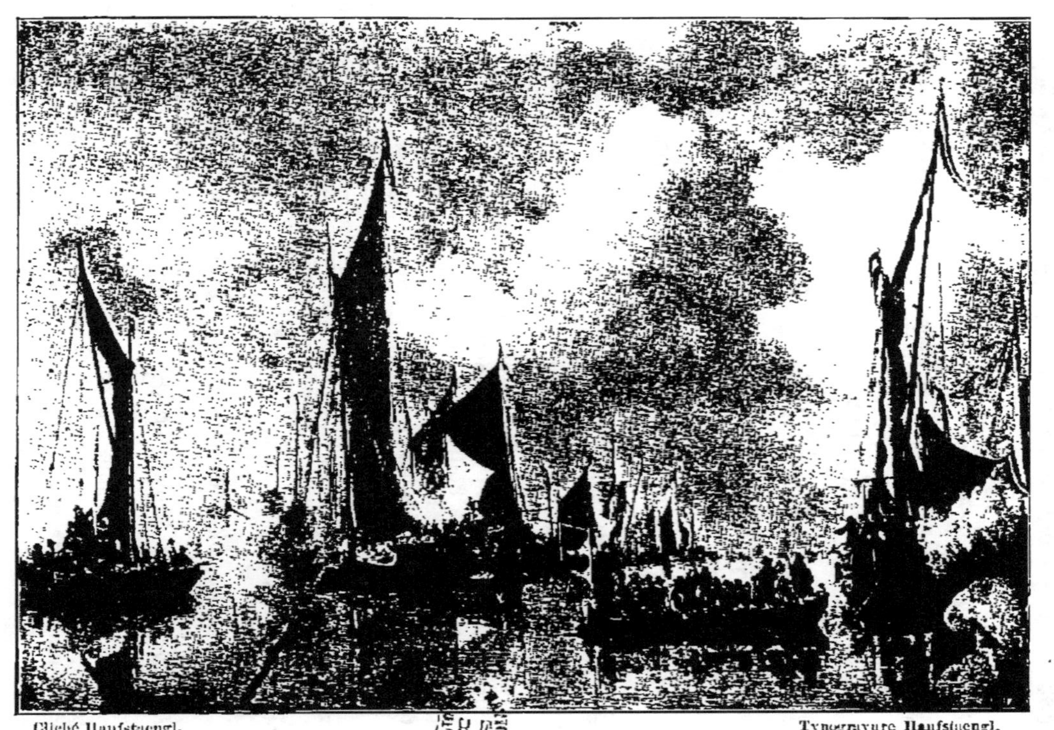

Cliché Hanfstaengl. Typogravure Hanfstaengl.



CAPPELLE (J. VAN DER).

224. — *La Régate.*

### **Camphuysen** (Govert), 1623 ou 1624-1672.

**223.** — *Portrait du peintre* (268).

Assis dans un fauteuil, sur le bras duquel il appuie son coude; il est vu de face. Chevelure, moustaches et royale blanches. Vêtement et chapeau noirs; à gauche, sur une table, un papier avec la signature : G. Camphuysen tot Amsterdam.

H., 1,14; L., 0,99. T. — Fig. jusqu'aux genoux gr. nat. Acheté en 1886.

### **Cappelle** (Johannes van de), ?-1679.

**224.** — *La Régate* (273).

Au milieu, sont rangés les bateaux. Le premier donne par un coup de canon le signal du départ. A droite, un autre bateau, vu par la proue, tire une salve, et une barque transporte des curieux; à gauche, une épave, une barque et la date **1656**.

H., 0,62; L., 0,96. T. — Musée de la Haye. Attribué autrefois à S. de Vlieger. « Quelle clarté! quelle limpidité dans la lumière! Avec quel charme inconcevable les bateaux se reflètent dans l'onde immobile » (Brédius, 168).

### **Claesz** (Pieter) **van Haarlem**, ? - 1661.

**232.** — *Nature morte* (272).

H., 0,44; L., 0,60. T. — Coll. v. Heteren. La signature Johan de Heem f. 1640 est fausse.

### **Claeu** (Jacques de), seconde partie du XVII<sup>e</sup> siècle.

**232a.** — *Vanitas* (218).

H., 0,51; L., 0,68. B. — Signé à droite, sur le mur : J. d. Claeu 16... Don Brédius.

### **Coninck** (David de), Flamand, 1636-après 1699.

**239.** — *La chasse au daim* (Vestibule).

Signé : David de Coninck f.

H., 1,86; L., 1,83. T. — 140 fl. V. v. d. Pot.

**240.** — *La chasse à l'ours* (Vestibule).

Mêmes dimensions et même provenance.

### **Cornelisz** (Jacob) ou **Cornelissen van Oostsanen,** ou **van Amsterdam,** vers 1480-après 1533.

**241.** — *Saül et la pythonisse d'Endor* (228).

Signé et daté, au milieu : J. A. 1526. La date est repeinte.

H., 0,85; L., 1,22. B. Fig. 0,22. — Acheté 500 fl. à Valenciennes (1879). « Tableau très détérioré qui semble une réminiscence de Jérome Bosch et ne saurait donner une idée des qualités originales de Cornelissen ». (Brédius, I, 4).

*Portrait d'homme* (228).

De trois quarts tourné vers la gauche. Rasé, cheveux noirs à la hauteur de l'oreille, yeux noirs. Collet noir et toque noire. Signé et daté, à gauche, du monogramme, 1535.

H., 0,36; L., 0,29. B. — Fig. en buste gr. nat. Acheté 1200 fl. à Londres (1887).

## Cornelisz van Haarlem, 1562-1638.

434. — *Le Massacre des Innocents* (227).

A gauche, au premier plan, une femme tombée à terre, sous un soldat nu, vu de dos, qui saisit son enfant; deux cadavres d'enfants nus auprès d'eux. Au second plan, un soldat nu, tombé, se défend contre trois femmes qui cherchent à lui crever les yeux, une mère, son enfant dans les bras, est poursuivie par un soldat qui brandit son poignard. A droite, deux soldats nus, l'un de face, l'autre de dos, devant, un groupe de mères éplorées. Au fond, scènes de carnage, devant les remparts d'une ville. Les femmes seules sont vêtues. Les soldats et les enfants sont nus. Signé, à gauche, sur une pierre :

Aº 1590 —
CCornely. H. fecit

H., 2,42; L., 3,55. T. — Fig. gr. nat. Musée de La Haye.

435. — *Adam et Eve dans le Paradis terrestre* (Escalier).

Adam, à gauche, prend la pomme que lui présente Eve. Au milieu, une grenouille, un singe et un chat, au pied de l'arbre autour duquel est enroulé le serpent. Fond de paysage, avec de nombreux animaux; à gauche, Adam et Eve chassés du Paradis. Signé et daté : Ao 1593. C.C.H.F.

H., 2,69; L., 2,19. T. — Fig. gr. nat. Musée de La Haye. Peint ainsi que le tableau de la Haye, voir p. 70, pour orner l'appartement réservé à Haarlem au prince d'Orange. Ce tableau est une des productions les plus caractéristiques du peintre. « Nous y retrouvons ses défauts habituels dans le dessin du nu — la largeur excessive de la poitrine d'Adam, celle du ventre d'Eve, la couleur conventionnelle d'un rouge trop prononcé de la peau d'Adam, etc. Mais en revanche, la science de l'anatomie du corps humain, la grâce des animaux dénotent le talent de Cornelis » (Brédius, I, 105).

**436**. — *Portrait de Dirck Volckertsz Cornhert*, poète et graveur (268).

H., 0,40; L., 0,30. B. — Gravé par J. Muller. Musée de La Haye. Acheté 275 fl. en 1804 avec le N° 928. Une répétition au Musée d'Augsbourg.

## Crayer (GASPAR DE), Flamand, 1584-1669.

**244**. — *L'Adoration des Mages* (235).

**245**. — *La descente de croix* (235).

H., 3,05; L., 2,20. T. — Fig. gr. nat. Acheté à M. van Eyk (1818).

## Cuyp (AELBERT), 1620-1691.

**251**. — *Paysage montagneux* (227).

Au premier plan, à gauche sur un tertre, deux cavaliers. A droite, une large route qui monte, en tournant, vers un château en ruines, le long d'une haute colline, qui surplombe une rivière coulant dans le fond, à gauche. Au bas de la route, un troupeau de moutons. Au milieu, un bouvier et quelques bœufs. Signé : A. CUYP.

H., 0,66; L., 0,89 B. — Coll. Roland et Rombouts. 1000 fl. V. de Lelie (1810). Logs Dupper. « La couleur est encore d'un brun jaunâtre trop accusé ; mais l'effet de la lumière dorée du soleil est déjà saisissant, le lointain plein de charmes, les figures bien dessinées, surtout les vaches qui nous offrent des types chers à l'artiste ». (BRÉD., I, 186).

**252**. — *Bergers et troupeaux* (216).

A gauche, un paysan sur un âne, un autre à pied ; au milieu, une bergère, sur un âne, et quatre vaches ; à droite, des arbres. Au second plan, une tour sur le bord d'une rivière. Montagne à l'horizon. Signé à gauche : A. CUYP.

H., 1,04; L., 1 m. T. — Fig. 0,12. 3860 fl. V. G. v. d. Pot. Estimé 300 L. par SMITH, 106. De la maturité du maître. « Ce paysage, sans être de premier ordre, a de belles parties, et surtout une lumière juste et profonde ». (BURG., I, 103).

**253**. — *Combat d'oiseaux* (C).

Dans un paysage, sous un ciel orageux, à gauche, un dindon se débat contre un coq aux plumes hérissées qui lui enfonce ses serres dans le poitrail et lui frappe la gorge du bec ; à droite, deux poules qui gloussent.

H., 1.24; L., 1,45. T. — Musée de La Haye. Gravé par Gilbert. « Ce tableau permet de mesurer la distance qui sépare Hondecoeter de Cuyp ; le sens supérieur dont ce dernier fait preuve, pour agrandir à sa façon le domaine d'un genre un peu secondaire, la largeur du parti, la richesse des colorations, l'accord harmonieux entre les plumages des volatiles et le fond bleuâtre d'un ciel d'orage sont ici d'un maître ». (E. MICHEL, *G. des Beaux-Arts*, III, Pér., T. VII, p. 112.)

**254**. — *Portrait de jeune homme* (265).

De trois quarts tourné vers la droite ; le visage imberbe, encadré par une épaisse chevelure brune, vu de face. Pourpoint noir avec crevés aux manches. Baudrier blanc, toque noire à plumes. De la main gauche, il tient le canon d'un fusil.

H., 0,79 ; L., 0,67. B. — Fig. en buste gr. nat. Forme ovale. Coll. v. d. Hoop.

**255.** — *Bétail* (265).

Deux vaches, l'une debout, l'autre couchée, devant deux étables ; en avant des pigeons ; au fond, un troupeau dans un pâturage ; clocher d'église, à l'horizon. Signé : A. C.

H., 0,38 ; L., 0,54. B. — Acheté 2500 fl. à la Haye (1851). Coll. v. de Hoop. « Un des meilleurs types de la première manière de l'artiste. Le ciel est superbe dans des tons gris pleins. La gamme générale du tableau est d'une harmonie roussâtre où éclatent comme des veines d'or » (Burg, II, 144).

**256.** — *Vue de Dordrecht* (265).

Sur le premier plan, l'eau du fleuve teintée par le soleil couchant, où se reflètent des barques rangées ; en face, le long du quai, est un vaisseau de guerre ancré sur la droite. Au fond, la ville, avec l'Hôtel de Ville à gauche et l'Eglise au milieu. A l'extrémité droite, un moulin, à gauche, une balise.

H., 0,65 ; L., 0,81. T. — 1900 fl. V. Broondgest (1851). Coll. v. d. Hoop. Cuyp a peint plusieurs vues de sa ville natale. La plus célèbre est celle de la collection Holford à Londres. De la première manière du peintre. « Ce qu'il y a d'incroyable dans ce tableau, c'est que l'artiste l'a composé tout entier avec des éléments pour ainsi dire incolores, avec les nuances les plus froides, les phénomènes les plus insaisissables. L'air, l'eau, le brouillard, *une minuscule lesche de jour*, pour employer l'expression de Rabelais, voilà tous les éléments de l'œuvre de Cuyp. Le résultat général devait être la monotonie ; le tableau est au contraire d'une harmonie adorable, d'une séduction telle, qu'on a peine à en détacher les yeux » (Montégut, p. 198).

## Cuyp (Benjamin, Gerritsz), 1612-1652.

**257.** — *Joseph expliquant les songes du panetier et de l'échanson* (217).

Dans une prison, Joseph, à droite, en vêtement rouge, enchaîné, assis sur une botte de paille, se tourne à gauche vers ses deux compagnons : l'un, debout, en pourpoint jaune, manteau grenat, toque grise ; l'autre, assis, en costume marron, toque rose. Au fond, une lucarne. Signé : B. G. Cuyp.

H., 0,71 ; L., 0,60 B. — Fig. pet. nat. Acheté 402 fl. en 1884. Des premières années du peintre. « Les tonalités sont très accentuées et les couleurs des vêtements du prisonnier à droite ne s'harmonisent pas très heureusement. L'exécution, en pleine pâte, a de l'ampleur, et le clair obscur de la puissance » (Bréd., I, 185).

## Cuyp (Jacob, Gerritsz), 1594-1651 ou 1652.

**258.** — *Portrait de femme* (214).

De trois quarts tournée vers la gauche, le visage de face. Robe

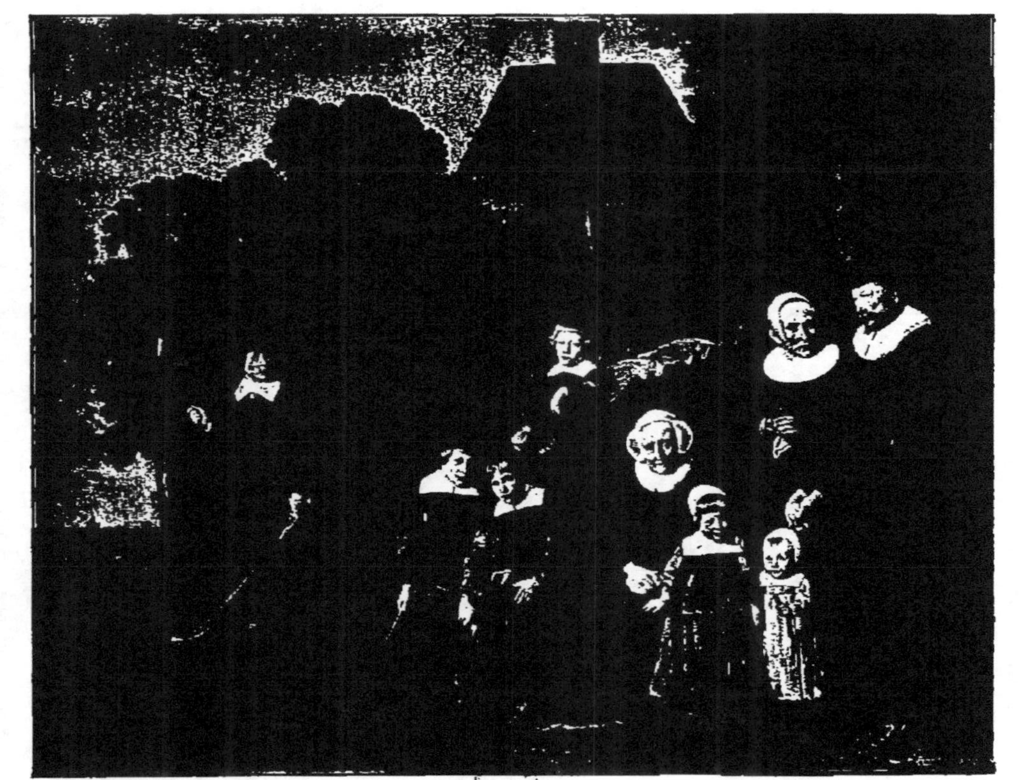

Cliché Hanfstaengl. Typogravure Hanfstaengl.

CUYP (JACOB GERRITSZ).

259. — *La Famille du peintre Cornelis Troost.*

et serre-tête noirs. Fraise godronnée. On lit à gauche : *Aetatis 66. J. G. Cuyp fecit 1631.*

H., 0,78 ; L., 0,59. B. — Fig. en buste gr. nat. Acheté en 1877.

**259.** — *La famille du peintre Cornelis Troost* (269).

Devant un bouquet d'arbres, au milieu, un valet tenant par la bride un cheval. A gauche, deux petites filles, l'une, en robe claire, des fleurs dans les cheveux, caressant un mouton contre lequel jappe un chien, l'autre, en robe sombre, portant des fleurs. Au second plan, la mère du peintre, en jupe marron et corsage noir, tenant dans ses bras son dernier né, et Jan Troost, près d'un valet qui décharge une voiture. Au fond, deux promeneurs, sur une route ; à l'horizon, une rivière et un pont.

H., 0,84 ; L., 1,13. B. — Fig. 0,31. — 4000 fl. V. Brondgeerst. Coll. v. d. Hoop. Attribué autrefois par IMMERZEL à Aelbert Cuyp. Le musée de Cologne possède une réplique du groupe des enfants daté 1638. De la même époque, d'après M. BREDIUS.

## Dankerts de Ry, 1605-1659.

— *Un chasseur* (E).

Il se dirige vers la gauche et tourne la tête à droite. Tunique jaune à manches vertes, cravate bleue, ceinture violette. Dans les mains, un cor de chasse et une pique. Au fond à gauche : *Aetatis suae* 23 *Anno 1635.*

H., 1,20 ; L., 0,90. T. Fig. à mi-corps gr. nat.

## Delff (JACOB, WILLEMSZ), ?-1601.

**265.** — *Portrait de P. C. van Beresteyn* (258).

Signé et daté : *J. W. Delphius pinxit Ano. Dni. 1597. Aetatis 44.*

H., 1,14 ; L., 0,83. B.—Fig. en buste gr. nat. Acheté 189 fl. en 1884.

## Delff (JACOBUS), 1619-1661.

**266.** — *Portrait d'homme* (214).

Signé et daté : *J. Delphius A. 1643. Aetatis 2...*

H., 0,69 ; L., 0,56. B. — Fig. en buste gr. nat Acheté 100 fl. en 1884.

## Does (SIMON VAN DER), 1653-1717.

**272.** — *La bergère* (218).

Assise au second plan, son enfant sur les genoux, au pied d'une statue de Pan. Autour d'elle, son troupeau ; à gauche, une chaumière ; au fond, une ruine. Signé, à gauche : S. V. Does.

H., 0,31 ; L., 0,39. B. — 305 fl. V. Bicker.

**274.** — *Paysage et bestiaux* (127).

Signé, à gauche : *S. Does.* 1712.

H., 0,50 ; L., 0,60. T. — V. Schimmelpenninck de Deventer. 300 fl. V. Roos (1866). Legs Dupper.

## Dov (Gérard). — 1613-1675.

**275.** — *Portrait du peintre* (117).

Vu de face, appuyé sur le bras gauche posé sur le rebord d'une fenêtre cintrée devant laquelle est un rideau bleu sur une tringle. La main droite sur un livre ; de la gauche, il porte sa pipe à la bouche. Signé, sur un cartel fixé à la fenêtre : GDOV.

H., 0,47 ; L., 0,35. B. — Fig. en buste pet. nat. Gravé par Schouman. Coll. Slingelandt. 6400 fl. V. Daniel Hooft, Amsterdam (1860). Legs Dupper.

**276.** — *L'Ecole du soir* (271).

Au milieu, le maître, assis à un pupitre, de profil tourné vers la droite, menace du doigt un écolier qui s'éloigne, un livre sous le bras. Une petite fille apprend à lire dans un cahier posé sur le pupitre, qu'éclaire la lueur d'une chandelle ; à gauche, au premier plan, un petit garçon assis sur un banc, écrit sur une ardoise, et une petite fille tient une chandelle allumée ; au milieu, sur le sol, une lanterne allumée. Au fond, des écoliers, autour d'une table, près d'un escalier. Au plafond, une draperie rouge, relevée à droite. Signé au milieu, sur la table : G. Dov (G et D. accolés).

H., 0,52 ; L., 0,40. B. — Lithographié par van Loo. Coll. Boland. 4000 fl. V. de La Court. (1766) ; 17500 fl. V. v. d. Pot. « C'est puéril à force de minutie, un tour d'adresse, si l'on veut, très vrai et très habile : mais l'art est plus spontané d'impressions, plus franc dans ses résultats. J'aime mieux une tête naïvement peinte sous un rayon de soleil que les plus ingénieuses combinaisons de lumières factices ». (Burg., *Amst.*, 53). C'est également là l'opinion de Smith, 79. « Le maître semble avoir choisi ces difficultés afin de montrer avec quelle supériorité de talent il saurait les vaincre ; quelques connaisseurs considèrent ce tableau comme le plus capital de G. Dov ; mais l'auteur n'est pas de cet avis ; car plusieurs peintures de l'artiste possèdent un plus haut fini et sont plus agréables dans la composition et dans l'effet ».

**277.** — *L'Ermite* (216).

H., 0,25 ; L., 0,19. B. — 148 fl. V. Verhulst, La Haye (1737). 170 fl. V. Key (1781). 1100 fl. V. v. d. Pot.

**278.** — *La Curieuse* (271).

Dans l'embrasure d'une fenêtre cintrée, une jeune fille, en robe

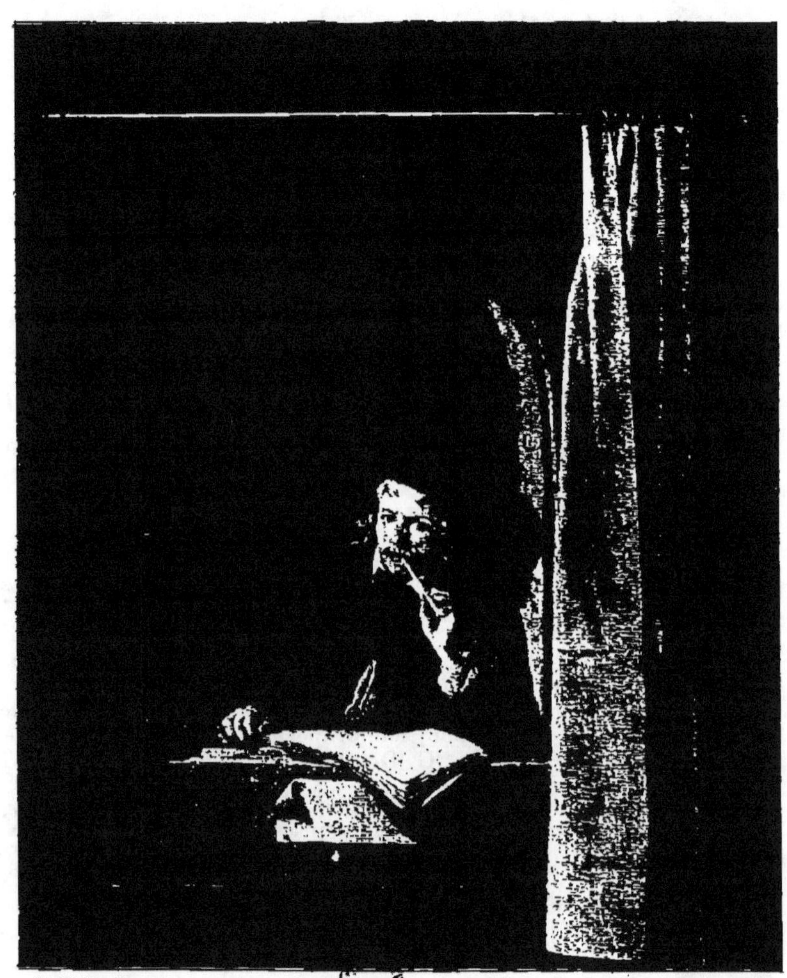

Cliché Hanfstaengl. Typogravure Hanfstaengl.



DOU (GERARD).

275. — *Portrait du peintre.*

rouge, une lampe allumée dans la main gauche, se penche en avant. Signé, sur le rebord : G. Dov. (G et D accolés).

H., 0,18 ; L., 0.15. B. — Fig, à mi-corps. Gravé par Valck. Coll. v. Heteren.

**279.** — *Portraits de Pierre van der Werff, bourgmestre de Leyde, et de sa femme* (218).

Au milieu, le bourgmestre debout, vu de face, s'appuie sur une canne. Vêtements et chapeau noirs, col blanc en dentelle ; à droite, sa femme assise, de trois quarts tournée vers la gauche, tenant un éventail de la main droite gantée. Jupe jaune, corsage violet à manches brunes, col et manchettes en dentelle, cornette blanche ; à ses pieds, un gant. Au fond, des arbres ; au premier plan, un chien et un chapiteau, avec la signature : G. Dov (G et D accolés) ; sur le sol, la signature de BERCHEM, qui peignit le paysage.

H., 0,75 ; L., 0,61. B. — Fig. 0,32. — 3200 fl. V. Moens. Musée de La Haye (1808). « Il est difficile de dire ce qu'il y a de plus admirable dans cette toile, l'ensemble harmonieux et sobre ou l'incroyable minutie des détails exempts néanmoins de toute raideur. L'effet général souffre cependant du ton lourd et sombre du paysage peint dans le fond par Berchem » (WAAGEN, III, 64).

**281.** — *La femme du pêcheur* (269).

Signé : G. Dov. (G. et D. accolés) 1653. La date est répétée, en chiffres romains, sous la fenêtre.

H., 0,38 ; L., 0,24. B. — Fig. en buste. 3780 fl. V. Talleyrand (1817). Coll. v. der Hoop. « Le modelé est ferme, l'exécution sans petitesse, ni maigreur ; condition exceptionnelle chez Gérard, qui n'eut qu'un moment cette ampleur relative ». (BUR., III, 15).

**282.** — *L'Ermite* (269).

H., 0,32 ; L., 0,27. T. — Fig. 0,07. Signé : G. Dov (G. et D accolés) 1664. 1100 fl. V. v. d. Pot ; 3469 fl. V. Bagot (1836). Coll. v. d. Hoop. « Peint d'une manière libre » SMITH. Sup. 9.

## Droochsloot (JOOST CORNELISZ), 1586-1666.

**288.** — *Le licenciement des troupes mercenaires à Utrecht.*

Signé : JOOST CORNELITZ DROOCHSLOOT FC. ANNO, 1625.

H., 0,90 ; L., 1,55 T. — Musée de La Haye. Voir Musée d'Utrecht, p. 339.

## Drost (CORNELIS), milieu du XVIIe siècle.

**289.** — *Hérodiade recevant la tête de saint Jean-Baptiste* (217).

Au milieu, le bourreau, en haut-de-chausses marron, chemise entr'ouverte, une étoffe blanche autour de la tête, tenant de la main droite une épée, et, de la gauche, la tête du saint sur un plat, se tourne, de trois quarts à droite, vers Hérodiade, vêtue d'une robe verte à manches blanches et d'une pèlerine d'hermine, des plumes dans sa chevelure blonde, accompagnée d'une suivante. Derrière le bourreau, un homme, appuyé contre une muraille et une jeune fille qui sourit ; à gauche, une vieille femme.

H., 1,46 ; L., 1,20. T. — Fig. à mi-corps gr. nat. Gravé par Unger. 775 fl. V. Floquet (1801). Musée de La Haye (1808). Attribué autrefois à Carel Fabritius ou même à Rembrandt. BURG. (131.) « Il possède des qualités de couleur et de touche amortissant les formes, manière vaporeuse et estompée, bien que solide et empâtée » (VOSMAER, p. 234). Catalogué de nouveau sous le nom de Fabritius.

## Dubbels (HENDRICK), 1620 ou 1621-1676.

**290.** — *Vue de Rivière* (218).

Signé, à gauche, sur une épave : DUBBELS.

H., 0,37 ; L., 0,47. B. 200 fl. V. Bicker.

**292.** — *Marine* (267).

Une flotte est en rade près du Helder ; à droite, la mer sillonnée de barques se brise sur une plage. Signé, sur un morceau de bois : DUBBELS,

H., 1,35 ; L., 1,96. T.— 240 g. V. Crawford (1806). Acheté à Smith par v. d. Hoop. Une des plus belles marines de l'école hollandaise. La limpidité et la fluidité d'eau n'ont jamais été mieux rendues » (WAAGEN, III, 203).

## Duck (JACOB. A), 1600 - après 1660.

**294.** — *Ecurie de cavalerie* (271).

Près de la porte, à gauche, une femme, en robe marron, corsage bleu, manteau gris et un officier, appuyé sur une canne, un lévrier à ses pieds ; au second plan, un soldat assis à terre, près d'une femme endormie, met ses bottes ; et, contre une poutre, est adossé un jeune homme. Au fond, un autre soldat caresse un cheval ; à droite, au premier plan, un amas d'armes, d'instruments de musique, etc.

H., 0,66 ; L., 0,49. T. — Fig. 0,32. Coll. v. Heteren.

## Dusart (CORNELIS), 1660-1704.

**300.** — *Musiciens ambulants* (272).

Au milieu, un petit garçon fait danser un chien et une femme râcle du violon ; à droite, des paysans devant la porte et aux fenêtres de leur maison. Au fond, des gamins et cinq paysans près d'un arbre. Signé à droite, sur le pas de la porte : CORN. DUSART. FEC.

H., 0.55 ; L., 0,45 T. — 525 fl. en 1814.

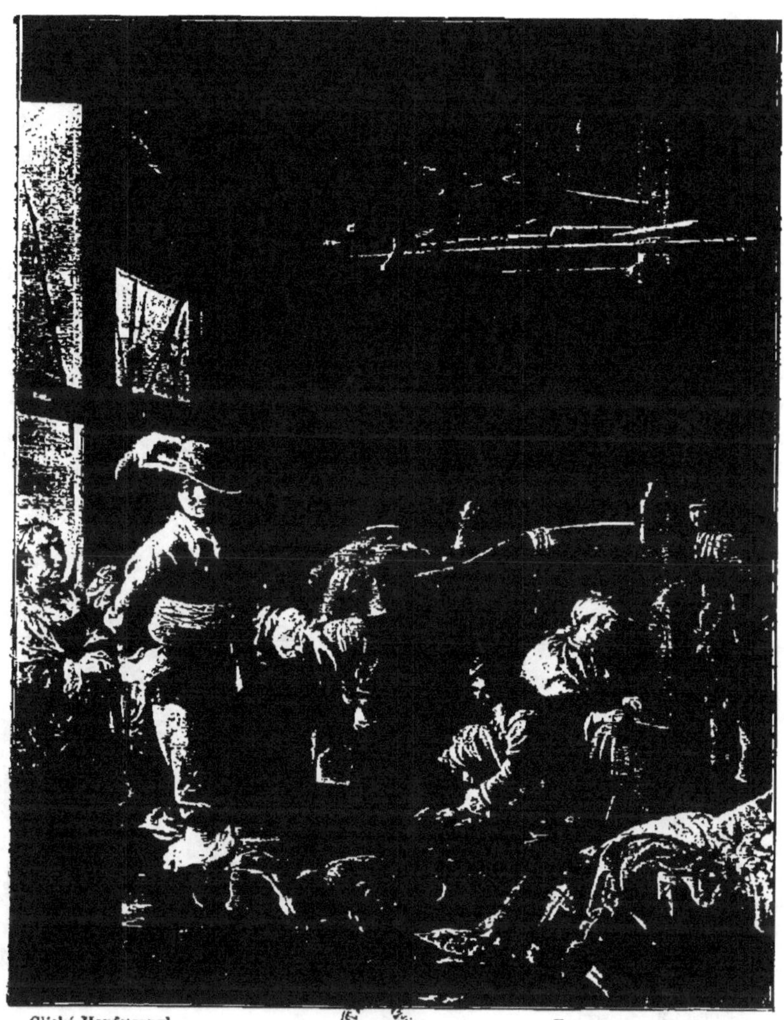

Cliché Hanfstaengl. Typogravure Hanfstaengl.



DUCK (JACOB).

294. — *Écurie de cavalerie.*

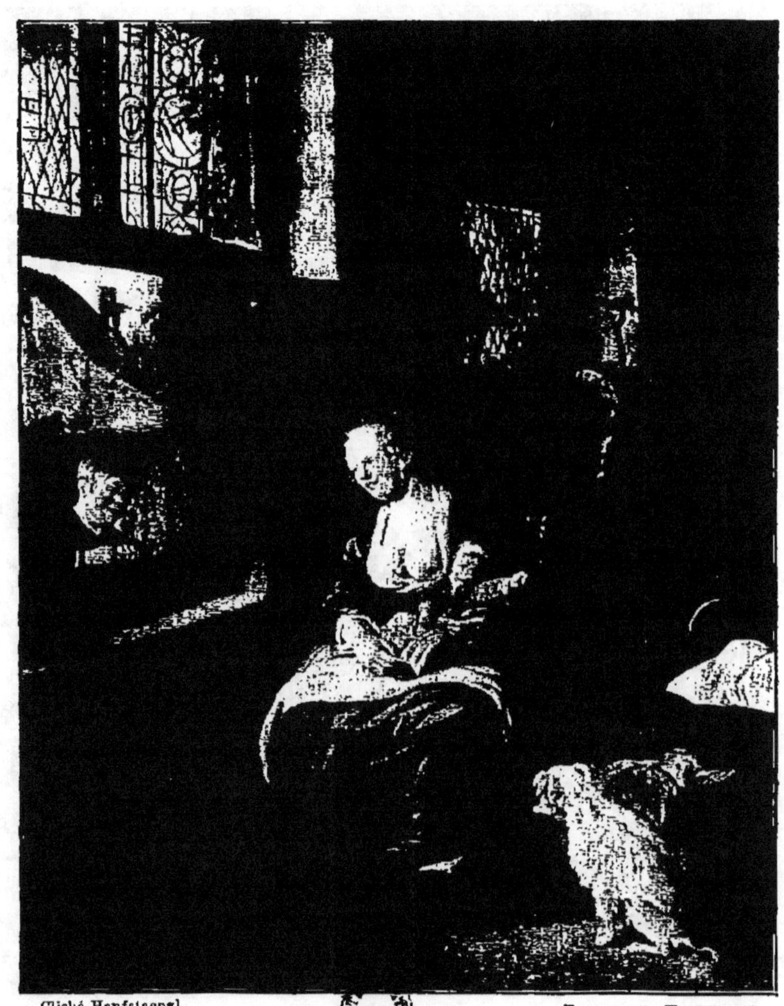

Cliché Hanfstaengl. Typogravure Hanfstaengl.



DUSART.

304. — *Le Bonheur maternel.*

**301.** — *Le marché au poisson* (273).

Sur un étal, des poissons. Trois personnes causent avec la marchande. Au premier plan, deux enfants; à gauche, des acheteurs devant des boutiques. A droite, un enfant donne à manger à des poules. Au fond, une tour et des arbres. Signé, à droite, sur une brouette : CORN. DUSART F. 1683.

H., 0,64; L., 0,83. T. — 1665 fl. V. v. d. Pot.

**302.** — *Kermesse de village* (227).

Devant un cabaret, à droite, une femme jouant de la viole et un enfant jouant de la flûte; au milieu, groupe de villageois les écoutant. Sur le pas de la porte, un fumeur; sur un banc, une petite fille assise à laquelle une autre offre un jouet. Au fond, des promeneurs dans le champ de foire. Signé, au milieu, près d'un chien : K. DUSART.

H., 0,36; L., 0,32.B. — Fig. 0,13. Coll. Rombouts. Legs Dupper.

**303.** — *Cabaret de village* (272).

H., 0,41; L., 0.33 B. — Fig. 0,14. Coll. v. Heteren.

**304.** — *La joie maternelle* (225).

Dans une chambre, une femme assise, en jupe grise, corsage vert à manches violettes, le pied sur une chaufferette, un nourrisson sur ses genoux, se tourne, à gauche, vers son petit garçon, dans la rue, appuyé sur le rebord de la fenêtre. A droite, un chien, près d'un berceau et une fontaine. Signé, sur la chaufferette : CORN. DUSART 1690.

H., 0,32; L., 0,23. B.— Fig. pet. nat. 275 fl. V. Muilmant, Legs v. de Poll. « Le peintre montre ici toute l'originalité dont il est capable. L'heureux choix du sujet, l'expression de contentement qu'on lit sur les visages, la beauté et l'harmonie d'un coloris où dominent les tons gris, la finesse du clair obscur sont les principales qualités de ce petit tableau » (BRÉD., I, 120).

## Duyster (WILLEM CORNELISZ), 1599-1635.

**304 a.** — *Les joueurs de trictrac* (218).

Dans une chambre, au premier plan, les deux joueurs sont assis autour d'une table : l'un, à gauche, en pourpoint jaune à manches grises, ceinture et nœuds oranges, chapeau à plumes blanches ; l'autre, au milieu, en vêtement vert, écharpe jaune, chapeau à plumes vertes. Au second plan, un buveur, en costume brun, les regarde ; à droite, sur une chaise, un manteau rouge ; et, au second plan, un joueur de guitare ; à la muraille, un mousquet et une épée. Signé, sur le tapis : W. C. DUYSTER.

H., 0,31 ; L., 0,40. T. — Forme ovale. Don Brédius (1887).

## Dyck (ANTON VAN), Flamand, 1599-1641.

**305.** — *La Madeleine repentante* (235).

H., 1,68; L., 1,48. T. — Fig. gr. nat. Musée de La Haye. De la première période du maître, encore sous l'influence de Rubens.

**306.** — *Portrait d'homme*, de la famille van der Borcht, bourgmestre d'Anvers (525).

En pied, debout, de trois quarts tourné vers la gauche, la main droite en avant, la gauche sous le manteau. Cheveux, moustaches et royale châtains. Pourpoint vert foncé, haut-de-chausses, bas et manteau noirs. Collerette et manchettes blanches. A gauche, un escalier descendant vers l'Escaut couvert de vaisseaux; au-dessus, une draperie armoriée, à fond jaune, relevée.

H., 2 m.; L., 1,35. T. — Fig. gr. nat. 1050 fl. V. Muilman. Legs. v. de Poll. Peint vers 1628, « de cette tonalité puissante, un peu noirâtre, qui marque sa période italienne » (Bréd., I, 210).

**307.** — *Portrait de Guillaume II d'Orange et de sa fiancée Marie Stuart, fille de Charles Ier, roi d'Angleterre* (235).

Les deux jeunes fiancés sont debout, sur une terrasse, regardant le spectateur. Le prince, à droite, de trois quarts tourné vers la gauche, en vêtement d'un rouge éteint, l'épée au côté, son chapeau noir garni d'une chaîne en perles dans sa main gauche. Il tient de l'autre main celle de la princesse, de trois quarts tournée à droite, en robe décolletée blanche à broderie d'argent, des perles au cou et dans la chevelure. Au fond, à gauche, une draperie de brocart à ramages dorés; au milieu, une colonne; à droite, fond de ciel, au-dessus d'un parapet.

H., 1,77; L., 1,41. T. Fig. gr. nat. Musée de La Haye. Une lettre de Lady Jane Roxbrough, dame d'honneur de la reine Henriette, écrite le 13 août 1641, nous apprend qu'à ce moment, Van Dyck travaillait à ces portraits qu'il espérait finir prochainement. Le maître étant mort le 9 décembre, on peut considérer ce tableau comme le dernier qu'il ait exécuté. (Voir Hymans, *Gaz. B.-Arts*, 1887, p. 439.)

**308.** — *Portrait de Joh. Bapt. Franck* (269).

On lit, à gauche, en haut : JOHANNIS BAPTI. FRANCK. ÆTATIS SUÆ XXIII.

H., 0,73; L., 0,57. T.— Fig. en buste gr. nat. Gravé par Mougeat (*Musée Français*). Coll. Smith, N° 827, Lucien Bonaparte et v. d. Hoop.

## Eeckhout (Gerbrand van den), 1621-1674.

**324.** — *La femme adultère* (217).

Au second plan, le Christ, en robe violette et manteau rouge, lève la main vers la femme agenouillée devant lui, en riches atours. A droite, quatre pharisiens regardant le Sauveur. A gauche, dans l'ombre, plusieurs assistants. Au premier plan, un homme vu de dos, en robe verte, manteau et toque rouges.

H., 0,64; L., 0,80. T — Fig. 0,37. 1430 fl. V. Mansveld (1806). 3000 fl. V. Jossi, Londres (1828). Inspiré du tableau de Rembrandt à la National Gallery daté 1644, une réplique chez M. Six, voir p. 323 « Les têtes des spectateurs, des scribes et des pharisiens sont pleines d'expression et de caractère. L'éclairage est encore tout à fait celui de son maître Rembrandt; le tableau est bien composé, la facture est à la fois puissante et spirituelle » (Bréd., I, 31).

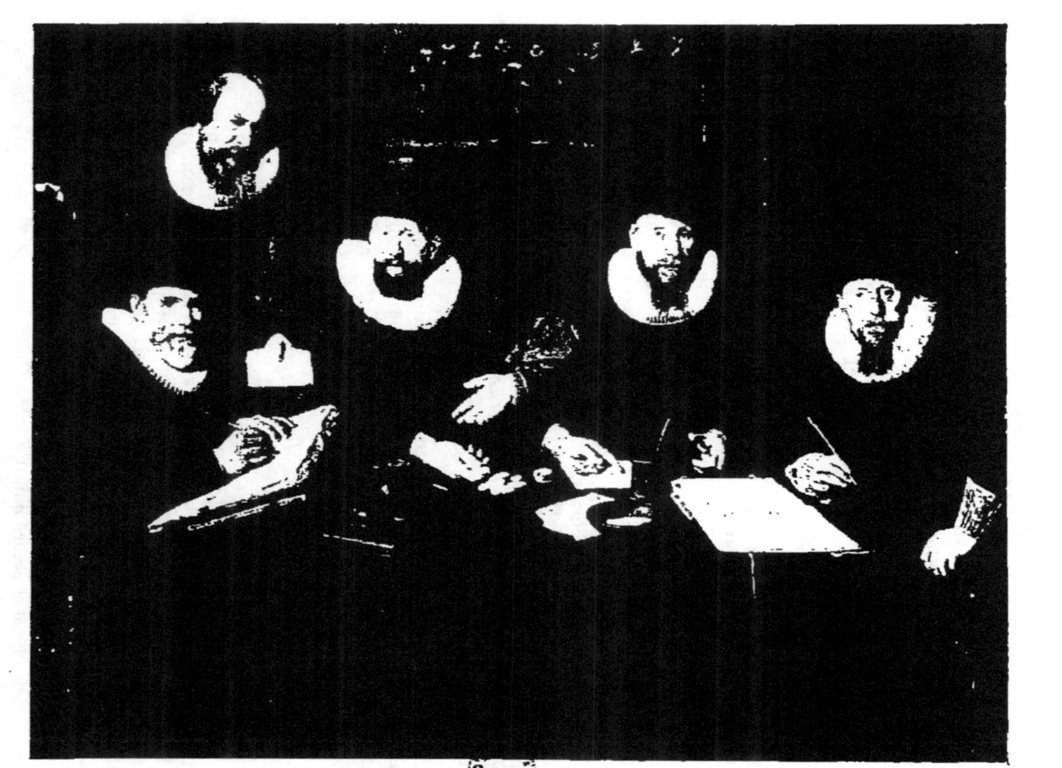

Cliché d'un amateur. Typogravure Ruckert.



ELIAS (NICOLAES ou CLAES) PICKENOY.

335. — *Quatre régents de la maison de correction et un bedeau.*

325. — *Le chasseur avec deux levriers* (265).

Signé, à droite: G. v. EECKHOUT F.

H., 0,35; L., 0,48. T. — Fig. pet. nat. Coll. v. d. Hoop.

## Ekels (JAN) le Jeune, 1759-1793.

331. — *L'écrivain famélique* (225).

Signé : I. EKELS. F. ANO 1784.

H , 0,46; L., 0,58. T. — Fig. pet. nat. 200 fl. V. Muilman, Legs. v. de Poll.

## Elias (NICOLAES OU CLAES) Pickenoy 1590 ou 1591 - entre 1650 et 1656.

332. — *Banquet de gardes civiques* (225).

Dans la salle du doelen, autour d'une table servie, au milieu, le porte-étendard, en costume jaune, saluant l'assistance. Au second plan, le capitaine Jacob Backer découpant une volaille, le lieutenant Jacob Rogh tenant un pot en étain, et dix-sept officiers, dans des attitudes diverses. A gauche, un huissier de la compagnie, trois hallebardiers et un jeune homme qui tend son verre.

H., 1,49; L., 1,27. T. — Fig. à mi-corps gr. nat. Doelen des Arquebusiers. Prop. de la ville. Cette composition, peinte entre 1630 et 1631, a certainement servi de modèle à van der Helst pour son célèbre banquet N° 467, p. 239 Elle est connue sous le nom de *Repas de Jacob Rogh*, qui venait d'être nommé bourgmestre.

333. — *La compagnie du capitaine Jacob Rogh et son lieutenant Anthony de Lange* (G).

Au milieu, le capitaine, en noir, le porte-étendard et des officiers; au second plan, sur les côtés, des soldats, en pourpoint jaune, à manches brunes.

H., 2,50; L., 5,80. T. — Fig. gr. nat. même provenance. Peint en 1645.

335. — *Quatre Régents de la maison de correction* (Spinhuis) *et un bedeau* (H).

Assis, dans une salle, derrière une table. Vêtements noirs, collerette et manchettes blanches. L'un, à droite, tient une plume, l'autre, au milieu, tend la main gauche vers le troisième qui compte de l'argent. Vers le quatrième, à gauche, qui écrit, s'avance le bedeau, tenant un papier. Au fond, un tableau sur la muraille. Signé, sur la chaise, à droite : *N. E. P. A° 1628*.

H., 1,50; L., 2,45. T. — Fig. à mi-corps gr. nat. Autrefois au Spinhuis. Propriété de la ville. « On sent déjà, dans ce tableau, le talent d'un artiste accompli ; il y montre ce coloris chaud et ambré qui, dès lors, fait penser à Thomas de Keyser. La facture, la clarté, et la décision avec lesquelles sont posées les lumières rappellent aussi ce maître ; mais l'ensemble est moins spirituel, moins distingué, et on n'y trouve pas cette entente du clair obscur qu'avant Rembrandt, nous admirons déjà dans les premiers portraits de Keyser » (BRED., I, 16).

**336.** — *La leçon d'anatomie du docteur J. Holland* dit *Fonteyn* (220).

H., 0,95 ; L., 1,90. T. — Fig. gr. nat. Peint en 1626. Provient de la gilde des chirurgiens. Prop. de la ville. Primitivement composé de onze personnages parmi lesquels figuraient les quatre dignitaires de la gilde. Après l'incendie de 1723, on dut couper une partie de la toile ; restaurée en 1732 par Quinckhardt.

**337.** — *La compagnie du capitaine Matthys Willemsz Raephorst et de son lieutenant Hendrik Lourisz.* 25 personnages (D).

H., 2,60 ; L., 4,75. T. — Fig. gr. nat. Peint en 1630. Autrefois dans la salle du grand conseil de guerre à l'Hôtel de Ville. Prop. de la ville.

**338.** — *Portrait de Marten Ray* (225).

Dans un ovale. De trois quarts tourné vers la droite, regardant le spectateur. Vêtement noir, collerette blanche plissée ; de la main droite, il élève un verre ; la gauche est appuyée sur la hanche. A droite, on lit : *Ætat. 32, 1627.*

H., 0,96 ; L., 0,76. B. — Fig. à mi-corps gr. nat. Legs v. de Poll. Attribué autrefois, ainsi que le numéro suivant, à Th. de Keyser.

**339.** — *Portrait de Maria Joachima Swartenhoudt, épouse de Marten Ray* (225).

Dans un ovale, de trois quarts tournée à gauche. Robe noire à boutons d'or, collerette godronnée, manchettes et bonnet blancs. De la main droite, elle tient un gant. A droite, on lit : *Aet. 27. 1627.*

Mêmes dimensions et même provenance que le numéro précédent.

**341.** — *Portrait de Gerards Ottsz Hintopen* (214).

A droite, on lit : *Ætatis 27. Ao. 1631.*

H., 1,20 ; L., 0,88. B. — Fig. jusqu'aux genoux gr. nat. 690 fl. V. Alewyn (1885).

## Everdingen (ALLART VAN), 1621-1675.

**348.** — *Paysage norvégien* (227).

Sur le bord d'une cascade, à gauche, un moulin ; à droite, des paysans sur un pont. En avant, un berger et son troupeau. Fond boisé. Signé, à droite, sur une roche :

A: V: Everdingen

H., 1,03 : L., 0,87. T. — 600 fl. V. Nagel van Ampzen (1851). Legs Dupper.

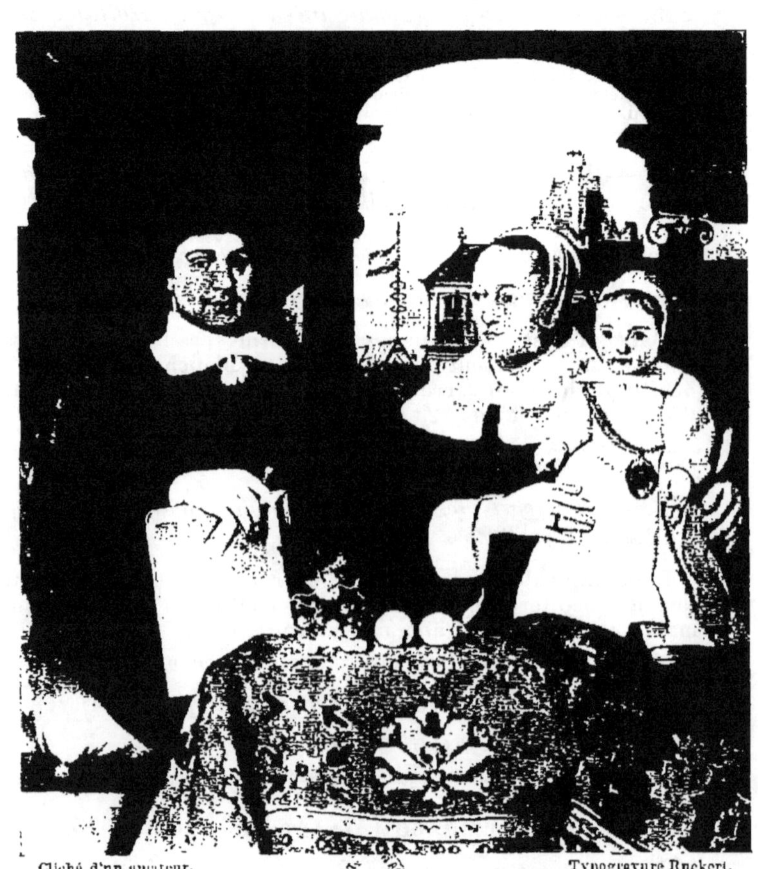

Cliché d'un amateur. Typogravure Ruckert.



FABRITIUS (BARENT).

359. — *Portraits de W. van der Helm, de sa femme et de son enfant.*

**349.** — *Paysage* (216).

Signé, à droite : *Everdingen.*

H., 0,47 ; L., 0,62. — Acheté avant 1816.

**350.** — *Paysage norvégien* (225).

Signé, à gauche, sur une roche : A. v. Everding. 1655 (A. V. accolés).

H., 0,62 ; L., 0,56. T. — Fig. 0,05. — 425 fl. V. Muilman. Legs v. de Poll. Les figures sont de N. Berchem.

**351.** — *Paysage norvégien* (265).

Au premier plan, une mare, où descendent boire, à droite, des moutons que suit un petit berger, sortant d'un bois, sur un talus élevé, au deuxième plan. A gauche, sur le même plan, une cabane en planches et un mur de briques, trempant dans l'eau, au dessus desquels se dresse une colline abrupte couronnée de sapins et portant, à mi-côte, une chapelle dont les murs à pic surplombent, à droite, la forêt.

H., 1,18 ; L., 1,03. T. — 1440 fl. V. Smith et fils (1837). Coll. v. der Hoop. « Une de ses meilleures productions, sous le rapport de la poésie, de la vigueur et de l'ampleur de la touche » (Waagen, III, 155).

## **Everdingen** (Caesar van), 1606-1679.

**352.** — *Portrait d'homme* (B).

Sur le fond, on lit : *Ætatis 35 C. v. E. Anno 1671.*

**353.** — *Portrait de femme* (B).

Sur le fond, on lit : *Ætatis 31. C. v. E, Anno 1671.*

H., 1,08 ; L., 0,88. T. — Fig. jusqu'aux genoux gr. nat. Ces deux tableaux, de mêmes dimensions, ont été achetés 3000 fl. en 1886. « Il ne nous donnent qu'une bien faible idée du remarquable talent de César van Everdingen » (Brédius, 202).

## **Fabritius** (Barent), florissait au milieu du XVIIe siècle.

**359.** — *Portraits de Willem van der Helm, architecte de la ville de Leyde, de sa femme et de son enfant* (G).

Le mari est assis à gauche, légèrement tourné vers la droite, regardant en face. Vêtements et chapeau noirs, col blanc. De la main droite, il tient un compas et un in-folio ; la gauche est posée sur la hanche. Au milieu, sa femme, tournée vers la gauche, en robe noire, soutenant sur une table, où sont posés des fruits, sa petite fille, en robe et bonnet blancs, une chaîne à laquelle est suspendue une médaille en cristal en sautoir, des raisins dans la main gauche. Au fond, par une arcade cintrée, on aperçoit des maisons sur un quai ; à gauche, une draperie glissant sur une tringle. Signé, à gauche : *B. Fabritius 1656 sep. 30* ; sur la médaille, on lit : L. W. V. H. *Aet* $\frac{2}{12}$.

H., 0,45 ; L., 1,26. T. — Fig. jusqu'aux genoux gr. nat. 86 fl. Londres (1886).

## **Fabritius** (Carel), avant 1620-1654.

*Portrait d'Abraham de Notte* (217).

De trois quarts tourné à droite, front dégarni, chevelure brune, moustaches et barbe grises ; vêtements noirs. Les deux mains sur la poitrine. Au fond, on lit : *Abraham de Notte Ae. 56. C. Fabritius 1640.*

H., 0,67 ; L., 0,56. Fig. à mi-corps gr. nat. 2715 fl. à Colnaghi. Londres (1892).

## **Flinck** (Govert), 1615-1660.

**361.** — *Isaac bénissant Jacob* (217).

A droite, Rébecca, en robe foncée et coiffe noire, soutient Isaac, couché dans un lit, en pourpoint gris, manteau rouge à brandebourgs, une calotte sur la tête, qui se soulève et prend la main de Jacob qu'il bénit. Celui-ci, en pourpoint vert à rayures jaunes, nu-tête, est agenouillé à gauche, au second plan. Au fond, une table servie et un rideau vert relevé. Signé : *G. flinck 1638*

H., 1,15 ; L., 1,38. T. — Fig. à mi-corps gr. nat. Gravé par Frey et Ungor. 1380 fl. V. v. der Pot. « La puissance de l'effet se joint ici à une délicatesse de sentiment tout à fait propre à l'artiste ». (Waagen, III, 23). Ce tableau a été vraisemblablement composé entre 1635 et 1640, à l'époque où Flinck travaillait chez Rembrandt. Le même sujet ayant été traité par plusieurs élèves du maître, M. Sheltema suppose qu'un concours aurait été ouvert entre eux, à cette époque.

**362.** — *La fête de la garde civique à l'occasion de la Paix de Wesphalie en* 1648 (G).

A l'entrée du doelen, au milieu, le capitaine de la garde civique, Jean Huidecoper, seigneur de Maarseven, vu de face, en vêtement noir, ceinture bleue, son chapeau à plumes blanches dans la main gauche, s'appuyant, de la droite, sur une longue canne ; et, à sa droite, l'enseigne, Nicolaas van Waveren, en costume noir à broderies d'or, écharpe blanche, son chapeau à plumes rouges et blanches dans la main gauche, l'étendard en soie blanche dans la droite, sont félicités par sept membres de la gilde, armés de piques et d'arquebuses, conduits par le lieutenant Frans van Waveren, en costume noir et or, écharpe bleue, l'épée au côté, une pertuisane dans la main droite, son chapeau à plumes blanches dans la gauche ; en avant, un homme en gris, assis, qu'on suppose être le peintre lui-même. Entre les deux

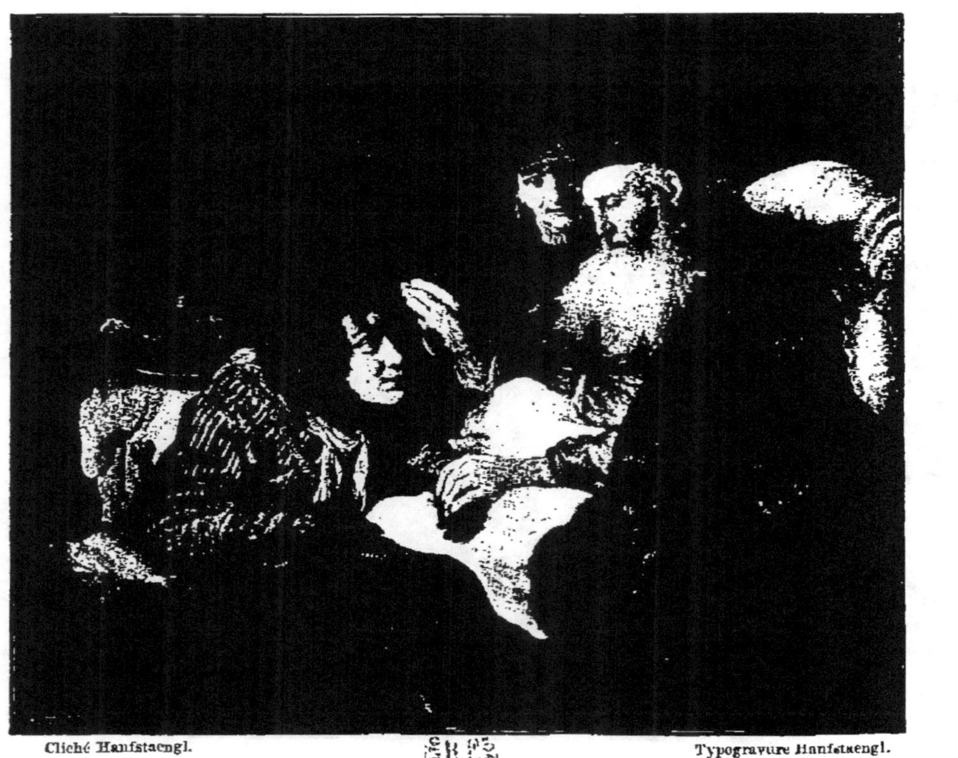

Cliché Hanfstaengl. Typogravure Hanfstaengl.



FLINCK.

361. — *Isaac bénit Jacob.*

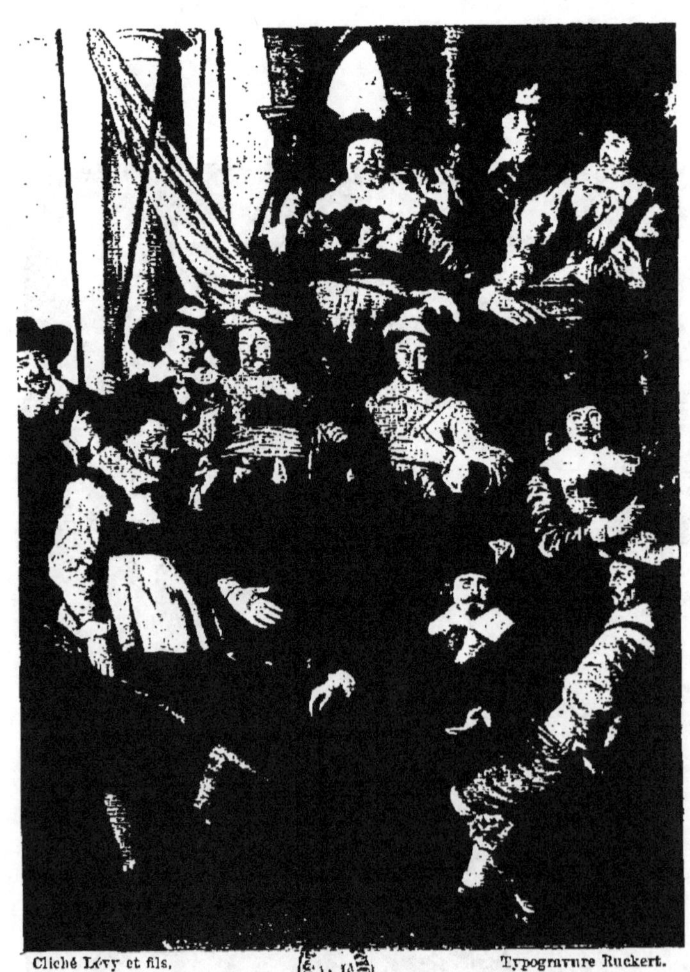

Cliché Lévy et fils. Typogravure Ruckert.



FLINCK (GOVERT).

364. — *La Compagnie du capitaine Albert Bas.*

groupes, un garde se baisse pour arranger ses chausses; à gauche, le sergent Jan Appelman portant une hallebarde, et cinq autres personnages. Au fond, à droite, des feux de réjouissance flambant dans des barriques ; à gauche, l'entrée du monument. Signé, à gauche, en bas : FLINCK F. 1648.

H., 2.52 ; L., 5,10. T. — Fig. g. nat. Autrefois dans la chambre du grand conseil de guerre. Prop. de la ville. Sur un papier, qui borde le cadre, on lit ces six vers de Jan Vos. « Van Maarseven se présente le premier dans la paix perpétuelle comme son père vola le premier au combat pour la patrie. Le génie et la bravoure qui font la force des Etats Libres renoncent aux vieilles haines sans cependant déposer la tenue de guerre. Ainsi, après les meurtres et les ravages, on continue à surveiller l'Y. Le sage peut laisser reposer, mais non rouiller, le glaive ».

**363.** — *Portrait du poète Joost van den Vondel* 1587-1672 (G).

H., 0,38 ; L., 0.34. B. — Fig. en buste gr. nat. 41 fl. V. de Bosch (1812). Acheté 275 fl. en 1815 comme étant de Jan Lievensz.

**364.** — *La Compagnie du capitaine Albert Bas et du lieutenant Lucas Conyn* (R).

Au milieu, le capitaine, en vêtements et chapeau noirs, ceinture verte, hausse-col en fer, col blanc, assis, une canne dans la main droite, tend l'autre main au lieutenant assis à sa droite, en vêtements gris, ceinture rouge, la main gauche sur la hanche, une canne dans la droite. Au second plan, un garde portant une pique ; au milieu, un autre garde tenant un mousquet, le porte-étendard et deux hallebardiers. Un autre hallebardier, son arme dans la main droite, parle au lieutenant. Au fond, quatre soldats sous un portique. Signé à gauche, sur une marche : G. FLINCK FECIT 1645.

H., 3,40; L., 2,40. T. — Fig. gr. nat. Autrefois dans la salle du Bourgmestre, à l'Hôtel de Ville. Prop. de la ville. « Si les proportions respectives des personnages ne paraissent pas toujours d'une correction parfaite, les groupes, du moins, sont heureusement répartis. Les lignes s'étagent bien, l'exécution est pleine de largeur et de souplesse, et les couleurs gaies et chatoyantes forment un harmonieux ensemble dans ce tableau où l'on retrouve çà et là quelque chose de la facture de van Dyck et des intonations de Velasquez » (E. MICHEL, *Remb.*, 248).

**365.** — *Quatre Régents du Doelen des Couleuvriniers* (C).

Dans une salle, autour d'une table. A gauche, un serviteur, portant une corne à pied en orfèvrerie. Signé, à gauche : G. FLINCK 1642.

H., 1,99 ; L., 2,73. T. Fig. gr. nat.— Autrefois dans la grande salle du Doelen. Prop. de la ville. « Ce tableau se distingue par un arrangement habile, des têtes animées. Un procédé large et une couleur d'un éclat digne de Rembrandt ». (WAAGEN, III, 23).

**366** *a*. — *Portrait de Pieter van Uitenbogaert, receveur à Amsterdam, ami de Rembrandt* (C).

Grisonnant ; manteau bordé de velours noirs. Petite calotte noire. La main droite sur la poitrine.

H., 0,74 ; L., 0,59. B. — Fig. à mi-corps gr. nat. Gravé par Rembrandt, considéré autrefois comme l'auteur de ce portrait. L'attribution à Flinck est de M. BRÉDIUS.

Quelques critiques l'ont donné à B. van der Helst. Coll. van den Heuvel, Utrecht (1809). « Cette peinture est très belle, très fine et très forte, pleine d'expression. Elle n'accuse guère la pratique habituelle de Rembrandt, ni même celle d'aucun de ses élèves. Elle est d'ailleurs digne du maître et très embarrassante pour les plus profonds connaisseurs » (BURG, I, 31).

## Francken (FRANS) II, Flamand, 1581-1642.

**370.** — *Allégorie sur l'abdication de l'Empereur Charles-Quint, 25 octobre 1555* (235).

Au fond, sur une estrade surmontée d'un dais, l'Empereur est assis, entouré de son frère Ferdinand, de sa femme, de son fils Philippe II et de courtisans. En avant, cinq figures allégoriques portent des bannières. Au pied du trône, le manteau impérial, l'épée et la couronne. Au premier plan, sur la mer, Neptune dans un char traîné par des chevaux marins et un triton tenant une colonne avec la devise : PLUS ULTRA. A droite, les quatre parties du monde offrant des présents. Au fond, le carrosse de l'empereur s'arrêtant devant le couvent. Signé : *Ex inven. d. Petri de Hanicart F. Franc. 1555.*

H., 1,32 ; L., 1,70. B. — Fig. 0,44. — 2250 fl. en 1806. Musée de La Haye.

**372.** — *La parabole de l'Enfant prodigue.*

H., 0,54 ; L., 0,84. B. — 600 fl. V. Roos (1843). Coll. v. d. Hoop. Attribué autrefois à Sébastien Francken. Une répétition au Musée du Louvre, N° 1990.

## Gaesbeeck (ADRIAEN VAN), ?-1650.

**380.** — *Jeune homme dans un cabinet* (Dépôt).

Signé au premier plan, à gauche :

*A. van. Gaesbeeck. fecit*

H., 0,97 ; L., 0,74. B. — Fig. 0.35. — 41 fl. V. Taalman Kip (1801), Musée de La Haye. Ce portrait, attribué autrefois à Jost van Craesbeck, passait pour être celui de Grotius. C'est BURGER qui découvrit la signature.

## Geertgen van St-Jans, fin du XV^e^ siècle.

**382.** — *Sainte Famille* (228).

Dans la nef centrale d'une église gothique, à gauche, au premier plan, sainte Anne, en robe rouge, manteau vert, coiffe blanche, ses bésicles posées sur un livre ouvert sur ses genoux, une orange dans la main droite et la Vierge, en robe noire bordée de perles, portant l'Enfant Jésus. Au second plan, saint Joachim, en manteau brun, coiffé d'un turban, s'appuie sur un bourdon et saint Joseph, en manteau rouge à capuchon noir, présente, de la main gauche, son rameau fleuri ; en avant,

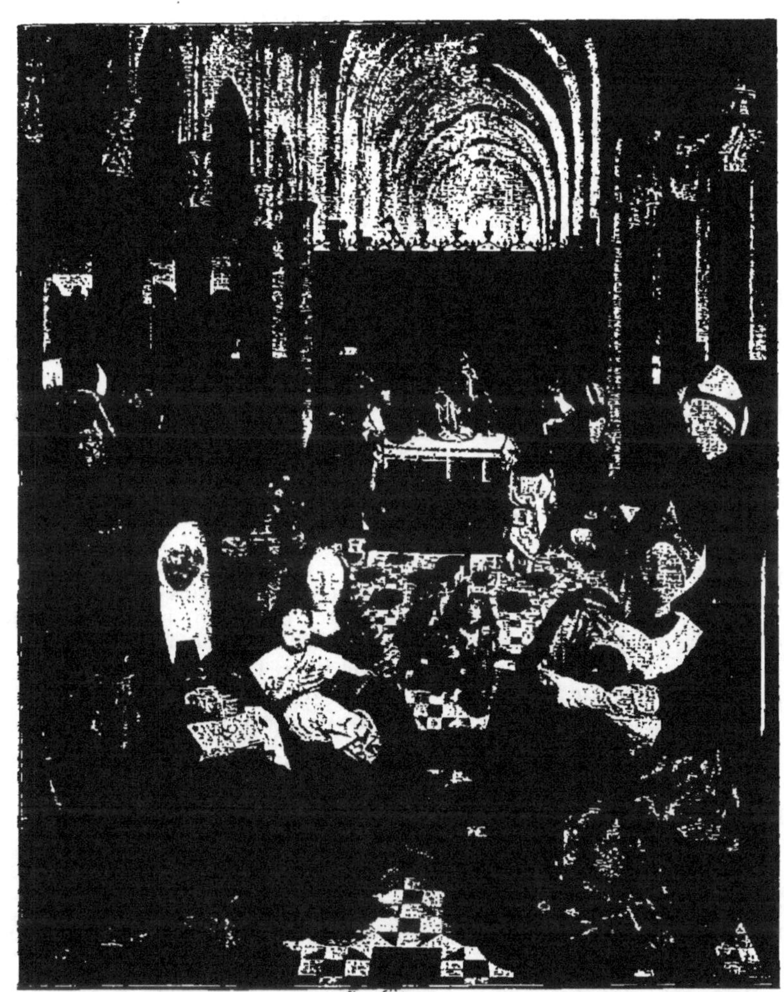

Cliché Hanfstaengl. Typogravure Hanfstaengl.

GEERTGEN VAN SAINT-JANS.

382. — *Sainte Famille.*

un enfant vu de dos. A droite, assise, sainte Elisabeth, en robe rouge, manteau gris, turban vert bordé d'or, tient sur ses genoux le petit saint Jean qui tend les bras vers l'Enfant Jésus ; et, debout, Salomé, en robe noire à col rouge, turban blanc à bandes noires. Au second plan, Cléophas, un livre sur les genoux. Au milieu, à l'arrière-plan, trois enfants, l'un, debout tenant à la main un bâton portant une lame de scie, les deux autres, assis versant du vin dans un calice. Au fond, devant l'abside, l'autel, sur lequel sont posés deux chandeliers et un petit groupe de sculpture peinte représentant la Décollation de saint Jean et quatre personnages, parmi lesquels le peintre se serait représenté lui-même, coiffé d'un bonnet rouge. Un enfant de chœur éteint des cierges fixés à une cloison sur laquelle sont sculptées deux scènes du Paradis Terrestre. Par une ouverture, à gauche, on aperçoit une place.

H., 1,85 ; L., 1,04. B. — Gravé dans Taurel, l'*Art chrétien*. 210 fl. V. v. der Pot où il figurait sous le nom de Van Eyck. Attribué à Geertgen par MM. Bode, Brédius, Hymans, etc. « La manière de cet artiste est, en effet, très caractéristique. Les traits les plus significatifs sont ici les têtes ovales des femmes, leurs coiffures étranges, une certaine raideur dans la composition ; mais en revanche, un coloris plein d'éclat et de puissance, une perfection et une ampleur remarquables dans l'exécution des détails et des étoffes et une grande analogie avec Dirck Bouts pour les types masculins » (Bréd., I, 87).

*Episodes de la vie de sainte Lucie* (228).

Au premier plan, au milieu, debout sur un bûcher qu'attisent trois bourreaux, la Sainte, qu'un soldat frappe au cou de sa longue épée ; à gauche, un groupe d'assistants, dont trois Orientaux en turbans ; au second plan, à droite, la Sainte agenouillée devant un prêtre qu'accompagne un clerc portant une sonnette ; plus loin, la Sainte qu'on décapite. A gauche, au loin, en haut, la Sainte emmenée par des soldats dans un mauvais lieu, et, dans le fond, l'attelage de bœufs qui essaie inutilement de faire avancer la Sainte.

H., 1,30 ; L., 1 m. B. — Fig. 0,40. Acheté 2500 fl. à M. Miethke de Vienne (1897).

## Geest (Wybrandt de) le Vieux, 1590 - après 1659.

**383.** — *Portrait de Ernest-Casimir, comte de Nassau, etc.* (214).

H., 1,96 ; L., 1,26. T. — Fig. gr. nat. Musée de La Haye.

## Gelder (Aert ou Arent de), 1645-1727.

**392.** — *Portrait du tzar Pierre-le-Grand, 1672-1725* (214).

De trois quarts tourné vers la gauche, le visage de face. Chevelure et moustaches noires. Pourpoint jaune, cuirasse d'acier. Cordon bleu en sautoir. Sa main gauche sur la hanche ; dans la droite, le bâton de commandement. Au second plan, à gauche, la couronne impériale sur une table.

H., 1,07 ; L., 0,89. T. — Fig. à mi-corps gr. nat. Acheté 150 fl. en 1821. De la seconde manière du peintre « rappelant le ton de Rembrandt, mais lourd, et d'une forme un peu vide » (Waagen, III, 34).

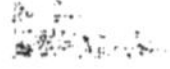

## **Goltzius** (Henricus), 1558-1616.

**401.** — *Adonis mourant* (227).

Signé, à droite, sur une pierre : H. G. 1603.

H., 1,05; L., 0,85. B. — Fig. gr. nat. Autrefois en forme de losange. Acheté 50 fl. en 1885. Etude de raccourci à comparer avec le Christ de Mantegna au Musée Brera et le cadavre du Rembrandt au Musée même, N° 1250, p. 280.

## **Gossaert** voir **Mabuse**.

## **Goyen** (Jan van), 1596-1656.

**405.** — *Vue de rivière* (F).

Signé, au premier plan, sur une barque : J. v. Goyen 1645.

H., 1,27; L., 1,54. T. — Fig. 0,10. 160 fl. V. v. d. Pot.

**406.** — *Vue de la Meuse, près de Dordrecht* (227).

Sur le fleuve, sillonné de barques, à gauche, des pêcheurs. Au milieu, la ville, avec son église et ses moulins.

H., 0,54; L., 0,50. B. — Gravé par Unger. 476 fl. V. Lacoste (1842). Coll. Rombouts. Legs Dupper. Peint après 1650. « Une des meilleures productions du maître, d'une tonalité grisâtre douce et fine, avec un beau ciel coloré, très lumineux, éclairant l'immense étendue d'eau » (Bréd., I, 160).

**407.** — *La ville de Nimègue et le château Valkenhof* (F).

Sur la rivière le Waal, au milieu, un bac se dirigeant vers le château. Contre la rive, des bateaux. Au fond, un moulin, sur une colline. Signé, sur le bac :

I VGOJEN 1645

H., 0,95; L., 0,31. T. — 160 fl. V. v. d. Pot.

**408.** — *Paysage* (227).

A droite, deux gros chênes, sur un terrain en pente, au pied duquel sont deux paysans, l'un assis, l'autre debout, et qu'éclaire un coup de soleil; à gauche, vaste plaine, traversée par une rivière. Ciel très chargé de nuages noirs, au milieu et sur la droite. Signé au milieu : I. V. G. 1641. (I. V. accolés).

H., 1,02; L., 0,83. T. — Fig. 0,10. Legs Dupper. De la première manière du peintre.

## **Gyssels** (Pieter) ou **Gyzels**, Flamand, 1623-1690 ou 1691.

**420.** — *Vue d'une ville flamande* (235).

Signé, à droite : P. Gyssels.

H., 0,26; L., 0,33. B. — Fig. 0,04. Coll. v. Heteren.

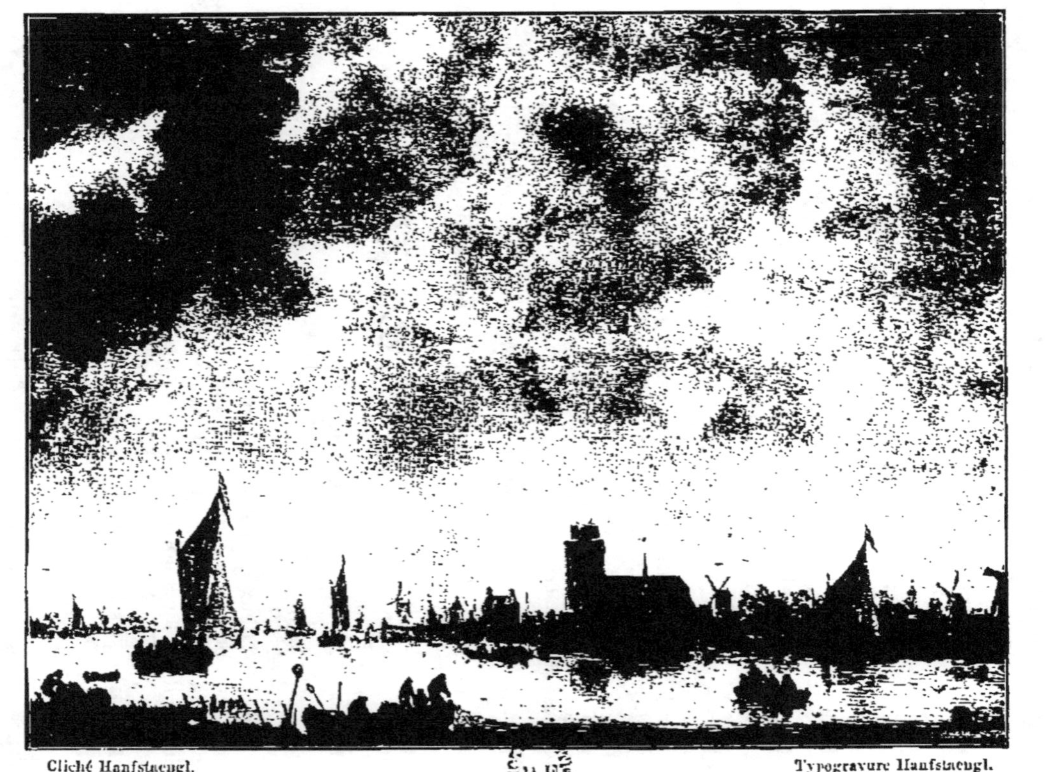

Cliché Hanfstaengl. Typogravure Hanfstaengl.



GOYEN (JAN VAN).

406. — *Vue de la Meuse près de Dordrecht.*

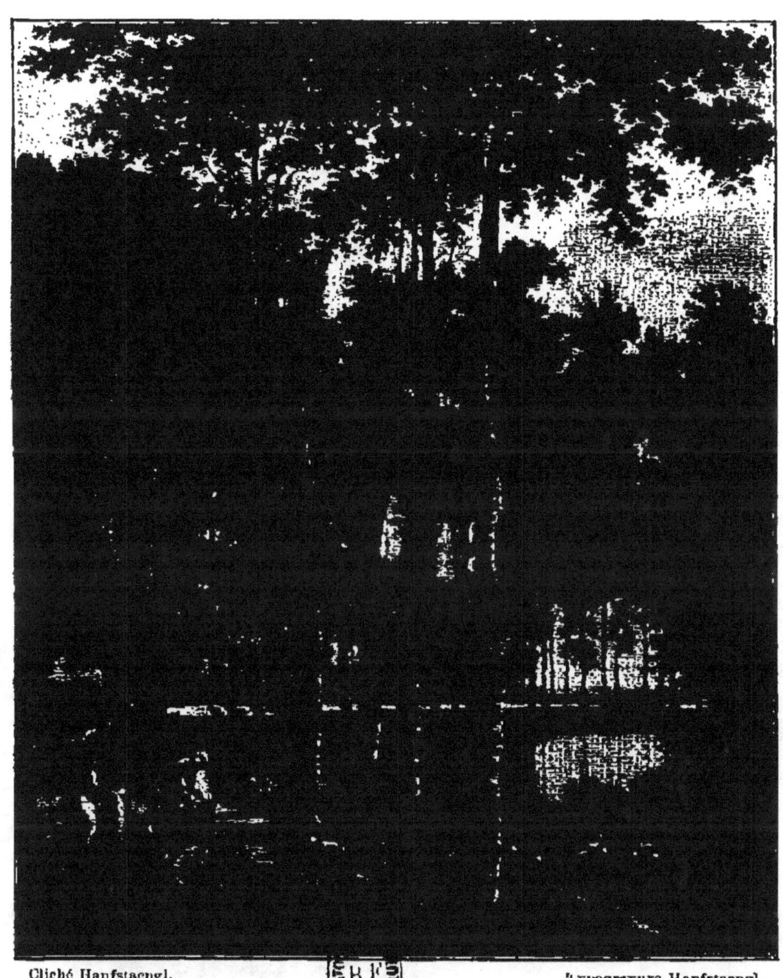

Cliché Hanfstaengl. Typogravure Hanfstaengl.



HACKAERT.

429. — *L'Allée des frênes.*

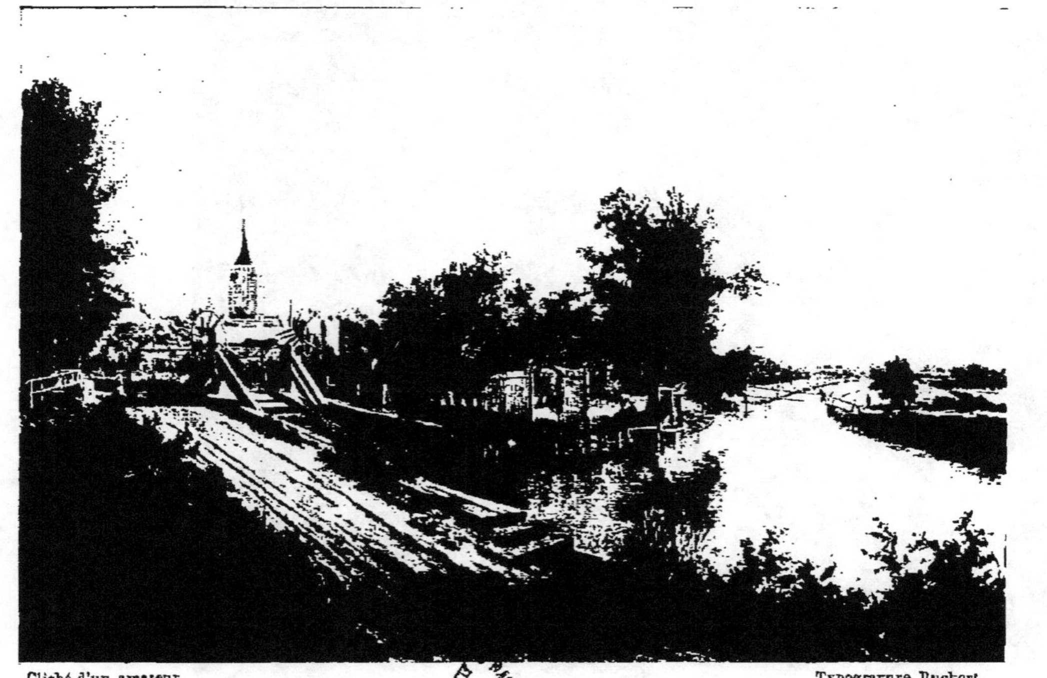

Cliché d'un amateur. Typogravure Ruckert.



HAGEN (JORIS VAN DER) ou VERHAGEN.

437. — *Paysage hollandais.*

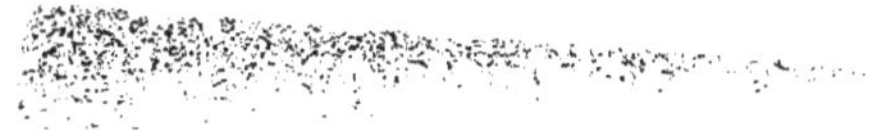



## **Hackaert** (JAN), 1629-1699.

**429.** — *L'allée de frênes* (218).

Au premier plan, à gauche, sur une allée bordée de frênes, un cavalier et une amazone; au second plan, des fauconniers et des valets de chiens; au fond, devant la grille d'un parc, un cavalier prend congé d'un homme à pied. A droite, un chien jappe après deux cygnes nageant sur un canal qui s'enfonce dans l'horizon.

H., 0,65; L., 0,52. T. — Figures par Adriaen van de Velde. Gravé par Lowestam et Daudet (galerie Lebrun). 3005 fl. V. v. d. Pot. Il existe une allée semblable dans les collections Holscher à Mulheim et Six. « Le charme de la perspective aérienne, la pureté de cette lumière dorée font oublier les légères incorrections de dessin qu'on pourrait relever ici » (BRÉD., I, 58). Estimé 400 L. par SMITH, N° 14.

**430.** — *Clairière* (avec personnages) (227).

Signé, à droite : HACKAERT.

H., 0,75; L., 0,45. T. — Figures par Lingelbach. Gravé par Boland. 260 fl. V. Noordwyk, Rotterdam (1813). Coll. Rombouts. Legs Dupper.

*Paysage italien (Vue d'un lac)* (270).

Signé, à droite : HACKAERT.

H., 0,79 ; L. 1,41. T. — Acquis et donné par la Société Rembrandt, 1897.

## **Haarlem** (CORNELISZ VAN). Voir **Cornelisz.**

## **Hagen** (JORIS VAN DER) ou **Verhagen**, ?-1669.

**437.** — *Paysage hollandais* (G).

A gauche, une large chaussée longeant un canal qui descend en oblique, et en haut de laquelle on aperçoit un *overhall* (machine en bois, à roues, servant à tirer les bateaux), devant un village éclairé par le soleil couchant. Sur la droite, en bas, ce canal se croise avec un canal venant de l'horizon. Au milieu, sur un terrain boisé formant promontoire, une porte rustique, ouverte, entre des grilles de bois. Sur le canal de droite, un ponceau de bois que traverse un paysan.

H., 1,16 ; L., 1,68. T. — 1405 fl. V. v. d. Pot. Attribution contestée par MM. SIX et BRÉDIUS qui donnent ce tableau à Ruisdael. « La preuve en est le trait de pinceau tout particulier, le ton orange dans les feuillages et les roseaux, qui peuvent servir de signature, et la couleur gris plomb de l'eau, etc. Même les figures que Ruisdael faisait peindre par d'autres, mais qu'il a peintes lui-même sur ce tableau, portent l'empreinte incontestable de ses mains. » (BRÉD., *Oud-Houlland*, 1893, page 99.) EMILE MICHEL (*Hobbema et les paysagistes de son temps*, p. 36), ne partage pas cette manière de voir. « Si dans les buissons du premier plan, la touche des feuillages, plus large qu'elle n'est d'ordinaire chez van der Hagen, justifie un peu l'opinion précitée, en revanche, les fonds, le ciel et les eaux, avec leur coloration froide et la sécheresse de leur facture, protestent contre cette nouvelle attribution ; tout au plus pourrions-nous croire à la collaboration de ces deux artistes ».

**438.** — *Paysage* (F).

Signé, sur tronc d'arbre, au milieu : J. v. Hagen.

H., 1,70 ; L., 2,30. T. Prop. de la ville. « La composition est expressive, le clair obscur habile, le coloris chaud, la facture large et facile » (Waagen, 174).

## Hals (Frans) le Vieux. — 1580 ou 1581-1666.

**441.** — *Portraits présumés du peintre et de sa seconde femme Lysbeth Reiniers* (B).

Ils sont assis, tous deux, sous des arbres, regardant le spectateur. L'homme, à gauche, souriant, légèrement tourné vers la droite, en noir, coiffé d'un grand chapeau noir, la tête penchée, la main droite gantée, sur la poitrine. Sa femme, à droite, en jupe noire, corsage et écharpe violets, fraise tuyautée, coiffure blanche à raies rouges et manchettes à guipures blanches, s'appuie de la main droite sur l'épaule de son mari. A l'horizon, ciel ouvert, une fontaine, et quelques promeneurs devant un château.

H., 1,40 ; L., 1,66. T. Fig. à mi-corps gr. nat. Gravé par Boland. 600 fl. V. Six van Hillegom (1852). « Les grands arbres, les terrains au premier plan, les détails du fond, tout est enlevé avec la plus grande adresse, dans une gamme verdâtre du ton de l'olive. On sent partout le maître qui couvre une grande toile, en se jouant, et, dans les têtes, la finesse expressive d'un portraitiste consommé » (Burg. I, 89). « Ce portrait de famille, d'une ressemblance si vivante et si fidèle, est, en même temps, un grand tableau de genre, plein de bonne humeur, dans lequel l'unité merveilleuse de la composition, comme celle de l'expression, semblent un reflet de la cordiale intimité qui règne dans le ménage. Le costume montre qu'il ne date pas de 1617, mais qu'il est contemporain du portrait de l'officier, vers 1624. Quel couple joyeux ! Tous deux ne sont pas si jeunes, ils sont au milieu de la vie. La bonne Lysbeth, hélas, elle ne fut jamais belle, écoute avec des yeux espiègles les propos de son mari dont le visage est éclairé par un rire jovial » (Bode, 56). Dans ces derniers temps, on a mis en doute que ce couple fût celui du peintre et de sa femme, en comparant ce portrait avec celui de Frans Hals dans le *Repas des arquebusiers* à Haarlem, N° 89, voir p. 184.

**442.** — *Le Fou* (227).

Un jeune homme, en costume rayé noir et rouge, avec un bonnet rouge et jaune jeté sur ses longs cheveux noirs, de trois quarts tourné à droite, la tête levée à gauche, joue de la guitare en souriant.

H., 0,65 ; L., 0,53. T. — Fig. à mi-corps gr. nat. Gravé par Unger. 111 fl. V. Brentano (1822). Coll. Rombouts. Legs Dupper. M. Bredius considère ce tableau comme une copie exécutée par un des fils de Frans Hals et dont l'original se trouve à Paris dans la coll. du Baron G. de Rothschild. On trouve au Musée d'Amsterdam (cabinet des dessins) un dessin de Bailly d'après ce tableau, daté 16...

**443.** — *Le Compère joyeux* (216).

Vu de face, le teint coloré ; chevelure brune, fines moustaches et barbiche brunes, chapeau noir à larges bords. Pourpoint de chamois. Collerette et manchettes blanches. Ceinturon fermé par une médaille en or du prince Maurice. Il lève la main droite, et, de la gauche, tient un verre. Signé, sur le fond gris à droite : FH

H., 0,80 ; L., 0,67. T. — Fig. en buste gr. nat. Gravé par Lowestam. 385 fl. V. van

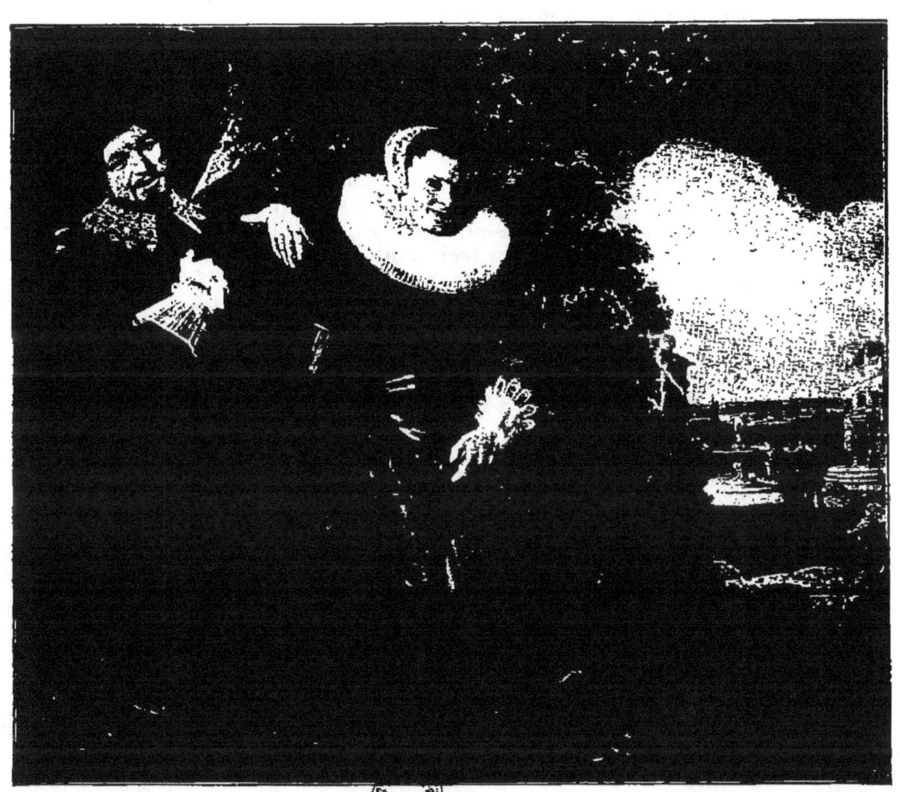

Cliché Hanfstaengl. Typogravure Hanfstaengl.

HALS (FRANS) LE VIEUX.

441. — *Portraits présumés du peintre et de sa femme.*

Leyde (1816). « La facture de ce tableau est prodigieuse. C'est avec une audace extrême que les couleurs sont posées à côté l'une de l'autre, sans aucun mélange; les ombres noirâtres sont figurées par des hachures restées apparentes et les rehauts de lumière semblent appliqués à la diable, comme au hasard, mais avec quelle sûreté merveilleuse. L'exécution est celle d'un impressionniste, mais quel impressionniste ! » (Bréd., I, 108).

**444.** — *La compagnie du capitaine Reynier Reael et du lieute-Cornelis Michielsz Blau* dite « La Compagnie Maigre » (R).

A gauche, un porte-étendard, en riche vêtement, est debout près du capitaine, en costume gris à ceinture orange, chapeau noir, s'appuyant sur une canne et tourné à droite vers un hallebardier. En arrière, quatre hallebardiers. Au milieu, le lieutenant, en chausses grises, pourpoint jaune, ceinture rouge, le poing sur la hanche, de profil tourné vers la gauche et trois hallebardiers. A droite, un garde, portant son mousquet et quatre hallebardiers. Au fond, un édifice. A l'exception du lieutenant et du porte-étendard, les personnages sont en vêtements noirs avec une écharpe ou une ceinture bleues.

H., 2 m.; L., 4,25. T. — Fig. gr. nat. Tableau peint en 1637 pendant un séjour du maître à Amsterdam, laissé inachevé et terminé par Pieter Codde. « Tout le côté gauche jusqu'à la figure vue en lumière, au milieu, est de Hals, le reste est de Codde ». (Voir *Oud-Holland,* t. VIII.) Autrefois dans la salle du grand Conseil de guerre à l'Hôtel de Ville. « Le tableau est d'ailleurs remarquable par l'habileté avec laquelle sont groupés les personnages et par leur expression, par cet éclat de la lumière qui fait déjà penser à l'influence de Rembrandt, par la perfection accomplie de l'exécution et par la puissance de la couleur, en dépit des costumes noirs qui sont ici prédominants ». (Brédius). « Les habitants d'une riche métropole telle qu'Amsterdam avaient des prétentions plus grandes que ceux d'Haarlem, ville plus aristocratique, mais dont l'éclat commençait à pâlir. Aussi les personnages dans ce tableau sont-ils représentés en pied, ce qui n'est pas le cas dans les tableaux d'Haarlèm. Par le groupement, l'expression des visages, la lumière claire qui démontre l'influence de Rembrandt et la plus grande force du coloris, malgré la tonalité noire du costume, il dépasse les tableaux de 1637 » (Bode, 59).

**445.** — *Portrait présumé de Nicolaes Hasselaer* (268).

Assis, de trois quarts tourné vers la droite, le visage de face. Chevelure brune, moustaches et royale blondes. Vêtement noir, col en dentelle. Une canne dans la main droite.

**446.** — *Portrait présumé de Geerbruyt van Erp, femme de N. Hasselaer* (268).

Assise, de trois quarts tournée vers la gauche, le visage de face. Robe noire à fleurs vertes, avec des crevés gris aux manches. Fraise godronnée. Bonnet blanc.

H., 0,79; L., 0,65. T. — Fig. en buste gr. nat. Deux tableaux se faisant pendant. Don van de Poll. (1885).

**447.** — *Portrait de femme* (265).

Assise, de trois quarts tournée vers la droite. Robe noire bordée de fourrure fermée par des boutons d'or. Collerette godronnée et coiffe blanches. Sur ses genoux, un livre avec une reliure en velours. Sa main gauche, sur le bras du fauteuil. Au fond, au-dessus d'un écusson, on lit : *Aetatis suae 66. Ao 1639.*

H., 1,24 ; L., 0,92. T. — Fig. à mi-corps gr. nat. Coll. v. de Hoop.

— *Portrait de Lucas Clercq* (H).

Vu de face ; chevelure brune, moustaches et royale blondes. Vêtement noir et manteau noir enroulé autour du bras droit et d'où sort la main gantée ; l'autre main sur la hanche.

— *Portrait de Feyna van Steenkiste, femme de Lucas de Clercq* (H).

De trois quarts tournée vers la droite ; robe noire, collerette godronnée, les deux mains croisées tiennent ses gants ; à gauche, une chaise ; sur le fond, on lit : *Aetatis suae 71 Ano 1675.*

H., 1,20 ; L., 0,90 T. — Fig. jusqu'aux genoux gr. nat. Deux tableaux se faisant pendant, donnés à la ville par MM. de Clercq et van Eeghen (1891).

— *Enfants regardant passer un régiment* (B).

Six gamins, en costumes voyants, à droite, sur une terrasse, sont tournés à gauche et montrent du doigt des soldats passant sur un pont ; le premier leur tire la langue.

H., 1,42 ; L., 1,59. T. — Fig. gr. nat. Attribution douteuse. Considéré cependant par M. D'HOOFT (*Kronyk*, 1895) comme une œuvre de jeunesse de Hals. En partie repeint. La muraille, à gauche, recouvre un cardinal représenté en pied. Acheté à M. Kleinberger de Paris.

## Hanneman (ADRIAEN), 1601-1671.

— *Portrait du peintre* (268).

Assis sur une chaise, de profil tourné vers la gauche, le visage de face. Longue perruque et moustaches blondes. Vêtement noir. Signé, sur la chaise : ADR. HANNEMAN A. 1656.

H., 0,78 ; L., 0,63. T. — Fig. à mi-corps gr. nat. Don de la société Rembrandt. « Ce portrait montre le souvenir déjà grandement atténué de van Dyck chez le plus habile de ses imitateurs. Peu de caractère dans cette tête rousse et bouffie. Mais le pinceau est adroit et pourra mettre joliment à l'épreuve la sagacité des critiques en quête d'œuvres de van Dyck ». (HYMANS, *Gaz. des B.-Arts*, III. Per. T. XIII, p. 60.)

## Heemskerck (MAERTEN VAN), 1498-1574.

464. — *La Sibylle d'Erythrée* (228).

Signé, en avant : MAERTEN VAN HEEMSKERK *inventor Ao 1564.*

Au revers : *Le portrait de Te Matenlief Dammasz.*

H., 1,24 ; L., 0,75. B. — Fig. 1 m. Prêté par M. Six. Volet de triptyque autrefois dans une église de Delft.

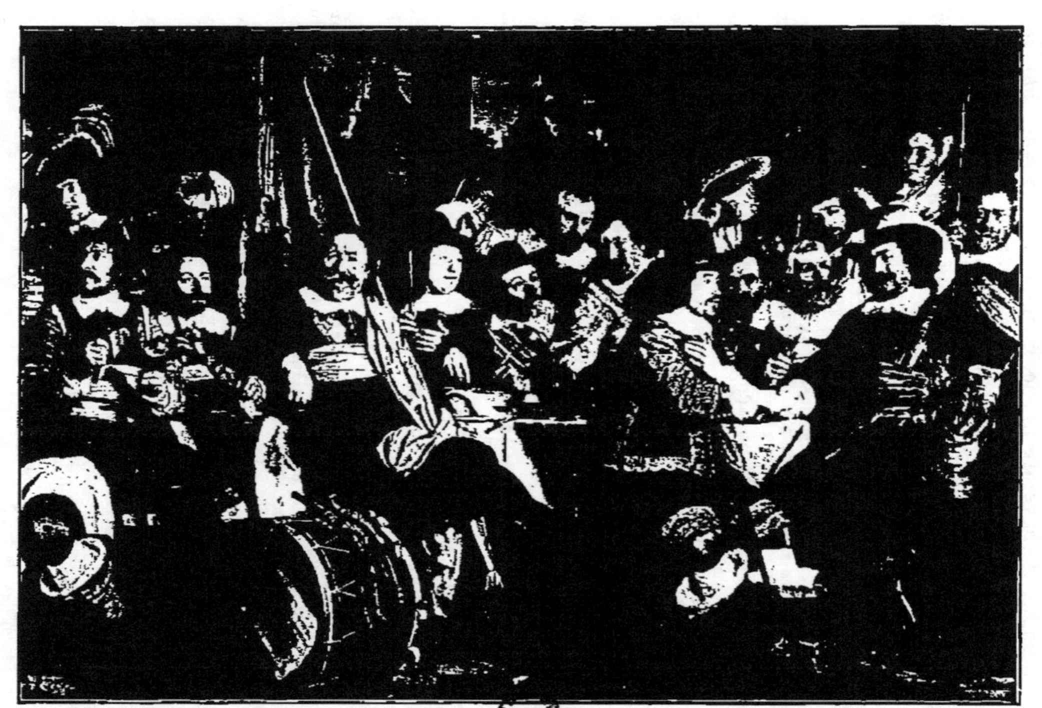

Cliché Hanfstaengl. Typogravure Hanfstaengl.



HELST (BART. VAN DER).

467. — *Le Banquet de la garde civique.* (Fragment.)

## **Helst** (BARTHOLOMEUS VAN DER), 1613-1670.

**467.** — *Le Banquet de la garde civique, à l'occasion de la conclusion de la paix de Westphalie, le 18 juin 1648 (B).*

Dans la salle du doelen de Saint-Georges, à une table servie, est assis, au premier plan, à droite, le capitaine Cornelis Wits, en noir, une ceinture bleue sur sa cuirasse, coiffé d'un chapeau noir à plumes De trois quarts tourné vers la gauche, il tient, sur sa cuisse, un hanap dont l'anse figure un Saint Georges, et donne l'autre main au lieutenant Johannes van Waveren, en pourpoint et haut-de-chausses gris soutachés d'or, bas verts, écharpe bleue, chapeau noir; au second plan, quatre convives debout, trois assis, et une servante apportant un pâté surmonté d'un dindon. Au milieu, au premier plan, adossé contre la table, le porte-étendard Jacob Banning, assis, en noir, et ceinture bleue, de la main droite tenant son chapeau noir à plumes blanches et, de la gauche, appuyant sur son épaule le drapeau bleu de la compagnie. Devant lui, sur un tambour, quatre vers du poète Jan Vos. « Le sang répugne à Bellone et Mars maudit le bruit du bronze destructeur. L'épée aime le fourreau. C'est pourquoi le brave Wits présente au noble van Waveren la coupe de paix pour fêter l'alliance perpétuelle ». A sa gauche, un homme âgé, debout, en pourpoint de soie noire à crevés jaunes, ceinture rouge, présente un hanap à un sergent assis, en pourpoint jaune, haut-de-chausses gris, bottes en buffle, mangeant du jambon. A l'extrémité de la table, deux gardes assis et quatre debout; un jeune homme les salue et leur montre le porte-étendard. Au second plan, des gardes, l'un découpant un pâté; un autre levant son verre, un troisième versant du vin dans une coupe. En avant, des bouteilles dans une bassine en cuivre. Au fond, par une fenêtre, on aperçoit des maisons et un jardin. Signé, au milieu, sur les dalles :

*Bartholomeus vander Helst, fecit A°. 1648.*

H., 2,27; L., 5,38. T. — Fig. gr. nat. Gravé par Kaiser et Patas (Coll. Lebrun). Autrefois dans le Saint Jorisdoelen, puis dans la chambre du grand conseil de guerre à l'hôtel de ville. Prop. de la Ville. On a établi de nombreux parallèles (voir REYNOLDS, *Tour in Holland*) entre ce tableau que le catalogue de 1835 appelait *le plus excellent de tous les tableaux hollandais* et la Ronde de nuit de Rembrandt qui autrefois lui faisait vis-à-vis. M. Dyserinck se fondant sur une aquarelle, faite en 1779 par Jacob Cats, qui représente une salle plus élevée, a prétendu que le tableau actuel aurait été coupé de 0,73 en hauteur. MM. SIX (*Oud Holland*, 1793) et t'HOOFT contestent cette opinion. En effet les dimensions de la salle du doelen dans laquelle le tableau était placé, au-dessus de la cheminée, et l'hôtel de ville où il fut plus tard transporté n'auraient pas permis d'y mettre un tableau plus grand. « Les mains, les étoffes, les décorations diverses, tout y est présenté avec une correction scrupuleuse qui ne sacrifie aucun détail, mais aussi avec une largeur et une justesse de touche, avec une abondance de pâte qui sauvent de la minutie cette éclatante peinture » (BURG. 137. « Le principal charme de cet ouvrage consiste dans l'individualité très prononcée de chaque partie, en ce qui concerne la forme et la couleur, dans la perfection du dessin surtout celui des mains, dans la puissance et la clarté du coloris, et enfin dans une façon de procéder qui tient le milieu entre la précision et le moelleux; au point de vue de l'ensemble, il ne se soutient pas à la même hauteur. L'effet général manque d'harmonie et la dégradation de tons qu'exigeraient les lois de la perspective aérienne dans les figures du second plan et du troisième est sacrifiée à l'amour du peintre pour le fini scrupuleux des détails » (WAAGEN, II, 305).

**468.** — *Les Chefs de la confrérie des arbalétriers de Saint-Sébastien à Amsterdam* (C).

Autour d'une table recouverte d'un tapis oriental, sont assis les quatre chefs, en vêtements et chapeaux noirs, cols blancs à glands. A droite, le capitaine Frans Banning Coq, celui-là même que Rembrandt a représenté dans *la Ronde de nuit*, tend la main droite vers ses trois collègues, qui tiennent différents objets appartenant à leur corporation; à gauche, l'imprimeur Johan Blauw soulève le couvercle d'un gobelet en vermeil; Jan van de Poll tient sur son genou un bâton d'ébène orné de nœuds d'argent et surmonté d'un oiseau d'or; le troisième, au second plan, Albert Dircksz Pater, montre une ceinture d'orfèvrerie. Au fond, à droite, dans l'ombre, deux arbalétriers; à gauche, une servante, tenant des pièces d'orfèvrerie; sur un dressoir, des coupes; en avant, à gauche, un chien, et, contre la table, une ardoise sur laquelle sont inscrits le nom de Pater, de Poll et de Blauw et la signature : BARTHOLOMEUS VAN DER HELST. 1657. Autrefois on lisait 1653.

H., 2,64; L., 1,75. T. — Fig. gr. nature. Autrefois dans la salle du Doelen des arbalétriers au Singel qui appartenait au frère du peintre, puis dans la chambre du Conseil de guerre à l'hôtel de ville. Le quatrième personnage, dont le nom n'est pas inscrit sur l'ardoise a passé longtemps pour être le peintre lui-même. Il est admis aujourd'hui qu'il faut reconnaître en lui Frans Banning Coq. Il existe, au Louvre, une répétition réduite de ce tableau faussement intitulée « *Le Jugement de l'arc* » (H., 0,50; L., 0,67. Fig. 0,50) achetée par Louis XVI à la vente Jean de Graaf; copie de l'époque, faite, sans doute, pour un des membres de la gilde, mieux conservée que l'original, mais dans laquelle on relève quelques différences avec l'original : il y a trois arbalétriers, au second plan; par la porte ouverte, à droite, on aperçoit un coin de paysage; à gauche, est tendu un rideau rouge, etc.

**469.** — *Portrait de Marie-Henriette Stuart, femme de Guillaume II* (214).

Signé : BARTOLOMEUS VAN DER HELST 1652 FE.

H., 1,56; L., 1,65. T. — Fig. gr. nat. Musée de La Haye.

**470.** — *Portrait du Lieutenant-Amiral Aart van Nes* (Amiraux).

Signé à droite : B. VAN DER HELST 1668.

H., 1,36; L., 1,22. T. — Fig, à mi-corps gr. nat. Le fond est de Bakhuysen. Acheté en 1800. Musée de La Haye.

**471.** — *Portrait de Geertruda den Dubbelde, femme de l'amiral van Nes* (Amiraux).

H., 1,38; L., 1,22. T. — Fig. à mi-corps gr. nat. Pendant du N° 470. « La tête de l'homme est un peu lourde, mais la femme est superbe » (BURG. 144).

**472.** — *Portrait d'Adriaen Bicker, seigneur d'Engelenburg, bourgmestre d'Amsterdam* (A).

Signé, en haut : B. VANDER HELST ÆTAS 56.

H., 0,90; L., 0,69. B. — Fig. à mi-corps gr. nat. Acheté 150 fl. en 1848.

**474.** — *Portrait de Gerard Bicker, droissart de Muiden* (A).

Jeune homme, très corpulent, de trois quarts tourné vers la gauche, le visage imberbe et joufflu, encadré par une chevelure blonde bouclée. Pourpoint gris perle avec des crevés aux manches. Manteau gris, à doublure rose, sur l'épaule gauche. La main droite tenant ses gants est repliée sur la poitrine ; la gauche est posée sur la hanche.

H., 0,90; L., 0,69. T. — Fig. à mi-corps gr. nat. Acheté 92 fl. en 1848.

**475.** — *Portrait d'homme* (H).

**476.** — *Portrait de femme* (H).

H., 0,66; L., 0,56. B. — Fig. en buste gr. nat. Ces deux tableaux se font pendant ; achetés 480 fl. à la V. v. der Pot. Le 476 signé : B. VAN DER HELST 1646.

**477.** — *Les gardes civiques du capitaine Roelof Bicker et du lieutenant Jan Michielsz Blau devant la brasserie de Haan, au coin du Lastaadje* (R).

Au milieu, vu de face, le lieutenant, en vêtement brun avec des crevés aux manches, chapeau gris à plumes bleues, appuyé sur une canne, et un garde, en pourpoint jaune, chausses grises, chapeau gris, des cartouches suspendues à un baudrier, épaulant son mousquet. A gauche, les gardes, dont les uns sont armés de piques et les autres déchargent leur mousquet, un petit garçon s'appuyant fièrement sur une pique et un jeune homme, en chausses rouges à nœuds roses, pourpoint jaune, chapeau gris, le poing sur la hanche. A droite, un sergent en noir, salue le capitaine qui s'avance, en vêtement gris perle, un manteau blanc sur le bras gauche, son chapeau dans la main droite. Devant lui, trois gardes assis. Contre le cadre, neuf gardes, dont l'un brandit une épée nue. Au second plan, devant la brasserie, à la fenêtre de laquelle se penche un garde, son verre à la main, sont assis deux autres gardes, dont l'un porte la santé du capitaine ; devant eux, un chien couché. Signé, à gauche, au pied d'un garde en rouge : B. VAN DER HELST FT. 1639.

H., 2,30; L., 7,50. T. — Fig. gr. nat. Autrefois dans la chambre du grand conseil de guerre à l'hôtel de ville. Prop. de la ville. « Cette page, remplie de groupes animés rivalise de mérite avec ses œuvres ultérieures » (WAAGEN, II, 305). « Les dimensions de la toile ne permettent guère plus que dans une frise, de concentrer la scène ; mais on ne peut cependant faire à ce tableau la critique adressée parfois au *Repas des Arquebusiers*, que l'attention du spectateur y est distraite par l'éparpillement même de la lumière, et qu'à raison même de l'absence d'un groupe central la composition manque d'unité » (MEYER, *Oud-Holland*, IV, 226).

**478.** — *Portrait du vice-amiral Johan de Lieffde* (Amiraux).

H., 1,36; L., 1,22. T. — Fig. jusqu'aux genoux gr. nat. Signé à gauche : B. VAN DER HELST 1688. Acheté 5000 fl. en 1884.

— *Quatre membres de la gilde des archers*, 1653 (G).

Ils sont assis à une table recouverte d'un tapis vert ; au second plan, un huissier tenant un encrier en étain, sur lequel on lit: C. Pook, et un jeune garçon portant un gobelet. Signé : B. VAN DER HELST FECIT 1657.

H., 1,75 ; L., 2,64 ; T. — Fig. gr. nat. Autrefois dans la chambre du bourgmestre. Prop. de la ville. La signature et la date repeintes.

## Helst (LODEWYK VAN DER), 1642 ou 1643-après 1680.

**485.** — *Portrait du Lieutenant-Amiral Stellingwerf* (Amiraux).

Signé : L. VAN DER HELST F. 1670.

H., 0,99; L., 1,33. B. — Fig en buste gr. nat. Musée de La Haye. Attribué par WAAGEN à Bartholomeus van der Helst. Ce portrait n'a pu être fait d'après nature, l'amiral ayant été tué en 1665.

## Hemert (JAN VAN), milieu du XVII^e siècle.

**487.** — *Portrait de Dirck Hendrick Meulenaer* (225).

De trois quarts tourné vers la droite, le visage rasé, vu de face. Perruque châtain. Vêtement noir à crevés blancs aux manches. Col blanc, chapeau noir à ganse rose. Manteau noir autour du bras gauche, la main droite, en avant. Signé, à gauche :

Jan v Hemert fe. 1697

H., 0,85 ; L., 0,67. T. — Fig. à mi corps gr. nat. Legs v. de Poll.

## Hemessen (JAN SANDERS DIT JAN VAN), Flamand, 1500-après 1555.

— *Ecce homo* (235).

Au fond, à droite, le Christ, couronné d'épines, descend l'escalier du prétoire, palais de style Renaissance. En avant, la foule réunie sur une place, et, au milieu des ouvriers sur des échafaudages autour d'une colonne de pierre ; à gauche, des haquets, des charrettes, des marchands près d'un canal. Au bout, une porte de ville avec donjon et tourelles.

H., 0,44 ; L., 0,87. B. — Fig. 0,12. Acheté 1000 fl. à M. Dirix van Aubel (1893).

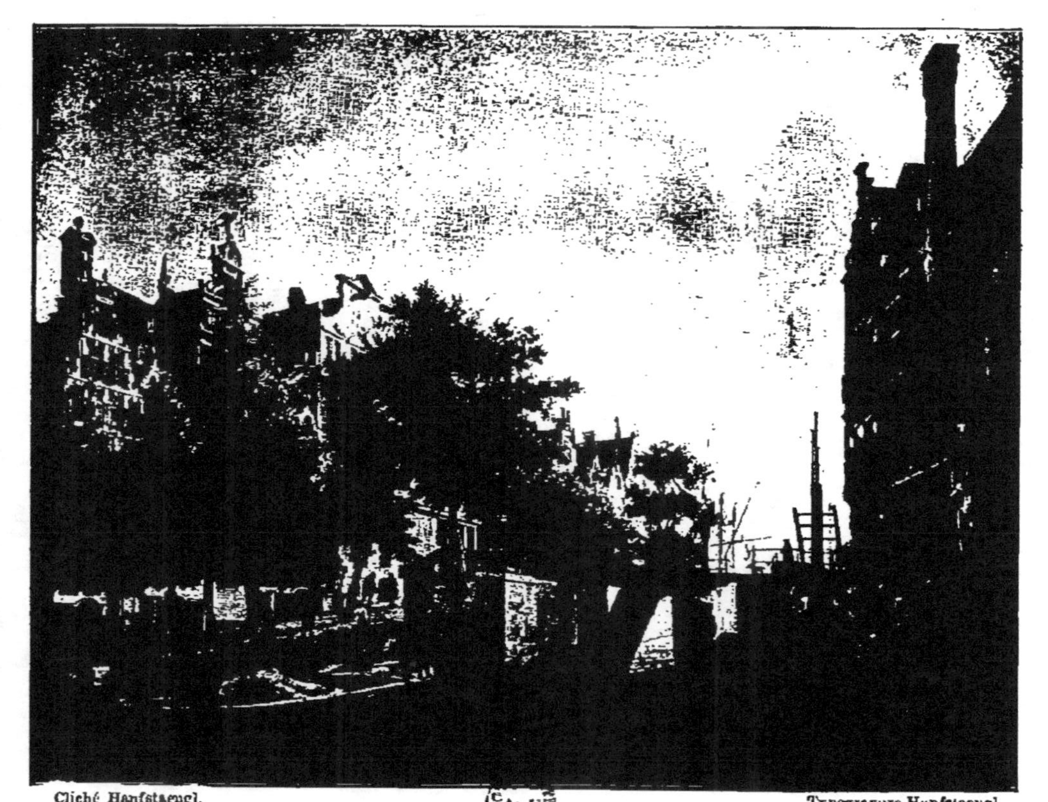

Cliché Hanfstaengl. Typogravure Hanfstaengl.

HEYDEN (VAN DER).

493. — *Le Pont-Levis.*

## Heusch (WILLEM DE), 1638 (?) - après 1669.

**489.** — *Paysage italien* (227).

Signé, à droite : G. D. HEUSCH f. (G. D. H. accolés)

H., 0,21 ; L., 0,28. Cuivre. 300 fl. v. Versteeg (1824). Coll. Rombouts. Legs Dupper.

**490.** — *Paysage italien* (227).

Signé, à droite : G. D. HEUSCH F.

Pendant du précédent. Les figures de Ad. v. de Velde.

## Heyden (JAN VAN DER), 1637-1712.

**492.** — *Le pont de pierre* (217).

Au milieu, un homme, portant un paquet, passe sur un pont orné d'une statue, et une femme, un seau à la main, descend un escalier. Sur les rives bordées de maisons et plantées d'arbres, à gauche, une femme et un enfant, à droite, trois hommes et un chien.

H., 0,35 ; L., 0,43. B. — Gravé par Boland. Acheté 1045 fl. avec le N° 493 à la vente v. d. Pot. Les figures sont de Adriaen van de Velde. « Avec un tact remarquable, Adriaen subordonne son exécution à celle de son confrère et, dans les paysages microscopiques peints par celui-ci, parvient, tout en gardant plus de largeur dans l'exécution, à rivaliser avec lui de fini minutieux et de perfection » (E. MICHEL, *Gaz. B.-Arts*, 1888, p. 270).

**493.** — *Le pont levis* (217).

Au premier plan, à droite, un homme, devant une maison ornée d'une cariatide ; au milieu, un pêcheur à la ligne. Au fond, un homme traînant une brouette sur un pont levis. Sur le quai, planté d'arbres, des maisons en pleine lumière. Signé : V. HEYDE. F. (V. H. accolés).

Pendant du précédent. Même provenance. Estimés 250 L. par SMITH, N° 13 et 14.

**494.** — *Un canal* (216).

Au milieu, un bateau franchit une écluse ; à gauche, contre le quai, bordé d'arbres et de maisons, sous un pont, est amarrée une barque ; à droite, un palais avec une statue dans une niche ; çà et là, des promeneurs. Ciel très lumineux. Signé, sur l'écluse :

VHeyden

H., 0,43 ; L., 0,57. B. — Coll. Gevers et v. Heteren. Figures de Ad. van de Velde. Estimé 200 L. par SMITH, N° 2.

**495.** — *Vue de la ville d'Amersfoort* (265).

Des promeneurs sur une route pavée qui mène à la porte d'une ville flanquée de deux tours; à gauche, dans le fossé, un pêcheur et une femme; au fond, la ville.

H., 0,48; L., 0,64 Fig. 0,04. Acheté 3000 fl. en 1834. Coll. v. d. Hoop. Les figures d'Ad. van de Velde.

*Vue du Dam* (272).

Sur la place, à gauche, trois promeneurs, et un enfant; au milieu, un cheval traînant trois tonneaux, sur lesquels sont assis deux paysans. Au fond, des promeneurs devant l'église. A droite, le Poids public. Signé, à droite, sur l'auvent : V. Heyde.

H., 0,65; L., 0,54. B. — Figure 0,17. Don van Lennep. Prop. de la ville.

## Hobbema (Meindert), 1638-1709.

**506.** — *Un moulin à eau* (227).

Au milieu, la roue du moulin, et, sur le premier plan, le cours d'eau; sur la droite, un long bâtiment avec grand toit en tuiles; sous la porte, une paysanne; en avant, un paysan roule un tonneau. A gauche, un taillis boisé descendant vers la plaine. Signé, à gauche, dans l'eau :

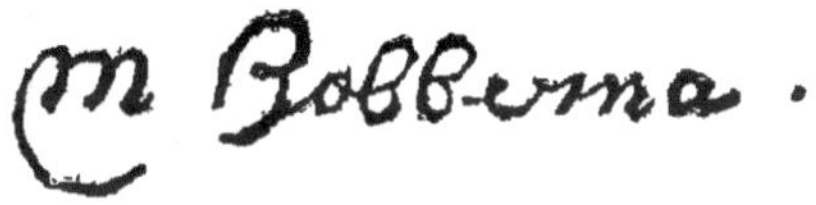

H., 0,58; L., 0,82. B. — Fig. 0,06. Gravé par Unger et Boland. 5500 fl. V. Heugel. La Haye (1834). Coll. Rombouts. Legs Dupper. « D'une facture franche, facile, un peu expéditive, avec des arbres gris bleuâtres assez empâtés et les eaux rendues au contraire par un frottis léger couvrant à peine le panneau » (E. Michel, *Hob*, 40).

**507.** — *Le moulin à eau* (269).

Au milieu, le moulin au toit de tuiles rouges alimenté par une chute qui coule dans une rigole en bois, posée sur pilotis. Sur le seuil, un paysan, et une femme, en caraco rouge, lavant son linge; vers elle, se dirigent un paysan et un enfant. Fond montagneux. Signé, à gauche : M. Hobbema.

H., 0,59; L., 0,83. B. — Gravé par Kasteren. Coll. William Smith, Bonnemaison, Philips et Lafontaine. 182 g. V. Robin (1831). 149 g. V. Allan (1835). Coll. v. de Hoop. Il en existe une réplique, avec de très légères modifications, dans la collection de Richard Wallace, achetée 27,000 fl. à la vente de Guillaume II de Hollande et exposée en 1857 à Manchester. Smith, N° 47, et Sup., N° 16.

**508.** — *Paysage* (269).

Au premier plan, une mare; à droite, dans les arbres, une grange et deux personnes devant une chaumière. Signé, dans l'eau : M. Hobbema (M. H. accolés).

H., 0,14; L., 0,31. B. — Les figures seraient d'Abraham Stork. 125 fl. V. Coll. van Frankenstein. Coll. v. d. Hoop. « Les reflets des arbres à l'envers dans l'eau, sont exquis de couleur. Tout ce mirage merveilleux qui semble trembloter est obtenu par des frottis transparents. Le reste est peint à pleine pâte, d'une touche sûre, aussi juste que spirituelle » (Burg., II, 130).

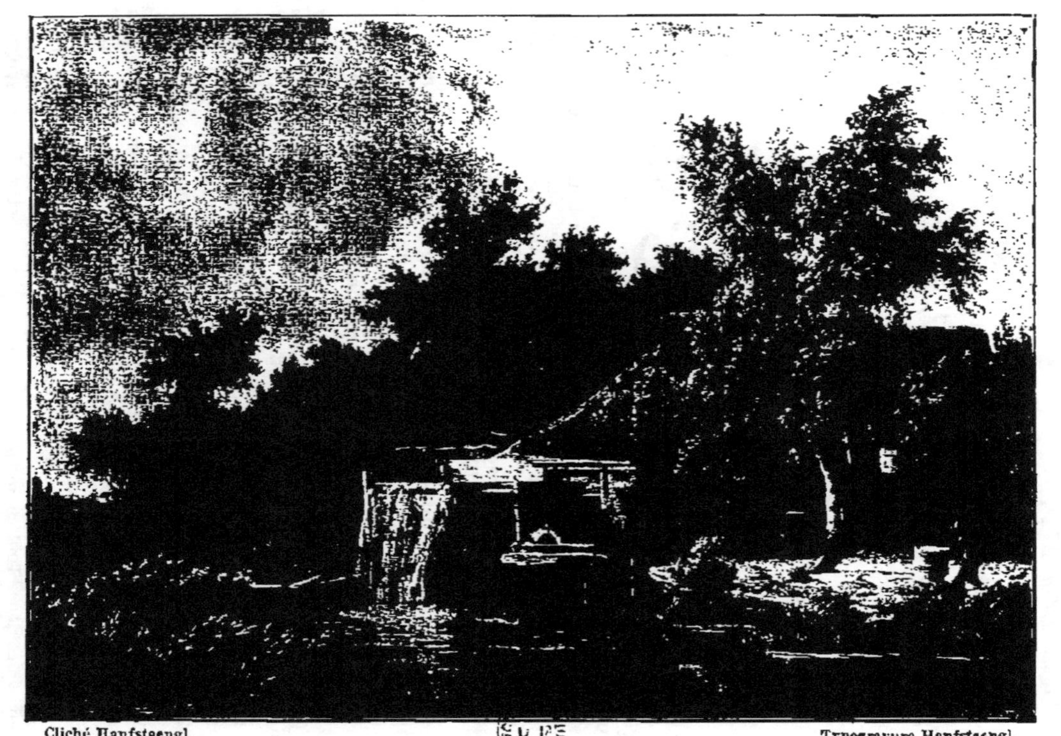

Cliché Hanfstaengl. Typogravure Hanfstaengl.



HOBBEMA.

506. — *Le Moulin à eau.*

### **Hondecoeter** (MELCHIOR D'), 1636-1695.

**660**. — *La pie philosophe* (A).

Signé : M. D. H.

H., 2,10 ; L., 1,33. T. — Musée La Haye.

**661**. — *La maison de campagne* (G).

H. 0,11 ; L., 1,33. T. — Musée de La Haye.

**665**. — *La plume flottante* (H).

Au milieu, des canards, sur un bassin où flotte une plume ; à gauche, sur la rive, un pélican blanc ; sur la rive opposée, un flamand, un casoar, une grue et d'autres oiseaux. Dans l'air, vole un geai. Fond boisé. Signé, au milieu, sur le bord du bassin : M. D. HONDECOETER.

H., 1,56 ; L., 1,41. T. — Musée de La Haye. « Les mouvements des animaux, je devrais dire l'expression même de leur regard, la façon avec laquelle sont rendus leur physionomie et leur caractère, tout est ici si profondément vrai qu'aucun artiste ne peut être comparé même de loin à Hondecoeter sous ce rapport » (BRÉD., I, 87).

**666**. — *Gibier mort* (225).

Signé : M. D. HONDECOETER

H., 1,07 ; L., 0,84. T. — 55 fl. V. Muilman, Legs v. de Poll.

**668**. — *Des oiseaux* (269).

Signé, à gauche, sur le piédestal de la colonne : M. D. HONDECOETER.

H., 1,31 ; L., 1,72. T. — 250 fl. V. Brondgest. Coll. v. d. Hoop.

### **Honthorst** (GÉRARD VAN), 1590-1656.

**669**. — *Le joyeux musicien* (C).

De trois quarts tourné vers la droite, le visage souriant vu de face, il se penche à une fenêtre ; de la main droite, il élève un verre, et de la gauche, un violon et un archet. Pourpoint bleu à rayures blanches, toque bleue à plumes. Au fond, une draperie rouge. Signé, au milieu, sous la fenêtre :

Honthorst. fc. 1623.

H., 1,06 ; L., 0,87. T. — Fig. à mi-corps gr. nat. 500 fl. V. van Maens (1804). « De la première manière hollandaise du peintre, avant sa déformation en Italie » (BURG. I., 64).

**670**. — *Portrait du prince Frédéric Henri*, 1584-1647 (214).

**671**. — *Portrait de la princesse Amalia de Solms, femme du prince Frédéric Henri*, 1602-1650 (214).

H., 1,25 ; L., 0,99. T. — Fig. gr. nat. Signé : G. HONTHORST (G et H accolés), 1650. Musée de La Haye. Tableaux se faisant pendant.

**673**. — *Portraits du prince Frédéric Henri, de sa femme et de ses trois filles* (214).

Signé : G. HONTHORST 16... fec.

H., 2,67 ; L., 3,52. T. — Musée de La Haye.

## Hooch (PIETER DE) ou Hoogh, 1630 - après 1677.

**681**. — *Portrait d'homme* (268).

Dans un ovale, de trois quarts tourné vers la droite. Cheveux châtains, vêtement noir, rabat blanc. Sur le fond, on lit : *Ætatis* 19. P. D. H.

H., 0,42 ; L., 0,33. B. — Fig. 0,11. Gravé dans la *Vie des Peintres*. 29 fl. à Amsterdam en 1844. Suivant certains critiques, ce portrait serait celui du peintre. La partie inférieure, la main tenant la palette a été rajoutée. Attribution et signature douteuses. Voir *Oud. Holland*, 1892, p. 180. La coll. Czernin à Vienne possède un portrait de P. de Hooch, d'une authenticité certaine, qu'il faudrait rapprocher de ce tableau.

**682**. — *Le cellier* (272).

A gauche, dans une salle dallée, une femme, en jupon bleu, caraco rouge à manches grises, tablier noir, bonnet blanc, de profil tournée vers la droite, tend un pot à une petite fille, en robe grise, bonnet brodé, sa chevelure blonde encadrant son visage. Au fond, dans le cellier, dont la porte est ouverte, un petit tonneau, près d'une lucarne. A droite, dans une seconde pièce, près d'une fenêtre, dont l'un des battants est ouvert, une chaise ; à la muraille, un portrait. Signé, à gauche : P. D. H.

H., 0,65 ; L., 0,59. T. — Fig. 0,33. 66 fl. V. van der Lep (1842) ; 2,600 fl. V. de Bruyn (1798) ; V. van Alpen (1810) ; 4050 fl. V. Hogguer (1817). Le pendant se trouve dans la Coll. Oppenheim à Cologne. « C'est délicieux de naïveté dans les paysages et superbe de simplicité dans l'ensemble » (BURG., I, 101). Estimé 600 g. par SMITH, 25.

**683**. — *Le messager* (269).

Dans une pièce, à droite, près d'une fenêtre, est assise, en pleine lumière, de trois quarts tournée vers la gauche, une jeune femme, en jupe jaune, corsage bleu clair, tablier blanc, un chien sur ses genoux. Elle avance la main pour prendre une lettre que lui tend un messager, en vêtement rouge à rayures jaunes. Au fond, sur le seuil de la porte donnant sur le quai planté d'arbres d'un canal, une petite fille, un fouet à la main. Sur la rive opposée, deux hommes devant une maison. Signé, sur le linteau de la fenêtre :

P. d'hooch. f. 1670.

H., 0,66 ; L., 0,57. T. — Fig. 0,38. Coll. Camper. 3311 fl. V. Meynders (1828). Coll. v. d. Hoop. SMITH, 61, suppl., 22. « Un chef-d'œuvre, comme effet d'opposition de lumière et d'ombre ». (WAAGEN, III, 33). On peut cependant se demander, avec

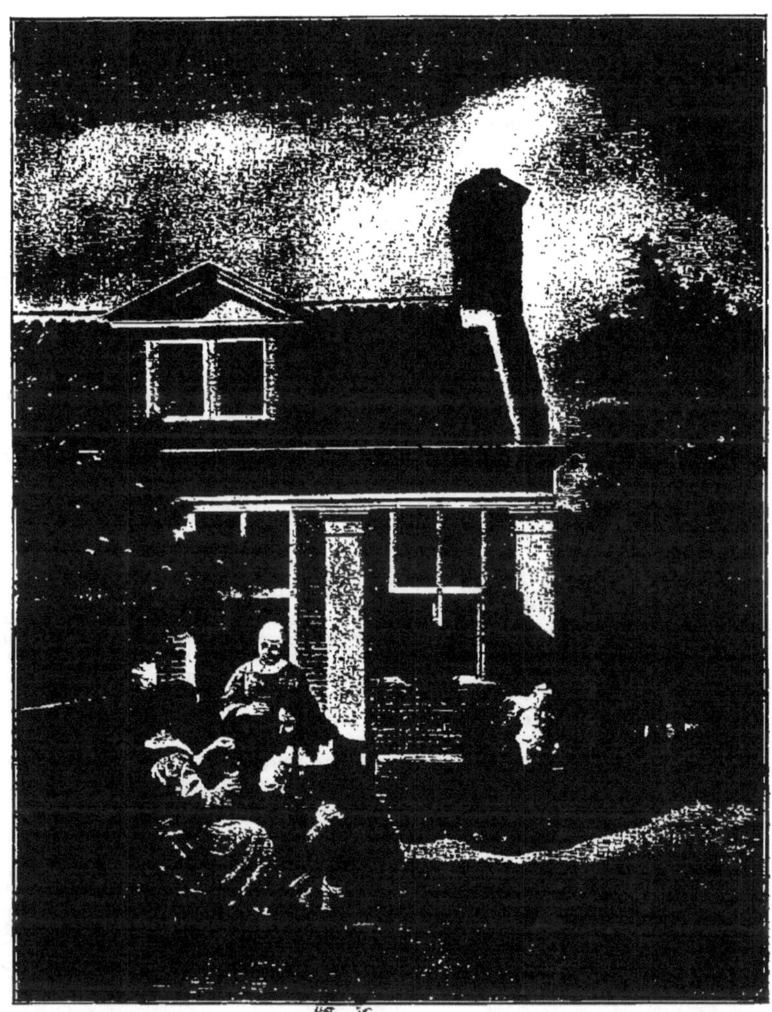

Cliché Hanfstaengl. Typogravure Hanfstaengl.



HOOCH (PIETER DE).

686. — *La Société en plein air.*

M. Brédius, si la lumière qui éclaire l'enfant n'est pas trop vive, par rapport aux ombres que projettent les arbres plantés devant la maison.

**684.** — *Intérieur* (265).

Dans une chambre, éclairée à gauche par une fenêtre, une jeune mère assise, de trois quarts tournée vers la droite, en jupe rouge et caraco bleu brodé de fourrure, tient dans ses bras un bébé, en robe jaune. Au milieu, un berceau. Au fond, à droite, devant la cheminée, un vêtement rouge sur une chaise, et une servante qui balaie ; à gauche, une porte ouverte donnant sur la rue. Signé, à gauche, au pied d'une table couverte d'un tapis turc, sur lequel est posé un panier : P. D. Hooch.

H., 0,35 ; L., 0,41, T. — Fig. 0,16. Coll. Schimmelpenninck, Jurrians, Locquet et v. d. Hoop. « L'attrait de ce tableau consiste dans la simplicité du sujet et la profonde harmonie de l'ensemble. L'exécution est un modèle de douceur et de morbidesse » (Waagen, III, 32).

**685.** — *Une mère peignant son enfant* (269).

Dans une chambre carrelée, une mère, en jupe bleue, caraco rouge bordé de fourrure, bonnet noir, assise, de trois quarts tournée vers la droite, peigne sa fille agenouillée devant elle, en jupe verte et corsage violet ; au second plan, une bassinoire devant une alcôve fermée par des rideaux verts ; au milieu, un chien. Au fond, une porte donne dans une seconde chambre, sur le plancher de laquelle se reflète une autre porte qui s'ouvre sur la rue.

H. 0,52 ; L., 0,59, B. — Fig. pet. nat. Gravé par Kasteren. 3,500 fl. V. de Faesch (1833) ; Coll. v. d. Dussen, Braamcamp et v. d. Hoop. Smith. Suppl., I. Attribué autrefois à Boursse, puis restitué à Pieter de Hooch, ce tableau est considéré comme un des meilleurs spécimens du peintre conservés en Hollande. Voir *Oud. Holland*, 1892, p. 180. « L'artiste se rapproche ici beaucoup de van der Meer, surtout dans la disposition des couleurs, notamment dans le vêtement de l'enfant » Bréd., I, 83).

**686.** — *La société en plein air* (269).

Contre la clôture en planches d'une maison au toit en tuiles rouges, au premier plan, à gauche, sont assis, à une table, une dame de trois quarts tournée vers la droite, vêtue d'une jupe jaune et d'un caraco violet, exprimant dans un verre le jus d'un citron, et un homme, en pourpoint marron, chausses rouges, une pipe dans la main et regardant en souriant sa compagne. Vers ce couple, s'avance une servante, portant un verre. Au fond, à droite, près d'un banc, une autre servante écure un chaudron. Une porte ouverte donne dans le verger.

H., 0,59 ; L., 0,46, T. — Fig. pet. nat. Coll. O' Neil et v. d. Hoop. Intitulé « les Amoureux » par Smith. De la première manière du peintre, dans les tons clairs.

**687.** — *Un couple faisant de la musique* (269).

Dans une chambre, au milieu, une femme, en jupe et caraco rouges bordé d'hermine, cornette et pèlerine blanches, assise sur une chaise, de trois quarts tournée vers la droite, regardant le spectateur, joue du clavecin. A droite, un homme debout, vu de dos, en houppelande noire, son chapeau à ses pieds, l'accompagne sur un luth; dans une glace, accrochée, au fond, contre la muraille, se reflète son visage. A gauche, une fenêtre ouverte; à droite, le lit caché par des rideaux. Signé, sur le linteau de la fenêtre : P. D'HOOGH.

H., 0,82; L., 0,64. T. — Fig. 0,38. Ce tableau avait été attribué par BURGER à Koedyck; mais, ainsi que le fait remarquer M. HOFSTEDE DE GROOT (*Oud Holland*, 1892, p. 180), il n'y a aucun rapport entre ce tableau et celui que possède le Musée de Bruxelles, N° 319.

## Hoogstraten (SAMUEL VAN), 1626-1678.

### 690. — *Le convive indigne* (F).

Au premier plan, au milieu, le roi revêtu d'un manteau rouge, coiffé d'un turban et d'une couronne, ordonne d'emporter le convive indigne. Au fond, autour d'une table, les mariés et les invités ; à droite, derrière le roi, deux pages et deux serviteurs. En avant, une cruche en argent à couvercle doré, sur une table ronde.

H., 1,12 ; L., 1,54. T. — Fig. 1 m. Musée de La Haye. Attribution contestable. Acheté en 1802 comme une œuvre d'Eeckhout.

### 691. — *Portrait de Mathew van den Brouck, conseiller de la compagnie des Indes* (227).

Signé à droite, sur une balustrade : S. v. H. Ao. 1670.

H., 1,39 ; L., 1,06. T. — Fig. à mi-corps gr. nat. Acheté 150 fl. en 1857. Legs Dupper.

### 692. — *La jeune malade* (269).

Dans une chambre, au milieu, une jeune fille, en jupe bleue, caraco jaune bordé d'hermine, serre-tête et tablier blancs, assise de face, les pieds sur une chaufferette, appuie son coude gauche sur une table recouverte d'un tapis rouge. A droite, au second plan, le médecin, en vêtements noirs, debout, devant un lit fermé par des rideaux verts, de trois quarts tourné vers la gauche, examine le contenu d'une fiole. A gauche, un escalier conduit à une salle dont les murs sont tapissés de tableaux ; par une porte entr'ouverte, on aperçoit, dans une seconde chambre, une cheminée monumentale. En avant, à droite, un chat; et, sur le plancher, la signature : S. v. H.

H., 0,67 ; L., 0,55. T. — Fig. 0,39. — 850 fl. V. Faesch (1833) Coll. v. d. Hoop. « Les figures sont très finement dessinées. L'harmonie générale de la couleur est étrange, distinguée, originale. Il y a des tons paille, des tons perle, des tons argentés, très heureux de rapprochement; et, dans les ombres, de la légèreté ! » (BURG. II, 54).

## Houbraken (ARNOLD), 1660-1719.

### 693. — *Un atelier de peintre* (269).

Signé, sur le parquet : ARN HOUBRAKEN PINXIT.

H., 0,48 ; L., 0,18. B. — Fig. 0,16. — 306 fl. en 1841. Coll. v. d. Hoop.

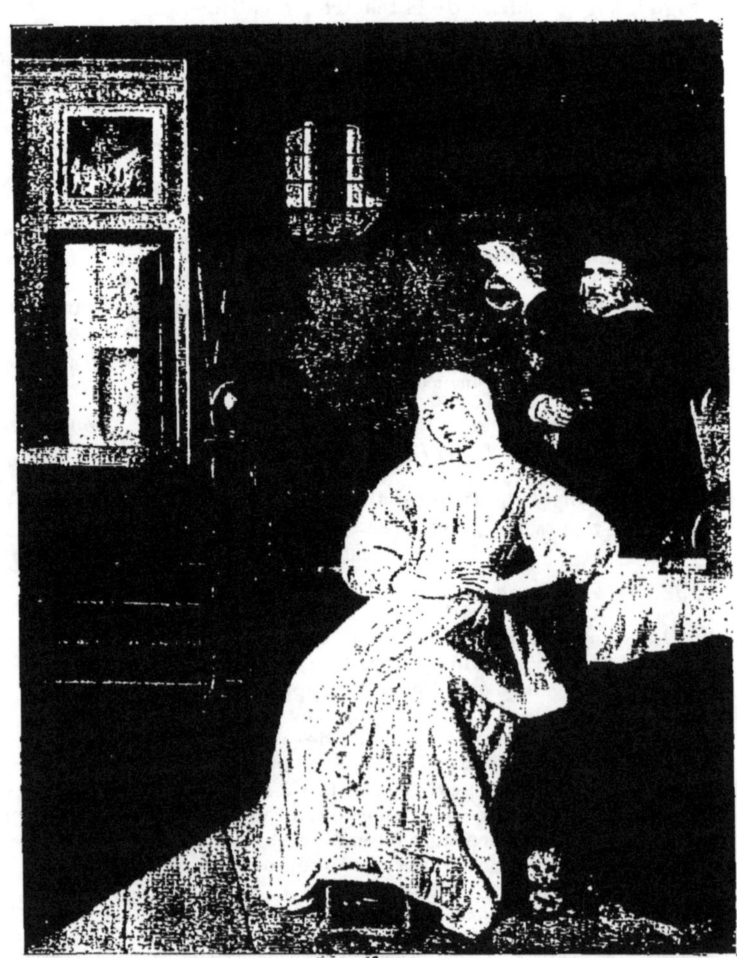

Cliché d'un amateur. Typogravure Ruckert.



HOOGSTRATEN (SAMUEL VAN).

692. — *La Jeune malade.*

## **Huchtenburgh** (JOHAN VAN), 1646-1733.

**696.** — *Une charge de cavalerie* (273).

Signé, à droite : J. V. HUCHTENBURGH.

H., 0,57 ; L., 0,73. T. — 300 fl. en 1806. Musée de La Haye.

## **Jacobsz** (DIRK), fin du XV^e siècle - 1567.

**718.** — *Tableau de gardes civiques, douze personnages* (228).

Dans un paysage sont réunis douze gardes, vêtus, deux en blanc, les autres en noir ; quelques-uns portent une houppelande doublée de fourrure. Ils tiennent chacun un objet différent : verre, hanap, coupe, hareng, arquebuse, etc. Signé, à gauche, sur un cartel fixé à un arbre : D., *le monogramme de son père* JACOB CORNELISSEN, I. *1529*.

H., 0,94 ; L., 1,75. B. — Fig. en buste gr. nat. Prop. de la Ville.

**719.** — *Tableau de gardes civiques, dix-sept personnages* (228).

Représentés sur deux rangées, séparées par une rampe en bois; la rangée supérieure renferme huit personnages, l'autre neuf. Vêtement noir, toque noire, chemisette blanche. Signé, sur la rampe : *D. le monogramme de* J. CORNELISSEN, I. ANO DNI 1529.

H., 0,91 ; L., 1.75. B. — Fig. à mi-corps gr. nat. Prop. de la Ville. « Il y a là bien des analogies avec l'école de van Eyck : principalement l'expression intime des caractères, l'exécution minutieusement poursuivie avec amour, la quiétude et la grande simplicité ; cependant la disposition singulière des mains (que l'artiste peignait avec un soin particulier) et la perfection même avec laquelle elles sont représentées donnent à la composition je ne sais quel air d'incohérence » (BRÉD., 5).

## **Jardin** (KAREL DU), 1622-1678.

**723.** — *Portrait du peintre* (268).

Presque de face, le visage à gauche. Moustaches et chevelure noires. Pourpoint gris ; col blanc, manches blanches. De la main droite, il tient les plis de son manteau. Signé, à droite, en haut : K. DU JARDIN F. 1660.

H., 0,56 ; L., 0,20. B. — Fig. en buste pet nat. 1600 fl. V. Muller (1827). SMITH, N° 79, donne à tort la date de 1662 à ce portrait qu'il qualifie d'admirable. « Bien qu'il soit d'un dessin très savant, très correct et très travaillé, il est cependant triste comme physionomie et comme couleur ». (BURG., *Amst.*, 68); à comparer avec le portrait du peintre au Louvre (N° 2434) daté de 1657.

**724.** — *Les cinq Régents de la maison de correction* (A).

Autour d'une table recouverte d'un tapis violet, ils sont assis, en vêtements et chapeaux noirs, rabat blanc : l'un, au milieu, tient un papier sur lequel on lit : 1669 Muylman ; au second plan, un second régent parle au directeur ; à gauche, un troisième est assis ; à droite, deux autres s'entretiennent ensemble ; au second plan, un valet et une servante. Fond architectural. Signé, à gauche, sur le mur : Karel : du : Jardin : fec : Anno. 1669.

H., 2,33 ; L., 3,87. T. — Fig. gr. nat. Le seul tableau de corporation du maître. Prop. de la ville. « Ce tableau montre admirablement comment tous les petits maîtres hollandais, si habiles dans les sciences familières et naïves se sont perdus, quand ils ont voulu tenter des machines disproportionnées à leur talent. Alors ils sont vides, lâches, communs et faux. Toutes leurs qualités de lumière, de couleur, de délicatesse et d'expression les ont abandonnés ». (Burg, I, 66). Smith, 86.

**725.** — *Portrait de Gérard Reinst, célèbre collectionneur, échevin d'Amsterdam* (214).

Signé : K. du. Jardin f.

H., 1,25 ; L., 1,03. T. — Fig. à mi-corps gr. nat. Acheté 1000 fl. en 1815. Smith, 100.

**726.** — *Paysage italien avec des animaux* (227).

Signé : K. du Jardin f.

H., 0,36 ; L., 0,47. B. — Fig. 0.14. — Gravé par Boland. 3210 fl. V. Muller (1827). Coll. Rombouts. Legs Dupper. Smith, 84.

**727.** — *Un trompette à cheval* (272).

Signé, sur le sol : K. du Jardin f.

H., 0,42 ; L., 0,33. T. — Fig. 0,13. Gravé par Schultz. Coll. v. Heteren. Smith, 85. « Excellent petit tableau, digne de la réputation de l'artiste dans ces sortes de sujets ». (Burg, 170).

**729.** — *Le laboureur dans sa métairie* (273).

Signé, à gauche : du jardin fc. 1655.

H., 0,34 ; L., 0,45. T. — Fig. 0,55. Coll. v. Heteren.

## Jongh (Ludolf de), 1616-1697.

**737.** — *Portrait du vice-amiral Jan van Naes* (Amiraux).

Signé : L. D. Jongh Ao 1666.

H., 1,09 ; L., 0,86. T. — Fig. à mi-corps gr. nat. Gravé par Bloteling. Musée de La Haye.

**738.** — *Portrait de Aletta van Ravensborgh, épouse de Jan van Naes* (Amiraux).

Signé : L. D. Jongh Ao. 1668.

Pendant du précédent.

**739.** — *Le bonheur domestique* (269).

Dans une chambre, au second plan, près d'une table recouverte d'un tapis oriental, sur laquelle sont posés des fruits, des gâteaux et une aiguière, un père de famille, en vêtement marron, ceinture et chapeau noirs, debout, de la main droite tenant un verre, tend, de l'autre main, un gâteau à un bébé que porte, sur ses genoux, la mère, assise, à droite, en jupe marron, corsage noir. En avant, une petite fille assise à terre, près d'un berceau en osier, un hochet à la main, un chien qui jappe et une chaise. Au fond, au milieu, l'âtre ; à gauche, un lit et une fenêtre. Signé, et daté sur une couverture, à droite : L. DE JONGH 1673.

H., 0,72 ; L., 0,62. T. — Fig. 0,35. 1200 fl. V. Boer (1840) sous le nom de Musscher. Coll. v. d. Hoop. « La couleur du tableau est puissante, mais harmonieuse, le dessin correct, le clair obscur tout à fait remarquable. Les détails sont finement rendus, mais sans minutie » (BRÉD., I, 173).

## Jordaens (JACOB), Flamand, 1593-1678.

**741.** — *Un satyre* (235).

H., 1,36 ; L., 1,73. T. — Fig. gr. nat. Gravé par Bolswert. 360 fl. V. Stinstra (1822).

**742.** — *Le denier dans la bouche du poisson* (Ev. S. Mathieu, XVII, 27) (235).

Sur un quai, le Christ, entouré de ses disciples, est tourné vers saint Pierre qui retire de la bouche du poisson la pièce de monnaie. Sur un bateau, en avant, de nombreux passagers, des animaux, un matelot qui hisse une voile, un paysan appuyé contre une bouteille d'osier, etc. Sur le quai, bordé de maisons, deux hommes, un enfant et un cheval. A gauche, le fleuve. Signé, sur une marche du débarcadère : J. JORD. FEC.

H., 1,45 ; L., 1,95. T. — Fig. pet. nat. Provient du Werkhuis. Prop. de la ville. « Cet ouvrage d'une fraîcheur de coloris extrême, nous montre la prédilection de Jordaens pour les musculatures apparentes des corps nus qui sont dessinés d'une manière excellente... Il est permis de critiquer le peu de clarté avec laquelle le sujet est exprimé, la place donnée au Christ dans l'ombre et à l'arrière-plan, tandis qu'il devrait être en évidence ; mais nous voyons quelle était la prédilection de Jordaens pour le tableau de genre » (BRÉD., I, 210).

## Kalff (WILLEM), 1621 ou 1622-1693.

**743.** — *Nature morte (Oranges et pièces d'orfèvrerie)* (274).

H., 0,69 ; L., 0,60. T. — 25 fl. V. Brandt (1821). « C'est avec un sens pittoresque tout à fait merveilleux que Kalff a réuni, dans ce tableau, les différents objets. La couleur est claire, puissante, çà et là fortement empâtée. Parmi les ouvrages que l'artiste a peints en ce genre, c'est certainement un des plus beaux » (BRÉD., I, 90).

## Kessel (JOHAN VAN), 1641 ou 1642-1680.

**748.** — *Une forêt* (227).

Signé, à gauche : J. v. KESSEL.

H., 0,56 ; L. 0,71. T. — 130 fl. V. Engelberts (1817). Coll. Rombouts. Legs Dupper.

**749.** — *Une cascade* (225).

Signé, à droite : J. v. KESSEL.

H. 0,90 ; L., 0,73. T. — 210 fl. V. Muilman (1813). Legs v. de Poll.

## Ketel (CORNELIS), 1548-1616.

**754.** — *Le capitaine Dirck Rosemans et sa compagnie* (227).

Signé et daté : C. KETEL ANNO 1588.

H., 2,06 ; L., 4,07. T. — Fig. en pied gr. nat. Autrefois au Doelen des arbalétriers, puis à l'Hôtel de Ville, dans la chambre du grand conseil de guerre. Prop. de la ville. On remarque sur ce tableau un bras qui ne peut appartenir à aucun des personnages ; d'où l'on doit conclure que la toile a été réduite. Voir HYMANS (*C. v. Mander*, II. 151, n. 2).

## Keyser (THOMAS DE), 1596 ou 1597-1667.

**763.** — *Portrait du lieutenant-amiral P. P. Hein* (Amiraux).

H., 0,59 ; L., 0,48. T. — Fig. en buste gr. nat. 130 fl. à Amsterdam (1850).

**764.** — *Une famille Hollandaise* (216).

Dans une chambre, au milieu, le père, vu de face, en vêtement et chapeau noirs, col blanc, manteau noir dont il retient les plis de la main gauche, étend la main droite vers une petite fille, en robe rose et corsage gris, qui lui offre un fruit ; à droite, de trois quarts tournée vers la gauche, une petite fille plus âgée, en robe noire, debout près de sa mère assise, en robe noire, corsage brun à devant brodé, collerette godronnée, manchettes et bonnet blancs ; à gauche, une servante assise, en robe brune, tient sur ses genoux un bébé qui tend le bras gauche vers son père ; au second plan, un garçon, vu de face, en vêtement et chapeau noirs, appuyé sur une canne. Au fond, près d'une table recouverte d'un tapis rouge, un nègre, en habits jaunes. Fond gris.

H., 0,65 ; L., 0,79. B. — Fig. 0,36. Acheté 380 fl. en 1866. Cette famille a été considérée à tort comme celle de l'amiral Hein ; celui-ci en effet n'eut jamais d'enfants.

**765.** — *Portrait de Pieter Schout, drossart de Hagestein* (225).

Monté sur un cheval noir qui s'avance vers la gauche, il est vu de profil ; le visage rasé et encadré par une perruque blonde tourné vers le spectateur. Pourpoint jaune, chausses vertes, chapeau noir. Fond de paysage. Signé : T. D. K. (entrelacés) f. 1660.

H., 0,84 ; L., 0,68. B. — Gravé par Blooteling. Legs van de Poll. Le poète Jan Vos a chanté ce portrait équestre. « Peint dans une harmonie de couleurs irréprochable. » (MEYER, *Oud-Holland*, 1888.)

**766.** — *La leçon d'anatomie du professeur S. Egbertsz de Vry* (220).

Au milieu, un squelette sur lequel le professeur, debout à gauche, un stylet dans la main droite, fait sa démonstration. Cinq de ses élèves l'écoutent : deux au premier plan, assis, regardant le spectateur ; les autres debout, les yeux fixés sur le maître, deux à droite, le troisième à gauche. Tous les personnages sont en costume noir, collerette blanche, tête nue. Le professeur est seul coiffé d'un chapeau noir.

H., 1,29 ; L., 1,81. T. — Fig. à mi-corps gr. nat. Premier tableau connu du maître alors âgé de 23 ans. Peint en 1619 à l'occasion de l'inauguration de la salle d'anatomie dans la maison des chirurgiens. « Bien que l'individualité des types soit nettement accusée dans ce tableau, le modelé des têtes est assez sommaire ; en outre, le vermillon prodigué un peu généreusement sur les pommettes de leurs joues rappelle la carnation de Cornelis van der Voort et fournit une confirmation de plus à l'hypothèse que Th. de Keyser a été son élève. Le modelé consciencieux des têtes, nous ferait croire que Aert Pietersz exerça sur le développement du jeune peintre une grande influence » (BRÉD., I, 17. E. MICHEL, *Rembrandt*, 130).

**767.** — *La compagnie du capitaine Allart Cloeck et de son lieutenant Lucas Jacobsz Rotgans, 16 personnages* (R).

Sur une estrade, le capitaine, au milieu, de trois quarts tourné vers la droite, en vêtements bruns, s'appuyant sur une canne ; à sa droite, le lieutenant, de trois quarts tourné vers la gauche, en vêtement vert, écharpe en sautoir, tenant un gant et une hallebarde. Au second plan, le porte-étendard, en costume jaune, élève le drapeau ; à gauche, sept gardes ; à droite, six. Au premier plan, le nom des personnages est inscrit sur un papier. Parmi eux, se trouve Dirck Pers, l'éditeur de Vondel. Signé : T. K. D. accolés 1632.

H., 2,18 ; L., 3,50. T. — Fig. gr. nat. Salle du Grand Conseil à l'hôtel de ville. Prop. de la ville. « Quoique l'arrangement de ce tableau manque d'art, que l'effet général soit un peu criard, la grande vérité et l'animation des têtes exécutées dans un ton local d'un rouge pâle avec du jaune dans les clairs et des ombres verdâtres lui donnent un vif attrait » (WAAGEN, II, 303). « Fonds chauds, belle harmonie des couleurs, aspiration au naturel dans le groupement des personnages » (*Oud-Holland*, 1888).

**768.** — *La compagnie du capitaine Jacob Symonsz de Vries et du lieutenant Dirck Graeff* dite *compagnie des Juifs* (225).

Au milieu, le capitaine, assis, en vêtement noir, écharpe verte en sautoir, une canne dans la main droite, la main gauche sur le pommeau de son épée, et le lieutenant, en costume gris, manches à rayures dorées, hausse-col en fer, col en dentelle, portant une canne ; entre eux, le porte-étendard, en pourpoint blanc à nœuds roses et blancs ; à gauche, sept gardes ; derrière le lieutenant, un officier et deux gardes ; à droite, six gardes. Au fond, le Doelen. On aperçoit, par une porte, deux soldats jouant aux cartes sur un tambour. Signé, au-dessus de la porte : T. D. K. (entrelacés) ANNO 1633.

H., 1,95 ; L., 6,05. T. — Fig. à mi-corps gr. nat. Même provenance que le n° 767, « mais moins soigné, influencé par F. Hals qui travaillait auprès de Keyser. » (id.)

**769.** — *La famille Cruywaghen* (D).

Dans un jardin, à droite, le père de famille, en vêtement et chapeau noirs, manteau marron et sa femme, en robe noire, fraise godronnée, coiffe blanche, se tiennent par la main. Sur le devant, debout, deux petites filles, l'une, en jaune clair, l'autre, en jaune foncé, devant leur grand'mère assise, puis deux petits garçons, l'un, monté sur un bouc dont son frère tient les cornes. Au second plan, un enfant assis sur une charrette attelée d'un cheval brun qu'un quatrième enfant, un fouet à la main, tient par la bride. Au fond, à droite, une habitation et la porte d'un jardin; à gauche, dans l'ombre, une ville.

H., 0,97; L., 1,31. T. — Fig. 0,68. 600 fl. V. Schol (1827). Sur le revers du tableau, une note donnant les noms. « Le groupe des personnages agréablement disposé est peint dans les tons neutres où dominent le noir et les gris foncés. Le dessin est magistral, et, malgré l'exiguité des dimensions, les têtes sont pleines d'expression et les mains irréprochables » (Bréd., I, 15). Attribué autrefois à Jacob Gerritsz Cuyp.

*Portrait d'homme* (F).

De trois quarts tourné à droite. Chevelure, barbe et moustaches grisonnantes. A gauche : 1631 *January æt. suæ* T. D. K. (entrelacés).

H., 0,65; L., 0,51. B. — Fig. en buste gr. nat. Prop. de la Ville.

## Koninck (Philips de), 1619-1688.

**790.** — *Paysage* (227).

Sur une route, au milieu, plusieurs personnes et un chien; à droite, un bateau sur une rivière; à gauche, un château; au fond, des villages et des bouquets d'arbres dans une plaine; une rivière à l'horizon. Signé à droite:

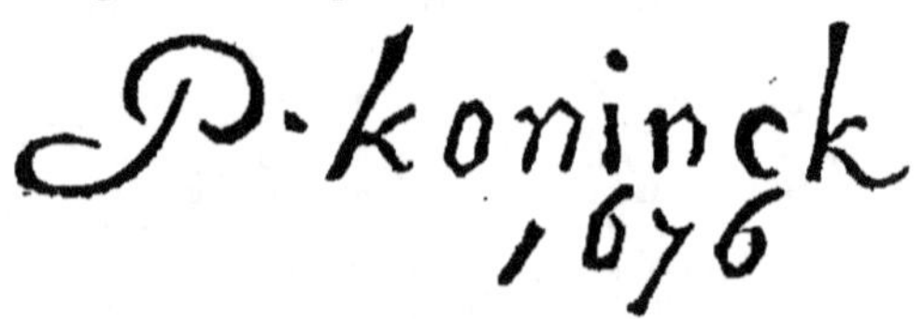


H., 0,90; L., 1,10. T. — Legs Dupper. Les figures sont peut-être de Lingelbach. « La distance est rendue avec une vigueur et une transparence étonnantes; mais dans les avant-plans, on remarque une lourdeur de ton désagréable » (Waagen, III, 35).

**791.** — *La lisière d'un bois* (F).

H., 1,35; L., 1,63. T. — Figures par Ad. van de Velde. 310 fl. V. v. d. Pot.

## Koninck (Salomon), 1609-1656.

**792.** — *Le vieux savant* (216).

Dans une chambre, au fond de laquelle est une bibliothèque, devant une fenêtre, un vieillard, en houppelande et toque noires, plongé dans la méditation, est assis à une table chargée de papiers et de livres.

H., 0,40; L., 0,33. B. — 195 fl. V. v. d. Pot, sous le nom de Bega.

## Lastman (Claes Pietersz), ?-1625.

**826.** — *Le capitaine Abram Boom, son lieutenant Ant. Oetges et sept gardes civiques au moment de partir pour défendre Zwolle contre les Espagnols* (F).

Au second plan, le régiment se met en marche, au son du tambour.

H., 2,42; L., 5,67. T. — Fig. nat. Salle du grand conseil de guerre à l'hôtel de ville. Prop. de la ville. Tableau inachevé par le peintre, terminé par Adriaen van Nieulandt. Voir C. MEYER (*Oud. Holland*, IV). « L'arrangement de ces personnages plantés droits et raides, les uns à côté des autres, est d'une simplicité tout à fait enfantine, et le tableau d'un coloris criard et discordant, manque absolument de relief » (E. MICHEL, *Remb.*, 281).

## Lastman (PIETER), 1583-1633.

827. — *Le sacrifice d'Abraham*. (227).

Signé, à gauche : P. L. accolés.

H., 0,39; L., 0,30. B. — Grisaille. Don Brédius. Le même sujet a été composé de façon identique par Rembrandt en 1636 (Musée de Munich, N. 332), par Bol en 1646 (Col. Mansi à Lucques), par Lievens (Musée de Brunswick). Une répétition par Lastman lui-même au Musée du Louvre. Tableau très important, montrant la valeur du maître de Rembrandt.

— *Le Christ et le Lépreux* (227).

Sur le premier plan, à gauche, deux enfants assis, au milieu, deux petits chiens jouant; à droite, un homme, en turban, drapé dans un manteau rouge, tenant un gros livre sous son bras. En lumière, le Christ debout, en robe rose et manteau verdâtre, tourne le visage à droite vers un Pharisien qui lui présente une jeune femme, coiffée d'un turban agenouillée et supliante. Il tend en même temps la main vers la gauche, montrant, dans l'ombre, le lépreux couché sur une brouette près d'un arc de triomphe. Signé en bas, sur une pierre : P. L. 1617.

H., 0,74; L., 1,05. B. — Fig. 0,38. 900 fl. V. Beggs. Florence (1889).

## Lawrence (SIR THOMAS), Anglais, 1769-1830.

829. — *Portrait de Willem Ferdinand Mogge Muilman* (225).

H., 0,72; L., 0,60. T. — Fig. en buste gr. nat. Legs v. de Poll.

## Lelienbergh (CORNELIS), milieu du XVII^e siècle.

— *Oiseaux morts* (218).

Signé, à droite : C. L. entrelacés.

H., 0,46; L., 0,37. B. — 193 fl. en 1888.

— *Un coq et des lapins* (218).

Signé : C. LELIENBERG 1658.

H., 0,90; L., 0,82. T.

## Leyster (Judith), 1600 à 1605-1660.

— *Un buveur* (218).

De trois quarts tourné vers la droite, le visage souriant, regardant le spectateur auquel il montre une cruche de bière vide qu'il élève de ses deux mains. Vêtement gris à couture. Toque noire à longue plume rouge ; à gauche, sur une table recouverte d'un tapis vert, un fourneau, une pipe et du tabac. Signé sur le fond :

1629 J

H., 0,86 ; L., 0,82. T. — Fig. jusqu'aux genoux gr. nat. 4500 fl. à M. Kleinberger (1896) par l'intermédiaire de la Société Rembrandt.

## Limborgh (Hendrik van), 1680-1759.

— *Portrait du peintre* (268).

Signé : H. v. Limborgh (1708).

H., 0,83 ; L., 0,68. T. — Fig. en buste gr. nat. 250 fl. à Mme Limborgh van der Mersch.

## Lingelbach (Johannes), 1623-1674.

**838.** — *Un port italien* (271).

Signé : Lingelbach.

H., 0,58 ; L., 0,51. T. — Fig. 0,17. Coll. v. Heteren.

**839.** — *Un port italien* (271).

Signé : J. Lingelbach 1646.

H., 0,76 ; L., 0,64. T. — Fig. 0,16. 785 fl. V. v. d. Pot.

**840.** — *Une école d'équitation* (271).

Dans une plaine, à gauche, un valet et un cavalier, un seigneur près d'un carrosse et un valet accouplant deux chiens. Au milieu, un page tenant un cheval, un cavalier à cheval, un autre se faisant arranger ses éperons ; à droite, un homme, une dame, un page. Au fond, près d'un poteau, un écuyer donne une leçon à un cavalier ; devant un bâtiment, un carrosse à quatre chevaux, une église et un moulin. Signé à droite, sur une pierre : J. Lingelbach.

H., 0,66 ; L., 0,81. T. — Fig. 0,15. Musée de La Haye.

**841.** — *Campement* (227).

H., 0,44 ; L., 0,62. B. — Fig. 0,17. 305 fl. V. de Smeth van Alpen (1810). Coll. Rombouts. Legs Dupper.

MUSÉE D'AMSTERDAM.

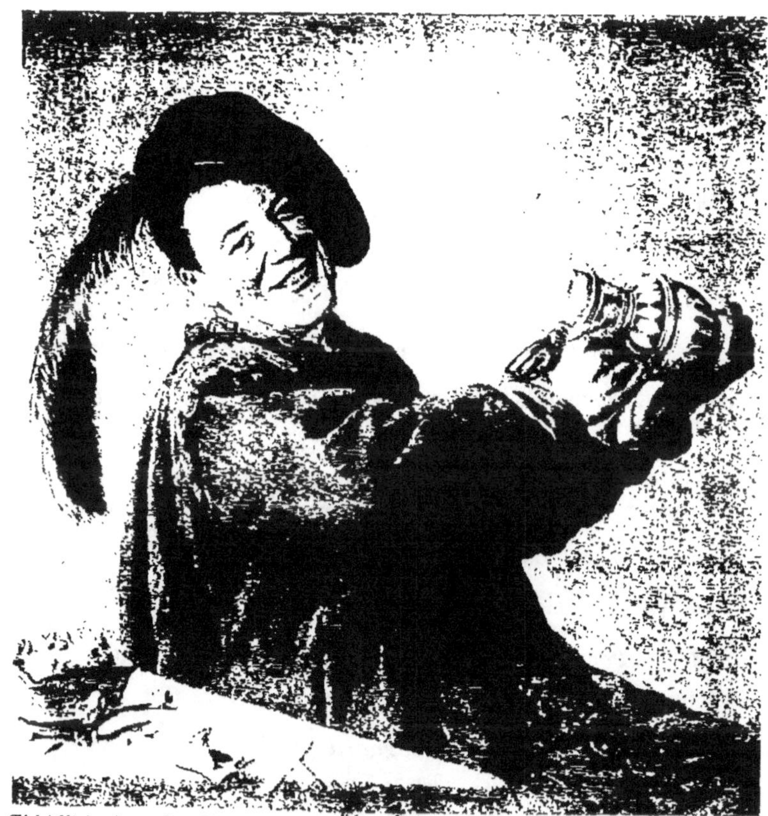

Cliché Vinkenbos et Dewald. Typogravure Ruckert.



LEYSTER (JUDITH).

*Un Buveur.*

**842**. — *Le dentiste* (227).

Signé, à gauche, devant une femme assise : J. Lingelbach A. 1651.

H., 0,68 ; L., 0,81. T. — Fig. 0,20. 415 fl. V. Brentano. Coll. Rombouts. Legs Dupper.

**844**. — *Le Carrefour* (271).

Signé : L. B. (accolés).

H., 0,37 ; L., 0,44. B. — Fig. 0,10. Le paysage est de J. Wynants, 575 fl. v. Heemskerk, La Haye (1750). Coll. v. Heteren.

**846**. — *Le retour de la chasse* (265).

Signé : J. Lingelbach.

H., 0,36 ; L., 0,42. B. — Fig. 0,13. 64 fl. V. Goll v. Frankenstein. Coll. v. d. Hoop.

## Liotard (Jean Etienne), Suisse, 1702-1789.

**849**. — *Portrait de Mlle Lavergne, nièce du peintre* ou *la Belle Liseuse*.

Assise sur une chaise, de trois quarts tournée vers la droite, elle lit une lettre. Corsage gris à manches bleues. Chemisette et tablier blancs. Au cou, une croix retenue par un cordon noir. Signé, à droite : J. E. Liotard 1766.

H., 0,51 ; L., 0,42. — Fig. à mi-corps. Pastel. Ce portrait et les suivants ont été légués par Mlle A. Liotard, morte en 1873.

**850**. — *Portrait du maréchal Maurice de Saxe* 1696-1750 (274).

H., 0,62 ; L., 0,53. — Fig. à mi corps. Pastel.

**852**. — *Portrait de Mme Cognard* (274).

H., 0,55 ; L., 0,45. — Fig. en buste. Pastel peint en 1757.

**864**. — *Un gamin de Genève* (274).

H., 0,42 ; L., 0,33. — Pastel.

## Livensz ou Lievens (Jan), 1607-1674.

**873**. — *La Paix, allégorie* (C).

H., 2,50 ; L., 2 m. T. — Fig. gr. nat. Autrefois dans une maison de la Spinhuissteeg. « La composition est un peu gauche et trop remplie, la figure de femme qui personnifie la Paix louche outrageusement ; mais la beauté des petits anges et le charme titianesque de la couleur rachètent amplement ces défauts. Le dessin des mains dénote l'influence manifeste de Van Dyck ». (Bréd., I., 86).

## Lucas de Leyde (Jacobsz), 1494-1533.

**536.** — *La pluie de la manne* (228).

Au milieu du camp, à gauche, un petit garçon recueille la manne; près de lui, une femme, un genou en terre, reçoit, dans un plateau, la pluie bienfaisante qu'amassent, à droite, un homme et une femme, A gauche, un prêtre. Au fond les tentes et une ville.

Au revers, *sainte Barbe* — grisaille.

**536 a.** — *Melchisédech recevant Abraham.*

Au premier plan, à gauche, Abraham, en cuirasse dorée et manteau rouge, ayant à ses pieds son casque, un gantelet et un chien, s'incline devant Melchisédech qui lui présente le pain et tient une aiguière. Au second plan, l'escorte; au milieu, deux jeunes gens dont l'un, imberbe, serait le peintre lui-même; au fond, des cavaliers longeant les murs d'un château.

Au revers, *sainte Odile* — grisaille.

H., 1 m. L., 0,71. B. — Volets du triptyque, autrefois à l'hôpital de Goes, de la *Sibylle de Tibur* attribué par Woltmann (II, 82) à Lucas de Leyde. Ces deux peintures, d'un caractère hollandais très marqué sont fort intéressantes, mais l'attribution en a déjà été justement contestée par M. Brédius qui y voit « probablement l'œuvre d'un contemporain inconnu de Lucas de Leyde, de 1525 à 1530 » (Brédius, 135).

— *Un prédicateur* (228).

Dans une église, à gauche, au second plan, un prédicateur en chaire, de profil, tourné vers la droite. En bas, au premier plan, au milieu, des femmes et des vieillards, en cercle. Au fond, à droite, un groupe de six hommes, tous des portraits, debout, parmi lesquels, le peintre, presque de face, en toque noire, la main droite hors de son manteau. Devant un palais, un seigneur distribue du pain à des mendiants.

H., 1,30; L., 0,95. B. — Fig. 0,65. — Acheté à MM. Colnaghi, de Londres, par l'intermédiaire de la Société Rembrandt 3022 fl. en 1897. Peinture très intéressante et caractéristique.

## Lyon (Jacob), 1586 ou 1587 - après 1644.

**879.** — *La compagnie du capitaine Jacob Pietersz Hooghkamer et du lieutenant Pieter Jacobsz van Rhyn.* 20 personnages (B).

La signature A. Lont 1620, sur un cartel à gauche, est repeinte. Il faut lire J. A. Lyon. f. 1628.

H., 2,50; L., 4,75. T. — Fig. gr. nat. Autrefois au Doelen des arquebusiers. Prop. de la ville. Voir *Catal.*, p. 106.

## Lys (Jan) ? - vers 1629.

**879 a.** — *La leçon de musique* (227).

A gauche, une jeune femme, en robe noire, ayant sur ses genoux un

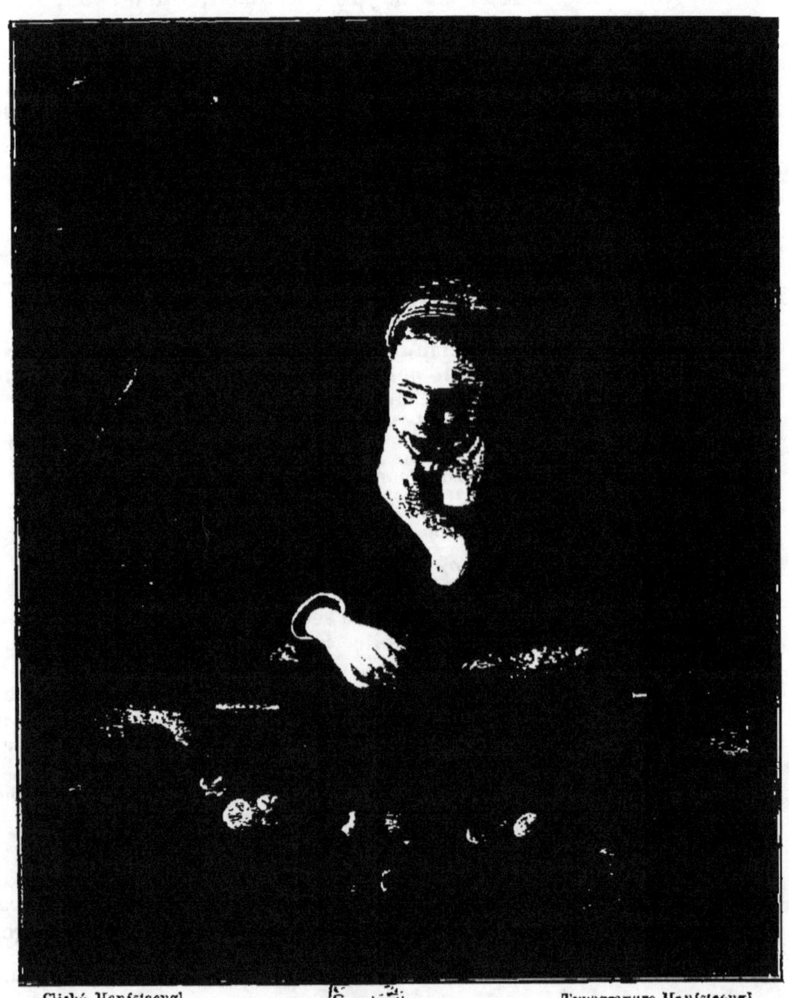

Cliché Hanfstaengl. Typogravure Hanfstaengl.



MAES (NICOLAES).

883. — *La Rêveuse.*

livre de musique, et un jeune homme, en rose, vu de dos ; au milieu, une femme, en noir, un papier à la main, et un homme, jouant du violoncelle ; entre ces deux couples, un homme prenant le menton d'une femme ; à droite, au fond, une table servie près de laquelle est assis un jeune homme. Sur la table, un faisan dans une terrine ; derrière, un valet saluant une ménagère. Au premier plan, à terre, un bassin à rafraîchir, une flûte et de la musique.

H., 0,39 ; L., 0,60. B. — Signé, au milieu, sur la chaise : J. LIYS 1625. Acheté en 1887.

## **Mabuse** (JAN GOSSAERT DIT JAN), Flamand, vers 1470-1541.

**403.** — *Portrait de Philippe de Bourgogne, évêque d'Utrecht* 1464-1524 (228).

De face, le visage rasé tourné à gauche. Pourpoint rose, manteau blanc à col de fourrure, toque noire. Au cou, la Toison d'Or ; sur le fond gris, à droite, la lettre L.

H., 0.38 ; L., 0,28. B. — Fig. en buste. Musée de La Haye. La fausse signature avait fait attribuer autrefois ce portrait à Lucas de Leyde.

## **Maes** (NICOLAES), 1632-1693.

**882.** — *La Fileuse* (226).

Dans une chambre éclairée à gauche par une fenêtre, une vieille femme, en jupe verte, corsage noir à manches rouges et vertes, fichu blanc, coiffe noire, est assise au fond, de trois quarts tournée vers la droite. De la main droite, elle fait tourner son rouet ; de la gauche, elle tient du chanvre. Sur une table recouverte d'un tapis rouge, à droite, la bobine et le dévidoir. A la muraille, des ustensiles de ménage ; à terre, un pot en grès. Signé, à droite : . N. MÆS.

H., 0,61 ; L., 0,54. T. — Fig. pet. nat. Gravé par W. Unger. 800 fl. V. van Blokland (1826). Coll. Rombouts. Legs Dupper.

**883.** — *La Rêveuse* (C).

Dans l'embrasure d'une fenêtre à volet rouge, une jeune fille, en jaquette brune, chemisette blanche, bonnet rouge à bordure rayée, les coudes appuyés sur un coussin, la main gauche sur son menton, semble rêver. Les branches d'un abricotier ombragent la fenêtre. Signé, au dessous du coussin : N. Ma...

H., 0,20 ; L., 0,54. T. — Fig. à mi-corps gr. nat. Gravé par Lange, 2000 fl. à MM. de Lelie et Hulswit (1829). « Un chef-d'œuvre de naturel, de grâce et de couleur ». (BURG., II, p. 24).

**891.** — *Six membres de la Gilde des chirurgiens à Amsterdam* (265).

H., 1,28 ; L., 1,91. T. — Fig. à mi-corps gr. nat. Coll. v. d. Hoop. Attribué autrefois à Jacob Backer. A rapprocher des deux portraits de Maes, au Musée de Bruxelles (333 A. et 333 B.), qui ont servi à M. Brédius pour identifier ce tableau.

**892.** — *La fileuse* (269).

Une vieille femme, assise, dans une chambre, en robe noire à manches rouges, fichu blanc, bonnet noir, des besicles sur les yeux, est penchée sur son rouet. A la muraille, est suspendu un dévidoir. Sur le sol, un étouffoir sur lequel la signature presque illisible : N. Maes.

H., 0,41 : L., 0,34 B. — Fig. pet. nat. Gravé par Kasteren. Coll. G. v. Franckenstein, Woodburn et v. d. Hoop. « Brillant morceau de maîtrise » (Smith, 18).

— *Portrait de Cornelis Evertsen, lieutenant-amiral* (214).

Signé, en bas à gauche : N. Maes 1686.

H., 1,54 ; L., 1,20. T. — Fig. à mi-corps gr. nat. Don Ruyter de Wildt..

— *Vieille femme en prière* (G).

Vue de face, en robe noire à manches rouges, col, tablier et bonnet blancs, elle est assise près d'une table servie et joint pieusement les mains. Dans une niche, creusée dans la muraille, un chandelier, une bouteille, un sablier. A un clou, des clefs. Au premier plan, à droite, un chat tire la nappe avec ses pattes.

H., 1,32; L., 1,11. T. — Fig. gr. nat. Appartient à la Société Félix Meritis qui l'avait acheté 10000 fl. à M. Da Costa. Smith, Supp., 17. « La naïve expression qui se dégage de cet honnête visage sillonné de rides, l'admirable exécution des mains, l'émotion qui se dégage d'un sujet si simple, la beauté et la puissance du coloris, le pittoresque de l'effet, tout s'accorde pour faire de ce tableau l'une des œuvres les plus exquises qui aient été exécutées sous l'influence directe de Rembrandt » (Bréd., I, 35).

## Malo (Vincent), Flamand, vers 1600 - avant 1656.

**894.** — *Société de paysans* (235).

Signé : V. M. L. entrelacés.

H., 0,41 ; L., 0,51 B. — Fig. pet. nat. Musée de La Haye. Catalogué autrefois ainsi que le n° 895 sous le nom de Carel van Mander. Le professeur Levin attribue ces deux tableaux à Vincent Malo. « L'auteur de cette peinture, dont l'origine flamande est indiscutable, a dû connaître Rubens et Brauwer. Il a la couleur du premier, et du second la manière de comprendre la vie des campagnards. Le maître est cependant original, le dessin et l'exécution sont très spirituels et la couleur a de la puissance avec une grande finesse de clair obscur » (Bréd., I, 211).

**895.** — *Jésus chez Marthe et Marie* (235).

Signé V. M. L. entrelacés.

H., 1,49 ; L., 2,31. T. — Fig. gr. nat. Acheté 750 fl. Voir le n° précédent.

MUSÉE D'AMSTERDAM.

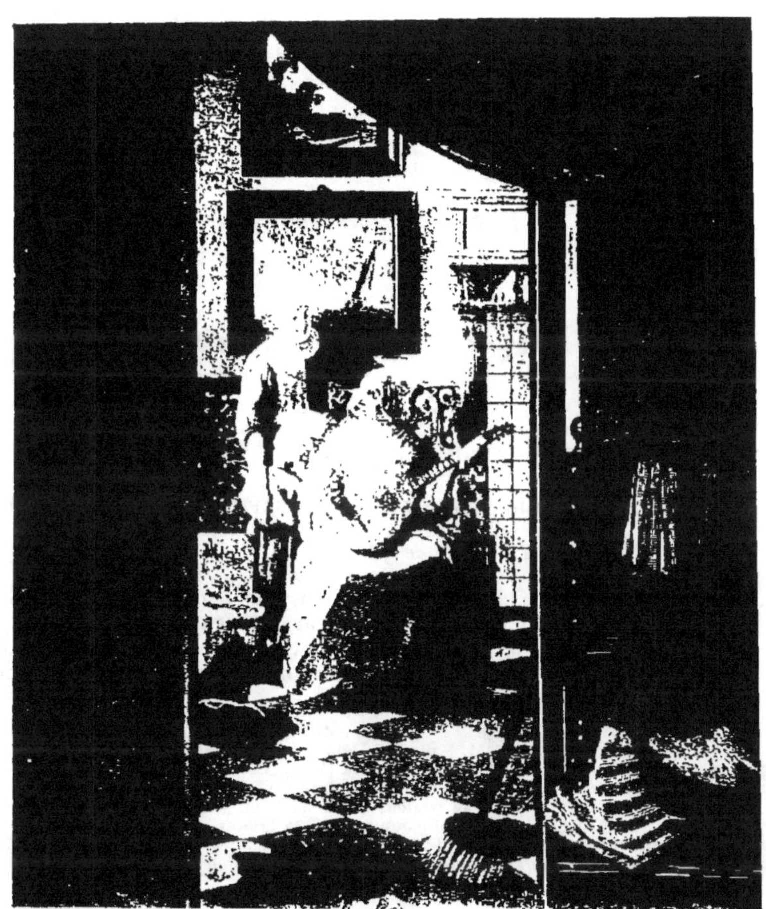

Cliché Vinkenbos et Dewald. Typogravure Ruckert.

MEER (VAN DER) DE DELFT.

*La Lettre.*

## Matsys (Quentin), Flamand, 1460-1530 ou 1531.

**902.** — *La Vierge et l'Enfant Jésus* (228).

H., 0,71 ; L., 0,60. B. — Gravé dans Taurel. Musée de La Haye. Copie ancienne dont l'original se trouve au Musée de Berlin. Ces deux tableaux figuraient dans l'inventaire de Diego Duarte, marchand de tableaux à Amsterdam en 1882. Ils sont estimés celui de Berlin 600 fl, la copie 300 fl. Voir Hymans (*C. V. Mander*, 1165).

**903.** — *Portrait d'Erasme* (228).

H., 0,37 : L., 0,26. B. — Fig. 0,13. — Copie ancienne dont l'original se trouve à Saint-Pétersbourg, dans la Coll. du comte de Stroganoff.

## Meer (Jan van der) le Jeune, 1656-1705.

**905.** — *Le berger endormi* (217).

J. v der meer A. 1678. de jonge

H., 0,28 ; L., 0,81. T. — Fig. 0,41. 750 fl. V. g. d. Pot.

## Meer (Jan van der) de Delft ou Vermeer, 1632-1675.

**1536.** — *La liseuse* (269).

Dans une chambre, au milieu, une jeune fille, de profil tournée vers la gauche, en jupe verdâtre, caraco bleu, lit une lettre. Devant elle, un coffret à bijoux ouvert, et un fichu gris sur une table, et une chaise à dessin bleu ; à droite, une autre chaise. A la muraille, une carte de géographie.

H., 0,47 ; L., 0,38. T. Fig. pet. nat. 200 fr. Vente à Paris en 1809 (N° 85 du Catalogue rédigé par MM. Paillet et Delaroche). 1060 fr. V. Lapeyrière (1825) sous le titre : *La Toilette*. 882 fl. V. Sommariva (1839). Coll. V. der Hoop. Tableau ayant beaucoup souffert. « L'exécution de cette peinture singulière est très délicate, presque mince, la pâte très légère, la couleur faible et même un peu sèche (il est vrai que le tableau a été frotté) ; mais la physionomie de la femme est d'une finesse exquise ; les bras nus, la main qui tient le papier sont dessinés à merveille ; l'ensemble a beaucoup d'étrangeté, et puis cette lumière pâle, ces bleus tendres, tout cela accuse van der Meer (Burger, II, 68).

— *La lettre* (272).

Dans une chambre, au second plan, une femme, assise de face, près d'une cheminée, en robe jaune, corsage doublé de fourrure blanche, des perles aux oreilles et dans sa chevelure blonde, appuyant, de la main gauche, un luth sur ses genoux, tend de la main droite une lettre à une servante, debout, à gauche, en jupe bleue, caraco brun, bonnet blanc. En avant, sur le parquet dallé, un coussin et un panier en osier. Aux murs, des tableaux. Au premier plan, dans un corridor, à droite, sur une chaise rouge, des papiers de musique et une étoffe à ramages ; à gauche, une carte ; au milieu, deux mules et un balai. Signé, au fond, contre la servante : I. MEER.

H., 0,44 ; L., 0,37. T. — Fig. 0,16. — 45000 fl. à M. Messcher van Vollenhoven, somme payée conjointement par la Société Rembrandt, par M. van Lennep et par l'Etat.

## Metsu (GABRIEL), 1630-1667.

### 907. — *Le déjeuner* (272).

Deux convives sont assis à une table servie et recouverte d'un tapis oriental : à droite, une femme, en jupe violette, corsage rouge, tablier noir, fichu et bonnet blancs, tenant un verre et une cruche en grès ; à gauche, au second plan, un homme, en costume brun, lui présentant un plat. Au fond, à droite, une porte ouverte ; à gauche, un rideau vert relevé. Signé : G. METSU.

H., 0,34 L., 0,28. T. — Fig. à mi-corps. Gravé par Sluyter. 605 fl. V. Lormier (1763). Coll. v. Heteren. Tableau très restauré. SMITH, 91.

### 908. — *Le vieux buveur* (216).

H., 0, 21; L., 0,19, B. — Fig. jusqu'aux genoux. Gravé par Lange et Boland. 1510 fl. V. Smet v. Alpen (1810); 1400 fl. V. Groese (1811); 2960 fl. V. G. Muller (1827). « Peint avec beaucoup de soin, d'une extraordinaire vérité d'expression » (SMITH, 72).

### 909. — *Vieille femme lisant* (216).

Assise, de trois quarts tournée vers la gauche, un livre ouvert sur ses genoux, elle s'est assoupie. Robe brune, capeline noire, serre-tête et foulard blancs. De la main droite, elle tient ses besicles. Au fond, à gauche, une cheminée, et la signature : G. METSU.

H., 0,27; L., 0,21. B. — Fig. pet. nat. Coll. v. der Fetz. 6170 fl. en 1880. Portrait présumé de la mère du peintre. « Avec quel art la tête et les mains de cette vieille sont modelées ! Quelle vérité d'expression sur ce visage vénérable ! C'est certainement là un des derniers ouvrages de Metsu, un de ceux où l'on peut le mieux reconnaître l'influence de Rembrandt qui, plus d'une fois, nous a représenté sa mère » (BRÉD., I, 77).

### 910. — *Le cadeau du chasseur* (269).

Dans une chambre, à droite, un chasseur assis, en pourpoint verdâtre, bottes jaunes, son chapeau à plumes sous le bras gauche, se tourne vers la gauche et donne une perdrix à une femme assise. Celle-ci, en robe rouge bordée d'hermine, un métier à dentelle sur ses genoux, la main droite sur une table, où est debout, un petit chien. En avant, deux mules ; aux pieds du chasseur, un épagneul ; au premier plan, un fusil, une carnassière et des canards. Au fond, un escalier, à droite ; au milieu, sur un bahut, une statuette de l'Amour. A gauche, un rideau vert et une fenêtre, avec la signature : G. METSU.

H., 0,49; L., 0,46. T. — Fig. pet. nat. Coll. Conti et Calonne. 13,330 fl. V. G. v. Frankenstein. Coll. Nieuwenhuys et v. d. Hoop. Cité à tort par Burger comme provenant de la Coll. Choiseul. SMITH, 92.

### Mierevelt (MICHIEL JANSZ), 1567-1641.

**922.** — *Portrait du prince Philippe-Guillaume d'Orange* (214).

Signé, à droite, sur la base d'une colonne : M. MIEREVELD.

H., 1,16 ; L., 1,03. T. — Fig. gr. nat. Musée de La Haye.

**924.** — *Portrait du Stathouder Frédéric-Henri d'Orange* (214).

H., 1,09 ; L., 0,85. T. — Fig. à mi-corps gr. nat. Musée de La Haye.

**925.** —*Portrait du grand Pensionnaire J. van Oldenbarnevelt* (214).

H., 0,71 ; L., 0,48. T. — Fig. en buste gr. nat. Musée de La Haye.

**926.** — *Portrait du grand pensionnaire Jacob Cats* (C).

Au fond, à gauche, on lit : *Ætatis* 56. Ao 1634. M. MIEREVELD.

H., 0,66. ; L., 0,57. F. Fig. en buste gr. nat.

**933.** — *Portrait de Hendrick Hooft le Jeune* (268).

A gauche, on lit : *Æt.* 23. Ao 1640. M. MIEREVELD.

H., 0,67 ; L., 0,59. B. — Fig. en buste gr. nat. Don v. d. Poll.

**935.** — *Portrait de Jacob Cats* (269).

De trois quarts tourné vers la gauche. Vêtement noir. Cadre sculpté portant aux coins les têtes d'Homère, Virgile, Ovide et Horace. Au-dessous, des armes et des vers « *Quand je regarde cette figure*, etc. Signé, au fond, à gauche : *Ætatis* 61. Ao 1639. M. MIEREVELD.

H., 0,65 ; L., 0,55. B. — Fig. en buste gr. nat. Acheté 280 fl. en 1837. Coll. v. d. Hoop.

### Mieris (FRANS VAN) le Vieux, 1635-1681.

**949.** — *La Correspondance* (271).

Une dame assise, en robe olive, de profil tournée à gauche, écrit sur une table recouverte d'un tapis violet où est posé un luth. Un page, en bleu, est debout, au second plan. En avant, un chien endormi sur un tabouret en velours vert. Signé :

F van Mieris fecit Anno 1680

H., 0,24 ; L., 0,19. B. — Fig. jusqu'aux genoux pet. nat. 2,100 fl. V. Cauwerven (1765) ; 3,610 fl. V. Braamcamp (1771) ; 8,100 fl. V. Randon de Boisset (1777) ; 7,000 fr. V. Beaujon (1787) ; 2,025 fl. V. v. d. Pot. SMITH., 31.

**950.** — *La joueuse de luth* (271).

H., 0,21 ; L., 0,17. B. Fig. 0,12. Authenticité douteuse. Coll. v. Zwieten, Fraula, Lormier, v. Heteren.

**951.** — *La fragilité* (227).

H., 0,36 ; L., 0,28. B. — Coll. Hoofdman, de Haarlem, et Roos. Legs Dupper.

**952.** — *Le songe de Jacob* (225).

Signé, à gauche : F. v. Mieris.

H., 0,21 ; L., 0,28. B. — Attribué autrefois à A. de Vois. Coll. Muilman. Legs v. d. Poll.

## **Mieris** (Willem van), 1662-1747.

**954.** — *Bergers et bergères* (269).

Signé à droite, sur un rocher : W. van Mieris fc. Ao 1722.

H., 0,59 ; L., 0,63. B. — Coll. v. d. Hoop.

## **Mieris** (Frans van) **le Jeune,** 1689-1763.

**958.** — *Boutique d'épicier* (269).

Signé : F. v. Mieris fec. Ao. 1715.

**959.** — *Une pharmacie* (269).

Signé, à gauche : F. v. Mieris. Ao 1714.

H., 0,38 ; L., 0,32. B. Pendant du précédent. — Coll. Taxiera et v. d. Hoop. Attribués à tort par Smith (Suppl. 32 et 33) à W. van Mieris.

## **Mignon** (Abraham), Allemand, 1640-1679.

**960.** — *Nature morte* (227).

H., 0,77, L., 0,66. T. Signé : A. Mignon fc. — 790 fl. V. d. Pot. « L'harmonie et la touche approchent de Jean de Heem » (Waagen, III, 230).

**962.** — *Nature morte* (227).

H., 0,73 ; L., 0,59. T. Signé : A. Mignon fc. — Legs Dupper. « Ce tableau, par la composition, l'éclat, l'harmonie des tons et la vérité des détails appartient aux meilleures productions du maître » (Waagen, III, 230).

## **Moeyaert** (Nicolaes Cornelisz), avant 1600-1669 (?).

**970.** — *Le choix d'un amant* (G).

A droite, un vieillard, en houppelande et bonnet bordés de fourrure, assis à une table recouverte d'un tapis rouge, sur laquelle sont posées des pièces de monnaie, de trois quarts tourné à gauche, offre de l'argent, qu'il porte dans un sac, à une jeune femme. Celle-ci, debout, en jupe rouge, corsage noir, tablier blanc, se recule et se serre contre un jeune homme, en vêtements noirs, qui sourit. Au second plan, à droite,

MUSÉE D'AMSTERDAM.

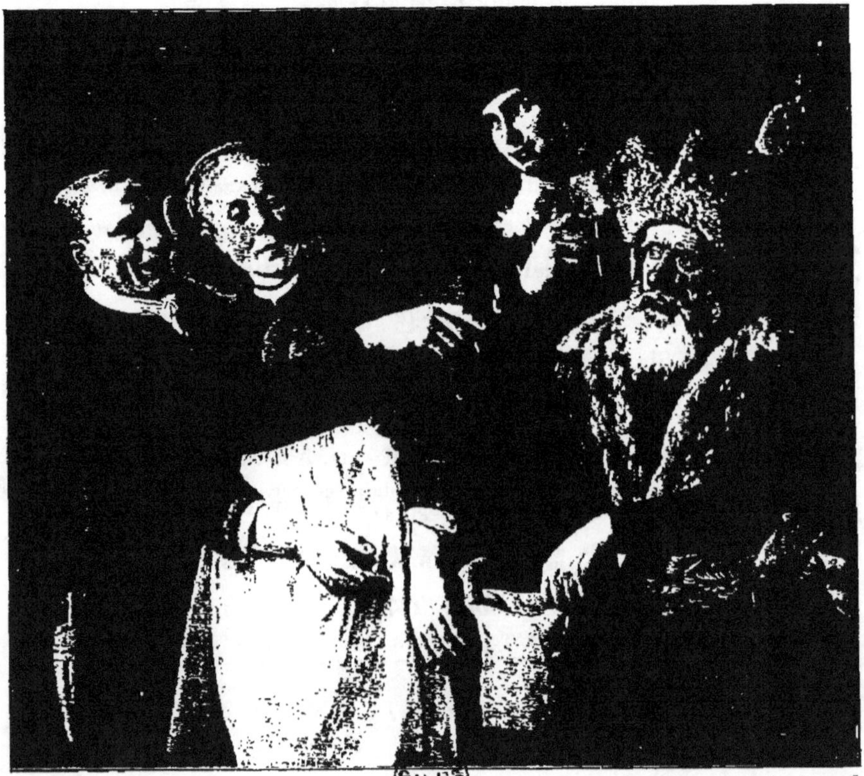

Cliché Hanfstaengl. Typogravure Hanfstaengl.



MOEYAERT.

970. — *Le Choix d'un amant.*

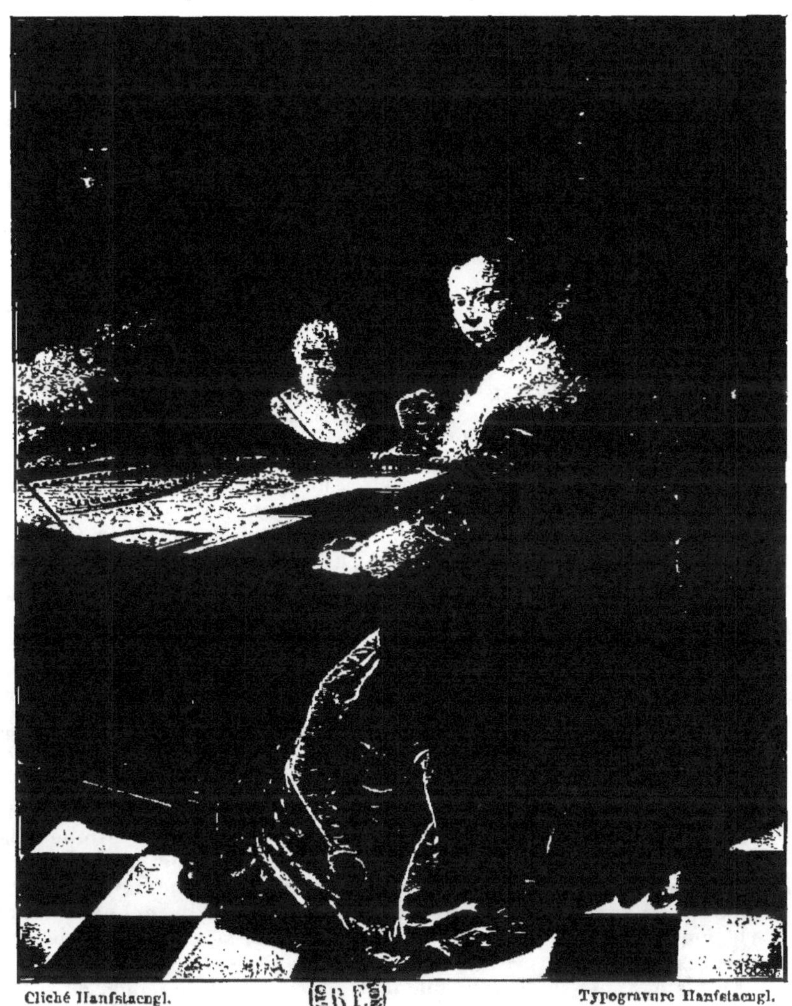

Cliché Hanfstaengl. Typogravure Hanfstaengl.



MOLENAER (JAN MIENSE)?

974. — *La Dame au clavecin.*

un gentilhomme, en costume noir, col de dentelle, tient un verre de la main droite levée et semble appeler la jeune fille.

H., 1,09 ; L., 1,24. T. — Fig. à mi-corps gr. nat. 3,000 fl. V. Rheden van Oudshoorn (1874). Don Kock. La fausse signature G. Mets, qu'on lit à gauche, indique qu'autrefois on a voulu attribuer ce tableau à Metsu.

**971.** — *Cinq régents et deux régentes de l'hospice des Vieillards à Amsterdam* (H).

A gauche, sont assis les deux régentes. Cinq régents sont autour d'une table, trois assis, deux debout et réglant des comptes. A droite, le directeur remet une lettre au président, sur le fauteuil duquel est la signature : Cl. M. f. t. 1640.

H., 1,78 : L., 3,76. T. — Fig. gr. nat. Provient de l'hospice. Prop. de la Ville.

## Molenaer (Jan Miense), vers 1610-1668.

**973.** — *La prière avant le repas* (269).

Dans une chambre, à gauche, assis sur un tonneau défoncé, le père de famille, de profil tourné vers la droite, en vêtements sombres, son chapeau à la main, dit le *benedicite* ; au premier plan, un petit garçon, vu de dos ; à droite, la mère, en jupe brune et jaquette grise, et le grand-père. Au fond, trois enfants, dont l'un se cache la figure avec son chapeau ; à gauche, un pot de grès sur un escabeau, avec la signature : Jm Molenaer

H., 0,26 : L., 0,24. B. — Fig. jusqu'aux genoux pet. nat. Coll. v. d. Hoop. « De la dernière période du peintre, à l'époque où il subordonnait la couleur locale à un certain ton brunâtre, où le pinceau laisse apercevoir çà et là les dessous brunâtres ; et, où, sous l'influence de Rembrandt, mêlée sans doute à celle de A. van Ostade, il montrait une entente accomplie du clair obscur et de la concentration des couleurs » (Bode).

**974.** — *La dame au clavecin* (269).

Dans un salon, au milieu, une jeune fille assise, en jupe rose à ramages, robe noire, collerette, manchettes et bonnet en dentelles, les pieds sur une chaufferette, tournée de profil à gauche, le visage de face joue du clavecin ; un petit garçon et une petite fille debout regardent la musicienne appuyés contre l'instrument ; sur le couvercle relevé, représentant deux personnages dans un paysage, est juché un singe. Au plafond, est suspendue une lanterne ; un jeune homme, en vêtement et chapeau gris, franchit une porte sur laquelle on lit : Æt. 21.

H., 0,37 ; L., 0,29. B. — Fig. pet. nat. Coll. v. d. Hoop. Attribué autrefois et maintenant encore, par certains critiques, parmi lesquels M. T'Hooft, à Dirck Hals, dont le personnage du fond rappelle le faire, dans les tableaux de la période entre 1625 et 1630. Voir le D. Hals de la Coll. Stuers, p. 141. Considéré par M. Brédius comme une œuvre de Molenaer, par comparaison avec une réunion de famille appartenant à M. van Loon et signée. Peint sans doute vers 1637. « C'est un tableau de famille composé comme un tableau de genre ». (Bode. 124).

## Momper (Joos de) le Jeune, 1564-1635.

**975.** — *Paysage, avec des personnages* (235).

H., 0,45 ; L., 0,76. B. — Coll. V. Heteren.

## Moreelse (Paulus), 1571-1638.

**978.** — *Portrait de Maria Van Utrecht, épouse de Joan Van Oldenbarnevelt.* (214).

Sur la base d'une colonne à gauche : *Æta. 63. Ano. 1615*. P, Mo. fc.

H., 1,09 ; L., 0,80, B. — Fig. jusqu'aux genoux. Musée de La Haye.

**979.** — *La Belle Bergère* (218).

Signé : P. M. 1630.

H., 0,79 ; L., 0,63. T. — Gravé par Boland et Daiwaille. 2153 fl. V. Ocke (1817).

**980.** — *La Petite Princesse* (218).

De trois quarts tournée vers la gauche, regardant en face. Robe en brocart noir à fleurs ; col, fraise et manchettes en dentelles ; collier et bracelets de perles ; sur la poitrine, une chaîne en or retenue par une broche ; dans ses cheveux blonds, une rose ; de la main droite, elle caresse un petit chien ; à droite, une draperie rouge relevée.

H., 0,88 ; L., 0,62. T. — Fig. gr. nat. gravé par Boland. 900 fl. V. Hilleveld (1865).

**981.** — *Portrait de femme* (214).

H., 1,20 ; L., 1,04. T. — Fig. en buste gr. nat. Musée de la Haye.

## Moucheron (Frederick), 1633 ou 1634-1686.

**986.** — *Paysage* (227).

H., 0,42 ; L., 0,51. T. — Fig. 0,06. Legs Dupper.

**987.** — *Paysage italien, avec chasseurs* (216).

Au premier plan, à gauche, près d'un escalier, conduisant à une terrasse, deux chasseurs et leur chien et un fauconnier. A droite, un troisième chasseur. Signé à gauche, sur le sol : Moucheron. F.

H., 0,39 ; L., 0,32. B. — Fig. 0,05. Les figures sont de Adr. van de Velde V. J. v. d. Marck (1773) ; 725 fl. V. Boreel (1814). « Moucheron, un peu grêle et mesquin d'ordinaire, un peu *patte de mouches*, est ici toujours très fin, mais onctueux et plein d'harmonie » (Burg., I., 142).

**988.** — *Paysage italien, avec bergers et troupeaux* (269).

Signé et daté à gauche : Moucheron fe. 1667.

H., 0,67 ; L., 0,83. T. — Les figures d'Adr. van de Velde. 1700 fl. V. Brondgeets 134). Coll. v. d. Hoep.

## **Moucheron** (Isaak de), 1670-1744.

**989**. — *Vue de Tivoli, près Rome* (273).

H., 0,49; L., 0,66. T. — 250 fl. en 1883.

## **Murand** (Emmanuel) ou **Meurant**, 1622-1700 (?)

**995**. — *La vieille ferme* (218).

H., 0,32; L., 0,39. T. — 212 fl. en 1819. « Tableau d'une exécution minutieuse, d'un fini de miniature. Chaque brin d herbe, chaque feuille pourraient être regardés à la loupe » (Bréd., I., 63).

## **Murillo** (Bartolomé Esteban), Espagnol, 1618-1682.

**996**. — *L'Annonciation* (235).

H., 0,96; L., 0,99. T. — Fig. 0,70. Réplique d'un tableau de l'hôpital de La Caritad à Séville.

## **Mytens** (Johannes), vers 1614-1670.

**1001**. — *Portrait du Lt-Amiral Cornelis Tromp*, 1629-1691 (Am.).

Signé à gauche : A. 1668. Jan Mytens f.

H., 1,32; L., 1 m. T. — Fig. à mi corps gr. nat. Musée de La Haye. Ce portrait et les suivants sont attribués par M. Brédius à J. Mytens, bien que la signature ne soit pas celle que le peintre mit ordinairement sur ses œuvres.

**1002**. — *Portrait de M. van Raephorst, épouse de l'amiral* (Am.).

H., 1,33; L., 1 m. T. — Fig. jusqu'aux genoux gr. nat.

## **Neck** (Johan van), 1636-1714.

**1011**. — *La leçon d'anatomie du professeur Frederick Ruysch, père de Rachel Ruysch* (220).

Au milieu, le professeur, de profil, tourné vers la gauche, coiffé d'un chapeau noir, dissèque le cadavre d'un enfant couché sur une table. A gauche, cinq élèves. A droite, un jeune aide apportant un petit squelette. Signé : J. van Neck 1683.

H., 1,38; L., 1 m. T. — Fig à mi-corps gr. nat. Provient de la corporation des chirurgiens. Prop. de la Ville.

## **Neffs** (Peeter) ou **Neefs le Vieux**, Flamand, après 1577-entre 1657 et 1661.

**1012**. — *Une procession dans l'église des Dominicains* (235).

Signé, à droite sur une colonne : Peeter Neefs Anno 1636.

H., 0,66; L., 1,03. B. — Fig. 0,30. Musée de La Haye.

**1013.** — *Une église, la nuit* (235).

Signé, à droite, sur une colonne; Petrus Neefs 1636.

H., 0,48 ; L., 0,79. B. — Fig. 0,07. Musée de La Haye.

## Neer (Aert van der), 1603-1677.

**1015.** — *Paysage en hiver* (272).

Signé : A. V. D. N. (entrelacés deux à deux).

H., 0,50; L., 0,64. B. — Fig. 0,08. 175 fl. V. Boreel (1814).

**1016.** — *Une rivière en hiver* (285).

Au premier plan, à gauche, des personnes dans un traîneau à un cheval; au milieu, des joueurs de golf; à droite, des pêcheurs. Au fond, des promeneurs, et des bateaux contre la rive; à gauche, une ville; à droite, un moulin. Signé, sur une poutre : A. V. D. N. (entrelacés deux à deux).

H., 0,62 ; L., 0,77. T. — Fig. 0,06. 2800 fl. V. Brondgeest (1839). Coll. v. d. Hoop. « Sans être le chef-d'œuvre du peintre, ce tableau permet cependant d'apprécier avec quel talent accompli il savait voir et interpréter la nature » (Bréd., I, 48).

**1017.** — *Paysage avec un chasseur* (269).

Signé, à droite : A. V. D. N. (entrelacés deux à deux).

H., 0,44 ; L., 0,68. B. — Fig. 0,06. Coll. v. d. Hoop.

## Neer (Eglon Hendrick van der), 1643-1703.

**1018.** — *Le jeune Tobie et l'ange* (271).

Au premier plan, l'ange indique à Tobie, le poisson, dans un ruisseau. Au fond, berger et troupeau. Signé, à droite sur un rocher : E. H. van der Neer fe. 1690.

H., 0,16; L., 0,24. B. — Fig. 0,07. Coll. v. Heteren.

## Netscher (Caspar), Allemand, 1639-1684.

**1019.** — *Portrait du poëte Constantyn Huygens*, 1596-1687 (214).

H., 0,26; L., 0,22 B. — Fig. en buste, dans un ovale, sur lequel on lit, à droite : C. Netscher fec. 1672. Coll. Guillaume I.

**1020.** — *Soins maternels* (271).

Dans une chambre, une femme, en jupe de satin jaune à liserés d'argent, caraco bleu bordé d'hermine, peigne son enfant, appuyé contre elle. Au second plan, à droite, un autre enfant se regardant dans une glace posée sur une table, à côté d'une assiette, d'une coupe et d'un coffret en argent. Au fond, à gauche, une servante, portant un plateau,

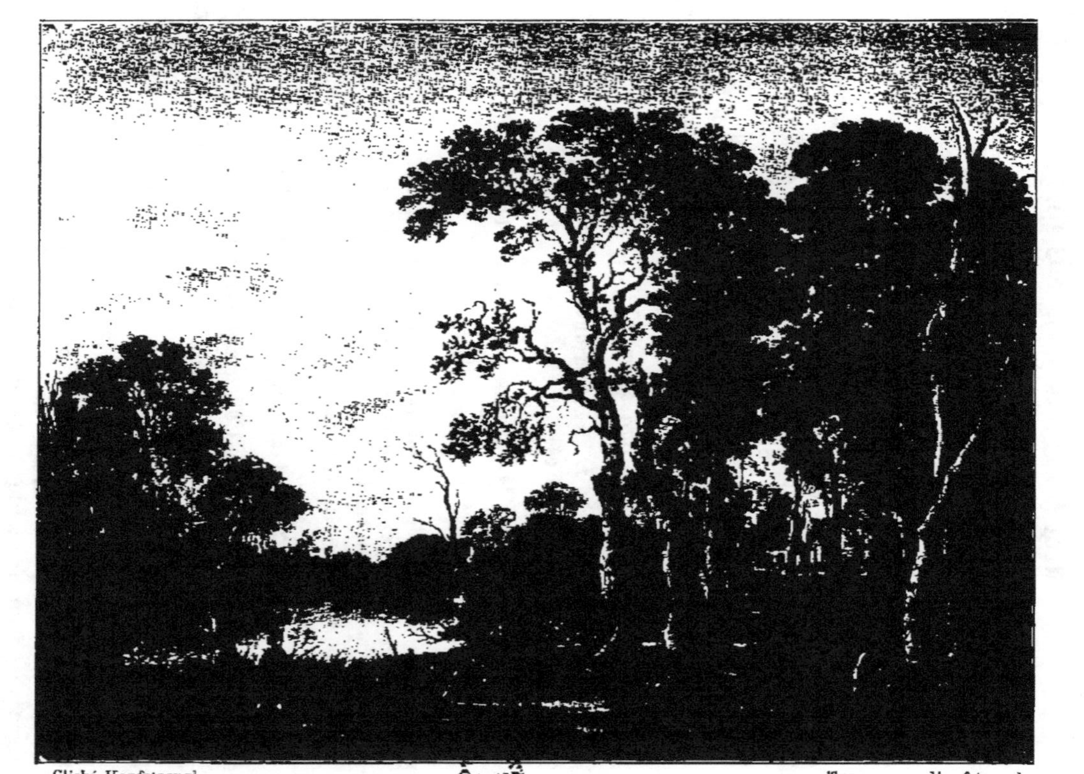

Cliché Hanfstaengl. Typogravure Hanfstaengl.



NEER (A. VAN DER).

1017. — *Paysage avec un chasseur.*

franchit une porte. Au premier plan, sur une chaise en velours rouge, une toque à plumes. Derrière la mère, un chat. Signé, à droite : C. NETSCHER FEC.

H., 0,43 ; L., 036. B. — Fig. 0,27. Coll. v. Heteren. « Peinture exquise » estimée 400 g. SMITH, 79.

**1021**. — *Portrait présumé de Christiaan Huygens* (273).

H., 0,47 ; L., 0,39. T. — Fig. à mi-corps pet. nat. 1260 fl. en 1882.

## Nieulandt (ADRIAEN VAN), 1587-1658 ou 1659.

— *Quête pour les lépreux à Amsterdam* (H).

Devant le Poids public, une nombreuse assistance regarde passer la procession ; à droite, un tambour et les huissiers de la Ville portant des bannières. A gauche, des quêteurs, les uns à pied, les autres en traîneaux. Signé au milieu, sur une pancarte : AARINEN VAN NIEULANDT FECIT 1633.

H., 2 m. ; L., 3 m. T. — Fig. 0,38. Autrefois à l'Hôtel de Ville. Prop. de la ville.

## Noordt (JOANNES VAN), milieu du XVII^e siècle.

**1036**. — *Portrait de Dionys Wynants* (225).

Signé : JOAN VAN NOORDT F. 1664.

H., 1,21 ; L., 0,99. T. — Fig. à mi-corps gr. nat. Legs v. d. Poll.

## Ochtervelt (JACOB VAN), avant 1635-1700.

**1046**. — *Les Régents de l'hospice des Lépreux à Amsterdam* (H).

Signé à gauche : J. OCHTERVELT FECIT 1674.

H., 1,53 ; L., 2,01. T. — Fig. pet. nat. Provient de la salle des Régents de l'hôpital. Prop. de la ville.

## Oever (HENDRICK TEN), seconde moitié du XVII^e siècle.

**1049**. — *Portraits de famille* (214).

A droite, la mère, en corsage noir et robe grise, distribue des fruits à ses trois enfants. Au milieu, le père. Au second plan, une servante, un enfant dans les bras, présente à sa maîtresse des pêches dans un plat. Signé, sur une rampe, à gauche : H. TEN OEVER F. Ao 1669.

H., 1.88 ; L., 2,28 T. — Fig. gr. nat. Acquis en 1873.

## Olis (JAN), vers 1610 - après 1655.

**1050** — *Une cuisine* (218).

A gauche, des légumes, au pied d'une table sur laquelle sont posées des volailles ; au second plan, près de l'âtre, deux servantes dont l'une embroche un poulet. Au milieu, un buveur assis. Au fond, une jeune fille portant un panier. En avant, des ustensiles de cuisine et un tonneau. Signé sur la table : J. OLIS FECIT 1645.

H., 0,65 ; L., 0,75. B. — Fig. 0,29. Attribué autrefois à Sorgh. Musée de La Haye. « Rappelle plutôt la facture de Molenaert » (BODE, 330).

## Ossenbeck (WILLEM), milieu du XVIe siècle.

**1069.** — *Mercure et Io* (227).

Signé à gauche : W. OSSENBECK 1632.

H., 0,37 ; L., 0,55. B. — Fig. 0,12. Legs Dupper.

## Ostade (ADRIAEN VAN), 1610-1685.

**1070.** — *Un atelier de peintre* (272).

A gauche, l'artiste, en pourpoint violet et barrette rouge, de profil tourné vers la droite, assis devant son chevalet, travaille. Au second plan, deux élèves, dont l'un broie des couleurs, un chien à ses pieds, et l'autre prépare une palette. Au fond, un escalier en bois menant à une soupente. A gauche, une fenêtre, et, sur une table, la signature : A. O.

H., 0,35 ; L., 0,33. B. — Fig. 0,12. Gravé par Ostade lui-même, Unger, Boland et Lowenstam. 2900 fl. V. Grandpré (1809) ; 105 L. V. Pourtalès (1829), 600 fl. V. v. d. Pot. D'après BURGER et SMITH, l'artiste serait le peintre lui-même ; d'après BRÉDIUS, son frère Isack. Exécuté sans doute vers 1650. Une répétition au Musée de Dresde.

**1071.** — *La halte des voyageurs* (272).

Au premier plan, deux voyageurs sont assis sur un banc ; l'un, à droite, de profil tourné vers la gauche, en veste rose, culotte bleue, toque grisâtre, une pipe à la main, son fusil et une carnassière à ses côtés ; l'autre, en costume brun et manteau gris, son chapeau gris, sa pipe et son havresac sur un escabeau, tient, de la main droite, un pot de bière. Entre eux, au second plan, une servante. Au fond, l'auberge, devant laquelle, près d'un arbre, cinq paysans sont attablés. Signé et daté à gauche : A. V. OSTADE 1671.

H., 0,36 ; L., 0,30. B. — Coll. van Heteren. Gravé par Boland. SMITH, 206. « Un des meilleurs ouvrages de la dernière période, qui possède encore beaucoup des qualités de la plus belle époque. Outre le clair obscur, qui dénote encore la préoccupation de Rembrandt, on remarque une couleur harmonieuse et un ton général gris et froid ». (BRÉD., I, 118).

**1072.** — *Le charlatan* (227).

Debout, à gauche, en chausses grises, manteau vert, toque rouge, devant un tonneau sur lequel une planche supporte un coffret et des fioles, il se tourne à droite et offre une fiole à un paysan et à une vieille femme accompagnée de trois enfants ; au fond, une ferme, une tente près d'un arbre et un paysan. Signé et daté, à droite en bas : A. V. Ostade 1648.

H., 0,27; L., 0,21. B. — 530 fl. V. Teengs (1811). Coll. Rombouts. Legs Dupper.

**1073.** — *Le boulanger* (227).

Un boulanger, la chemise entr'ouverte, un bonnet rouge sur la tête, se penche hors de sa boutique et sonne du cor; à gauche, contre la muraille ornée de plantes grimpantes, un panier de pains.

H., 0,26 ; L., 0,21. B. — Fig. à mi-corps pet. nat. Gravé par Ostade. 708 fl. V. de Heere van Holy, Rotterdam (1824). Coll. Rombouts. Legs Dupper.

**1074.** — *Le joyeux paysan* (216).

H., 0,16; L., 0,14. B. — Fig. 0,06. Attribué autrefois à Isack van Ostade par Smith N° 67. 56 fl. V. Fouquet (1801) 36 fl. V. G. v. d. Pot.

**1075.** — *Réunion de villageois* (265).

Dans une salle à gauche, un buveur est debout devant l'âtre, en veste bleue et chapeau gris, un pot à la main ; quatre personnes à ses côtés ; au premier plan, près d'une fenêtre, à gauche, une petite fille s'arrête de manger sa soupe posée sur un escabeau, pour regarder un chien ; à terre, des ustensiles de ménage. Au fond, à droite, près d'une porte, deux hommes debout et trois attablés. Signé à droite sur le plancher : A. V. Ostade 1661.

H., 0,36; L., 0,46. Cuivre. — Fig. 0,14. Gravé par Dunker, dans la galerie Choiseul et par Van Kasteren. 1000 fl. en 1763 V. Lormier, 8800 fr. en 1772 V. de Choiseul. 7250 fr. en 1777 V. Dubarry. 7055 fr. en 1801 V. Tolozan, et 800 fr. V. duchesse de Berry. Coll. v. d. Hoop. Smith, 49 et Suppl. 22.

**1076.** — *Entretien intime* (269).

Sur une table, une nappe, une pipe et une gauffre ; à gauche, une femme, en corsage marron à manches rouges, chemisette et bonnet blancs, de profil tournée à droite, tient, de ses deux mains, un verre ; au second plan, au milieu, un homme, en veste violette, à manches grises, chapeau noir, porte un broc en étain. Au fond, une voûte cintrée et une fenêtre. Signé, sur la table : A. V. Ostade 1642.

H., 0,21 ; L., 0,28. B. — Fig. jusqu'aux genoux pet. nat. 515 fl. V. G. v. Frankenstein. Coll. v. d. Hoop. Smith *suppl.* 119.

*La femme au hareng* (272).

Un paysan, en chausses jaunes, tunique marron à manches rouges, appuyé sur un bâton, vu de dos, est debout devant une paysanne, assise sur le seuil d'une chaumière, en robe grise, à manches jaunes, coiffe blanche, tablier bleu, qui vide un hareng ; devant elle, sur un escabeau, un autre hareng ; au fond, un balai et une étoffe rouge sur un clavier, où se lit la signature douteuse : A. V. Ostade 1648.

H., 0,39; L., 0,41. B. Fig. 0,19 Don de Mme Messchert van Wollenhoven. Prop. de la Ville.

## Ostade (Isack van), 1621-1649.

**1077.** — *L'auberge rustique* (217).

A droite, devant l'auberge, sont arrêtés des voyageurs ; au premier plan, deux valets donnent à manger à un cheval blanc. A droite, une mère allaite son enfant ; à gauche, un vovageur endormi sous un arbre, une cruche et un chien devant lui, une femme et un enfant. Au fond, une rivière et un pont sur lequel passent un chariot et deux paysans. Signé : Isack van Ostade.

H., 0,51; L., 0,67. B. Coll. Van Heteren. Smith, 67.

**1078.** — *L'auberge rustique* (269).

Au milieu, deux paysans déchargent une charrette attelée d'un cheval blanc ; à droite, sous une tonnelle, deux servantes et un paysan assis autour d'une table ; au premier plan, un petit garçon accouple deux chiens. Au fond, sur la route, s'avance un cavalier suivi de deux piétons. Signé et daté à droite devant une mangeoire : Isack van Ostade (date illisible 1643 ou 1644).

H., 0,55 ; L., 0,46. B. — Fig. pet. nat. Coll. G. v. d. Pot. Foucquet et v. d. Hoop.

## Ovens (Juriaen), 1595-1678.

— *Portrait du poëte et historiographe Pieter Cornelisz Hooft* (C).

H., 1 m. L., 0,81. — Fig. en buste gr. nat. Gravé par A. Bloteling. Attribué autrefois à Bramer. Acheté 17 fl. Musée de la Haye.

**1082.** — *Portrait de J. Schaep, échevin à Amsterdam* (214).

H., 1,12 ; L., 1,93. T. Signé J. Osvens. f. — Fig. à mi-corps gr. nat. Legs Bicker. « Plein d'élégance, la couleur est fine et argentée et l'arrangement surtout fait penser aux productions de Van Dyck, à la fin de sa vie » (Bréd., I., 39).

**1083.** — *Portrait de six Régents* (265).

Réunis autour d'une table, en vêtement et chapeau noirs, col blanc : le président, à gauche, qui compte de l'argent, a seul une collerette godronnée ; à son côté, un des régents tient une balance ; en avant, un troisième, tourné de profil à gauche, regarde le spectateur ; deux sont à droite, l'un parlant à son collègue qui écrit ; au fond, le sixième, debout, dépose, dans une armoire, une liasse de papiers que vient de lui remettre le directeur, tête nue ; à droite, une arcade cintrée. Signé, sur la muraille à droite : J. Owens f. 1656.

H., 1,45 ; L., 1,93. T. — Fig. à mi-corps plus gr. nat. Provient du Werkhuis. Prop. de la ville. « Ce tableau se distingue par l'animation des têtes, l'énergie de la couleur, la touche puissante, large et moelleuse ; le peintre se montre dans son complet développement, sous l'influence de Rembrandt : (Waagen, III, 37 et Woermann, 894).

— *Portrait de Cornelisz Nuyts, riche raffineur* (235).

H., 2 m. L., 1,25. T. — Fig. gr. nat. Acheté 1000 fr. à Paris (1896).

## Palamedes (Anthonie), 1601-1673.

— *Portrait de femme* (214).

Signé, sur le fond, à gauche : Aet 64 A. 1652 A. Palamedes pinxit.

— *Portrait d'homme.*

Signé, sur le fond, à droite : Aet. 64 A. 1652 A. Palamedes pinxit.

H., 0,81; L., 0,66. T. — Ces deux tableaux se font pendant. 700 fl. à M. v. d. Lucas de Clercq (1894).

## Parchiers, XVIIe siècle.

— *Nature morte* (235).

Signé, à gauche : Parchiers 1660.

H., 0,54 ; L., 0,68. T. — Acheté 260 fl.

## Peeters (Jan), Flamand, 1624-1677.

**1092.** — *Destruction de la flotte anglaise devant Chattam* (Am.).

H., 0,71; L., 1,06. B. — Fig. 0,05. 600 fl. en 1806. Musée de la Haye. « La comparaison de ce tableau avec un autre du Musée de Bruxelles, signé. J. T. Blankerhoff l'a fait attribuer par M. Brédius à ce maître qui vécut de 1628 à 1669.

## Peeters (Gillis), Flamand, 1612-1653.

**1093.** — *Le moulin à eau* (235).

Au premier plan, à droite, des troupeaux et des bergers sur un sentier; au milieu, des poules sur des meules de foin; à gauche, le moulin contre des rochers, à l'entrée d'une forêt. Signé, à gauche, sur une pierre : Gillis Peeters 1633.

H., 0,12; L., 0,56. B. — Don Brédius. « Ce tableau permet d'apprécier le talent de ce maître dont le style est intermédiaire entre la manière archaïque et la façon plus naturelle de comprendre le paysage » (Bréd., I, 207).

## Pietersen (Aert), 1550-1612.

**1108.** — *Réunion de 19 arquebusiers* (216).

H., 1,30; L., 3,55. B. — Fig. gr. nat. Autrefois dans la salle du petit conseil de guerre à l'hôtel de ville. Prop. de la ville.

**1109.** — *La leçon d'anatomie du docteur Sébastian Egbertsz de Vry, bourgmestre d'Amsterdam* (220).

Au second plan, le professeur, des ciseaux à la main, fait la leçon, debout, derrière une table, où est étendu un cadavre ; autour de lui, vingt-neuf élèves ; quatre, au milieu, au premier plan, sont assis, les autres sont debout. Daté à gauche : Ao. 1603 ; signé : à droite, du trident, et des lettres : A. P.

H., 1,44 ; L., 3,89. B. — Fig. gr. nat. Ce tableau se trouvait déjà dans la chambre des chirurgiens lorsque Rembrandt reçut la commande de *La leçon d'anatomie*. Prop. de la ville d'Amsterdam. Commencé en 1601, il ne fut terminé qu'en 1603, la peste ayant enlevé six des personnes qui figurent sur la toile et ne laissant probablement pas aux autres le loisir de poser. « Les portraits sont d'un dessin et d'un modelé excellents et le coloris par sa puissance rappelle celui de Pieter Aertsen ». (BRÉD., I, 10).

**1111.** — *Six syndics de la halle aux draps* (Lakenkal) *à Amsterdam* (227).

Deux sont assis, tenant, l'un, à droite, une sorte de cachet, l'autre, à gauche, une étoffe. Au second plan, quatre sont debout; vêtements et chapeau noirs, collerette blanche ; au fond, la muraille est tendue d'une draperie noire à filet rouge.

H., 1,09 ; L., 1,44 B. — Fig. à mi-corps gr. nat. Daté à gauche sur le bras du fauteuil : *in Martio Ao. 1599*. — Provient du magasin de la Compagnie des Indes à Amsterdam. Attribution donnée par le professeur Six. « La puissance d'impression et l'ampleur de facture font de ce tableau un véritable chef-d'œuvre » (E. MICHEL, *Rembr.*, 128. BRÉDIUS, 110).

## Poel (EGBERT VAN DER), 1621-1664.

**1116.** — *Une ferme* (218).

Dans une cuisine , au milieu, une petite fille regarde une vieille femme assise, en robe marron à manches jaunes, col et bonnet blancs qui apprête des poissons. A droite, des ustensiles de ménage, un canard et des légumes, près d'un puits ; à gauche, au fond, dans l'étable, un paysan, et une femme qui trait une chèvre. Au premier plan, un chien devant un appareil de remouleur, sur lequel est la signature : EGBERT VAN DER POEL 1646.

H., 0,47 ; L., 0,63, B. — Fig. 0.12. — Musée de La Haye.

**1117.** — *La ville de Delft après l'explosion de la poudrière, 12 octobre 1654* (215).

A droite, au second plan, l'explosion éclaire de ses lueurs la ville. Au premier plan, sur le bord d'une rivière et sur un pont, des habitants s'enfuyant. Signé à droite :

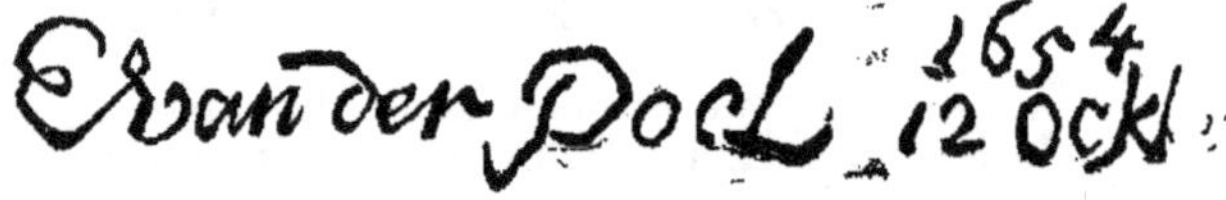


H., 0,55 ; L., 0,59. B. — Fig. 0,07. — 12 fl. V. Putinau (1803). Musée de La Haye.

## **Poelenburgh** (Cornelis van), 1586-1667.

**1120.** — *Adam et Eve chassés du paradis* (219).

H., 0,16 ; L., 0,29. B. — Fig. 0,05. — Coll. van Heteren.

**1121.** — *Les baigneuses épiées* (219).

H., 0,37 ; L., 0,46. — Cuivre. Fig., 0,16. 660 fl. V. G. v. d. Pol.

## **Poorter** (Willem de), première partie du xvii^e siècle.

**1124.** — *Le roi Salomon sacrifiant aux idoles* (217).

Au milieu, le roi, entouré de quatre de ses femmes, est agenouillé sur les marches d'un escalier, drapé dans un manteau vert, de profil tourné à gauche, vers l'autel sur lequel brûle le feu du sacrifice ; un grand-prêtre, vêtu de blanc et couronné de pampre, en pleine lumière, suivi de plusieurs assistants dans l'ombre, lui montre, sur un piédestal, un groupe de Vénus et de l'Amour ; au premier plan, à gauche, près d'une aiguière, un valet, vu de dos, apportant du bois. Au fond, à droite, le trône du roi. Signé : W. D. P.

H., 0,62 ; L., 0,48. B. — 225 fl. en 1882. « Le clair obscur est ici traité avec beaucoup d'art. La tête de Salomon et celle du grand-prêtre sont excellentes ; tout est dessiné d'une manière remarquable » (Bréd., I, 122).

## **Potter** (Pieter Symonsz), 1597-1652

**1130.** — *Les moissonneurs* (271).

Dans une grange, un paysan, en chausses brunes et vertes, tourné de profil à droite, coupe des bottes de paille. A gauche, un autre paysan s'éloigne ; à droite, des bottes de paille.

H., 0,30 ; L., 0,26. B. — Fig. 0,25. — Don du baron van Spaen de Biljoen. Attribué autrefois à Paulus Potter. « De la dernière époque de Pieter et un de ses meilleurs ouvrages, d'un fin coloris » (Bode 168). « Composition charmante, dont le dessin des figures est meilleur que dans ses autres ouvrages, en même temps que la couleur en est fine, quoique fortement posée » (Bréd., *Oud. Holland*, 1893, p. 43).

**1131.** — *Nature morte* (269).

Signé à gauche : P. Potter f. 1646.

H., 0,53 ; L., 0,41. B. — Attribué autrefois à Paulus Potter. 705 fl. V. Meynders. (1838) Coll. v. de Hoop. A rapprocher d'une réplique de la Coll. Suermondt, maintenant au Musée de Berlin. « Mais ici la lumière est plus vive et la touche plus légère » (Bode, 228).

## **Potter** (Paulus), 1625-1654.

**1132.** — *La chasse aux ours* (E).

Au premier plan, un ours se défend contre des chiens ; deux des

35

assaillants gisent à terre ; il écrase un troisième sous sa patte gauche et, avec ses griffes, il déchire le dos d'un quatrième ; à gauche, un cavalier, s'élance, l'épée à la main ; et, à droite, un chasseur armé d'une pique, s'avance derrière un arbre sur lequel s'est sauvé l'ours que poursuit un chien ; au fond, à gauche, trois cavaliers. Signé et daté : Paulus Potter f. 1644.

H., 3,02 ; L., 3,53. T. — Fig. gr. nat. — Ce tableau qui était autrefois dans une maison habitée par la veuve du peintre, et avait été acheté 7000 fl. à la V. van Reenen, provient d'un échange fait en 1825 avec le Musée de La Haye. Il a subi de profondes restaurations, exécutées par J. W. Pieneman. « Peinture hideuse, dure, sèche, en bois, sans vérité et ridicule de mouvement » (Maxime Ducamp, *Revue de Paris*, oct. 1857). « Inutile de chercher quel motif a décidé ce peintre distingué à entreprendre un pareil sujet auquel évidemment son génie ne le rendait pas propre. L'ambition ou l'intérêt peuvent l'avoir influencé, ainsi qu'il est arrivé à bien d'autres qui, comme lui, s'étant écartés de leur sphère habituelle sont tombés au niveau de la multitude » (Smith, 2). D'après une gravure à l'eau-forte, faite en 1656, sur un verre à boire, dans le tableau primitif, le chasseur portait une belle toque à plumes, et un second chasseur monté sur un cheval fringant s'apprêtait à lancer son javelot.

**1133.** — *Orphée charmant les animaux par les accords de sa lyre* (273).

A gauche, au pied d'une éminence, Orphée, assis, joue de la lyre, un chien devant lui. Il est entouré d'animaux : un chameau, un sanglier, un âne, des lions, un éléphant ; à droite, à l'entrée d'une forêt, un cerf et une licorne. Signé et daté, sur le sol, à droite : Paulus Potter f. 1650.

H., 0,68 ; L., 0,87. T. — 1300 fl. V. Lormier (1763) ; 975 fl. V. van der Wouw. Coll. van Heteren. Estimé 15000 francs. « Chaque objet est peint avec la plus scrupuleuse attention dans le détail, mais on doit avouer que peu de ces animaux ont l'expression caractéristique de leur espèce » (Smith, 27). Cet Orphée avec sa ménagerie n'était point, en effet, l'affaire de Paul Potter qui n'a rien de sauvage, ni de mythologique, comme le fait justement remarquer Burger. « C'est là l'ingénieux effort d'un jeune homme étranger à tous les secrets de son école, et qui étudie, sur les pelages de ces animaux, les effets variés de la demi-teinte. C'est faible et savant : l'observation est juste, le faire timide, la visée charmante » (Fromentin, 218).

**1134.** — *Bergers et bergères* (217).

A droite, sous un chêne, une bergère, assise, allaitant son enfant, un berger debout jouant la cornemuse et un chien ; au milieu, un troupeau. A gauche, sur la pente d'une colline boisée, des moutons. Au fond, une tour en ruines. Signé et daté, à gauche, en bas : Paulus Potter f. 1651.

H., 0,79 ; L., 0,93 T. — Gravé par Boland. 10050 fl. V. G. v. d. Pot. Estimé 40.000 francs par Smith, 511. Il existe une répétition de ce tableau qui figura dans les ventes Valkenier et Bryan, qui fut exposé en 1815 à l'Institution britannique de Londres, et appartenait alors au duc de Bedford, « Ce tableau se distingue par la clarté du ton légèrement doré, surtout celui du ciel ; la facture est un peu plus large que celle d'aucun des tableaux du maître » (Waagen, III, 107).

**1135.** — *La cabane du berger* (216).

H., 0,12 ; L., 0,29. B. — Coll. van Heteren. Traité en ébauche.

**1136.** — *Paysage avec des animaux* (225).

A droite, près d'une ferme, une paysanne qui trait une vache, un berger et son chien; en avant, une vache et un mouton couchés; au milieu, quatre bœufs près d'une allée de saules; au fond, une rivière. A gauche, un mouton près d'une clôture en planches, portant la signature : PAULUS POTTER F. 1653.

H., 0,56 ; L., 0,64. B. — Fig. 0,06. 1550 fl. V. Muilman (1813). Legs v. d. Poll.

**1137.** — *Le petit épagneul* (269).

Signé au milieu : PAULUS POTTER F. 1653.

H., 0,18; L., 0,20. B. — Coll. v. d. Hoop; considéré autrefois, à tort, comme une copie.

**1138.** — *Chevaux dans une prairie* (265).

Au milieu, un cheval alezan hennissant, devant un bouquet d'arbres; au second plan, à gauche, un cheval blanc; à droite, des bestiaux; deux clochers à l'horizon. Signé, sur la clôture en planches : PAULUS, POTTER F. 1649.

H., 0,23; L., 0,29. B. — Gravé par le peintre lui-même et par Aubertin. SMITH, 84. 2500 fl. V. Goll van Frankenstein. Coll. v. d. Hoop. « Travail de jeunesse, très fort sans doute et marqué d'un caractère propre; le grand peintre d'animaux s'y révèle déjà; mais ce qui domine, c'est le défaut dont Paul Potter ne se défit jamais absolument, la sécheresse de la touche et la crudité de la lumière » (BURG., II, 146).

**1139.** — *Quatre vaches dans une prairie* (265).

Signé, à gauche : PAULUS POTTER F. 1651.

H., 0,24; L., 0,30. B. — 3600 fl. V. Cleemans (1851). Coll. v. d. Hoop.

## Pynacker (ADAM), 1622-1673.

**1148.** — *Paysage italien* (227).

Signé, au milieu, sur une pierre : PIJNACKER.

H., 0,35; L., 0,47. B. — Fig. 0,10. 1435 fl. V. Muller (1827). Coll. Rombouts. Legs Dupper. SMITH, 46.

**1149.** — *Le pèlerinage* (227).

H., 0,68; L., 0,58. T. — Fig. 0,06. 1000 fl. V. Hoggeur (1817). 1200 fl. V. v. d. Bergh. Coll. Rombouts. Legs Dupper.

**1150.** — *Paysage* (269).

Au milieu, une cascade au lit très resserré; à droite, sur un sentier, s'avance un bouvier, avec ses animaux; montagnes boisées à l'horizon. Signé à gauche, sur une pierre : A. PIJNACKER.

H., 0,18; L., 0,41. T. — 1200 fl. V. Brondgeest. Coll. v. d. Hoop. « De la finesse et de la lumière, mais l'exécution trop détaillée tombe dans la sécheresse » (BURG., II, 141).

## **Pynas** (JAN), XVII^e siècle.

*Moïse changeant les eaux en sang* (227).

A gauche, sur la rive, Moïse, en manteau violet, et Aaron, en manteau rouge, montrent avec leurs verges le miracle du sang au Pharaon coiffé d'un turban, en vêtement de brocart et manteau rouge, dont un nègre porte le pan et accompagné de trois serviteurs. Au fond, une ville; au premier plan, une arche en briques et un talus sur lequel est la signature : J. PYNAS FECIT 1610.

H., 0,70; L., 1,70. B. — Fig. 0,54. 600 fl. à M. Rugg d'Amsterdam (1895).

## **Quinckhard** (JAN MAURITS), 1688-1772.

**1156.** — *Quatre membres de la corporation des chirurgiens à Amsterdam* (220).

Signé : J. M. QUINCKHARD 1744.

H., 1,58; L., 2,36. T. — Fig. à mi-corps gr. nat. Provient de la corporation des chirurgiens. Prop. de la ville.

## **Quinckhard** (JULIUS), 1736-1776.

**1160.** — *Les amateurs d'art* (268).

Le peintre, assis à une table, vu de face, en vêtement gris et toque rouge, de la main droite feuilletant un livre et tenant de l'autre une gravure, se tourne à droite vers son ami. J. E. Ploos van Amstel.
Signé et daté, sur la table : J. QUINCKHARD 1757.

H., 1 m. ; L., 0,82. T — Fig. aux genoux gr. nat. 250 fl. en 1876.

## **Ravesteyn** (JAN ANTHONISZ VAN), 1572-1657.

**1165.** — *Portrait du vice-amiral Joris van Cats* (Am.).

H., 0,62; L., 0,49. B. — Fig. gr. nat. 53 fl. V. Broers (1873), attribué par M. BRÉDIUS à Crynsz van der Maes.

**1166.** — *Portrait du colonel Nicolas Smeltzing* (Am.).

H., 1,06; L., 0,83. T. — Fig. à mi-corps gr. nat. Musée de la Haye qui en renferme une répétition attribuée autrefois à Mierevelt. Donné à Ravesteyn par MM. BRÉDIUS et WOERMANN.

## **Rembrandt** (HARMENSZ) **van Ryn**, 1606-1669.

**1246.** — *La sortie de la compagnie du Wyk n° 1, commandée par* *le capitaine Frans Banning Cocq*, — tableau faussement appelé autrefois la *Ronde de nuit* (R).

Au premier plan, s'avançant vers la gauche, le capitaine, en vêtement et chapeau noirs, fraise et manchettes blanches, une écharpe rouge en sautoir, à laquelle est suspendue une épée à large pommeau, s'appuyant sur une canne de la main droite gantée, se tourne à droite, et tend la main gauche au capitaine van Ruytenburg. Celui-ci, de profil tourné vers la gauche, en vêtement jaune à bordure d'or, hausse-col, bottes et gants en cuir jaune, ceinture blanche, chapeau jaune à plumes blanches, la main droite sur la hanche, de la main gauche porte une hallebarde; au second plan, entre ces deux officiers, trois gardes, l'un, vu de dos, coiffé d'un casque orné de feuilles de chêne, un poignard à la ceinture, ses cartouches et sa poire à poudre attachées à un baudrier, tire un coup d'arquebuse; l'autre, vu de face, écarte, de la main, l'arme de son camarade; un troisième, en rouge, arme son arquebuse. A droite, plusieurs gardes armés de piques, un sergent, en noir, portant une hallebarde, s'entretenant avec un soldat dont on ne voit que la tête couverte d'un casque; en avant, le tambour Kampoort, frappant sur sa caisse; à gauche, deux petites filles, l'une, dans l'ombre, l'autre, en pleine lumière, *cette petite fée dont on raffole*, en robe jaune, pèlerine blanche, ses cheveux roux retenus sur le front par un diadème et tombant en boucles sur ses épaules, portant, de ses deux mains, un casque; à sa ceinture, pendent un coq et une bourse. Devant elle, un soldat, en rouge, charge son mousquet. Au second plan, deux soldats causent ensemble, un gamin court et un sergent, appuyé sur une hallebarde est assis sur une borne. Au fond, devant le doelen de la compagnie, à la porte duquel on accède par plusieurs marches, un groupe composé d'un garde, en chapeau gris à plumes vertes, de l'enseigne Jean Visscher Cornelissen, en pourpoint vert à manches jaunes, écharpe verte, qui brandit l'étendard orange, blanc et bleu aux armes d'Amsterdam, et d'un soldat qui porte sa lance. A droite, sur un pilier, un écusson, avec le nom des principaux membres de la compagnie. La scène est éclairée par la lumière qui vient de la gauche, ainsi que permet de le reconnaître la silhouette de la main du capitaine qui se détache sur le pourpoint du lieutenant. Signé, sur la première marche, aux pieds de la petite fille: Rembrandt f 1642

H., 3,59; L., 4,35. T. — Fig. gr. nat. Autrefois dans la grande salle du Doelen des arquebusiers, puis, à partir de 1715, dans la chambre du petit conseil de guerre à l'ancien hôtel de ville. Propriété de la ville. Payé au peintre 1600 fl. A subi de profondes restaurations, une dernière récente de la main de M. Hopman. Une copie par Gérard Lundens, que possède la National Gallery et une aquarelle, provenant de la succession du capitaine Cocq, propriété de M. de Graeff van Polsbroeck, montrent que, primitivement, le tableau était plus grand; à gauche, le peintre avait représenté deux autres personnages; à droite, le corps du tambour était vu en entier; on dut raccourcir les dimensions de la toile pour la mettre en place. (Voir VAN DYCK, *Des-*

*cription des tableaux de l'Hôtel de ville*). Rembrandt avait fait de ce tableau une esquisse, aujourd'hui disparue, qui, en 1768, figurait dans la collection Boendermacker. Le nom impropre de *Ronde de nuit* fut donné par les auteurs français du XVIIIe siècle; SAMUEL VAN HOOGSTRATEN, dans son livre publié en 1678, l'intitule « *Peinture de la garde civique* ». WAGENAAR, un siècle plus tard, l'appelle « *la sortie de la compagnie de Fr. B. Cock* ». D'après cet auteur, le moment choisi par Rembrandt est celui où la compagnie quitte son Doelen pour assister à l'entrée dans la ville du prince d'Orange et de sa femme Marie, fille de Charles I d'Angleterre (14 mai 1642). Cette conjecture est repoussée par plusieurs critiques qui voient, dans cette scène, simplement le départ de la compagnie pour quelque séance de tir; la petite fille porte, dans ses mains, le prix que devait recevoir le vainqueur. Sur l'aquarelle citée précédemment se trouve cette désignation : « *Le jeune sieur de Purmerland donne à son lieutenant le sieur de Vlaerdingen l'ordre de faire marcher sa troupe* ». Quoi qu'il en soit, comme le fait remarquer HOOGSTRATEN, ce tableau est différent de tout ce qu'on avait peint jusqu'alors en Hollande. « Alors que les anciens artistes avaient ordinairement arrangé leurs personnages sur deux ou trois lignes, de manière à faire valoir chaque tête dans un jour égal, sans effet pittoresque et sans action, Rembrandt anima ses personnages, les plaça dans un milieu plein de vie et de mouvement, sacrifia les détails pour obtenir son effet, subordonna son sujet à son art, enfin plongea cette scène de la réalité dans la mer lumineuse de son imagination coloriste et créa une page dramatique, au lieu de faire une froide chronique » (VOSMAER, *Rembrandt*, 225). « Il serait difficile de citer un autre tableau dont la réalité saisisse aussi fortement et où règne, en même temps, une si mystérieuse poésie. Dans le choix et dans le rendu de l'effet, il y a quelque chose qui dépasse la simple représentation d'une compagnie d'arquebusiers, et qui, en quelque manière, s'accommode même assez mal avec la réalité de cette donnée. Cette lumière fantastique, et cette extrême animation qui frappent le spectateur si vivement qu'il croit se trouver en présence d'un grand événement historique s'étalent ici aux dépens mêmes de l'individualité des modèles qui formait la préoccupation exclusive d'un Hals ou d'un van der Helst (BODE, *Hist. de la Peint. Hol.*) « En dépit des injures du temps, la *Ronde de nuit* si elle n'est pas le chef-d'œuvre de Rembrandt, comme trop souvent on l'a dit, demeure du moins un de ses tableaux les plus intéressants à étudier, un de ceux qui arrêtent et retiennent le plus longtemps le spectateur, par tout ce qu'il lui suggère d'admirations et de critiques également légitimes, par ce mélange singulier de visions et de réalités qu'il lui offre réunies. Plus puissant, en vérité, que la nature elle-même, il a sa vie et sa lumière propres, et quand, après l'avoir considéré quelque temps, on détourne un moment le regard pour le reporter sur les toiles qui l'entourent, elles semblent pauvres, dépouillées, inertes et de tout point semblables, ainsi que le disait déjà Samuel van Hoogstraten, aux images d'un jeu de cartes » (E. MICHEL, *Remb.*, 291).

## 1247. — *Les syndics des drapiers en 1661* (214).

Dans une salle, derrière une table recouverte d'un tapis oriental de couleur rougeâtre, sont assis, regardant en face, trois syndics, en pourpoint, manteau et chapeau noirs, rabat blanc, perruque à longues boucles tombantes. Celui de droite, le visage de face, le corps légèrement tourné vers la gauche, tient à la main un sac; l'autre, de trois quarts tourné vers la gauche, le haut du corps incliné, tourne les feuillets d'un volume que semble commenter le troisième, vu de face: à gauche, deux autres syndics, tournés vers la droite, l'un debout, l'autre assis; ces deux personnages sont encore coiffés à l'ancienne mode, sans perruque; au second plan, debout, un servant de la corporation, nu-tête. Les murailles de la salle sont revêtues de lambris en bois ; à droite, une cheminée surmontée d'un tableau représentant un paysage. Daté et signé, au-dessous de ce tableau : REMBRANDT F. 1661.

H., 1,85 ; L., 2,74. T. — Fig. à mi-corps gr. nat. Gravé à l'eau-forte par G. de Frey, à la manière noire par R. Houston, au burin par Kaiser sur une planche commencée par Couwenberg. Les Hollandais nomment ce tableau *de Staalmeesters*, c'est-à-dire

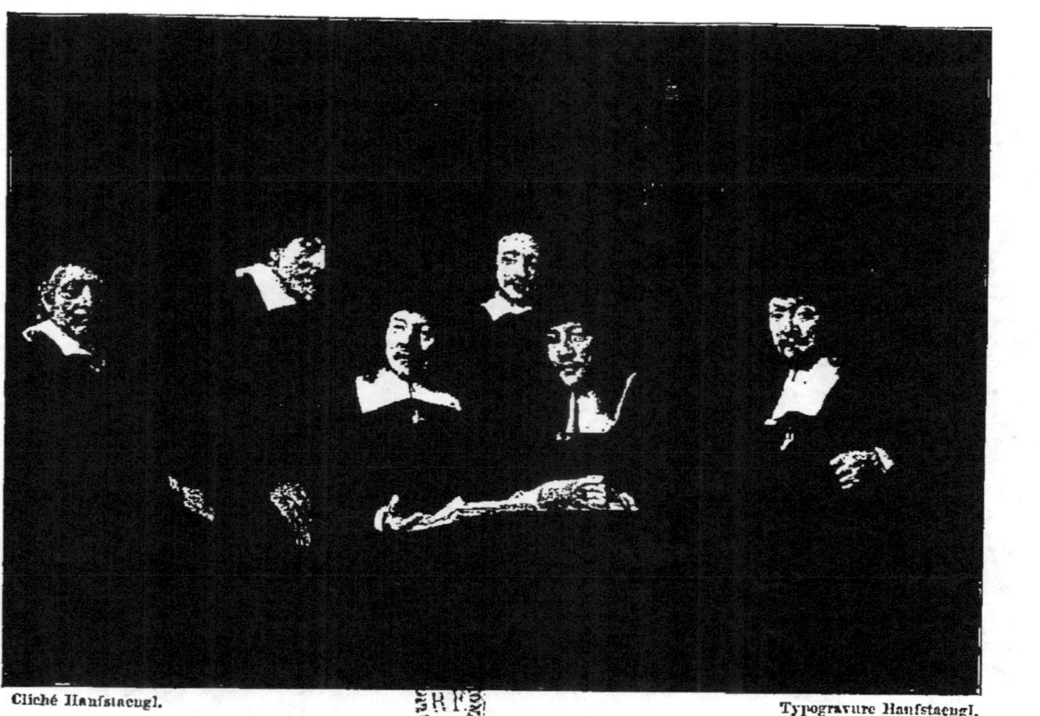

Cliché Hanfstaengl. Typogravure Hanfstaengl.



REMBRANDT VAN RYN.

1247. — *Les Syndics des drapiers* — de Staalmeesters.

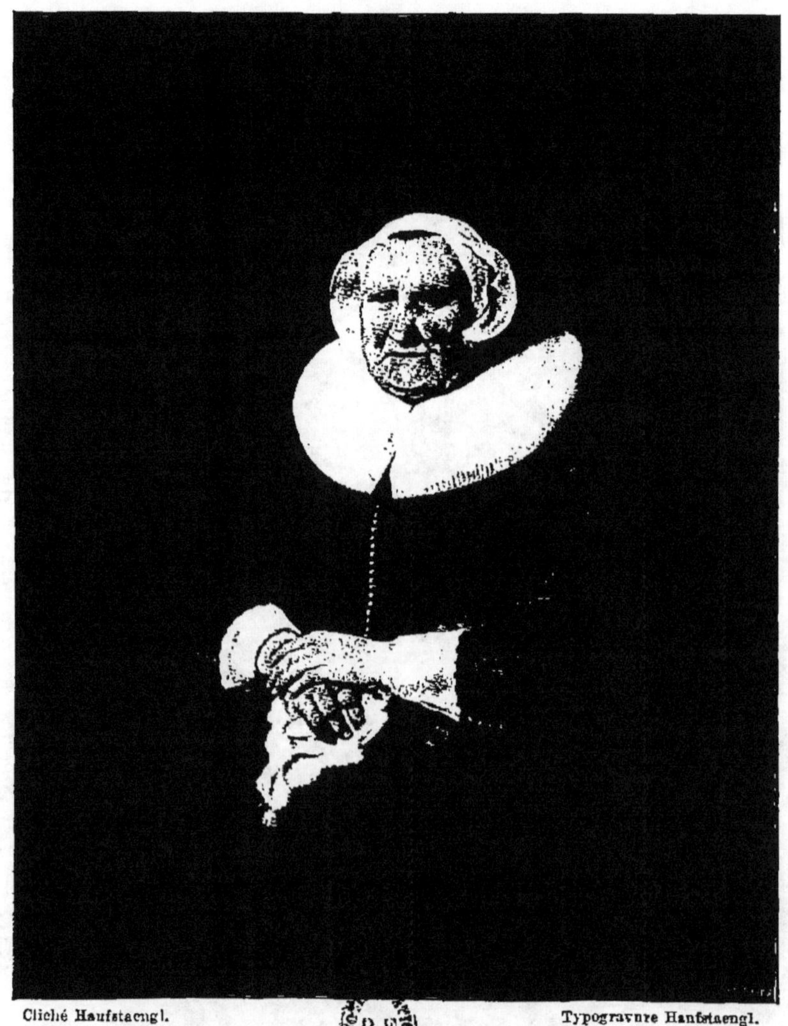

Cliché Hanfstaengl. Typogravure Hanfstaengl.



REMBRANDT VAN RYN.

1249. — *Portrait d'Élisabeth Bas.*

les maîtres plombiers, ceux qui mettaient l'estampille sur les pièces de draps fabriquées dans la gilde pour constater l'origine ou l'acquit de certains droits. Autrefois dans la salle de la corporation en même temps que six autres tableaux. On ne connaît plus que celui-ci et celui de Pietersen. Voir N° IV, ci-dessus. (*Oud-Holland*, 1896, p. 66). « Les visages entièrement vivants sont animés par de beaux yeux lumineux et directs qui ne regardent pas précisément le spectateur, et dont le regard cependant vous suit, vous interroge, vous écoute. La saillie des linges, des visages, des mains est extraordinaire, et l'extrême vivacité de la lumière est aussi finement observée que si la nature elle-même en avait donné la qualité et la mesure. L'ensemble est grandiose, l'œuvre est décisive. On ne peut pas dire qu'elle révèle un Rembrandt ni plus fort, ni même plus audacieux, mais elle atteste que le chercheur a retourné bien des fois le même problème et qu'enfin il en a trouvé la solution. Les Syndics peuvent être considérés comme le résumé des acquisitions du maître, ou, pour mieux dire, le résultat éclatant de ses certitudes » (FROMENTIN, 386). « La largeur de l'effet, la puissance de la peinture sont stupéfiantes et, telles sont l'énergie expressive et naturelle, les chaudes teintes de vie et de santé qui animent les divers personnages, qu'ils paraissent vivre et respirer. Ils ressemblent tellement à la réalité qu'ils rendent froides et sans vie les œuvres d'art environnantes » (SMITH, 141). « Simples ou raffinés, coloristes ou dessinateurs, artistes épris de la réalité ou amoureux de l'idéal, tous s'accordent pour reconnaître ici un des chefs-d'œuvre de la peinture » (E. MICHEL, *Remb.*, 141).

**1248.** — *Portrait du père du peintre* (217).

De profil, tourné vers la gauche, le visage de face; moustaches et barbe grises; vêtement gris, manteau grenat, hausse-col en fer, béret noir surmonté d'une plume rouge. Sur le fond, à droite, une fausse signature et une date, 1641, certainement ajoutée; au-dessous, on aperçoit encore la trace du monogramme du peintre.

H., 0,54; L., 0,46. T. marouflée. — Fig. en buste, Musée de la Haye. « Bien que fatiguée et un peu détériorée, l'œuvre est des plus intéressantes par la conscience qu'elle manifeste. Le modelé en est très minutieusement étudié, dans une pâte plus épaisse, mais suffisamment consistante; et les rehauts indiquant les lumières et les luisants des chairs sont posés avec autant de précision que de sûreté » (E. MICHEL, *Remb.*, 43). Exécuté vers 1629. L'Ermitage en possède une répétition signée et datée 1630. Considérée autrefois comme le portrait du comte de la Marque.

**1249.** — *Portrait d'Elisabeth Jacobs Bas, veuve de l'amiral Swarthenhout* (225).

Assise dans un large fauteuil, de trois quarts légèrement tournée vers la gauche, regardant en face, les deux mains jointes; de la main droite, elle tient un mouchoir. Robe et corsage noirs fermés par des boutons d'or; manteau noir bordé de fourrure, collerette, manchettes et bonnet blancs; à gauche, au second plan, un livre sur une table:

H., 1,16; L., 0,88. T. — Fig. jusqu'aux genoux gr. nat. Legs van de Poll. Peint vers 1640. Un des rares portraits qui ne soient pas signés. « La tonalité tirant sur le gris est à la fois chaude et lumineuse, l'exécution large et serrée rappellent la femme de Six » (BODE, 461). « Bien que le maître excelle d'ordinaire à mettre en pleine lumière les traits individuels que les habitudes et les mœurs impriment sur une physionomie humaine, jamais Rembrandt n'a su la manifester avec plus d'éloquence que dans ce portrait dont la sincérité et la puissance de son génie ont fait un chef-d'œuvre si attachant. » (E. MICHEL, *Remb.*, 407). Dans ces derniers temps, certains critiques ont voulu voir dans cet admirable portrait une œuvre de Backer, par comparaison avec la régente, assise au premier plan dans le tableau de l'hôpital des Enfants Trouvés, p. 319.

**1250.** — *L'Anatomie du docteur Johan Deyman* (220).

Au milieu, le docteur, debout et dont le buste n'est plus visible, enlève la peau du crâne d'un cadavre étendu de face, sur une table, vu en raccourci, le ventre ouvert; à gauche, un élève debout, de profil tourné vers la droite, la main droite sur la hanche, porte de l'eau dans une bassine. Signé : REMBRANDT F. 1656.

H., 1 m. L., 1,32. T.— Fragment du tableau peint pour la gilde des chirurgiens et brûlé en partie en 1723. Ce fragment, payé 660 fl. par M. Chaplin de Londres, fut racheté 1400 fl. par les soins de M. Six en 1884. La ville d'Amsterdam donna 700 fl.; le reste fut offert par une Société d'amateurs. Le chevalier Six possède une esquisse faite par le peintre lui-même. « Les têtes de ce fragment ont une puissance d'impression merveilleuse, et qui rappelle Michel Ange, l'exécution est excellente, et, quant à la couleur, elle fait penser à Titien. » (REYNOLDS, *Tour in Holland*). A rapprocher du *Christ mort* par MANTEGNA à Milan, que Rembrandt put connaître par copie ou gravure.

**1251.** — *Composition mythologique* (217).

Au premier plan, dans un ruisseau, se reflète l'image d'un homme à longue chevelure blonde, étendu sur le rivage, un papier à la main, vêtu d'une chemisette blanche et d'un manteau rose; à gauche, un parasol. Au fond, accourt un chien; à droite, un paon, sur un rocher.

H., 0,85; L., 0,67. T.— Peint vers 1650. Coll. Hamilton, sous le nom de « Métamorphose de Narcisse », 2102 fl. Coll. Verloren van Themaat (1885).

**1252.** — *La Fiancée juive* (269).

Au milieu, une jeune fille est vue debout, de face, le visage légèrement tourné vers la gauche, ses cheveux châtains tombant en boucles sur ses épaules; corsage et robe rouges, manches et fichu vert clair. De riches bijoux aux poignets, au cou, dans sa chevelure, sur son corsage; des bagues aux doigts; à gauche, un homme de trois quarts tourné vers la droite s'approche d'elle, vêtu d'un pourpoint et d'un manteau jaunes, coiffé d'un long chapeau noir d'où s'échappent les boucles de sa perruque; il pose sa main gauche sur l'épaule gauche de la jeune fille dont il presse sa poitrine avec sa main droite qu'elle paraît vouloir écarter. Fond de paysage à peine indiqué : Signé à droite, au premier plan : REMBRANDT 166... (le dernier chiffre effacé).

H., 1,18; L., 1,64. T. — Fig. à mi-corps gr. nat. Gravé par Kasteren. Acheté par M. van der Hoop à Smith qui l'avait payé 5000 fl. en 1825 à M. Vaillant d'Amsterdam. Il est permis de se demander avec M. BRÉDIUS si, au lieu de portraits, nous ne devons pas voir ici un épisode emprunté à la Bible; et si l'artiste ne s'est point proposé de représenter Ruth et Booz. La grande différence d'âge semble confirmer cette hypothèse. A comparer avec le « Ruth et Booz » par Aert de Gelder que possède le Musée de Prague. SMITH avait intitulé ce tableau « les compliments du jour de naissance »; il le considérait avec juste raison comme un des chefs-d'œuvre du maître. Exécuté avec une liberté étonnante, avec une extraordinaire prodigalité de couleur, il appartient certainement aux dernières années de la vie de Rembrandt. BURGER le croit de 1669, l'année même de la mort de l'artiste, qui n'eut pas la force de le terminer. VOSMAER rapproche ce tableau de celui du Musée de Brunswick « *Rembrandt et sa famille* » où sont représentés les deux mêmes personnages avec trois enfants; et se demande s'il ne faut pas voir là le portrait du peintre et de sa fiancée. « Au point de vue de la technique, ce tableau montre combien l'exécution chez Rembrandt

MUSÉE D'AMSTERDAM.

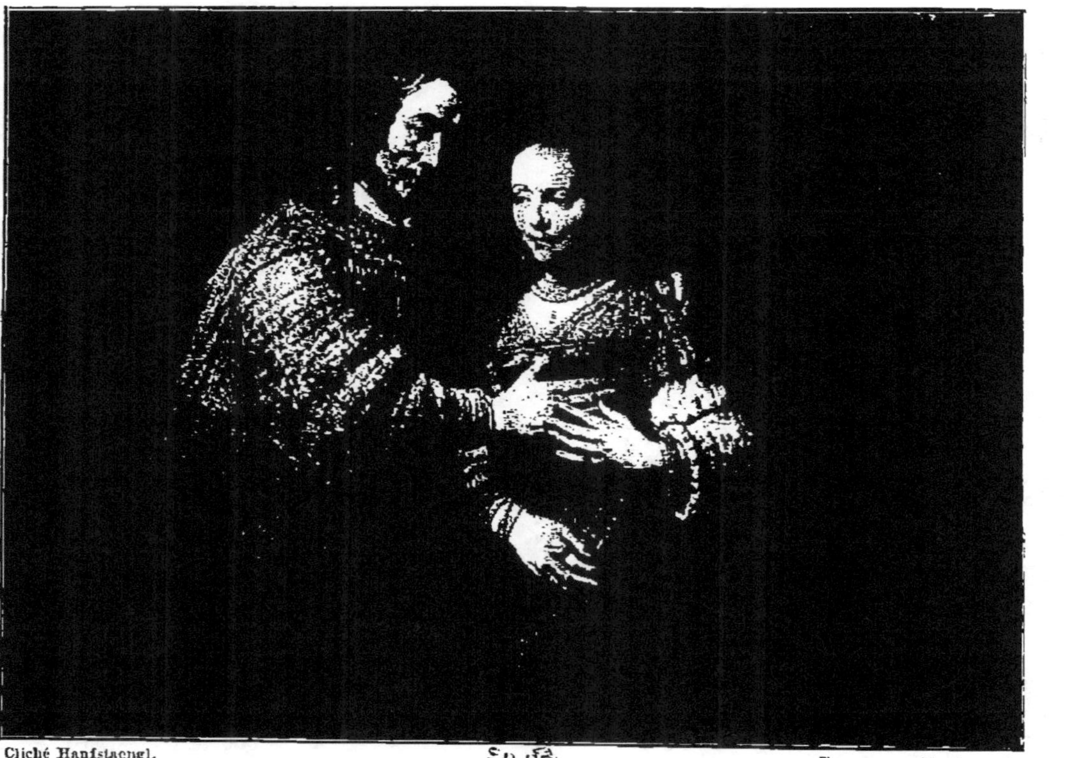

Cliché Hanfstaengl. Typogravure Hanfstaengl.



REMBRANDT VAN RYN.

1252. — *La Fiancée juive.*

changé depuis 1661, combien il s'abandonne à sa fantaisie et prend des libertés qu'avant lui aucun artiste n'avait prises » (BRÉD., I, 29). « Il enlevait d'abord les personnages, les modelait, les caressait dans leurs traits principaux, les animait, leur donnait la vie, occupé seulement de sa création humaine, bien sûr d'harmoniser ensuite avec ces êtres vivants tous les accessoires de l'entourage ; le fond indéfini demeurait en arrière comme un voile, frotté seulement au ton convenable pour faire éclater les têtes et la tournure caractéristique de l'ensemble. Puis, sur ces espèces de lumières neutres, le maître traînait n'importe quoi, des masses d'arbres, quelque palais féerique dans les profondeurs, et tout à coup, l'air et l'espace étaient créés autour des personnages » (BURG., II, 10. SMITH, 144).

— *Portrait de femme* dite *la Femme d'Utrecht* (217).

Debout, légèrement tournée vers la gauche, le visage souriant, les cheveux châtains tombant en boucles sur ses épaules ; robe noire avec crevés aux manches et ceinture brodée, dont les pans se rejoignent sur une jupe verte, chemisette, long col et manchettes blancs à bordure de dentelles ; collier et bracelets de perles ; boucles d'oreille en orfèvrerie et perles ; au cou, un médaillon retenu par un ruban noir ; le bras droit pend le long du corps ; de la main gauche appuyée sur le bras d'un fauteuil, elle tient un éventail. Fond architectural avec une voûte cintrée. Signé et daté : 1639.

H., 1,06 ; L., 0,81. B. Fig. jusqu'aux genoux gr. nat. Prêté par la famille Van Dykveldt, d'Utrecht. « L'exécution, à la fois large et consciencieuse, rappelle, avec plus d'ampleur, celle du portrait de la femme de Marten Daey, aujourd'hui dans la Coll. du baron G. de Rothschild ; mais le coloris, un peu détérioré par une ancienne restauration, a perdu de son éclat et de son harmonie » (E. MICHEL, *Remb.*, 213).

### Rietschoof (JAN CLAESZ), 1652-1719.

**1199**. — *Le calme* (270).

Signé, à gauche : C. R. entrelacés.

H., 0,59 ; L., 0,80. B. — Musée de la Haye.

### Ring ou Ryngh (PIETER DE), vers 1615-1660.

**1201**. — *Nature morte* (G).

Signé, sur la table, d'un anneau (monogramme du peintre).

H., 0,98 ; L., 0.83. T. — Col. van Heteren.

### Roghman (ROELAND), vers 1597-1686 ou 1687.

**1208**. — *Paysage* (D).

Signé : R. ROGHMAN.

H., 1,20 ; L., 1.45. T. — Acheté 426 fl. en 1882.

### Romeyn (WILLEM), XVII$^{e}$ siècle.

**1212**. — *Le troupeau au repos* (218).

Signé : W. ROMEYN. (W. R. accolés).

H., 0,29 ; L., 0,37. B. — 493 fl. V. Cremer.

**1213.** — *Paysage avec du bétail* (227).

Signé : W. ROMEYN (W. et R. accolés).

H., 0,47 ; L., 0,55. T. — Fig. 0,10. 510 fl. V. Schimmelpenninck (1819). Coll. Rombouts. Legs Dupper.

**1214.** — *Paysage avec du bétail* (225).

Signé, à gauche : W. ROMEYN (W. et R. accolés).

H., 0,34 ; L., 0,31. B. — 185 fl. V. Muilman. Legs v. de Poll.

## Rottenhammer (HANS), Allemand, 1564-1623.

**1219.** — *Sainte Famille* (235).

Signé, sur une pierre, à droite : H. ROTTMHA. F. INVENIT. 1604.

H., 0,35 ; L., 0,27. — Fig. 0,19. Cuivre. Coll. v. Heteren.

**1220.** — *Mars et Vénus* (235).

Signé : 1604. E. ROTT. F.

H., 0,29 ; L., 0,37. — Fig. 0,22. Cuivre. Coll. v. Heteren.

## Rubens (PETRUS PAULUS), Flamand, 1577-1640.

**1221.** — *Le portement de croix* (235).

Au second plan, le Christ s'affaisse sous le poids de la croix : sainte Véronique lui essuie le visage et la Sainte Vierge, soutenue par saint Jean, tend les bras vers son divin fils. En avant, les deux larrons. Au fond, deux cavaliers s'avancent, en tête du cortège.

H., 0,72 ; L., 0,55. B. — Fig. 0,31. Gravé par Pontius. Esquisse avec variantes pour le tableau N° 405 du Musée de Bruxelles. Il en existe une répétition, avec d'autres variantes, au Musée de Vienne, N° 625. Ici, où l'on voit à droite, deux mères avec leurs enfants, à gauche une autre mère avec trois enfants ; un seul soldat conduit les deux larrons. 155 fl. V. Meyers (1722) ; 205 fl. V. v. d. Marck. Coll. v. Heteren.

**1222.** — *Cimon et Pera ou l'amour filial* (235).

Dans la prison, le père et la fille sont assis sur un coffre de bois. La fille, à droite, les yeux levés au ciel, nourrit de son lait son vieux père, les mains liées derrière le dos. Au fond, à droite, deux soldats regardent par une lucarne grillée.

H., 1,55 ; L., 1,86. T. — Gravé par Pannels, sans les soldats. Reynolds vit ce tableau en 1781 dans la Coll. Peters, à Anvers. 5,300 fl. V. Slier d'Aertselaer. Musée de La Haye. Tableau d'atelier retouché par le maître, pièce secondaire, sans caractère saillant, sans caractère pouvant servir à lui assigner une date avec quelque certitude. Exécuté probablement vers 1625. Une réplique, considérée par BODE comme l'original, autrefois dans la collect. du château de Blenheim, appartient aujourd'hui à M. Weber à Hambourg. Une copie du temps, au Musée de Dunkerque.

**1223.** — *Portrait d'Hélène Fourment, seconde femme du peintre* (269).

Vue de face, des fleurs dans ses cheveux blonds. Corsage noir décolleté, robe blanche; fraise en dentelles; sur la poitrine, une chaîne d'or et une broche, collier de perles.

H., 0,74; L., 0,56. T. — Fig. en buste gr. nat. 8,600 fr. V. du Tartre; 20,000 fr. V. Lucien Bonaparte (1816). Coll. Fossard et Smith auquel v. d. Hoop l'acheta 250 L. (1830). Etude pour le tableau de la Pinacothèque de Munich, N° 794. « La peinture est très mince, sans beaucoup d'éclat, et un peu sèche. Elle est néanmoins bien réellement de Rubens et date de 1630 à 1632 » (MAX ROOSES, *Rubens*, N° 941).

**1224.** — *Portrait d'Anne d'Autriche, reine de France* (269).

Assise dans un fauteuil rouge, de trois quarts tournée vers la gauche; jupe et corsage verts avec des crevés aux manches. Robe noire. Diadème, chaîne et ceinture d'orfèvrerie. Les mains posées sur les genoux; des fleurs dans la droite. Fond architectural; à droite, une draperie rouge relevée.

H., 1,03; L., 0,97. B. — Fig. gr. nat. Coll. Hofman à Haarlem. 3,000 fl. V. Guillaume II (1851). Coll. Brondgeest et v. d. Hoop. Répétition du tableau du Louvre, N° 2112. « Beau travail de l'atelier de Rubens, fort soigné » (M. ROOSES, *id.*, 886).

## Ruisdael (JACOB VAN), 1628 ou 1629-1682.

**1227.** — *Le torrent* (216).

Dans une vallée, au premier plan, un torrent formant cascade, sur lequel flottent des troncs d'arbres; sur la rive, à gauche, des troupeaux et une tour; à droite, des rochers. Signé, à gauche, sur une roche : *JRuisdael*

H., 1,10; L., 0,99. T. — Gravé par Boland. 1,600 fl. en 1818. « Œuvre d'un grand caractère poétique qui dénote à l'évidence, par la facture large et solide, l'influence d'Everdingen » (WAAGEN, III, 163) SMITH, 13.

**1228.** — *Le château de Bentheim* (272).

Dans un site sauvage, au premier plan, un torrent dans un lit de rochers. Sur la rive, à gauche, un berger et son troupeau. Au sommet d'une colline, le château. A droite, des troncs d'arbres et des rochers sur l'un desquels est la signature : G. v. RUISDAEL.

H., 0,65; L., 0,72. T. — 250 fl. V. Taets v. Amerogen (1805); 710 fl. V. Smeth. « Production splendide et pleine de lumière » (SMITH. 16).

**1229.** — *L'hiver* (227).

Au premier plan, des paysans et un traîneau, sur une rivière gelée; à droite, une barque échouée et des chaumières; Au fond, un paysan, sur un pont en bois, et deux autres paysans sur la glace. Ciel très sombre. Signé à droite : J. v. RUISDAEL.

H., 0,40; L., 0,46. T. — 200 fl. V. Noordwyk (1811); Coll. Rombouts, Legs Dupper.

**1230.** — *La forêt* (227).

Au premier plan, au milieu, une mare; à droite, la forêt; à gauche, un arbre abattu. Au second plan, un berger et son troupeau. Prairie au fond. Signé, à gauche : J. v. RUISDAEL 1654.

H., 0,41; L., 0,48. B. — Gravé par Boland. Coll. Schimmelpenninck. 350 fl. V. Lelie. Coll. Rombouts, Legs Dupper. Les animaux sont de Berchem. « Le ciel est coloré, traité à la manière de Salomon Ruisdael et la lumière très pittoresque. La couleur, un peu bleuâtre, rappelle celle de Guiliam Dubois » (BRÉD., I, 50).

**1131.** — *Vue de Haarlem* (227).

Au premier plan, des paysans étendent du linge, dans une prairie, devant des chaumières. Au fond, la ville. Ciel nuageux. Signé, à gauche : J. v. RUISDAEL..

H., 0,41 ; L., 0,35. T. — 1750 fl. V. Nagel v. Ampsen (1851). Legs Dupper. SMITH, 220.

**1232.** — *Paysage* (269).

Au premier plan, une cascade ; à droite, quatre promeneurs ; à gauche, un berger et des moutons dans le torrent. Au fond, des moissonneurs dans un champ. Clocher à l'horizon. Signé, à droite, sur un rocher : J. V. RUISDAEL.

H., 1,39 ; L., 1,95. T. — 14400 fl. V. Blount (1837). Coll. v. d. Hoop.

**1233.** — *Vue du Rhin, près de Wyk-by-Duurstede* (269).

Au premier plan, des barques et un voilier, sur le fleuve. Au second plan, un bateau, dans une anse et un moulin vers lequel se dirigent trois paysannes. Au loin, le clocher d'une église, et une tour tronquée. Effet de soleil couchant, sur un ciel orageux. Signé, à droite, près de deux pierres : RUISDAEL.

H., 0.81 ; L., 0,89. T. — Fig. 0,86. — Gravé par Kasteren. Coll. v. d. Hoop. Vraisemblablement de la même époque que *la Tempête* du Louvre. « Le ciel, l'eau, la terre, tout est si bien ensemble, dans une harmonie si forte et si dominatrice, si simple et pourtant si grandiose, qu'on est saisi par cet effet unique, presque terrible, sans qu'on sache pourquoi... On est arraché à soi-même et transporté de force au cœur de la création de l'artiste. On ne songe point de suite à la peinture, si énergique et si accentuée. C'est l'esprit qui est impressionné d'abord. Suprême résultat de l'art et bien rare, surtout en paysage » (BURG., II, 171).

**1234.** — *Paysage en Norvège* (265).

H., 0 50; L., 1,32. T. — Signé, à droite, sur une pierre: J. v. R. 4000 fl. V. de Vries (1833). Coll. v. d. Hoop.

**1235.** — *Paysage boisé* (265).

Signé à droite : J. v. RUISDAEL 1661.

H., 0,60 : L., 0,77. T. — Fig. 0,10. — 2400 fl. V. de Vries. Coll. v. de Hoop.

*Paysage dans les environs d'Haarlem* (268).

A gauche, des arbres abattus, et un bouquet de quatre chênes ;

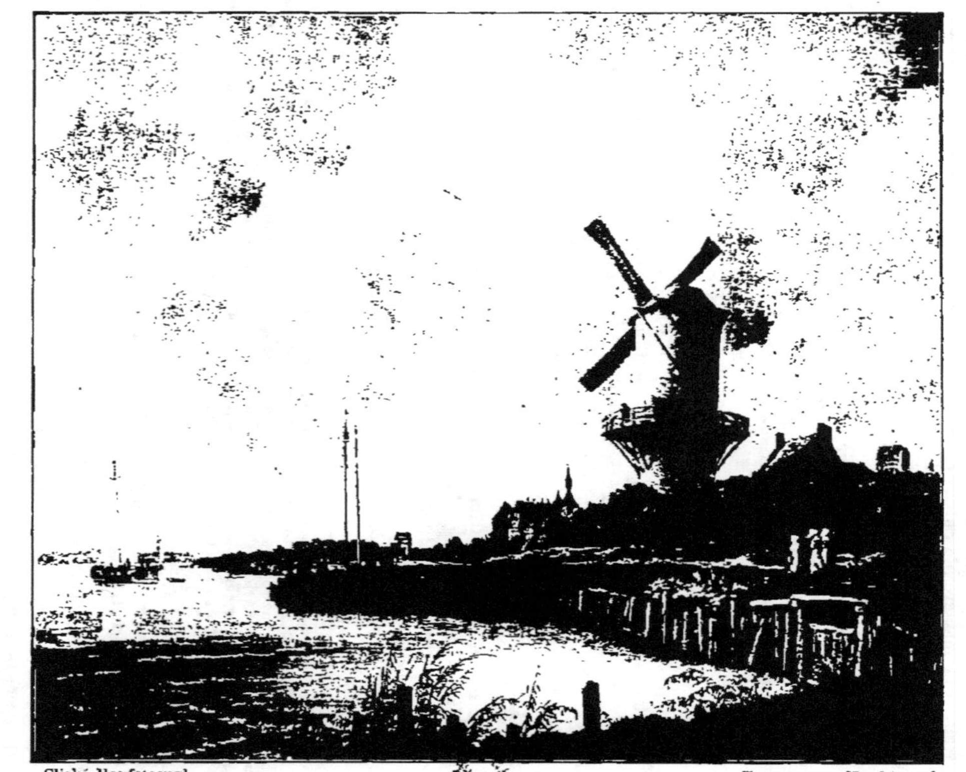

Cliché Hanfstaengl. Typogravure Hanfstaengl.



RUISDAEL (JACOB VAN).

1233. — *Le Rhin près de Wyk-by-Duurstede.*

au milieu, un berger et son troupeau ; à droite, un bois ; au second plan, des paysans étendent du linge dans une prairie. Signé à droite près d'une chèvre : J. v. R (entrelacés) 1665.

H., 0,79 ; L., 1,05. B. — 690 fl. à M. Colnaghi (1890).

## Ruisdael (Salomon van), ?-1670.

**1236.** — *La halte* (227).

Au premier plan, des vaches près d'une mare et un berger ; au second plan, à droite, devant une auberge, deux voitures dont les voyageurs sont arrêtés sous les arbres ; une servante lave du linge dans un baquet ; au fond, à gauche, un clocher d'église, au milieu d'une forêt. Signé et daté au milieu, près de la mare :

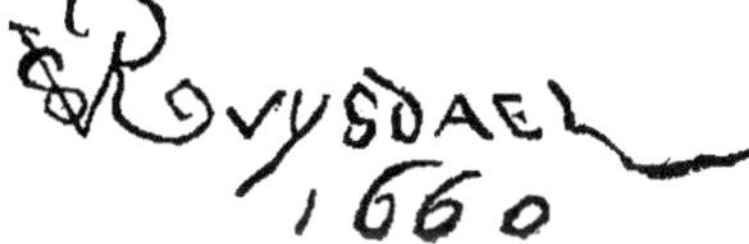


H., 0,60 ; L., 0,84. B. — 500 fl. V. Bleuland (1839). Coll. Rombouts. Legs Dupper.

**1237.** — *Le cabaret du village* (225).

Quatre cavaliers, dont l'un sonne de la trompe, sont arrêtés, à droite, devant un cabaret, sur le bord d'une route. A gauche, un paysan mène boire des vaches. Au milieu, sur la route, une voiture dont le cocher donne à manger à ses chevaux ; au fond, des chaumières et un champ de blé. Signé et daté, sur l'arrière de la voiture : J. V. R. 1665.

H., 0 56, L., 0,82. B. — Fig. 0,08. — 70 fl. V. Muilman. Legs V. de Poll.

— *Le sentier* (272).

Signé, sur le sentier : J. v. Ruisdael.

H., 0,31 ; L., 0,41. B. — Don de Mme Messchert van Wollenhove.

## Ruysch (Rachel), 1664-1750.

**1241.** — *Le bouquet* (273).

Signé, à gauche : Rachel, Ruisch f.

H., 0,62 ; L., 0,52. T. 750 fl. V. Boreel, 680 fl. V. Thoms.

## Ryckaert (David) III, Flamand, 1612-1661.

**1245.** — *L'atelier du cordonnier* (235).

Dans une échope, à gauche, un vieillard, en veste rouge et tablier en cuir, le pied gauche sur un tabouret, travaille ; devant lui, un marteau sur une enclume ; à terre, une botte ; derrière lui, un apprenti ; à droite, sa femme. Entre les deux époux, sur une table, divers instruments ; au mur, une gravure ; au fond, à droite, un homme debout regardant des joueurs attablés, près d'une porte ouverte donnant sur un jardin.

H., 0,50 ; L., 0,66 B. — Fig. 0,19. — Musée de La Haye.

## Ryn (Rembrandt van) — voir Rembrandt.

## Saenredam (Pieter Jansz), 1597-1665.

**1261**. — *Intérieur de l'église de Assendelft* (F).

Sur le banc, à gauche, on lit : *C'est ici l'église d'Assendelft, village de Hollande, 1609. Pieter Sanredam l'a peinte l'an 1649, le 2 octobre.*

H., 0,50 ; L., 0,75 B. — Figures par Adriaen van Ostade. 600 fl. V. de Vries. Coll. V. d. Hoop.

## Saftleven (Cornelis), 1606-1681.

**1262**. — *Société de paysans* (225).

Signé et daté : C. Saftleven 1642.

H., 0,62, L., 0,81. B. — Fig. 0,22. — 245 fl. V. Muilman. Attribué autrefois à Ryckaert. Legs van de Poll.

**1264**. — *Les bergers, en prière, à l'approche de l'orage* (268).

H., 0,70 ; L., 1,04. B. — Fig. pet. nat. Acheté 718 fl. en 1884.

## Saftleven (Herman) III, 1610-1685.

**1266**. — *Vue des bords du Rhin* (218).

Signé et daté, à gauche, près d'une planche : H. S. (entrelacés) 1678.

H., 0,27 ; L., 0,37. B. — Coll. van Heteren.

## Sandrart (Joachim van), Allemand, 1606-1688.

**1274**. — *Portrait de Pieter Cornelisz Hooft* (214).

H., 0,26 ; L., 0,21. T. — Fig. aux genoux pet. nat. Acheté 14 fl. en 1818. Attribué par Immerzeel à T. de Keyser. « Chaude étude, très inspirée de la méthode de Rembrandt ». (Burg., I, 52).

**1275**. — *Portrait de Hendrick Bicker* (214).

Signé, à droite : J. Sandrart f. 1639.

H., 1,35 ; L., 1,01. T. — Fig. jusqu'aux genoux gr. nat. Legs Bicker.

**1276**. — *Portrait de Eva Geelvinck, épouse de Bicker* (214).

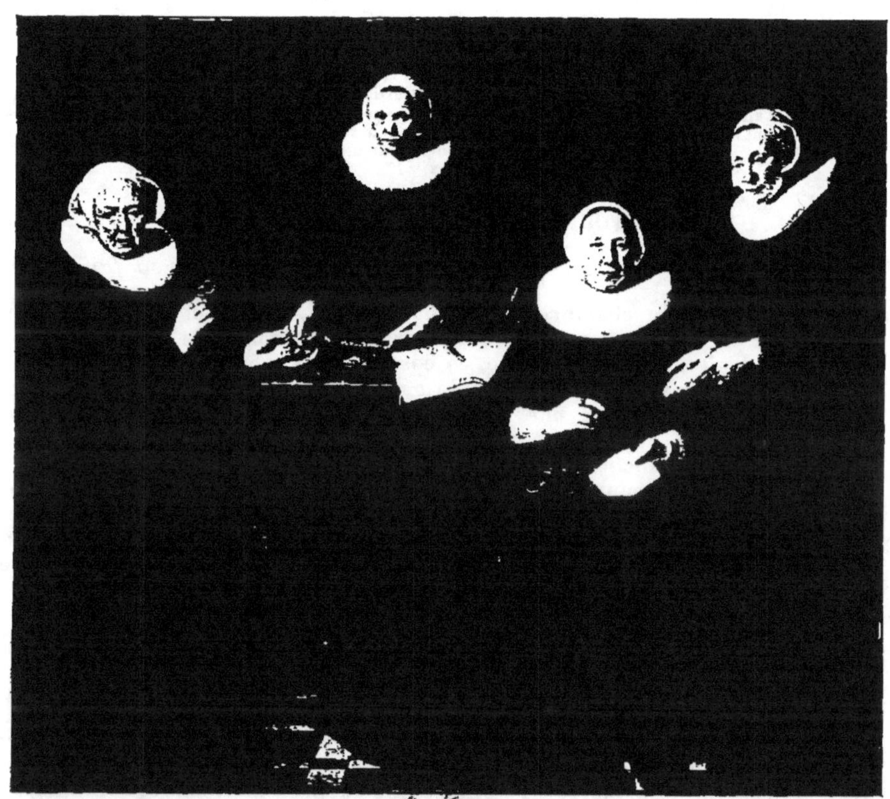

Cliché Hanfstaengl

Typogravure Hanfstaengl.



SANTVOORT.

1281. — *Les Quatre Régentes du Spinhuis.*

Signé, sur le fond à gauche : SANDRART 1639.

H., 1,45 ; L., 0,01. T. — Fig. jusqu'aux genoux gr. nat. Legs Bicker.

**1279.** — *La compagnie des archers du capitaine van Swieten s'apprêtant à escorter la reine de Médicis lors de son entrée à Amsterdam,* 1er septembre 1638. 19 personnages (R).

H., 3,40 ; L., 2,52. T. — Fig. gr. nat. Primitivement au Doelen des arquebusiers, puis dans la salle des bourgmestres, à l'Hôtel de Ville. Prop. de la ville. Tableau fait pendant un séjour du peintre à Amsterdam, après 1637. « Les formes plus larges, l'animation des têtes, dont quelques-unes ne sont pas indignes de van Dyck, les qualités plus exquises de coloris et de facture, prouvent que le voisinage des grands peintres hollandais ont stimulé au plus haut degré les facultés de l'artiste » (WAGEN, III, 240. WOERMANN, 876).

## Santvoort (DIRCK DIRCKSZ), 1610-1680.

**1280.** — *Portraits du bourgmestre Dirck Bas et de sa famille* (A).

Dans une chambre, au milieu, le bourgmestre et sa femme, assis, de trois quarts tournés vers la droite, se donnent la main. En avant, à droite, un jeune homme, en costume gris à broderies, appuyé de la main droite sur une canne, la gauche sur la hanche, entre une jeune fille, jouant avec une breloque, et une jeune femme, un éventail de plumes à la main; à gauche, une petite fille, en costume bleu à rayures blanches, les deux mains sur l'échine d'un chien; et, au second plan, une jeune femme et deux hommes, l'un coiffé d'un chapeau, l'autre nu-tête, tenant de la main droite son chapeau. Le parquet est en damier blanc et noir; les personnages ont tous, à l'exception du jeune homme, des vêtements noirs, avec des cols et des manchettes de dentelles; au fond, des écussons.

H., 1,32; L., 2,50. T. — Fig. 0,90. Legs Balguerie (1823).

**1281.** — *Les quatre régentes du Spinhuis* (C).

Elles sont réunies dans une salle, autour d'une table recouverte d'un tapis vert et sur laquelle sont posés un registre ouvert, une sébile et un encrier; la présidente, à gauche, assise, prend ses besicles pour regarder une bande de guipure que lui présente une régente, debout, au second plan; la troisième, assise, en avant, tient un billet; la quatrième, debout, compte de l'argent : Au fond, à gauche, une fenêtre grillée. Daté et signé : D. D. SANTVOORT. FC. 1638.

H., 1,84; L., 2,11. T. — Fig. gr. nat. Provient du Verkhuis. Prop. de la ville. Le chef-d'œuvre du maître. « La tenue vénérable de la plus âgée des régentes, à gauche, qui contraste si heureusement avec la simplicité de la servante placée à droite, l'exécution parfaite des visages, la finesse du clair obscur qui atteste l'influence de Rembrandt, tout cet ensemble frappe vivement le spectateur » (BRÉDIUS).

**1282.** — *Quatre régents et un domestique de la halle aux serges à Amsterdam* 1643 (H).

H., 2,05; L., 2,95. T. — Fig. gr. nat. Autrefois dans la chambre des syndics, puis dans le portail devant la chambre des régents de l'hôpital des lépreux. Prop. de la ville.

**1283.** — *Portrait de Martinus Alewyn* (E).

Signé et daté, sur le sol : SANTVOORT. F. 1664.

**1284.** — *Portrait de Anna Alewyn* (E).

H., 1,20; L., 0,87. T. — Fig. gr. nat. 971 fl. V. Alwyn (1885). « Ces deux portraits d'enfants, peints en 1664, montrent combien Santvoort a étudié Rembrandt et comptent parmi les chefs-d'œuvre de l'art du portrait dans l'école hollandaise » (BRÉD., I, 20)

**1285.** — *Portrait de Frédéric Alewyn* (H).

Signé et daté : D. D. SANTVOORT. FEC. 1640.

H., 0,70; L., 0,59. B. Fig. mi-corps gr. nat. 862. fl. avec le suivant. V. Alewyn (1885).

**1286.** — *Portrait de Agatha Geelvinck, épouse de F. Alewyn* (H)

## Savery (ROELANDT), Flamand, 1576-1639.

**1287.** — *Le poète couronné entouré d'animaux* (219).

Signé : ROELAND SAVERY 1 - 8. 1623.

H., 5,45; L., 0,78. T. 350 fl. en 1875.

## Schalcken (GODFRIED), 1643-1706.

**1295.** — *Différence de goût* (271).

H., 0,41; L., 0,31. — Fig. 0,08. Col. van Heteren.

## Schooten (JORIS VAN) ou Verschooten, 1587-1651.

**1313.** — *Adoration des rois mages* (227).

Signé, à gauche : J. v. SCHOTEN. FC. 1646.

H., 1,47; L., 1,82. T. — Fig. pet. nat. Acheté en 1882.

## Scorel (JAN VAN), 1495-1562.

**1331.** — *Marie-Madeleine* (228).

Dans un paysage, au pied d'un arbre, la sainte est assise, de trois quarts tournée vers la gauche, regardant en face. Robe en satin noir soutachée de perles, manteau rayé à dessins jaunes, sur la partie inférieure du corps; chemisette blanche, voile gris; sur les genoux, un vase de parfum; au second plan, à gauche, dans la plaine, un vieillard regarde la sainte enlevée au ciel par deux anges. Fond de paysage montagneux, avec un lac et une ville sur une colline.

H, 0,55; L., 0,74. B. Musée de la Haye. Au Musée de Palerme, une répétition de

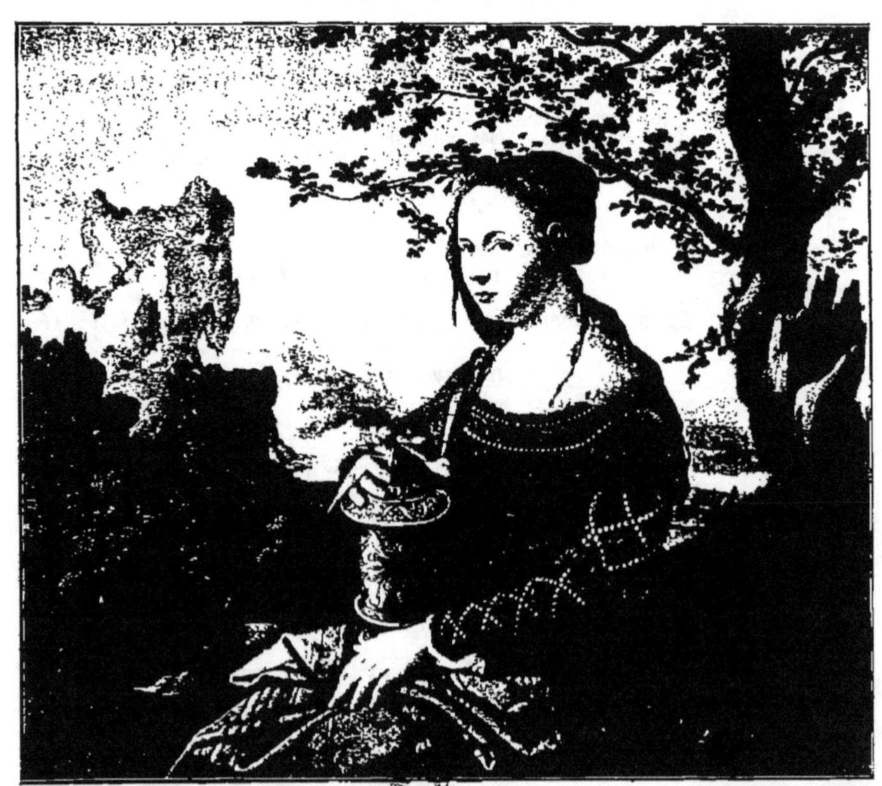

Cliché Hanfstaengl. Typogravure Hanfstaengl.



SCOREL.

1331. — *La Madeleine.*

plus petites dimensions. « Cette figure dénote chez Scorel une sérieuse recherche de la beauté des lignes; la forme de la bouche, l'aisance avec laquelle le cou se détache des épaules, les contours du petit côté du visage qui se détachent dans l'ombre sur le fond gris du voile, ce sont là des finesses qui déjà de son temps étaient fort appréciées des connaisseurs » (JUSTI. *Jan van Scorel*). Un des tableaux exécutés pour le commandeur de l'ordre de Saint-Jean à Haarlem.

**1332.** — *Tableau d'archers*, 17 personnages (228).

Sur la rampe, une citation de Sénèque : à gauche, en latin ; à droite, en hollandais. Daté : Anno 1531.

H., 1,15; L., 1,95. B. — Fig. en buste gr. nat. Autrefois au Doelen des couleuvriniers. Prop. de la ville.

## Slabbaert (KAREL), 1619-1654.

**1340.** — *La prière avant le repas* (218).

Au milieu, est assise une vieille femme, en manteau violet, jupe rouge, robe verte, un fichu jaune sur la tête. Tournée de profil à droite elle coupe du pain à deux enfants, debout, faisant leur prière. La petite fille, au premier plan, en jupe rouge, corsage noir, tenant du bras droit l'anse d'une chaufferette, joint les mains ; au second plan, le petit garçon, se cache le visage avec son chapeau ; à droite, un livre au pied d'une table servie. Au fond, deux personnages sur un escalier en colimaçon ; au milieu, un vêtement pendu à une colonne et un métier de dentelle, sur une chaise. Signé et daté sur la table : K. SLABBA.

H., 0,68 ; L., 0,54. T. — Fig. 0,25. 214 fl. V. Van Leyden van Warmond (1816). « La figure est dans le genre de van den Eeckhout et les fonds rappellent Pieter de Hooch » (BURG., 54). Intitulé dans les anciens catalogues « *une femme qui coupe du pain* ».

## Slingelandt (PIETER CORNELISZ VAN), 1640-1691.

**1341.** — *La musique en famille* (271).

Dans une cuisine, au milieu, la ménagère, de trois quarts tournée vers la droite, en robe grise, tablier, collerette et bonnet blancs, épluche des légumes. Devant elle, à gauche, un paysan, assis, en veste noire, chausses grises, toque noire, joue du violon. A droite, un petit garçon, en veste jaune et tablier blanc, un cahier de musique à la main, chante et, au second plan, un homme, en marron, l'accompagne, tenant de la main gauche, un vidrecome ; à gauche, au premier plan, un petit garçon ; sur le plancher et contre la muraille, des ustensiles de ménage et des aliments ; à droite, devant l'âtre, un chien et un chat ; à gauche, un tonneau. Signé : P. v. SLINGELANDT. FC.

H., 0,25 ; L., 0,18. B. — Fig. 0,04. Coll. van Heteren. Appelé par les uns, le *Ménétrier*, par d'autres, l'*Intérieur d'une habitation rustique*. SMITH 32 et WAAGEN (III, 68). Ouvrage de la première manière du peintre. « On y reconnaît bien quelques faiblesses, par exemple dans le dessin de la tête de femme et dans la perspective ; en revanche, les détails, le poisson et les accessoires à côté, sont excellents ; les couleurs locales sont trop accusées, mais le clair obscur est bien observé. L'expression du visage des chanteurs est très heureusement rendue » (BRÉD., I, 141).

**1342**. — *L'homme riche* (272).

Signé : P. v. SLINGELAND FEC.

H., 0,25; L., 0,20. B. — Coll. Van den Marck et Heteren « d'une finesse surprenante » (SMITH 34).

## **Snyers** (PIETER), Flamand, 1681-1752.

**1345**. — *La marchande* (225).

Au milieu, une ménagère, en robe brune, tenant un morceau de saumon; devant elle, dans un baquet, des poissons. A droite, la marchande, assise, en bonnet blanc ; sur ses genoux, un panier de poissons; près d'elle, sur une caisse, des fruits, des harengs fumés et des tulipes. A gauche, un petit garçon, coiffé d'un bonnet rouge, tient en laisse un bélier. Au fond, un canal. Signé, sur la caisse, à droite ; P. Snijers.

H., 0,47; L., 0,43. T. — Legs V. de Poll.

## **Sorgh** (HENDRICK MAERTENSZ) dit **Rokes**, 1611-1670.

**1346**. — *Le joueur de luth* (227).

Signé et daté, à gauche, sur la rampe : H. M. SORGH 1661.

H., 0,49; L., 0,36. B. — 315 fl. V. Smeth. Coll. Rombouts. Legs Dupper.

**1347**. — *La tempête* (227).

Signé, à gauche, sur un papier qui flotte : H. M. SORGH 1668.

H., 0,46; L., 0,62. B. — 50 fl. V. g. v. d. Paltz. Coll. Rombouts. Legs Dupper.

**1348**. — *Le marché aux légumes* (225).

Devant une maison, à gauche, à côté de leurs paniers de fruits et de légumes, deux paysannes : l'une assise, vue de face, en corsage rouge, jupe grise, tablier bleu, tenant, de la main droite, un melon; l'autre, debout, tenant un panier d'artichauts et se tournant à droite, vers un paysan assis; au milieu, sur une place, une ménagère, un homme et une marchande; à droite, trois personnes, près de paniers de pommes de terre. La place est bordée de maisons; à droite, un canal, sur lequel est amarré un bateau; en avant, à droite, une brouette renversée.

H., 0,50; L., 0,69. B. — Fig. 0,24. 390 fl. V. Muilman. Legs v. d. Poll.

**1349**. — *Marché au poisson* (269).

Signé, à droite : H. M. SORGH.

H., 0,48; L., 0,64. B. — Fig. 0,18. 1900 fl. V. Brondgeest. Coll. V. d. Hoop.

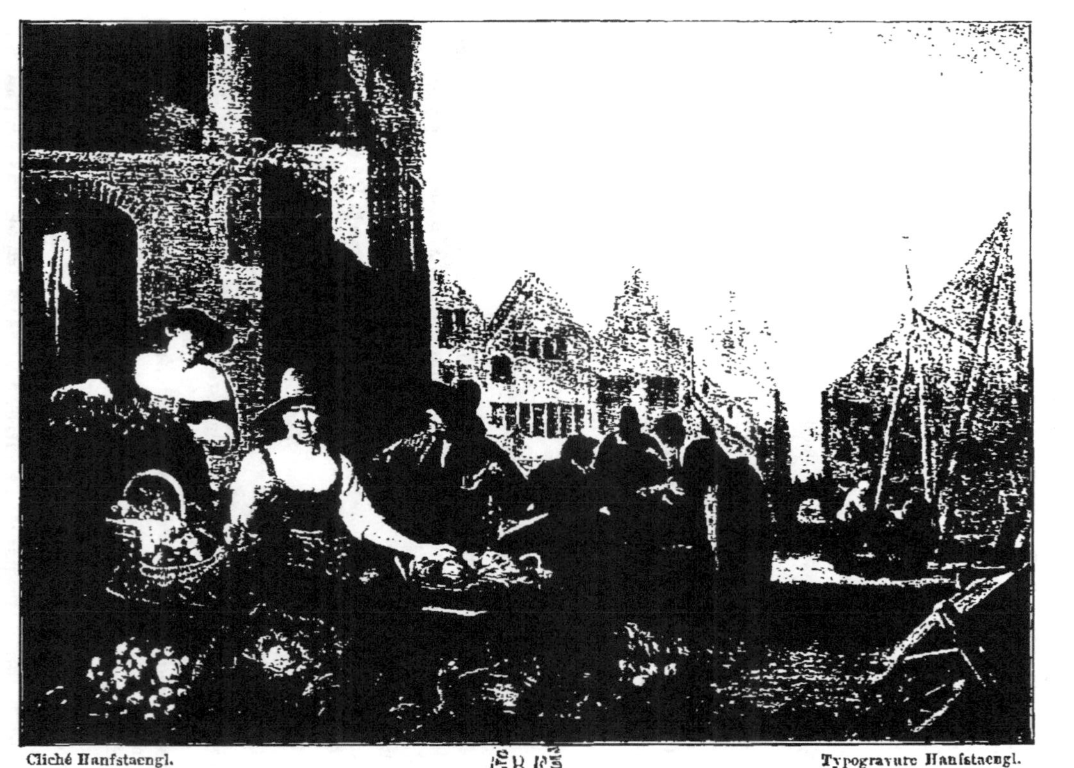

Cliché Hanfstaengl. Typogravure Hanfstaengl.



SORGH.

1348. — *Le Marché aux légumes.*

**Spilberg** (Johannes), Allemand, 1619-1690.

**1353.** — *Banquet de vingt-deux gardes civiques* (235).

Signé et daté : Johan Spilberg 1650.

H., 2,95; L., 5,85. T. — Fig. gr. nat. Peint par ordre des bourgmestres en l'honneur du bourgmestre Joan van de Poll, promu colonel de la garde civile. Antérieurement dans la salle du Doelen des arbalétriers. Prop. de la ville. Nombreux repeints dans les figures. « Au point de vue de l'agencement et du faire, l'un et l'autre excellents, ce tableau se rapproche de ceux de Van der Helst. Les têtes sont très animées, mais leurs formes sont un peu maigres et les carnations jaunâtres ont quelque chose de monotone » (Waagen, II, 307).

**Staveren** (Johan Adriaensz van). ?-1669.

**1362.** — *Le maître d'école* (227).

H., 0,49; L., 0,41. B. — Fig. 0,18. 220 fl. V. Schimmelpenninck. Coll. Rombouts. Legs Dupper.

**1363.** — *Un ermite* (269).

Assis, à gauche, dans la cour d'un bâtiment en ruines, au pied d'un arbre, un livre sur ses genoux. Fond de paysage. Signé, à droite, sur une pierre :

H., 0,36; L., 0,20. T. — Fig. coll. v. d. Hoop.

**Steen** (Jan), vers 1626-1679.

**1364.** — *Portrait du peintre* (268).

Tourné de trois quarts vers la droite, les deux mains sur le dossier d'un fauteuil; cheveux châtains, fines moustaches, vêtement gris foncé, col blanc rabattu. Fond de paysage. Signé, à droite, sur un parapet : J. Steen (J. et S. entrelacés).

H., 0,71; L., 0,60. T. — Fig. en buste gr. nat. Coll. v. d. Marck. 150 fl. V. Hodges (1821). Smith, n° 182. Gravé par J. de Marc et van der Kellen.

**1365.** — *La fête à l'occasion de l'anniversaire de naissance du prince d'Orange* (227).

Dans une salle, à droite, l'aubergiste, un sabre à la main, boit à la santé du prince. Il est vu de dos, un genou à terre, devant une table autour de laquelle sont réunis de nombreux convives, parmi lesquels une dame, que regarde une petite fille, appuyée contre sa chaise; au milieu, un jeune homme enlace une servante et lève son verre. A gauche, un paysan lit un papier à deux personnes; au second plan, d'autres paysans attablés; au premier plan, un chien endormi; au milieu, deux chapeaux à plumes, l'un, sur un banc, contre lequel sont posés un bâton et un papier; l'autre, à terre; à droite, une cruche, un chaudron, un fruit et le fourreau du sabre; au plafond, un lustre; sur un papier, l'inscription : A la santé du jeune Nassau, d'une main le sabre, de l'autre le verre. Au dessus de la cheminée, on lit : *Salus patriae, suprema lex esto.* Signé : J. Steen.

H., 0,45 ; L., 0,60. B. — Fig. 0,20. Gravé par Boland et Hunin. Coll. v. der Loo (1787). 2000 fl. V. Lelie (1826). Coll. Rombouts. Legs Dupper. Peint vers 1660. Smith, Suppl. 36. « Ce tableau offre une grande variété de caractères qui sont rendus avec une vérité et une naïveté charmantes ; quant au faire, il mérite d'être signalé comme un des chefs-d'œuvre du maître ». (T. van Westhreene, *Jan Steen*, 110).

**1366**. — *La Saint-Nicolas* (273).

Dans une chambre, près d'une table chargée de friandises, à droite, la mère de famille assise, en jupon gris, caraco noir à bordure d'hermine, tablier et fichu blancs, de profil tournée vers la gauche, tend les bras vers une petite fille, en robe jaune, qui s'éloigne, en emportant des jouets ; près d'elle, un petit garçon montrant du doigt son grand frère qui, n'ayant reçu aucun présent, essuie ses larmes ; pour se moquer de lui, sa sœur, au second plan, en jupe verte, corsage rose, lui offre une verge dans un sabot, tandis que la vieille grand'mère debout, près d'une draperie qu'elle soulève, lui fait un signe ; au milieu, le père assis, au second plan, en habits foncés, assiste, en souriant, à cette scène ; à droite, près d'un lit à baldaquin rose, un jeune homme, un bébé dans ses bras et un enfant chantent ; au premier plan, à gauche, des gâteaux dans un panier ; au fond, une fenêtre ; à la muraille, un tableau. Signé, à droite, près de la table : J. Steen.

H., 0,80 ; L., 0,68. T. — Fig. pet. nat. Gravé par de Marc et Boland. 495 fl. V. Seger Tierens (1743). Coll. v. d. Hoop. Smith n° 15.

**1367**. — *La cage du perroquet* (273).

Dans une cuisine, au milieu, une jeune fille, vue de dos, en corsage lilas, donne à manger à un perroquet, dans une cage suspendue au plafond. Au second plan, à droite, devant un lit, deux joueurs de trictrac et un fumeur ; à gauche, devant un fourneau, une servante et un petit garçon qui donne à manger à un chat ; au fond, une porte cintrée. En avant, un baril, une huître dans un plat d'étain, et un manteau jeté sur une chaise, à droite de laquelle est la signature : J. Steen.

H., 0,49 ; L., 0,39. T. collée sur B. — Fig. 0,25. — Gravé par de Marc. 540 fl. V. Lormies. Coll. V. Heteren. Intitulé *les joueurs de trictrac* par Smith, n° 15 ; *la Perruche* par van Westhreene « La jeune fille, motif principal du tableau, est d'une tournure ravissante. Dessin correct, modelé très ferme. La lumière partout avec des dégradations merveilleuses : le ton local vigoureux comme chez des Vénitiens » (Burg., I., 114.)

**1368**. — *La noce villageoise* (272).

Dans une salle, au milieu, un vieillard, de trois quarts tourné vers la gauche, en vêtement vert, veste marron, tablier blanc, invite à danser une femme assise, en robe rose, corsage noir, fichu rouge, tablier blanc. A gauche, deux musiciens jouant l'un, debout, du

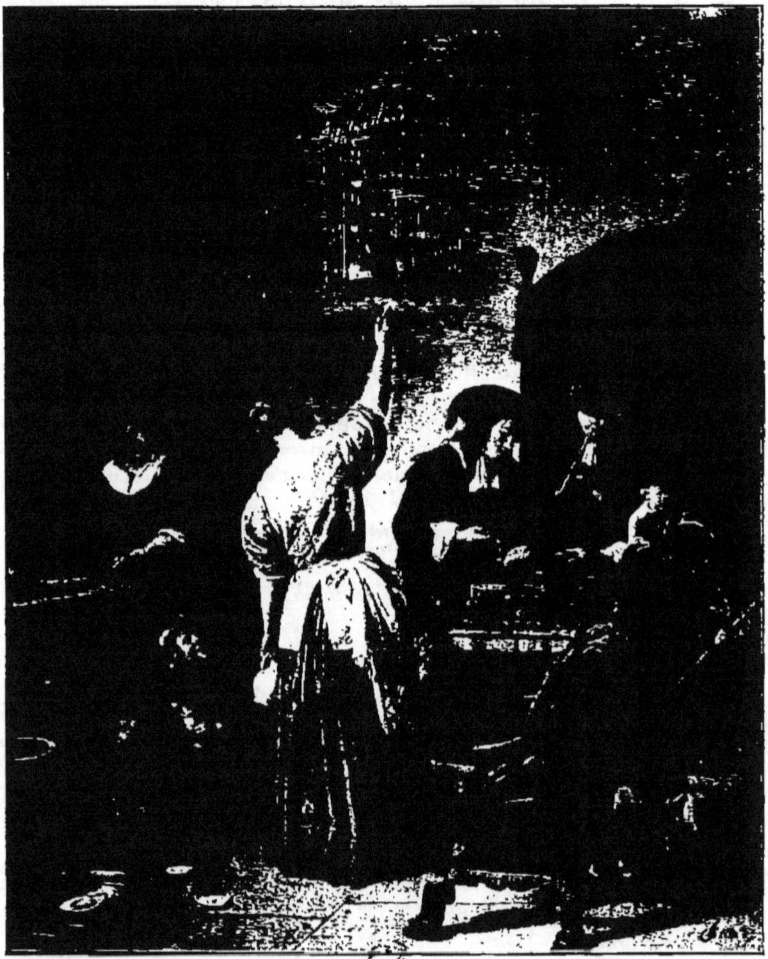

Cliché Hanfstaengl. Typogravure Hanfstaengl.

STEEN.

1367. — *La Caye du perroquet.*

violon ; l'autre, assis, du violoncelle ; sur un escalier, une servante et un valet. Au premier plan, le seigneur et son épouse ; au fond, les convives à table ; à gauche, un homme lutine une femme ; au milieu, un buveur que sert un valet ; à droite, la mariée, que plaisantent quatre villageois ; au plafond, une couronne de fleurs. Sur le sol, des coquilles d'œufs, et un pot de grès. Signé : J. STEEN 1672.

H., 0,37 ; L., 0,48. B. — Fig. 0,18. — 81 fl. V. J. Hoogenbergh (1713). Musée de La Haye. SMITH, n° 174.

**1369.** — *Le joyeux retour* (273).

Au premier plan, dans un bateau, une femme allaitant son enfant, le batelier, une petite fille, et, à l'avant, un joueur de flûte. Sur la rive, à droite, un petit garçon maintenant le bateau, un homme et une femme soutenant un homme ivre et un jeune enfant, tenant à la main un jouet. A droite, à la porte du cabaret, l'hôte, sa femme et son fils riant. A gauche, la rivière, et un bois. Signé, à droite, sur le bordage du bateau : J. STEEN.

H., 0,66 ; L., 0,97. T. — Fig. 0,27. — 360 fl. V. Braamcamp. Musée de La Haye. Intitulé *Un paysage* par SMITH, 25. « Tableau d'une exécution libre et peu soignée ; l'expression des figures est caractéristique et naturelle » (T. VAN WESTHREENE, 98).

**1370.** — *Le charlatan* (272).

Sur une estrade, dressée sous un gros arbre, le charlatan vante sa marchandise ; à côté de lui, sa femme et un aide opèrent un paysan attaché sur un banc, un panier d'œufs à ses pieds. A gauche, deux petites filles, deux petits garçons, un gros homme, un moine, un paysan et une paysanne ; au fond, deux personnages vus de dos ; à droite, en avant, une femme amène, dans une brouette, son mari ivre ; au milieu, un chien. Signé, à gauche, sur un banc : J. STEEN.

H., 0,35 ; L., 0,49. B. — Fig. 0,18. — Musée de La Haye. SMITH, n° 47, cite cette peinture comme ayant été payée 420 fl. par M. Haak à la vente Lormier, bien que les dimensions des deux tableaux ne soient pas identiques.

**1371.** — *Le boulanger Oostwaard avec sa femme Catharina Keyzerwaard et un des fils du peintre* (273).

Au milieu, le boulanger, en manches de chemise, bonnet blanc, haut-de-chausses gris, dépose, sur le devant de sa boutique un pain ; à gauche, à la fenêtre ouverte, sa femme, en robe et coiffe noires, chemisette blanche, tenant un pain et une corbeille. Au second plan, à droite, un petit garçon sonne de la trompe. Contre la muraille, des plantes grimpantes. A une enseigne, sont accrochés des pains. Signé, à gauche : J. STEEN

H., 0,37 ; L., 0,31. B. — Fig. à mi-corps pet. nat. Gravé par Brookshaw et J. Bemme; une inscription au revers du tableau donne le nom des personnages représentés et la date 1659. 160 fl. V. Wierman (1762). 705 fl. V. G. v. d. Pot. SMITH, n° 110. « Le fini de ce tableau est soigné ; les étoffes sont bien rendues, le coloris est bon et le dessin correct » (VAN WESTHREENE, 98).

**1372.** — *Le charlatan* (227).

En vêtement noir, avec des crevés aux manches, et béret rouge orné d'une plume, à gauche, sous un arbre, derrière une planche posée sur un tonneau et sur laquelle sont placées ses fioles, il offre une drogue à un vieux paysan, debout, à droite, le bras en écharpe : au second plan, une paysanne tire de l'argent de sa poche ; au premier plan, à gauche, un petit garçon en jaune, vu de dos, un cerceau sous le bras ; au fond, des promeneurs et une chaumière. Signé, sur un papier cloué à un arbre et duquel pendent des seaux ; J. STEEN.

H., 0.25 ; L., 0,22. B. — Fig. 0,16. — 53 fl. V. v. d. Werf (1811). Coll. Rombouts. Legs Dupper.

**1373.** — *Le libertin* (227).

Devant une maison, autour d'une table, un homme ivre, en costume gris, toque rouge, manteau noir, une pipe et un violon dans les mains, s'apprête à prendre un verre que lui offre une vieille femme, en noir, tandis qu'une jeune femme, la gorge nue, en jupe verte, corsage jaune, lui vide ses poches. Au second plan, un fumeur, assis. Signé, à droite : J. STEEN.

H., 0,20 ; L., 0,24. B. — 60 fl. V. Muilman. Coll. Rombouts Legs Dupper. Le fumeur est vraisemblablement le portrait du peintre.

**1374.** — *La cuisinière* (216).

Signé, sur la table, à droite : J. STEEN.

H., 0,28 ; L., 0,19. B. — Fig. 0,04. — 255 fl. V. G. v. d. Pot. SMITH, n° 85.

**1375.** — *La leçon de danse* (225).

Dans une chambre, au milieu, au second plan, un petit garçon, en vêtements bruns et chapeau rouge à plumes, fait danser, sur une table, un chat. Deux enfants le regardent ; l'un, à gauche, debout, en robe grise, tire par la queue le chat, auquel l'autre, à droite, assis, présente une pipe. Au premier plan, assise sur la table, une petite fille, en corsage jaune et jupe bleue, joue de la flûte. En avant, un chien, une poule et une chaise ; au mur, un luth ; par une lucarne, au fond, un vieillard regarde la scène, en riant. Signé, sur le sol, près de la porte : J. STEEN.

H., 0,65 ; L., 0,59. T. — Fig. 0,38. 470 fl. V. Muilman. Legs v. d. Poll. SMITH, *supp.*, n° 67.

**1376.** — *La joyeuse famille.* (269).

Dans une chambre, une famille est réunie autour d'une table servie, recouverte d'un tapis turc et d'une nappe ; à gauche, le père, assis de profil tourné vers la droite, en manteau gris à manches rouges, bonnet noir, chante ; il lève, de la main droite, un verre et tient, de la gauche, un violon. Derrière lui, debout, un joueur de cornemuse, et assise

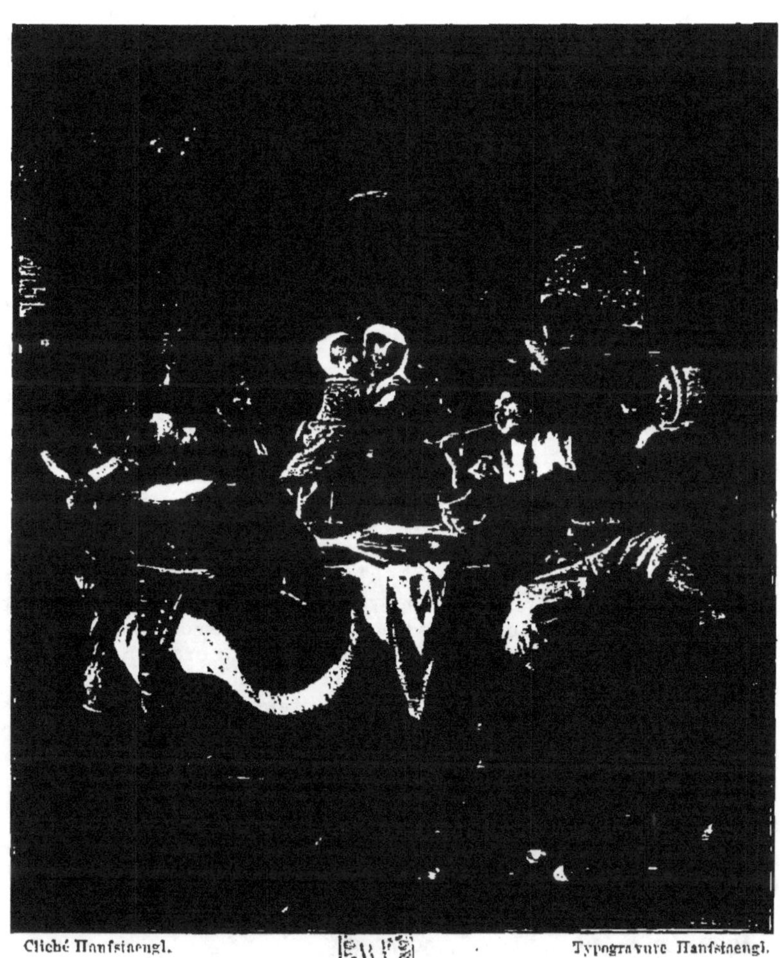

Cliché Hanfstaengl. Typogravure Hanfstaengl.



STEEN.

1378. — *Scène de famille.*

une vieille femme, en robe et voile noirs, qui chante, une partition à la main; vers elle, se penche la femme de Jan Steen, en corsage marron et chemisette ouverte tenant un bébé qui tend une cuiller à son frère, étendu sur un banc jouant de la flûte, en vêtement verdâtre, manteau et toque rouges. Contre une cheminée, au second plan, une jeune fille assise et un jeune garçon debout, une pipe à la main; à gauche, dans la rue, contre une fenêtre ouverte, un garçon, qui fume une longue pipe, un cor de chasse en sautoir; au milieu, devant la table, un chien, une petite servante donnant à boire à un enfant; et, sur le plancher, une pelle, une cruche, une pipe, un plat contre une bouteille, etc., au fond, contre la cheminée, une pancarte avec l'inscription « Comme les vieux chantent, les petits piaulent » et un buffet. Signé, à droite, sur le banc :

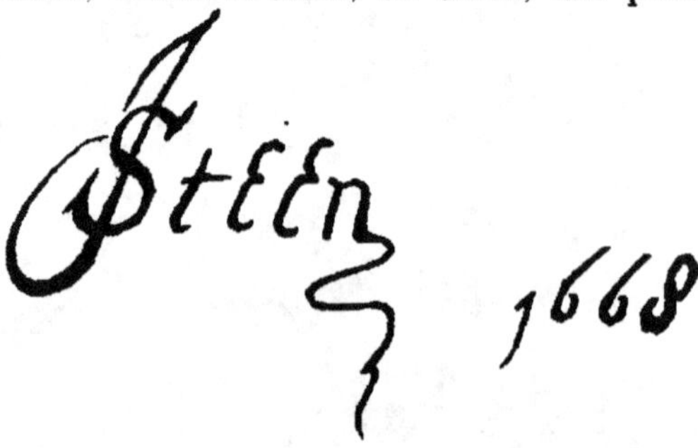


H., 1,72; L., 1,09. T. — Fig. 0,50. Gravé par Kasteren. Coll. O'Neill; 555 florins. V. Heemkerk. Coll. v. d. Hoop. Il existe une répétition de ce tableau ayant figuré en 1833 dans la coll. Brind. Considéré à tort par SMITH, N° 162, comme provenant de la vente Nieubalt.

**1377.** — *La malade* (269).

Au milieu, une jeune femme, en jupe jaune, caraco gris bordé d'hermine, fichu blanc, est assise sur une chaise rouge, de trois quarts tournée vers la droite, la tête appuyée sur un oreiller posé sur une table. Le docteur, debout, en vêtement et toque noirs, manteau marron, lui tâte le pouls. Sur le plancher, au premier plan, une fiole sur une chaufferette et un fourneau; au fond, à gauche, un bougeoir et un vase devant un lit à baldaquin et rideaux verts. Au lambris, une guitare. Signé, au-dessous de l'horloge : J. STEEN.

H., 0,72; L., 0,61. T. — Fig. 0,47. Coll. v. d. Hoop. « Ce tableau où l'on retrouve dans la tête de la jeune fille toute la puissance du talent de Jan Steen, quant à l'expression, est d'une exécution supérieure. Les têtes, les mains, les draperies, tout est peint avec l'habileté de Metsu; le coloris est clair et harmonieux. Je dirais presque que, sous plus d'un rapport, je ne me souviens pas d'avoir rencontré une meilleure production de notre artiste » (VAN WESTHREENE, 102). SMITH, N° 130.

**1378.** — *Une famille joyeuse* (269).

Dans une chambre, autour d'une table servie, au milieu, est assise, sur une chaise, vue de dos, en profil perdu, Margarita van Goyen, la femme de Steen, en caraco bleu bordé d'hermine, jupe rouge, tenant, à la main, une cruche en grès; à droite, étendu sur un banc et la regardant, son mari qui fume, en vêtement gris. Au second plan, ses parents : sa mère lisant, son père élevant un verre, en riant; derrière eux, près d'une fenêtre, un joueur de flûte. Au milieu, une servante fait danser, sur une table, un bébé. Près de l'âtre, deux personnes regardent cette scène familiale. Au fond, une servante franchit une porte, par laquelle on aperçoit un homme à une lucarne. Le sol est jonché d'ustensiles de ménage. Signé : J. STEEN.

H., 0,49 ; L., 0,40. B. — Fig. 0,26. 1,615 fl. V. Roothaan (1826). Coll. v. d. Hoop. SMITH, 132.

**1379.** — *Après boire* (269).

Une jeune femme, en robe noire, jupe violette, bas rouges, corsage rouge dégrafé, une pipe dans la main droite, est endormie sur un banc, la tête sur les genoux d'un vieillard ivre, assis sur une chaise, dans une tenue débraillée, un verre dans la main droite, prenant, de la gauche, un pot posé sur un baril contre lequel est appuyée sa canne. Au fond, deux musiciens, devant une porte ouverte, regardent en riant une servante qui dérobe le manteau du vieillard, placé sur une cloison, où est collée une gravure représentant un hibou, une chandelle, des lunettes, avec cette devise : « A quoi servent chandelles et lunettes, puisque le hibou ne veut pas voir ». A gauche, un lit en désordre. Au premier plan, sur le plancher, une mule, un chapeau, des reliefs de nourriture, un chat, etc. Signé, à gauche : J. STEEN.

H., 0,58 ; L., 0,68. B. — Intitulé par SMITH, 196, *le Toast*. 500 fl. V. Muilman. Coll. v. d. Hoop. « Jamais peut-être l'effet dégoûtant de la débauche ne fut mieux peint que Steen l'a fait ici. Le tableau est, en outre, plein d'effet et d'harmonie ; le crépuscule y est rendu à merveille et le coloris est des plus beaux » (VAN WESTHREENE, 103).

**1380.** — *Le couple buvant* (269).

H., 0,24 ; L., 0,21. B. — Coll. v. d. Hoop.

## **Stoop** (DIRCK), vers 1610-1686.

**1383.** — *La partie de chasse* (227).

Signé, à droite : D. STOOP. F. 1645.

H., 0,51 ; L., 0,59. B. — Acheté 106 fl. à Dordrecht (1818). Coll. Rombouts, Legs Dupper.

## **Storck** (ABRAHAM), vers 1630-vers 1710.

**1385.** — *Vue du Dam à Amsterdam* (269).

Signé, à droite : A. STORCK. FC. Ao 1675.

H., 1,24 ; L., 1,68. T. — Fig. 0,11. Coll. v. d. Hoop.

## **Tempel** (ABRAHAM LAMBERTS JACOBSZ, DIT VAN DEN), 1622 ou 1623-1672.

**1403.** — *Portrait de femme* (269).

Signé, au fond à gauche : A. V. TEMPEL. FT.

H., 0,75 ; L., 0,61 T. — Fig. en buste, gr. nat. 430 fl. V. Saportas (1833). Coll. v. d. Hoop. Voir Rotterdam, p. 20, nº 104.

## **Teniers** (David), **le Jeune,** Flamand, 1610-1690.

**1404.** — *Le corps de garde* (235).

Signé au milieu : D. Teniers. f. 1641.

H., 0,59; L., 0,91. T. — Fig. 0,25. Coll. van Heteren.

**1405.** — *L'heure du repos* (239).

Signé devant le tonneau : D. Teniers. fect.

H., 0,32; L., 0,29. B. — Fig. pet. nat. Coll. van Heteren.

**1406.** — *Le cabaret de village* (235).

Signé sur la table : D. T. accolés.

H., 0,34; L., 0,32. B. — Fig. 0,05. Musée de La Haye.

**1408.** — *Kermesse* (269).

H., 0,77; L., 1,05. T. — Fig. 0,17. Coll. v. d. Hoop.

**1409.** — *La ferme* (269).

Au milieu, une paysanne assise, en jupon gris, caraco rouge, tablier bleu, bonnet blanc, un enfant sur ses genoux, et un paysan debout, en vêtement gris, toque rouge à plumes appuyé de sa main droite sur une bêche. Au loin, un voyageur et un chien. En avant, une brouette, des légumes et des ustensiles de ménage, devant une palissade, contre laquelle est appuyée une perche surmontée d'un chapeau; au fond, une vieille femme entrouvre la porte de la ferme. Signé, à droite, sur le sol : D. Teniers. fect.

H., 0,63; L., 0,93. T. F. 0,29. Coll. v. d. Hoop.

**1410.** — *Les joueurs* (269).

Signé : D. Teniers. F.

H., 0,14; L., 0,58. T. — Fig. 0,23. Gravé par Kasteren. Coll. v. d. Hoop,

## **Ter Borch** (Gerard), 1617-1681.

**1411.** — *Portrait du peintre* (227).

Dans un ovale, de trois quarts tourné vers la gauche. Visage imberbe, longue perruque. Vêtement noir. Col blanc. De la main droite, il tient son chapeau noir. Signé : TB

H., 0,34; L., 0,29. B. — Fig. à mi-corps pet. nat. 600 fl. V. Weimer (1868) avec le N° suivant, qui lui fait pendant. Legs Dupper.

**1412.** — *Portrait de Geertien Matthyssen, femme du peintre* (227).

Dans un ovale, de trois quarts tournée vers la droite. Robe noire, guimpe et manches blanches ; des nœuds au corsage, aux bras et dans les cheveux. Collier, bracelets et boucles d'oreilles en orfèvrerie. De la main droite, elle porte un éventail.

**1413.** — *La Remontrance Paternelle* (274).

Dans une chambre, au milieu, une jeune femme, en robe de satin blanc, pèlerine noire, debout, vue de dos, se tourne de trois quarts, à droite, vers deux personnes assises ; un homme, les jambes croisées, en vêtement jaune à manches brodées, haut-de-chausses violet, l'épée au côté, un chapeau à plumes dans la main gauche, levant la main droite ; et, au second plan, une dame, en robe et capuchon noirs, buvant. A droite, un lévrier ; à gauche, un tabouret et, sur une table, un miroir, une coupe, un flambeau d'argent, deux peignes. Au fond, un lit à baldaquin et rideaux verts.

H., 0,68 ; L., 0,71. T. — Fig. 0,41. Gravé par G. Wille. 825. fl. V. Lormier. Coll. v. Heteren. Intitulé par Brédius *Une visite*. Il en existe deux répliques, avec variantes, l'une au Musée de Berlin, l'autre dans la galerie de Bridgewater-House à Londres ; et une copie par Netscher, datée 1655, au Musée de Gotha. « Une des meilleurs œuvres du maître et de la plus grande beauté » (Smith).

**1414.** — *Le Congrès de Munster* (219).

H., 0,42 ; L., 0,57. — Cuivre. Fig. 0,20. Gravé par Simon Fokke. Attribution douteuse. Considéré cependant par Smith comme une esquisse du fameux tableau de la National Gallery.

## Teunissen (Cornelis), milieu du XVI^e siècle.

**1418.** — *Portraits de vingt et un gardes civiques* (228).

**1419.** — *Portraits de dix-sept gardes civiques* (228).

Au fond, la muraille est tapissée d'une étoffe rouge, avec la lettre F. Daté sur la rampe, à gauche : 1557.

H., 1,40 ; L., 1,65. B. — Pendant du N° 1418. Fig. à mi-corps gr. nat. Provient de la chambre du petit conseil de guerre à l'hôtel de ville. Prop. de la ville.

## Tol (Dominicus van), entre 1631 et 1642-1676.

**1434.** — *La souris attrapée* (271).

Signé : D. v. Tol.

H., 0,19 ; L., 0,24. B. — 420 fl. V. Heemkerk (1770). Coll. van Heteren.

## Troost (Cornelis), 1697-1750.

**1442.** — *La leçon d'anatomie du professeur W. Roell* (220),

H., 1,95 ; L., 2,06. T. — Fig. gr. nat. Signé : C. Troost. 1728. Provient de la corporation des chirurgiens. Prop. de la ville.

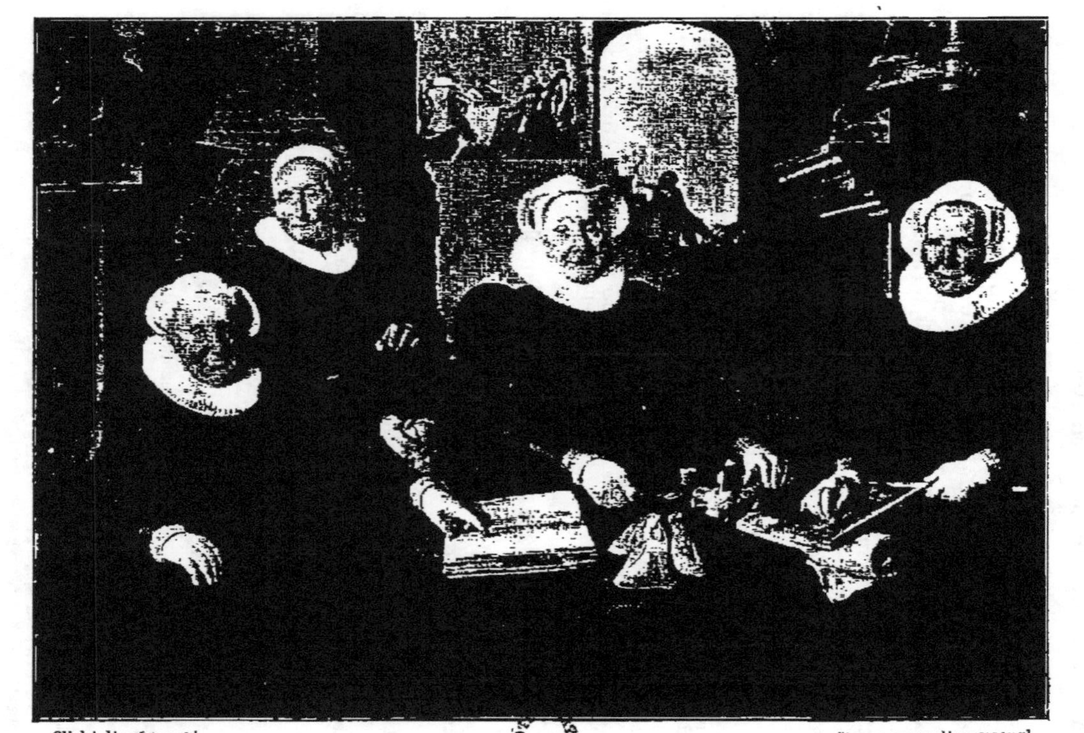

Cliché Hanfstaengl. Typogravure Hanfstaengl.



VALCKERT (WERNER VAN).

1462. — *Trois Régentes et la Directrice de l'hospice des lépreux.*

**1446.** — *Les cinq Inspecteurs du collège des médecins* (262).

Dans une chambre, autour d'une table recouverte d'un tapis oriental, deux, au premier plan, se faisant vis-à-vis, en costume gris; trois autres, au second plan, l'un debout, celui de gauche un papier à la main, celui de droite tenant le cordon d'une draperie, tous deux assis; à droite, un valet entre, une lettre à la main. Signé : C. TROOST 1724.

H., 2,39; L., 3,06. T. Fig. gr. nat. Autrefois dans la salle d'assemblée du collège. Propriété de la ville. « Comme peinture de portraits, c'est là un ouvrage de grande valeur. L'habileté du dessin, le goût de l'ordonnance, l'harmonie du coloris, la science profonde du clair obscur font de cette peinture non seulement le chef-d'œuvre de l'artiste, mais la meilleure production de ce genre qui ait été exécutée à Amsterdam, dans tout le cours du XVIIIe siècle » (BRÉD., I., 91).

## Ulft (JACOB VAN DER), 1627-après 1688.

**1453.** — *Marché en Italie* (225).

Signé, sur le sol, à droite : V. DER ULFT FC.

H., 0,40; L., 0,37. — Fig. 0,06. 76 fl. V. Muillman. Legs v. d. Poll.

## Utrecht (ADRIAEN VAN), Flamand, 1599-1652.

**1454.** — *Nature morte* (269).

Signé, à gauche, sur un papier de musique : ADRIAEN VAN UTRECHT F. 1644.

H., 1,85; L., 2,60. T. — 1200 fl. V. Westenberg (1842). Coll. V. d. Hoop,

## Vaillant (WALLERANT), 1623-1677.

*Portrait de Joannès Parker, Echevin à Middelbourg* (H).

Signé, à gauche : VAILLANT 1672.

H., 0,75; L., 0,63. T. — Fig. en buste gr. nat. Coll. Ruyter de Wildt (1895).

## Valckert (WERNER VAN), première partie du XVIIe siècle.

**1461.** — *Quatre Régents de l'hospice des Lépreux* (H).

En costume et chapeau noirs, collerette blanche, assis autour d'une table; au second plan, à gauche, le directeur de l'hospice; au fond, motif architectural avec colonnes et pilastres aux bases ornées de bas-reliefs, représentant des actes de charité. Daté : 1624.

H., 1,35; L., 2,08. B. — Fig. à mi corps gr. nat. Provient de la Léproserie. Prop. de la ville.

**1462.** — *Trois dames Régentes de l'hospice des Lépreux* (214).

Dans un vestibule, au milieu, assises autour d'une table sur laquelle sont posés des sacs et des registres, en robe noire, collerette, manchettes, serre-tête et bonnet blancs; au second plan, à gauche, la directrice. Au fond, est représentée la parabole du mauvais riche; par une large baie, on aperçoit une rue.

H., 1,31 ; L., 1,88. B. — Fig. gr. nat. Même provenance que le N° 1461.

**1463.** — *L'entrée des enfants dans l'orphelinat* (B).

H., 1,52; L., 2,10. B. — Fig. 0.78.

**1464.** — *L'enregistrement des enfants.*

**1465.** — *La distribution du pain par un Régent aux enfants.*

**1466.** — *La distribution de l'argent et des habits par un Régent.*

Ces trois tableaux ont les mêmes mesures : H., 1,50. L., 0,62. B.

**1467.** — *Un Régent et le grand prévôt visitant les pauvres.*

H., 1,47; L., 1,50. B. — Daté : 1627; autrefois dans la chambre des Régents de l'hospice. Prop. de la ville. « L'artiste nous apparaît ici comme un précurseur immédiat des futurs peintres de genre de l'école hollandaise; le dessin laisse çà et là à désirer; certaines figures de mendiants sont de véritables caricatures; mais nous rencontrons ici une recherche de la lumière pittoresque plus heureuse que nous ne l'avons encore trouvée chez aucun de ses devanciers » (Bréd., I, 14).

**1468.** — *Portrait de Swartenhout, amiral de Hollande* (225).

H., 1,17; L., 0,88. B. — Fig. gr. nat. On lit sur le fond à droite : Aetatis Suae 62 Ano 1627. Legs van de Poll. Attribué autrefrefois à Moreelse. Rembrandt a peint la femme de Swartenhout; voir N. 1249, p. 279.

## **Veen** (Otto van) dit **Otho Vaenius**, Flamand, 1558-1629.

**1472** à **1483.** — *Suite de douze scènes de l'insurrection des Bataves contre les Romains* (235).

Chaque panneau H., 0,30; L., 0,52. B. — Fig. 0,25. Achetés 2200 fl. en 1613 par les Etats Généraux pour orner leur salle de réunions. Première acquisition faite par le Gouvernement Néerlandais.

## **Velde** (Adriaen van de), 1635 ou 1636-1672.

**1484.** — *Le passage du bac* (272).

Au milieu, au bord d'une rivière, un berger à âne et une femme à califourchon sur un cheval rouan, causent avec une bergère, en jupon, blanc, ses bestiaux autour d'elle ; à droite, un berger attend l'arrivée du bac; à gauche, au pied d'un rocher, une vache buvant à une fontaine, et un chien devant lequel est la signature : A. v. Velde f. 1666.

H , 0,32; L., 0,36. T. — Gravé par Best. Coll. van Heteren. Smith, n° 139, qui l'estime 400 guinées.

**1485.** — *La cabane* (218).

Devant une cabane, au milieu, une bergère assise, en robe bleue, qui plonge les mains dans un panier, et un paysan à cheval, en costume brun, un panier, à la main. Au premier plan, des moutons, et des vaches. Fond montagneux et boisé. Signé : A. V. Velde. f. 1671

H., 0,74 ; L., 0,63. T. — Fig. 0,15. 2420 fl. V. Braamcamp. 4020 f. V. Valkenier (1796). 4825 fl. V. Geldemeester. 8290 fl. V. Brentano. Ce tableau a été diversement jugé. Tandis que Waagen (II, 117) trouve que « dans cette œuvre, des dernières années du peintre, la délicatesse de l'exécution dégénère en afféterie et que le fond revêt un ton lourd et indécis », Smith, N. 15, le décrit comme une œuvre très capitale et admirablement finie et Brédius (I, 60) apprécie dans cette ouvrage « tout le talent d'observation du maître, le soin amoureux qu'il met à chaque figure, à chaque animal, la perfection avec laquelle les moindres détails sont pris, en quelque sorte sur le vif et admirablement exécutés. »

**1486.** — *Bestiaux dans une prairie* (227).

Signé, à droite, sur une touffe d'herbes : A. v. Velde f.

H., 0,28 ; L., 0,38. B. — 1600 fl. V. Lelie (1836). Coll. Rombouts. Legs Dupper « Ie tout se vaut, l'effet de clarté générale, la fraiche verdure, l'harmonie des tons brunâtres des animaux et du paysage » (Waagen, III, 116).

**1487.** — *L'artiste et sa famille* (269).

Sur un sentier, au milieu, debout, le peintre, en vêtement marron, rabat blanc, un chapeau noir sous son bras gauche, s'appuyant de la main droite sur une canne, et sa femme, en robe rouge, corsage brun, mantelet noir, fichu et cornette blancs, les deux mains gantées croisées sur la poitrine ; en avant, un de leurs enfants, son chapeau à ses pieds, tenant en laisse un chien ; à gauche, assise sur un tronc d'arbre, une servante, en jupe bleue, corsage jaune, tablier blanc, portant sur ses genoux une petite fille, des fleurs dans les mains. Au second plan, au milieu, une voiture attelée de deux chevaux dont un domestique arrange les harnais ; à droite, un berger et des moutons. Fond de paysage, avec une rivière, à droite, une maison au milieu, un bois, à gauche. Signé à gauche : A. V. Velde 1667.

H., 1,46 ; L., 1,68. B. — Fig. 0,32. — 10,500 fl. V. v. d. Pals (1824), 1310 guinées V. Nieuwenhuys (1833). Coll. v. d. Hoop. « Cette toile est incontestablement le plus bel ouvrage du maître. L'ensemble est d'un effet pittoresque admirable, tandis que la délicatesse des nuances et des gradations de toutes les parties prouvent à quel degré de perfection l'école hollandaise s'était élevée à cette époque » (Waagen, III, 116, et Smith, n° 100). « La plupart des peintures d'Adriaen, exécutées sur des préparations foncées, ont poussé au noir dans les ombres et bleui dans les feuillages. Celle-ci est, au contraire, très claire ; et le ton général ne paraît pas avoir beaucoup souffert. Le paysage rappelle Wynants, dans ses meilleurs tableaux, mais avec plus d'ampleur et d'harmonie. Les figures sont exquises » (Burger, II, 93.) M. Emile Michel (*Gaz. des B.-Arts*, 1888, p. 282) fait remarquer que l'équipage, le domestique, tout indique un état de maison assez large et contredit l'assertion des auteurs qui ont représenté Adriaen comme ayant vécu dans une situation de fortune précaire.

**1488.** — *Le départ pour la chasse* (265).

A gauche, un valet de chiens, suivi d'une meute, franchit la grille d'un parc ; et, en avant, deux palefreniers mènent chacun un cheval ; à droite, deux chasseurs assis, l'un, en rouge, l'autre, en brun, des chiens à leur côté ; au premier plan, un chien rongeant un os. Fond de paysage. Signé, sur la grille : A. v. VELDE F, 1669.

H., 0,58 ; L., 0,72. T. — Fig. 0,15. — 5000 francs V. Randon de Boisset (1772). 3981 francs V. Chabot (1787). 16001 francs V. Galitzin (1825). 10.000 francs V. Franceillon (1828). Coll. Verstolk van Zoelen et v. d. Hoop.

**1489.** — *Animaux dans un paysage* (265).

Signé, à droite, au-dessus d'une branche : A. V. VELDE.

H., 0.30 ; L., 0,36. B. — 5650 fl. V. J. de Vries. Coll. v. d. Hoop.

## Velde (ESAIAS VAN DE), vers 1590-1630.

**1491.** — *Les troupes espagnoles sortant de la ville de Bois-le-Duc après la reddition, en 1629* (Am.).

H., 1,08 ; L., 1,72. T. — Fig. 0,13. — Musée de La Haye. Peint en 1629. « Les traits satiriques que van de Velde s'est plu à accumuler dans cet épisode ont été accusés par lui avec une verve singulière. La netteté incisive du dessin s'accorde ici avec la force des intonations de ses personnages et leurs costumes diaprés se détachent rigoureusement sur les fonds d'un paysage où dominent des bleus verdâtres d'une intensité extrême » (E. MICHEL, *Gaz. des B.-Arts*, 1888, p. 191).

**1492.** — *Les amusements de l'hiver* (227).

Dans les fossés d'une ville, une nombreuse société. A gauche, le long des remparts, des hommes jouent au Golf. A droite, des patineurs ; au premier plan, un jeune homme rattache le patin d'une jeune dame ; à gauche, deux barques échouées ; au fond, la poterne à laquelle mène un pont de bois, et un moulin ; à droite, des vergers.

H., 0,46 ; L., 0,85. B. — 1600 fl. en 1884. Attribué autrefois à W. Buytewech. Très restauré. La comparaison de ce tableau avec un paysage de la collection des Tombes à La Haye, voir p. 167, a permis à M. Brédius de restituer cette peinture à son véritable auteur. M. EMILE MICHEL (*G. des B.-Arts*, 1888, p. 186) avait déjà émis la même opinion en rapprochant ce tableau du même sujet, daté 1618, au Musée de La Haye. « Figures et paysages sont ici d'égale valeur et témoignent de la souplesse du talent d'Esaïas qui, à l'exemple de la plupart des artistes de ce temps-là, pouvait aborder tous les sujets avec une égale aisance. L'impression ici est saisissante et l'effet très nettement accusé ».

**1493.** — *Paysage* (227).

Signé, à droite, sur une planche : E. v. VELDE 1623.

H., 0,74 ; L., 0,94 T. — *Fig. 0,15. — 886 fl. en 1885.*

## Velde (VILLEM VAN DE) le Vieux, 1611 ou 1612-1693.

**1497.** — *Le combat naval de quatre jours* (Am.).

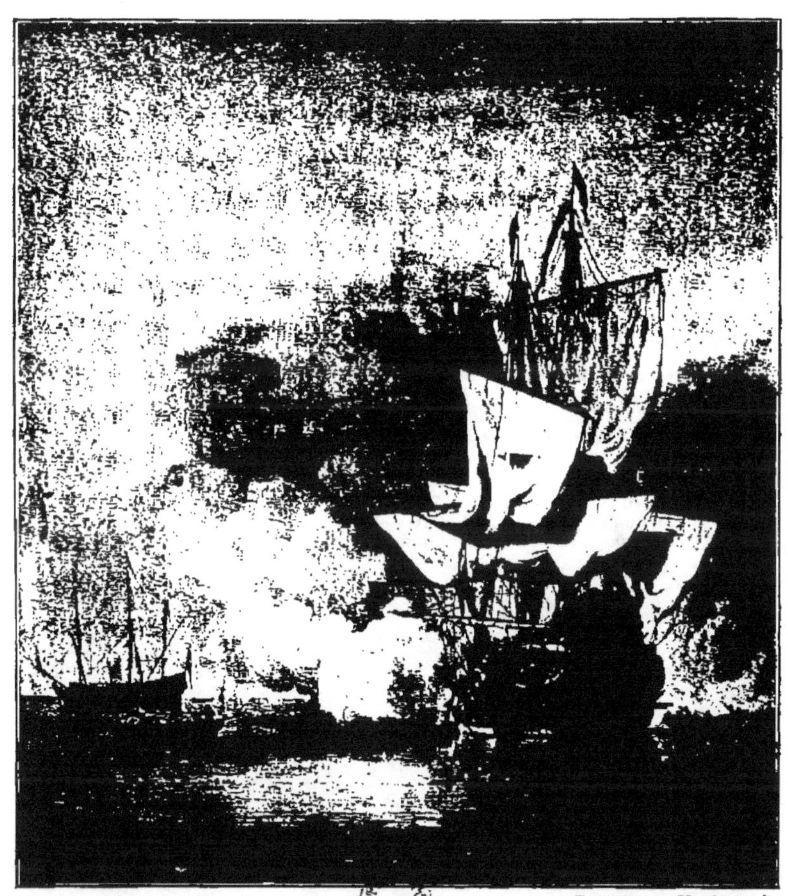

Cliché Hanfstaengl. Typogravure Hanfstaengl.



VELDE (WILLEM VAN DE) LE JEUNE.

1515. — *Le Coup de canon.*

Signé : W. v. Velde.

H., 1,49 ; L., 2,33 T. — Attribution donnée par Bréd. (I, 67), par comparaison avec les dessins de ce maître que possède le Musée. « Les tableaux de Willem le Vieux se distinguent des ouvrages de son fils par une exécution plus large, par le ton jaunâtre qui y domine et surtout par une manière assez familière et un peu gauche de figurer les flots de la mer ».

## Velde (Willem van de) le Jeune, 1633-1707

**1506.** — *Vue de la ville d'Amsterdam, prise de l'Y* (H).

A droite, le yacht de la ville, qui s'avance, salue par une salve l'arrivée du *Holland*, retour de son premier voyage aux Indes. Au fond, le port, les chantiers et la ville. Çà et là, de nombreuses embarcasions. Signé, au milieu sur une épave : W. v. Velde f. 1686.

H., 1,76 ; L., 3, 11. T. — Autrefois dans la salle de réunion des commissions du Port dit « Schreierstoren ». Prop. de la ville d'Amsterdam. Une répétition dans la Coll. Richard Wallace à Londres. « Comme s'il voulait célébrer, à sa façon,la richesse de la cité et le développement du commerce qui en était la cause, l'artiste a mis, cette fois, plus largement en œuvre toutes les ressources de sa palette. Les colorations plus vives, la facture plus ample et plus animée sont ici en parfait accord avec son sujet » (E. Michel, *Gaz. des B.-Arts*, 1888, p. 449). Smith, 227.

**1508.** — *Capture de quatre vaisseaux anglais, 13 juin 1666* (Am.).

Signé : W. v. V.

H., 0,57 ; L., 0,79. T. — 600 fl. V. Wierman (1762). 4009 fl. V. v. d. Pot. « L'admirable harmonie de ces pages, leur ton gris et délicat, l'habileté de l'exécution, font, de ces deux tableaux, les plus magnifiques œuvres du peintre » (Waagen, III, 200). Smith 78.

**1509.** — *Calme* (227).

H., 0,35 ; L., 0,42. T. — Gravé par B oland. Smith 210. 1150 fl. V. v. Driels, (1809). Coll. Rombouts. Legs Dupper.

**1510.** — *Un Port* (271).

H., 0,33 ; L., 0,30. B. — Coll. van Heteren. — Smith, 211.

**1511.** — *Sur la côte* (272).

H., 0,41 ; L., 0,15. B. Coll. van Heteren.

**1512.** — *Marine* (216).

H., 0,83 ; L., 1,43. B. — Coll. van Heteren.

**1515.** — *Le coup de canon* (265).

A droite, un vaisseau de guerre hollandais, qui s'apprête à jeter l'ancre, tire une salve et hisse ses voiles ; au second plan, une chaloupe montée par plusieurs passagers ; à gauche, un autre canot et un bateau, les voiles carguées. Signé :

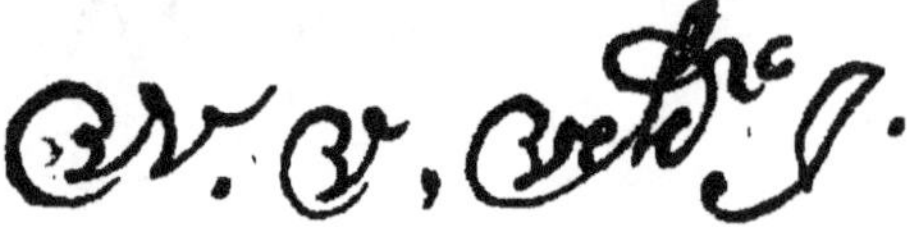

H., 0,76 ; L., 0,65. T. — Gravé par Kasteren. 3000 fl. V. Brondgeest. Coll. v. d. Hoop. « La fumée du canon qui se dissipe dans l'air est magistralement rendue; la composition est des plus heureuses, et ce grand bâtiment, avec ses voiles déployées vivement éclairé par le soleil et dont tous les détails sont copiés avec une fidélité scrupuleuse, présente un aspect véritablement très imposant... Rien ne peut donner une idée de la légèreté et de la transparence de l'eau » (Bréd., I, 70) Smith, 162.

**1517.** — *Mer houleuse* (265).

H., 0,99 ; L., 0,46. B. — V. Haldiman, Coll. v. d. Hoop. Smith, n° 139.

**1518.** — *La plage* (269).

H., 0,34; L., 0,44. B. — Fig. 0,06. Coll. v. d. Hoop. Smith, 162.

## Venne (Adriaen Pietersz van de), 1589-1662.

**1520.** — *Le prince Maurice d'Orange, le roi de Bohême, Frédéric V et plusieurs autres personnages à cheval* (214).

La cavalcade s'avance vers la droite, le prince Maurice, monté sur un cheval blanc qui caracole, est vu de profil; au milieu, le roi de Bohême; à gauche, des pages et des valets de chiens. Fonds de paysage.

H., 1,70; L., 2,82. T. — Fig. pet. nat. Gravé par W. Delff. Attribution douteuse. Musée de la Haye. Il en existe une réplique ou copie, de plus petite dimension, à Darmstadt. « Dessin correct, tournures élégantes, physionomies expressives, belle couleur, touche libre et solide; van de Venne a mis sur cette toile toutes les fines qualités qui distinguent ses petits tableaux avec une certaine grandeur et une fierté très délibérée » (Burg., I, 61).

**1521.** — *La pêche aux âmes, allégorie de la trêve conclue avec les Espagnols* (227).

Sur un fleuve, des catholiques et des protestants jettent leurs filets pour ramener des naufragés. Dans la barque du premier plan, montée par les ministres protestants, en vêtements noirs, sont ouvertes des bibles; sur l'une d'elles, on lit : *Evangelio Piscatores 1614*. La barque de droite renferme des prêtres catholiques, en riches dalmatiques, des vases sacrés et de l'encens. Sur les rives, une nombreuse assistance, composée, à gauche, de protestants parmi lesquels le peintre a représenté Maurice et Frédéric d'Orange; à droite, de catholiques, en tête desquels se remarque un nain; sur le ciel, se dessine l'arc-en-ciel.

H., 0,90; L., 1,80. T.— Fig. Gravé par Boland. 730 florins. V. Mauritius de Jende. (1735), alors attribué à Brueghel de Velours, qui a vraisemblablement peint le paysage. Catalogué plus tard sous le nom de van Balen, jusqu'au jour où, sur les indications de Burger, il fut restitué à son véritable auteur. Autrefois au château de Loo, puis au Musée de la Haye. « Ce tableau contient quantité d'emblèmes et d'allusions caustiques. La composition est, d'un bout à l'autre, une allégorie très spirituelle et surtout excellemment peinte. Le fou et toutes les têtes du premier plan ont une physionomie et une vivacité incomparables » (Burg., I, 62). Le peintre s'est représenté au premier plan, à gauche, le poing sur la hanche.

**1522.** — *Le prince Maurice d'Orange visitant la kermesse de Ryswyk* (227).

Sur une route, précédés de cavaliers, les princes Maurice et Frédé-

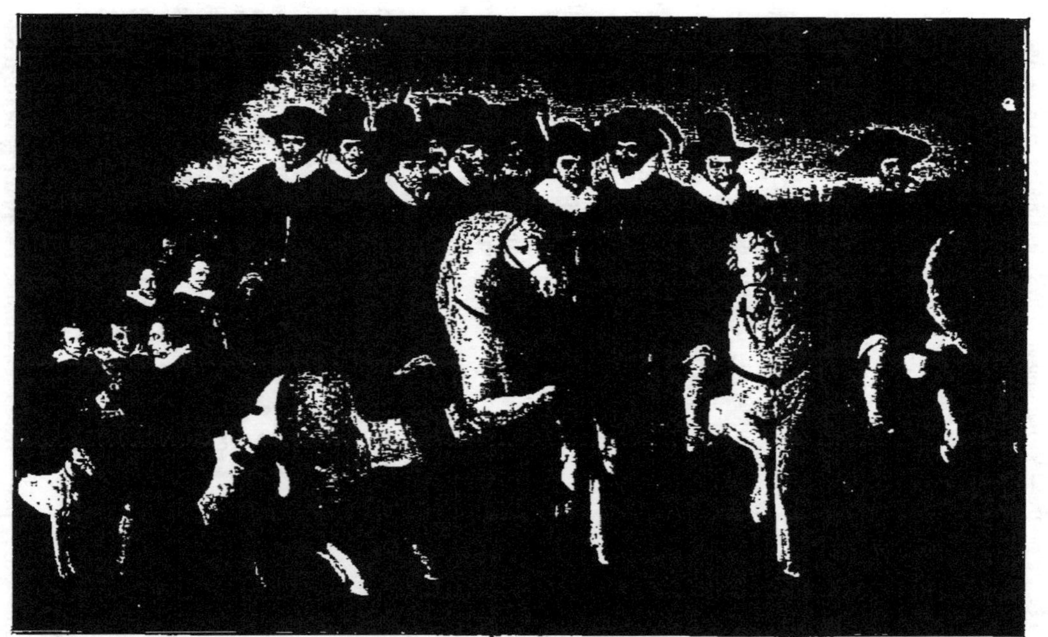

Cliché Hanfstaengl. Typogravure Hanfstaengl.



VENNE (VAN DE).

1520. — *Le prince Maurice, le roi de Bohême et d'autres princes de la maison d'Orange.*

ric s'avancent, dans un riche carrosse, traîné par six chevaux blancs; dans un second carrosse, traîné par quatre chevaux, une princesse. A droite, le long des maisons, devant les tentes de la Kermesse, une nombreuse assistance; à droite, une voiture arrêtée sous des arbres, un groupe de gentilhommes et une marchande de fruits; à gauche, deux cavaliers attendant le passage du cortège; sur une plaine, au milieu, le marché aux chevaux, où un paysan, à cheval, ôte sa toque. Au fond, la ville et le clocher de l'église. Signé, sur une planche jetée sur un fossé à droite : A · VENNE · F^T 1618.

H., 0,53; L., 1,81. T. — 405 fl. V. Drehman (Amsterdam, 1857). 10 000 fr. V. Leroy d'Etioles (Paris, 1861). 17 000 fr. V. Warneck (1880). « Ce tableau, d'une bonne conservation, est une des meilleures acquisitions faites en ces dernières années par le Musée. Les costumes diaprés lui donnent un aspect d'une fraîcheur et d'un éclat extraordinaires. L'animation, le mouvement de cette foule, tous les détails piquants qu'on y peut remarquer et la supériorité avec laquelle ils sont rendus, nous retiennent longtemps, en présence de ce tableau qui a toute la valeur d'un document historique » (BRÉD., I, 158).

**1526**. — *Le prince Maurice sur son lit de mort* (214).

H., 0,07; L., 0,12. Cuivre. — Fausse attribution; on lit en effet sur le revers : « Le prince Willem I sur son lit de parade, A. 1564 peint par le vieux Cornelis Visscher ».

## Verboom (ADRIAEN), 1628 - après 1670.

**1531**. — *Le carrefour* (227).

H., 0,95; L., 0,81. T. — Fig. 0,10. Les figures sont de J. Lingelbach. V. Goll van Frankenstein. Legs Dupper.

## Verkolje (JOHANNES), 1650-1693.

**1534**. — *Le concert de famille* (225).

Dans une chambre, à droite, une jeune femme, en jupe blanche, corsage jaune à bordure d'hermine, les pieds posés sur une chaufferette, joue du violoncelle. En face d'elle, à gauche, debout, un homme en pourpoint gris, chante, un cahier de musique à la main; un autre chanteur, en vêtement noir, coiffé d'un chapeau gris, est assis au second plan, derrière une table; il bat la mesure d'une main et, de l'autre, tient un cahier de musique, sur lequel se penche une jeune femme debout, en robe noire, appuyée sur son épaule. Sur la table recouverte d'un tapis, un pot en grès; au fond, à gauche, une cheminée; à droite, un enfant fait danser un chien. Par une porte ouverte, on aperçoit un jardin. Signé, sur le plancher, à droite : J. VERCOLIE 1673.

H., 0,43; L., 0,52. T. — Fig. 0,27. 160 fl. V. Muilman. Legs v. de Poll. « La composition de ce tableau est pleine de naturel, l'exécution très consciencieuse, la couleur peu empâtée, mais la tonalité est un peu froide, avec des ombres d'un gris un peu bleuâtre » (BRÉD., I, 174).

## **Vermeer**, voir **Meer** (Jan van der).

## **Verschuier** (Lieve), vers 1630-1686.

**1538.** — *Arrivée du prince de Galles, plus tard Charles II, à Rotterdam*, 24 mai 1660 (E).

Signé : sur une épave, à gauche : L. Verschuier

H., 1,20; L., 2,28. T. — Fig. 0,12. Musée de la Haye.

## **Verspronch** (Johannes Cornelisz), 1597-1662.

**1544.** — *Portrait de Pieter Schout, bourgmestre de Haarlem* (214).

Signé, à droite : J. Verspronch 1641.

H., 0,76; L., 0,68. T. — Fig. à mi-corps gr. nat. 29 fl. V. van Holl (1858).

## **Verwilt** (François), 1623-1691.

**1552.** — *Portrait du fils d'un amiral* (E).

Dans une chambre dallée en marbre blanc et noir, de trois quarts tourné vers la gauche, il s'incline, son chapeau à la main. Jupe violette, gilet blanc, houppelande à boutons d'or, col et manchettes en dentelle, épée au côté, retenue par un ceinturon blanc brodé d'or, une canne et des gants dans la main gauche ; au fond, une draperie brune relevée et une porte donnant sur un jardin. Signé, sur le fond, à gauche : F. Werwilt 1669.

H., 1,11; L., 0,89. B. — Fig. gr. nat. Musée de la Haye. « D'un coloris vigoureux et clair, bien différent des autres œuvres du peintre » (Woermann, 567).

## **Victors** (Jan), ou **Fictors**, 1620 - après 1682.

**1555.** — *Joseph expliquant les songes du grand panetier et du grand échanson* (E).

Signé, à gauche : Johannes Victors f. 1648.

H., 1,19; L., 1,31. T. — Acquis en 1816.

**1556.** — *L'arracheur de dents* (265).

Au milieu, sous un parasol, une table sur laquelle sont posés des fioles et un coffret. A droite, le charlatan, de profil tourné à droite, en costume jaune, arrache une dent à un paysan, assis, un panier d'œufs à ses pieds. A ses côtés, un paysan et une paysanne qui rit ; à gauche, deux enfants, une paysanne malade qui porte la main gauche à sa mâchoire, deux paysans qui éclatent de rire et une femme, une corbeille de légumes sur la tête. En avant, deux chiens se disputant un os. Au fond, dans une rue, près d'une église, deux promeneurs. Signé, sous la table :

Jan·Victoors·fc.1654

H., 0,74 ; L., 0,91. T. — Fig. 0,43. Coll. v. d. Hoop.

**1557.** — *Le charcutier* (269).

Signé, à droite, sur un papier, devant le tonneau : JAN VICTORS FE. 1648.

H., 0.77 ; L., 0,96. T. — Fig. 0,41. Coll. v. d. Hoop.

## Vinck-Boons (DAVID), 1578-1629.

**1558.** — *Les soldats faisant les maitres chez les paysans* (227).

**1559.**— *Les soldats chassés par les paysans* (227).

H., 0,25 : L., 0,41. B. — Tableaux se faisant pendant, donnés par M. Brédius ; gravés par Bolswert.

## Vliet (HENDRICK CORNELISZ VAN), 1611 ou 1612-1675

**1573.** — *Intérieur de l'église de Delft* (271).

Signé, à droite, sur la première colonne : H. VAN VLIET 1654.

H., 0,70 ; L., 0,58. B. — Fig. 0,13. Musée de La Haye. Attribué autrefois à E. Witte.

## Vois (ARIE ou ARIAEN), vers 1630-1680.

**1579.** — *La dame au perroquet* (227).

Dans un jardin, une jeune femme, aux cheveux blonds bouclés, robe blanche, manteau noir garni de fourrure, écharpe bleue, une corbeille de fruits sur les genoux, donne, de la main droite, un fruit à un perroquet. Fond de paysage. Signé : A. D. VOIS F.

H., 0,26 ; L., 0,21. B. — Fig. 0,05. 100 fl. V. Lacoste (1832). Coll. Rombouts. Legs Dupper.

**1530.** — *Le pêcheur fumant* (269).

Signé, au fond : A. D. (entrelacés) VOIS.

H., 0,14 ; L., 0,11. B. — Fig. en buste pet. nat. Coll. v. d. Hoop.

## Voort (CORNELIS VAN DER), 1576-1624.

**1587.** — *Les Régents de l'hospice des vieillards* (269).

Dans une salle, en vêtements et chapeaux noirs, collerette et manchettes blanches : trois assis, au premier plan, autour d'une table sur laquelle sont posés des encriers, des plumes et des papiers. Trois autres, debout, au second plan. Signé, sur l'étagère :1618 C. v. V. f.

H., 1,80; L., 3,83. T. — Fig. gr. nat. Provient de l'hospice. Prop. de la Ville.

**1589.** — *Portraits de gardes civiques*, 21 personnages (225).

H., 1,80; L., 3,83. T. — Fig. à mi-corps gr. nat. Autrefois à l'hôtel de ville. Prop. de la ville. Attribué par les anciens catalogues à Moreelse. « Ce doit être un ouvrage de la jeunesse du peintre, entre 1600 et 1615. Les personnages sont groupés assez simplement et, vers le milieu du fond, les lances rompent un peu l'uniformité de leur disposition. Les têtes sont excellentes; les détails, par exemple l'armure du capitaine, sont fermement peints, mais sans minutie ; la couleur est puissante ». (Bréd., I. 13).

**1590.** — *Portrait de Dirck Hasselaer* (268).

Au fond, on lit; Aet. 33. 1614.

**1591.** — *Portrait de la femme de Hasselaer* (268).

H., 1,14 ; L., 0,83. B. — Fig. à mi-corps gr. nat. Portraits se faisant pendant. Don v. de Poll.

## Vries (Abraham de), ?-vers 1650.

**1595.** — *Portrait de David de Moor* (214).

Signé : Fecit. A. de Vries Rotterdam ano 1640.

H., 0,71 ; L., 0,61. B. — 30 7fl. en 1882.

## Weenix (Jan), 1640-1719.

**1605.** — *La maison de campagne* (H).

A gauche, au second plan, un vase enrichi de bas-reliefs, auquel sont suspendus un lièvre et un lapin; à la base, des grappes de raisins, un singe et un chien. Au premier plan, des fruits, un couteau et des oiseaux morts. Au loin, la maison de campagne dans un parc; à l'horizon, la mer. Signé, sur la base du vase : J. Weenix f. 1714.

H., 1,70; L., 1,51. T. — Fig. gr. nat. Musée de La Haye.

**1606.** — *Gibier et fruits* (G).

Signé, sur le banc de pierre, à gauche : J. Weenix f. 1704.

H., 1,18; L., 0,97. T. — Gravé par Boland. Coll. v. d. Marck et van Heteren.

**1607.** — *Gibier mort et objets de chasse* (G).

H., 1,12; L., 0,93. T. — 1055 fl. V. Teukate (1800). 2510 fl. V. v. d. Pot.

**1608.** — *Portrait d'homme* (269).

Debout, appuyé sur un piédestal recouvert d'un tapis oriental.

Vêtu d'une houppelande jaune à fleurs ; à son côté, un chien ; à gauche, un valet lui apporte une lettre, sur laquelle on lit : MIJN HEER DEN HEER A. BREACKHE. COO. Au fond, à droite, un port. Signé et daté : J. WENIX A. 1682.

H., 0,84 ; L., 0,70. T. — Fig. gr. nat. Coll. v. d. Hoop. Ce portrait passe pour être celui de Anthonie van Bronckhorst.

## Weenix (JAN BAPTIST), 1621-1660.

**1611**. — *Gibier mort* (B).

H., 1,61 ; L., 1,51. T. — Musée de la Haye. Attribué autrefois à A. Cuyp.

## Werff (ADRIAEN VAN DER), 1659-1722.

**1614**. — *Portrait du Peintre* (268).

Tourné de trois quarts vers la gauche, le visage rasé vu de face : pourpoint jaune, manteau rouge ; au cou, un médaillon du comte palatin, retenu par une chaîne. De la main gauche, il tient sa palette et ses pinceaux ; de la droite, un tableau représentant sa femme et ses enfants. Signé et daté, à gauche sur un piédestal : A. v. D. WERFF. FC. 1699.

H., 0,80 ; L., 0,66. B. — Fig. en buste pet. nat. 6000 fl. V. Gevert-Armoutz (1827).

**1615**. — *La mise au tombeau* (227).

Signé, à gauche, sur une pierre : A. v. D. WERFF 1696.

H., 1 m. L., 0,80. T. — Fig. 0,20. 2000 fl. V. van Zwieten (1831) ; 2000 fl. V. Roos Legs Dupper.

**1616**. — *La Sainte Famille* (271).

Signé, à gauche : A. v. DER WERFF F : 1714.

H., 0,35 ; L., 0,28. B. — Gravé par Rousseau (Col. Choiseul). 1305 fl. V. Lormier (1763). 3700 francs V. Choiseul (1772). 6110 V. La Valière (1780). 6600 V. Le Bœuf (1782). 5200 francs V. Destouches (1794), et 5225 fl. V. G. v. d. Pot.

## Werff (PIETER VAN DER), 1665-1721.

**1621**. — *Saint Jérôme* (271).

Signé et daté : P. v. WERRFF, FC. ANNO 1710.

H., 0.45 ; L., 0,34 B. — Fig. 0,30. 265 fl. V. van Schuylenburg (1735) ; Coll. van Heteren.

## Witte (EMANUEL DE), 1617-1692.

**1638**. — *Intérieur d'église* (272).

A gauche, aux pieds d'un homme qui parle à un fossoyeur, la signature : E. de WITTE.

H., 0,46 ; L., 0,36 B. — Fig. 0,07. 43 fl. V. g. v. d. Pot.

**1639.** — *Intérieur d'église* (269).

Dans la nef latérale de droite, au premier plan, deux chiens près d'une tombe ouverte; à droite, les instruments de travail du fossoyeur qui, appuyé sur une bêche, cause avec un homme, en vêtement noir; à gauche, sur un banc, une cruche et un balai contre un pilier; au second plan, s'avance un fidèle; dans le transept, les orgues; à la voûte, des lustres en cuivre et un étendard; au milieu, un écusson.

H., 1,20; L., 1,01. T. — Fig. 0,20. 450 fl. V. Brondgeest (1843); Coll. v. d. Hoop « Tableau capital, rappelant Albert Cuyp, par l'ampleur de l'exécution, le ménagement de la lumière et des ombres, et aussi par la tournure des personnages » (BURGER, II, 153).

**1640.** — *Vestibule du Binnenhof.*

H., 0,47; L., 0,38. B. — Fig. 0,06. Musée de La Haye. Attribué autrefois à Aert de Gelder et même à Van der Meer de Delft.

## Wouwerman (Philips), 1619-1668.

**1645.** — *Lutte de paysans* (273).

H., 0,73; L., 0,85. T. — Fig. 0,12. 600 fl. V. v. d. Pot. SMITH, 246.

Ce tableau et les suivants sont signés du monogramme : P. W.

**1646.** — *Les Paysans victorieux* (273).

H., 0,63; L., 0,35. T. — Fig. 0,12. Coll. Dornburgh (1743); 5,625 fl. V. v. d. Pot.

**1647.** — *Le campement* (227).

H., 0,35; L., 0,40. T. — 8,100 fl. V. Roos, Legs Dupper.

**1648.** — *Le cheval rétif* (273).

Au milieu, près d'un arbre, un cheval blanc, monté par un cavalier, en pourpoint jaune, larges bottes, une badine à la main, a renversé, en ruant, une paysanne qui, dans sa chute, a lâché son panier de pommes; à droite, un palefrenier, une baguette dans la main tient, par la bride, un cheval rouan; à gauche, s'avance au galop un cavalier sur un cheval bai; sous un arbre, un couple. Au premier plan, un chien. Au fond, à droite, des baigneurs dans une rivière.

H., 0,36; L., 0,49. B. — Fig. 0,10. 2,825 fl. V. Boreel (1814). « Les chevaux sont dessinés avec un talent magistral, la composition est à la fois habile et agréable, la couleur d'un éclat extraordinaire et l'harmonie du clair obscur ajoute encore au mérite de ce précieux ouvrage » (BRÉD., I, 129).

**1650.** — *La chasse au cerf* (272).

H., 0,28; L., 0,34. Cuivre. — Fig. 0,05. 234 fl. V. J. de Witt (1741); 1010 fl. V. Lormier (1763); 1595 fl. V. Nieuhoff (1771). Coll. v. Heteren.

**1651.** — *Le manège* (216).

H., 0,45; L., 0,61. T. — Fig. 0,10. Coll. v. Heteren.

**1652.** — *La chasse au faucon* (271).

Au premier plan, deux cavaliers, dont l'un vient de lâcher son faucon, et dont l'autre porte le sien sur le poing. D'autres cavaliers, accompagnés de pages, viennent à leur rencontre. A gauche, une amazone et un enfant; au milieu, une mère allaitant et un paysan. Au fond, une ville sur le bord d'une rivière. Montagnes à l'horizon.

H., 0,25; L., 0,29. Cuivre. — Fig. 0.05. Gravé par Dunker. 3,000 fr. V. Choiseul (1772); 2,700 fr. V. Conti (1779); 2,720 fr. V. Tolozan (1801); 3,030 fl. V. g. v. d. Pot, « De la troisième manière du peintre. Chef-d'œuvre de délicatesse et de précisionl sur une petite échelle « (WAAGEN, II, 97),

**1653.** — *Le maréchal ferrant* (271).

H., 0,60; L., 0,53. T. — 1,055 fl. V. g. v.

**1654.** — *L'abreuvoir* (273).

H., 0,34; L., 0,40. B. — Musée de La Haye.

**1655.** — *L'abreuvoir* (269).

A gauche, un bac portant des chevaux et des cavaliers, traverse une rivière, dans laquelle un palefrenier baigne un cheval. Au premier plan, sur la rive, trois blanchisseuses; au milieu, des baigneurs, deux chevaux que leurs cavaliers font boire, et un troisième cheval qui s'éloigne. Un quatrième se dresse sur ses pattes, retenu par un valet; en avant, un enfant nu, sort de l'eau, ses vêtements sous le bras et un autre veut faire baigner un chien. A droite, sur un tronc d'arbre, des baigneurs assis. Au fond, devant une ferme, un cavalier enant par la bride un cheval qui rue, contre lequel aboie un chien, et des paysannes assises. A gauche, la rivière s'enfonce dans une vallée.

H., 0,46; L., 0,64. B. — Gravé par Moyreau. 6,400 fr. V. Colonne (1788); 700 guinées V. Benj. West (1820); 650 g. V. J. Barchard (1826); 20,000 fr. V. Bonnemaison (1827); Coll. v. d. Hoop. « Du meilleur temps de l'artiste » (SMITH, 172).

**1656.** — *Le camp* (269).

H., 0,41; L., 0,49. B. 0,10, 6,720 fl. V. Brondgeest. Coll. v. d. Hoop.

**1659.** — *Le passage du gué* (265).

H., 0,79; L., 0,78. T. — Fig. 0,06, 3,900 fl. V. Brondgeest. Coll. v. d. Hoop. De la première manière du maître, lorsqu'il subissait encore l'influence de Wynants.

— *Un cheval blanc* (272).

Sur un sentier, un petit garçon vu de dos, près duquel est couché un chien, tient par la bride un cheval blanc; à droite, un paysan; à gauche, un arbre. Signé au premier plan.

H., 0,43; L., 0,37 B. — Fig. 0,12. 16,000 fl. V. Merschen Van Vollen.

## **Wouwerman** (Pieter), 1623-1682.

**1659.** — *La partie de chasse* (227).

Au milieu, une amazone, deux cavaliers et un petit page se dirigeant à gauche vers une fontaine, devant laquelle sont deux chiens et un cavalier, vu de dos. A droite, devant la porte d'un château, une amazone, un cavalier et des chasseurs, près de leurs chevaux. Fond de paysage. Signé, à gauche, sur une pierre, du monogramme : P. W.

H., 0,64; L., 0,79. T. — Fig. 0,09. 530 fl. V. van Kronenburg (1824); Coll. Rombouts, Legs Dupper.

## **Wyck** (Thomas), vers 1616-1677.

**1661.** — *L'alchimiste* (216).

Signé au milieu : T. Wijck.

H., 0,42; L., 0,36. B. — Fig. 0,12. 385 fl. V. van Kronenburg. Coll. Rombouts. Legs Dupper.

**1662.** — *Intérieur rustique* (216).

Signé, sur le fauteuil de l'enfant : T. Wijck.

H., 0,36; L., 0,55. B. — Fig. pet. nat. 350 fl. V. J. v. Rovenswaay (1829).

## **Wynants** (Jan), vers 1625 - après 1682.

**1663.** — *Paysage dans les dunes* (216).

Signé, à droite : J. W.

H., 0,36; L., 0,33. T. — Fig. 0,04. Coll. van Heteren, Smith 117. Les chasseurs et les animaux sont de A. Van de Velde.

**1665.** — *La ferme* (272).

A gauche, un paysan, appuyé contre la porte d'une ferme; au milieu, une femme et un enfant, sur un sentier; à droite, un verger. Signé, au milieu : J. Wijnants.

H., 0,29; L., 0,35. B. Fig. 0,04. — 425 fl. V. Bicker. L'exécution encore un peu timide et les empâtements trop accusés font supposer à M. Bredius que ce tableau est un des premiers ouvrages de Wynants. C'est aussi l'opinion de Woermann, p. 642, qui remarque que l'horizon est ici moins étendu que dans les tableaux ultérieurs du maître.

**1666.** *Troupeau dans un paysage* (276).

Signé, à droite, sur le sentier : J. Wijnants.

H., 0,26; L., 0,33. B. — 805 fl. V. Trochel (1801). Musée de La Haye.

**1668.** — *Paysage* (265).

Signé, à droite : J. W.

H., 0,23; L., 0,31. B. — 650 fl. V. de Vos. Coll. V. d. Hoop

**1669** — *Paysage* (269).

Signé, à droite, sur le sol : J. WIJNANTS.

H., 0,29 ; L., 0,35. B. — 650 fl. avec le n° 1670 à Amsterdam. (1836). — Coll. v. d. Hoop. — Figures de Adriaen van de Velde.

**1670**. *Paysage* (369).

Signé à droite : J. WIJNANTS (1669).

## Ecole allemande.

**551**. — *Le joueur de clavecin* (235).

H., 0,86 ; L., 0,58 B. — Fig. à mi-corps gr. nat. Coll. Guillaume I. Attribué autrefois à Bronzino, puis à un maître hollandais. Ce tableau nous paraît être d'un élève de Neufchatel.

**761**. — *Portrait d'homme* (228).

Tourné de trois quarts vers la droite, visage rasé, chevelure noire bouclée. Pourpoint rouge, manteau noir doublé de fourrure, chapeau noir. Fond vert.

H., 0,56 ; L., 0,42. B. — Musée de La Haye. — Attribué par le catalogue au Maître de la Mort de la Vierge.

— *Triptyque* (228).

Au milieu, *le Calvaire ;* à gauche, *le donateur et saint Pierre* ; à droite, *la donatrice et saint Christophe*. Deux anges portent chacun un écusson. Au revers : à droite, des démons bardés de fer à cheval ; à gauche, un cavalier sur un chemin, devant une croix, un enfant dans les bras.

H., 0,46 ; L., 0,68. B. — 1037 fl. V. Spitzer (n° 3314 du Catal.)

## Ecole espagnole.

**585**. — *Portrait équestre* (265).

Un cavalier, en costume noir, fraise en dentelle, baudrier jaune, son chapeau à larges bords dans la main droite, galope vers la gauche, monté sur un cheval blanc ; au second plan, son écuyer.

H., 3,09 ; L., 1,98. T. — V. Fig. gr. nat. — Coll. v. d. Hoop.

## Ecole flamande.

**1564**. — *Le Christ en croix et des Saints* (228).

H., 0,21 ; L., 0,29. B. — Fig. 0,15. — Provient du couvent des Brigitines à Utrecht. Du commencement du XVe siècle.

**1571.** — *Volets de Triptyque* (228).

A gauche, le donateur, agenouillé, les mains jointes, en pourpoint grenat, manteau à col de fourrure, tourné de trois quarts à droite; sur son épaule, est appuyé saint Joseph, portant un outil de charpentier; au revers, un autre donateur, devant lequel est saint Jean-Baptiste, portant un agneau. A droite, la donatrice, en robe noire, coiffe blanche; vers elle, se penche une sainte portant une croix en orfèvrerie; au revers, une autre donatrice et saint Maurice portant une épée et une enclume.

H., 9,89 ; L., 0,28. B. — Ecole de Bernard van Orley. Les revers, plus grossièrement peints, ne sont pas du même artiste.

**1628.** — *Le Christ mort* (228).

H., 0,35; L., 0,42. B. — Fig. en buste pet. nat. Ecole de Rogier Van der Weyden.

## Ecole hollandaise.

**532.** — *Sainte Famille et Saints* (228).

H., 1,19; L., 1 m. B. — Fig. demi-nat. Coll. v. Heteren. Fin du XVe siècle.

**533.** — *Adoration des Mages* (228).

Au milieu, la Vierge, en robe de brocart et manteau rouge, un voile blanc sur la tête, est assise; sur ses genoux, l'Enfant Jésus tourné vers la gauche et tenant des deux mains le couvercle d'un vase d'or que lui tend un des rois agenouillé, drapé dans un manteau violet retenu par une agrafe; derrière lui, le roi d'Ethiopie portant un vase richement ciselé; à droite, le troisième roi, vieillard au visage rasé, les mains jointes, vêtu d'un manteau grenat à col d'hermine; au cou, une chaîne d'or; au premier plan, sur une pierre, un vase et son couvercle; au second plan, deux seigneurs près d'un portique; au fond, dans une cour, l'escorte; à l'horizon, des ruines et un village.

H., 0,47; L., 0,22. — Fig. à mi-corps pet. nat. Autrefois au château de Cannenborgh. 2200 fl. V. Isemborn (1879). « Quoiqu'il offre de nombreuses analogies avec l'art flamand de cette époque, ce tableau, qui a dû être peint dans les dernières années du XVe siècle, dénote la main d'un peintre hollandais qui a vu et étudié les œuvres de Geertgen van Saint Jans, de Dirk Bouts et de Gérard David par exemple », (BRÉD., I, 3).

**534.** — *Volets de Triptyque* (228).

*Jésus au milieu des docteurs.* Au revers; *Jésus aux Enfers.* — *La circoncision.* Au revers : *la Résurrection.*

H., 1,31; L., 0,81. B. 598 fl. en 1885.

**535.** — *Volets de Triptyque* (228).

Dans un paysage, à gauche, le donateur, cuirassé, une palme contre son épaule droite, est agenouillé devant un prie-Dieu, sur lequel est ouvert un livre d'heures; autour de lui, ses sept fils et, au second plan, appuyé sur un bourdon, saint Christophe. Dans les airs, un ange tenant un écusson. A droite, la donatrice, en robe noire à doublure de fourrure, entourée de ses huit filles agenouillées, devant un prie-Dieu. Au second plan, la Madeleine portant un vase de parfums; au ciel, un ange tenant un écusson.

H., 1 m.; L., 1.30. B. — Fig. pet. nat. Acheté en 1886, ainsi que le n° précédent. Du commencement du XVIe siècle.

**545.** — *Portrait de bouffon* (228).

Vu de face, souriant, se cachant le visage de sa main gauche; manteau à capuchon rouge et jaune doublé de fourrure auquel sont fixées deux longues oreilles, jaune à droite, et rouge à gauche ; il tient, sous le bras, une canne dont le pommeau représente une tête de moine et, de la main droite, des besicles; fond noir.

H., 0,37 ; L., 0,25. B. — Fig. en buste pet. nat. Don Garnier Heldewier (1877) Seconde moitié du XVIe siècle.

**566.** — *Portrait de Elselina van Houweningen* (E).

Fond gris, sur lequel on lit : *Aetatis 56 Ao 1656.*

H., 0,97; L., 0,73. B. Fig. mi-corps gr. nat. 75 fl. à Utrecht (1825).

**593.** — *Portrait de jeune homme* (218).

H., 0,35 ; L., 0,27. B. — Fig. en buste pet. nat. à rapprocher du tableau de David * Bailly au Louvre, n° 230 *bis*.

---

NOTA : Dans ces derniers mois, le Musée s'est enrichi d'œuvres intéressantes, parmi lesquelles nous citerons :

**Avercamp** (HENDRICK). — *Divertissement sur la glace.*

H., 0,40; L., 1,30. B. — Signé : HENRICUS. AV.

**Breenberg.** — *Jacob luttant avec l'ange.*

H., 1,08; L., 0,66 B. — Daté : 1639.

**Hals** (DIRCK). — *Réunion galante dans un jardin.*

H., 0,17; L., 0,20.

**Isaacz** (PIETER). — *Les femmes romaines venant assaillir le Capitole.*

H., 0,40; L., 0,61. — C. V. Clercq et Muller. Voir HYMANS (*C. V. Mander*, II.230).

**Natus** — Peintre inconnu. — *Joueurs de cartes.*

H., 0,51; L., 0,44. T. Signé : NATUS. 1663.

---

## ÉGLISE DES REMONSTRANTS

Keizersgracht.

Dans la salle du Conseil de fabrique plusieurs portraits parmi lesquels :

### Backer (Jacob), 1607 ou 1609-1651.

*Portrait de Johannes Uytenbogaert,* prédicateur du prince Maurice.

Assis, de trois quarts tourné vers la gauche, le visage de face. Chevelure barbe et moustaches grises, vêtement noir bordé de fourrure collerette plissée. De la main gauche, il tient un lorgnon, de la droite, une plume. A gauche, sur une table, des livres, un encrier et une brochure datée MCCXIX. Signé au fond, à droite : J. Backer 1635.

H., 1,30; L., 0,76. T. — Fig. à mi-corps gr. nat.

### Keyser (Thomas de), 1596 ou 1597-1667.

*Portraits de Carolus Niellius et de sa femme.*

Deux tableaux se faisant pendant. H., 0,55 ; L., 0,72. B. — Fig. en buste gr. nat.

## PALAIS-ROYAL

Anciennement l'Hôtel de Ville, construit par Jacob van Kampen de 1648 à 1655. Dans les galeries ou appartements, un certain nombre de grandes toiles historiques et allégoriques, commandées lors de la construction, aux peintres célèbres du pays, qui montrent leur talent dans sa forme académique, sous un aspect généralement plus savant qu'agréable. Nous citerons seulement :

**Lievens.** — *Le consul Suessa forçant son père à lui rendre hommage* et *la Justice entre la Prudence et la Paix.*

**Flinck.** — *La prière de Salomon.*

Signé et daté : G. Flink f. 1658.

**Bronchorst** (Gerrit). — *Moïse choisissant les soixante-dix juges.*

**Keyser.** — *Ariane, à Naxos, consolée par Bacchus.* Daté ; 1657.

**Jordaens.** — *Les Romains battus par les Bataves.*

Dans la salle du trône : *Moïse sur le Mont Sinaï*, par Bol, complètement caché par le dais.

## HOTEL DE VILLE

Ancien hôtel de l'Amirauté sur le Oudezyds-Voorburgwal. La plus grande partie des tableaux qui ornaient l'ancien Hôtel de Ville, actuellement le palais royal, a été transportée au Musée de l'Etat. Parmi ceux que renferme encore le nouvel Hôtel de Ville, il faut citer :

Dans le vestibule.

**Theunissen** (Cornelis), milieu du XVIe siècle.

*Les arquebusiers de Saint-Georges.*

Dix-sept personnages sur deux rangs.. Ceux du premier, appuyés sur une rampe vus de face, tenant, l'un, une arquebuse, l'autre, une plume, un troisième, un gobelet, un quatrième, un crâne. Vêtements et toque noirs, En avant, une table servie. Au fond, une draperie avec un saint Georges; par une fenêtre, on aperçoit des édifices dans le paysage.
Signé et daté, sur un papier : C. T. anno 1533.

H., 1,30 ; L., 2,05. B. — Fig. à mi-corps gr, nat.

**Jacobsz** (Dirk), milieu du XVIe siècle.

*Les arquebusiers de Saint-Georges.*

Vingt et un personnages, sur trois rangs, tenant, à la main, différents objets. Au premier plan, une table, sur laquelle l'un d'eux écrit. Vêtements et toques noirs. Au fond, un valet, un hibou sur l'épaule Par une fenêtre, on aperçoit des ruines dans un paysage. Daté: 1554.

H., 1,30 ; L., 2,05. B.

Cabinet du Bourgmestre :

**Bol** (Ferdinand), 1616-1680.

*Portraits de quatre Régents.*

Il sont réunis autour d'une table; à droite, deux assis, s'entretiennent ensemble ; à gauche, le troisième assis et le quatrième debout, se tournant vers un valet qui amène un orphelin, tient un livre, sur lequel on lit : F. BOL FECIT 1649.

*Le prophète Elie refusant des présents.*

A droite devant une maison, le prophète refuse les présents qu'on lui offre ; à la fenêtre, un homme et une femme ; à gauche, l'escorte de l'ambassadeur. Signé, à droite : F. BOL. 1661.

**Lingelbach** (JOHANNES), 1523-1674. — *Vue du Dam.*

A gauche, le nouvel Hôtel de Ville en construction ; au fond, l'Eglise neuve, au milieu, le poids public ; à droite, le canal. Sur la place, de nombreux personnages. Signé, à gauche : T. LINGELBACH FECIT 1616.

« Le caractère individuel des figures et l'éclat de la lumière méritent une mention toute spéciale. » (WAAGEN III, 134.)

**Ulft** (JACOB VAN DER), 1627 - après 1688. — *Le Nouvel Hôtel de Ville d'Amsterdam.*

Signé : JACOBUS VAN DER UFT G. GORCHOMIENSIS fecit 1667.

H., 0,65 ; L., 0,84 B. — « C'est une œuvre remarquable par ses dimensions, par son admirable harmonie, par la chaleur et la transparence du ton et le luxe des figures » (WAAGEN, III, 218).

**Saenredam** (PIETER), 1527-1665.

*Vue du vieil Hôtel de Ville brûlé en 1652.*

Une inscription, sur la maison à droite, porte que ce tableau ébauché en 1641 fut terminé en 1657.

Salle du conseil.

**Backer** (JACOB ADRIAENSZ), 1608 ou 1609-1651. — *La compagnie du capitaine Corn. de Graef, son lieutenant Hendrick Laurentz et vingt et un gardes civiques.*

A gauche, le lieutenant et le capitaine, auquel on offre un verre, et trois gardes. Au milieu, le porte-étendard, deux soldats armés de mousquets, et un officier, la main sur son épée ; à droite, huit soldats au pied d'un escalier que descendent d'autres soldats. Daté sur la rampe : 1642.

H., 3,58 ; L., 4,97. T. — Fig. gr. nat. Ce tableau et le suivant ornaient ainsi que *la Ronde de nuit de Rembrandt*, la grand salle du Kloveniersdœlen (aujourd'hui le Dœlen-Hôtel). Ils étaient tous trois sur le panneau vis-à-vis les fenêtres. Au-dessus de la cheminée, près de l'entrée, était le *Banquet de la garde civique* par V. DER HELST, n° 447 du Musée ; au-dessus d'une seconde cheminée, au bout de la salle, était *le tableau des Régents*, par FLINCK, n° 365 ; aux deux côtés la *compagnie*

ORPHELINAT MUNICIPAL (BURGERWEESHUIS).

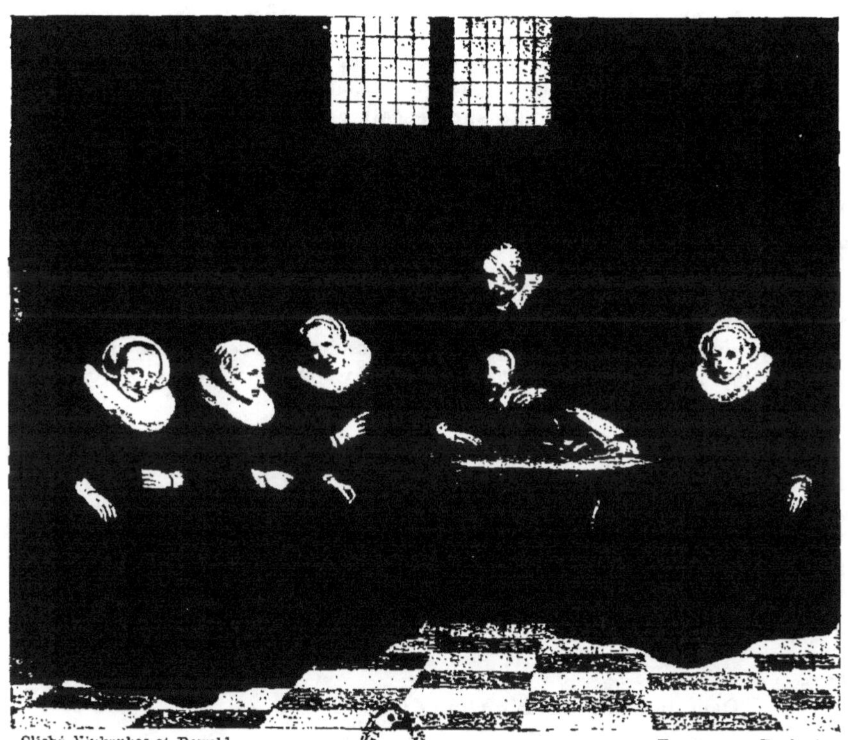

Cliché Vinkenbos et Dewald. Typogravure Ruckert.



BACKER (JACOB).

*Les Régentes de l'hôpital.*

*du capitaine van Swieten* par Sandrart, n° 1279 et la *Compagnie du capitaine Bas* par Flinck, n° 364.

**Elias** (Nicolaes) **Pickenoy**, 1590 ou 1591 - entre 1650 et 1656. — *La compagnie du capitaine Jan Vlooswyck et son lieutenant Gerrit Hudde et vingt et un gardes civiques.*

Au premier plan, sont assis les deux officiers, en vêtements noirs, écharpe bleue en sautoir, le capitaine tenant une canne, le lieutenant une pique. A gauche, debout, le porte-étendard et sept soldats, en pourpoints jaunes, chausses grises ; à droite, huit autres soldats. Au fond, trois soldats sur l'escalier du Doelen.

H., 3,40 ; L., 5,25. T. — Fig. gr. nat.

**Backer** (Adriaen), 1635 ou 1636-1684. — *Les Régents et Régentes de l'hospice des vieillards.*

A gauche, autour d'une table, sont assis quatre régents; au second plan, le directeur et deux mendiants ; à droite, deux régentes et une servante. Par une porte ouverte, on aperçoit une autre servante qui parle à un mendiant. Aux murailles, les blasons des personnages. Signé, à terre, sur un papier : A. Backer 1676 (A et C accolés).

---

## BURGERWEESHUIS

Orphelinat municipal,27, Saint-Luciensteeg.

Dans la salle des Directeurs :

**Backer** (Jacob), 1608 ou 1609-1651. — *Portraits de quatre Régentes.*

Elles sont assises, dans une salle, en robes noires à bordure de fourrure et fraises godronnées; deux autour d'une table ronder ecouverte d'un tapis vert : la première, âgée, vue de face, à droite; la seconde, à gauche, se penche vers les deux autres placées en avant, et leur montre une orpheline qu'amène la directrice. Au fond, une fenêtre et une porte.

H., 2,30; L., 2,68. T. — Fig. gr. nat. Peint en 1633 ou 1634. La Régente âgée rappelle comme pose et comme distribution de la lumière sur le visage ridé le célèbre portrait de la veuve Bas, par Rembrandt (Musée n° 1249 ) Voir p. 279.

**Vries** (Abraham de), (?)- vers 1650. — *Portraits de six Régents.*

Trois, à gauche, sont debout ; les autres, à droite, sont assis, cinq d'entre eux sont vêtus de costumes sombres. Le sixième, au premier plan, à droite, en chausses grises, pourpoint bleu, manteau noir, une canne à la main, est Nicolaes Hasselaer dont le portrait par Frans Hals est au Musée (N° 445, p. 235) Au second plan, au milieu, le directeur, amenant un orphelin, salue. Daté : 1635.

H., 2,30 ; L., 3,80, T. — Fig. gr. nat.

**Boonen** (Arnold), 1669-1729. — *Portraits de Régents.*

H., 2,30 ; L., 2,70. T. — Fig. gr. nat.

**Ovens** (Juriaen), 1623-1678. — *Portraits de Régents.*

---

## WALLENSWEESHUIS

Orphelinat wallon, Vyzelgracht, au coin du Prinsengracht.

**Helst** (Bartholomeus van der). — *Tableau de Régents.*

Daté : 1637. « On voit combien, au commencement de sa carrière, Helst était imprégné de Elias » (Woerm., 729).

**Vaillant** (Wallerant). — *Trois Régentes auxquelles une mère apporte son enfant.*

Signé et daté : 1671. « L'arrangement de cette œuvre est très habile ; la finesse du ton, la beauté des mains, la délicatesse et la vérité des physionomies la placent très près des derniers travaux de Van der Helst qui exerça sur ce peintre une bienfaisante influence » (Vaagen, II, 275).

Parmi les autres tableaux que renferme l'hôpital, citons :

**Tempel** (Abr. v. den).— *Quatre Régents.* — Signé et daté : 1662.
**Boonen**. Daté : 1789. — **Buys.** — Daté : 1771.

---

## COLLECTION SIX

· Heerengracht, 511

Cette importante collection, qui fut commencée par M. van Winter, a été augmentée par sa fille et son gendre, Six van Hillegom, descendant de Jean Six, l'ami de Rembrandt (1618-1700); c'est ainsi que les portraits de la famille Six y furent conservés. La galerie actuelle est la propriété des deux frères, MM. J.-P. Six et Six de Vromade. Comme il n'existe, sur cette collection, aucun catalogue, nous avons cru devoir donner la liste aussi complète que possible de toutes les œuvres qu'elles renferme, n'indiquant que par le nom de leur auteur les moins importantes. Les tableaux sont réunis au rez-de-chaussée dans les appartements (entrée, salle à manger, cabinet, salon) et au premier étage dans une galerie spéciale. C'est à l'obligeance du professeur J. Six que nous devons la plupart des renseignements sur la provenance et les prix d'acquisitions.

**Asselyn** (Jan) dit **Krabbetge**, 1610-1652. — *Les Arcades.*

H., 0,40; L., 0,44. B. — Fig. 0,10.

*Port de mer italien.*

H., 0,50; L., 0,47. B.

**Bakhuysen** (Ludolf), 1631-1708. — *Mer agitée.* — *Mer calme.*

H., 0,30; L., 0,38. T. Deux tableaux se faisant pendant.

**Berchem** (Claes-Pietersz) ou **Berghem**, 1620-1683. — *Paysage italien.*

H., 0,66; L., 0,80. — Cuivre. Signé à droite : Berchem. 1200 fl. V. Smeth van Alphen (1810). Estimé 300 f. par Smith, N° 277.

*Othello et Desdemone.*

H., 0,92; L., 88. T. — Gravé par du Bos. 2,000 fl. V. Choiseul (1793); 3.000 fl. V. anonyme; 1,625 fl. V. Alphen (1810). Smith, 103.

**Berck-Heyde** (Gerrit Adriaensz), 1638-1698. — *Château de Heemstede.*

Au second plan, un pont à plusieurs arches devant le château, au milieu, sur une route, trois personnages ; à droite, deux cygnes sur un étang, et un paon sur un mur. Signé, à droite, sur la balustrade : G. Berck-Heyde, 1660.

H., 0,40; L., 0,55. B. — Fig. 0,10. 312 fl. V. de Bruyn (1798).

**Both** (Johannes), vers 1610-1652. — *Paysage italien.*

Sur le bord d'une rivière, à gauche, des paysans, des cavaliers et des pêcheurs ; au second plan, un troupeau ; à droite, un bois sur la rive escarpée. Fond montagneux. Soleil couchant. Signé à gauche, sur une caisse que porte un paysan : J. Both (J. et B. accolés).

H., 0,53; L., 0,78. T. — Fig. 0,65. Gravé à l'eau-forte par Both. 2,400 fl. V. Poillet (1797). Coll. ten Coter (1801).

**Bray** (Jacob de), (?)-1664. — *Portrait de Jean de La Chambre.*

Signé, à droite : J. D. Bray Ao. 1662.

H., 0,85 ; L., 0,63. T. — Fig. en buste gr. nat. Gravé par P. Mosleyn. Acheté 60 fl. (1832).

**Brekelenkam** (Quiring Gerritsz van), vers 1625-1668. — *La grand mère.*

Endormie à gauche, devant l'âtre, dans un fauteuil en osier, la tête sur un oreiller ; au milieu, deux enfants : l'un assis mangeant, l'autre debout près d'une table ; à droite, une femme, en jupe rouge, corsage vert, tablier bleu, un cruchon à la main. Au fond, un buffet ; en avant, un chapeau, un tonneau, des carottes.

H., 0,45 ; L., 0,64. B. — Fig. pet. nat.

**Cuyp** (Aelbert), 1620-1691. — *Un clair de lune.*

Sur un bras de mer, à gauche, deux vaisseaux de guerre vus par la poupe ; au milieu, dans une barque, des pêcheurs ramenant leurs filets ; à droite, trois barques contre la rive boisée surmontée d'une falaise sur laquelle s'élève une tour ; à mi-hauteur, la lune dans une large trouée de ciel pur.

H., 1,15 ; L., 1,44 T. — Ce tableau et son pendant, *Une Vue de mer par l'orage* proviennent de la coll. Sliugelandt. Payé celui-ci 805 fl., l'autre 712 fl. estimés 300 L. par Smith, N° 15. « Un Claude Lorrain, de nuit, plus grave, plus simple, plus plein, plus naturellement exécuté d'après une sensation juste : un véritable trompe-l'œil avec l'art le plus savant » (Fromentin, 267).

**Cuyp** (Jacob Gerritsz), 1594-1651 ou 1652.

*Portrait d'homme.*

*Portrait de femme.*

Tableaux se faisant pendant. H., 0,70 ; L., 0,55. B. — Fig. en buste gr. nat.

**Dou** (Gérard), 1613-1675. — *Le dentiste.*

H., 0,36 ; L., 0,27. B. Cintré. 7,375 fl. V. G. v. Frankenstein (1833). Smith, sup., 106.

**Dusart** (Cornelis), 1660-1704. — *La chaumière.*

Devant une chaumière aux murs tapissés de plantes grimpantes, une paysanne mesure le lait qu'un homme verse dans un pot ; près d'elle, un baril et un baquet. Sous la porte surmontée d'un auvent, une autre femme. A droite, un petit garçon, tenant un cerceau, est assis sur un banc ; à gauche un petit garçon et une petite fille.

Signé, à droite sur le banc : K. Dusart, 1679.

H., 0,38 ; L., 0,29. B.

**Dyck** (Anton van) 1599-1641. — *Portrait de Gaspar Gevaerts, jurisconsulte.*

De face, la tête tournée à droite. Manteau doublé de fourrure. De la main gauche il tient un livre ouvert.

H., 0,25 ; L., 0,70. B. — Fig. en buste pet. nat. Grisaille. Gravé par Pontius et Boillie. 275 fl. avec le portrait suivant, V. Muilman (1816). Le duc de Buckhingham possède une répétition et le British Museum un dessin., Smith, N° 749.

— *Portrait de Pierre-Paul Rubens.*

De trois quarts tourné vers la gauche, le visage de face. De la main droite il relève son manteau sur son épaule.

H., 0,25 ; L., 0,20. B. — Fig. en buste pet. nat. Grisaille. Répétition chez le duc de Buccleuch (Angleterre). Smith, 482. Gravé par Pontius.

**Eeckhout** (Gerbrand van den), 1621-1674. — *La femme adultère.*

Au milieu, le Christ étend la main vers la femme, agenouillée à gauche, en robe jaune, manches blanches, manteau bleu, qui s'essuie les yeux ; à droite, un groupe d'assistants, au fond, deux pharisiens.
Signé sur une marche à gauche : G. v. Eeckhout fe. 1664.
H., 0,65 ; L., 0,80 B. — Fig. 0,35.

**Everdingen** (Allart van), 1621-1675. — *Paysage d'hiver.*

Sur un étang gelé, au milieu d'un bois, des joueurs de golf ; au fond, une chaumière ; en avant, une barque. Signé : A. v. Everdingen.

H., 0,75 ; L., 0,66. T. — Fig. 0,06.

**Flinck** (Govert), 1615-1660. — *Isaac bénissant Jacob.*

Isaac, en vêtement bleu, se soulève sur son lit, soutenu par Rébecca en robe verte, et bénit Jacob agenouillé, en vêtement violet, un carquois en sautoir. A gauche, une table servie. Signé : G. Flinck f.

H., 1,25 ; L., 1,50. T. — Fig. jusqu'aux genoux gr. nat. — Tableau certainement antérieur à celui du Musée d'Amsterdam, N° 361. « Il nous montre le chemin parcouru par le jeune peintre pendant son court séjour chez Rembrandt. Le geste d'Isaac est plein de vérité ; son visage est recueilli, son attitude empreinte d'une certaine noblesse. L'empressement que met Rébecca pour arranger les coussins est d'une observation très fine » (Havard, *Artistes Holl.*, 100).

**Hackaert** (Jan), 1629-1699 (?). — *La chasse aux cerfs.*

Au premier plan, des chasseurs poursuivant un cerf ; au second plan, une biche dans une mare, harcelée par une meute, et un chasseur sonnant de la trompe.

H., 0,55 ; L., 0,42. T. — Fig. 0,08. — Les figures sont de A. v. de Velde. — V. Citters (1811). Smith, 16.

**Hals** (Frans) **le Vieux**, 1580 ou 1581-1666. — *Portrait d'homme.* (Nicolas Tulp ?)

De profil, tourné vers la droite, le visage de face. Chevelure, moustaches et barbe brunes. Vêtement et chapeau noirs. Col et manchettes blanches. La main droite sur la poitrine. Daté au revers : den. 12, Augst, A° 1644.

H., 0,70; L., 0,55. T. Fig. en buste gr. nat. Forme ovale.

**Heyden** (Jan van der), 1637-1712. — *Vue de Delft.*

A droite, dans un canal, une femme lave du linge ; sur le quai bordé d'arbres et de maisons, une femme sur le seuil de sa porte. A gauche, des promeneurs. Au fond, trois personnes sur un pont et une église.

H., 0,52; L., 0,70. B. — Fig. 0,06. — D'après Smith, 99, les figures seraient de A. v. de Velde.

**Hobbema** (Meindert), 1638-1709. — *Village dans un bois.*

A gauche, deux pêcheurs à la ligne devant une ferme ; au milieu, un étang ; au second plan, deux paysans, un cavalier et son chien sur un sentier. Au fond, dans la forêt, une ferme. A droite, un champ. Signé à gauche, devant des branchages : M. Hobbema.

H., 1,10; L., 1 m. T. — Gravé par Pristel. « Motif pittoresque, mais d'une exécution un peu mince ; colorations monotones, branchages compliqués. » (E. Michel, *Hobbema*, 49). Intitulé *le Chasseur* par Smith, 89.

**Hondecoeter** (Melchior d'), 1636-1695. — *Une basse-cour.*

H., 1,11 ; L., 1,38. T.

**Hooch** (Pieter de), 1630 - après 1677. — *La bonne ménagère.*

Dans une salle dallée, à gauche, une dame âgée, en robe noire fourrée, coiffée de noir, dépose dans une armoire du linge que lui tend une jeune fille, en corsage rose doublé de jaune, jupe bleue, des bijoux dans les cheveux et aux oreilles. Aux murs, des tableaux ; à droite, une chaise près d'un escalier tournant, au fond, une fenêtre et une porte donnant sur le quai et près de laquelle une petite fille en vert joue au golf. Signé : P. de Hoogh.

H., 0,70; L., 0,75. T. — Fig. 0,36. Coll. Lockhorst de Rotterdam (1726). Acheté 500 Livres par Smith qui le vendit à M. Stanley (1828), le racheta et le revendit 800 g. à Six. — Smith, 83. « Bien que cette peinture ne possède pas le brillant et lumineux éclairage qui appartient à ce maître, cependant le charme de la vérité qui s'y distingue permet de le classer parmi ses meilleures œuvres. Le dessin et le fini sont parfaits. »

**Houckgeest** (Gérard), 1600 (?). - après 1653. — *Une église à Delft.*

H., 0,55 ; L., 0,37. T. — Fig. 0,68. Cintré par le haut.

Cliché Vinkenbos et Dewald. Typogravure Ruckert.



MAES (NICOLAES).

*La Femme jalouse.*

**Huysum** (Jan van), 1680-1749. — *Fleurs.*

Signé sur la table : Jan van Huijsum fecit 1724.

H., 0,77 ; L., 0,68. B. — 3800 fl. V. Braamcamp (1771); 3010 fl. V. Gildemester ; 4.500 fl. V. v. Alphen.

**Koedyck** (Isack) (?), 1616 ou 1617 - après 1677. — *Le peseur d'or.*

Dans une chambre, un homme en houppelande brune, bonnet rouge à bordure blanche, pèse de l'or sur une table ; à droite, une femme, en robe grise, assise devant la cheminée dans laquelle un petit garçon met du bois. Au fond, un matelas devant un lit.

H., 0,80 ; L., 0,65. T. — Fig. pet. nat — 940 fl. V. Jurriens (1817). Attribué aussi à Cornelis de Man.

**Koninck** (Salomon), 1609-1656. — *Un philosophe.*

Dans une chambre, au fond, devant une arcade cintrée, un homme en vêtement rouge, assis près d'une table sur laquelle sont posés un livre, une mappemonde, un sablier, lit, à la lueur d'une chandelle.
Signé à droite : Koninck 1646.

H., 0,32 ; L., 0,42. B. — Fig. pet. nat.

**Leyster** (Judith), entre 1600 et 1605-1660. — *Un musicien.*

Vu de face, le visage à gauche, il chante et joue de la guitare. Chevelure brune, pourpoint noir et vert, crevés blancs, haut-de-chausses rouge et noir, manteau gris. Le visage est vivement éclairé.
Signé sur le fond à droite : J. et une étoile.

H., 0,45 ; L., 0,33. B. — Fig. mi-corps pet. nat. Autrefois attribué par Bode (53 note et 102) à Frans Hals, puis à Johannès Hals.

**Lingelbach** (Johannes), 1623-1674. — *Le Retour du marché.*

Signé à gauche, sur une pierre : J. Lingelbach.

H., 0,34 ; L., 0,36. T. — Fig. 0,10.

**Loth** (Karl), Allemand, 1632-1698. — *Diogène.*

H., 1.50 ; L., 0.86. T. — Fig. jusqu'aux genoux gr. nat.

**Maes** (Nicolaes), 1632-1693. — *La Femme jalouse.*

Au premier plan, une femme, en jupe verte, caraco rouge à bordure d'hermine, tablier et fichu blancs, debout, au pied d'un escalier, appuyée contre le montant, un verre à la main, épie, en souriant, son mari et la cuisinière qui, dans un vestibule, se dirigent vers la droite. Une lanterne est posée au pied de l'escalier qui mène à une salle où sont réunis plusieurs convives ; à gauche, une porte ; au fond, une maison dans un jardin. En haut, entre les arcades, une tête sculptée, avec l'inscription JUNO qui indique le sujet du tableau, intitulé autrefois à tort la *Servante indiscrète*.

Signé sur la dernière contre-marche : N. MAES F. A. 1657.

H., 0,90 ; L., 1,20. — Fig. pet. nat Acheté 7000 fl. en 1838. « Œuvre capitale ». (SMITH, suppl , 3). « Au point de vue de la lumière, cette page a beaucoup de ressemblance avec un Pieter de Hooch ; mais les têtes sont rendues avec plus de vérité et de soin, tandis que le contraste de la froide harmonie des tons brisés avec le rouge qui s'étend par gradation du jupon de la femme jusqu'à la maison, est digne de la plus grande admiration » (WAAGEN, III, 30).

— *Portrait de Willem Six.*

Un enfant, en vêtements grenat à manches violettes, toque grenat à plumes blanches, le visage de face, s'avance vers la gauche, précédé d'un chien ; il porte un arc et prend une flèche dans un carquois. Fond de paysage. Signé en bas à droite : N. MAES, 1670.

H., 0,50 ; L., 0,35. T. — Fig. pet. nat. Cité par SMITH (*Suppl.*, 2) qui en donne une fausse description.

**Meer** (JOHANNES VAN DER) **ou Vermeer** DE DELFT, 1652-1675. — *La façade d'une maison.*

A droite, sur le seuil d'une maison en briques, est assise une ménagère qui travaille. Contre la porte, est rabattu le volet rouge d'une fenêtre. Au milieu, deux enfants, près d'un banc, au dessous de deux fenêtres dont les volets verts sont fermés. A gauche, une autre maison, plus basse, tapissée de plantes grimpantes. Par une porte ouverte, entre les deux maisons, on aperçoit, dans une cour, une servante près d'un tonneau. Ciel nuageux. Signé sur le mur entre la fenêtre et le banc :

I. Meer.

H., 0,53 ; L., 0,43. T. — N° 32 de la V. du 16 mai 1696, 72 fl. Coll. G. W. van Oosten de Bruyn. Une réplique se trouvait autrefois dans la Coll. Suermondt. « Ce tableau permet d'authentiquer toutes les *Ruelles* du peintre, non seulement par les analogies de ton et de touche, mais à cause de la signature qui diffère un peu de la signature habituelle » (BURGER, *Gaz. des B.-Arts*, 1866, p. 463.)

— *La laitière.*

Dans une pièce éclairée à gauche par une fenêtre, la laitière, debout, de trois quarts tournée vers la gauche, en jupe rouge, tablier blanc, caraco jaune aux manches retroussées, guimpe et coiffe blanches, transvase son lait d'une cruche de grès dans un pot en terre posé sur une table recouverte d'un tapis vert. Sur la table, un panier en osier, un pot en grès, une serviette ; sur le dallage, à droite, une chaufferette. Près de la fenêtre, sur le mur, dont la partie inférieure est plaquée de faïence, un panier et une bassine.

H., 0,66 ; L., 0,42. T. — Fig. à mi-corps. Payé 175 fl. à la vente du 16 mai 1696. 320 fl. en 1701 ; 126 fl. à la V. van Hoek (1719) ; 560 fl. à la V. Neuville (1765) ; 1550 fl. à la V. Jacob de Bruyn (1798). Acheté 2125 fl. par Mlle Winter. V. Muilman.

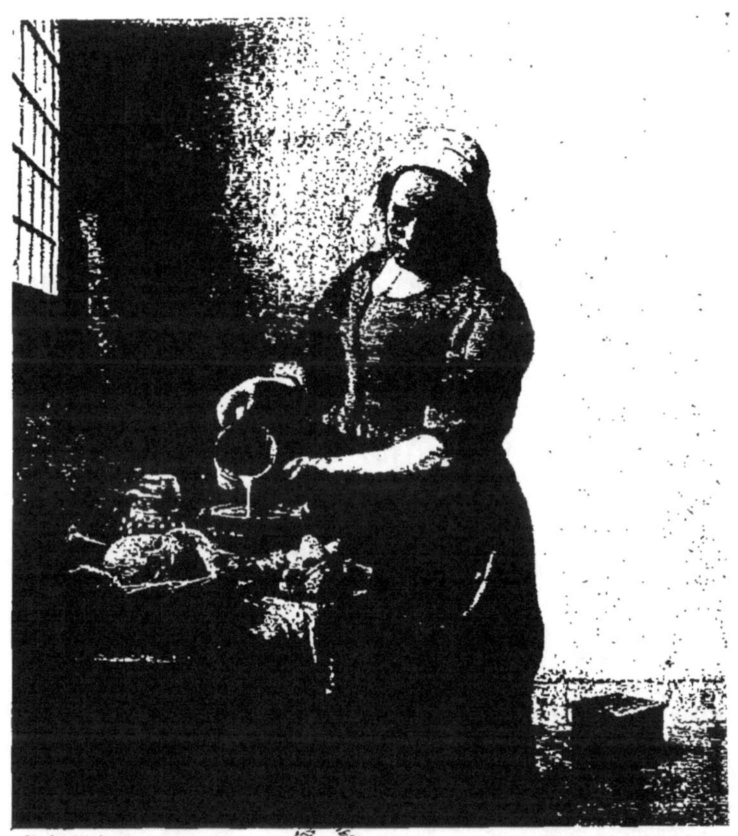

Cliché Vinkenbos et Dewald. Typogravure Ruckert.



MEER (J. VAN DER) DE DELFT.

*La Laitière.*

**Metsu** (Gabriel), 1630-1667. — *La marchande de harengs.*

Vêtue d'un corsage rouge à manches blanches, coiffée d'un bonnet blanc, un baril de harengs sous le bras gauche, elle présente un de ses poissons à une cliente appuyée sur une canne. A droite, sur une table, un pot en terre. Fond de paysage, avec une ferme.

H., 0,35 ; L., 0,32. B. — Fig. jusqu'aux genoux. Acheté 1700 fl. V. Smith v. Alphen « Un des plus caractéristiques spécimens du maître » (Smith n° 23 qui l'estime 250 L.).

**Mierevelt** (Michiel Jansz), 1567-1641. — *Portrait de Guillaume le Taciturne* et de *Louise de Coligny.*

H., 0,61 ; L., 0,50. B. — Fig. en buste, gr. nat. — Gravé par Delf.

**Mieris** (Frans van) **le Vieux**, 1635-1681. — *La leçon de musique.*

Au second plan, à droite, un jeune homme, en manteau marron, tenant dans les mains un archet et un violon, écoute une jeune fille, en robe bleue, corsage jaune, qui chante, un papier de musique à la main. Au premier plan, sur une table, un verre et une cruche.

H., 0,28 ; L., 0,23. B. — Fig. à mi-corps. Autrefois cintré par le haut. 1320 fl. V. Smith v. Alphen (1810). « D'un coloris exceptionnellement riche et brillant » (Smith, 83.)

**Mieris** (Willem van), 1662-1747. — *Le Trompette.*

Assis devant une auberge, près d'un tonneau sur lequel sont posées deux morues sèches, vêtu d'une tunique jaune, coiffé d'un tricorne à plume, il tient une trompette et un pot de grès. Près de lui, un chien. Signé à gauche sur le mur : W. van Mieris fecit anno 1708.

— *Le Buveur.*

Dans une salle décorée de sculptures, en pourpoint brun et manteau gris, coiffé d'un bonnet de fourrure, un verre à la main, il est assis à une table recouverte d'un tapis oriental, sur laquelle sont posés un plat d'étain, un réchaud et une pipe.
Signé sur le mur à droite : W. van Mieris fecit 1706.

H., 0,27 L., 0,26. B. — Fig. jusqu'aux genoux. Ces deux tableaux qui se font pendant furent achetés à la V. Alphen (1810) le premier 700 fl., le second 620 fl. (Smith, 46 et 47. Supp. 82 et 83.)

— *Le Buveur.*

Vêtu d'un pourpoint jaune et d'un manteau noir, coiffé d'un chapeau à plumes tenant un verre et une pipe. Il est assis derrière une table sur laquelle sont posés des crabes, et un violon. Au fond, dans l'ombre, une servante. Signé en haut, à droite, W. van Mieris.

H., 0,18 ; L., 0,15. B. — Fig. en buste.

**Moreelse** (Paulus), 1571-1638. — *La femme au miroir.*

H., 0,85. L., 0,70. T. — Fig. en buste. Gr. nat.

**Musscher** (MICHIEL VAN), 1643 (?) -1705. — *Portrait d'homme.*

Signé, au milieu, sur un piédestal : M. v. MUSSCHER. PINX. A. 1678.

H., 0.41; L., 0,67. T. — Fig. à mi-corps Pet. nat.

**Neer** (AERT VAN DER), 1603-1677. — *Clair de lune.*

Au milieu, sur une route, un chien aboyant après un paysan, qui conduit une charrette, une seconde charrette, et un petit garçon ; à gauche, un village ; à droite, deux pêcheurs, dans une barque. Au second plan, des vaches et deux moulins ; sur une rivière, la lune se reflète dans l'eau. Signé en bas, au milieu, des deux monogrammes. A.V.D.N.

H., 0,54 ; L., 1 m. B. — Fig. 0,10.

**Ochtervelt** (JACOB VAN), avant 1635-1700. — *Intérieur.*

Dans une chambre sont assis près d'une table, un jeune homme jouant de la mandoline et une jeune femme, en corsage rouge et jupe jaune, tenant un verre et un pot de grès. Une servante apporte un plat d'huîtres. A gauche, un chien. Au fond, un lit et une porte.

H., 0,45 ; L., 0,36. B. — Fig. pet. nature.

**Ostade** (ADRIAEN VAN), 1610-1665. — *Les Patineurs.*

Au fond, quatre hommes et une femme donnant à boire à son enfant ; au milieu, deux paysans, l'un assis et retirant ses patins, l'autre debout, devant une cheminée ; près de lui, un petit garçon ; à gauche, près d'une fenêtre, des plats sur une table. En avant, un chien.

H., 0,45 ; L., 0,34. B. — Fig. 0,13. — Gravé par Visscher. 8,800 fr. V. Choiseul (1772). Coll. G. v. Frankenstein. — SMITH, 202, l'estime 450 guinées.

— *Le marché aux poissons.*

Sous un auvent, une marchande, en corsage gris et chapeau noir dispose des poissons sur une table. A droite, dans la boutique, des morceaux de saumon, un panier et une balance ; à gauche, des paysans, un petit garçon, des maisons et une église.
Signé, sous la table, sur une colonne : A. v. OSTADE 1672.

H., 0,35 ; L., 0,39. B. — 1705 fl. V. Braamcamp (1771). 8,010 fl. V. Alphen (1810). Acheté, la même année, 3000 fl. SMITH, 42. Sup., 126.

**Ostade** (ISACK VAN), 1621-1649. — *Paysage d'hiver.*

Sur un canal gelé, au milieu, une femme dans un traîneau, trois enfants et un chien ; à gauche, des paysans dans un traîneau attelé d'un cheval blanc, un petit garçon et un chien ; à droite, un cheval et des paysans devant une tente. Signé, à droite : ISACK OSTADE.

H., 0,35 ; L., 0,48. B. Fig. pet. nat. — 7300 fl. V. Tolozan (1810). SMITH, Suppl., 40

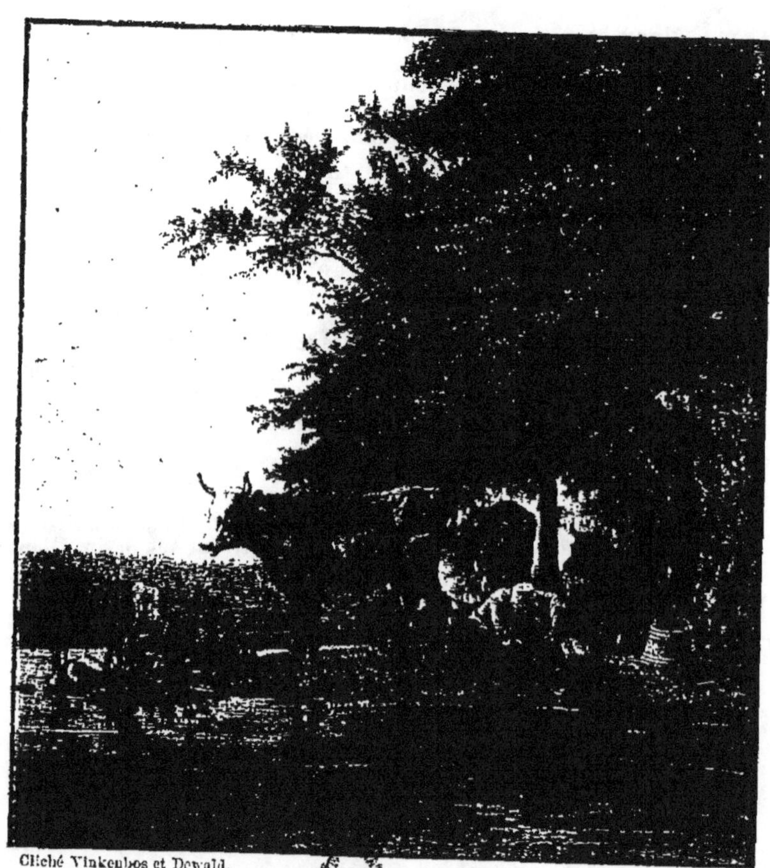

Cliché Vinkenbos et Dewald. Typogravure Ruckert.



POTTER (PAULUS).

*La Laitière.*

**Ovens** (Juriaen), 1623-1678. — *Portrait de Nicolas Tulp.*

H., 0,78; L., 0,64 T. — Fig. en buste gr. nat. Daté : 1658,

**Potter** (Paulus), 1625-1654. — *Portrait de Dirk Tulp, fils du bourgmestre.*

Il est monté sur un cheval gris pommelé qui galope vers la gauche, le visage imberbe, encadré par les boucles de sa perruque, tourné vers le spectateur. Pourpoint jaune à manches rayées, cuirasse, ceinture orange, baudrier retenant une épée, culotte et bottes en buffle, selle rouge ; dans les mains, les rênes et une badine. Fond de paysage avec un paysan près d'un fleuve, un berger et son troupeau et le château de Clève ; à droite sur un arbre, un écusson, la devise de Dirk Tulp : *Chacun son tour*, ses titres et la signature : Paulus Potter f. 1653.

H., 3,13 ; L., 2,70. T. — Fig. gr. nat. — Houbraken raconte que, vers 1652, le bourgmestre Tulp vint voir Potter à la Haye pour l'engager à se fixer à Amsterdam. Smith, 85. Dirck Tulp, fils du docteur Tulp, était parent par alliance du bourgmestre Six.

— *La laitière nettoyant son pot à lait.*

Sur le bord d'un cours d'eau, à l'ombre de deux saules, près de trois vaches, une paysanne nettoie son pot ; à droite, un chien et un paysan, dont les traits rappellent ceux du berger de la Haye ; à gauche, une prairie, des bestiaux et un village au milieu des arbres.

Signé, en haut, à gauche : Paulus Potter f. 1647.

H., 0,40 ; L., 0,38. B. — Gravé par Duncker et Couché. 15000 fr. V. Choiseul n° 9 du Cat. (1772). 10900 fr. V. du Pce de Conti (1777). Acheté 8.000 fl. en 1811. Estimé 700 L. par Smith, 30.

**Pynacker** (Adam), 1622-1673. — *Une Rivière.*

A gauche, dans une anse, quatre passagers sur un bateau chargé de ballots ; au milieu, un berger et deux chèvres ; à droite, la rivière qui s'enfonce à l'horizon bordée par une falaise escarpée. Signé sur le gouvernail : A. Pynacker.

H., 38 ; L., 0,45. B. — Smith, 40, en donne une description incomplète.

**Rembrandt van Ryn**, 1606-1669. — *Portrait du médecin Ephraïm Bueno ou Bonius.*

De trois quarts tourné vers la gauche, le visage de face ; chevelure barbe et moustache châtain. Vêtement et chapeau noirs. Col et manchettes blancs.

H., 0.19 ; L., 0,15. B. — Fig. à mi-corps pet. nat. 80 f. V. Willem Six (1734) ; 200 fl. V. Braamcamp (1771) ; 825 fl. V. Goll van Frankenstein (1833). Ce portrait dit le *Petit Docteur*, le plus petit qu'on connaisse de Rembrandt et dont il existe une eau-forte datée 1647 « est d'une grande tournure et d'un large faire. La touche est empâtée et grasse, le coloris très chaud ; c'est encore un de ces merveilleux portraits qui semblent vivre ». (VOSMAER ; 276). Voir E. MICHEL, p. 355. SMITH, 258.

— *Portrait de Jean Six* dit *le Bourgmestre.*

Vu de face, la tête légèrement inclinée vers la gauche. Vêtement gris à collet et bordures dorés, manteau rouge sur l'épaule gauche, chapeau en feutre à larges bords. Longs cheveux bruns et fines moustaches. Il est en train de se ganter la main droite.

H., 1,10 ; L., 1 m. T. — Fig. à mi-corps gr. nat. « D'après le caractère de la peinture, SMITH, catalogue ce portrait de 1644. VOSMAER de 1656. En me basant sur le coloris et la facture, je le crois postérieur de quelques années » (BODE, 533). C'est aussi l'opinion de M. E. MICHEL qui lui donne la date de 1660. « Un des meilleurs portraits du maître, un des plus beaux morceaux de pratique qu'il ait jamais exécutés. Le faire est rapide, la pâte un peu grosse et lisse, de premier jet, sans relief inutile, coulante, abondante, plutôt écrasée et légèrement blaireautée par les bords ; pas d'écart trop vif, nulle brusquerie, pas un détail qui n'ait son intérêt secondaire ou de premier ordre. Comme expression morale, c'est charmant, comme vérité, c'est absolument sincère, comme art, c'est de la plus haute qualité » (FROMENTIN, 370) ». « Aucun raffinement, mais des accents posés avec une sûreté extrême, et comme harmonie, l'accord très simple, mais très heureux d'un rouge mat mêlé d'or avec un gris neutre. On sent que, dans cet ouvrage, enlevé certainement en quelques heures, tous les coups ont porté juste, que chaque touche était définitive, et qu'au moment où il a déposé le pinceau, l'artiste n'avait plus rien à ajouter à son travail » (E. MICHEL, 452).

— *Portrait d'Anna Wymer, la mère du Bourgmestre Six.*

Assise dans un fauteuil, le teint rose, elle porte une robe noire à rayures bordée de fourrures, une collerette tuyautée et un bonnet blanc. La main gauche est ramenée sur la poitrine ; la droite est posée sur le bras du fauteuil.

Signé à gauche : REMBRANDT f. 1641.

H., 1 m. ; L., 0.80. B. — Fig. jusqu'aux genoux gr. nat. « L'artiste fit certainement de son mieux. Une ressemblance frappante, une exécution soignée, même dans les plus petits détails, un coloris clair et luisant se retrouvent dans ce chef-d'œuvre » (BODE, 461). « Si les mains sont un peu rondes et molles, la tête est d'une vie et d'une expression supérieures ; le modelé des chairs, le relief, la vigueur et l'harmonie de l'ensemble sont d'une grande beauté » (VOSMAER, p. 271). « En comparant ce portrait avec celui du bourgmestre, les admirateurs de Rembrandt peuvent mesurer le chemin que l'artiste avait parcouru pendant les vingt années qui séparent ces deux peintures » (E. MICHEL, 452.) Le célèbre poète Vondel fit une poésie sur ce portrait où « *Anne semble vivante* ». SMITH considère à tort ce portrait comme celui de la femme du Bourgmestre. N° 545.

— *Joseph expliquant ses songes.*

Au milieu, Joseph debout devant le lit où est couchée sa mère ; à droite, son père assis sur une chaise ; à gauche, ses frères, les uns debout, les autres assis autour d'une table.

Signé et daté à droite : 1630.

H., 0,50 ; L., 0,38. Carton. — Esquisse peinte avec du brun et du blanc. En 1636, Rembrandt en grava une eau-forte avec quelques variantes. « C'est largement brossé pour indiquer l'effet, mais c'est déjà plein d'expression et d'action » (VOSMAER, 168). Acheté 1130 fl. avec deux autres grisailles à la vente du Bourgmestre Willem Six (1744) et 1470 fl. à celle de M. de Vos (1833). SMITH, 18.

COLLECTION SIX.

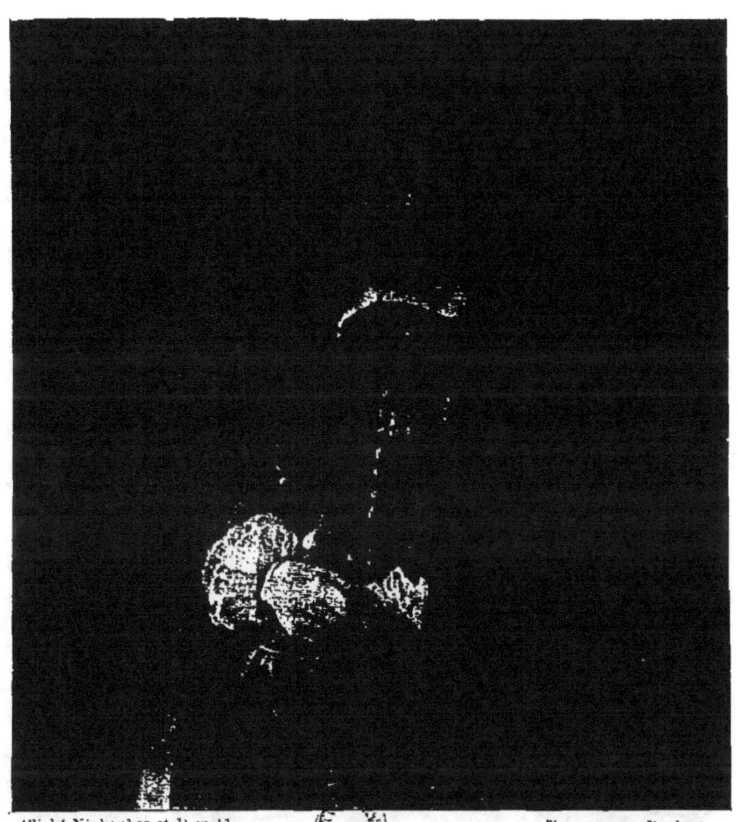

Cliché Vinkenbos et Dewald. Typogravure Ruckert.



REMBRANDT VAN RYN.

*Portrait de Jean Six* dit *le Bourgmestre.*

COLLECTION SIX.

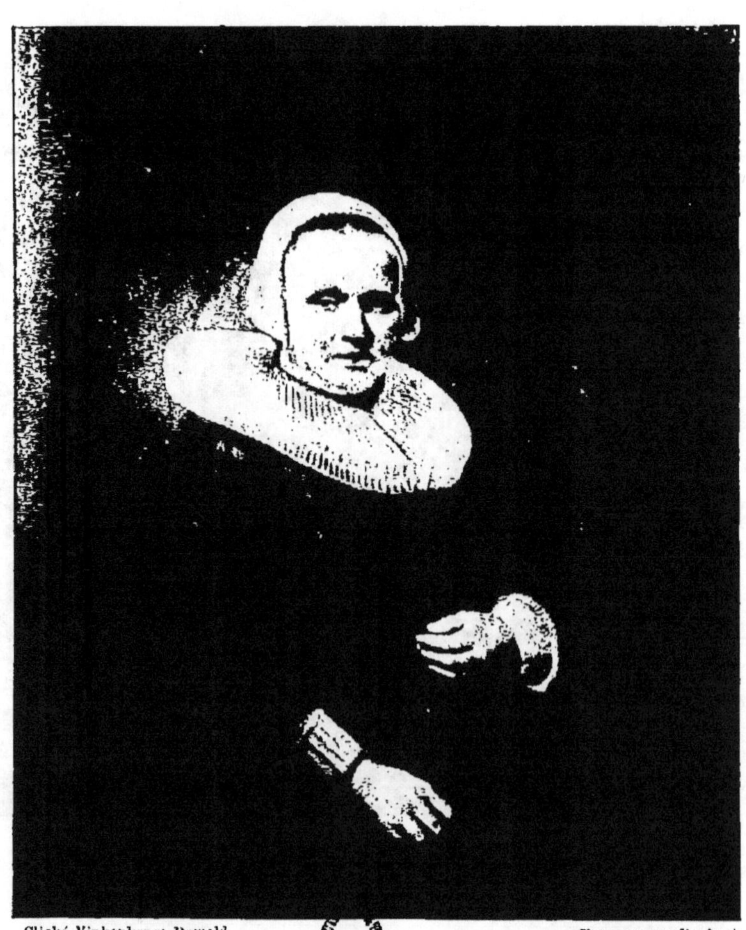

Cliché Vinkenbos et Dewald. Typogravure Ruckert.



REMBRANDT VAN RYN.

*La Mère du bourgmestre Six.*

— *Portrait d'homme.* (Première esquisse pour le portrait du Bourgmestre Six.)

Vu de face, pourpoint, manteau et chapeau noirs, col blanc.

H., 0,27 ; L., 0,18. — Papier Fig. à mi-corps pet. nat. Esquisse à l'encre rehaussée de sépia.

**Rombouts** (JILLIS). Première partie du XVIIe siècle. — *Paysage.*

H., 0,38 ; L., 0,39. B.

**Rubens** (PETRUS PAULUS) (?), Flamand, 1577-1664. — *Le Christ apparaissant à la Madeleine.*

Drapé dans un manteau rouge, appuyé sur une bèche, il se tourne à gauche vers la Madeleine qui s'agenouille ; sur le sol, un vase de parfum. Fond de paysage.

H., 2 m. ; L., 1,82. T. — Fig. gr. nat. Gravé par Lommelin et Wyngaerde. Acheté 2700 fl. V. Smith. v. Alphen Rotterdam (1810). SMITH, 778. Non cité par M. Rooses.

**Ruysch** (RACHEL), 1664 ou 1665-1750. — *Fleurs.*

H., 0,50 ; L., 0,40. B. Signé à gauche : RACHEL RUYSCH 1716.

**Ruisdael** (JACOB VAN), 1628 ou 1629-1682. — *Paysage.*

A gauche, près d'un cours d'eau, un berger et son troupeau. Au milieu, un pont de bois. A droite, une grande chapelle en brique, au milieu des arbres.

H., 1,05 ; L., 1,50. T. — 3,000 g. V. Morisson (1821). Coll. O'Neil, Choplin (1835). SMITH, 344, sup., 101. Signé à gauche : J. RUISDAEL.

— *Le Gué.*

Au milieu, deux cavaliers, deux enfants, un chien et un chariot se croisent dans un gué. A gauche, un bois. A droite, sur un sentier, une femme assise près de laquelle est arrêté un homme conduisant un cheval. Au fond, un champ de blé, en pleine lumière.

H., 662 ; L., 0,82 T. — Les figures sont de Wouwerman. SMITH, 217. Une réplique de dimensions différentes, au Musée de Vienne, attribuée à Hobbema. Signé à droite : J. R. (entrelacés). F.

— *Paysage.*

H., 49; L., 1,36. T. Signé : J. RUISDAEL. SMITH, 236.

— *Paysage en hiver.*

Dans un village, à droite, une maison, un hangar et trois paysans ramassant du bois ; à gauche, une chaumière et une église. Au premier plan, un tronc d'arbre. Signé à droite : J. RUISDAEL.

H., 0,75 ; L., 0,40. T. — Fig. 0,04. 125 fl. V. Braamcamp (1771) ; 400 fl. V. Smeth van Alphen (1810). 475 fl. V. Muilman (1813). Une répétition dans la V. Calonne (1787). « Copie admirable de la nature » SMITH, 23.

**Santvoort** (DIRCK DIRCKSZ), 1610-1680. — *Portrait de Margaretha de Vlaming van Outshorn* (1645).

H., 1,50 ; L., 0,86. B. — Fig. à mi-corps gr. nat.

**Schalcken** (GODFRIED), 1643-1706. — *La femme au citron.*

H., 0,23 ; L., 0,18 T. — 1312 fr. V. Blondel de Gagny (1776) ; 820 fr. V. Robit (1801) ; 400 fl. V. Smeth. v. Alphen (1810) ; SMITH, 23.

— *La marchande de harengs.*

H., 0,19 ; L., 0,15. T. cintré. — Coll. Wassenaar. SMITH, 24.

**Steen** (JAN), vers 1626-1679. — *Le départ de la mariée.*

Au milieu, dans une cour, la jeune fille, en jupe bleue, robe blanche, les yeux baissés, accompagnée de deux femmes, s'avance au devant de son fiancé, en pourpoint violet à manches bleues, manteau gris qui descend, à gauche, un escalier. Sur le perron, deux vieillards et un enfant ; aux fenêtres, des musiciens ; en avant, une jeune fille jette des fleurs que ramasse un petit garçon. A gauche, des spectateurs ; à droite, un petit garçon buvant, dans son chapeau, l'eau d'une fontaine. Au fond, un homme armé d'un bâton, contient la foule.

Signé à gauche, devant une femme assise : J. STEEN 1654.

H., 0,63 ; L., 0,80. T. — Fig. 0,17. De la première manière du peintre. 2250 fl. V. Smeth v. Alphen. Estimé 400 L. par SMITH, n° 84. Peut-être ces noces sont-elles celles qui furent adjugées 300 fl. à la V. Cromhou (1709) sous le nom de *La fiancée espagnole* « La scène est pleine de vie et de mouvement, la curiosité des spectateurs, l'indifférence des musiciens, l'hésitation de la mariée, tout est admirablement rendu. » (WESTRHEENE, 104).

— *La mangeuse d'huîtres.*

A droite, une jeune femme, de trois quarts tournée vers la gauche, en robe grenat bordée d'hermine, des perles et un nœud jaune dans les cheveux, assise près d'une table servie, mange des huîtres. Au fond, par une porte, on aperçoit, dans une cuisine, deux personnes qui ouvrent des huîtres ; à droite, un lit.

H., 0,20 ; L., 0,14. B. Cintré par le haut. — Fig. à mi-corps pet. nat. Gravé par Sluyter. 501 fl. V. Locquet (1783). Estimé 100 g. par SMITH, n° 41. « Ce tableau est d'une exécution supérieure : le faire de la tête, des mains et de plusieurs accessoires, rappelle toute la finesse de Mieris et le coloris peut rivaliser en fraîcheur avec celui de Metzu » (WESTRHEENE, p. 104).

**Teniers** (DAVID) **le Jeune**, Fl., 1610-1690. — *Un corps de garde.*

Au milieu, un petit tambour habillé en gris; à droite, amas d'armures; à gauche, l'affût d'un canon; au fond, groupes de soldats : deux à droite, devant l'âtre, quatre, au milieu. autour d'une table; deux, à gauche, s'éloignant. Signé à gauche : D. TENIERS. FEC. 1652.

H., 0,39; L., 0,51. B. — 1765 fl. V. Braamcamp (1771), avec un pendant; 735 fl. V. Locquet (1783); 1500 fl. V. du Boss. Estimé 300 fl. par SMITH, 146. « Excellent spécimen du maître ».

**Ter Borch** (GERARD), 1617-1681. — *La lettre.*

Une jeune femme, en jupe noire, corsage rose décolleté, une perle à l'oreille, assise à une table, de profil tournée vers la gauche, écrit une lettre. Au fond, un lit. Sur la table, un encrier et un tapis

H., 0,36; L., 0,28. B. — Fig. à mi-corps pet. nat. Gravé par Pruneau (Cat. Choiseul). 500 fr. à cette vente (1772). Une répétition au Musée de Vienne, une autre dans la coll. du baron Verstolk de Soelen. SMITH, 14.

**Tol** (DOMINICUS VAN), entre 1631 et 1642-1676. — *Intérieur.*

H., 0,52; L., 0,41. B. — Fig. pet. nat.

**Troost** (CORNELIS), 1697-1750. — *Les amoureux mal assortis.*

Signé : C. TROOST 1748 — H., 0,36; L., 0,29. T. — Deux tableaux se faisant pendant.

— *Portrait de Herman Baerhaaven* (1735).

H., 0,30; L., 0,63. T. — Fig. en buste gr. nat.

**Velde** (ADRIAEN VAN DE), 1635 ou 1636-1672. — *La plage de Scheveningue.*

Au milieu, sur les dunes, un pêcheur, une femme et un chien; au second plan, sur la grève, un homme et une femme, un cavalier et un piéton; à gauche, des pêcheurs devant une cabane. Dans le sol, sont plantés des mâts de drapeaux. On aperçoit, par dessus les dunes, des mâts de bateaux. Signé à droite : A. v. V. 1667.

H., 0,27; L., 0,38. B. — Estimé 200 guinées par SMITH, n° 125, qui déclare qu'il est impossible de priser trop haut cette admirable peinture. « Jamais van de Velde n'a mieux manifesté la spontanéité, l'entrain, la sûreté et l'aimable aisance de son exécution que dans cette peinture exquise qui semble enlevée en quelques instants en face de la nature. On y sent comme le souffle pur de la brise qui chasse dans le ciel les nuées floconneuses, courbe sur le sable des herbes pâles et sèches, soulève les flots écumants de la mer ou fait flotter les vêtements des personnages qui, du haut de la dune, contemplent ce spectacle ». (E. MICHEL, *Gaz. des B.-Arts*, 1888, p. 276.

— *Soins maternels.*

Au pied d'un piédestal antique, un berger debout appuyé sur sa houlette, un âne et une mère assise allaitant son enfant; autour d'eux, leur troupeau. Au fond, une ferme dans la plaine. Daté : 1664.

H., 0,40; L., 0,50. B. — Fig. 0,16. SMITH, 124 « œuvre très remarquable ».

— *Bestiaux.*

Une vache rousse s'abreuve dans un cours d'eau, au second plan deux vaches grises et deux moutons couchés; plus loin, sur un chemin, des paysans, le berger et la signature : A. v. Velde 1669.

H., 0,31; L., 0,36. T. — « Précieux spécimen du maître » (Smith, 123).

*La mangeuse d'huîtres.*

Au premier plan, une jeune femme, en jupe grise, corsage noir, de trois quarts tournée vers la gauche, tient de la main gauche un verre et porte de la droite une huître à sa bouche ; au second plan, un homme en pourpoint violet lui offre à boire. A gauche, une assiette d'huîtres et une cruche sur une table.

H., 0,22; L., 0,20. T. — Fig. jusqu'aux genoux pet. nat. Attribution contestable donnée par M. Hofstede de Groot. Autrefois sous le nom de Bartholomeus van der Helst; 460 fl. V de Bruges (1798).

**Velde** (Esaias van de), vers 1590-1630. — *Le Prince Maurice assistant à la kermesse de Ryswyck.*

Au milieu, s'avancent deux calèches : dans la première, attelée de quatre chevaux blancs, aux portières de laquelle marchent des officiers, sont assis les princes Maurice et Frédéric-Henri, le roi de Bohême et sa femme et Chrétien de Brunswick, général au service des Provinces-Unies ; à droite, un groupe de huit personnes regardant passer le cortège ; à gauche, deux hommes dans une barque. Au fond, dans le village les tentes de la Kermesse, des paysans entourant un charlatan, et l'église. Signé sur la barque : E. v. Velde 1625.

H., 0,68; L., 1,24. B. — Fig. 0,15. « Outre son mérite pittoresque, ce tableau offre, au point de vue historique, un intérêt particulier. La ressemblance des diverses personnes rend précieux cet ouvrage qui met en lumière toute la souplesse du talent de son auteur » (E. Michel, *Gaz. des B.-Arts*, 1888, p. 191).

**Victors** (Jan), 1620 - après 1682. — *Le marché aux légumes.*

Une vieille femme, une jeune fille et un garçon sont arrêtés à droite devant l'étal d'une marchande assise, son enfant sur les genoux. Au premier plan, un enfant jouant avec un chien, et un vieillard fumant sa pipe. A gauche, un marchand de volailles ; au fond, trois personnes devant une église et une avenue plantée d'arbres.
Signé : Jan Victors Fe. 1654.

H., 0,90; L., 1.14. T. — Fig. 0,40. « Le meilleur de ses tableaux de genre, d'une transparence éblouissante » (Waagen, III, 36).

**Voort** (Cornelis van der), 1576-1624. — *Portrait de Nicolas Tulp.*

H., 0,45; L., 0,38. B. — Fig. en buste gr. nat. Daté au fond 1624.

**Weenix** (JAN), 1640-1719. — *Nature morte.*

H., 1,62; L., 1.34. T. 810 fl. V. Muilman.

**Wouwerman** (PHILIPS), 1619-1668. — *L'écurie.*

A droite, un valet reçoit un cavalier et une amazone qui entrent ; au premier plan, deux chevaux au râtelier, et un petit garçon tenant la bride d'un cheval dont le cavalier arrange ses éperons. A ses côtés, un autre palefrenier tient le cheval d'une dame en bleu. A gauche, un chien et quatre chevaux.

H., 0,45; L., 0,62. B. — Fig. 0,16. — Signé à gauche sur un tonneau. P. W. — V. Cochwin (1801), 875 V Wassenoor. 3200 fl. V. Jurriens (1817). SMITH, 316.

— *Le marché.*

Sur une place, à droite, une servante devant l'étal d'une marchande de légumes et deux hommes portant des paniers. Au second plan, deux marchandes vendant, l'une des légumes, l'autre des poissons. Au fond, des jardins et des maisons, au premier plan, un cheval attelé à un traîneau.

H., 0,60; L., 0,80. T. — Fig. 0,08. 3700 fr. V. Morelle (1786) ; 3000 fr. V. Marin (1790) ; acheté 3650 fl. en 1800. SMITH, n° 183.

---

# UTRECHT

## MUSÉE KUNSTLIEFDE (1).

Fondé en 1807 par une Société d'amateurs dite Kunstliefde (*l'amour des arts*). En 1815, la collection s'augmenta du fonds de l'ancienne confrérie des peintres (Schilderscollegie) et, en 1879, de plusieurs tableaux provenant des hôpitaux. En 1870, la Société possédait déjà 54 tableaux qui formèrent le premier fonds du Musée actuel. Depuis cette époque, des dons et des achats successifs ont enrichi la galerie qui compte actuellement une centaine d'ouvrages anciens, la plupart très intéressants pour l'histoire de l'école locale, et quelques tableaux

1. A. D. DE VRIES AZ. EN A. BREDIUS MET MEDEWERKING VAN S. MULLER FZ. — Catalogus der Schilderijen in het Museum Kunstliefde te Utrecht. — Utrecht. J. L. Beijers, 1885.

modernes. Les peintres les plus importants de l'école d'Utrecht où enseignèrent, au XVIe siècle, Mabuse, Scorel, Van Cuylenborch, et Blockland sont : A. Bloemaert, Utterwael, C. van Poelenburg, P. Moreelse, G. van Honthorst, Droochsloot, tous maîtres de transition entre l'école académique du XVIe siècle et l'école naturaliste du XVIIe siècle.

**Beeck** (PIETER VAN), milieu du XVIIe siècle.

**14.** — *L'avare* (Le compteur de grains).

Signé, en bas, à droite : P. BEECK.

H., 0,51 ; L., 0,38. B. Fig. pet. nat. Appartient à la ville. Transporté en 1877 de l'Académie de dessin. Considéré autrefois comme une œuvre de Heemskerk.

**Blieck** (DANIEL DE), ?-1673.

**15.** — *Intérieur d'église, le soir.*

Dans la nef, quelques fidèles ; à droite, une femme portant une grosse lanterne, deux enfants et un chien. A gauche, un valet portant aussi une lanterne, causant avec une dame. Plusieurs couronnes suspendues aux voûtes avec leurs cierges allumés. Signé, en bas, à droite, sur la base d'une colonne :

D · D · BLIECK
ANNO 1653

H., 0,22 ; L., 1,22. B. — Fig. Appartient à la ville. Transporté en 1873 de l'Académie de dessin.

**Bloemaert** (ABRAHAM), 1564-1651.

**16.** — *L'adoration des Roïs Mages.*

Signé, en bas, à droite : A. BLOEMAERT FE. 1624.

H., 1,67 ; L., 1,92. T. — Décor de cheminée dans une maison située près du cimetière saint Jean. Vente Martens van Sevenhoven, qui habitait cette maison (1861).

**Bloemaert** (ADRIAEN), 1609-1666.

**18.** — *Paysage.*

Signé, au milieu, en bas : A. BLOMAERT.

**Bloemaert** (HENDRICK), 1601-1672.

**20.** — *Pomone.*

Signé, en bas, à gauche : C. HENR. BLOEMAERT FECIT Ao 1635.

H., 1,07 ; L., 1,16. Fig. gr. nat. Don v. der Kellen et Menger.

MUSÉE KUNSTLIEFDE (UTRECHT).

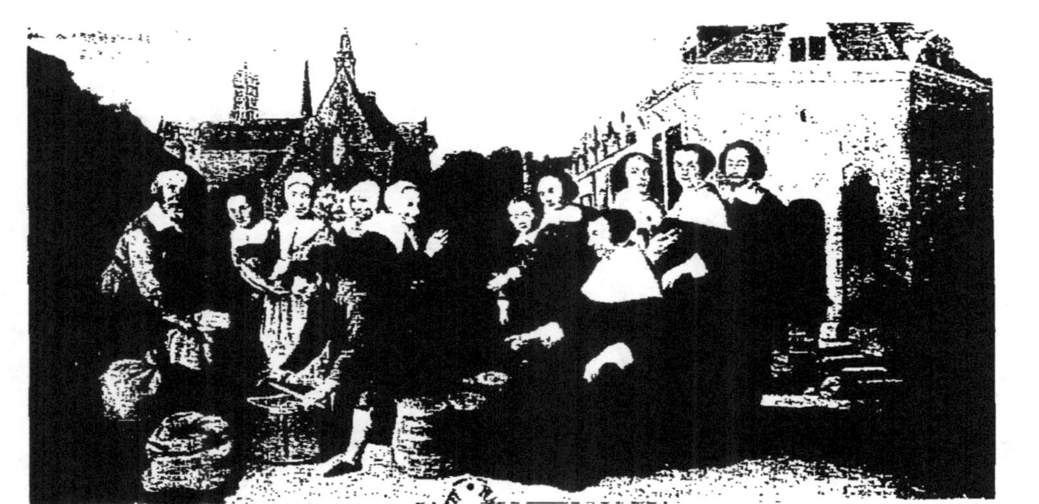

Cliché Vinkenbos et Dewal

Typogravure Ruckert.



BLOEMAERT (HENDRICK).

22. — *Maria van Pallaes faisant la charité.*

**22.** — *Maria van Pallaes, dame Henrick van Schruyestun, faisant la charité.*

Elle est assise, au milieu, de profil, tournée à gauche, vers quatre pauvres femmes et deux hommes qui la remercient ; devant elle, des barils de froment. A droite, ses cinq enfants debout. De l'autre côté, un valet emplit une mesure de blé et un vieillard tend un sac ouvert. Au fond, à droite, une maison ; au milieu, le cimetière Saint-Nicolas ; à gauche, la chapelle du couvent de Sainte-Agnès et les tours de Saint-Nicolas. Daté sur un baril, et signé à droite :

Henr: Bloemaert fe:
A° 1657.

H., 0,98 ; L., 1,76. T. — Fig. pet. nat. Dessus de cheminée dans la chambre des régents de la maison fondée par Maria van Pallaes. Appartient à cet hôpital. Les tableaux d'après lesquels le peintre fit les portraits des enfants dont plusieurs étaient déjà morts, furent donnés par les régents au neveu de la fondatrice peu après 1664.

## Bol (Ferdinand), 1616-1680.

**23.** — *Portrait d'une dame en Diane.*

H., 1,11 ; L., 0,92. T. — Fig. jusqu'aux genoux gr. nat. Don Vreeswyk. Dans la Coll. Slingelandt (1785) se trouvait un portrait semblable, mais moins grand.

## Bosch (Hieronymus van Aeken, dit Jérome), 1462-1516.

**2.** — *Tentation de saint Antoine.*

Au milieu, dans le creux d'un arbre, saint Antoine, en froc gris et manteau rouge à capuchon bleu, un livre de prières sur les genoux, est assis, près d'une table sur laquelle sont posés un crucifix et une montre. Au-dessus, sous une tente rouge, deux moines dont l'un, tenant une guitare, danse avec une femme. En bas, à droite, un monstre près d'un vase et de pièces d'or ; en avant, un autre monstre taquine, avec une éponge, au bout d'un bâton, le cochon du saint ; à gauche, une vieille femme, appuyée sur une béquille et une jeune femme sortant de l'eau. Au fond, un pont et des moines éteignant l'incendie qui dévore une église, au clocher de laquelle flotte un drapeau.

H., 0,25 ; L., 0,22. B. — Trouvé dans le sol, en démolissant les remparts en 1830. Ayant probablement appartenu à un couvent situé à cette place. Acheté en 1840 par la ville, donné en 1873 au musée.

**Brueghel** (Pieter) **le Vieux**, Flamand, 1525-1569.

**12.** — *Des paysans dans une auberge.*

H., 0,75; L., 1,05. B. — Dessus de cheminée dans une maison place Vreeburg. Donné en 1875 par la ville.

**Brueghel** (Jan), Flamand, 1568-1625.

**25.** — *L'entrée dans l'arche.*

H., 0,06; L., 0,87. B. — Attribution douteuse. Copie faite dans l'atelier.

**Bylert** (Jan van), 1603 (?) 1671.

**28.** — *Le retour de la chasse.*

Au milieu, un chasseur s'incline devant une dame, en bleu, assise contre une fontaine. A droite, un valet de chien et un enfant, une couronne à la main; à gauche, une jeune fille, en jaune, jouant du luth. Au fond, une ruine dans un paysage boisé. Signé, à gauche, sur une pierre :

J bijlert · fe :

H., 0,88; L., 1,37. T. — Fig. net. nat. Au revers, on lit : N° 14, v. d. Har Groth. Donné par cet amateur à l'Académie de dessin et transporté en 1873 au musée.

**30.** — *Le concert.*

H., 1,29; L., 1,09. T. — Fig. pet. nat. Appartient à la ville, provient de la famille Bosch, d'après Kramm.

**Ceulen** (Cornelis Janssens van), 1590-1664.

**32.** — *Portrait de jeune femme.*

De trois quarts tournée vers la gauche, longs cheveux châtains. Robe noire avec crevés aux manches, bracelets, collier et boucles d'oreilles en perles. Broche d'orfèvrerie. A la ceinture, une montre avec une peinture représentant Judith et Holopherne. Signé à droite : Cornelis Jonson v. Ceulen fecit 1650.

H., 1,07; L., 0,80. T. — Fig. jusqu'aux genoux gr. nat.

**Droochsloot** (Joost Cornelisz), (?)-1666.

**37.** — *Les sept œuvres de Miséricorde.*

A gauche, sur le seuil d'un hôpital, un régent accueille une famille de mendiants.— Au milieu, un régent lit la bible à un vieillard assis coiffé d'un turban blanc ; au second plan, cinq personnes écoutent. — Un vieillard, en habit rouge, met une chemise à un homme nu, qu'entourent trois personnes — un régent donne du pain à un vieillard infirme qu'accompagnent deux femmes, un homme et deux enfants — une femme présente un bol à un pied-bot assis, derrière lequel se trouvent neuf personnes. — Au second plan, à droite, deux personnes, sur un escalier en pierre, parlent à un prisonnier ; — cinq hommes emportent un cercueil recouvert d'un drap noir, sur lequel sont représentés une croix, un gril et une tour ; au fond, des maisons et des groupes devant une église. Signé, en bas, à droite : J. C. (entrelacés) FECIT A. 1618.

H., 1,89 ; L., 2,95. T. Fig. pet. nat.

**38.** — *Licenciement des troupes mercenaires à Utrecht en 1618.*

Signé sur la maison à droite : JOOST CORNELIS DROCHSLOOT 1622.

H., 0,89 ; L., 1,32. T. — Don de M. van Dielen de van den Heuvel, transporté en 1873 ; il existe de nombreuses répétitions de ce tableau. Voir N° 288 au musée d'Amsterdam, daté 1629.

## Goltzius (HENDRICK), 1558-1616.

**45.** — *Le Christ couronné d'épines.*

Signé, sur l'appui de la fenêtre : H. G. (entrelacés), 1607.

H., 1,21 ; L., 0,86. T. — Fig. jusqu'aux genoux. Legs v. Straaten.

## Hagen (JORIS VAN DER) et Wyntrack.

**89.** — *Le renard chassant des canards.*

Au premier plan, un renard a saisi par la patte un canard qui cherche à s'envoler ; deux autres canards se dirigent, à droite, vers un étang, sur lequel nagent deux cygnes. Fond boisé. Signé, près des pattes du renard : D. WYNTRACK et VERHAEGE FE. 1652.

H., 1,63 ; L., 2,15 T. — Don Vreeswyk.

## Helst (BARTHOLOMEUS VAN DER), 1613-1670.

**47.** — *Sainte Famille.*

Signé, sur la colonne : B. VAN DER HELST F. 1660.

H., 1,66 ; L., 2,09. T. — Fig. pet. nat. Autrefois à l'Académie de dessin. Propriété de la ville. Transporté au Musée en 1873.

## Honthorst (GÉRARD VAN), 1590-1656.

**53.** — *Saint Pierre priant.*

H., 0,80 ; L., 0,67. T. — Fig. en buste gr. nat. Autrefois à l'Académie de dessin. Propriété de la ville. Transporté au Musée en 1873.

**Hooch** (CAREL CORNELISZ DE), (?)-1638.

55. — *Le pigeonnier.*

Au milieu, un homme, sur une échelle, fouille dans un pigeonnier; à droite, un homme et un chien, devant des ruines; au fond, à gauche, un bois. Signé, à droite : charles d hooch

H., 0,27; L., 0,32. B.

**Kessel** (JOHAN VAN); 1641 ou 1642-1680.

58.— *Ruines de la Cathédrale d'Utrecht, après la tempête de 1674.*

Signé, à droite, sur un pilier: JOHAN VAN KESSEL F. 1675.

H., 1,16; L., 0,85. T. — Propriété de la ville. Transporté au Musée en 1873.

**Keyser** (THOMAS DE), 1596 ou 1597-1667.

59. — *Portrait d'une dame et de ses deux enfants.*

Dans un vestibule, au pied d'un escalier, une dame, en robe noire, manchettes, col tuyauté et bonnet blancs, est assise, tenant la main de sa petite fille debout, à sa droite, en robe verte, portant une poupée. A gauche, appuyé contre le bras du fauteuil, son fils, en vêtement gris, col de dentelle, son chapeau noir à la main. Fond architectural.

Signé, à droite : T. D. K. (entrelacés), 1635.

H., 0,67; L., 0,50. B. — Fig. pet. nat. Don Royaards van den Ham. Dessus de cheminée dans une maison située Plomptorengracht.

**Meerhout** (J), seconde partie du XVIIe siècle.

62. — *La porte du péage (Tolsteegport) à Utrecht.*

H., 0,47; L., 0,64. T. — Don van der Hagen van den Heuvel. Propriété de la ville. Transporté en 1873 au Musée.

**Moreelse** (PAULUS), 1571-1638.

65. — *Portrait de Margaretha van Dompselaer, épouse de Jan van Manselt.*

Signé, à droite : P. M. (entrelacés) 1624.

H., 0,70; L., 0,56. B. Fig. en buste gr. nat. Don de M. A. P. van Manselt.

**Poelenburgh** (CORNELIS VAN), 1586-1667.

70. — *L'Annonciation aux bergers.*

MUSÉE KUNSTLIEFDE (UTRECHT).

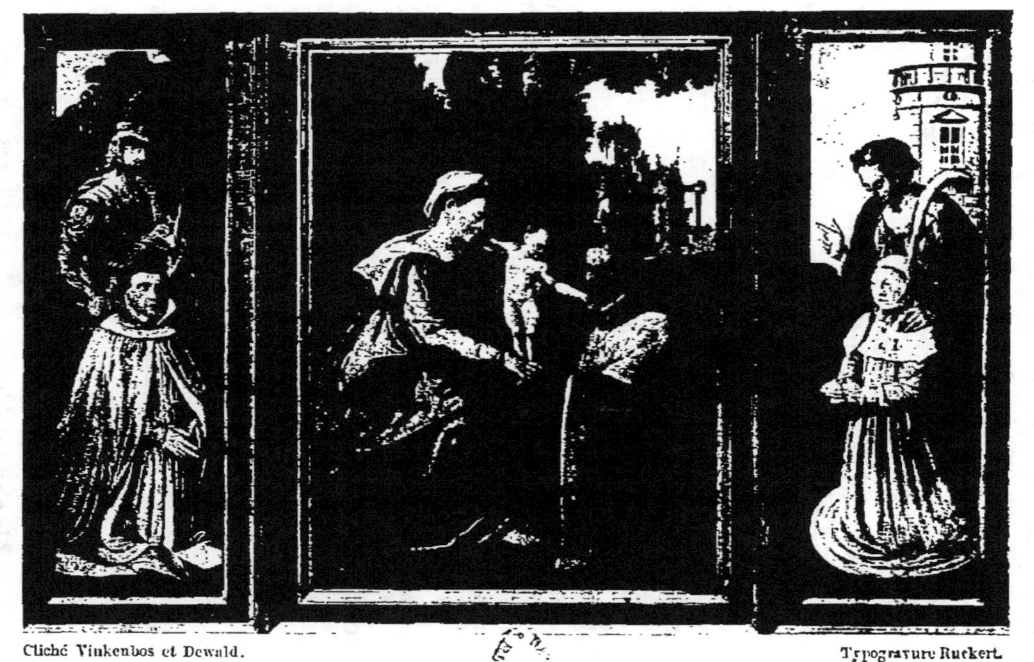

Cliché Vinkenbos et Dewald. Typogravure Ruckert.



SCOREL (JAN VAN).

5. — *Triptyque de la famille Vischer van der Gheer.*

Signé, à gauche, près d'un berger : C. v. POELENBURGH 1660.

H., 1,31 ; L., 1,07. T. Don Nieuwenhuysen van Bensekom. Dessus de cheminée dans une maison située Voetiussterg, où le peintre a probablement habité.

## Scorel (JAN VAN), 1495-1562.

**6.** — *Triptyque*, dit *de la famille Vischer van der Gheer.*

Panneau central : *Le donateur Jacob Vischer van der Gheer, aux genoux de la Vierge et de l'Enfant Jésus.*

A gauche, la Vierge est assise sur un banc, l'enfant Jésus debout sur ses genoux ; ils sont tournés à droite, vers lé donateur agenouillé, en vêtement fourré, surplis blanc, sa barette rouge à ses pieds ; de ses deux mains, il prend la main droite de la Vierge, tandis que le petit Jésus lui caresse le visage. Fond de paysage avec des ruines ; au milieu, des arbres.

Volet de gauche : *Portrait d'Adriaen Vischer, frère de Jacob.*

Il est agenouillé, tourné vers la droite, les mains jointes, vêtu d'une robe de moine, et d'un manteau blanc. Derrière lui, son patron, saint Adrien, en soldat romain, tenant une épée nue et une enclume. Au fond, un mur.

Volet de droite : *Portrait de Barbara Vischer.*

La donatrice, revêtue du costume des bénédictines, est agenouillée de trois quarts tournée vers la gauche ; dans ses mains jointes, un chapelet. Derrière elle, appuyée sur son épaule, sa patronne, sainte Barbe, en robe rouge et manteau brun, portant une palme. Au fond. une tour.

A l'extérieur des panneaux, un médaillon sur lequel sont peints des roseaux sortant de l'eau. avec la devise : *Flectimur non frangimur in undis.* Autour du médaillon. les armoiries des familles Vischer van der Gheer et van Zuylen van Nyeveldt van Gaesbeck. Au bas du cadre, ces quatre vers :

Hic soror et duo sût soboles Vischeria fratrs,
Quos Chrô et Matri regula sacra ligat.
Nos bonus expressit tâta Schoreli' arte,
Nobilis ut credi possit Apellis opus.

Panneau cent. : H., 0,97 ; L., 0,72. B. — Volets : H., 1 m. ; L., 0,31. B. Tableau d'autel à l'hôpital de la Sainte-Croix ou Saint-Sébastien fondé en 1408 à Utrecht. Transporté plus tard dans la salle des Régents et donné en 1835 à la Ville. Gravé dans Taurel. « Dans ce tableau, le seul bien authentique que l'on possède de ce maître, il se montre habile dessinateur, et son coloris, singulièrement brillant, décèle une imitation de Raphael et de Michel Ange » (WAAGEN, II, 136). Ce tableau permet d'étudier la technique de Scorel. « Chez lui les étoffes et les paysages sont très empâtés, tandis qu'il peint très légèrement les chairs. Presque partout aujourd'hui, les traits de contour du crayon apparaissent à travers la couleur, et les simples hâchures des ombres se voient nettement sur le fond clair, à peine recouvert d'un léger incarnat ». BRÉD., I, 102).

**7, 8, 9, 10.** — *Portraits de trente-huit membres de la corporation de Saint-Jean, à Utrecht, qui firent le voyage de Terre Sainte.*

**7.** Douze pèlerins. parmi lesquels Scorel (N° 8).

H., 0,48 ; L., 2,74. B.

**8.** Douze pèlerins.

H., 0,45 ; L., 2,74. B.

**9.** Deux panneaux : dans l'un, cinq pèlerins ; dans l'autre, trois pèlerins et une religieuse.

H., 0,46 ; L., 1,26. B.

**10.** Cinq pèlerins.

H., 0,78 ; L., 1,63. B.

Tous les personnages sont vus en buste, en vêtements laïques ou religieux, une palme à la main et portent sur leur robe ou au cou l'emblème de la confrérie (une croix cantonnée de quatre croisettes). Sous chaque figure, un écusson et une inscription donnent le nom du pèlerin et la date du voyage. Sous le portrait de Scorel, les armoiries — à trois écussons d'argent — qui lui furent octroyées par Maximilien d'Autriche et ces mots : « Messire Jan van Scorel, peintre, vicaire de Saint-Jean, fut au Saint-Sépulcre. alors qu'on écrivait MCCCCC et XX. — Que Dieu lui donne la gloire en partage ». En 1525, Scorel peignit 25 des membres de la confrérie sur deux panneaux ; quelque temps après, il ajouta, sur un troisième panneau, huit frères et une religieuse nouvellement admis dans la corporation : ces panneaux proviennent de la chapelle des Palmistes, au cimetière Saint-Jean. Transportés ensuite à l'Hôtel de Ville, puis au Musée d'antiquités en 1838 et enfin au Musée Kunstliefde en 1873. Restaurés en 1667 par Villaerts et en 1837 par Kramm. « Ce sont tous des bustes de même grandeur dont plusieurs ont dû être d'une ressemblance frappante. Ils sont placés aussi simplement que possible sur la même ligne, et pourtant, il y a dans ces têtes qui possèdent tous le cachet du maître, une grande variété de mouvements et de caractères » (TAUREL, *L'Art chrétien*, II, 72).

## **Veer** (JOHANNES DE), seconde partie du XVII^e siècle.

**76** *bis.* — *Adoration des bergers.*

Signé, au milieu, sur la crèche : J. VEER F.

H., 0,55 ; L., 0,73. T. — Coll. Philips-Neveu de Maëstricht.

## **Vinckboons** (DAVID), 1578-1629.

**78.** — *Tobie et l'ange.*

H., 0,71 ; L., 1,34. B.

## **Vonck** (ELIAS), ? - 1652.

**79.** — *Oiseaux morts.*

H., 0,78 ; L., 0,59. T. — Don de M. P. Verloren van Themaat.

## **Vrancx** (SÉBASTIAEN), Flamand, 1573-1647.

**81 et 82.** — *Deux épisodes du combat entre Bréauté*, gentilhomme français au service des Provinces-Unies, et *Lekkerbeetjen*, lieutenant du gouverneur espagnol de Bois-le-Duc, *le 5 février 1640*.

Chaque panneau H., 0,50; L., 0,82. B. — Propriété de la ville d'Utrecht. Don de M. F. N. M. Eyck van Zuylichem en 1857. Gravé par J. van Doetecum en 1631.

## Wttewael (Joachim Antonisz), 1566-1638.

**86.** — *Portrait du peintre.*

En haut à gauche, un écusson et, sur un cartouche, on lit : *Ætatis suæ 34 anno 1601, non gloria sed memoria.*

H., 0,97; L., 0,73. B. — Fig. jusqu'aux genoux gr. nat. Don de L. A. Martens.

**87.** — *Portrait de Christina van Halen, femme du peintre.*

A droite, un écusson et sur un cartouche, on lit : *Ætatis suæ 33 anno 1601, non gloria sed memoria.*

Pendant du précédent. Même provenance.

## Maîtres inconnus (Ecole hollandaise).

**1.** — *Tableau commémoratif en l'honneur de Raes van Haemstede et de sa famille* (1426).

Au milieu, devant une draperie tissée d'or et d'argent, le Christ, en manteau violet, bénissant ; au second plan, à gauche, saint Georges, en cotte de mailles, pourpoint rouge bordé de fourrure, un étendard dans la main gauche, pose la main droite sur l'épaule de Raes van Haemstede, agenouillé à côté de son gendre et de sa fille. Les deux hommes sont vêtus de cuirasses et de manteaux ornés de leur blason. La femme est en robe rouge, manteau noir, et hennin blanc. A droite, une sainte femme, en robe verte, ceinture et manteau rouges, de la main droite porte une couronne et de la gauche, touche l'épaule de la femme de Raes. Derrière elle, Agnès de Vries van Oostende, en robe et manteau noirs, un chapelet à sa ceinture, un livre à la main. Elles sont toutes deux agenouillées en prière. En arrière, une religieuse, en costume gris, capuchon noir et une petite fille, en robe verte. Fond de paysage, à gauche, un château-fort.

Sur le cadre ancien, on lit en bas : la date CIↃCCCCXXVI et une épitaphe en lettres gothiques, disant que le donateur, tué dans la bataille de Brouwershaven, est enterré ici.

H., 0,63; L., 0,77. B. — Don des Tombes (1878). Provient vraisemblablement d'un couvent près de Elkerzee. Collection van Citters van Bruelis.

**3.** — *La Vierge et l'Enfant Jésus.*

Dans une chambre, à gauche, la Vierge, en robe verte, manteau rouge, coiffe jaune, allaite l'Enfant Jésus ; à droite, sur une table, un vase de fleurs, un couteau et une cerise. Par une fenêtre, on aperçoit, dans un paysage, deux cygnes sur un étang, près d'une route que parcourent deux hommes et un cochon ; et, sur un pont, un homme et un cochon. Au fond, deux maisons. Montagnes à l'horizon.

H., 0,43 ; L., 0,32. B. — Peint vers 1520. Donné à la ville par les Régents des hôpitaux ; vraisemblablement autrefois dans une chapelle. L'inventaire de l'hôpital Saint-Antoine dressé en 1600 fait mention d'un tableau similaire.

**4.** — *Portrait de l'Empereur Charles-Quint.*

Sur le fond, on lit : KAROLVS V. DEI GR M RMANR. IMP. HISPANIARV REX.

H., 0,42 ; L., 0,30. B. — Fig. en buste pet. nat. Donné au Musée de la ville par M. van der Hagen van den Heuvel. Transporté en 1873. Peint vers 1530.

**5.** — *Portrait d'homme.*

Sur le cadre, on lit : DE OVDE VAN XXXIX IAREN A° 1533. LATET WRVETEN.

H., 0,35 ; L., 0,27. B. — Fig. en buste pet. nat. Même provenance que le n° 4.

**11.** — *Le lavement des pieds.*

Au milieu, le Christ agenouillé lave les pieds de saint Pierre. Au fond, les apôtres, dans des attitudes diverses ; Judas s'apprête à quitter la salle. En avant, les trois donateurs agenouillés ; à gauche, Willem Borre van Amerongen, en robe noire à col plissé ; derrière lui, sa femme, Cuna van Rysenburch, en robe et capuchon noirs ; à droite, leur fils Gerrit, chanoine de l'église Sainte-Marie à Utrecht.

H., 1,26 ; L., 1,40. B. — Sur le revers, en caractères modernes, le nom de ces donateurs. Provenant vraisemblablement de l'église Sainte-Marie. Donné à la vi en 1830 par le portier de la Porte Sainte-Catherine. Peint vers 1560.

**13.** — *Portrait d'un prêtre.*

Sur le fond, un écusson et les mots : *Ætatis 34 1572 N. D. fecit.*

H., 0,85 ; L., 0,30. B. — Volet de droite d'un triptyque trouvé dans un tombeau de l'abbaye de Middelbourg. Don de M. Verloren van Themaat.

## MUSÉE ARCHIÉPISCOPAL

### Nieuwe Gracht, non loin du Palais de Justice.

Ce Musée, si intéressant pour l'archéologie chrétienne, et dont le catalogue malheureusement n'a pas encore été publié, contient aussi, dans trois salles du rez-de-chaussée, un certain nombre de peintures, presque toutes de l'ancienne école hollandaise, qui méritent la plus grande attention.

## Ecole de Cologne. — *Polyptyque en deux panneaux.*

Sur l'un des panneaux : *la Nativité, l'Adoration des Mages, la Visitation, l'Annonciation.* Sur l'autre : *la Descente du Saint-Esprit, la Mort de la Vierge, la Résurrection, l'Ascension.*

Chaque panneau : H., 0,75; L., 0,58. B. — Fig. 0,49. Don de M. v. Henkelum de Jutphaar.

*La Messe de Saint-Grégoire.*

Au premier plan, saint Grégoire est agenouillé devant l'autel; à ses côtés des prêtres, portant des cierges; au-dessus de l'autel, le Christ lui apparaît, entouré de bourreaux portant les instruments de la passion; le sang de sa blessure au flanc tombe dans un saint ciboire. A gauche, un donateur, en rouge, une tiare à la main; près de lui, saint Sébastien; à droite, un cardinal, un moine et saint André; au fond, plusieurs personnages.

H., 1,20; L., 1,50. B. — Fig. 0,72. Don Henkelum de Jutphaar.

## Ecole hollandaise du XVe siècle.

*Mariage de la Vierge.*

H., 0,70; L., 0,56. B. — Don de l'évêque Schaepman.

*La Vierge et l'Enfant Jésus.*

Dans une église, la Vierge, en robe de brocart, manteau noir, de trois quarts tournée vers la droite, présente l'Enfant Jésus à des moines. Au premier plan, un chien portant une croix abbatiale.

H., 0,90; L., 0,45. B. — Fig. 0,30.

*Portraits de donateurs.*

Dans une salle dallée, à droite, deux moines et deux donateurs, à gauche, un moine et un donateur portant des palmes. Au second plan, une draperie rouge à laquelle sont suspendus des écussons.

H., 0,70; L., 2 m. B. — Fig. 0,40.

## Ecole hollandaise du XVIe siècle.

*Portrait de femme.*

Vue de face, les mains jointes. Robe noire à manches brunes, bordée de fourrure. Coiffe blanche. En avant, un livre d'heures sur une table.

H., 0,39; L., 0,27. B. — Fig. à mi-corps pet. nat.

*Volets de triptyque.*

Un donateur en noir, le visage rasé, vu de face, tenant ses gants et une donatrice de trois quarts tournée à gauche, en robe noire, jupe brune, coiffe blanche, égrenant un chapelet et portant une boule en or retenue par une chaîne.

H., 0,93 ; L., 0,26. B. — Fig. à mi corps gr. nat.

**Ecole de Leyde.** — *Triptyque du Jugement dernier.*

Au milieu, la Mort, sortant d'un tombeau, appelle les trépassés. Signé du monogramme : M. et d'un cœur.

**Ecole florentine.** — *Les Archanges Gabriel et Michel.*

H., 0,20; L., 0,27. B. — Don Henkelum de Jutphaar.

*Sainte famille.*

H., 0,60 ; L., 0,43. B. — Fig. à mi-corps pet. nat. Don de M. Anker.

**Ecole flamande du XVIe siècle.** — *Sainte famille.*

A gauche, saint Joseph présente une écuelle à l'Enfant Jésus, que la Vierge, à droite, tient dans ses bras.

H., 0,35 ; L., 0,50. B. — Fig. à mi-corps pet. nat.

*La Cène.*

Dans une salle, autour d'une table, sont assis le Christ et les apôtres. Au premier plan, Judas tenant une bourse ; au fond, par deux arcades, on aperçoit le paysage.

H., 1 m. ; L., 1 m. B.—Une inscription flamande : « Buvez tous à cette coupe, ceci est mon sang » traverse le tableau. M. HYMANS (*C. v. Mander*, I, 238) rapproche ce tableau qui a beaucoup souffert, de *Jésus chez Simon* au musée de Bruxelles attribué à Mabuse; les mêmes types se retrouvent dans les deux ouvrages.

*Triptyque.*

Panneau central : *Des Hébreux recueillent la manne ; au fond, le camp ; au ciel, l'Eternel.*

Volet de gauche. : *Un Hébreu abat un arbre ; à droite, Moïse et Aron ; au fond, une fontaine.*

Volet de droite : *Moïse faisant jaillir l'eau du rocher.*

Pan. cent. : H., 0,67 ; L., 0,65. Volets : H., 0,65 ; L., 0,21. B. — Attribué par M. HYMANS (*C. V. Mander*, I, 190) à Pieter Koeck.

**Cornelis (JACOB) Van Oostsanen,** 1480 (?)-après 1533.

*Triptyque dit de l'Adoration des Mages.*

Panneau central : Devant un portique, la Vierge et deux rois Mages, l'un agenouillé offrant un vase de parfums, l'autre portant un vase et un sceptre.

Volet de droite : *Saint Joseph appuyé sur une béquille.*
Volet de gauche : *Le Roi Nègre.*

Pan. cent.: H., 1 m.; L., 0,65. Volets: H., 1 m.; L., 0,28. B.—Fig. à mi-corps pet.nat.

*L'Adoration des Mages.*

Sous un toit en chaume, au premier plan, à gauche, saint Joseph en vêtement vert, une bourse retenue à la ceinture, son chapeau à la main, s'avance vers la Vierge, assise, en robe bleue, tenant sur ses genoux l'Enfant Jésus, auquel un roi Mage agenouillé, en manteau rouge à col de fourrure, sa toque de velours à ses pieds, offre un vase de parfums; au second plan, au milieu, le second roi Mage, debout, en vêtement noir, manteau de brocart d'or à col d'hermine, tient de la main gauche un vase de parfums ; un page, en vêtement gris et toque rouge, porte la couronne de son maître. A droite, un autre page, en pourpoint gris, culotte rouge, s'incline devant le roi nègre, en manteau de brocart, pèlerine rouge, une chaîne en or au cou et lui tend son sceptre et un vase d'encens. Au fond, à travers deux arcades en ruines, à gauche, le bœuf et l'âne; au milieu, la suite des rois; au fond, des maisons et un bois.

H., 1,05; L, 1,10. B. — Fig. 0,30. Provient de l'église Sainte-Catherine. Attribution donnée par M. Hymans; gravé dans Taurel sous le nom de Rogier van der Weyden. « Les détails du paysage, les costumes et plusieurs des accessoires prouvent que l'artiste, quoiqu'il eût compris qu'un tableau représentant les Rois de l'Orient devait nécessairement avoir quelque chose d'oriental n'a pu s'empêcher de copier les choses qui l'entouraient et de prendre pour guide la nature, telle qu'il la voyait tous les jours. Les bâtiments, la ferme avec l'écurie à côté, l'étang avec le pont et le canal coulant entre les maisons et la route rappellent entièrement nos contrées » (Taurel, *Art Chrétien*, I, 52). A rapprocher de l'*Adoration des Mages* au Musée de Munich, N. 101

**Geertgen van S. Jant.** Fin du xv<sup>e</sup> siècle. — *Le Calvaire. Triptyque.*

Panneau central : *La Sainte Famille dans un paysage.*
Volet gauche : *Un donateur.*
Volet droit : *Une donatrice.*

**Paolo di Neri.** — Siennois.

*Le Christ en croix.*

H., 0,27 ; L., 0,60. B. — Fig. 0,13. Don de M. Henkelum de Jutphaar.

**Ugolino da Siena,** 1260 (?)-1339.

*La Vierge et l'Enfant Jésus.*

H., 0,76 ; L., 0,43. B. — Fig. à mi-corps. Acheté à Sienne.

**Scorel** (Jan), 1496-1562.
*Triptyque.*

Panneau central : *Dieu le Père soutient le Christ mort, étendu sur un manteau rouge et dont deux anges portent les bras. Au ciel le Saint Esprit.* Daté sur le manteau : 1540.

Volet de gauche : *Un ange portant la croix.*
Volet de droite : *Un ange portant la colonne.*

Pan. cent. : H., 0,70; L., 0,36. Volets : H., 0,70; L., 0,23. B. — Fig, à mi-corps.

*La Vierge et l'Enfant Jésus.*

La Vierge, entourée d'une auréole brillante, en robe noire, manteau marron, assise, dans un jardin, allaite l'Enfant Jésus. Derrière elle, une haie de fleurs.

H., 0.57; L., 0,28. B. — Don Henkelum de Jutphaar.

Les villes que nous venons de visiter ne sont pas les seules en Hollande qui conservent des peintures intéressantes. Nous signalerons parmi les localités moins fréquentées :

**Alkamaar**. (Tableau de gardes civiques, par *Caesar van Everdingen*, peintures par *Zacharias Zansg, Willem Bartsius, P. de Grebber, Ravesteyn* etc.)

**Deventer.** (Les Magistrats de la Ville, par *Ter-Borch*)

Tableau gravé par de Vodg, où se retrouve tout le talent du maître, dans la vie, la variété et la finesse d'expression qu'il a su donner aux visages. (*E. Michel*, Ter Borch, 60.)

**En Khuysen.** (Peintures murales, par *Johan van Neck*, à l'Hôtel de Ville.)

**Gorcum.** (Tableau remarquable de *A. Bloemaert.*)

**Hoorn.** (Bataille navale par *Blanckerhoff*, daté 1663.)

**Kampen.** (Le chef-d'œuvre de *Avercamp*, daté 1663.)

# INDEX

## PAR ORDRE ALPHABÉTIQUE

### DES PEINTRES AVEC LA LISTE DE LEURS ŒUVRES DÉCRITES DANS LE PRÉSENT VOLUME

(1) Le tableau est catalogué, par erreur, dans le corps du volume sous le n° 165.

## **Ecole Vénitienne** du XVIIe siècle.

# TABLE DES MATIÈRES





PARIS. — IMP. FERD. IMBERT, 7, RUE DES CANETTES

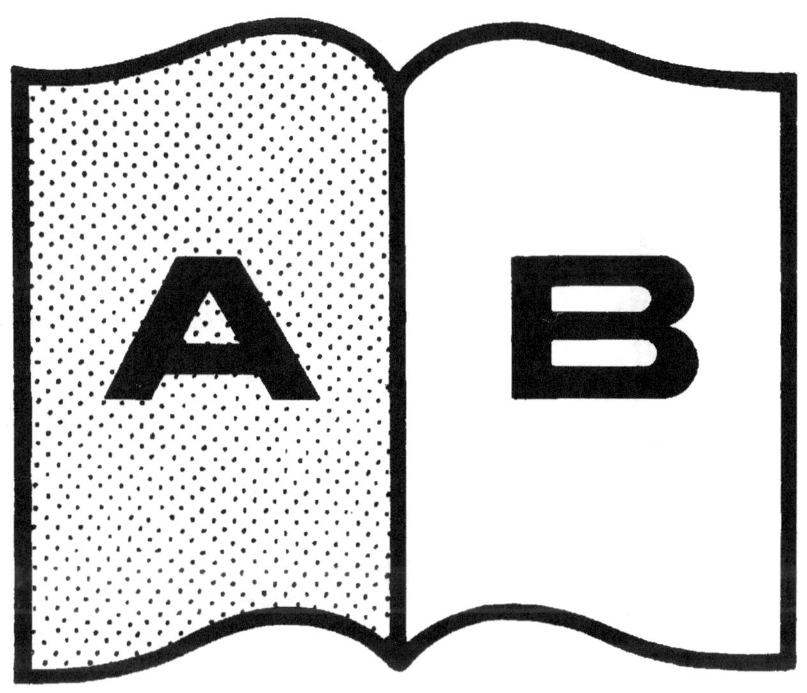


Contraste insuffisant

**NF Z 43**-120-14

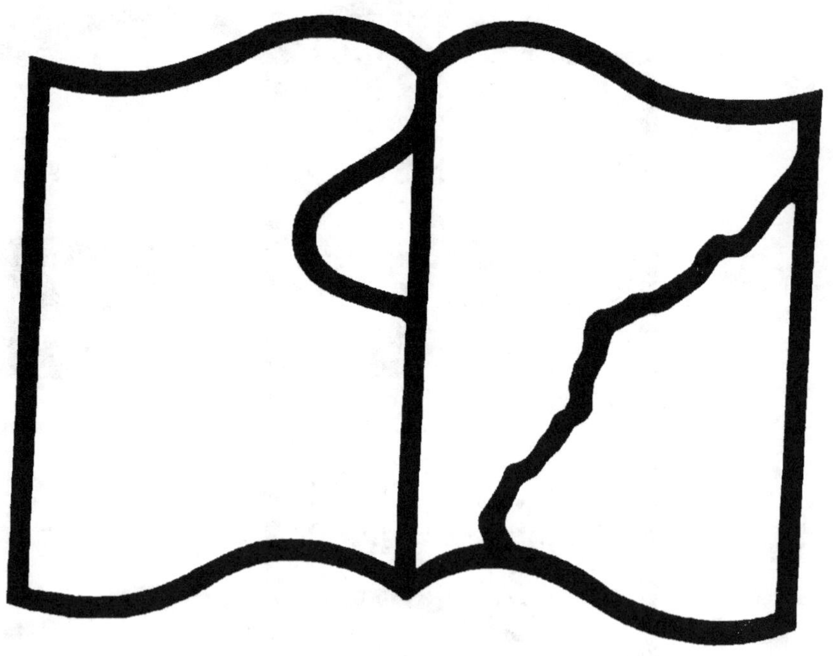

Texte détérioré — reliure défectueuse

**NF Z 43**-120-11

www.ingramcontent.com/pod-product-compliance
Lightning Source LLC
LaVergne TN
LVHW010524100826
845148LV00001B/84